Dieterich/Farenholtz | STÄDTEBAUFÖRDERUNGSGESETZ

SATZ UND DRUCK   Heinrich Fink KG, Stuttgart
EINBAND   Clemens Maier KG, Echterdingen
© Richard Boorberg Verlag / Karl Krämer Verlag / Stuttgart 1972
ISBN 3 415 00199 7 (Boorberg) und Titelnr. 004039 (Krämer)

Dieterich/Farenholtz

STÄDTEBAUFÖRDERUNGS-GESETZ FÜR DIE PRAXIS

Gesetzestext und systematische Darstellung des praktischen Verfahrensablaufs von Sanierungs- und Entwicklungsmaßnahmen

von Friedrich-Otto Blumers · Hartmut Dieterich · Gerd Eggstein · Christian Farenholtz · Manfred Hintzsche · German Holl · Hugo Neise · Sigrid Sommer

RICHARD BOORBERG VERLAG | KARL KRÄMER VERLAG

DIE VERFASSER

Friedrich-Otto BLUMERS, 33, Dipl.-Ing., Freier Architekt. — Studium der Architektur und Stadtplanung an der TH Stuttgart. Seit 1966 wissenschaftlicher Assistent am Städtebaulichen Institut der Universität Stuttgart mit Lehrauftrag für das Fach „Wirtschafts- und Finanzgrundlagen im Wohnungs- und Siedlungswesen". Mitglied der Planungsgesellschaft mbH URBA, Forschen—Planen—Bauen, Stuttgart.

Hartmut DIETERICH, 40, Dr. jur. — Einjähriger Studienaufenthalt in den USA (Volkswirtschaft und Politik), juristisches Studium an den Universitäten Tübingen und Kiel. Tätigkeit als Anwalt, in der Wirtschaft und bei verschiedenen Behörden. — Jetzt städt. Direktor, Leiter des Amts für Bodenordnung der Stadt Stuttgart.

Gerd EGGSTEIN, 37, Regierungsdirektor. — Studium der Rechtswissenschaft in Freiburg, München und Heidelberg. Zunächst Richter, später in der Verwaltung tätig. — Leiter des Referats Grundsatzfragen des Bundesbaugesetzes, Bodenordnung, Bodenrecht und Enteignung in der Bauabteilung des Innenministeriums Baden-Württemberg. Verfasser zahlreicher einschlägiger Aufsätze und Abhandlungen.

Christian FARENHOLTZ, 48, Prof. Dr.-Ing. — Studium der Architektur an der Technischen Hochschule Braunschweig. Tätigkeit als Industriearchitekt; Stadtplaner in Lübeck und Hamburg. Vizepräsident der deutschen Akademie für Städtebau und Landesplanung. — Bürgermeister (Beigeordneter für die Bauverwaltung) in Stuttgart.

Manfred HINTZSCHE, 36, Dipl.-Ing., Obervermessungsrat. — Geodäsiestudium in Bonn, Referendarausbildung in Nordrhein-Westfalen, Vermessungsassessor bei der Grundstücks- und Vermessungsabteilung der August-Thyssen-Hütte AG in Duisburg. — Leiter der Abt. Grundstücksbewertung beim Stadtmessungsamt der Stadt Stuttgart.

German HOLL, 44, Württ. Notarexamen 1953. — Tätigkeit bei Realkreditinstituten und in der Wohnungswirtschaft. Zahlreiche Veröffentlichungen in der Fachpresse. Prokurist der Hausbau Wüstenrot gem. GmbH und der Wüstenrot Städtebau- und Entwicklungsgesellschaft mbH in Ludwigsburg.

Hugo NEISE, 39, Dipl.-Ing., Obervermessungsrat. — Studium an der Ingenieurschule Essen. Geodäsiestudium an der Universität Bonn. Referendarzeit in Nordrhein-Westfalen. Tätigkeit in der freien Wirtschaft. Leiter der Abteilung Stadtsanierung beim Stadtplanungsamt und beim Amt für Bodenordnung der Stadt Stuttgart.

Sigrid SOMMER, 28, Dipl.-Soziologin. — Studium der Soziologie und Volkswirtschaftslehre in Tübingen und Mannheim. Leiterin der Abteilung Stadtforschung beim Amt für Wirtschaft, Verkehr und Statistik der Stadt Pforzheim.

VORWORT

Drei Legislaturperioden hat man für das Städtebauförderungsgesetz gebraucht; am 1. August 1971 ist es nach einem fast dramatisch zu nennenden „Endspurt" in Kraft getreten.

Es könnte eine erhellende — politische, gesellschaftliche Zustände aufdeckende — Arbeit sein, die verschiedenen Entwürfe zum Städtebauförderungsgesetz zu vergleichen und aus dem Vergleich heraus zu bewerten. Besonders auch die letzte Phase der Gesetzgebung ließ die Kraft- und Machtverhältnisse, die Einflüsse und Pressionen beim Zustandekommen eines solchen Gesetzes sichtbar werden. Zehn Jahre Diskussion haben bei manchen Träume geweckt, haben bei anderen Resignation bewirkt.

Es blieben Widersprüche, Unklarheiten, Umständlichkeiten, es blieb das Ausweichen vor dem Problem, es fehlten Entschlossenheit und Konsequenz. Deswegen haben wir das Gesetz kritisiert. Und dennoch ist es ein Schritt voran im sozial-staatlichen Denken und Handeln. Im Bodenrecht zählen nicht mehr nur die, die Boden besitzen. Noch aus einem anderen Aspekt heraus ist das Gesetz positiv zu bewerten: Planungsgesetze haben stets nur instrumentalen Charakter, sie sind selbst Werkzeug, sind nicht Ziel oder Leitbild; sie kannten im Grunde nur den Gegensatz zulässig — nicht zulässig, waren also insoweit reaktiv. Das Städtebauförderungsgesetz geht weiter, es versteht sich als Instrument auch zur Aktivität, zum verändernden Handeln. Es sind Verbesserungen erreicht in Verfahrensabläufen, in der Wertigkeit von Argumenten, Positionen.

Geblieben ist nach wie vor das offenbar große Mißtrauen des Gesetzgebers — des Bundestages — den Gemeinden gegenüber, die das Gesetz anwenden sollen. Die Gemeindeparlamente sind auf lokaler Ebene zustandegekommen wie der Bundestag auf nationaler; ein Gemeindeparlament ist insoweit für seine Aufgaben sicher prinzipiell genauso qualifiziert wie der Bundestag für die seinen. Das Mißtrauen zeigt sich in der schier unendlichen Zahl der Rechtsmittel, die das Gesetz einräumt. Die Vielzahl der Rechtsmittel relativiert dessen legislative Wirkung. Man muß befürchten, daß insbesondere die — ja doch auch nur begrenzt wirksamen — Bindungen etwa des § 23 in der Praxis im Interesse eines schnelleren Ablaufs einer Sanierungsmaßnahme wieder gelockert werden.

Es wäre schlecht um die Gemeinden, aber auch schlecht um das Gesetz und um die Bemühung um die erhofften Nachfolgegesetze bestellt, wenn das mit diesem Gesetz gebotene Instrumentarium verfälscht, verbogen, versteckt, wenn das Gesetz insoweit ausgehöhlt würde. Wahrscheinlich droht von derart „pragmatischem" Erfolgsdenken einzelner Anwender dem Gesetzgebungswerk die größte (nämlich eine prinzipielle) Gefahr.

Insgesamt, so meinen wir, ist mit diesem Gesetz nur ein erster Schritt getan in Richtung auf die Bodenrechtsreform, wie sie unser Sozialstaat fordert, wie sie ihm angemessen ist. Man möge sich nicht täuschen: Auch nach diesem Gesetz wird der Böswillige die Sanierung über Jahre verschleppen, verzögern, wird sich vielleicht einen Vorteil vor anderen verschaffen können. Es wird abzuwarten sein, was das Gesetz in der Praxis bewirkt. Es ist zu vermuten, daß es alsbald nicht nur gleichsam strategisch, sondern darüberhinaus sozusagen „taktisch" Eigenleben gewinnen wird.

1970, im Anschluß an das Hearing der Sachverständigen im Bundestagsausschuß für Städtebau und Wohnungswesen zum Städtebauförderungsgesetz, erhielt die Stadt Stuttgart den Auftrag, das Gesetz gleichsam „im Sandkasten durchzuspielen"; daraus entstand eine Analyse der Verfahrensabläufe, die Darstellung der Verfahren im Ablaufdiagramm. Diese Arbeit leistete eine Gruppe — interdisziplinär zusammengesetzt, mit unterschiedlichem Denkansatz, Wissensansatz, methodischem Ansatz bei den Beteiligten — durch die gemeinsame Arbeit wiederum verbunden.

Nachdem der damals diskutierte und gewertete Entwurf — nach Änderungen — Gesetz wurde, haben wir die Arbeit in unserer Gruppe fortgesetzt. War jenes „Planspiel" ein Versuch auf unbekanntem, durch keine Erfahrung abgesichertem Terrain, so ist unser Bericht, unser Handbuch gleichermaßen ein Versuch: nicht Kommentar, nicht Lehrbuch oder Rezeptbuch — vielleicht (das wäre der Idealfall) beides? —, nicht „monautorisch", sondern aus vielen Beiträgen zusammengetragen, nicht auf ein „Ganzes" hin konzipiert, sondern einerseits bewußt und zwangsläufig bruchstückhaft, andererseits ständig wiederholend, damit auch jeder Einzelbereich in sich lesbar, verständlich bleibe. Das ist aus der Arbeitsweise der Gruppe ableitbar: wir haben gemeinsam — an Hand der Ablaufdiagramme für Sanierung und Entwicklung — die Gliederung, den Aufbau, die Akzente der Darstellung diskutiert und die gegenseitigen Abgrenzungen besprochen. Die einzeln erarbeiteten Beiträge wurden dann wiederum besprochen und — unter möglichst weitgehender Wahrung ihrer Eigenständigkeit — zueinander gefügt. Wir haben die seinerzeit erarbeiteten Ablaufschemata im Grundsatz beibehalten, haben sie der jetzigen Fassung des Gesetzes angepaßt. Es wird im Text neben den Verweisen auf die Paragraphen des Gesetzes auf die einzelnen Verfahrensschritte der Ablaufschemata verwiesen (S = Sanierungsmaßnahmen, E = Entwicklungsmaßnahmen); Schlagworte am Rand sollen die Übersicht, das schnelle Finden erleichtern.

Wir haben als Praktiker versucht, Praktikern eine Arbeitshilfe zu geben. Wir haben dazu den Ablauf einer Sanierung und Entwicklung dargestellt, vermutlich in größerer Breite als es im Einzelfall bei der Durchführung einer Maßnahme erforderlich sein wird. Das gilt insbesondere für die Abschnitte, die sich mit der Sozialplanung beschäftigen und für diejenigen, in denen von der Mitsprache und der Mitwirkung der Betroffenen die Rede ist. Sozialplanung in konsequenter Verbindung mit städtebaulicher Planung hat es bisher wohl nur bei Neuerschließungen durch das Zusammenwirken der Planung mit der Gemeinwesenarbeit gegeben. Andere jetzt in der Sozialplanung zusammengefaßte Tätigkeiten — insbesondere Sozialhilfe, Härteausgleich, Wohnungsfürsorge — sind seit altersher Tätigkeiten der Kommunalverwaltung, stehen hier jedoch in einem neuen Zusammenhang und fordern von der Verwaltung eine veränderte Arbeitsstruktur. Auch Mitbeteiligung und Mitwirkung bei der Planung werden längst praktiziert. Sie sind hier im Gesetz besonders weitgehend vorgeschrieben worden; hier stimuliert das Gesetz, wie wir hoffen möchten, tatsächlich vielerorts noch nicht erreichte Zustände und Bewußtseinslagen. Dies gilt auch für die Abschnitte, die sich mit der Vorbereitung sowohl von Sanierungs- wie von Entwicklungsmaßnahmen befassen. Wir sind allerdings der Meinung, daß die Arbeit im vorbereitenden Stadium besonders wichtig ist und nur durch gründliche Vorarbeiten die Voraussetzungen für das weitere Verfahren gesichert werden können.

Die Durchführung von Sanierungs- und Entwicklungsmaßnahmen wird insgesamt an die Verwaltungen Anforderungen stellen, auf die diese sich erst einrichten müssen. Die Gemeinden sind gut beraten, wenn sie vor dem Entschluß, von dem möglicherweise interessanten Instrumentarium dieses Gesetzes Gebrauch zu machen, genau prüfen, ob und welche Anforderungen für ihre Verwaltung sich aus der Anwendung des Gesetzes ergeben.

Insbesondere sollen auch nicht zu große Hoffnungen an die Bereitschaft und an die Möglichkeit des Bundes zur Mitfinanzierung von Sanierung und Entwicklung gestellt werden. Bundesmittel werden wahrscheinlich nur zu einem Drittel in die Finanzierungspläne eingestellt werden können. Das ist wohl verständlich, da der Bund das Interesse hat, mit seinen Mitteln ein möglichst großes Finanz-Volumen zu mobilisieren, wird andererseits bei dem vielfach immer geringer werdenden finanziellen Spielraum der Gemeinden den Überschwang mancher Optimisten beschränken, das Volumen von Sanierung und Entwicklung reduzieren.

Wir haben uns an einem Handbuch für die Praxis versucht. Wir sind dankbar für Reaktion und Anregung und für weitere — ergänzende oder korrigierende — Beiträge der Praktiker und der Wissenschaft. Wir wissen, daß wir unser Handbuch sicher schon bald überarbeiten müssen — nach den Erfahrungen der Praxis, die wir ja vorweg nur vermuten konnten. Für Nachsicht und Mithilfe sind wir daher dankbar. Die Mithilfe erhoffen wir uns von Technikern, Soziologen, Wirtschaftlern und Juristen — so ist ja auch unsere Gruppe zusammengesetzt. Wir haben Anlaß, unseren Verlegern, die mit ihren unterschiedlich bezogenen Verlagen vergleichbar kooperieren, zu danken für das Risiko, das sie auf sich genommen haben, als sie sich entschlossen, unser Experiment mitzutragen.

INHALT

Städtebauförderungsgesetz (Text)	1

Erster Teil: Sanierungsmaßnahmen

I. Einleitende Bemerkungen — 34
1. Sanierungskriterien
2. Sanierungsmethoden
3. Der Sanierungsbegriff des Städtebauförderungsgesetzes
4. Grundsätze für die Sanierung nach dem Städtebauförderungsgesetz — 36
5. Die Stellung der Gemeinden bei der Sanierung — 38
6. Allgemeine Verfahrensbestimmungen — 39
7. Einrichtung einer Sanierungsstelle — 40

II. Problemfindung — 41
1. Anstoß zu einer Sanierungsmaßnahme
2. Erkennen der Probleme
3. Städtebauliche Mißstände = Sanierungskriterien
4. Interessenverband — 42
5. Grobanalyse — 43
6. Beurteilung der Ergebnisse — 44

III. Vorbereitende Untersuchungen — 45
1. Vorbemerkungen
2. Bekanntmachung der vorbereitenden Untersuchungen — 47
3. Bestandsaufnahme
4. Feststellung der Mißstände — 63

IV. Planungsphase — Neuordnungskonzepte — 64
1. Vorbemerkungen
2. Auftrag zur Rahmenplanung
3. Städtebauliche Planvorstellungen — 66
4. Sozialplanung — 67
5. Rechtsmodelle für die Neuordnung — 71
6. Überlegungen zur Wirtschaftlichkeit — 78
7. Entscheidung: Sanierung erforderlich und möglich — 92
8. Vorbereitende Planung — 95
9. Planung — 96

V. Förmliche Festlegung — 98
1. Voraussetzungen
2. Verfahren — 100
3. Rechtswirkungen der förmlichen Festlegung — 103
4. Sozialplan — 111

VI. Bebauungsplanverfahren — 114
1. Vorbemerkungen
2. Erörterung mit den Beteiligten
3. Bebauungsplanentwurf — 115
4. Kosten- und Finanzierungsübersicht — 116
5. Abstimmung der Finanzierung mit den Trägern öffentlicher Belange
6. Der Bebauungsplan
7. Ersatz- und Ergänzungsgebiete — 117
8. Bei abzubrechenden Gebäuden: Benachrichtigung der Beteiligten — 120

VII. Ordnungsmaßnahmen — 121
1. Ordnungsmaßnahmen und Baumaßnahmen
2. Vorarbeiten und Vorentscheidungen
3. Verschiedene Möglichkeiten zur Durchführung der Ordnungsmaßnahmen — 122
4. Durchführung durch Grunderwerb durch die Gemeinde
5. Durchführung durch die Gemeinde bei Mitbeteiligung von Privateigentümern — 129
6. Die Durchführung der Ordnungsmaßnahmen durch ein Umlegungsverfahren — 134
7. Durchführung mit einem Sanierungsträger — 137
8. Durchführung durch die Eigentümer — 141

VIII. Privatisierung — 143
1. Vorbemerkungen
2. Einschränkung der Veräußerungspflicht
3. Rechtsanspruch auf Privatisierung — 145
4. Rangfolge
5. Ersatzgrundstücke — 146
6. Veräußerungsvertrag
7. Kaufpreis

IX. Baumaßnahmen — 148
1. Charakteristische Merkmale von Baumaßnahmen bei Sanierungen
2. Baurechtliche Verstöße bei abschnittsweiser Durchführung der Sanierung

X. Abwicklung — 150
1. Fortfall von Rechtswirkungen für einzelne Grundstücke
2. Aufhebung der förmlichen Festlegung — 151
3. Die Erhebung der Ausgleichsbeträge — 153
4. Gesamtabrechnung — 154
5. Abschluß der Sozialplanung

XI. Rechtsschutz — 156
1. Rechtsmittel der Grundstückseigentümer
2. Rechtsschutz der Mieter, Pächter und sonstigen Drittberechtigten — 163
3. Rechtsmittel der Gemeinden — 164
4. Rechtsmittel der Bedarfsträger — 165
5. Rechtsmittel der Sanierungsträger

Zweiter Teil: Entwicklungsmaßnahmen

I. Einleitende Bemerkungen — 168
1. Der Begriff der Entwicklungsmaßnahmen nach dem Städtebauförderungsgesetz
2. Allgemeine Grundsätze und allgemeine Verfahrensbestimmungen für Entwicklungsmaßnahmen — 169
3. Die Stellung der Gemeinden bei der Durchführung von Entwicklungsmaßnahmen — 170

II. Vorüberlegungen — 171
1. Initiative zur Durchführung einer Entwicklungsmaßnahme
2. Grobanalyse — 172

III. Vorbereitende Untersuchungen 174
　1. Zuständigkeit
　2. Notwendigkeit vorbereitender
　　 Untersuchungen 175
　3. Voruntersuchungen
　4. Entwicklungskonzepte 183
　5. Beteiligung der Öffentlichkeit 188
　6. Beteiligung der Träger öffentlicher Belange

IV. Förmliche Festlegung des städtebaulichen
　　Entwicklungsbereichs 190
　1. Voraussetzungen
　2. Abgrenzung des Entwicklungsbereichs 191
　3. Verfahren 192
　4. Zuständigkeit zur Durchführung einer
　　 Entwicklungsmaßnahme
　5. Rechtswirkungen der förmlichen Festlegung
　6. Sozialplan 193

V. Grunderwerb 194
　1. Vorbemerkungen
　2. Grunderwerb durch die Gemeinde
　3. Möglichkeiten des Grunderwerbs
　4. Verhandlungen mit den Grundeigentümern
　5. Grunderwerb im einzelnen 195

VI. Planung und Bebauungsplanverfahren 197
　1. Städtebauliche Planung
　2. Bebauungsplanverfahren
　3. Sozialplanung 198

VII. Erschließung 199

VIII. Privatisierung 200

IX. Baumaßnahmen 201

X. Abwicklung 202
　1. Aufhebung der Erklärung zum städte-
　　 baulichen Entwicklungsbereich
　2. Erhebung von Ausgleichsbeträgen und
　　 Gesamtabrechnung
　3. Fortführung des Sozialplans 203

XI. Rechtsschutz 204
　1. Rechtsschutz bei der förmlichen Festlegung
　　 des Entwicklungsbereichs
　2. Rechtsmittel gegen die Übertragung der
　　 Durchführung der Entwicklungsmaßnahme
　3. Rechtsmittel gegen die Aufhebung der
　　 Erklärung zum städtebaulichen
　　 Entwicklungsbereich
　4. Rechtsmittel gegen die förmliche Festlegung
　　 von im Zusammenhang bebauten Gebieten 205
　5. Rechtsmittel gegen die Verpflichtung zur
　　 Beauftragung eines Entwicklungsträgers
　6. Rechtsschutz bei Ausübung des Vorkaufs- und
　　 Grunderwerbsrechts zugunsten des
　　 Entwicklungsträgers
　7. Rechtsschutz bei Auseinandersetzung des
　　 Treuhandvermögens
　8. Rechtsschutz bei Verleihung der
　　 Rechtsfähigkeit an eine
　　 Entwicklungsgemeinschaft

Musterverträge zwischen Gemeinde und
Sanierungsträger 207

Abkürzungen 229

Literatur 231

Sachregister 235

Falttafeln:

　Sanierung — Ablaufschema nach dem
　Städtebauförderungsgesetz

　Entwicklungsmaßnahme — Ablaufschema nach dem
　Städtebauförderungsgesetz

Gesetz über städtebauliche Sanierungs- und Entwicklungsmaßnahmen in den Gemeinden (Städtebauförderungsgesetz)

vom 27. Juli 1971 (BGBl. I S. 1125)

Inhaltsübersicht

Erster Teil
Allgemeine Vorschriften

§
1 Städtebauliche Sanierungs- und Entwicklungsmaßnahmen
2 Mitwirkung öffentlicher Aufgabenträger

Zweiter Teil
Sanierung

Erster Abschnitt
Vorbereitende Untersuchungen und förmliche Festlegung des Sanierungsgebiets

3 Voraussetzungen der förmlichen Festlegung
4 Vorbereitende Untersuchungen und Stellungnahmen
5 Beschluß über die förmliche Festlegung
6 Wirkungen der förmlichen Festlegung
7 Förmliche Festlegung durch einen Planungsverband

Zweiter Abschnitt
Aufstellung des Sozialplans, des Bebauungsplans und Durchführung der Sanierung

8 Aufgaben der Gemeinde
9 Erörterung der Neugestaltung des Sanierungsgebiets
10 Bebauungspläne für das Sanierungsgebiet
11 Ersatz- und Ergänzungsgebiete
12 Ordnungs- und Baumaßnahmen im Sanierungsgebiet
13 Durchführung der Ordnungs- und Baumaßnahmen
14 Sanierungsgemeinschaft

Dritter Abschnitt
Besondere bodenrechtliche Vorschriften

15 Genehmigungspflichtige Vorhaben und Rechtsvorgänge
16 Bodenordnung
17 Vorkaufsrecht
18 Gemeindliches Grunderwerbsrecht
19 Abbruchgebot
20 Baugebot
21 Modernisierungsgebot
22 Besondere Vorschriften über die Enteignung
23 Bemessung von Ausgleichs- und Entschädigungsleistungen

§
24 Ersatz für Änderungen von Einrichtungen, die der öffentlichen Versorgung dienen
25 Veräußerungspflicht der Gemeinde

Vierter Abschnitt
Miet- und Pachtverhältnisse

26 Beendigung von Mietverhältnissen
27 Aufhebung von Miet- oder Pachtverhältnissen
28 Beendigung oder Aufhebung von Miet- oder Pachtverhältnissen bei Modernisierungsmaßnahmen
29 Aufhebung von Miet- oder Pachtverhältnissen über unbebaute Grundstücke
30 Entschädigung bei Aufhebung von Miet- oder Pachtverhältnissen
31 Verlängerung von Miet- und Pachtverhältnissen
32 Mieterhöhung bei Modernisierungsmaßnahmen

Fünfter Abschnitt
Sanierungsträger und andere Beauftragte

33 Erfüllung von Aufgaben für die Gemeinde
34 Voraussetzungen für die Bestätigung als Sanierungsträger
35 Erfüllung der Aufgaben als Sanierungsträger
36 Treuhandvermögen
37 Sicherung des Treuhandvermögens

Sechster Abschnitt
Finanzierung der Sanierung

38 Kosten- und Finanzierungsübersicht
39 Einsatz von Sanierungsförderungsmitteln
40 Kosten der Vorbereitung der Sanierung
41 Kosten der Ordnungsmaßnahmen; Ausgleichsbeträge
42 Ausgleichsbeträge des Veranlassers
43 Kosten der Modernisierungsmaßnahmen
44 Sonstige Kosten der Sanierung
45 Kosten der Neubebauung und der Ersatzbauten
46 Überlassung geförderter Wohnungen
47 Einsatz anderer öffentlicher Mittel
48 Verteilung eines Überschusses
49 Gewährung und Verwendung von Entschädigungen

Siebenter Abschnitt
Abschluß der Sanierung

50 Fortfall von Rechtswirkungen für einzelne Grundstücke
51 Aufhebung der förmlichen Festlegung des Sanierungsgebiets
52 Anspruch auf Rückübertragung

Dritter Teil
Entwicklungsmaßnahmen

§
53 Erklärung zum städtebaulichen Entwicklungsbereich
54 Zuständigkeit und Aufgaben
55 Entwicklungsträger
56 Übernahmeverlangen
57 Besondere Vorschriften für den Entwicklungsbereich
58 Finanzierung der städtebaulichen Entwicklungsmaßnahme
59 Veräußerungspflicht der Gemeinde
60 Entwicklungsgemeinschaft
61 Beteiligung des Entwicklungsträgers
62 Sonderregelung für im Zusammenhang bebaute Gebiete
63 Aufhebung der Erklärung zum städtebaulichen Entwicklungsbereich

Vierter Teil
Städtebauliche Maßnahmen im Zusammenhang mit Maßnahmen zur Verbesserung der Agrarstruktur

64 Abstimmung von Maßnahmen
65 Bauleitplanung und Maßnahmen zur Verbesserung der Agrarstruktur
66 Bauleitplanung und Flurbereinigung
67 Aufstellung der Bauleitpläne
68 Ersatzlandbeschaffung
69 Ersatzlandbeschaffung durch gemeinnützige Siedlungsunternehmen
70 Flurbereinigung aus Anlaß einer Sanierungs- oder Entwicklungsmaßnahme

Fünfter Teil
Förderung durch den Bund

71 Finanzhilfen des Bundes
72 Einsatz der Finanzhilfen des Bundes
73 Einsatz besonderer Bundesmittel
74 Rückflüsse an den Bund
75 Übernahme von Bürgschaften

Sechster Teil
Abgaben- und steuerrechtliche Vorschriften

§
76 Abgabenfreiheit
77 Befreiung von der Grunderwerbsteuer
78 Grundsteuererlaß
79 Gewerbesteuererlaß
80 Gesellschaftsteuerfreiheit
81 Steuerfreiheit für bestimmte Aufgabenträger
82 Veräußerungsgewinne
83 Bescheinigungsverfahren
84 Änderung des Einkommensteuergesetzes

Siebenter Teil
Ergänzende Vorschriften

85 Härteausgleich
86 Anwendung des Bundesbaugesetzes
87 Verletzung der Auskunftspflicht
88 Verletzung der Geheimhaltungspflicht
89 Deutscher Rat für Stadtentwicklung
90 Gemeinnützige Wohnungs- und Siedlungsunternehmen und Organe der staatlichen Wohnungspolitik
91 Ermächtigungen
92 Sonderregelung für einzelne Länder

Achter Teil
Überleitungs- und Schlußvorschriften

93 Überleitungsvorschriften für die förmliche Festlegung
94 Überleitungsvorschriften für die Erhebung des Ausgleichsbetrags
95 Überleitungsvorschriften für die Förderung
96 Berlin-Klausel
97 Inkrafttreten

Der Bundestag hat mit Zustimmung des Bundesrates das folgende Gesetz beschlossen:

Erster Teil
Allgemeine Vorschriften

§ 1
Städtebauliche Sanierungs- und Entwicklungsmaßnahmen

(1) Städtebauliche Sanierungs- und Entwicklungsmaßnahmen in Stadt und Land, deren einheitliche Vorbereitung und zügige Durchführung im öffentlichen Interesse liegt, werden nach den Vorschriften dieses Gesetzes vorbereitet, gefördert und durchgeführt. Bund, Länder, Gemeinden und Gemeindeverbände wirken im Rahmen ihrer Zuständigkeiten an dieser Aufgabe mit.

(2) Sanierungsmaßnahmen sind Maßnahmen, durch die ein Gebiet zur Behebung städtebaulicher Mißstände, insbesondere durch Beseitigung baulicher Anlagen und Neubebauung oder durch Modernisierung von Gebäuden, wesentlich verbessert oder umgestaltet wird. Sanierungsmaßnahmen umfassen auch erforderliche Ersatzbauten und Ersatzanlagen.

(3) Entwicklungsmaßnahmen sind Maßnahmen, durch die entsprechend den Zielen der Raumordnung und Landesplanung

1. neue Orte geschaffen oder
2. vorhandene Orte zu neuen Siedlungseinheiten entwickelt oder
3. vorhandene Orte um neue Ortsteile erweitert werden.

Die Maßnahmen müssen die Strukturverbesserung in den Verdichtungsräumen, die Verdichtung von Wohn- und Arbeitsstätten im Zuge von Entwicklungsachsen oder den Ausbau von Entwicklungsschwerpunkten außerhalb der Verdichtungsräume, insbesondere in den hinter der allgemeinen Entwicklung zurückbleibenden Gebieten, zum Gegenstand haben.

(4) Sanierungs- und Entwicklungsmaßnahmen dienen dem Wohl der Allgemeinheit. Sie sollen dazu beitragen, daß

1. die bauliche Struktur in allen Teilen des Bundesgebietes nach den sozialen, hygienischen, wirtschaftlichen und kulturellen Erfordernissen entwickelt wird,
2. die Verbesserung der Wirtschafts- und Agrarstruktur unterstützt wird oder
3. die Siedlungsstruktur den Anforderungen an gesunde Lebens- und Arbeitsbedingungen der Bevölkerung entspricht.

Die Belange der Betroffenen, insbesondere der Eigentümer, der Mieter und Pächter, und die der Allgemeinheit sind gerecht gegeneinander abzuwägen. Den Betroffenen soll Gelegenheit gegeben werden, bei der Vorbereitung und Durchführung der Maßnahmen mitzuwirken.

(5) Bei Sanierungsmaßnahmen soll unter Berücksichtigung des Sanierungszwecks das Eigentum der bisherigen Eigentümer an ihren Grundstücken erhalten bleiben oder für sie Eigentum an anderen Grundstücken im Sanierungsgebiet begründet werden oder ihnen im Rahmen des Möglichen die Gelegenheit verschafft werden, Grundeigentum außerhalb des Sanierungsgebiets oder Miteigentum, grundstücksgleiche Rechte, Rechte nach dem Wohnungseigentumsgesetz, sonstige dingliche Rechte oder Anteilsrechte zu erwerben. Zu diesem Zweck soll die Gemeinde ihr gehörende Grundstücke, soweit sie diese nicht für die ihr obliegenden Aufgaben benötigt, zur Verfügung stellen.

(6) Bei Entwicklungsmaßnahmen sollen nach Möglichkeit Grundeigentum oder die in Absatz 5 Satz 1 bezeichneten Rechte für weite Kreise der Bevölkerung begründet werden.

(7) Grundstückseigentümer und sonstige Nutzungsberechtigte sollen im Rahmen ihrer Möglichkeiten dazu beitragen, daß die städtebaulichen Maßnahmen unter gerechtem Ausgleich der öffentlichen und privaten Belange verwirklicht werden können.

§ 2
Mitwirkung öffentlicher Aufgabenträger

Der Bund, einschließlich seiner Sondervermögen, die Länder und die sonstigen Körperschaften, Anstalten und Stiftungen des öffentlichen Rechts sollen im Rahmen der ihnen obliegenden Aufgaben die Durchführung von Sanierungs- und Entwicklungsmaßnahmen nach diesem Gesetz unterstützen. Insbesondere sollen sie sich über den Einsatz der Mittel abstimmen, die sie zur Verwendung in förmlich festgelegten Sanierungsgebieten oder städtebaulichen Entwicklungsbereichen zur Verfügung stellen.

Zweiter Teil
Sanierung

Erster Abschnitt
Vorbereitende Untersuchungen und förmliche Festlegung des Sanierungsgebiets

§ 3
Voraussetzungen der förmlichen Festlegung

(1) Die Gemeinde kann ein Gebiet, das städtebauliche Mißstände aufweist, deren Behebung durch Sanierungsmaßnahmen erforderlich ist, durch Beschluß förmlich als Sanierungsgebiet festlegen (förmlich festgelegtes Sanierungsgebiet). Das Sanierungsgebiet ist so zu begrenzen, daß sich die Sanierung zweckmäßig durchführen läßt. Einzelne Grundstücke, die von der Sanierung nicht betroffen werden, können aus dem Gebiet ganz oder teilweise ausgenommen werden.

(2) Städtebauliche Mißstände liegen vor, wenn das Gebiet nach seiner vorhandenen Bebauung oder nach seiner sonstigen Beschaffenheit den allgemeinen Anforderungen an gesunde Wohn- und Arbeitsverhältnisse oder an die Sicherheit der in ihm wohnenden oder arbeitenden Menschen nicht entspricht

oder in der Erfüllung der Aufgaben erheblich beeinträchtigt ist, die ihm nach seiner Lage und Funktion obliegen.

(3) Bei der Beurteilung, ob in einem städtischen oder ländlichen Gebiet städtebauliche Mißstände vorliegen, sind insbesondere zu berücksichtigen

1. die Wohn- und Arbeitsverhältnisse oder die Sicherheit der in dem Gebiet wohnenden und arbeitenden Menschen in bezug auf
   a) die Belichtung, Besonnung und Belüftung der Wohnungen und Arbeitsstätten,
   b) die bauliche Beschaffenheit von Gebäuden, Wohnungen und Arbeitsstätten,
   c) die Zugänglichkeit der Grundstücke,
   d) die Auswirkungen einer vorhandenen Mischung von Wohn- und Arbeitsstätten,
   e) die Nutzung von bebauten und unbebauten Flächen nach Art, Maß und Zustand,
   f) die Einwirkungen, die von Grundstücken, Betrieben, Einrichtungen oder Verkehrsanlagen ausgehen, insbesondere durch Lärm, Verunreinigungen und Erschütterungen,
   g) die vorhandene Erschließung;

2. die Funktionsfähigkeit des Gebiets in bezug auf
   a) den fließenden und ruhenden Verkehr,
   b) die wirtschaftliche Situation und Entwicklungsfähigkeit des Gebiets unter Berücksichtigung seiner Versorgungsfunktion im Verflechtungsbereich,
   c) die infrastrukturelle Erschließung des Gebiets, seine Ausstattung mit Grünflächen, Spiel- und Sportplätzen und mit Anlagen des Gemeinbedarfs, insbesondere unter Berücksichtigung der sozialen und kulturellen Aufgaben dieses Gebiets im Verflechtungsbereich.

(4) Eigentümer, Mieter, Pächter und sonstige zum Besitz oder zur Nutzung eines Grundstücks, Gebäudes oder Gebäudeteils Berechtigte sowie ihre Beauftragten sind verpflichtet, der Gemeinde oder ihren Beauftragten Auskunft über die Tatsachen zu erteilen, deren Kenntnis zur Beurteilung der Sanierungsbedürftigkeit eines Gebiets oder zur Vorbereitung oder Durchführung der Sanierung erforderlich ist.

§ 4

Vorbereitende Untersuchungen und Stellungnahmen

(1) Die Gemeinde hat vor der förmlichen Festlegung eines Sanierungsgebiets die vorbereitenden Untersuchungen durchzuführen oder zu veranlassen, die erforderlich sind, um Beurteilungsunterlagen zu gewinnen über die Notwendigkeit der Sanierung, die sozialen, strukturellen und städtebaulichen Verhältnisse und Zusammenhänge sowie die Möglichkeiten der Planung und Durchführung der Sanierung. Sie soll dabei auch die Einstellung und Mitwirkungsbereitschaft der Eigentümer, Mieter, Pächter und anderen Nutzungsberechtigten im Untersuchungsbereich zu der beabsichtigten Sanierung ermitteln sowie Vorschläge hierzu entgegennehmen.

(2) Die vorbereitenden Untersuchungen sollen sich auch auf nachteilige Auswirkungen erstrecken, die sich für die von der beabsichtigten Sanierung unmittelbar Betroffenen in ihren persönlichen Lebensumständen, im wirtschaftlichen oder sozialen Bereich voraussichtlich ergeben werden. Die Gemeinde soll, sobald dies nach dem Stand der Vorbereitung der Sanierung möglich ist, Vorstellungen entwickeln und mit den Betroffenen erörtern, wie nachteilige Auswirkungen möglichst vermieden oder gemildert werden können (Grundsätze für den Sozialplan nach § 8). Das Ergebnis ist in den Bericht über die vorbereitenden Untersuchungen aufzunehmen.

(3) Die Gemeinde hat den Beginn der vorbereitenden Untersuchungen zu beschließen. Der Beschluß ist ortsüblich bekanntzumachen. Dabei ist auf die Auskunftspflicht nach § 3 Abs. 4 hinzuweisen.

(4) Die Gemeinde soll den Trägern öffentlicher Belange, deren Aufgabenbereich durch die Sanierung berührt werden kann, möglichst frühzeitig Gelegenheit zur Stellungnahme geben. In ihrer Stellungnahme haben die Träger öffentlicher Belange der Gemeinde Aufschluß über von ihnen beabsichtigte oder bereits eingeleitete Maßnahmen zu geben, die für die Sanierung bedeutsam sein können. Sie haben die Gemeinde über Änderungen ihrer Absichten zu unterrichten. Sonstige Unterrichtungs- und Beteiligungspflichten oder Mitwirkungsrechte bleiben unberührt.

§ 5

Beschluß über die förmliche Festlegung

(1) Die Gemeinde beschließt die förmliche Festlegung des Sanierungsgebiets als Satzung. In der Satzung ist das Sanierungsgebiet genau zu bezeichnen. Die im Sanierungsgebiet gelegenen Grundstücke sind einzeln aufzuführen.

(2) Die Satzung bedarf der Genehmigung der höheren Verwaltungsbehörde. Dem Antrag auf Genehmigung ist ein Bericht über das Ergebnis vorbereitender Untersuchungen und über die Gründe, die eine förmliche Festlegung des sanierungsbedürftigen Gebiets rechtfertigen, beizufügen. Für die Genehmigung oder Versagung gelten die Vorschriften des § 6 Abs. 2 bis 4 des Bundesbaugesetzes entsprechend. Die Genehmigung ist auch zu versagen, wenn keine Aussicht besteht, die Sanierungsmaßnahmen innerhalb eines absehbaren Zeitraums durchzuführen.

(3) Die Satzung ist zusammen mit der Genehmigung in der Gemeinde ortsüblich bekanntzumachen. Hierbei ist auf die Vorschriften der §§ 15, 17, 18 und 23 hinzuweisen. Mit der Bekanntmachung wird die Satzung rechtsverbindlich.

(4) Die Gemeinde teilt dem Grundbuchamt die rechtsverbindliche Satzung über die förmliche Festlegung des Sanierungsgebiets mit. Das Grundbuchamt hat in die Grundbücher der in der Satzung aufgeführten Grundstücke einzutragen, daß eine Sanierung durchgeführt wird (Sanierungsvermerk).

(5) Eine Änderung der Satzung über die förmliche Festlegung des Sanierungsgebiets, die nur eine ge-

ringfügige Änderung der Grenzen betrifft und der nur eine unwesentliche Bedeutung zukommt, bedarf keiner Genehmigung, wenn die Eigentümer der betroffenen Grundstücke zustimmen.

§ 6

Wirkungen der förmlichen Festlegung

(1) Im förmlich festgelegten Sanierungsgebiet sind die Vorschriften über den Verkehr mit land- und forstwirtschaftlichen Grundstücken nur anzuwenden, wenn es sich um die Veräußerung der Wirtschaftsstelle eines land- oder forstwirtschaftlichen Betriebs oder solcher Grundstücke handelt, die in dem Bebauungsplan für die Neugestaltung des Sanierungsgebiets als Flächen für die Landwirtschaft oder für die Forstwirtschaft ausgewiesen sind.

(2) Die §§ 14 bis 22 und § 51 des Bundesbaugesetzes sind bei Vorhaben und Rechtsvorgängen, die nach der förmlichen Festlegung des Sanierungsgebiets vorgenommen werden, nicht anzuwenden. Entschädigungsansprüche nach §§ 18 und 21 des Bundesbaugesetzes, die vor der förmlichen Festlegung des Sanierungsgebiets entstanden sind, bleiben unberührt.

(3) Die förmliche Festlegung des Sanierungsgebiets gilt als eine Änderung der rechtlichen oder tatsächlichen Voraussetzungen im Sinne des § 21 Abs. 2 des Bundesbaugesetzes. Wird aus den in Satz 1 genannten Gründen nach der förmlichen Festlegung des Sanierungsgebiets eine Baugenehmigung versagt, so ist eine Entschädigung nach den Vorschriften des § 21 Abs. 2 und 3 des Bundesbaugesetzes zu leisten.

(4) Mit der förmlichen Festlegung des Sanierungsgebiets tritt eine bestehende Veränderungssperre nach § 14 des Bundesbaugesetzes außer Kraft. Ein Bescheid über die Zurückstellung des Baugesuchs nach § 15 des Bundesbaugesetzes wird unwirksam.

(5) Hat die Umlegungsstelle vor der förmlichen Festlegung des Sanierungsgebiets in einem Umlegungsverfahren, das sich auf Grundstücke im Gebiet bezieht, den Umlegungsplan nach § 66 des Bundesbaugesetzes aufgestellt oder ist eine Vorwegentscheidung nach § 76 des Bundesbaugesetzes getroffen worden, so bleibt es dabei.

(6) Hat die Enteignungsbehörde vor der förmlichen Festlegung des Sanierungsgebiets den Enteignungsbeschluß nach § 113 des Bundesbaugesetzes für ein in dem Gebiet gelegenes Grundstück erlassen oder ist eine Einigung nach § 110 des Bundesbaugesetzes beurkundet worden, so sind die Vorschriften des Bundesbaugesetzes weiter anzuwenden.

(7) Werden im förmlich festgelegten Sanierungsgebiet Erschließungsanlagen im Sinne des § 127 Abs. 2 des Bundesbaugesetzes hergestellt, erweitert oder verbessert, so sind Vorschriften über die Erhebung von Beiträgen für diese Maßnahmen nicht anzuwenden. Beitragspflichten, die vor der förmlichen Festlegung entstanden sind, bleiben unberührt.

(8) Ist das förmlich festgelegte Sanierungsgebiet im Flächennutzungsplan noch nicht als Sanierungsgebiet kenntlich gemacht, so gilt mit der förmlichen Festlegung des Sanierungsgebiets der Flächennutzungsplan als ergänzt. Er ist zu berichtigen.

§ 7

Förmliche Festlegung durch einen Planungsverband

(1) In der Satzung eines Planungsverbands nach § 4 des Bundesbaugesetzes kann bestimmt werden, daß der Planungsverband auch Sanierungsgebiete förmlich festlegen kann. In diesem Fall tritt der Planungsverband nach Maßgabe seiner Satzung für die sich aus der förmlichen Festlegung des Sanierungsgebiets ergebende Anwendung der Vorschriften dieses Gesetzes an die Stelle der Gemeinden.

(2) Ist einem Zusammenschluß nach dem Zweckverbandsrecht die Befugnis übertragen worden, Sanierungsgebiete förmlich festzulegen, so gilt Absatz 1 Satz 2 entsprechend; das gleiche gilt für einen Zusammenschluß durch besonderes Landesgesetz.

Zweiter Abschnitt

Aufstellung des Sozialplans, des Bebauungsplans und Durchführung der Sanierung

§ 8

Aufgaben der Gemeinde

(1) Die Gemeinde hat nach der förmlichen Festlegung des Sanierungsgebiets für die Durchführung der Sanierung zu sorgen und die Abstimmung der einzelnen Sanierungsmaßnahmen aufeinander zu veranlassen. Sie soll hierzu die ihr nach dem Bundesbaugesetz und nach diesem Gesetz zustehenden Befugnisse ausüben, sobald und soweit es zur Erreichung des Sanierungszwecks erforderlich ist.

(2) Die Gemeinde soll während der Dauer der Durchführung der Sanierung die Erörterungen mit den unmittelbar Betroffenen fortsetzen und dabei namentlich Berufs-, Erwerbs- und Familienverhältnisse, Lebensalter, Wohnbedürfnisse, soziale Verflechtungen sowie örtliche Bindungen und Abhängigkeiten der Betroffenen berücksichtigen. Das Ergebnis ist schriftlich festzulegen (Sozialplan). Der Sozialplan ist laufend zu ergänzen. Die Gemeinde soll den Betroffenen bei ihren eigenen Bemühungen, nachteilige Auswirkungen zu vermeiden oder zu mildern, helfen, insbesondere beim Wohnungswechsel und beim Umzug von Betrieben; auf die Arbeits- und Berufsförderung nach dem Arbeitsförderungsgesetz vom 25. Juni 1969 (Bundesgesetzbl. I S. 582) ist hinzuweisen.

§ 9

Erörterung der Neugestaltung des Sanierungsgebiets

(1) Die Gemeinde soll mit den Eigentümern der im förmlich festgelegten Sanierungsgebiet gelegenen Grundstücke, soweit sie bekannt oder aus dem Grundbuch ersichtlich sind, den Mietern, Pächtern und anderen Nutzungsberechtigten oder mit deren Beauftragten möglichst frühzeitig die beabsichtigte Neugestaltung des Sanierungsgebiets und die Mög-

lichkeiten ihrer Beteiligung an der Durchführung der Sanierung erörtern. Sie soll auch den Arbeitnehmern der Betriebe im Sanierungsgebiet Gelegenheit geben, sich zur Neugestaltung des Sanierungsgebiets zu äußern.

(2) Die Gemeinde soll mit den Eigentümern, denen eine Beteiligung an der Durchführung der Sanierung nicht möglich erscheint, die mit einer Veräußerung ihrer Grundstücke zusammenhängenden Fragen erörtern; dabei soll sie auch feststellen, ob und in welcher Rechtsform die Eigentümer einen späteren Erwerb von Grundstücken oder Rechten im Rahmen der §§ 25 und 35 Abs. 5 anstreben.

(3) Den Beteiligten ist auf ihren Wunsch eine angemessene Frist zur Stellungnahme einzuräumen.

(4) Das Ergebnis der Erörterung ist in einer Niederschrift festzuhalten. Den Beteiligten ist auf ihren Wunsch Einsicht in den sie betreffenden Teil der Niederschrift zu gewähren.

§ 10
Bebauungspläne für das Sanierungsgebiet

(1) Für die Neugestaltung des förmlich festgelegten Sanierungsgebiets sind Bebauungspläne im Sinne des § 30 des Bundesbaugesetzes aufzustellen. Dabei ist im Rahmen des § 1 Abs. 5 des Bundesbaugesetzes auf die Erhaltung von Bauten, Straßen, Plätzen oder Ortsteilen von geschichtlicher, künstlerischer oder städtebaulicher Bedeutung Rücksicht zu nehmen; landesrechtliche Vorschriften über den Schutz und die Erhaltung von Bau- und Naturdenkmälern bleiben unberührt. In dem Bebauungsplan sind die Gebäude und sonstigen baulichen Anlagen kenntlich zu machen, die bei der Durchführung der Sanierung ganz oder teilweise beseitigt werden müssen, weil sie den Festsetzungen des Bebauungsplans nicht entsprechen, oder die aus den in Satz 2 bezeichneten Gründen erhalten bleiben sollen; § 9 Abs. 2 des Bundesbaugesetzes bleibt unberührt. Das förmlich festgelegte Sanierungsgebiet ist in dem Bebauungsplan kenntlich zu machen.

(2) Ist im Zeitpunkt der förmlichen Festlegung des Sanierungsgebiets ein Bebauungsplan vorhanden, der die Voraussetzungen des Absatzes 1 Satz 1 und 2 erfüllt, so sind in ihm im Wege der Berichtigung das Sanierungsgebiet und die in Absatz 1 Satz 3 bezeichneten Gebäude und sonstigen baulichen Anlagen kenntlich zu machen.

(3) Müssen Gebäude oder sonstige bauliche Anlagen ganz oder teilweise beseitigt werden, weil sie den Festsetzungen des Bebauungsplans nicht entsprechen, so sollen die Eigentümer der Grundstücke, soweit sie bekannt oder aus dem Grundbuch ersichtlich sind, oder deren Beauftragte hiervon benachrichtigt werden, sobald ein Bebauungsplan rechtsverbindlich geworden ist, der die Voraussetzungen des Absatzes 1 erfüllt; Entsprechendes gilt für Mieter, Pächter und sonstige Nutzungsberechtigte. Ist im Zeitpunkt der förmlichen Festlegung des Sanierungsgebiets ein Bebauungsplan vorhanden, der die Voraussetzungen des Absatzes 1 Satz 1 und 2 erfüllt, so soll die Benachrichtigung vorgenommen werden, sobald der Beschluß über die förmliche Festlegung des Sanierungsgebiets rechtsverbindlich geworden ist. In der Benachrichtigung ist auf die Vorschriften der §§ 26 bis 32 hinzuweisen.

(4) Absatz 3 gilt nicht, soweit die Grundstücke in einem Umlegungsgebiet liegen.

§ 11
Ersatz- und Ergänzungsgebiete

(1) Ergibt sich aus den vorbereitenden Untersuchungen und aus dem für das förmlich festgelegte Sanierungsgebiet aufgestellten Bebauungsplan, daß zur Erreichung des Sanierungszwecks Flächen außerhalb des Sanierungsgebiets für Ersatzbauten oder Ersatzanlagen zur räumlich zusammenhängenden Unterbringung von Bewohnern oder Betrieben aus dem Sanierungsgebiet oder für die durch die Sanierung bedingten Gemeinbedarfs- oder Folgeeinrichtungen in Anspruch genommen werden müssen, so kann die Gemeinde geeignete Gebiete für diesen Zweck förmlich festlegen. Für die förmliche Festlegung und die sich aus ihr ergebenden Wirkungen sind die für Sanierungsgebiete geltenden Vorschriften maßgebend.

(2) In dem für diese Gebiete aufzustellenden Bebauungsplan kann für die einzelnen Grundstücke die besondere Nutzungsart festgesetzt werden, um den mit der förmlichen Festlegung verfolgten Zweck zu verwirklichen. Hierbei können auch Festsetzungen getroffen werden, die dazu dienen, die Unterbringung bestimmter Bevölkerungsgruppen unter Berücksichtigung des Sozialplans zu gewährleisten.

(3) Im Falle des Absatzes 2 kann der Eigentümer von der Gemeinde die Übernahme des Grundstücks verlangen, wenn und soweit es ihm mit Rücksicht auf die Festsetzungen des Bebauungsplans wirtschaftlich nicht mehr zuzumuten ist, das Grundstück zu behalten. Liegen die Flächen eines land- oder forstwirtschaftlichen Betriebs sowohl innerhalb als auch außerhalb des Ersatz- oder Ergänzungsgebiets, so kann der Eigentümer von der Gemeinde die Übernahme sämtlicher Grundstücke des Betriebs verlangen, wenn die Erfüllung des Übernahmeverlangens für die Gemeinde keine unzumutbare Belastung bedeutet; die Gemeinde kann sich auf eine unzumutbare Belastung nicht berufen, soweit die außerhalb des Ersatz- oder Ergänzungsgebiets gelegenen Grundstücke nicht mehr in angemessenem Umfang baulich oder wirtschaftlich genutzt werden können. Kommt eine Einigung über die Übernahme nicht zustande, so kann der Eigentümer die Entziehung des Eigentums an dem Grundstück verlangen. Für die Entziehung des Eigentums gelten die Vorschriften des Fünften Teils des Bundesbaugesetzes entsprechend.

§ 12
Ordnungs- und Baumaßnahmen im Sanierungsgebiet

(1) Die Durchführung der Sanierung umfaßt die Ordnungsmaßnahmen und die Baumaßnahmen innerhalb des förmlich festgelegten Sanierungsgebiets, die erforderlich sind, um den sanierungsbedürftigen Zustand zu beseitigen und das Sanierungsgebiet neu zu gestalten.

Es gehören

1. zu den Ordnungsmaßnahmen:

   die Bodenordnung, der Umzug der Bewohner und Betriebe, die Beseitigung baulicher Anlagen, die Erschließung sowie sonstige Maßnahmen, die notwendig sind, damit die Baumaßnahmen durchgeführt werden können;

2. zu den Baumaßnahmen:

   die Neubebauung, die Modernisierung baulicher Anlagen, die Errichtung von Ersatzbauten, Ersatzanlagen und durch die Sanierung bedingten Gemeinbedarfs- und Folgeeinrichtungen sowie die Verwirklichung der sonstigen nach dem Bebauungsplan festgesetzten Nutzung.

Ersatzbauten, Ersatzanlagen und durch die Sanierung bedingte Gemeinbedarfs- und Folgeeinrichtungen können außerhalb des Sanierungsgebiets liegen; in diesem Fall sind, sofern nicht eine förmliche Festlegung nach § 11 erfolgt ist, die Vorschriften des Dritten und Vierten Abschnitts dieses Teils des Gesetzes nicht anzuwenden.

(2) Auf Grundstücken, die der Landesverteidigung, dienstlichen Zwecken des Bundesgrenzschutzes, der Polizei oder dem Zivilschutz dienen, sowie auf Grundstücken, auf denen sich Anlagen befinden, die den in § 38 des Bundesbaugesetzes genannten Vorschriften unterliegen, dürfen Sanierungsmaßnahmen nur mit Zustimmung des Bedarfsträgers durchgeführt werden; das gleiche gilt für sonstige Grundstücke, auf denen sich bauliche Fernmeldeanlagen der Deutschen Bundespost, die nicht ausschließlich der fernmeldemäßigen Versorgung dieser Grundstücke zu dienen bestimmt sind, oder Fernmeldekabel für den Fernverkehr befinden. Die Bedarfsträger sollen ihre Zustimmung erteilen, wenn auch bei Berücksichtigung ihrer Aufgaben ein überwiegendes öffentliches Interesse an der Durchführung der Sanierungsmaßnahmen besteht.

§ 13

Durchführung der Ordnungs- und Baumaßnahmen

(1) Die Gemeinde führt die Ordnungsmaßnahmen durch. Sie kann die Durchführung dieser Maßnahmen auf Grund eines Vertrags ganz oder teilweise dem Eigentümer überlassen. In dem Vertrag ist auch zu regeln, ob und wieweit die Gemeinde Vorauszahlungen zur Deckung der Kosten gewährt.

(2) Die Durchführung der Baumaßnahmen bleibt den Eigentümern überlassen, soweit die zügige und zweckmäßige Durchführung durch sie gewährleistet ist.

(3) Ist die zügige und zweckmäßige Durchführung der vertraglich übernommenen Ordnungsmaßnahmen oder der Baumaßnahmen durch einzelne Eigentümer nicht gewährleistet, so hat die Gemeinde insoweit für die Durchführung der Maßnahmen zu sorgen oder sie selbst zu übernehmen. Bei der Prüfung, ob die zügige und zweckmäßige Durchführung gewährleistet ist, ist für den Fall, daß der Eigentümer sich bei Vorbereitung oder Durchführung der Maßnahmen eines Betreuers oder Beauftragten seiner Wahl bedient, auch dies zu berücksichtigen.

(4) Haben sich die Eigentümer der im Sanierungsgebiet oder einem Teil dieses Gebiets liegenden Grundstücke für die gemeinsame Durchführung der Sanierung oder bestimmter Sanierungsmaßnahmen zu einer juristischen Person zusammengeschlossen und ist das Eigentum an ihren Grundstücken auf die juristische Person übergegangen, so tritt diese an die Stelle der bisherigen Eigentümer.

§ 14

Sanierungsgemeinschaft

(1) Grundeigentümer, Mieter, Pächter und sonstige Nutzungsberechtigte sowie andere Dritte können sich zu einer Sanierungsgemeinschaft zusammenschließen, deren ausschließlicher Zweck in der gemeinsamen Durchführung der Sanierung besteht. Die Sanierungsgemeinschaft entsteht durch Verleihung der Rechtsfähigkeit durch die nach Landesrecht zuständige Behörde und ist eine juristische Person des privaten Rechts.

(2) Das Nähere wird in einem besonderen Gesetz geregelt.

Dritter Abschnitt

Besondere bodenrechtliche Vorschriften

§ 15

Genehmigungspflichtige Vorhaben und Rechtsvorgänge

(1) Im förmlich festgelegten Sanierungsgebiet bedürfen zu ihrer Wirksamkeit der schriftlichen Genehmigung

1. die rechtsgeschäftliche Veräußerung eines Grundstücks und die Bestellung und Veräußerung eines Erbbaurechts;

2. die Bestellung eines das Grundstück belastenden Rechts; dies gilt nicht für die Bestellung eines Rechts, das mit der Durchführung von Baumaßnahmen im Sinne des § 12 Abs. 1 Nr. 2 in Zusammenhang steht;

3. ein schuldrechtlicher Vertrag, durch den eine Verpflichtung zu einem der in Nummer 1 oder 2 genannten Rechtsgeschäfte begründet wird; ist der schuldrechtliche Vertrag genehmigt worden, so gilt auch das in Ausführung dieses Vertrags vorgenommene dingliche Rechtsgeschäft als genehmigt;

4. Vereinbarungen, durch die ein schuldrechtliches Vertragsverhältnis über den Gebrauch oder die Nutzung eines Grundstücks, Gebäudes oder Gebäudeteils auf bestimmte Zeit von mehr als einem Jahr eingegangen oder verlängert wird;

5. die Teilung eines Grundstücks.

(2) Im förmlich festgelegten Sanierungsgebiet dürfen nur mit schriftlicher Genehmigung

1. erhebliche Veränderungen der Erdoberfläche oder wesentlich wertsteigernde sonstige Veränderungen der Grundstücke vorgenommen werden;

2. nicht genehmigungsbedürftige, aber wertsteigernde bauliche Anlagen errichtet oder wertsteigernde Änderungen solcher Anlagen vorgenommen werden;

3. genehmigungsbedürftige bauliche Anlagen errichtet oder geändert werden;
4. bauliche Anlagen beseitigt werden, für deren Errichtung eine bauaufsichtliche Genehmigung erforderlich wäre.

(3) Die Genehmigung darf nur versagt werden, wenn Grund zu der Annahme besteht, daß das Vorhaben, der Rechtsvorgang oder die mit ihm erkennbar bezweckte Nutzung die Durchführung der Sanierung unmöglich machen oder wesentlich erschweren oder dem Sanierungszweck zuwiderlaufen würde. Eine wesentliche Erschwerung der Sanierung liegt auch vor, wenn bei der rechtsgeschäftlichen Veräußerung eines Grundstücks sowie bei der Bestellung oder Veräußerung eines Erbbaurechts der vereinbarte Gegenwert für das Grundstück oder das Recht über dem Wert liegt, der sich in Anwendung des § 23 ergibt. Beabsichtigt die Genehmigungsbehörde, die Genehmigung aus den in Satz 2 genannten Gründen zu versagen, so soll sie ein Gutachten des Gutachterausschusses (§ 137 des Bundesbaugesetzes) einholen.

(4) Die Genehmigung ist zu erteilen, wenn die wesentliche Erschwerung dadurch beseitigt wird, daß die Beteiligten für den Fall der Durchführung der Sanierung für sich und ihre Rechtsnachfolger
1. in den Fällen des Absatzes 1 Nr. 2, 3 oder 4 auf Entschädigung für die Aufhebung des Rechts sowie für wertsteigernde Änderungen verzichten, die auf Grund dieser Rechte vorgenommen werden;
2. in den Fällen des Absatzes 2 Nr. 1, 2 oder 3 auf Entschädigung für die durch das Vorhaben herbeigeführten Wertsteigerungen sowie für wertsteigernde Änderungen, die auf Grund der mit dem Vorhaben bezweckten Nutzung vorgenommen werden, verzichten.

(5) Die Genehmigung wird durch die Gemeinde erteilt. Sie kann unter Auflagen, in den Fällen des Absatzes 1 Nr. 4 und des Absatzes 2 Nr. 1, 2 oder 3 auch befristet oder bedingt erteilt werden. Wird die Genehmigung unter Auflagen, befristet oder bedingt erteilt, so ist die hierdurch betroffene Vertragspartei berechtigt, bis zum Ablauf eines Monats nach Unanfechtbarkeit der Entscheidung vom Vertrag zurückzutreten. Auf das Rücktrittsrecht sind die Vorschriften der §§ 346 bis 354 und 356 des Bürgerlichen Gesetzbuchs sinngemäß anzuwenden.

(6) Nachdem der Antrag mit den erforderlichen Unterlagen bei der Gemeinde eingegangen ist, hat sie über die Genehmigung binnen drei Monaten zu entscheiden. Kann die Prüfung des Antrags in dieser Zeit nicht abgeschlossen werden, so ist dies vor Ablauf der Frist dem Antragsteller in einem Zwischenbescheid mitzuteilen. Durch den Zwischenbescheid verlängert sich die in Satz 1 bezeichnete Frist um weitere drei Monate; der Antragsteller ist hierauf hinzuweisen. Die Genehmigung gilt als erteilt, wenn sie nicht innerhalb der Frist versagt wird.

(7) Wird die Genehmigung versagt, so kann der Eigentümer von der Gemeinde die Übernahme des Grundstücks verlangen, wenn und soweit es ihm mit Rücksicht auf die Durchführung der Sanierung wirtschaftlich nicht mehr zuzumuten ist, das Grundstück zu behalten oder es in der bisherigen oder einer anderen zulässigen Art zu nutzen. Liegen die Flächen eines land- oder forstwirtschaftlichen Betriebs sowohl innerhalb als auch außerhalb des Sanierungsgebiets, so kann der Eigentümer von der Gemeinde die Übernahme sämtlicher Grundstücke des Betriebs verlangen, wenn die Erfüllung des Übernahmeverlangens für die Gemeinde keine unzumutbare Belastung bedeutet; die Gemeinde kann sich auf eine unzumutbare Belastung nicht berufen, soweit die außerhalb des Sanierungsgebiets gelegenen Grundstücke nicht mehr in angemessenem Umfang baulich oder wirtschaftlich genutzt werden können. Kommt eine Einigung über die Übernahme nicht zustande, so kann der Eigentümer die Entziehung des Eigentums an dem Grundstück verlangen. Für die Entziehung des Eigentums gelten die Vorschriften des Fünften Teils des Bundesbaugesetzes entsprechend.

(8) Auf die Genehmigung nach Absatz 1 ist § 23 des Bundesbaugesetzes entsprechend anzuwenden.

(9) Vorhaben und Rechtsvorgänge bedürfen keiner Genehmigung, wenn die Gemeinde oder der Sanierungsträger für das Treuhandvermögen als Vertragsteil oder Eigentümer beteiligt ist. Sie dürfen beim Erwerb eines Grundstücks keinen höheren Kaufpreis vereinbaren, als er sich bei entsprechender Anwendung des § 23 ergibt.

(10) Absatz 1 gilt nicht für Rechtsvorgänge, die Zwecken der Landesverteidigung dienen. Ist ein Grundstück in ein Planfeststellungsverfahren nach den im § 38 des Bundesbaugesetzes bezeichneten Rechtsvorschriften einbezogen, so ist die Genehmigung nach Absatz 1 für den rechtsgeschäftlichen Erwerb dieses Grundstücks durch den Bedarfsträger nicht erforderlich. Der Bedarfsträger darf keinen höheren Kaufpreis vereinbaren, als er sich bei entsprechender Anwendung des § 23 ergibt. Die Vorschrift des § 37 des Bundesbaugesetzes über bauliche Maßnahmen des Bundes und der Länder bleibt unberührt.

(11) Absatz 1 gilt nicht für Verträge zum Zwecke der Vorwegnahme der Erbfolge.

(12) Absatz 2 gilt nicht für Vorhaben, die vor der förmlichen Festlegung des Sanierungsgebiets baurechtlich genehmigt worden sind, sowie für Unterhaltungsarbeiten und die Fortführung einer bisher ausgeübten Nutzung.

§ 16

Bodenordnung

(1) Wird im förmlich festgelegten Sanierungsgebiet eine Umlegung eingeleitet, so entfällt die Eintragung eines Umlegungsvermerks.

(2) Wird im förmlich festgelegten Sanierungsgebiet eine Umlegung durchgeführt, so findet § 58 des Bundesbaugesetzes über die Verteilung nach dem Verhältnis der Flächen keine Anwendung. Für die Ermittlung von Werten nach § 57 Satz 2, § 59 Abs. 3 und § 60 Satz 1 des Bundesbaugesetzes gilt § 23 entsprechend. Bei der Ermittlung von Werten nach § 57 Satz 3 und 4, § 59 Abs. 4 und § 60 Satz 2 des Bun-

desbaugesetzes sind die Wertänderungen zu berücksichtigen, die durch die rechtliche und tatsächliche Neuordnung des Sanierungsgebiets eintreten.

(3) § 59 des Bundesbaugesetzes ist mit der Maßgabe anzuwenden, daß anstelle von Grundstücken, die in § 59 Abs. 4 des Bundesbaugesetzes bezeichneten Rechte zugeteilt werden können, wenn in diesen Rechtsformen Eigentum für eine größere Zahl von Beteiligten erhalten werden kann und es mit dem Sanierungszweck vereinbar ist. Wer Eigentum in diesen Rechtsformen ablehnt, ist mit Geld abzufinden.

(4) Wird von einem Grundstückseigentümer, der im förmlich festgelegten Sanierungsgebiet eigengenutzten Wohn- oder Geschäftsraum aufgeben muß und im Umlegungsverfahren kein Grundstück erhält, beantragt, daß für ihn als Abfindung im Umlegungsverfahren eines der in § 59 Abs. 4 des Bundesbaugesetzes bezeichneten Rechte vorgesehen wird, so soll dem entsprochen werden, sofern dies in der Umlegung möglich und mit dem Sanierungszweck vereinbar ist.

(5) Im Umlegungsplan sind die im förmlich festgelegten Sanierungsgebiet gelegenen Gebäude oder sonstigen baulichen Anlagen zu bezeichnen, die bei der Durchführung der Sanierung ganz oder teilweise beseitigt werden müssen. Die Eigentümer haben die Beseitigung zu dulden, wenn die Gemeinde sie zum Vollzug des Umlegungsplans durchführt.

§ 17

Vorkaufsrecht

(1) Im förmlich festgelegten Sanierungsgebiet steht der Gemeinde ein Vorkaufsrecht bei dem Kauf von unbebauten und bebauten Grundstücken zu. § 24 Abs. 2 bis 5, §§ 27 und 28 des Bundesbaugesetzes sind anzuwenden.

(2) Die Gemeinde kann das ihr nach Absatz 1 zustehende Vorkaufsrecht zugunsten eines Sanierungsträgers auch in anderen als den in § 27 Abs. 1 des Bundesbaugesetzes bezeichneten Fällen ausüben.

§ 18

Gemeindliches Grunderwerbsrecht

(1) Wird für die rechtsgeschäftliche Veräußerung eines Grundstücks die Genehmigung nach § 15 versagt, so kann die Gemeinde innerhalb einer Frist von einem Monat nach Unanfechtbarkeit der Entscheidung über den Genehmigungsantrag dem Eigentümer mitteilen, daß sie den Erwerb des Grundstücks in Betracht zieht. Entsprechendes gilt, wenn sich die ergangene Entscheidung über den Genehmigungsantrag vor Unanfechtbarkeit erledigt hat; in diesem Fall kann die Gemeinde innerhalb einer Frist von einem Monat, nachdem sie von der Erledigung Kenntnis erhalten hat, dem Eigentümer mitteilen, daß sie den Erwerb des Grundstücks in Betracht zieht. Die Gemeinde hat nach der Mitteilung unverzüglich ein Gutachten des Gutachterausschusses über den Wert des Grundstücks einzuholen, sofern sie nicht ein bereits vorliegendes Gutachten als ausreichend erachtet. Die Vorschriften des § 23 sind anzuwenden.

(2) Vor der Ausübung des Grunderwerbsrechts hat die Gemeinde den Eigentümer zu einem Erörterungstermin zu laden. In der Ladung ist der Eigentümer auf die Möglichkeit der Abwendung des Grunderwerbsrechts nach Absatz 3 hinzuweisen. Die Ladung ist zuzustellen. Die Ladungsfrist beträgt einen Monat. Kommt in dem Erörterungstermin eine Einigung nicht zustande, so kann die Gemeinde innerhalb von sechs Monaten nach Mitteilung gemäß Absatz 1 dem Eigentümer erklären, daß sie das Grundstück zu dem nach § 23 maßgebenden Wert erwirbt; in dem Bescheid ist als Entgelt der vom Gutachterausschuß ermittelte Wert des Grundstücks festzusetzen, abzüglich der nach Absatz 9 bestehenbleibenden Belastungen. Das Grunderwerbsrecht darf nur ausgeübt werden, wenn der Erwerb des Grundstücks zur Durchführung der Sanierung erforderlich ist. Nach Ausübung des Grunderwerbsrechts ist auf Ersuchen der Gemeinde zur Sicherung ihrer Ansprüche eine Vormerkung in das Grundbuch einzutragen.

(3) Ist der Eigentümer in der Lage, die sein Grundstück betreffenden Sanierungsmaßnahmen durchzuführen, so kann er die Ausübung des Grunderwerbsrechts dadurch abwenden, daß er der Gemeinde gegenüber spätestens innerhalb eines Monats nach der Zustellung des Bescheids schriftlich erklärt, daß er die Sanierung selbst durchführen will, und glaubhaft macht, daß er sie innerhalb angemessener Frist abschließen kann (Abwendung). Auf Antrag des Eigentümers hat die Gemeinde die Frist für die Glaubhaftmachung angemessen zu verlängern; die Verlängerung kann mehrfach erfolgen.

(4) Wegen anderer durch den Erwerb des Grundstücks eintretender Vermögensnachteile ist auf Antrag des Betroffenen eine Entschädigung entsprechend der Regelung des § 96 des Bundesbaugesetzes von der Gemeinde zu gewähren. Kommt eine Einigung über die Höhe der Entschädigung nicht zustande, so entscheidet die höhere Verwaltungsbehörde.

(5) Wird die Erklärung der Gemeinde nach Absatz 2 Satz 5 durch Antrag auf gerichtliche Entscheidung angefochten, so hat das Gericht, wenn einer der Beteiligten dies beantragt, vorab zu entscheiden, ob das Grunderwerbsrecht durch die Gemeinde ausgeübt werden durfte.

(6) Das Eigentum an dem Grundstück geht auf die Gemeinde über, wenn der Bescheid nach Absatz 2 unanfechtbar geworden oder durch Urteil nach Absatz 5 rechtskräftig festgestellt worden ist, daß von der Gemeinde das Grunderwerbsrecht ausgeübt werden durfte, und der Übergang des Eigentums in das Grundbuch eingetragen worden ist. Die Eintragung erfolgt auf Ersuchen der Gemeinde.

(7) Einigen sich die Beteiligten nur über den Übergang des Eigentums an dem Grundstück, jedoch nicht über die Höhe des Entgelts, so ist über die Einigung eine notarielle Urkunde aufzunehmen, in der zugleich die Auflassung zu erklären ist. Nach der Beurkundung hat die Gemeinde unverzüglich durch Bescheid das Entgelt festzusetzen.

(8) Die Gemeinde hat unverzüglich nach der Unanfechtbarkeit des in Absatz 2 genannten Bescheids

§§ 18—20 Städtebauförderungsgesetz

oder der Rechtskraft des Urteils nach Absatz 5 das in dem Bescheid festgesetzte Entgelt zu zahlen oder unter Verzicht auf das Recht der Rücknahme zu hinterlegen, wenn dies statthaft ist. Im Falle der Einigung nach Absatz 7 hat die Gemeinde unverzüglich das in dem Bescheid nach Absatz 7 Satz 2 festgesetzte Entgelt zu zahlen.

(9) Mit dem Übergang des Eigentums erlöschen an dem Grundstück bestehende Vorkaufsrechte und sonstige Rechte zum Erwerb des Grundstücks; § 28 des Bundesbaugesetzes über die Entschädigung für ältere Erwerbsrechte gilt sinngemäß. Andere Rechte an dem Grundstück werden durch den Eigentumsübergang nicht berührt. Die Gemeinde tritt an die Stelle des Eigentümers für die an dem Grundstück bestehenden persönlichen Rechte, die zum Besitz oder zur Nutzung des Grundstücks berechtigen oder die den Eigentümer in der Benutzung beschränken. Haftet bei einem an dem Grundstück bestehenden Grundpfandrecht der bisherige Eigentümer zugleich persönlich, so übernimmt die Gemeinde an seiner Stelle die Schuld bis zur Höhe des Grundpfandrechts, jedoch nicht über den Verkehrswert des Grundstücks hinaus.

(10) Die Gemeinde kann das Grunderwerbsrecht auch zugunsten eines Sanierungsträgers ausüben. Die Gemeinde haftet für die Verpflichtungen aus der Ausübung des Grunderwerbsrechts neben dem Sanierungsträger als Gesamtschuldnerin.

§ 19
Abbruchgebot

(1) Muß bei der Durchführung der Sanierung ein Gebäude oder eine sonstige bauliche Anlage im förmlich festgelegten Sanierungsgebiet ganz oder teilweise beseitigt werden und ist die alsbaldige Beseitigung notwendig, so kann die Gemeinde nach Inkrafttreten des Bebauungsplans den Eigentümer und sonstigen Nutzungsberechtigten durch Bescheid verpflichten, die Beseitigung zu dulden, wenn das Gebäude oder die sonstige bauliche Anlage

1. den Festsetzungen des Bebauungsplans nicht entspricht und eine Anpassung nach § 20 Abs. 1 Nr. 2 ausscheidet oder

2. wegen der schlechten Beschaffenheit nicht mehr modernisiert werden kann.

Diejenigen, für welche ein Recht an dem Grundstück oder an einem das Grundstück belastenden Recht im Grundbuch eingetragen oder durch Eintragung gesichert ist, das nicht zur Nutzung berechtigt, sollen von dem Bescheid benachrichtigt werden, wenn sie von der Beseitigung betroffen werden.

(2) Der Bescheid darf bei Wohnraum nur ergehen, wenn im Zeitpunkt der Beseitigung angemessener Ersatzwohnraum für die Bewohner unter zumutbaren Bedingungen zur Verfügung steht. Bei Raum, der überwiegend gewerblichen oder beruflichen Zwecken dient (Geschäftsraum), hat die Gemeinde vor Erlaß des Bescheids mit dem Inhaber die Möglichkeit einer anderweitigen Unterbringung zu erörtern; strebt der Geschäftsrauminhaber eine anderweitige Unterbringung an, so soll der Bescheid nur ergehen, wenn im Zeitpunkt der Beseitigung anderer geeigneter Geschäftsraum unter zumutbaren Bedingungen zur Verfügung steht.

(3) Entstehen dem Eigentümer durch die Beseitigung Vermögensnachteile, so hat die Gemeinde ihm eine angemessene Entschädigung zu leisten. Die Vorschriften des Zweiten Abschnitts des Fünften Teils des Bundesbaugesetzes gelten entsprechend. Kommt über die Höhe der Entschädigung eine Einigung nicht zustande, so entscheidet darüber die höhere Verwaltungsbehörde. Vor der Entscheidung sind die Beteiligten zu hören.

(4) Der Eigentümer kann anstelle der Entschädigung nach Absatz 3 von der Gemeinde die Übernahme des Grundstücks verlangen, wenn es ihm mit Rücksicht auf das Abbruchgebot wirtschaftlich nicht mehr zuzumuten ist, das Grundstück zu behalten. Kommt eine Einigung über die Übernahme nicht zustande, so kann der Eigentümer die Entziehung des Eigentums an dem Grundstück verlangen. Für die Entziehung des Eigentums gelten die Vorschriften des Fünften Teils des Bundesbaugesetzes entsprechend.

(5) Soweit sonstigen Nutzungsberechtigten durch das Abbruchgebot Vermögensnachteile entstehen, ist eine angemessene Entschädigung in Geld zu leisten. § 30 findet entsprechende Anwendung.

§ 20
Baugebot

(1) Die Gemeinde kann verlangen, daß der Eigentümer eines im förmlich festgelegten Sanierungsgebiet gelegenen Grundstücks innerhalb einer näher zu bestimmenden angemessenen Frist

1. sein Grundstück entsprechend den Festsetzungen des Bebauungsplans bebaut,

2. ein vorhandenes Gebäude oder eine vorhandene sonstige bauliche Anlage den Festsetzungen des Bebauungsplans anpaßt,

wenn die alsbaldige Bebauung oder Anpassung zur Durchführung der Sanierung erforderlich ist (Baugebot). § 59 Abs. 5 des Bundesbaugesetzes findet keine Anwendung. Der Eigentümer kann von der Gemeinde die Übernahme des Grundstücks verlangen, wenn er glaubhaft macht, daß eine tragbare Finanzierung nicht zu ermöglichen ist. § 19 Abs. 4 Satz 2 und 3 gilt entsprechend.

(2) Das Baugebot kann bei einem zusammenhängenden Bauvorhaben zur Erleichterung oder Beschleunigung der Sanierung auch an mehrere Eigentümer als Gebot ergehen, das Bauvorhaben gemeinschaftlich oder in Abstimmung untereinander durchzuführen.

(3) Erfüllt ein Eigentümer die Verpflichtung nach den Absätzen 1 und 2 nicht, so kann die Gemeinde die Enteignung des Grundstücks zu ihren Gunsten oder zugunsten eines Bauwilligen verlangen, der glaubhaft macht, daß er das Grundstück innerhalb angemessener Frist bebauen wird.

§ 21
Modernisierungsgebot

(1) Weist ein Gebäude, das bei der Durchführung der Sanierung nicht beseitigt werden muß, nach seiner inneren oder äußeren Beschaffenheit Mängel auf, deren Behebung zur Erreichung des Sanierungszwecks erforderlich und durch Modernisierung des Gebäudes möglich ist, so soll die Gemeinde mit dem Eigentümer erörtern, wie diese Mängel zu beheben sind.

(2) Mängel im Sinne des Absatzes 1 liegen insbesondere vor, wenn das Gebäude nicht den allgemeinen Anforderungen an gesunde Wohn- und Arbeitsverhältnisse entspricht.

(3) Ist der Eigentümer nicht bereit, die Mängel zu beheben, so kann die Gemeinde anordnen, daß er bestimmte Maßnahmen innerhalb angemessener Frist durchzuführen hat, wenn die alsbaldige Modernisierung zur Erreichung des Sanierungszwecks erforderlich ist. Die Gemeinde darf keine höheren Anforderungen stellen, als sie bei entsprechenden Neubauten in den Vorschriften des Bauordnungsrechts und anderen gleichartigen öffentlich-rechtlichen Vorschriften, insbesondere im Gewerberecht, allgemein gestellt werden.

(4) Kommt der Eigentümer der Anordnung der Gemeinde nicht nach, so kann diese die Modernisierungsmaßnahmen im Wege der Ersatzvornahme nach Maßgabe der landesrechtlichen Vorschriften selbst durchführen oder durch einen Dritten durchführen lassen.

(5) Mieter, Pächter und sonstige Nutzungsberechtigte haben die Durchführung der Maßnahmen zu dulden.

(6) Die Befugnis der zuständigen Behörden, auf Grund anderer Rechtsvorschriften, insbesondere zur Abwehr von Gefahren, Maßnahmen anzuordnen, bleibt unberührt.

§ 22
Besondere Vorschriften über die Enteignung

(1) Zwingende städtebauliche Gründe im Sinne des § 88 des Bundesbaugesetzes sind gegeben, wenn ein im förmlich festgelegten Sanierungsgebiet gelegenes Grundstück zugunsten der Gemeinde enteignet werden soll. Ein Angebot ist hinsichtlich des Kaufpreises als angemessen anzusehen, wenn es dem nach § 23 bemessenen Wert des Grundstücks entspricht. § 89 des Bundesbaugesetzes ist im förmlich festgelegten Sanierungsgebiet nicht anzuwenden.

(2) Das Enteignungsverfahren zugunsten der Gemeinde kann bereits eingeleitet werden, wenn
1. der Entwurf des Bebauungsplans nach § 2 Abs. 6 des Bundesbaugesetzes ausgelegt ist und
2. mit den Beteiligten die von ihnen gegen den Entwurf des Bebauungsplans fristgemäß vorgebrachten Bedenken und Anregungen und die Möglichkeit eines freihändigen Erwerbs des Grundstücks zu angemessenen Bedingungen erörtert worden sind. Die Erörterung der Bedenken und Anregungen sowie der Möglichkeit eines freihändigen Erwerbs kann in demselben Termin erfolgen.

Das Verfahren ist so zu fördern, daß der Enteignungsbeschluß ergehen kann, sobald der Bebauungsplan rechtsverbindlich geworden ist. Nach dem Inkrafttreten des Bebauungsplans ist für eine vorzeitige Besitzeinweisung eine erneute mündliche Verhandlung nicht erforderlich.

(3) Wenn der Betroffene damit einverstanden ist, kann die Entschädigung auch gewährt werden in Form von
1. Miteigentum an einem Grundstück, grundstücksgleichen Rechten oder Rechten nach dem Wohnungseigentumsgesetz oder
2. sonstigen dinglichen Rechten oder
3. Immobilienfondsanteilen.

§ 100 des Bundesbaugesetzes ist mit der Maßgabe anzuwenden, daß die Entschädigung statt in Ersatzland in grundstücksgleichen Rechten festgesetzt werden kann, soweit diese Rechte der Art nach ebenso zur Sicherung der Berufs- oder Erwerbstätigkeit des Berechtigten oder zur Erfüllung der ihm wesensgemäß obliegenden Aufgaben geeignet sind; wer die Entschädigung in solchen Rechten ablehnt, ist mit Geld oder, wenn er damit einverstanden ist, mit einem sonstigen der in Satz 1 bezeichneten Rechte abzufinden.

(4) Enteignungsverfahren im förmlich festgelegten Sanierungsgebiet können miteinander verbunden werden. Sie sind zu verbinden, wenn die Gemeinde es beantragt.

(5) Auf Antrag hat die Enteignungsbehörde vorab über den Übergang oder die Belastung des Eigentums an dem zu enteignenden Grundstück oder über die sonstige durch die Enteignung zu bewirkende Rechtsänderung zu entscheiden. In diesem Fall hat die Enteignungsbehörde anzuordnen, daß dem Berechtigten eine Vorauszahlung in Höhe der zu erwartenden Entschädigung zu leisten ist.

(6) Ist eine Teileinigung (§ 111 des Bundesbaugesetzes) beurkundet worden, so ist auf Antrag der Gemeinde die Ausführungsanordnung nach § 117 des Bundesbaugesetzes zu erlassen, wenn die Gemeinde den zwischen den Beteiligten unstreitigen Entschädigungsbetrag gezahlt oder in zulässiger Weise unter Verzicht auf das Recht der Rücknahme hinterlegt hat.

(7) Soweit die Enteignung zugunsten der Gemeinde zulässig ist, kann sie auch zugunsten eines Sanierungsträgers erfolgen.

(8) Die Zulässigkeit einer Enteignung wird durch die Vorschriften der §§ 18 bis 21 nicht berührt.

§ 23
Bemessung von Ausgleichs- und Entschädigungsleistungen

(1) Sind auf Grund von Maßnahmen, die der Vorbereitung oder Durchführung der Sanierung im förmlich festgelegten Sanierungsgebiet dienen, nach den Vorschriften des Bundesbaugesetzes oder dieses Gesetzes Ausgleichs- oder Entschädigungsleistungen zu gewähren, so werden die Vorschriften des Dritten bis Fünften Teils des Bundesbaugesetzes

angewandt, soweit dieses Gesetz nichts Besonderes bestimmt; dies gilt insbesondere für Entschädigungen nach § 95 oder § 96 des Bundesbaugesetzes für einen eintretenden Rechtsverlust oder für andere Vermögensnachteile sowie für die Entschädigung in Land nach § 100 des Bundesbaugesetzes.

(2) Bei der Bemessung der Ausgleichs- und Entschädigungsleistungen nach Absatz 1 werden jedoch Werterhöhungen, die lediglich durch die Aussicht auf die Sanierung, durch ihre Vorbereitung oder ihre Durchführung eingetreten sind, nur insoweit berücksichtigt, als der Betroffene diese Werterhöhungen durch eigene Aufwendungen zulässigerweise bewirkt hat. Änderungen in den allgemeinen Wertverhältnissen auf dem Grundstücksmarkt sind zu berücksichtigen.

(3) Der Gutachterausschuß hat auf Antrag ein Gutachten über die nach den Absätzen 1 und 2 maßgebenden Grundstückswerte einschließlich der Werte land- und forstwirtschaftlicher Grundstücke zu erstatten.

(4) Bei der Bemessung von Ausgleichs- oder Entschädigungsleistungen auf Grund von Maßnahmen, die der Vorbereitung oder Durchführung der Sanierung im förmlich festgelegten Sanierungsgebiet dienen, bleibt eine Vereinbarung insoweit unberücksichtigt, als sie von den üblichen Vereinbarungen in vergleichbaren Gebieten, die nicht förmlich festgelegte Sanierungsgebiete sind, auffällig abweicht und Tatsachen die Annahme rechtfertigen, daß sie getroffen worden ist, um eine Ausgleichs- oder Entschädigungsleistung zu erlangen.

§ 24

Ersatz für Änderungen von Einrichtungen, die der öffentlichen Versorgung dienen

(1) Stehen in einem förmlich festgelegten Sanierungsgebiet Anlagen der öffentlichen Versorgung mit Elektrizität, Gas, Wasser oder Wärme, Anlagen der Abwasserwirtschaft oder Fernmeldeanlagen der Deutschen Bundespost infolge der Durchführung der Sanierung nicht mehr zur Verfügung und sind besondere Aufwendungen erforderlich, die über das bei ordnungsgemäßer Wirtschaft erforderliche Maß hinausgehen, zum Beispiel der Ersatz oder die Verlegung dieser Anlagen, so hat die Gemeinde dem Träger der Aufgabe die ihm dadurch entstehenden Kosten zu erstatten. Vorteile und Nachteile, die dem Träger der Aufgabe im Zusammenhang damit entstehen, sind auszugleichen.

(2) Kommt eine Einigung über die Höhe des Erstattungsbetrags nicht zustande, so entscheidet die höhere Verwaltungsbehörde. Vor der Entscheidung sind die Beteiligten zu hören. Die Entscheidung kann nur durch Antrag auf gerichtliche Entscheidung nach dem Neunten Teil des Bundesbaugesetzes angefochten werden.

§ 25

Veräußerungspflicht der Gemeinde

(1) Die Gemeinde ist verpflichtet, Grundstücke, die sie nach der förmlichen Festlegung des Sanierungsgebiets zur Durchführung der Sanierung freihändig oder nach den Vorschriften dieses Gesetzes oder des Bundesbaugesetzes ohne Hergabe von entsprechendem Austauschland, Ersatzland oder Begründung von Rechten der in § 22 Abs. 3 Nr. 1 bezeichneten Art erworben hat, an die in Absatz 2 bezeichneten Personen nach Maßgabe der Absätze 3 bis 8 zu veräußern oder ihnen andere Rechte zu verschaffen. Von dieser Verpflichtung sind Flächen ausgenommen, die als Grundstücke für den Gemeinbedarf oder als Verkehrs-, Versorgungs- oder Grünflächen in einem Bebauungsplan festgesetzt sind oder als Austauschland oder zur Entschädigung in Land benötigt werden.

(2) Bei der Erfüllung der Verpflichtung nach Absatz 1 sind solche Personen zu berücksichtigen, die zur Durchführung der Sanierung Grundstücke übereignet oder durch ein Umlegungs- oder Enteignungsverfahren verloren haben, soweit sie nicht bereits Grundstücke oder Rechte der in § 22 Abs. 3 Nr. 1 bezeichneten Art oder Immobilienfondsanteile als Ersatz erhalten haben. Dabei sind vorrangig zu berücksichtigen

1. die früheren Eigentümer, die kein sonstiges Grundeigentum oder nur Grundeigentum in geringem Umfang haben,

2. die früheren Eigentümer, die im Sanierungsgebiet eigengenutzten Wohn- oder Geschäftsraum verloren haben.

Die Gemeinde soll die Veräußerung nach Möglichkeit vor einer Bebauung an Bauwillige vornehmen, die glaubhaft machen, daß sie die Grundstücke innerhalb angemessener Frist entsprechend den Festsetzungen des Bebauungsplans bebauen werden. Zur land- und forstwirtschaftlichen Nutzung festgesetzte Grundstücke sind Land- oder Forstwirten anzubieten, die zur Durchführung der Sanierung Grundstücke übereignet haben oder abgeben mußten. Die Gemeinde soll die übrigen Grundstücke unter Beachtung des Sanierungszwecks und unter Berücksichtigung weiter Kreise der Bevölkerung veräußern.

(3) Die Gemeinde hat ihre Verpflichtung nach den Absätzen 1 und 2 gegenüber den zu berücksichtigenden Personen in der Weise zu erfüllen, daß sie

1. ihnen Eigentum an den Grundstücken überträgt oder ihnen einen Anspruch auf Erwerb von Grundstücken verschafft oder

2. für sie Rechte der in § 22 Abs. 3 Nr. 1 bezeichneten Art an den Grundstücken begründet oder ihnen einen Anspruch auf Erwerb solcher Rechte verschafft oder

3. das Eigentum auf eine juristische Person überträgt, an der sie als Gesellschafter oder Mitglieder überwiegend beteiligt sind, oder

4. das Eigentum auf einen Immobilienfonds im Sinne des Absatzes 5 mit der Maßgabe überträgt, daß dieser ihnen Anteile anbietet.

Die Gemeinde soll die Rechtsform wählen, in der entsprechend den Festsetzungen des Bebauungsplans der Sanierungszweck sachdienlich und wirtschaftlich erreicht werden kann; soweit es in diesem Rahmen möglich ist und die zu berücksichtigenden Personen es wünschen, soll Rechten nach Nummern 1 und 2 der Vorzug vor Rechten nach Nummern 3 und 4 gegeben werden.

(4) Die Verpflichtung nach Absatz 1 und Absatz 2 Satz 1 bis 4 beschränkt sich auf die Veräußerung eines Grundstücks mit dem Bodenwert oder die Verschaffung eines Rechts mit dem Wert, den das hergegebene Grundstück in Anwendung des § 23 hatte.

(5) Als Immobilienfonds kommen in Betracht:

1. Kapitalanlagegesellschaften (§ 1 Abs. 1 des Gesetzes über Kapitalanlagegesellschaften in der Fassung der Bekanntmachung vom 14. Januar 1970 [Bundesgesetzbl. I S. 127]) mit Grundstücks-Sondervermögen aus inländischen Grundstücken.

2. sonstige Immobilienfonds mit Vermögen aus inländischen Grundstücken, wenn die von der Landesregierung bestimmte Behörde den Immobilienfonds für diese Sanierung als zur Erfüllung der Verpflichtung nach den Absätzen 1 und 2 für geeignet erklärt hat. Ein Immobilienfonds darf nur dann für geeignet erklärt werden, wenn angenommen werden kann, daß die Belange der Anteilinhaber ausreichend gewahrt werden und eine ordnungsmäßige Verwaltung des Vermögens gewährleistet ist. Zur ordnungsmäßigen Verwaltung gehört insbesondere auch, daß vor Ausweisung eines Ertrags ausreichende Rückstellungen zur Deckung der Instandhaltungs- und Erneuerungskosten gebildet werden.

(6) Das Grundstück oder das Recht ist zu dem Verkehrswert zu veräußern, der sich durch die rechtliche und tatsächliche Neuordnung des Sanierungsgebiets ergibt. Der Gutachterausschuß hat auf Antrag ein Gutachten über diesen Verkehrswert zu erstatten.

(7) Die Gemeinde hat bei der Veräußerung nach Absatz 2 Satz 1 bis 4 den Teil des Kaufpreises, der der durch die Sanierung bedingten Erhöhung des Werts des Grundstücks entspricht, auf Verlangen des Käufers in ein Tilgungsdarlehen umzuwandeln, sofern ihm nicht zugemutet werden kann, die Verpflichtung mit eigenen oder fremden Mitteln zu erfüllen. Die Vorschrift des § 41 Abs. 8 Satz 3 ist anzuwenden.

(8) Ist es zur Erreichung des Sanierungszwecks erforderlich, ein Grundstück anderen als den nach Absatz 2 Satz 1 bis 4 zu berücksichtigenden Personen anzubieten, so hat die Gemeinde, soweit sie dadurch ihre Verpflichtung nach den Absätzen 1 und 2 ihnen gegenüber nicht erfüllen kann, im Rahmen ihrer Möglichkeiten dafür Sorge zu tragen, daß den zu berücksichtigenden Personen Grundstücke oder Rechte außerhalb des Sanierungsgebiets nach Maßgabe des Absatzes 3 angeboten werden.

Vierter Abschnitt
Miet- und Pachtverhältnisse

§ 26
Beendigung von Mietverhältnissen

Muß bei der Durchführung der Sanierung ein Gebäude oder eine sonstige Anlage im förmlich festgelegten Sanierungsgebiet ganz oder teilweise beseitigt werden und ist die alsbaldige Beseitigung beabsichtigt, so ist bei Anwendung der §§ 556 a, 556 b und 556 c des Bürgerlichen Gesetzbuchs auch das öffentliche Interesse an der alsbaldigen Durchführung der Sanierung zu berücksichtigen, wenn angemessener Ersatzwohnraum für den Mieter und die zu seinem Hausstand gehörenden Personen zu zumutbaren Bedingungen zur Verfügung gestellt wird.

§ 27
Aufhebung von Miet- oder Pachtverhältnissen

(1) Muß bei der Durchführung der Sanierung ein Gebäude oder eine sonstige bauliche Anlage im förmlich festgelegten Sanierungsgebiet ganz oder teilweise beseitigt werden und ist die alsbaldige Beseitigung beabsichtigt, so kann die Gemeinde auf Antrag des Eigentümers oder im Hinblick auf ein Abbruchgebot Miet- oder Pachtverhältnisse, die der Beseitigung entgegenstehen, mit einer Frist von mindestens sechs Monaten, bei einem land- oder forstwirtschaftlich genutzten Grundstück nur zum Schluß eines Pachtjahres aufheben. Die Aufhebung ist nur zulässig, wenn das Rechtsverhältnis bis zum Ablauf der Frist nicht vertragsmäßig endigt oder, falls der Eigentümer den Antrag gestellt hat, nicht von ihm durch Kündigung beendigt werden kann.

(2) Die Gemeinde darf ein Mietverhältnis über Wohnraum nur aufheben, wenn im Zeitpunkt der Beendigung des Mietverhältnisses angemessener Ersatzwohnraum für den Mieter und die zu seinem Hausstand gehörenden Personen zu zumutbaren Bedingungen zur Verfügung steht.

(3) Vor Aufhebung eines Miet- oder Pachtverhältnisses über Geschäftsraum hat die Gemeinde, insbesondere im Hinblick auf ihre Entschädigungsverpflichtung nach § 30, mit dem Mieter oder Pächter die Möglichkeit einer anderweitigen Unterbringung zu erörtern. Strebt der Mieter oder Pächter eine anderweitige Unterbringung an, so soll die Gemeinde das Miet- oder Pachtverhältnis nur aufheben, wenn im Zeitpunkt der Beendigung des Miet- oder Pachtverhältnisses anderer geeigneter Geschäftsraum zu zumutbaren Bedingungen zur Verfügung steht.

(4) Wird die Erwerbsgrundlage eines Mieters oder Pächters von Geschäftsraum im förmlich festgelegten Sanierungsgebiet infolge der Durchführung der Sanierung wesentlich beeinträchtigt und ist ihm deshalb die Fortsetzung des Miet- oder Pachtverhältnisses nicht mehr zuzumuten, so kann die Gemeinde auf Antrag des Mieters oder Pächters das Miet- oder Pachtverhältnis mit einer Frist von mindestens sechs Monaten aufheben. Die Aufhebung ist nur zulässig, wenn das Miet- oder Pachtverhältnis nicht innerhalb einer für den Mieter oder Pächter zumutbaren Frist vertragsmäßig endigt oder durch Kündigung beendigt werden kann.

(5) Ist ein Miet- oder Pachtverhältnis durch Aufhebung beendet worden, so kann die Gemeinde die Räumung mit den Mitteln des Verwaltungszwanges vollziehen.

(6) Die Zulässigkeit einer Aufhebung von Miet- oder Pachtverhältnissen im Rahmen der Umlegung nach dem Vierten Teil des Bundesbaugesetzes oder

eine Enteignung von Miet- oder Pachtverhältnissen nach dem Fünften Teil des Bundesbaugesetzes wird durch die Möglichkeit, Miet- oder Pachtverhältnisse nach den Absätzen 1 bis 4 aufzuheben, nicht berührt.

(7) Die Absätze 1 bis 6 gelten entsprechend für andere schuldrechtliche Vertragsverhältnisse, die zum Gebrauch oder zur Nutzung eines Grundstücks, Gebäudes oder Gebäudeteils oder einer sonstigen baulichen Anlage berechtigen.

§ 28

Beendigung oder Aufhebung von Miet- oder Pachtverhältnissen bei Modernisierungsmaßnahmen

Die §§ 26 und 27 gelten entsprechend, soweit im Zusammenhang mit der Durchführung von Modernisierungsmaßnahmen nach § 21 oder von Maßnahmen nach § 43 Abs. 3 Satz 2 die Fortsetzung eines Miet- oder Pachtverhältnisses nicht in Betracht kommt.

§ 29

Aufhebung von Miet- oder Pachtverhältnissen über unbebaute Grundstücke

(1) Ist nach den Festsetzungen des Bebauungsplans für ein unbebautes Grundstück im förmlich festgelegten Sanierungsgebiet eine andere Nutzung vorgesehen und ist die alsbaldige Änderung der Nutzung beabsichtigt, so kann die Gemeinde auf Antrag des Eigentümers Miet- oder Pachtverhältnisse aufheben, die sich auf das Grundstück beziehen und der neuen Nutzung entgegenstehen.

(2) Auf die Aufhebung sind die Vorschriften des § 27 Abs. 1 und Abs. 5 bis 7 sinngemäß anzuwenden.

§ 30

Entschädigung bei Aufhebung von Miet- oder Pachtverhältnissen

(1) Ist ein Rechtsverhältnis auf Grund des § 27, § 28 oder § 29 aufgehoben worden, so ist den Betroffenen insoweit eine angemessene Entschädigung in Geld zu leisten, als ihnen durch die vorzeitige Beendigung des Rechtsverhältnisses Vermögensnachteile entstehen. Die Vorschriften des Zweiten Abschnitts des Fünften Teils des Bundesbaugesetzes gelten entsprechend.

(2) Zur Entschädigung ist die Gemeinde verpflichtet. Kommt eine Einigung über die Höhe der Entschädigung nicht zustande, so entscheidet die höhere Verwaltungsbehörde. Vor der Entscheidung sind die Beteiligten zu hören.

(3) Wird ein Pachtvertrag über kleingärtnerisch genutztes Land nach § 27 oder § 29 aufgehoben, so ist die Gemeinde außer zur Entschädigung nach Absatz 1 auch zur Bereitstellung oder Beschaffung von Ersatzland verpflichtet. Bei der Entschädigung in Geld ist die Bereitstellung oder Beschaffung des Ersatzlandes angemessen zu berücksichtigen. Die höhere Verwaltungsbehörde kann die Gemeinde von der Verpflichtung zur Bereitstellung oder Beschaffung von Ersatzland befreien, wenn die Gemeinde nachweist, daß sie zur Erfüllung außerstande ist.

§ 31

Verlängerung von Miet- und Pachtverhältnissen

Die Gemeinde kann auf Antrag des Mieters oder Pächters ein Miet- oder Pachtverhältnis über Wohn- oder Geschäftsraum im förmlich festgelegten Sanierungsgebiet verlängern, soweit dies zur Verwirklichung des Sozialplans erforderlich ist.

§ 32

Mieterhöhung bei Modernisierungsmaßnahmen

(1) Sind bei Wohngebäuden im förmlich festgelegten Sanierungsgebiet auf Grund eines Modernisierungsgebots oder auf Grund einer Vereinbarung zur Vermeidung eines Modernisierungsgebots Modernisierungsmaßnahmen vorgenommen und ist dadurch der Gebrauchswert des Wohnraums erhöht oder sind die allgemeinen Wohnverhältnisse auf die Dauer verbessert worden, so kann der Vermieter dem Mieter gegenüber schriftlich erklären, daß das Entgelt für die Überlassung der Wohnung um einen angemessenen Betrag erhöht wird.

(2) Angemessen ist der Betrag im Jahr, der 10 vom Hundert der für die Modernisierung vom Eigentümer aufgewendeten, anteilig auf die Wohnung entfallenden Kosten nicht überschreitet. Dabei sind Kosten nicht zu berücksichtigen, die das Dreifache der Jahresmieten der modernisierten Wohnungen des Gebäudes überschreiten; maßgebend sind die Jahresmieten, die bei Beendigung der Modernisierung zu entrichten sind.

(3) Die Erklärung des Vermieters ist nur wirksam, wenn in ihr die Erhöhung der Miete auf Grund der entstandenen Kosten berechnet und erläutert wird. Die Erklärung hat die Wirkung, daß von dem Ersten des auf die Erklärung folgenden Monats an das erhöhte Entgelt an die Stelle des bisher zu entrichtenden Entgelts tritt; wird die Erklärung erst nach dem Fünfzehnten eines Monats abgegeben, so tritt diese Wirkung erst von dem Ersten des übernächsten Monats an ein.

(4) Der Mieter ist, wenn der Vermieter eine Mieterhöhung nach Absatz 1 verlangt, berechtigt, das Mietverhältnis spätestens am dritten Werktag des Kalendermonats, von dem an die Miete erhöht werden soll, für den Ablauf des übernächsten Monats zu kündigen. Kündigt der Mieter, so tritt die Mieterhöhung nicht ein. Eine zum Nachteil des Mieters abweichende Vereinbarung ist unwirksam.

Fünfter Abschnitt

Sanierungsträger und andere Beauftragte

§ 33

Erfüllung von Aufgaben für die Gemeinde

(1) Die Gemeinde kann sich zur Erfüllung von Aufgaben, die ihr bei der Vorbereitung oder Durchführung der Sanierung obliegen, eines geeigneten Beauftragten bedienen. Sie darf jedoch die Aufgabe,

1. Sanierungsmaßnahmen durchzuführen, die der Gemeinde nach § 13 obliegen,

2. Grundstücke oder Rechte an ihnen zur Vorbereitung oder Durchführung der Sanierung im Auftrag der Gemeinde zu erwerben,

3. Sanierungsförderungsmittel, die die Gemeinde zur Verfügung stellt oder die ihr gewährt werden, oder sonstige der Sanierung dienende Mittel zu bewirtschaften,

nur einem Unternehmen übertragen, dem die zuständige Behörde nach § 34 bestätigt hat, daß es die Voraussetzungen für die Übernahme der Aufgaben als Sanierungsträger erfüllt.

(2) Die Gemeinde soll die Ausarbeitung der Bauleitpläne und die Aufgaben eines für eigene Rechnung tätigen Sanierungsträgers nicht demselben Unternehmen oder einem rechtlich oder wirtschaftlich von ihm abhängigen Unternehmen übertragen.

(3) Ein Auftrag zur Erfüllung von Aufgaben bei der Vorbereitung der Sanierung kann bereits vor einer förmlichen Festlegung des Sanierungsgebiets erteilt werden.

(4) Hoheitliche Befugnisse darf die Gemeinde nicht übertragen.

§ 34

Voraussetzungen für die Bestätigung als Sanierungsträger

(1) Eine Bestätigung für die Übernahme der Aufgaben als Sanierungsträger darf nur ausgesprochen werden für

1. ein als Organ der staatlichen Wohnungspolitik nach § 28 des Wohnungsgemeinnützigkeitsgesetzes vom 29. Februar 1940 (Reichsgesetzbl. I S. 437), zuletzt geändert durch das Erste Gesetz zur Reform des Strafrechts vom 25. Juni 1969 (Bundesgesetzbl. I S. 645), anerkanntes Unternehmen,

2. ein gemeinnütziges Wohnungsunternehmen im Sinne des Wohnungsgemeinnützigkeitsgesetzes,

3. ein gemeinnütziges Siedlungsunternehmen im Sinne des § 1 des Reichssiedlungsgesetzes vom 11. August 1919 (Reichsgesetzbl. I S. 1429), zuletzt geändert durch das Steueränderungsgesetz vom 23. Dezember 1966 (Bundesgesetzbl. I S. 702),

4. ein freies Wohnungsunternehmen, sofern es nicht selbst als Bauunternehmen tätig oder von einem Bauunternehmen abhängig ist,

5. ein anderes Unternehmen, sofern es nicht selbst als Bauunternehmen tätig oder von einem Bauunternehmen abhängig ist.

(2) Voraussetzung für die Bestätigung ist, daß

1. das Unternehmen nach seiner Geschäftstätigkeit und seinen wirtschaftlichen Verhältnissen geeignet und in der Lage ist, die Aufgaben eines Sanierungsträgers ordnungsgemäß zu erfüllen,

2. das Unternehmen, sofern es nicht bereits kraft Gesetzes einer jährlichen Prüfung seiner Geschäftstätigkeit und seiner wirtschaftlichen Verhältnisse unterliegt, sich einer derartigen Prüfung unterworfen hat oder unterwirft,

3. die zur Vertretung berufenen Personen sowie die leitenden Angestellten die erforderliche geschäftliche Zuverlässigkeit besitzen.

(3) Für ein Unternehmen, das nicht bereits kraft Gesetzes einer Prüfung unterliegt, ist in der Bestätigung der Gegenstand der Prüfung zu bestimmen; die Auswahl des Trägers der Prüfung bedarf der Genehmigung der für die Bestätigung zuständigen Behörde.

(4) Die Bestätigung kann allgemein oder nach Anhörung der Gemeinde für den einzelnen Fall ausgesprochen werden. Die allgemeine Bestätigung kann sachlich oder räumlich begrenzt oder befristet werden. Die von der Behörde eines Landes ausgesprochene allgemeine Bestätigung gilt nicht für das Gebiet eines anderen Landes. Die Bestätigung ist zu widerrufen, wenn die Voraussetzungen nach Absatz 1 oder 2 nicht mehr vorliegen.

(5) Die Bestätigung wird durch die nach Landesrecht zuständige Behörde ausgesprochen, bei einem Organ der staatlichen Wohnungspolitik durch die für die Anerkennung zuständige Behörde.

§ 35

Erfüllung der Aufgaben als Sanierungsträger

(1) Der Sanierungsträger erfüllt die ihm von der Gemeinde übertragenen Aufgaben nach § 33 Abs. 1 Nr. 1 oder 2 im eigenen Namen für Rechnung der Gemeinde als deren Treuhänder oder im eigenen Namen für eigene Rechnung. Die ihm von der Gemeinde übertragene Aufgabe nach § 33 Abs. 1 Nr. 3 erfüllt er im eigenen Namen für Rechnung der Gemeinde als deren Treuhänder. Bei der Erfüllung der Aufgaben sind die Vorschriften der Absätze 3 bis 7 und, soweit ihm die Aufgaben als Treuhänder der Gemeinde übertragen sind, außerdem die Vorschriften der §§ 36 und 37 anzuwenden.

(2) Die Gemeinde und der Sanierungsträger legen die Aufgaben, die Rechtsstellung, in der sie der Sanierungsträger zu erfüllen hat, eine von der Gemeinde hierfür zu entrichtende angemessene Vergütung und die Befugnis der Gemeinde zur Erteilung von Weisungen durch schriftlichen Vertrag fest. Der Vertrag bedarf nicht der Form des § 313 des Bürgerlichen Gesetzbuchs. Er kann von jeder Seite nur aus wichtigem Grund gekündigt werden.

(3) Der Sanierungsträger hat der Gemeinde auf Verlangen Auskunft zu erteilen.

(4) Bei der jährlichen Prüfung der Geschäftstätigkeit des Sanierungsträgers ist auch die Einhaltung der Vorschriften dieses Gesetzes und des mit der Gemeinde geschlossenen Vertrags zu prüfen. Der Prüfungsbericht ist der für die Bestätigung zuständigen Behörde und der Gemeinde vorzulegen.

(5) Der Sanierungsträger ist verpflichtet, die Grundstücke, die er nach Übertragung der Aufgabe zur Vorbereitung oder Durchführung der Sanierung erworben hat, nach Maßgabe des § 25 und unter Beachtung der Weisungen der Gemeinde zu veräußern. Er hat die Grundstücke, die er nicht veräußert hat, der Gemeinde anzugeben und auf ihr Verlangen an Dritte oder an sie zu veräußern. Bei der Veräußerung an Dritte ist § 25 Abs. 6 anzuwenden.

(6) Ist in dem von dem Erwerber an den Sanierungsträger entrichteten Kaufpreis ein Betrag ent-

§§ 35, 36 Städtebauförderungsgesetz

halten, der nach § 41 Abs. 4 bis 6 vom Eigentümer zu tragen wäre, so hat der Sanierungsträger diesen Betrag an die Gemeinde abzuführen oder mit ihr zu verrechnen. Hat der Sanierungsträger diesen Teil des Kaufpreises nach Maßgabe des § 25 Abs. 7 in ein Tilgungsdarlehen umgewandelt, so hat er die Ansprüche aus dem Darlehen auf Verlangen entweder an die Gemeinde abzutreten und empfangene Zinsen und Tilgungen an sie abzuführen oder sie mit ihr zu verrechnen.

(7) Der Sanierungsträger hat für die Grundstücke, deren Eigentümer er bleibt, an die Gemeinde Ausgleichsbeträge nach § 41 zu entrichten.

(8) Der Vertrag, den die Gemeinde mit dem für eigene Rechnung tätigen Sanierungsträger geschlossen hat, erlischt mit der Eröffnung des Konkursverfahrens über das Vermögen des Sanierungsträgers. Die Gemeinde kann vom Konkursverwalter verlangen, ihr die im Sanierungsgebiet gelegenen Grundstücke, die der Sanierungsträger nach Übertragung der Aufgaben zur Vorbereitung oder Durchführung der Sanierung erworben hat, gegen Erstattung der vom Sanierungsträger erbrachten Aufwendungen und Übernahme der von ihm eingegangenen Verbindlichkeiten zu übereignen. Der Konkursverwalter ist verpflichtet, der Gemeinde ein Verzeichnis dieser Grundstücke zu übergeben. Die Gemeinde kann ihren Anspruch nur binnen sechs Monaten nach Übergabe des Grundstücksverzeichnisses ausüben. Im übrigen haftet die Gemeinde den Gläubigern von Verbindlichkeiten aus der Durchführung der Ordnungsmaßnahmen wie ein Bürge, soweit sie aus dem Vermögen des Sanierungsträgers im Konkursverfahren keine vollständige Befriedigung erlangt haben.

(9) Kündigt die Gemeinde im Falle der Eröffnung des Vergleichsverfahrens über das Vermögen des für eigene Rechnung tätigen Sanierungsträgers den Vertrag, so kann sie vom Sanierungsträger verlangen, ihr die im Sanierungsgebiet gelegenen Grundstücke, die der Sanierungsträger nach Übertragung der Aufgaben zur Vorbereitung oder Durchführung der Sanierung erworben hat, gegen Erstattung der vom Sanierungsträger erbrachten Aufwendungen und Übernahme der von ihm eingegangenen Verbindlichkeiten zu übereignen. Die Vorschrift des § 64 Satz 2 der Vergleichsordnung ist insoweit nicht anzuwenden. Der Sanierungsträger ist verpflichtet, der Gemeinde ein Verzeichnis dieser Grundstücke zu übergeben. Die Vorschriften des Absatzes 8 Satz 4 und 5 gelten entsprechend.

§ 36

Treuhandvermögen

(1) Ist dem Sanierungsträger eine Aufgabe als Treuhänder der Gemeinde übertragen, so erfüllt er sie mit einem Treuhandvermögen in eigenem Namen für Rechnung der Gemeinde. Der Sanierungsträger erhält von der Gemeinde für den Rechtsverkehr eine Bescheinigung über die Übertragung der Aufgabe als Treuhänder. Er soll bei Erfüllung der Aufgabe seinem Namen einen das Treuhandverhältnis kennzeichnenden Zusatz hinzufügen.

(2) Der als Treuhänder tätige Sanierungsträger hat das in Erfüllung der Aufgabe gebildete Treuhandvermögen getrennt von anderem Vermögen zu verwalten.

(3) Zum Treuhandvermögen gehören die Mittel, die die Gemeinde dem Sanierungsträger zur Erfüllung der Aufgabe zur Verfügung stellt. Zu dem Treuhandvermögen gehört auch, was der Sanierungsträger mit Mitteln des Treuhandvermögens oder durch ein Rechtsgeschäft, das sich auf das Treuhandvermögen bezieht oder auf Grund eines zum Treuhandvermögen gehörenden Rechts oder als Ersatz für die Zerstörung, Beschädigung oder Entziehung eines zum Treuhandvermögen gehörenden Gegenstands erwirbt.

(4) Die Gemeinde gewährleistet die Erfüllung der Verbindlichkeiten, für die der Sanierungsträger mit dem Treuhandvermögen haftet. Mittel, welche der Sanierungsträger darlehnsweise von einem Dritten erhält, gehören nur dann zu dem Treuhandvermögen, wenn die Gemeinde der Darlehnsaufnahme schriftlich zugestimmt hat. Das gleiche gilt für eigene Mittel, die der Sanierungsträger einbringt.

(5) Grundstücke im Sanierungsgebiet, die der Sanierungsträger vor oder nach Übertragung der Aufgabe mit Mitteln, die nicht zum Treuhandvermögen gehören, oder unter Hergabe von eigenem Austauschland erworben hat, kann er mit Zustimmung der Gemeinde gegen Ersatz seiner Aufwendungen in das Treuhandvermögen überführen; er hat sie in das Treuhandvermögen zu überführen, wenn die Gemeinde es verlangt. Dabei sind als Grundstückswerte die Werte zu berücksichtigen, die sich in Anwendung des § 23 ergeben.

(6) Der als Treuhänder tätige Sanierungsträger hat der Gemeinde nach Beendigung seiner Tätigkeit Rechenschaft abzulegen. Er hat nach Beendigung seiner Tätigkeit das Treuhandvermögen, insbesondere die Grundstücke, die er nicht veräußert hat, auf die Gemeinde zu übertragen. Von der Übertragung ab haftet die Gemeinde anstelle des Sanierungsträgers für die noch bestehenden Verbindlichkeiten, für welche dieser mit dem Treuhandvermögen gehaftet hat.

(7) Der Sanierungsträger darf vor der Übertragung nach Absatz 6 die Grundstücke des Treuhandvermögens, die er unter Hergabe von entsprechendem nicht zum Treuhandvermögen gehörendem eigenem Austauschland, oder mindestens zwei Jahre, bevor ihm die Gemeinde einen mit der Sanierung zusammenhängenden Auftrag erteilt hat, erworben und in das Treuhandvermögen überführt hat, in sein eigenes Vermögen zurücküberführen. Sind die von ihm in das Treuhandvermögen überführten Grundstücke veräußert oder im Rahmen der Ordnungsmaßnahmen zur Bildung neuer Grundstücke verwendet oder sind ihre Grenzen verändert worden, so kann der Sanierungsträger andere Grundstücke, die wertmäßig seinen in das Treuhandvermögen überführten Grundstücken entsprechen, in sein eigenes Vermögen zurücküberführen; er bedarf hierzu der Genehmigung der Gemeinde. Er hat dem Treuhandvermögen den Verkehrswert der Grundstücke zu erstatten, der sich durch die rechtliche und tatsächliche Neuordnung des Sanierungsgebiets ergibt.

(8) Der Gutachterausschuß hat auf Antrag ein Gutachten über die Grundstückswerte nach Absatz 5 und Absatz 7 zu erstatten.

§ 37
Sicherung des Treuhandvermögens

(1) Der Sanierungsträger haftet Dritten mit dem Treuhandvermögen nicht für Verbindlichkeiten, die sich nicht auf das Treuhandvermögen beziehen.

(2) Wird in das Treuhandvermögen wegen einer Verbindlichkeit, für welche der Sanierungsträger nicht mit dem Treuhandvermögen haftet, die Zwangsvollstreckung betrieben, so kann die Gemeinde auf Grund des Treuhandverhältnisses gegen die Zwangsvollstreckung nach Maßgabe des § 771 der Zivilprozeßordnung Widerspruch, der Sanierungsträger unter entsprechender Anwendung des § 767 Abs. 1 der Zivilprozeßordnung Einwendungen geltend machen.

(3) Das Treuhandverhältnis erlischt mit der Eröffnung des Konkursverfahrens über das Vermögen des Sanierungsträgers. Das Treuhandvermögen gehört nicht zur Konkursmasse. Der Konkursverwalter hat das Treuhandvermögen auf die Gemeinde zu übertragen und bis zur Übertragung zu verwalten. Von der Übertragung ab haftet die Gemeinde anstelle des Sanierungsträgers für die Verbindlichkeiten, für welche dieser mit dem Treuhandvermögen gehaftet hat. Die mit der Eröffnung des Konkursverfahrens verbundenen Rechtsfolgen treten hinsichtlich dieser Verbindlichkeiten nicht ein. § 418 des Bürgerlichen Gesetzbuchs findet keine Anwendung.

Sechster Abschnitt
Finanzierung der Sanierung

§ 38
Kosten- und Finanzierungsübersicht

(1) Nach der förmlichen Festlegung des Sanierungsgebiets und nach der Aufstellung des Entwurfs des Bebauungsplans hat die Gemeinde eine Kosten- und Finanzierungsübersicht für die Durchführung der Sanierung aufzustellen, sie mit den Kosten- und Finanzierungsvorstellungen anderer Träger öffentlicher Belange, deren Aufgabenbereich durch die Sanierung berührt wird, abzustimmen und der höheren Verwaltungsbehörde vorzulegen.

(2) Die Gemeinde und die höhere Verwaltungsbehörde können von anderen Trägern öffentlicher Belange Auskunft über deren eigene Absichten im Sanierungsgebiet und ihre Kosten- und Finanzierungsvorstellungen verlangen. Die höhere Verwaltungsbehörde kann von der Gemeinde Ergänzungen oder Änderungen der Kosten- und Finanzierungsübersicht verlangen. Sie hat für ein wirtschaftlich sinnvolles Zusammenwirken der Gemeinde und der anderen Träger öffentlicher Belange bei der Durchführung ihrer Maßnahmen zu sorgen und die Gemeinde bei der Beschaffung von Förderungsmitteln eines öffentlichen Haushalts zu unterstützen.

(3) § 9 Abs. 6 des Bundesbaugesetzes bleibt unberührt.

§ 39
Einsatz von Sanierungsförderungsmitteln

(1) Mittel des Bundes, der Länder, Gemeinden und Gemeindeverbände, die von ihnen zur Förderung der Sanierung bestimmt sind (Sanierungsförderungsmittel), sollen von den für die Bewilligung zuständigen Stellen zur Deckung der Kosten der Vorbereitung der Sanierung, der Kosten der Ordnungsmaßnahmen und der Kosten der Modernisierungsmaßnahmen eingesetzt werden. Sie können auch zur Deckung der Kosten des Erwerbs von Grundstücken eingesetzt werden sowie zur Deckung sonstiger Kosten der Sanierung, insbesondere auch der durch sie bedingten Gemeinbedarfs- und Folgeeinrichtungen, wenn sonst der Sanierungszweck nicht erreicht werden könnte. Der Einsatz von Sanierungsförderungsmitteln für Neubauvorhaben und Ersatzbauten bestimmt sich nach § 45 Abs. 2 bis 5.

(2) Sanierungsförderungsmittel des Bundes, der Länder und anderer öffentlicher Haushalte sind der Gemeinde zuzuweisen, soweit sie Maßnahmen selbst durchführt oder zur Kostentragung verpflichtet ist. Zur Förderung sonstiger Maßnahmen bestimmte Sanierungsförderungsmittel eines anderen öffentlichen Haushalts sollen der Gemeinde zur Weiterbewilligung an den die Maßnahme Durchführenden gewährt werden, sofern die zuständige Landesbehörde nicht eine andere Stelle als Bewilligungsstelle bestimmt hat; die andere Stelle soll der Gemeinde vor einer Bewilligung Gelegenheit zur Stellungnahme geben.

(3) Sanierungsförderungsmittel können als Darlehen oder Zuschüsse zur Deckung der Kosten oder zur Verbilligung von anderen Darlehen, die der Deckung der Kosten dienen, gewährt werden. Sie können als Darlehen auch zur Vor- oder Zwischenfinanzierung, als Zuschüsse auch zur Verbilligung von anderen Vor- oder Zwischenfinanzierungsdarlehen, zur Förderung von Modernisierungsmaßnahmen oder von Maßnahmen im Sinne des § 43 Abs. 3 Satz 2 auch als Darlehen oder Zuschüsse zur Deckung der erhöhten laufenden Aufwendungen gewährt werden.

(4) Soweit eine andere Stelle als die Gemeinde Kosten für bestimmte durch die Sanierung bedingte oder mit ihr zusammenhängende Maßnahmen auf anderer rechtlicher Grundlage zu tragen verpflichtet ist oder aus anderen als Sanierungsförderungsmitteln trägt oder derartige Maßnahmen fördert, dürfen Sanierungsförderungsmittel mit Zustimmung der anderen Stelle zur Vor- oder Zwischenfinanzierung eingesetzt werden, wenn die Ersetzung durch die endgültigen Finanzierungs- oder Förderungsmittel zu erwarten ist.

(5) Sanierungsförderungsmittel können als Vorauszahlung gegeben werden unter Vorbehalt einer späteren Bestimmung, ob sie als Darlehen oder Zuschuß gewährt werden oder durch andere Finanzierungsmittel zu ersetzen oder zurückzuzahlen sind; die vorausgezahlten Mittel sind in der Vorauszahlungszeit zins- und tilgungsfrei.

§ 40
Kosten der Vorbereitung der Sanierung

(1) Zur Deckung der Kosten der Vorbereitung der Sanierung können Sanierungsförderungsmittel auch bereits vor einer förmlichen Festlegung des Sanierungsgebiets eingesetzt werden.

(2) Zu den Kosten der Vorbereitung der Sanierung gehören insbesondere die Kosten der vorbereitenden Untersuchungen, der Verhandlung mit den Beteiligten, der förmlichen Festlegung des Sanierungsgebiets, der Erarbeitung des Sozialplans und der Ausarbeitung von Bauleitplänen.

(3) Sanierungsförderungsmittel können einer Gemeinde auch für Kosten gewährt werden, die ihr aus dem Erwerb von Grundstücken erwachsen, wenn der Erwerb der Sanierung dient.

§ 41
Kosten der Ordnungsmaßnahmen; Ausgleichsbeträge

(1) Die Kosten der Ordnungsmaßnahmen trägt die Gemeinde.

(2) Zu den Kosten der Ordnungsmaßnahmen gehören alle Kosten, die bei der Durchführung der in § 12 Abs. 1 Nr. 1 bezeichneten Ordnungsmaßnahmen entstehen, insbesondere auch

1. Entschädigungen, soweit durch sie kein bleibender Gegenwert erlangt worden ist,
2. Ausgaben für den Härteausgleich,
3. Kosten der Verwirklichung des Sozialplans, soweit sie bei der Durchführung der Ordnungsmaßnahmen entstehen, insbesondere Kosten des Umzugs von Bewohnern und Betrieben.

(3) Zu den Kosten der Ordnungsmaßnahmen gehören nicht

1. die persönlichen und sachlichen Kosten der Gemeindeverwaltung,
2. die Erschließungskosten, die nach § 128 Abs. 3 des Bundesbaugesetzes nicht zum beitragsfähigen Erschließungsaufwand gehören.

(4) Der Eigentümer eines im förmlich festgelegten Sanierungsgebiet gelegenen Grundstücks hat an die Gemeinde einen Ausgleichsbetrag in Geld zu entrichten, der der durch die Sanierung bedingten Erhöhung des Werts seines Grundstücks entspricht. Eine Vereinbarung zwischen der Gemeinde und dem Eigentümer über einen höheren Ausgleichsbetrag ist zulässig.

(5) Die durch die Sanierung bedingte Erhöhung des Werts des Grundstücks besteht aus dem Unterschied zwischen dem Wert, der sich für das Grundstück ergeben würde, wenn eine Sanierung weder beabsichtigt noch durchgeführt worden wäre und dem Wert, der sich für das Grundstück durch die rechtliche und tatsächliche Neuordnung des Sanierungsgebiets ergibt. Die Bebauung ist dabei nicht zu bewerten. Sind die Grundstücksgrenzen verändert worden, oder ist dem Eigentümer in einem Umlegungsverfahren oder in sonstiger Weise ein anderes Grundstück zugeteilt worden, so ist bei Anwendung der Sätze 1 und 2 der Unterschied zwischen dem Wert des bisherigen Grundstücks und dem des neuen Grundstücks festzustellen. Der Gutachterausschuß hat auf Antrag ein Gutachten über die Erhöhung des Grundstückswerts zu erstatten.

(6) Der Ausgleichsbetrag ist nach Abschluß der Sanierung zu entrichten. Auf den Ausgleichsbetrag sind anzurechnen

1. die durch die Sanierung entstandenen Vorteile oder Werterhöhungen des Grundstücks, die bereits bei einer Ausgleichsleistung in einem Umlegungsverfahren oder bei einer Entschädigung in einem Enteignungsverfahren berücksichtigt worden sind,
2. die Werterhöhungen des Grundstücks, die der Eigentümer zulässigerweise durch eigene Aufwendungen bewirkt hat,
3. die dem Eigentümer entstandenen Kosten der Ordnungsmaßnahmen.

(7) Ein Ausgleichsbetrag entfällt, soweit der Eigentümer beim Erwerb des Grundstücks als Teil des Kaufpreises bereits einen den Vorschriften der Absätze 4 bis 6 entsprechenden Betrag zulässigerweise entrichtet hat.

(8) Die Gemeinde fordert den Ausgleichsbetrag durch Bescheid an; der Betrag wird einen Monat nach Zustellung des Bescheids fällig. Sie hat den Ausgleichsbetrag auf Antrag des Eigentümers in ein Tilgungsdarlehen umzuwandeln, sofern diesem nicht zugemutet werden kann, die Verpflichtung bei Fälligkeit mit eigenen oder fremden Mitteln zu erfüllen. Sie soll den zur Finanzierung der Neubebauung oder Modernisierung erforderlichen Grundpfandrechten den Vorrang vor einem zur Sicherung ihres Tilgungsdarlehens bestellten Grundpfandrecht einräumen.

(9) Die Gemeinde kann von dem Eigentümer auf den nach den Absätzen 4 bis 6 zu entrichtenden Ausgleichsbetrag Vorauszahlungen verlangen, sobald die beabsichtigten Sanierungsmaßnahmen auf dem Grundstück und die seine zweckentsprechende Nutzung beeinflussenden sonstigen Sanierungsmaßnahmen durchgeführt sind und das Grundstück entsprechend den Festsetzungen des Bebauungsplans genutzt wird. Die Vorschriften des Absatzes 8 gelten sinngemäß.

(10) Sind dem Eigentümer Kosten der Ordnungsmaßnahmen entstanden, so hat die Gemeinde sie ihm zu erstatten, soweit sie über den nach den Absätzen 4 bis 6 ermittelten Ausgleichsbetrag hinausgehen.

§ 42
Ausgleichsbeträge des Veranlassers

(1) Beruhen die städtebaulichen Mißstände im Sinne des § 3 Abs. 3 Nr. 1 nicht nur unwesentlich auf Einwirkungen, die von einem Betrieb auf das Sanierungsgebiet ausgehen, und gewinnt der Betrieb aus der Durchführung der Sanierung einen Vorteil, so kann die Gemeinde ihn in Höhe des Vorteils zu einem Ausgleichsbetrag heranziehen. Als Vorteil gilt insbesondere die Werterhöhung des Betriebs oder die Ersparnis eigener Aufwendungen, die erforderlich geworden wären, um die Einwirkungen auszuschließen oder zu vermindern.

(2) Von einem im Sanierungsgebiet gelegenen Betrieb darf ein Ausgleichsbetrag nach Absatz 1 nur insoweit erhoben werden, als der Vorteil die durch die Sanierung bedingte Werterhöhung seiner im Sanierungsgebiet gelegenen Grundstücke übersteigt.

(3) Für die Heranziehung gelten die Vorschriften des § 41 Abs. 6 Satz 1 und Absatz 8 entsprechend.

§ 43
Kosten der Modernisierungsmaßnahmen

(1) Hat die Gemeinde nach § 21 Abs. 3 angeordnet, daß der Eigentümer bestimmte Maßnahmen zur Modernisierung seines Gebäudes durchzuführen hat, so hat der Eigentümer die Kosten dieser Maßnahmen insoweit zu tragen, als er sie durch eigene oder fremde Mittel decken und die sich daraus ergebenden Kapitalkosten sowie die zusätzlich entstehenden Bewirtschaftungskosten aus Erträgen des Gebäudes aufbringen kann. Sind dem Eigentümer Kosten entstanden, die er nicht zu tragen hat, so hat die Gemeinde sie ihm zu erstatten, soweit nicht eine andere Stelle einen Zuschuß zu ihrer Deckung gewährt. Dies gilt nicht, wenn der Eigentümer auf Grund anderer Rechtsvorschriften verpflichtet ist, die Kosten selbst zu tragen.

(2) Der von dem Eigentümer zu tragende Kostenanteil wird nach der Durchführung der Modernisierungsmaßnahmen unter Berücksichtigung der Erträge ermittelt, die für das modernisierte Gebäude bei ordentlicher Bewirtschaftung nachhaltig erzielt werden können. Als nachhaltig erzielbar gelten für Wohnungen mindestens die Erträge, die sich auf Grund einer Mieterhöhung nach § 32 ergeben.

(3) Soweit nichts anderes vereinbart ist, gelten die Vorschriften der Absätze 1 und 2 entsprechend, wenn der Eigentümer sich gegenüber der Gemeinde vertraglich verpflichtet hat, bestimmte Modernisierungsmaßnahmen im Sinne des § 21 durchzuführen. Hat der Eigentümer eines Gebäudes, das wegen seiner geschichtlichen, künstlerischen oder städtebaulichen Bedeutung erhalten bleiben soll, sich gegenüber der Gemeinde vertraglich verpflichtet, neben bestimmten Modernisierungsmaßnahmen auch bestimmte Maßnahmen durchzuführen, die der Erhaltung, Erneuerung und funktionsgerechten Verwendung des Gebäudes dienen, so gelten auch für die Kosten dieser Maßnahmen die Vorschriften des Absatzes 1 und des Absatzes 2 Satz 1 entsprechend.

(4) Ein Zuschuß aus Sanierungsförderungsmitteln darf zur Deckung der Kosten der Modernisierung nur insoweit gewährt werden, als diese Kosten nicht von dem Eigentümer zu tragen sind.

§ 44
Sonstige Kosten der Sanierung

Zur anderweitigen Unterbringung eines von der Sanierung betroffenen gewerblichen Betriebs oder land- oder forstwirtschaftlichen Betriebs können Sanierungsförderungsmittel eingesetzt werden, soweit eine Entschädigung und eine Förderung auf Grund anderer rechtlicher Grundlagen hierzu nicht ausreichen. Das gleiche gilt, wenn ein solcher Betrieb durch die Sanierung derart beeinträchtigt wird, daß eine wesentliche Änderung baulicher Anlagen erforderlich wird.

§ 45
Kosten der Neubebauung und der Ersatzbauten

(1) Die Kosten der Neubebauung und der Ersatzbauten werden von dem Eigentümer als Bauherrn getragen. Die Gemeinde soll den Eigentümer im Rahmen des Möglichen bei der Beschaffung von Finanzierungsmitteln, insbesondere von Förderungsmitteln aus einem öffentlichen Haushalt, beraten und unterstützen. Hat ein Eigentümer einen Antrag auf Bewilligung derartiger Förderungsmittel nicht über die Gemeinde gestellt, so soll die Bewilligungsstelle vor der Bewilligung der Gemeinde Gelegenheit zur Stellungnahme geben.

(2) Soweit für den Neubau von Wohnungen im Sanierungsgebiet Mittel zur Förderung des sozialen Wohnungsbaues nicht zur Verfügung stehen, können in besonderen Fällen, insbesondere, wenn eine begonnene Sanierung sonst nicht abgeschlossen werden könnte, auch Sanierungsförderungsmittel eingesetzt werden.

(3) Soweit für den Bau von Ersatzwohnungen Mittel zur Förderung des sozialen Wohnungsbaues nicht zur Verfügung stehen, können Sanierungsförderungsmittel eingesetzt werden, wenn die Behebung städtebaulicher Mißstände im Sanierungsgebiet, insbesondere ungesunder Wohnverhältnisse, dringend erforderlich ist.

(4) Die Sanierungsförderungsmittel können zum Einsatz für den Neubau von Wohnungen oder den Bau von Ersatzwohnungen zu öffentlichen Mitteln im Sinne des § 6 Abs. 1 des Zweiten Wohnungsbaugesetzes bestimmt werden.

(5) Werden die Sanierungsförderungsmittel nicht als öffentliche Mittel im Sinne des § 6 Abs. 1 des Zweiten Wohnungsbaugesetzes eingesetzt, so gelten für ihren Einsatz die Vorschriften des § 42 Abs. 1, 2 und 6 des Zweiten Wohnungsbaugesetzes sinngemäß. Als Baudarlehen sollen die Sanierungsförderungsmittel in diesem Falle nur bewilligt werden, wenn die Gesamtkosten des Neubaues auch bei angemessenem Einsatz von erststelligen Finanzierungsmitteln, Eigenleistungen des Bauherrn und sonstigen Finanzierungsmitteln unter Berücksichtigung der nachhaltig erzielbaren Erträge nicht gedeckt werden können; im Darlehnsvertrag ist sicherzustellen, daß das Baudarlehen zum Zwecke der Ersetzung aus Kapitalmarktmitteln mit angemessener Frist ganz oder teilweise gekündigt werden kann. Bei der Bewilligung der Sanierungsförderungsmittel hat der Bauherr sich zu verpflichten, die Wohnungen im Falle der Vermietung höchstens zu einem Entgelt zu vermieten oder sonst zum Gebrauch zu überlassen, das die zur Deckung der laufenden Aufwendungen erforderliche Miete (Kostenmiete) nicht übersteigt; die Vorschriften des § 88 b Abs. 2 und 3 des Zweiten Wohnungsbaugesetzes sowie die dort bezeichneten Vorschriften sind entsprechend anzuwenden. Die Verpflichtung erlischt, wenn sinngemäß die Voraussetzungen vorliegen, unter

denen eine öffentlich geförderte Wohnung ihre Eigenschaft als solche verliert (§§ 15 bis 18 des Wohnungsbindungsgesetzes 1965).

§ 46
Überlassung geförderter Wohnungen

(1) Die Bewilligung von Wohnungsbauförderungsmitteln oder von Sanierungsförderungsmitteln zum Bau von Wohnungen in den Fällen des § 45 Abs. 2 bis 5 kann mit der Auflage verbunden werden, daß die Wohnungen nur Wohnungsuchenden zu überlassen sind, die von der Gemeinde, insbesondere zur Verwirklichung des Sozialplans, benannt werden.

(2) Ist die Auflage erteilt worden, so hat die Gemeinde dem Verfügungsberechtigten bis zur Bezugsfertigkeit oder bis zum Freiwerden der Wohnung mindestens drei Wohnungsuchende zur Auswahl zu benennen; bei einer öffentlich geförderten Wohnung ist auch die Benennung solcher Wohnungsuchenden aus Sanierungsgebieten zulässig, die nicht die Voraussetzungen erfüllen, die zur Erlangung einer Bescheinigung nach § 5 des Wohnungsbindungsgesetzes 1965 erforderlich wären. Der Verfügungsberechtigte darf die Wohnung nur einem der benannten Wohnungsuchenden überlassen.

(3) Soweit die Bindungen nach den Absätzen 1 und 2 für Sanierungsmaßnahmen nicht mehr erforderlich sind, soll die nach Landesrecht zuständige Behörde den Verfügungsberechtigten hiervon freistellen. Bei öffentlich geförderten Wohnungen bleiben im übrigen die Vorschriften des Wohnungsbindungsgesetzes 1965 auch nach dieser Freistellung anwendbar.

(4) § 5a des Wohnungsbindungsgesetzes 1965 und die auf Grund dieser Vorschrift erlassenen Rechtsverordnungen sind in ihrem jeweiligen Geltungsbereich entsprechend anzuwenden.

§ 47
Einsatz anderer öffentlicher Mittel

Für Maßnahmen im Zusammenhang mit der Sanierung, deren Finanzierung oder Förderung auf anderer gesetzlicher Grundlage beruht, sollen die in den jeweiligen Haushaltsplänen zur Verfügung gestellten Finanzierungs- oder Förderungsmittel so eingesetzt werden, daß die Maßnahmen im Rahmen der Sanierung durchgeführt werden können.

§ 48
Verteilung eines Überschusses

(1) Ergibt sich nach der Durchführung der Sanierung und der Übertragung eines Treuhandvermögens auf die Gemeinde bei ihr ein Überschuß der bei der Vorbereitung und Durchführung der Sanierung erzielten Einnahmen über die hierfür getätigten Ausgaben, so ist dieser Überschuß auf die Eigentümer der im Sanierungsgebiet gelegenen Grundstücke zu verteilen. Maßgebend sind die Eigentumsverhältnisse bei der Bekanntmachung des Beschlusses über die förmliche Festlegung des Sanierungsgebiets. Ist nach diesem Zeitpunkt das Eigentum gegen Entgelt übertragen worden, so steht der auf das Grundstück entfallende Anteil dem früheren Eigentümer und dem Eigentümer, der zu einem Ausgleichsbetrag nach § 41 herangezogen worden ist, je zur Hälfte zu.

(2) Die auf die einzelnen Grundstücke entfallenden Anteile des Überschusses sind nach dem Verhältnis der Werte der Grundstücke zu bestimmen, die sich ergeben würden, wenn eine Sanierung weder beabsichtigt noch durchgeführt worden wäre. Die Bebauung ist dabei nicht zu bewerten.

(3) Die Gemeinde hat bei der Errechnung des Überschusses Zuschüsse abzuziehen, die ihr oder Eigentümern aus Mitteln eines anderen öffentlichen Haushalts zur Deckung von Kosten der Vorbereitung oder Durchführung der Sanierung gewährt worden sind.

§ 49
Gewährung und Verwendung von Entschädigungen

(1) Eine Vereinbarung über den Grund oder die Höhe einer Entschädigung oder eines Härteausgleichs soll unter Beachtung der Vorschriften dieses Gesetzes und des Bundesbaugesetzes getroffen werden, die angewandt würden, wenn es nicht zu einer Einigung käme.

(2) Die Gewährung von Mitteln eines öffentlichen Haushalts zur Förderung der Neubebauung, von Modernisierungsmaßnahmen, Ersatzbauten oder Ersatzanlagen kann davon abhängig gemacht werden, daß der Bauherr eine Entschädigung für einen Rechtsverlust, die er im Hinblick auf die Sanierung erhält, oder eine entsprechende Ausgleichsleistung aus einem Umlegungsverfahren oder einen entsprechenden Zuschuß als Eigenleistung für die Finanzierung einsetzt.

Siebenter Abschnitt
Abschluß der Sanierung

§ 50
Fortfall von Rechtswirkungen für einzelne Grundstücke

(1) Ist ein Grundstück in einem förmlich festgelegten Sanierungsgebiet bei der Durchführung der Sanierung entsprechend den Festsetzungen des Bebauungsplans bebaut oder ist entsprechend diesen Festsetzungen in sonstiger Weise die Nutzung des Grundstücks aufgenommen oder ist die Modernisierung durchgeführt worden, so hat die Gemeinde auf Antrag des Eigentümers die Sanierung für das Grundstück als abgeschlossen zu erklären.

(2) Die Gemeinde kann bereits vor dem in Absatz 1 bezeichneten Zeitpunkt die Durchführung der Sanierung für einzelne Grundstücke durch Bescheid an die Eigentümer für abgeschlossen erklären, wenn die den Festsetzungen des Bebauungsplans entsprechende Bebauung oder sonstige Nutzung oder die Modernisierung auch ohne Gefährdung des Sanierungszwecks zu einem späteren Zeitpunkt erfolgen kann. Ein Rechtsanspruch auf Abgabe der Erklärung besteht in diesem Fall nicht.

(3) Mit der Erklärung entfällt für Rechtsvorgänge nach diesem Zeitpunkt die Anwendung der §§ 15 bis 32 für dieses Grundstück. Das Grundbuchamt löscht auf Ersuchen der Gemeinde den Sanierungsvermerk.

§ 51

Aufhebung der förmlichen Festlegung des Sanierungsgebiets

(1) Ist die Sanierung durchgeführt, so ist die Satzung der Gemeinde über die förmliche Festlegung des Sanierungsgebiets aufzuheben.

(2) Erweist sich die Sanierung als undurchführbar, insbesondere, weil die erforderlichen Finanzierungsmittel nicht beschafft werden können, oder wird die Sanierungsabsicht aus anderen Gründen aufgegeben, so ist die Satzung über die förmliche Festlegung des Sanierungsgebiets aufzuheben. Sind diese Voraussetzungen nur für einen Teil des Sanierungsgebiets gegeben, so ist die Satzung für diesen Teil aufzuheben.

(3) Der Beschluß der Gemeinde, durch den die förmliche Festlegung des Sanierungsgebiets ganz oder teilweise aufgehoben wird, ergeht als Satzung. Er bedarf der Genehmigung der höheren Verwaltungsbehörde; die Vorschrift des § 6 Abs. 2 bis 4 des Bundesbaugesetzes gilt entsprechend. Die Satzung ist zusammen mit der Genehmigung in der Gemeinde ortsüblich bekanntzumachen. Mit der Bekanntmachung wird die Satzung rechtsverbindlich.

(4) Mit dem Inkrafttreten der Satzung wird die Kenntlichmachung des Sanierungsgebiets oder des Teils des Sanierungsgebiets im Bebauungsplan, im Falle des Absatzes 1 auch im Flächennutzungsplan, gegenstandslos; das gleiche gilt für die Kenntlichmachung der zu beseitigenden Gebäude und sonstigen baulichen Anlagen im Bebauungsplan. Die Pläne sind entsprechend zu berichtigen.

(5) Die Gemeinde ersucht das Grundbuchamt, die Sanierungsvermerke zu löschen.

§ 52

Anspruch auf Rückübertragung

(1) Wird die Satzung über die förmliche Festlegung des Sanierungsgebiets aus den in § 51 Abs. 2 bezeichneten Gründen aufgehoben, so hat der frühere Eigentümer eines Grundstücks einen Anspruch gegenüber dem jeweiligen Eigentümer auf Rückübertragung dieses Grundstücks, wenn es die Gemeinde oder der Sanierungsträger von ihm nach der förmlichen Festlegung des Sanierungsgebiets zur Durchführung der Sanierung freihändig oder nach den Vorschriften dieses Gesetzes oder des Bundesbaugesetzes ohne Hergabe von entsprechendem Austauschland, Ersatzland oder Begründung von Rechten der in § 22 Abs. 3 Satz 1 bezeichneten Art erworben hatte.

(2) Der Anspruch besteht nicht, wenn

1. das Grundstück als Baugrundstück für den Gemeinbedarf oder als Verkehrs-, Versorgungs- oder Grünfläche in einem Bebauungsplan festgesetzt ist oder für sonstige öffentliche Zwecke benötigt wird oder

2. der frühere Eigentümer selbst das Grundstück im Wege der Enteignung erworben hatte oder

3. der Eigentümer mit der zweckgerechten Verwendung des Grundstücks begonnen hat oder

4. das Grundstück auf Grund der Vorschriften der §§ 25 oder 35 Abs. 5 an einen Dritten veräußert wurde oder

5. die Grundstücksgrenzen erheblich verändert worden sind.

(3) Die Rückübertragung kann nur binnen zwei Jahren seit der Aufhebung der Satzung über die förmliche Festlegung verlangt werden.

(4) Der frühere Eigentümer hat als Kaufpreis den Verkehrswert zu zahlen, den das Grundstück im Zeitpunkt der Rückübertragung hat.

(5) Die Vorschriften der Absätze 1 bis 4 gelten entsprechend, wenn die Satzung über die förmliche Festlegung eines Ersatz- oder Ergänzungsgebiets (§ 11) aus den in § 51 Abs. 2 bezeichneten Gründen aufgehoben wird.

(6) Ein Anspruch auf Rückenteignung nach § 102 des Bundesbaugesetzes bleibt unberührt. Die dem Eigentümer zu gewährende Entschädigung nach § 103 des Bundesbaugesetzes bemißt sich nach dem Wert des Grundstücks, der sich auf Grund des rechtlichen und tatsächlichen Zustands im Zeitpunkt der Aufhebung der förmlichen Festlegung ergibt.

Dritter Teil

Entwicklungsmaßnahmen

§ 53

Erklärung zum städtebaulichen Entwicklungsbereich

(1) Die Landesregierung kann den für eine Entwicklungsmaßnahme im Sinne des § 1 Abs. 3 in Betracht kommenden Bereich durch Rechtsverordnung förmlich als städtebaulichen Entwicklungsbereich festlegen, wenn

1. die einheitliche Vorbereitung, Planung und Durchführung der Maßnahme der angestrebten Entwicklung des Landesgebiets und der Region entspricht;

2. das Wohl der Allgemeinheit die Durchführung der Entwicklungsmaßnahme nach diesem Gesetz erfordert;

3. eine zügige Durchführung der Maßnahme innerhalb eines absehbaren Zeitraums gewährleistet und

4. die Bereitstellung der voraussichtlich erforderlichen Mittel aus öffentlichen Haushalten erwartet werden kann.

(2) Der Entwicklungsbereich ist so zu begrenzen, daß sich die Entwicklung zweckmäßig durchführen läßt. Grundstücke der in § 12 Abs. 2 bezeichneten Art, Grundstücke mit Forschungsreaktoren oder Kernkraftwerken sowie Grundstücke, für die gemäß § 1 Abs. 2 des Gesetzes über die Landbeschaffung für Aufgaben der Verteidigung vom 23. Februar 1957 (Bundesgesetzbl. I S. 134), zuletzt geändert durch Gesetz vom 29. November 1966 (Bundes-

§§ 53—55 Städtebauförderungsgesetz

gesetzbl. I S. 653), ein Anhörungsverfahren eingeleitet worden ist, und bundeseigene Grundstücke, bei denen die Absicht, sie für Zwecke der Landesverteidigung zu verwenden, der Landesregierung bekannt ist, dürfen nur mit Zustimmung des Bedarfsträgers in den Entwicklungsbereich einbezogen werden. Die Bedarfsträger sollen ihre Zustimmung erteilen, wenn auch bei Berücksichtigung ihrer Aufgaben ein überwiegendes öffentliches Interesse an der Durchführung der Entwicklungsmaßnahme besteht.

(3) Der Entwicklungsbereich ist in der Rechtsverordnung genau zu bezeichnen.

(4) In den Gemeinden, in deren Gebiet die Entwicklungsmaßnahme durchgeführt werden soll, ist nach Erlaß der Rechtsverordnung auf diese und auf die Genehmigungspflicht nach § 57 Abs. 1 Nr. 3 in Verbindung mit § 15 durch ortsübliche Bekanntmachung hinzuweisen.

(5) Die Gemeinde ersucht das Grundbuchamt, in das Grundbuch einzutragen, daß eine Entwicklungsmaßnahme durchgeführt wird (Entwicklungsvermerk).

§ 54
Zuständigkeit und Aufgaben

(1) Die Entwicklungsmaßnahme wird von der Gemeinde vorbereitet und durchgeführt, sofern nicht nach Absatz 4 eine abweichende Regelung getroffen wird. Die Gemeinde hat für den städtebaulichen Entwicklungsbereich ohne Verzug Bebauungspläne aufzustellen und, soweit eine Aufgabe nicht nach sonstigen gesetzlichen Vorschriften einem anderen obliegt, alle erforderlichen Maßnahmen zu ergreifen, um die vorgesehene Entwicklung im städtebaulichen Entwicklungsbereich zu verwirklichen.

(2) Die Gemeinde hat die Voraussetzungen dafür zu schaffen, daß ein lebensfähiges örtliches Gemeinwesen entsteht, das nach seinem wirtschaftlichen Gefüge und seiner bevölkerungsmäßigen Zusammensetzung dem Zweck der städtebaulichen Entwicklungsmaßnahme entspricht, und in dem eine ordnungsmäßige und zweckentsprechende Versorgung der Bevölkerung mit Gütern und Dienstleistungen sichergestellt ist.

(3) Die Gemeinde soll die Grundstücke im städtebaulichen Entwicklungsbereich erwerben. Dabei soll sie feststellen, ob und in welcher Rechtsform die bisherigen Eigentümer einen späteren Erwerb von Grundstücken oder Rechten im Rahmen des § 59 Abs. 2 anstreben. Die Gemeinde soll von dem Erwerb eines Grundstücks absehen, wenn

1. bei einem baulich genutzten Grundstück die Art und das Maß der baulichen Nutzung bei der Durchführung der Entwicklungsmaßnahme nicht geändert werden sollen oder

2. der Eigentümer auf einem unbebauten Grundstück für sich ein Eigenheim oder eine Kleinsiedlung bauen will und durch dieses Vorhaben der Zweck der Entwicklungsmaßnahme nicht beeinträchtigt wird.

Erwirbt die Gemeinde ein Grundstück nicht, so ist der Eigentümer verpflichtet, einen Ausgleichsbetrag an die Gemeinde zu entrichten, der der durch die Entwicklungsmaßnahme bedingten Erhöhung des Werts seines Grundstücks entspricht. Die Vorschriften des § 41 Abs. 4 bis 10 gelten entsprechend.

(4) Wenn es zur Vorbereitung und Durchführung der Entwicklungsmaßnahme geboten ist, kann die Landesregierung durch Rechtsverordnung bestimmen, daß ein Gemeindeverband oder ein Verband, an dessen Willensbildung die Gemeinde oder der zuständige Gemeindeverband beteiligt ist, diese Aufgabe wahrnimmt. In der Rechtsverordnung kann auch eine andere Gemeinde oder ein Landkreis mit der Wahrnehmung der Aufgabe beauftragt werden, wenn die betroffene Gemeinde zustimmt oder wenn ihr Gemeindegebiet nur in geringem Umfang berührt wird. In diesem Fall tritt für den städtebaulichen Entwicklungsbereich der in der Rechtsverordnung bestimmte Rechtsträger bei Anwendung des Bundesbaugesetzes oder dieses Gesetzes an die Stelle der Gemeinde. Nach Aufhebung der Erklärung zum städtebaulichen Entwicklungsbereich gelten die von dem Rechtsträger aufgestellten Pläne als Bauleitpläne der Gemeinde.

(5) Soll ein Planungsverband zur Wahrnehmung der Vorbereitung und Durchführung der Entwicklungsmaßnahme bestimmt werden, so ist für den Zusammenschluß nach § 4 Abs. 2 des Bundesbaugesetzes der Antrag eines Planungsträgers nicht erforderlich.

§ 55
Entwicklungsträger

(1) Die Gemeinde kann einen Entwicklungsträger beauftragen,

1. die städtebauliche Entwicklungsmaßnahme vorzubereiten und durchzuführen,

2. Mittel, die die Gemeinde zur Verfügung stellt oder die ihr gewährt werden, oder sonstige der Entwicklungsmaßnahme dienende Mittel zu bewirtschaften.

Auf Verlangen der zuständigen obersten Landesbehörde ist die Gemeinde verpflichtet, einen Entwicklungsträger zu beauftragen.

(2) Die Gemeinde darf die Aufgabe nur einem Unternehmen übertragen, dem die zuständige Behörde bestätigt hat, daß es die Voraussetzungen für die Übernahme der Aufgaben als Entwicklungsträger erfüllt; § 34 findet mit der Maßgabe entsprechende Anwendung, daß die Bestätigung nur für den einzelnen Fall ausgesprochen werden darf.

(3) Der Entwicklungsträger erfüllt die ihm von der Gemeinde übertragenen Aufgaben in eigenem Namen für Rechnung der Gemeinde als deren Treuhänder. Die Vorschriften des § 33 Abs. 3 und 4, des § 35 Abs. 2 bis 4 sowie der §§ 36 und 37 gelten entsprechend.

(4) Der Entwicklungsträger ist verpflichtet, die Grundstücke des Treuhandvermögens nach Maßgabe des § 59 zu veräußern; er ist dabei an die Weisungen der Gemeinde gebunden.

§ 56
Übernahmeverlangen

(1) Der Eigentümer eines im städtebaulichen Entwicklungsbereich gelegenen Grundstücks kann von der Gemeinde die Übernahme des Grundstücks verlangen, wenn es ihm mit Rücksicht auf die Erklärung zum städtebaulichen Entwicklungsbereich oder den Stand der Entwicklungsmaßnahme wirtschaftlich nicht mehr zuzumuten ist, das Grundstück zu behalten oder es in der bisherigen oder einer anderen zulässigen Art zu nutzen. Liegen die Flächen eines land- oder forstwirtschaftlichen Betriebs sowohl innerhalb als auch außerhalb des städtebaulichen Entwicklungsbereichs, so kann der Eigentümer von der Gemeinde die Übernahme sämtlicher Grundstücke des Betriebs verlangen, wenn die Erfüllung des Übernahmeverlangens für die Gemeinde keine unzumutbare Belastung bedeutet; die Gemeinde kann sich auf eine unzumutbare Belastung nicht berufen, soweit die außerhalb des Entwicklungsbereichs gelegenen Grundstücke nicht mehr in angemessenem Umfang baulich oder wirtschaftlich genutzt werden können.

(2) Kommt eine Einigung über die Übernahme nicht zustande, so kann der Eigentümer die Entziehung des Eigentums an dem Grundstück verlangen. Für die Entziehung des Eigentums gelten die Vorschriften des Fünften Teils des Bundesbaugesetzes entsprechend.

§ 57
Besondere Vorschriften für den Entwicklungsbereich

(1) Im städtebaulichen Entwicklungsbereich gelten entsprechend die Vorschriften des

1. § 4 Abs. 2 und § 8 Abs. 2 (Sozialplan),
2. § 6 Abs. 1 bis 7 (Wirkung der förmlichen Festlegung),
3. § 15 (Genehmigungspflichtige Vorhaben und Rechtsvorgänge),
4. § 17 (Vorkaufsrecht) und § 18 (Gemeindliches Grunderwerbsrecht); die Gemeinde hat das Vorkaufs- oder Grunderwerbsrecht zugunsten des Entwicklungsträgers auszuüben, wenn dieser es verlangt,
5. § 19 (Abbruchgebot),
6. § 20 Abs. 1 Satz 1 und Abs. 2 und 3 (Baugebot),
7. § 21 (Modernisierungsgebot),
8. § 22 Abs. 3 bis 6 und 8 (Besondere Vorschriften über die Enteignung),
9. § 23 (Bemessung von Ausgleichs- und Entschädigungsleistungen),
10. § 26 bis § 32 (Miet- und Pachtverhältnisse).

(2) Die Vorschriften des Vierten Teils des Bundesbaugesetzes über die Umlegung und die Grenzregelung finden im städtebaulichen Entwicklungsbereich keine Anwendung.

(3) Die Enteignung ist im städtebaulichen Entwicklungsbereich ohne Bebauungsplan zugunsten der Gemeinde oder des Entwicklungsträgers zur Erfüllung ihrer Aufgaben zulässig. Sie setzt voraus, daß der Antragsteller sich ernsthaft um den freihändigen Erwerb des Grundstücks zu angemessenen Bedingungen bemüht hat. Die Vorschriften der §§ 85, 87 bis 89 des Bundesbaugesetzes finden im städtebaulichen Entwicklungsbereich keine Anwendung.

(4) Auf land- oder forstwirtschaftlich genutzte Grundstücke ist § 23 mit der Maßgabe anzuwenden, daß in den Gebieten, in denen sich kein von dem innerlandwirtschaftlichen Verkehrswert abweichender Verkehrswert gebildet hat, der Wert maßgebend ist, der in vergleichbaren Fällen im gewöhnlichen Geschäftsverkehr auf dem allgemeinen Grundstücksmarkt dort zu erzielen wäre, wo keine Entwicklungsmaßnahmen vorgesehen sind.

§ 58
Finanzierung der städtebaulichen Entwicklungsmaßnahme

Mittel des Bundes, der Länder, Gemeinden und Gemeindeverbände, die von ihnen zur Förderung städtebaulicher Entwicklungsmaßnahmen bestimmt sind (Entwicklungsförderungsmittel) können von den für die Bewilligung zuständigen Stellen zur Deckung der Kosten der Vorbereitung und Durchführung der Maßnahmen einschließlich der durch sie bedingten Gemeindebedarfs- und Folgeeinrichtungen eingesetzt werden. Auf den Einsatz der Mittel sind die Vorschriften des § 39 Abs. 2 bis 5, der §§ 40, 43 bis 47 und 49 entsprechend anzuwenden.

§ 59
Veräußerungspflicht der Gemeinde

(1) Die Gemeinde ist verpflichtet, Grundstücke, die sie zur Durchführung der Entwicklungsmaßnahme freihändig oder nach den Vorschriften dieses Gesetzes oder des Bundesbaugesetzes erworben hat, nach Maßgabe der Absätze 2 bis 5 zu veräußern mit Ausnahme der Flächen, die als Baugrundstücke für den Gemeindebedarf oder als Verkehrs-, Versorgungs- oder Grünflächen in einem Bebauungsplan festgesetzt sind oder für sonstige öffentliche Zwecke oder als Austauschland oder zur Entschädigung in Land benötigt werden.

(2) Die Grundstücke sind nach ihrer Neuordnung und Erschließung unter Berücksichtigung weiter Kreise der Bevölkerung und unter Beachtung der Ziele der Entwicklungsmaßnahme an Bauwillige zu veräußern, die glaubhaft machen, daß sie die Grundstücke innerhalb angemessener Frist entsprechend den Festsetzungen des Bebauungsplans und den Erfordernissen der Entwicklungsmaßnahme bebauen werden. Dabei sind zunächst die früheren Eigentümer zu berücksichtigen, und zwar in erster Linie diejenigen, die kein sonstiges Grundeigentum oder nur Grundeigentum in geringem Umfange haben. Auf die Veräußerungspflicht sind die Vorschriften des § 25 Abs. 3 und 5 entsprechend anzuwenden.

(3) Die Gemeinde hat bei der Veräußerung dafür zu sorgen, daß die Bauwilligen die Bebauung in wirtschaftlich sinnvoller Aufeinanderfolge derart durchführen, daß der Zweck der städtebaulichen Entwicklung erreicht wird und die Vorhaben sich

in den Rahmen der Gesamtmaßnahme einordnen. Sie hat weiter sicherzustellen, daß die neugeschaffenen Gebäude und Einrichtungen so verwendet werden, daß die in § 54 Abs. 2 bezeichneten Ziele erreicht werden.

(4) Zur land- und forstwirtschaftlichen Nutzung festgesetzte Grundstücke sind Land- oder Forstwirten anzubieten, die zur Durchführung der Entwicklungsmaßnahme Grundstücke übereignet haben oder abgeben mußten.

(5) Das Grundstück oder das Recht ist zu dem Verkehrswert zu veräußern, der sich durch die rechtliche und tatsächliche Neuordnung des Entwicklungsbereichs ergibt. Der Gutachterausschuß hat auf Antrag ein Gutachten über diesen Verkehrswert zu erstatten.

§ 60
Entwicklungsgemeinschaft

(1) Grundeigentümer, Mieter, Pächter und sonstige Nutzungsberechtigte sowie andere Dritte können sich zu einer Entwicklungsgemeinschaft zusammenschließen, deren Zweck die gemeinsame Durchführung der Bebauung entsprechend den Festsetzungen des Bebauungsplans und den Erfordernissen der Entwicklungsmaßnahme ist. Die Entwicklungsgemeinschaft entsteht durch Verleihung der Rechtsfähigkeit durch die nach Landesrecht zuständige Behörde und ist eine juristische Person des privaten Rechts.

(2) Das Nähere wird in einem besonderen Gesetz geregelt.

§ 61
Beteiligung des Entwicklungsträgers

Vor der Entscheidung über einen Antrag auf Erteilung einer Genehmigung nach § 57 Abs. 1 Nr. 3 in Verbindung mit § 15 oder über einen Antrag auf Genehmigung eines Vorhabens nach dem Ersten Abschnitt des Dritten Teils des Bundesbaugesetzes ist dem Entwicklungsträger Gelegenheit zur Stellungnahme zu geben.

§ 62
Sonderregelung für im Zusammenhang bebaute Gebiete

Umfaßt der städtebauliche Entwicklungsbereich ein im Zusammenhang bebautes Gebiet, so soll die Gemeinde dieses Gebiet zur Anpassung an die vorgesehene Entwicklung ganz oder teilweise durch Beschluß förmlich festlegen. Der Beschluß darf erst ergehen, wenn entsprechend § 4 vorbereitende Untersuchungen durchgeführt und Stellungnahmen eingeholt worden sind. Für den Beschluß gilt § 5 sinngemäß. In dem förmlich festgelegten Gebiet sind neben den für Entwicklungsmaßnahmen geltenden Vorschriften sinngemäß auch die Vorschriften über die Sanierung anzuwenden mit Ausnahme der Vorschriften des § 3 Abs. 1 bis 3, § 5 Abs. 4, der §§ 11, 48, 50, 51, 54 Abs. 3, § 57 Abs. 2 und 3 und § 59.

§ 63
Aufhebung der Erklärung zum städtebaulichen Entwicklungsbereich

(1) Die Erklärung zum städtebaulichen Entwicklungsbereich ist von der Landesregierung durch Rechtsverordnung aufzuheben, wenn die Entwicklungsmaßnahme durchgeführt ist. Ist die Entwicklungsmaßnahme nur in einem Teil des städtebaulichen Entwicklungsbereichs durchgeführt, so kann die Erklärung für diesen Teil aufgehoben werden.

(2) Mit der Rechtsverordnung nach Absatz 1 ist für ihren Geltungsbereich auch die Satzung nach § 62 aufgehoben.

(3) Die Gemeinde ersucht das Grundbuchamt um Löschung der Entwicklungsvermerke.

Vierter Teil
Städtebauliche Maßnahmen im Zusammenhang mit Maßnahmen zur Verbesserung der Agrarstruktur

§ 64
Abstimmung von Maßnahmen

(1) Bei der Vorbereitung und Durchführung städtebaulicher Sanierungs- und Entwicklungsmaßnahmen sind die Planungen und Maßnahmen zur Verbesserung der Agrarstruktur, insbesondere auch die Ergebnisse der agrarstrukturellen Vorplanung, zu berücksichtigen.

(2) Vor der förmlichen Festlegung eines Sanierungsgebiets oder eines städtebaulichen Entwicklungsbereichs hat die obere Flurbereinigungsbehörde zu prüfen, ob im Zusammenhang mit der städtebaulichen Maßnahme eine Flurbereinigung oder andere Maßnahmen zur Verbesserung der Agrarstruktur durchzuführen sind.

§ 65
Bauleitplanung und Maßnahmen zur Verbesserung der Agrarstruktur

(1) Ist zu erwarten, daß Maßnahmen zur Verbesserung der Agrarstruktur zu Auswirkungen auf die bauliche Entwicklung des Gemeindegebiets führen, so soll die Gemeinde, unbeschadet des § 2 Abs. 1 des Bundesbaugesetzes, darüber befinden, ob Sanierungsmaßnahmen im Sinne des § 1 in Betracht kommen.

(2) Kommt die Gemeinde zu dem Ergebnis, daß Sanierungsmaßnahmen vorgesehen werden sollen, so ist sie verpflichtet, Bauleitpläne aufzustellen.

(3) Die Gemeinde hat die Flurbereinigungsbehörde und, sofern die Maßnahmen zur Verbesserung der Agrarstruktur von anderen Stellen durchgeführt werden, auch diese von dem Ergebnis unverzüglich zu unterrichten und sie bei den Vorarbeiten zur Aufstellung der Bauleitpläne möglichst frühzeitig zu beteiligen.

§ 66

Bauleitplanung und Flurbereinigung

(1) Ist eine Flurbereinigung auf Grund des Flurbereinigungsgesetzes vom 14. Juli 1953 (Bundesgesetzbl. I S. 591), zuletzt geändert durch Gesetz vom 28. August 1969 (Bundesgesetzbl. I S. 1513), in einer Gemeinde nach Mitteilung der Flurbereinigungsbehörde beabsichtigt oder ist sie bereits angeordnet, so ist die Gemeinde verpflichtet, rechtzeitig Bauleitpläne aufzustellen, es sei denn, daß sich die Flurbereinigung auf die bauliche Entwicklung des Gemeindegebiets voraussichtlich nicht auswirkt.

(2) Bei der Aufstellung der Bauleitpläne hat die Gemeinde auch darüber zu befinden, ob im Zusammenhang mit den durch die Flurbereinigung eintretenden Änderungen Sanierungsmaßnahmen im Sinne des § 1 vorgesehen werden sollen.

(3) Die Flurbereinigungsbehörde und die Gemeinde sind verpflichtet, ihre das Gemeindegebiet betreffenden Absichten möglichst frühzeitig aufeinander abzustimmen. Änderungen der Planungen sollen bis zum Abschluß der Flurbereinigung nur vorgenommen werden, wenn zwischen der Flurbereinigungsbehörde und der Gemeinde Übereinstimmung besteht oder wenn zwingende Gründe die Änderung erfordern.

(4) Auf Antrag der Gemeinde kann die nach Landesrecht zuständige Behörde die Befugnisse der Gemeinde zur Umlegung auf die Flurbereinigungsbehörde übertragen. In der Anordnung ist festzulegen, in welchem Umfang die Befugnisse übertragen werden. § 18 Abs. 2 des Flurbereinigungsgesetzes findet entsprechend Anwendung.

§ 67

Aufstellung der Bauleitpläne

Bei Aufstellung der Bauleitpläne nach § 65 oder § 66 ist bei der Berücksichtigung der Bedürfnisse der Land- und Forstwirtschaft im Rahmen des § 1 Abs. 5 des Bundesbaugesetzes der Entwicklung, die mit den Maßnahmen zur Verbesserung der Agrarstruktur in dem Gemeindegebiet angestrebt wird, besonders Rechnung zu tragen.

§ 68

Ersatzlandbeschaffung

(1) Wird bei einer Sanierungs- oder Entwicklungsmaßnahme ein land- oder forstwirtschaftlicher Betrieb ganz oder teilweise in Anspruch genommen, so soll die Gemeinde bei der Erörterung des Sozialplans mit dem Eigentümer des Betriebs auch klären, ob er einen anderen land- oder forstwirtschaftlichen Betrieb oder land- oder forstwirtschaftliches Ersatzland anstrebt. Handelt es sich bei dem in Anspruch genommenen Betrieb um eine Siedlerstelle im Sinne des Reichssiedlungsgesetzes, so ist die zuständige Siedlungsbehörde des Landes zu beteiligen.

(2) Die Gemeinde soll sich um die Beschaffung oder Bereitstellung geeigneten Ersatzlandes bemühen und ihr gehörende Grundstücke als Ersatzland zur Verfügung stellen, soweit sie sie nicht für die ihr obliegenden Aufgaben benötigt.

§ 69

Ersatzlandbeschaffung durch gemeinnützige Siedlungsunternehmen

(1) Zu den Aufgaben der gemeinnützigen Siedlungsunternehmen im Sinne des Reichssiedlungsgesetzes gehört es auch, für die Gemeinde oder einen von ihr beauftragten Sanierungs- oder Entwicklungsträger geeignete Grundstücke zu beschaffen oder zur Verfügung zu stellen, wenn im Zusammenhang mit einer Sanierungs- oder Entwicklungsmaßnahme einem Land- oder Forstwirt Ersatzland gewährt werden soll. Die gemeinnützigen Siedlungsunternehmen können von der Gemeinde auch mit der Durchführung von Umsiedlungen beauftragt werden.

(2) Das Vorkaufsrecht nach dem Reichssiedlungsgesetz kann zum Erwerb von Grundstücken für die in Absatz 1 genannten Zwecke auch dann ausgeübt werden, wenn der Eigentümer das Grundstück an eine Körperschaft des öffentlichen Rechts verkauft hat. Diese ist vor der Ausübung des Vorkaufsrechts zu hören. Das Vorkaufsrecht kann nicht ausgeübt werden, wenn die Körperschaft des öffentlichen Rechts das Grundstück für die ihr obliegenden Aufgaben benötigt.

§ 70

Flurbereinigung aus Anlaß einer Sanierungs- oder Entwicklungsmaßnahme

(1) Werden für eine Sanierungs- oder Entwicklungsmaßnahme land- oder forstwirtschaftliche Grundstücke in Anspruch genommen, so kann die Gemeinde mit Zustimmung der höheren Verwaltungsbehörde nach § 87 Abs. 1 des Flurbereinigungsgesetzes die Einleitung eines Flurbereinigungsverfahrens beantragen, sofern die übrigen Voraussetzungen dieser Vorschrift vorliegen. Das Flurbereinigungsverfahren kann bereits angeordnet werden, wenn das Sanierungsgebiet oder der städtebauliche Entwicklungsbereich förmlich festgelegt ist. Die Gemeinde oder der von ihr benannte Sanierungs- oder Entwicklungsträger ist Träger des Unternehmens im Sinne des § 88 des Flurbereinigungsgesetzes. Die höhere Verwaltungsbehörde ist zuständige obere Behörde im Sinne des § 88 Nr. 3 des Flurbereinigungsgesetzes. § 88 Nr. 9 des Flurbereinigungsgesetzes findet keine Anwendung.

(2) Die vorzeitige Ausführung des Flurbereinigungsplans nach § 63 des Flurbereinigungsgesetzes kann bereits angeordnet werden, wenn der Flurbereinigungsplan bekanntgegeben ist.

(3) Die Zulässigkeit einer Enteignung nach den Vorschriften des Bundesbaugesetzes und dieses Gesetzes im Sanierungsgebiet oder städtebaulichen Entwicklungsbereich bleibt auch nach Einleitung des Flurbereinigungsverfahrens unberührt.

Fünfter Teil
Förderung durch den Bund

§ 71
Finanzhilfen des Bundes

(1) Zur Förderung städtebaulicher Sanierungs- und Entwicklungsmaßnahmen nach diesem Gesetz gewährt der Bund nach Artikel 104a Abs. 4 des Grundgesetzes den Ländern für Investitionen der Gemeinden Finanzhilfen.

(2) In den Haushaltsjahren 1971 bis 1973 stellt der Bund für Maßnahmen nach diesem Gesetz einen Bindungsrahmen von 450 Millionen Deutsche Mark bereit. Ab 1974 stellt der Bund aus allgemeinen Deckungsmitteln weitere Beträge zur Verfügung. Das Nähere ergibt sich aus dem jeweiligen Bundeshaushaltsplan. Die Gewährung von Finanzhilfen zur Abwehr einer Störung des gesamtwirtschaftlichen Gleichgewichts bleibt unberührt.

(3) Die Finanzhilfen sind nach räumlichen oder sachlichen Schwerpunkten gemäß der Bedeutung der Investitionen für die wirtschaftliche und städtebauliche Entwicklung im Bundesgebiet zu gewähren.

§ 72
Einsatz der Finanzhilfen des Bundes

(1) Für den Einsatz der Finanzhilfen des Bundes sind für den Zeitraum der mehrjährigen Finanzplanung Programme nach Maßgabe der Absätze 2 und 3 aufzustellen. Sie sind vor Beginn eines jeden weiteren Jahres nach denselben Gesichtspunkten der Entwicklung anzupassen und fortzuführen.

(2) Die für das Bau-, Wohnungs- und Siedlungswesen zuständigen Minister oder Senatoren der Länder stellen Programme für die städtebaulichen Sanierungs- und Entwicklungsmaßnahmen auf, für die Finanzhilfen des Bundes nach § 71 in Betracht kommen. Die Maßnahmen sind mit anderen vom Bund oder von den Ländern geförderten oder durchgeführten Maßnahmen, insbesondere der Raumordnung, der Wirtschaft, der Landwirtschaft, des Verkehrs oder der Wissenschaft, abzustimmen.

(3) Der Bundesminister für Städtebau und Wohnungswesen berät über die Programme der Länder mit den zuständigen Ministern und Senatoren der Länder, insbesondere über die vorgesehenen Maßnahmen, die Zeit für ihre Durchführung, die Höhe der Finanzhilfen des Bundes und die Beteiligung der Länder an der Förderung der Maßnahmen. Zu der Beratung können Vertreter der kommunalen Spitzenverbände zugezogen werden. Auf der Grundlage dieser Beratung stellt der Bundesminister für Städtebau und Wohnungswesen unter Abstimmung mit anderen im Zusammenhang stehenden Maßnahmen ein Bundesprogramm für den Einsatz der Finanzhilfen des Bundes auf. Er teilt entsprechend dem Bundesprogramm die als Finanzhilfen bestimmten Bundesmittel den Ländern zu.

(4) Die Bewilligung der Mittel für die einzelnen Maßnahmen erfolgt durch die Länder.

§ 73
Einsatz besonderer Bundesmittel

Auf Haushaltsmittel des Bundes, die für den Geschäftsbereich des Bundesministers für Städtebau und Wohnungswesen für ressortzugehörige Aufgaben oder zur Förderung nichtstaatlicher zentraler Einrichtungen zur Verfügung gestellt werden, finden die §§ 71 und 72 keine Anwendung, auch wenn sie städtebaulichen Sanierungs- oder Entwicklungsmaßnahmen zugute kommen. Sollen für die Forschung vorgesehene Bundesmittel für einzelne Sanierungs- oder Entwicklungsmaßnahmen verwendet werden, so sind sie dem Land zuzuteilen. Dieses erteilt bei der Bewilligung der Mittel für die Sanierungs- oder Entwicklungsmaßnahme die vom Bundesminister für Städtebau und Wohnungswesen für erforderlich gehaltenen, der Forschung dienenden Auflagen.

§ 74
Rückflüsse an den Bund

(1) Rückflüsse (Rückzahlungen der Darlehnssumme im ganzen oder in Teilen, Zinsen und Tilgungsbeträge) aus Haushaltsmitteln, die der Bund nach § 71 oder § 73 als Darlehen gewährt, hat der Bund laufend wieder zur Förderung von Maßnahmen nach § 71 oder § 73 oder zur Förderung von Maßnahmen zugunsten des sozialen Wohnungsbaues zu verwenden.

(2) Abweichend von § 17 des Ersten Wohnungsbaugesetzes in der Fassung der Bekanntmachung vom 25. August 1953 (Bundesgesetzbl. I S. 1047), zuletzt geändert durch Gesetz vom 17. Juli 1968 (Bundesgesetzbl. I S. 821), und von § 20 des Zweiten Wohnungsbaugesetzes können die nach diesen Vorschriften für Maßnahmen zugunsten des sozialen Wohnungsbaues zu verwendenden Rückflüsse, Erträge, Rückzahlungen oder Erlöse auch zur Förderung von Maßnahmen nach § 71 oder § 73 verwendet werden, die mit Maßnahmen zur Fortführung des Wohnungsbaues oder zur Verbesserung der Wohnverhältnisse verbunden sind.

§ 75
Übernahme von Bürgschaften

(1) Der Bund kann zur Förderung städtebaulicher Sanierungs- und Entwicklungsmaßnahmen nach diesem Gesetz gegenüber den Ländern Bürgschaften, Garantien oder sonstige Gewährleistungen übernehmen.

(2) Die Übernahme erfolgt nach Maßgabe des Haushaltsgesetzes. Anträge auf Übernahme sind beim Bundesminister für Städtebau und Wohnungswesen zu stellen.

Sechster Teil
Abgaben- und steuerrechtliche Vorschriften

§ 76
Abgabenfreiheit

(1) Frei von Gebühren, Auslagen und ähnlichen Abgaben sind Geschäfte und Verhandlungen

1. zur Vorbereitung oder Durchführung von Sanierungs- oder Entwicklungsmaßnahmen,

2. zur Durchführung von Erwerbsvorgängen nach § 77,

3. zur Gründung oder Auflösung eines Unternehmens, dessen Geschäftszweck ausschließlich darauf gerichtet ist, als Sanierungs- oder Entwicklungsträger tätig zu werden,

4. zur Gründung oder Auflösung von Zusammenschlüssen im Sinne des § 13 Abs. 4, der §§ 14 und 60 oder zur Beteiligung an derartigen Zusammenschlüssen.

(2) Die Abgabenfreiheit gilt nicht für die Kosten eines Rechtsstreits. Unberührt bleiben Regelungen nach landesrechtlichen Vorschriften.

§ 77
Befreiung von der Grunderwerbsteuer

(1) Von der Grunderwerbsteuer sind auf Antrag die folgenden Rechtsvorgänge aus dem Bereich dieses Gesetzes ausgenommen:

1. der Erwerb eines Grundstücks durch eine Gemeinde oder durch einen Rechtsträger im Sinne der §§ 7, 13 Abs. 4, §§ 14, 33, 54 Abs. 4 und 5 und der §§ 55 und 60

   a) zur Vorbereitung oder Durchführung von Sanierungs- oder Entwicklungsmaßnahmen,

   b) zur Verwendung als Austausch- oder Ersatzland im Rahmen von Sanierungs- oder Entwicklungsmaßnahmen.

   Der Befreiung steht nicht entgegen, daß eine förmliche Festlegung des Sanierungsgebiets oder eine Erklärung zum städtebaulichen Entwicklungsbereich noch nicht erfolgt ist;

2. der Erwerb eines Grundstücks durch eine Person, die zur Vorbereitung oder Durchführung von Sanierungs- oder Entwicklungsmaßnahmen oder zur Verwendung als Austausch- oder Ersatzland (Nummer 1 Buchstaben a und b) ein Grundstück übereignet oder verloren hat. Grunderwerbsteuer ist insoweit zu erheben, als die Gegenleistung für das erworbene Grundstück die Gegenleistung für das übereignete oder verlorene Grundstück um mehr als 50 vom Hundert oder, wenn das erworbene Grundstück in demselben Sanierungsgebiet oder Entwicklungsbereich wie das übereignete oder verlorene Grundstück liegt, um mehr als 100 vom Hundert übersteigt. Der auf das erworbene Grundstück entfallende Ausgleichsbetrag (§ 41) bleibt außer Ansatz, soweit er dem Erwerber besonders in Rechnung gestellt wird. Ist die Gegenleistung nicht Besteuerungsgrundlage, so bestimmt sich der Umfang der Steuerbefreiung nach dem Verhältnis der Einheitswerte.

   Die Befreiung wird nur gewährt

   a) beim Erwerb eines Grundstücks im Sanierungsgebiet oder Entwicklungsbereich, in dem das übereignete oder verlorene Grundstück liegt, bis zum Abschluß der Sanierungs- oder Entwicklungsmaßnahmen,

   b) in anderen Fällen bis zum Ablauf von zehn Jahren, gerechnet von dem Zeitpunkt ab, an dem die Unbedenklichkeitsbescheinigung für das übereignete oder verlorene Grundstück erteilt wurde;

3. der Erwerb eines im förmlich festgelegten Sanierungsgebiet gelegenen Grundstücks, soweit die Gegenleistung in der Hingabe eines in demselben Sanierungsgebiet gelegenen Grundstücks besteht;

4. der Erwerb eines Grundstücks durch einen Immobilienfonds im Sinne des § 25 Abs. 3 Nr. 4 in Verbindung mit § 25 Abs. 5 Nr. 2, soweit er binnen achtzehn Monaten Anteile an die in Nummer 2 bezeichneten Personen veräußert, und soweit nachgewiesen wird, daß diesen Personen Steuerbefreiung nach Nummer 2 zustehen würde, wenn sie ohne Zwischenschaltung des Immobilienfonds Miteigentum an dem Grundstück erworben hätten;

5. Erwerbsvorgänge, die durch die Begründung, das Bestehen oder die Auflösung eines Treuhandverhältnisses im Sinne der §§ 36, 37 oder 55 bedingt sind.

(2) Voraussetzung für die Steuerbefreiung ist

1. in den Fällen des Absatzes 1 Nr. 1 eine Bescheinigung der nach Landesrecht zuständigen Behörde, daß das Grundstück zu den dort bezeichneten Zwecken verwendet werden soll;

2. in den Fällen des Absatzes 1 Nr. 2 eine Bescheinigung der nach Landesrecht zuständigen Behörde, daß der Erwerber zur Vorbereitung oder Durchführung von Sanierungs- oder Entwicklungsmaßnahmen oder zur Verwendung als Austausch- oder Ersatzland ein Grundstück übereignet oder verloren hat; in dieser Bescheinigung ist das Grundstück grundbuchmäßig zu bezeichnen und die Gegenleistung anzugeben;

3. in den Fällen des Absatzes 1 Nr. 4 eine Bescheinigung der Gemeinde, daß die Voraussetzungen des § 25 Abs. 3 Nr. 4 in Verbindung mit § 25 Abs. 5 Nr. 2 vorliegen. Zum Nachweis, inwieweit den Erwerbern der Anteile Steuerbefreiung nach Absatz 1 Nr. 2 zustehen würde, wenn sie ohne Zwischenschaltung des Immobilienfonds Miteigentum an dem Grundstück erworben hätten, sind dem Finanzamt die in Nummer 2 bezeichneten Bescheinigungen auch dann einzureichen, wenn der Erwerb der Anteile am Immobilienfonds nicht der Grunderwerbsteuer unterliegt.

(3) Erwerbsvorgänge nach Absatz 1 Nr. 1 unterliegen der Steuer

1. in den Fällen des Buchstaben a mit dem Abschluß der Sanierungs- oder Entwicklungsmaßnahmen (§§ 51, 63), soweit das Grundstück bis zu diesem Zeitpunkt nicht weiterveräußert wird;

2. in den Fällen des Buchstaben b mit Ablauf von zehn Jahren vom Tage der Ausstellung der Unbedenklichkeitsbescheinigung an gerechnet, soweit das Grundstück nicht innerhalb dieses Zeitraums weiterveräußert wird;

3. mit Aufgabe des begünstigten Zwecks, soweit dieser vor Ablauf der in den Nummern 1 und 2 bezeichneten Zeiträume aufgegeben wird. Die Aufgabe des Zwecks ist dem Finanzamt anzuzeigen.

(4) Eine Nachversteuerung (Absatz 3) unterbleibt,
1. wenn und soweit der Erwerber das Grundstück zu einem Zweck verwendet, zu dem er auf Grund anderer Vorschriften das Grundstück hätte steuerfrei erwerben können;
2. wenn und soweit der Erwerber das Grundstück für andere Sanierungs- oder Entwicklungsmaßnahmen verwendet oder benötigt;
3. wenn das Grundstück nach Aufgabe des Sanierungs- oder Entwicklungszwecks ohne Gewinn veräußert wird.

(5) Die Grunderwerbsteuer wird nicht nacherhoben, wenn und soweit Grundstücke, die zu einem steuerbegünstigten Zweck erworben worden sind, für die in Absatz 1 Nr. 1 bezeichneten Zwecke verwendet werden.

(6) Landesrechtliche Vorschriften, die für Sanierungs- und Entwicklungsmaßnahmen weitergehende Vergünstigungen vorsehen, bleiben unberührt.

§ 78

Grundsteuererlaß

(1) Wird bei bebauten Grundstücken der bisherige Mietertrag durch Sanierungs- oder Entwicklungsmaßnahmen um mehr als 20 vom Hundert gemindert, ist die Grundsteuer auf Antrag entsprechend dem Anteil der Ertragsminderung bis zu 80 vom Hundert zu erlassen.

(2) Wird bei eigengewerblich genutzten bebauten Grundstücken (Grundstücksteilen) die Ausnutzung durch Sanierungs- oder Entwicklungsmaßnahmen um mehr als 20 vom Hundert gemindert, ist die Grundsteuer auf Antrag in den Grenzen des Absatzes 1 zu erlassen.

§ 79

Gewerbesteuererlaß

Bei Gewerbebetrieben in Sanierungsgebieten oder Entwicklungsbereichen ist die Gewerbesteuer zu erlassen, soweit ihre Einziehung nach den wirtschaftlichen Verhältnissen des Gewerbebetriebs eine unbillige Härte darstellen würde.

§ 80

Gesellschaftsteuerfreiheit

Von der Gesellschaftsteuer befreit sind Rechtsvorgänge, die unter das Kapitalverkehrsteuergesetz fallen, bei Kapitalgesellschaften, die nach Satzung und tatsächlicher Geschäftsführung ausschließlich der Vorbereitung oder Durchführung von Sanierungs- oder Entwicklungsmaßnahmen dienen. Fallen die Voraussetzungen für die Ausnahme von der Besteuerung fort, bevor die Sanierungs- oder Entwicklungsmaßnahmen abgeschlossen sind, so werden damit auch die Rechtsvorgänge steuerpflichtig, die sich innerhalb der letzten fünf Jahre vor dem Fortfall der Voraussetzungen ereignet haben und noch nicht versteuert sind.

§ 81

Steuerfreiheit für bestimmte Aufgabenträger

(1) Von der Körperschaftsteuer, Gewerbesteuer und Vermögensteuer sind befreit
1. Zusammenschlüsse im Sinne von § 13 Abs. 4, §§ 14 und 60, deren Tätigkeit sich auf die Durchführung von Sanierungs- oder Entwicklungsmaßnahmen beschränkt,
2. Unternehmen im Sinne des § 34 Abs. 1 Nr. 4 und 5 in der Rechtsform einer juristischen Person, deren Tätigkeit sich auf die Erfüllung der Aufgaben nach § 33 oder § 55 beschränkt.

(2) § 102 des Bewertungsgesetzes findet auf Beteiligungen an Kapitalgesellschaften im Sinne des Absatzes 1 keine Anwendung.

§ 82

Veräußerungsgewinne

Für Gewinne, die bei der Übertragung von Wirtschaftsgütern des Anlagevermögens im Sinne des § 6b Abs. 1 des Einkommensteuergesetzes zur Vorbereitung oder Durchführung von Sanierungs- oder Entwicklungsmaßnahmen auf eine Gebietskörperschaft, einen Gemeindeverband, einen Verband im Sinne des § 54 Abs. 4, einen Planungsverband nach § 4 des Bundesbaugesetzes (§§ 7, 54 Abs. 5), einen Eigentümerzusammenschluß (§ 13 Abs. 4), eine Sanierungsgemeinschaft (§ 14), einen Sanierungsträger (§ 33), einen Entwicklungsträger (§ 55), eine Entwicklungsgemeinschaft (§ 60) oder auf einen Erwerber, der die Sanierung als Eigentümer selbst durchführt (§ 13 Abs. 1 und 2) entstanden sind, finden die §§ 6b und 6c des Einkommensteuergesetzes mit der folgenden Maßgabe Anwendung:

1. Ist eine Rücklage nach § 6b Abs. 3 des Einkommensteuergesetzes gebildet worden, so kann der nach § 6b Abs. 3 Satz 2 des Einkommensteuergesetzes zulässige Abzug von den Anschaffungs- oder Herstellungskosten der in § 6b Abs. 1 Satz 2 Ziff. 1 bis 4 des Einkommensteuergesetzes bezeichneten Wirtschaftsgüter in den auf das Wirtschaftsjahr der Veräußerung folgenden sieben Wirtschaftsjahren vorgenommen werden; diese Frist verlängert sich im Fall des § 6b Abs. 3 Satz 3 des Einkommensteuergesetzes auf neun Wirtschaftsjahre, wenn mit der Herstellung des neuen Gebäudes vor dem Schluß des siebenten auf die Bildung der Rücklage folgenden Wirtschaftsjahres begonnen worden ist. Ist die Rücklage am Schluß des siebenten oder im Fall des Satzes 1 zweiter Halbsatz am Schluß des neunten auf ihre Bildung folgenden Wirtschaftsjahres noch vorhanden, so ist sie in diesem Zeitpunkt gewinnerhöhend aufzulösen.

2. An die Stelle der in § 6b Abs. 4 Ziff. 2 des Einkommensteuergesetzes bezeichneten Frist von

Städtebauförderungsgesetz §§ 83—85

sechs Jahren tritt für die Zugehörigkeit des veräußerten Wirtschaftsguts zum Anlagevermögen des Veräußerers eine Frist von zwei Jahren.

§ 83
Bescheinigungsverfahren

(1) In den Fällen des § 76 sind die Voraussetzungen für die Gewährung der Vergünstigung anzuerkennen, wenn die nach Landesrecht zuständige Behörde bescheinigt, daß diese Voraussetzungen vorliegen.

(2) Die Vorschriften der §§ 78 bis 82 sind nur anzuwenden, wenn die nach Landesrecht zuständige Behörde anerkennt, daß in den Fällen des

a) § 78 die Minderung des Mietertrags oder die Minderung der Ausnutzung des eigenbetrieblich genutzten Grundstücks durch Sanierungs- oder Entwicklungsmaßnahmen verursacht worden ist,

b) § 79 der Gewerbebetrieb im Sanierungsgebiet oder Entwicklungsbereich liegt,

c) § 80 die Kapitalgesellschaft nach ihrer Satzung und tatsächlichen Geschäftsführung ausschließlich der Vorbereitung oder Durchführung von Sanierungs- oder Entwicklungsmaßnahmen dient,

d) § 82 die Übertragung der Wirtschaftsgüter zur Vorbereitung oder Durchführung der Sanierungs- oder Entwicklungsmaßnahmen an einen in § 82 bezeichneten Rechtsträger erfolgt ist.

§ 84
Änderung des Einkommensteuergesetzes

§ 51 Abs. 1 Ziff. 2 des Einkommensteuergesetzes in der Fassung der Bekanntmachung vom 12. Dezember 1969 (Bundesgesetzbl. I S. 2265), zuletzt geändert durch das Steueränderungsgesetz 1971 vom 23. Dezember 1970 (Bundesgesetzbl. I S. 1856), wird wie folgt geändert:

1. Buchstabe r erhält die folgende Fassung:

    „r) nach denen Steuerpflichtige größere Aufwendungen

    aa) für die Erhaltung von nicht zu einem Betriebsvermögen gehörenden Gebäuden, die überwiegend Wohnzwecken dienen, abweichend von § 11 Abs. 2,

    bb) zur Erhaltung eines Gebäudes, die für Maßnahmen im Sinne der §§ 21 und 43 Abs. 3 Satz 2 des Städtebauförderungsgesetzes vom 27. Juli 1971 (Bundesgesetzblatt I S. 1125) aufgewendet worden sind,

    auf zwei bis fünf Jahre gleichmäßig verteilen können;".

2. Es wird der folgende Buchstabe x angefügt:

    „x) über erhöhte Absetzungen bei Herstellungskosten für Modernisierungsmaßnahmen im Sinne des § 21 und Maßnahmen im Sinne des § 43 Abs. 3 Satz 2 des Städtebauförderungsgesetzes. Die erhöhten Absetzungen dürfen jährlich 10 vom Hundert der Aufwendungen nicht übersteigen."

Siebenter Teil
Ergänzende Vorschriften

§ 85
Härteausgleich

(1) Im förmlich festgelegten Sanierungsgebiet oder im städtebaulichen Entwicklungsbereich soll zur Vermeidung oder zum Ausgleich wirtschaftlicher Nachteile, die für den Betroffenen in seinen persönlichen Lebensumständen, im wirtschaftlichen oder sozialen Bereich eine besondere Härte bedeuten und für die eine Ausgleichs- oder Entschädigungsleistung nicht zu gewähren ist und die auch nicht durch sonstige Maßnahmen ausgeglichen werden, auf Antrag von der Gemeinde ein Geldausgleich gewährt werden, soweit es der Billigkeit entspricht (Härteausgleich).

(2) Der Härteausgleich kann beantragt werden von

1. einem Eigentümer, der ein Grundstück durch eine Maßnahme auf Grund dieses Gesetzes oder des Bundesbaugesetzes gegen Entschädigung oder gegen Entgelt verloren oder zur Vermeidung einer solchen Maßnahme gegen Entgelt an die Gemeinde oder einen Sanierungs- oder Entwicklungsträger übereignet hat;

2. einem Inhaber eines dinglichen Rechts, das zum Besitz oder zur Nutzung eines Grundstücks berechtigt, wenn sinngemäß die Voraussetzungen von Nummer 1 vorliegen;

3. einem Mieter oder Pächter, wenn das Miet- oder Pachtverhältnis mit Rücksicht auf die Durchführung der Sanierungs- oder Entwicklungsmaßnahme nach den Vorschriften dieses Gesetzes aufgehoben worden ist;

4. einer gekündigten Vertragspartei, wenn ein Gebäude oder eine sonstige bauliche Anlage ganz oder teilweise beseitigt, baulich verändert oder modernisiert werden muß, oder wenn nach den Festsetzungen des Bebauungsplans für ein unbebautes Grundstück eine andere Nutzung vorgesehen ist und wenn aus einem dieser Gründe das Miet- oder Pachtverhältnis durch Kündigung beendigt worden ist; Entsprechendes gilt, wenn ein Miet- oder Pachtverhältnis mit Rücksicht auf die Durchführung der Sanierungs- oder Entwicklungsmaßnahme durch Vereinbarung der Beteiligten vorzeitig beendet wird und die Gemeinde bestätigt hat, daß die Beendigung des Rechtsverhältnisses im Hinblick auf die alsbaldige Durchführung der Sanierungs- oder Entwicklungsmaßnahme geboten ist;

5. einer Vertragspartei, wenn ohne die Beendigung des Rechtsverhältnisses die vermieteten oder verpachteten Räume ganz oder teilweise unbenutzbar sind und die Gemeinde bestätigt hat, daß die vorübergehende Unbenutzbarkeit durch die Sanierungs- oder Entwicklungsmaßnahme bedingt ist;

6. einem Mieter oder Pächter für die Umzugskosten, die dadurch entstehen, daß er nach der Räumung seiner Wohnung vorübergehend anderweitig untergebracht worden ist und später ein neues

Miet- oder Pachtverhältnis im Sanierungsgebiet oder Entwicklungsbereich begründet wird, sofern dies im Sozialplan vorgesehen ist.

(3) Absatz 2 Nr. 3 bis 6 gilt entsprechend für andere schuldrechtliche Vertragsverhältnisse, die zum Gebrauch oder zur Nutzung eines Grundstücks, Gebäudes oder Gebäudeteils oder einer sonstigen baulichen Einrichtung berechtigen.

(4) Ein Härteausgleich wird nicht gewährt, soweit der Antragsteller es unterlassen hat oder unterläßt, den wirtschaftlichen Nachteil durch zumutbare Maßnahmen, insbesondere unter Einsatz eigener oder fremder Mittel abzuwenden.

§ 86
Anwendung des Bundesbaugesetzes

(1) Soweit sich aus diesem Gesetz nichts anderes ergibt, gelten die Vorschriften des Bundesbaugesetzes. Der Achte Teil des Bundesbaugesetzes findet auch für die Aufgaben nach diesem Gesetz Anwendung.

(2) Verwaltungsakte nach den §§ 18 und 85 sowie nach § 57 hinsichtlich des gemeindlichen Grunderwerbsrechts können nur durch Antrag auf gerichtliche Entscheidung nach dem Neunten Teil des Bundesbaugesetzes angefochten werden. Das gleiche gilt für Verwaltungsakte auf Grund dieses Gesetzes, für die die Anwendung des Zweiten Abschnitts des Fünften Teils des Bundesbaugesetzes vorgeschrieben ist oder die in einem Verfahren nach dem Vierten oder Fünften Teil des Bundesbaugesetzes erlassen werden, sowie für Streitigkeiten über die Höhe der Geldentschädigung nach § 70 in Verbindung mit § 88 Nr. 7 und § 89 Abs. 2 des Flurbereinigungsgesetzes.

§ 87
Verletzung der Auskunftspflicht

Verweigert ein nach § 3 Abs. 4 Auskunftspflichtiger die Auskunft über Tatsachen, deren Kenntnis zur Feststellung der Sanierungsbedürftigkeit eines Gebiets oder zur Vorbereitung oder Durchführung der Sanierung erforderlich ist, so gilt die Vorschrift des § 150 Abs. 2 Satz 2 bis 4 des Bundesbaugesetzes über die Androhung und Festsetzung eines Zwangsgeldes entsprechend. Der zur Erteilung einer Auskunft Verpflichtete kann die Auskunft auf solche Fragen verweigern, deren Beantwortung ihn selbst oder einen der in § 383 Abs. 1 Nr. 1 bis 3 der Zivilprozeßordnung bezeichneten Angehörigen der Gefahr strafgerichtlicher Verfolgung oder eines Verfahrens nach dem Gesetz über Ordnungswidrigkeiten aussetzen würde.

§ 88
Verletzung der Geheimhaltungspflicht

(1) Wer ein fremdes Geheimnis, namentlich ein Betriebs- oder Geschäftsgeheimnis, das ihm in seiner Eigenschaft als Angehöriger oder Beauftragter einer Behörde oder als Beschäftigter oder Beauftragter eines Sanierungs- oder Entwicklungsträgers bei Wahrnehmung von Sanierungs- oder Entwicklungsaufgaben bekanntgeworden ist, unbefugt offenbart, wird mit Freiheitsstrafe bis zu einem Jahr und mit Geldstrafe oder mit einer dieser Strafen bestraft.

(2) Handelt der Täter gegen Entgelt oder in der Absicht, sich oder einen anderen zu bereichern oder einen anderen zu schädigen, so ist die Strafe Freiheitsstrafe bis zu zwei Jahren; daneben kann auf Geldstrafe erkannt werden. Ebenso wird bestraft, wer ein fremdes Geheimnis, namentlich ein Betriebs- oder Geschäftsgeheimnis, das ihm unter den Voraussetzungen des Absatzes 1 bekanntgeworden ist, unbefugt verwertet.

(3) Die Tat wird nur auf Antrag des Verletzten verfolgt.

§ 89
Deutscher Rat für Stadtentwicklung

(1) Bei der Bundesregierung wird ein Deutscher Rat für Stadtentwicklung gebildet. Dem Rat gehören an

1. die Bundesminister für Städtebau und Wohnungswesen, für Ernährung, Landwirtschaft und Forsten, für Wirtschaft und Finanzen, des Innern, für Verkehr und für Jugend, Familie und Gesundheit,
2. je ein Vertreter eines jeden Landes,
3. vier Vertreter der Gemeinden und der Gemeindeverbände, die vom Bundesrat auf Vorschlag der kommunalen Spitzenverbände bestimmt werden,
4. neunzehn Wissenschaftler und andere anerkannte Persönlichkeiten, davon mindestens je ein Sachverständiger aus dem Bereich der Baudenkmal-, Bodendenkmal- und Landschaftspflege. Diese Mitglieder beruft der Bundespräsident. Acht Mitglieder werden von der Bundesregierung, elf gemeinsam von den Landesregierungen benannt. Die Berufung erfolgt auf die Dauer von vier Jahren. Wiederberufung ist zulässig.

(2) Der Deutsche Rat für Stadtentwicklung hat die Aufgabe,
1. Empfehlungen für die Zusammenarbeit von Bund, Ländern und Gemeinden bei der Erneuerung und Entwicklung der Städte und Dörfer zu geben,
2. wissenschaftliche Erkenntnisse auf dem Gebiet der Erneuerung und Entwicklung der Städte und Dörfer zu vermitteln,
3. Orientierungsdaten für die Erneuerung und Entwicklung der Städte und Dörfer zur Verfügung zu stellen,
4. Stellungnahmen, wirtschaftliche, finanzielle, soziale und technische Leitlinien und Empfehlungen zur Erneuerung und Entwicklung der Städte und Dörfer zu erarbeiten.

(3) Den Vorsitz führt der Bundesminister für Städtebau und Wohnungswesen. Das Verfahren regelt eine Geschäftsordnung, die der Bundesminister für Städtebau und Wohnungswesen erläßt. Die Geschäftsstelle des Deutschen Rates für Stadtentwicklung wird beim Bundesminister für Städtebau und Wohnungswesen geführt.

§ 90
Gemeinnützige Wohnungs- und Siedlungsunternehmen und Organe der staatlichen Wohnungspolitik

(1) Die Tätigkeit als Beauftragte der Gemeinde bei der Vorbereitung oder Durchführung einer Sanierungs- oder Entwicklungsmaßnahme, insbesondere als Sanierungsträger oder als Entwicklungsträger, sowie als Betreuer von Eigentümern bei der Durchführung von Sanierungs- oder Entwicklungsmaßnahmen gilt

1. bei einem als gemeinnützig oder als Organ der staatlichen Wohnungspolitik nach dem Wohnungsgemeinnützigkeitsgesetz anerkannten Unternehmen als ausschließlich und unmittelbar gemeinnützigen Zwecken im Sinne des § 1 Abs. 2, § 6 Abs. 1 und § 28 Abs. 2 des Wohnungsgemeinnützigkeitsgesetzes dienend;
2. bei einem gemeinnützigen Siedlungsunternehmen im Sinne des § 1 des Reichssiedlungsgesetzes als gemeinnützigen Zwecken im Sinne des § 17 des Steueranpassungsgesetzes dienend.

(2) Aufgabe eines Organs der staatlichen Wohnungspolitik kann es nach seiner Satzung auch sein, strukturverbessernde oder städtebauliche Maßnahmen zu fördern, vorzubereiten, zu betreuen, durchzuführen oder die Durchführung der Maßnahmen zu leiten.

§ 91
Ermächtigungen

Die Bundesregierung wird ermächtigt, mit Zustimmung des Bundesrates durch Rechtsverordnung Vorschriften zu erlassen über

1. die Anwendung gleicher Grundsätze bei der Ermittlung der nach § 23 Abs. 1 bis 3 und nach § 57 Abs. 4 maßgebenden Grundstücks- und Gebäudewerte,
2. die Anwendung gleicher Grundsätze bei der Ermittlung der Verkehrswerte nach § 25 Abs. 6 und § 59 Abs. 5 sowie der Erhöhung der Grundstückswerte nach § 41 Abs. 5,
3. die in § 41 Abs. 2 bezeichneten Kosten der Ordnungsmaßnahmen und ihre Ermittlung,
4. die Erhebung der Ausgleichsbeträge und Vorauszahlungen nach § 41 Abs. 6, 8 und 9 und die nach § 41 Abs. 6 anzurechnenden Leistungen,
5. die Bedingungen der Tilgungsdarlehen nach § 25 Abs. 7 und § 41 Abs. 8, insbesondere die Zins- und Tilgungsverpflichtungen,
6. die Ermittlung des Vorteils und die Erhebung der Ausgleichsbeträge nach § 42 Abs. 1 und 2,
7. das Förderungsverfahren nach § 71.

§ 92
Sonderregelung für einzelne Länder

(1) In den Ländern Berlin und Hamburg entfallen die in § 5 Abs. 2 Satz 1 und § 51 Abs. 3 Satz 2 vorgesehenen Genehmigungen; das Land Bremen kann bestimmen, daß diese Genehmigungen entfallen.

(2) Die Länder Berlin und Hamburg bestimmen, welche Form der Rechtsetzung an die Stelle der in diesem Gesetz vorgesehenen Satzungen tritt. Das Land Bremen kann eine solche Bestimmung treffen. Die Länder Berlin, Bremen und Hamburg können eine von § 5 Abs. 3 und § 51 Abs. 3 Satz 3 und 4 abweichende Regelung treffen.

(3) Das Land Hamburg kann bestimmen, daß eine Berichtigung nach § 6 Abs. 8 Satz 2, § 10 Abs. 2 und § 51 Abs. 4 Satz 2 sowie eine Kenntlichmachung nach § 10 Abs. 1 Satz 3 und 4 entfällt oder daß eine andere Maßnahme an ihre Stelle tritt.

(4) Die Senate der Länder Berlin, Bremen und Hamburg werden ermächtigt, die Vorschriften dieses Gesetzes über die Zuständigkeit von Behörden dem besonderen Verwaltungsaufbau ihrer Länder anzupassen.

(5) Im Land Nordrhein-Westfalen bleiben für das Gebiet des Siedlungsverbandes Ruhrkohlenbezirk die bestehenden Zuständigkeiten anderer als der in diesem Gesetz genannten Stellen bis zu einer anderen landesrechtlichen Regelung unberührt.

(6) Das Land Hamburg gilt für die Anwendung dieses Gesetzes auch als Gemeinde.

(7) Sind für ein Land oder Teile eines Landes Ziele der Raumordnung und Landesplanung noch nicht aufgestellt, ist bei der Anwendung von § 1 Abs. 3 und § 53 Abs. 1 auf künftige Ziele der Raumordnung und Landesplanung abzustellen, wenn diese in einem Entwurf eines Programms oder Plans enthalten sind, für dessen Aufstellung ein förmliches Verfahren eingeleitet ist.

Achter Teil
Überleitungs- und Schlußvorschriften

§ 93
Überleitungsvorschriften für die förmliche Festlegung

(1) Hat der Bund oder das Land für die Durchführung einer Sanierung vor Inkrafttreten dieses Gesetzes einer Gemeinde Förderungsmittel bewilligt, so kann die Gemeinde innerhalb eines Jahres nach Inkrafttreten dieses Gesetzes ohne vorbereitende Untersuchungen oder Stellungnahmen im Sinne des § 4 das Gebiet förmlich als Sanierungsgebiet festlegen. Die nach Landesrecht zuständige Behörde kann verlangen, daß Untersuchungen oder Stellungnahmen im Sinne des § 4 nachgeholt werden.

(2) Für andere bei Inkrafttreten dieses Gesetzes in der Durchführung befindliche Sanierungen kann die nach Landesrecht zuständige Behörde zulassen, daß zu einer förmlichen Festlegung des Sanierungsgebiets innerhalb eines Jahres nach Inkrafttreten dieses Gesetzes auf vorbereitende Untersuchungen oder Stellungnahmen im Sinne des § 4 ganz oder teilweise verzichtet wird.

§ 94
Überleitungsvorschriften für die Erhebung des Ausgleichsbetrags

(1) Ist mit der Durchführung einer Sanierung vor Inkrafttreten dieses Gesetzes begonnen worden und wird das Gebiet förmlich als Sanierungsgebiet festgelegt, so kann die Gemeinde im Einzelfall von der Erhebung des Ausgleichsbetrags nach § 41 ganz oder teilweise absehen, wenn dies zur Vermeidung unbilliger Härten geboten ist. Die Freistellung kann bereits vor der Entstehung des Anspruchs auf einen Ausgleichsbetrag von der Gemeinde ausgesprochen werden.

(2) Absatz 1 gilt entsprechend für die förmliche Festlegung eines städtebaulichen Entwicklungsbereichs und die förmliche Festlegung eines im Zusammenhang bebauten Gebiets nach § 62.

§ 95
Überleitungsvorschriften für die Förderung

(1) Zur Förderung nach diesem Gesetz bestimmte Mittel dürfen innerhalb eines Jahres nach Inkrafttreten dieses Gesetzes für die Durchführung einer Sanierungs- oder Entwicklungsmaßnahme bewilligt oder gewährt werden, ohne daß das Sanierungsgebiet oder der Entwicklungsbereich förmlich festgelegt ist.

(2) Sanierungsförderungsmittel können auch für vorbereitende Untersuchungen oder für die Ausarbeitung von Bauleitplänen, die bei Inkrafttreten dieses Gesetzes bereits in Auftrag gegeben worden sind, bewilligt oder gewährt werden, sofern die vorbereitenden Untersuchungen nach den Vorschriften des § 4, die Ausarbeitung der Bauleitpläne nach den Vorschriften des § 10 weitergeführt werden.

§ 96
Berlin-Klausel

Dieses Gesetz gilt nach Maßgabe des § 12 Abs. 1 sowie des § 13 Abs. 1 des Dritten Überleitungsgesetzes vom 4. Januar 1952 (Bundesgesetzbl. I S. 1) auch im Land Berlin. Rechtsverordnungen, die auf Grund dieses Gesetzes erlassen werden, gelten im Land Berlin nach § 14 des Dritten Überleitungsgesetzes.

§ 97
Inkrafttreten

Dieses Gesetz tritt am ersten Tage des auf die Verkündung folgenden Monats in Kraft.

ERSTER TEIL

Sanierungsmaßnahmen

I. Einleitende Bemerkungen

1. Sanierungskriterien
Ein Gebiet wird zum Sanierungsgebiet, wenn für die Menschen, die dort wohnen, arbeiten, einkaufen, sich in ihm zu Fuß oder mit dem Fahrzeug bewegen, Mißstände auftreten, die sich durch Maßnahmen wie Umbauten, Reparaturen oder ähnliches nicht korrigieren lassen. Eine Sanierung wird auch erforderlich, wenn für die Allgemeinheit lebensnotwendige Interessen wie die Erneuerung von Bauten, die Vergrößerung von Geschäften, die Schaffung von Parkraum oder Spielflächen wegen zu großer Baudichte, zu kleiner Grundstücke, zu enger Zufahrten usw. von Einzelnen — ohne Hilfe von außen — nicht realisiert werden können.

Die Kriterien für eine Sanierung lassen sich in drei Gruppen einteilen:

Soziale Kriterien Kriterien sozialer Art sind etwa gegeben, wenn sich in einem Gebiet die Mobilität oder der Altersaufbau der Wohnbevölkerung anormal verändern, oder wenn in einem Gebiet zunehmend soziale Randgruppen leben oder leben müssen.

Hygienische Kriterien Hygienische Kriterien sind gegeben, wenn in einem Gebiet ungesunde Lebens- und Arbeitsbedingungen herrschen, wenn Wohnungen nicht den notwendigen Standard aufweisen, z. B. nicht abgeschlossen sind, eine nur mangelhafte sanitäre Ausstattung haben und nicht ausreichend beheizt, besonnt und belüftet werden können, oder wenn in einem Quartier die notwendige Zugänglichkeit fehlt, keine ausreichenden Freiflächen vorhanden sind und Lärm, Luftverschmutzung u. a. unzumutbar und gesundheitsgefährdend werden.

Strukturelle Kriterien Strukturelle Kriterien sind gegeben, wenn in einer Gemeinde funktions- und strukturbedingte städtebauliche Mißstände auftreten, die durch die Sanierung — die Umgestaltung — eines bestimmten Gebietes behoben werden sollen. Solch ein Sanierungsfall liegt vor, wenn ein Gebiet auf Grund der vorhandenen Bebauung oder nach seiner sonstigen Beschaffenheit seine Aufgabe innerhalb eines größeren Bereiches etwa hinsichtlich der Sicherung der Versorgung mit Gütern und Dienstleistungen und Leistungen auf dem sozialen und kulturellen Gebiet nicht erfüllen kann.

2. Sanierungsmethoden
Unabhängig von den Sanierungskriterien ist jeweils zu prüfen, welche Sanierungsmethoden einzeln oder nebeneinander angewendet werden sollen.

Flächensanierung Bei einer Flächensanierung wird in der Regel auf einem größeren Areal die Bebauung abgeräumt, das Erschließungssystem verbessert oder neu angelegt und eine Neubebauung durchgeführt. Die Veränderungen der baulichen und sozialen Struktur sind einschneidend. Der finanzielle Aufwand ist hoch.

Objektsanierung Gelegentlich kann mit Objektsanierungen, einer Blockentkernung oder Modernisierung, ein ausreichender Erfolg erzielt werden. Hier handelt es sich um weniger einschneidende Eingriffe, als sie bei einer Flächensanierung nötig werden. Modernisierungsmaßnahmen kosten weniger als Flächensanierungen. Sie sind einfacher und schneller zu realisieren, wobei soziale Härten in geringerem Maße auftreten und vertraute und historisch interessante städtische Strukturen erhalten bleiben können.

Blockentkernung
Modernisierung Von einer Blockentkernung wird gesprochen, wenn die Randbebauung eines auch im Inneren dicht überbauten Blocks eine Qualität aufweist, die allenfalls eine Modernisierung erforderlich machen würde, z. B. den Einbau einer besseren Heizung, den Einbau von Bädern, den Anbau von Balkonen. Wenn es bei einem solchen Block gelingt, die Bebauung im Inneren zu entfernen, ihn „auszukernen" und dafür über einer Tiefgarage Grünflächen etwa mit Spielplätzen zu schaffen, kann dadurch die Funktionsfähigkeit eines Wohnquartiers auf lange Zeit gesichert werden. Viele der im Gebiet wohnenden Menschen können in ihren Wohnungen in der vertrauten aber verbesserten Umgebung bleiben.

Sozialsanierung Bei einer Sozialsanierung stehen im Mittelpunkt nicht bauliche, sondern gesellschaftspolitische und soziale Maßnahmen, z. B. verstärkte Gemeinwesenarbeit, Umsetzung usw.

3. Der Sanierungsbegriff des Städtebauförderungsgesetzes
Das Städtebauförderungsgesetz gebraucht den Ausdruck „Sanierung" für den Tatbestand der Behebung städtebaulicher Mißstände. Es spricht nicht von „Erneuerung" —

wie der Gesetzentwurf der CDU/CSU (BT-Drucksache VI/434) in § 3. Obwohl der Begriff der Stadterneuerung als umfassender Begriff für eine Reihe von Maßnahmen zur Neugestaltung der Städte, insbesondere von Altbaugebieten, immer häufiger gebraucht wird, folgt das Städtebauförderungsgesetz dem Sprachgebrauch des Bundesbaugesetzes; dort wurde in §§ 5 Abs. 4, 26 und 59 Abs. 5 der Ausdruck Sanierung schon verwendet. Der Gesetzgeber hat sich damit bewußt für den der Erneuerung gegenüber engeren Begriff entschieden.

§ 1 Abs. 1 und 2 definiert, was unter Sanierung im Sinne des Städtebauförderungsgesetzes zu verstehen ist. Näher bestimmt noch § 1 Abs. 4 Satz 2 die besonderen Ziele von Sanierungsmaßnahmen. §1 Abs. 1, 2, 4

Nach Absatz 2 dienen Sanierungsmaßnahmen der Behebung städtebaulicher Mißstände (siehe dazu § 3). Dabei wird die Behebung städtebaulicher Mißstände durch eine wesentliche Verbesserung oder Umgestaltung eines Gebietes erreicht. Sanierungsbedürftigkeit ist demnach vor allem dann gegeben, wenn ein Gebiet nach seiner vorhandenen Bebauung — schlechte Bausubstanz — oder nach seiner sonstigen Beschaffenheit den allgemeinen Anforderungen an gesunde Wohn- und Arbeitsverhältnisse nicht entspricht. Dieser Gesichtspunkt ist in Absatz 4 Satz 2 Nr. 3 besonders hervorgehoben. Behebung von Mißständen

Angesichts des immer rascher werdenden und tiefer gehenden Strukturwandels unserer Gesellschaft, der sich auch in der gebauten Umwelt zeigt, wäre es zu eng, wenn unter Sanierung ausschließlich die Anpassung der Baugebiete an die allgemeinen Anforderungen, die an gesunde Lebens-, Wohn- und Arbeitsbedingungen oder an die Sicherheit der in den Gebieten wohnenden oder arbeitenden Menschen zu stellen sind, gemeint wäre. Diese Aufgabe war übrigens schon in § 44 Abs. 1 BBauG angesprochen. Der Sanierungsbegriff des Gesetzes umfaßt auch den Tatbestand, in dem ein Baugebiet die auf das Baugebiet zukommenden Aufgaben nicht mehr oder nur unzureichend erfüllen kann. In Absatz 2 Satz 1 wird daher ausdrücklich von der Umgestaltung von Gebieten gesprochen (siehe auch die Begründung zu § 1 des Gesetzentwurfs der Bundesregierung, BT-Drucksache VI/510 S. 28). § 44 BBauG

Absatz 1 bestimmt, daß die einheitliche Vorbereitung und zügige Durchführung von Sanierungsmaßnahmen im öffentlichen Interesse liegen muß, wenn es sich um Sanierungsmaßnahmen nach dem Städtebauförderungsgesetz handeln soll. Damit scheiden Maßnahmen auf einem einzelnen Grundstück als Sanierungsmaßnahmen im Sinne des Städtebauförderungsgesetzes aus, denn auf einem einzelnen Grundstück wird eine Sanierung einheitlich vorbereitet und durchgeführt. Mit dem besonderen Erfordernis der einheitlichen Vorbereitung wird zum Ausdruck gebracht, daß es sich um ein Gebiet handeln muß, das aus mehreren alten Grundstücken besteht. Einheitliche Vorbereitung

Im öffentlichen Interesse liegt eine einheitliche Vorbereitung beispielsweise dann, wenn die Eigentümer und Nutzer eines solchen Gebiets allein nicht in der Lage sind, eine Behebung der städtebaulichen Mißstände vorzubereiten, wenn die Aktivität in einem Gebiet so nachgelassen hat, daß ohne Hilfe von außen nichts mehr in Gang kommt. Denkbar ist aber auch, daß die Aktivität Einzelner nur zu punktuellen Verbesserungen führt, gleichzeitig aber Zustände geschaffen werden, die eine durchgreifende Erneuerung eines Gebietes erschweren. Als Beispiel sei die Errichtung eines neuen, großen und teueren Hinterhauses genannt, das zwar besser sein mag als das frühere Gebäude, das aber allein wegen des Wertes der neuen Bausubstanz jeder weiteren Entwicklung im Wege stehen würde. In solchen Fällen liegt es im Interesse der Allgemeinheit, daß die Behebung der Mißstände einheitlich vorbereitet wird.

Eine zügige Durchführung von Sanierungsmaßnahmen wird immer im öffentlichen Interesse liegen: die Lasten, die für die Beteiligten wie für die Allgemeinheit mit der Behebung städtebaulicher Mißstände verbunden sind, sind nur dann zumutbar, wenn die Sanierung rasch durchgeführt und somit die unabwendbare Beeinträchtigung möglichst gering gehalten wird. Die zügige Durchführung der Sanierung kann aber auch deshalb im öffentlichen Interesse geboten sein, weil die Allgemeinheit die Straße, die Schule oder das Parkhaus dringend braucht, die im Sanierungsgebiet entstehen sollen. Zügige Durchführung

In Absatz 2 wird die Flächensanierung — Beseitigung baulicher Anlagen und Neubebauung — als eine nach dem Gesetz mögliche Sanierungsmaßnahme ausdrücklich erwähnt. Absatz 2 Satz 2 macht jedoch deutlich, daß zur Sanierung nicht unbedingt die Beseitigung der vorhandenen Bebauung gehört. Als Beispiel für eine der möglichen Sanierungsmaßnahmen nennt das Gesetz die Modernisierung von Gebäuden. Damit wird zum Ausdruck gebracht, daß erhaltenswerte Gebäude, soweit dies mög- Flächensanierung

Modernisierung lich ist, bestehen bleiben sollen, wobei sie allerdings durch Modernisierung den heutigen Anforderungen angepaßt werden müssen (vgl. Schriftlicher Bericht des Bundestagsausschusses für Städtebau und Wohnungswesen, zu BT-Drucksache VI/2204, zu § 1 S. 3). Die Modernisierung wird in der Bestimmung nur beispielhaft, — das zeigt das Wort „insbesondere" — genannt, damit sind gleichzeitig auch alle anderen Formen der Objektsanierung einbezogen.

Die reine Sozialsanierung ist als Sanierungsmaßnahme im Sinne des Städtebauförderungsgesetzes nicht besonders aufgeführt. Das heißt aber nicht, daß auf diese Sanierungsmethode ganz verzichtet worden sei. Sozialsanierung allein ist keine Sanierung nach dem Städtebauförderungsgesetz. In der Regel werden aber Maßnahmen der Sozialsanierung zur Unterstützung aller anderer Sanierungsmaßnahmen gebraucht und angewendet. Das ergibt sich z. B. aus den §§ 4 und 8 über die Sozialplanung.

Ersatzbauten In § 1 Abs. 2 Satz 2 ist bestimmt, daß auch die erforderlichen Ersatzbauten und Ersatzanlagen zu den Sanierungsmaßnahmen gehören. Das Gesetz macht damit klar, daß Sanierungsmaßnahmen nicht nur die Planung und die Bodenordnung betreffen, sondern daß von Sanierung nur gesprochen werden kann, wenn eine alsbaldige Planverwirklichung gewährleistet ist, wenn die vorgesehene Nutzung nicht nur geplant, sondern auch realisiert wird. Das Gesetz meint also mit der Sanierung einen Vorgang von oft langer Dauer mit prozeßhaftem Charakter: Vorbereitung, Planung und Durchführung der Planung durch Neuordnung und Bebauung.

§ 1 Abs. 1 macht noch deutlich, daß städtebauliche Sanierungsmaßnahmen nicht nur in den Städten in Frage kommen, sondern daß auch auf dem Lande Sanierungen **Dorfsanierung** notwendig sein können. Nicht nur in den Städten, sondern auch in den Dörfern müssen städtebauliche Mißstände behoben werden.

§ 1 Abs. 1 Der Regierungsentwurf (BT-Drucksache VI/510) sah in § 1 Abs. 1 vor, daß städtebauliche Sanierungsmaßnahmen für förmlich festgelegte Gebiete nach den Vorschriften dieses Gesetzes vorbereitet, durchgeführt und gefördert werden „können". Demgegenüber wird jetzt in § 1 Abs. 1 bestimmt, daß städtebauliche Sanierungsmaßnahmen, deren einheitliche Vorbereitung und zügige Durchführung im öffentlichen Interesse liegt, nach den Vorschriften dieses Gesetzes vorbereitet, durchgeführt und gefördert „werden". Liegen die entsprechenden Voraussetzungen vor, so muß künftig nach dem Städtebauförderungsgesetz verfahren werden. Aus dem Ersatz des Wortes „können" durch das Wort „werden" folgt, daß — wenn die einheitliche Vorbereitung und zügige Durchführung von Sanierungsmaßnahmen im öffentlichen Interesse liegt — nur noch **Sanierung nur nach StBauFG** nach den Bestimmungen des Städtebauförderungsgesetzes saniert werden kann. Eine Sanierung auf freiwilliger Basis, mit entsprechender Förderung durch die öffentliche Hand, ist danach nicht möglich. Das Gesetz beabsichtigt, daß die Sanierung überall nach den gleichen Regeln durchgeführt wird.

4. Grundsätze für die Sanierung nach dem Städtebauförderungsgesetz

Dem Gesetz lassen sich einige Grundsätze entnehmen, auf denen die Vorschriften im einzelnen aufbauen.

4.1 Mitwirkung der Betroffenen

In § 1 Abs. 4 Satz 4 ist vorgeschrieben, daß den Betroffenen Gelegenheit gegeben werden soll, bei der Vorbereitung und Durchführung der Maßnahmen mitzuwirken. **§ 1 Abs. 4 Satz 4** Im Ausschußbericht (zu BT-Drucksache VI/2204 zu § 1 S. 3) heißt es, daß damit dem Prinzip der Demokratisierung des Verwaltungshandelns Rechnung getragen werden solle. Damit wird weiter deutlich, daß eine Sanierung nicht wie ein plötzlicher Schicksalsschlag über die Beteiligten kommen darf, sondern daß in jedem Stadium des Verfahrens die Vorstellungen der Beteiligten diskutiert und geprüft werden müssen. Besonders durch die §§ 4 und 8 wird dieser Grundsatz der Mitwirkung der Betroffenen konkretisiert.

§ 1 Abs. 4 Satz 4 ist zwar nur eine Sollvorschrift, die Bestimmung muß aber von den Sanierungen durchführenden Gemeinden sehr ernst genommen werden. Wenn nicht ganz besonders stichhaltige Gründe vorliegen, die ein Abweichen von der Vorschrift rechtfertigen, wird eine Verletzung des Mitwirkungsrechts der Betroffenen einen Verfahrensmangel darstellen. Die Möglichkeit der Mitwirkung muß für jeden Betroffenen jederzeit gegeben sein.

Eigentümer Das Mitwirkungsrecht wird vor allem von den Eigentümern in Anspruch genommen werden. Nach dem Regierungsentwurf (z. B. §§ 4 und 8) war deshalb auch nur auf die Mitwirkung der Eigentümer abgestellt. Ihre Mitwirkung ist auch wesentlich. Sie sollen die Sanierung zum großen Teil selbst durchführen. Nach § 13 bleibt den Eigentümern die Durchführung der Baumaßnahmen überlassen; die Durchführung der Ordnungsmaßnahmen kann ihnen durch Vertrag übertragen werden. Viele Vorschriften sind in erster Linie dazu gedacht, die Eigentümer bei der Sanierung zu unterstützen (vgl. z. B. § 27 Abs. 1, wonach auf Antrag des Eigentümers ein Miet- oder Pachtverhältnis aufgehoben werden kann).

Bei der Beratung im Ausschuß wurde die jetzige Fassung des Gesetzes hergestellt, wonach nicht nur den Eigentümern ein Mitwirkungsrecht eingeräumt wird, sondern auch den anderen Betroffenen. Die Verwaltungsarbeit wird dadurch möglicherweise erschwert, es ist jedoch ein Gebot der Sozialstaatlichkeit, daß gerade der schwächere Teil der von einer Sanierung Betroffenen sich zu Wort melden und sich Gehör verschaffen kann und durch das Gesetz besonders geschützt werden soll. Diese Absicht kommt ferner dadurch zum Ausdruck, daß auch den Arbeitnehmern der Betriebe im Sanierungsgebiet Gelegenheit zur Stellungnahme gegeben werden soll (vgl. § 9 Abs. 1).

Sonstige Betroffene

4.2 Gerechter Ausgleich der öffentlichen und privaten Belange

§ 1 Abs. 4 Satz 3 bestimmt, daß die Belange der Betroffenen — insbesondere der Eigentümer, der Mieter und Pächter — und die der Allgemeinheit gerecht gegeneinander abzuwägen sind; nach § 1 Abs. 7 sollen Grundeigentümer und Nutzungsberechtigte dazu beitragen, daß die Maßnahmen unter gerechtem Ausgleich der öffentlichen und privaten Belange verwirklicht werden können. § 1 Abs. 4 Satz 3 ist mehr als ein Programmsatz. Dem Ausgleich der Interessen dienen auch die Bestimmungen der §§ 4 und 8 über den Sozialplan und des § 85 über den Härteausgleich.

§ 1 Abs. 4 Satz 3

Wie sich die Bestimmung des § 1 Abs. 4 Satz 3 an die öffentliche Hand wendet, so spricht die Bestimmung des § 1 Abs. 7 ausdrücklich die privaten Beteiligten an: Auch sie sollen dazu beitragen, daß eine Sanierung unter gerechtem Ausgleich der öffentlichen und privaten Belange verwirklicht werden kann. Der Sinn dieser Bestimmung ist, daß bei der Abwägung der öffentlichen und privaten Belange nicht nur die privaten Belange der Betroffenen, sondern auch die öffentlichen Belange, die der Allgemeinheit, in ausreichendem Maße berücksichtigt werden sollen.

§ 1 Abs. 7

4.3 Betonung der Sozialbindung des Eigentums

In einigen Bestimmungen des Städtebauförderungsgesetzes wird die Sozialbindung des Eigentums stärker betont als in anderen Gesetzen. Das Gesetz versucht, durch diese Bestimmungen zu erreichen, daß der gerechte Ausgleich zwischen den öffentlichen und den privaten Belangen wirklich möglich wird. Die praktischen Erfahrungen der letzten zehn Jahre haben gezeigt, daß die Vorschriften des Bundesbaugesetzes nicht ausreichen, um Sanierungsmaßnahmen größeren Umfanges durchzuführen. Die bodenrechtlichen Bestimmungen des Bundesbaugesetzes genügen den Anforderungen nicht, die gestellt werden müssen, wenn größere Gebiete neu strukturiert werden sollen. In der amtlichen Begründung zum Regierungsentwurf (BT-Drucksache VI/510, A II 4 S. 27) heißt es dazu: „Die materiell-rechtlichen Vorschriften bodenrechtlicher Art sind durch das Bemühen gekennzeichnet, das natürliche Spannungsverhältnis zwischen Freiheit und Bindung des Grundeigentums im Bereich städtebaulicher Sanierungs- und Entwicklungsmaßnahmen durch einen wohlabgewogenen Ausgleich zwischen den Interessen der Allgemeinheit und denen der betroffenen Eigentümer zu überbrücken."

Drei Gesichtspunkte sind besonders hervorzuheben:
Durch §§ 23 Abs. 2 und 41 werden die durch die Sanierung eintretenden Bodenwerterhöhungen zur Finanzierung der Sanierung in Anspruch genommen. Die Bodenwertsteigerungen, die auf der Planung und Neuordnung des Sanierungsgebietes, d. h. auf Leistungen der öffentlichen Hand beruhen, sollen nicht dem einzelnen Eigentümer zufallen, sondern dazu verwendet werden, die durch die Sanierung auf die Allgemeinheit zukommenden Lasten etwas zu erleichtern. Die Sanierung soll nicht zu ungerechtfertigten Vorteilen, aber auch nicht zu unzumutbaren Nachteilen für die einzelnen Eigentümer führen. Die Abschöpfung des Sanierungsgewinns läßt sich vergleichen mit der Abschöpfung des Umlegungsvorteils nach §§ 57, 58 BBauG, geht jedoch darüber hinaus.

Abschöpfung des Sanierungsgewinns §§ 23, 41

Genehmigungspflicht
§ 15

Das Städtebauförderungsgesetz übernimmt mit § 15 einen anderen Gedanken aus dem Umlegungsrecht: bestimmte Vorhaben und Rechtsvorgänge bedürfen zu ihrer Wirksamkeit der schriftlichen Genehmigung (vgl. § 51 BBauG). Die Verfügungs- und Vertragsfreiheit der Sanierungsbetroffenen wird eingeschränkt, damit keine Veränderungen oder Rechtsgeschäfte vorgenommen werden, die die Sanierung erschweren oder gar unmöglich machen können.

Sanierungsmaßnahmen sind möglichst rasch durchzuführen, wenn die Belastungen für die Betroffenen und für die Allgemeinheit in einem erträglichen Rahmen gehalten werden sollen. Der Erleichterung und Beschleunigung des Sanierungsverfahrens dienen die besonderen bodenrechtlichen Vorschriften über das Vorkaufsrecht und dessen Erweiterung zu einem Grunderwerbsrecht, über das Abbruchgebot, das Baugebot und das Modernisierungsgebot sowie die Regelungen zur Vereinfachung des Enteignungsverfahrens.

Besonderes Bodenrecht

4.4 Erhaltung des Eigentums der bisherigen Eigentümer

Eigentumsschutz
§ 1 Abs. 5

Den erweiterten Eingriffsmöglichkeiten steht das Gebot gegenüber, die bisherige Eigentumsstruktur in einem Sanierungsgebiet soweit als irgend möglich zu erhalten. In § 1 Abs. 5 ist der Grundsatz verankert, daß bei Sanierungsmaßnahmen unter Berücksichtigung des Sanierungszwecks das Eigentum der bisherigen Eigentümer an ihren Grundstücken erhalten bleiben oder für sie Eigentum an anderen Grundstücken oder in anderen Rechtsformen begründet werden soll. Damit dieses Ziel erreicht werden kann, bestimmt § 25, daß die Gemeinde die Grundstücke, die sie im Zuge der Sanierung erworben hat, mit Ausnahme von bestimmten Flächen für öffentliche Zwecke wieder veräußern muß. Dabei sind die früheren Eigentümer bevorzugt zu berücksichtigen. Da nicht überall wieder einzelne Grundstücke gebildet werden können, dient gerade die Bestimmung, daß auch Eigentum in anderer Rechtsform begründet werden kann, dazu, den bisherigen Eigentümern Eigentum zu erhalten.

4.5 Förderung der Sanierung durch die öffentliche Hand

§ 71

Das Städtebauförderungsgesetz bestimmt in § 71, daß der Bund städtebauliche Sanierungs- und Entwicklungsmaßnahmen fördert. Durch den Verweis auf Art. 104a Abs. 4 des Grundgesetzes wird die Sanierung als Gemeinschaftsaufgabe von Bund, Ländern und Gemeinden anerkannt. Investitionen für eine Sanierung sind damit gesamtwirtschaftlich besonders bedeutsam. Die Förderung der Sanierung durch Bund, Länder und Gemeinden wird im übrigen auch schon in § 1 Abs. 1 erwähnt. In diesem Rahmen sind auch die Finanzierungsvorschriften der §§ 38 ff. bedeutsam.

Eine weitere finanzielle Förderung erfährt die Sanierung dadurch, daß nach den §§ 76 ff. gewisse Befreiungen von Abgaben und Steuern vorgesehen sind. Durch die Sanierung sollen keine Steuerpflichten entstehen, die ohne Sanierung nicht entstünden. Steuerfreiheit für bestimmte Tatbestände soll die Sanierung fördern.

§ 2

Im übrigen spricht das Gesetz nicht nur von einer finanziellen Förderung. Der Begriff des Förderns in § 1 Abs. 1 ist umfassend gemeint und § 2 enthält einen Appell an alle öffentlichen Aufgabenträger, die Sanierung nach dem Städtebauförderungsgesetz zu unterstützen. Damit wird zum Ausdruck gebracht, daß es sich nicht nur um eine finanzielle Gemeinschaftsaufgabe handelt, sondern daß zur erfolgreichen Sanierung alle Träger öffentlicher Aufgaben mithelfen müssen. Das bedeutet zum Beispiel, daß alle Behörden einschlägige Unterlagen zur Verfügung stellen (Statistische Ämter, Finanzämter usw.).

5. Die Stellung der Gemeinden bei der Sanierung

Die städtebauliche Planung und ihre Realisierung ist ein, wenn nicht das Hauptgebiet der kommunalen Selbstverwaltung. Auch die Sanierung gehört zum Gebiet der städtebaulichen Planung und ihrer Durchführung. Die Gemeinde trägt nach den Bestimmungen des Städtebauförderungsgesetzes die Hauptlast und Verantwortung für Vorbereitung und Durchführung der Sanierung. Das Städtebauförderungsgesetz bestimmt zwar nicht — wie das Bundesbaugesetz für die Bauleitplanung, für die Durchführung einer Umlegung und für die Durchführung von Erschließungsmaßnahmen (§§ 2, 46 und 123 BBauG) — ausdrücklich, daß die Sanierung eine Aufgabe ist, die von den Gemeinden in eigener Verantwortung auszuführen ist.

Selbstverwaltungsaufgabe

Das heißt aber nicht, daß die Sanierung nach dem Städtebauförderungsgesetz keine Angelegenheit der kommunalen Selbstverwaltung wäre. Nach § 3 Abs. 1 kann die

Gemeinde ein Gebiet als Sanierungsgebiet festlegen; sie muß es aber nicht, auch wenn städtebauliche Mißstände vorliegen. Die Entscheidung liegt allein im pflichtgemäßen Ermessen der Gemeinde, ein Rechtsanspruch auf die Durchführung der Sanierung besteht nicht, auch wenn das nicht ausdrücklich im Gesetz steht, wie bei der Bauleitplanung, der Umlegung und der Erschließung. Nach § 1 Abs. 1 sind die Gemeinden allerdings verpflichtet, das Instrumentarium des Gesetzes anzuwenden, wenn die einheitliche Vorbereitung und zügige Durchführung von Sanierungsmaßnahmen im öffentlichen Interesse liegt (vgl. Ausschußbericht, zu BT-Drucksache VI/2204 zu § 1 S. 3).

Eine gewisse Einschränkung des gemeindlichen Selbstverwaltungsrechtes ist der Genehmigungsvorbehalt in § 5. Die Bestimmungen über die Genehmigung zeigen, daß es sich bei Genehmigung der förmlichen Festlegung eines Sanierungsgebietes um mehr als um eine Rechtskontrolle handelt. Insbesondere muß bei der Genehmigung geprüft werden, ob sich die Sanierung finanzieren läßt. Es ist deshalb gerechtfertigt, daß mehr als nur Rechtskontrolle ausgeübt wird. Die Prüfung der Durchführungsmöglichkeit steht freilich in einem gewissen Gegensatz zu den herkömmlichen Vorstellungen über die Aufgaben der gemeindlichen Selbstverwaltung. Daß das Städtebauförderungsgesetz jedoch an der Eigenverantwortlichkeit der Gemeinden für die Sanierung festhält, ergibt sich auch aus § 8 Abs. 1. Die Gemeinden haben für die Durchführung der Sanierung zu sorgen und es ist ihnen überlassen, inwieweit sie von den Möglichkeiten, die das Städtebauförderungsgesetz bietet, Gebrauch machen. Bis auf die Durchführung einer Enteignung sind den Gemeinden alle besonderen bodenrechtlichen Bestimmungen des Städtebauförderungsgesetzes zur verantwortlichen Durchführung zugewiesen (vgl. zu dieser Frage auch Schmidt-Assmann, Die Kommunale Selbstverwaltung im Regierungsentwurf zu einem Städtebauförderungsgesetz, in Die Verwaltung 1970, 421 [436]).

Nicht nur Rechtskontrolle bei der Genehmigung

6. Allgemeine Verfahrensbestimmungen

6.1 Ergänzung des Städtebauförderungsgesetzes durch das Bundesbaugesetz

Das Städtebauförderungsgesetz enthält Sonderregeln für die Sanierung und die Entwicklung. Das Gesetz regelt aber die beiden Komplexe nicht vollständig. § 86 Abs. 1 zeigt, daß das Städtebauförderungsgesetz die Geltung der Bestimmungen des Bundesbaugesetzes voraussetzt. Nur wenn das Städtebauförderungsgesetz ausdrücklich etwas anderes bestimmt, gelten die Bestimmungen des Bundesbaugesetzes nicht. Besonders erwähnt ist in § 86 Abs. 1 BBauG der Achte Teil des Bundesbaugesetzes (Allgemeine Vorschriften, Definitionen, Zuständigkeitsregelungen und Verfahrensbestimmungen). Ohne das Bundesbaugesetz ist das Städtebauförderungsgesetz also nicht anwendbar.

**StBauFG und BBauG
§ 86**

In § 86 Abs. 2 werden bestimmte Verwaltungsakte genannt, die nur durch Antrag auf gerichtliche Entscheidung nach dem Neunten Teil des Bundesbaugesetzes angefochten werden können. Das bedeutet, daß ein Teil der Streitigkeiten, die im Rahmen des Städtebauförderungsgesetzes auftreten werden, von den bei den Zivilgerichten eingerichteten Baulandkammern entschieden werden, während andere Verwaltungsakte von den Verwaltungsgerichten überprüft werden. Der Rechtsschutz im Rahmen des Städtebauförderungsgesetzes ist damit verhältnismäßig umständlich geregelt.

6.2 Auskunfts- und Geheimhaltungspflicht

Um eine Sanierung vorbereiten und durchführen zu können, sind für die mit der Durchführung der Sanierung betrauten Personen viele Informationen nötig. Nach § 3 Abs. 4 besteht daher eine Auskunftspflicht für die Sanierungsbeteiligten über alle Tatsachen, deren Kenntnis zur Beurteilung der Sanierungsbedürftigkeit eines Gebiets oder zur Vorbereitung oder Durchführung der Sanierung erforderlich ist. In § 87 wird weiter bestimmt, wie die Verpflichtung durchgesetzt werden kann. Wiederholt können Zwangsgelder bis zu 1000 DM angedroht und festgesetzt werden (§ 150 Abs. 2 Sätze 2 bis 4 BBauG).

**§ 3 Abs. 4
§ 87**

Der Auskunftspflicht entspricht eine Geheimhaltungspflicht der Angehörigen oder Beauftragten der Behörde und der bei einem Sanierungsträger Beschäftigten für fremde Geheimnisse, die sie bei einer Sanierung erfahren. Auch hier sucht das Gesetz den Interessenwiderstreit durch doppelseitige Verpflichtungen zu lösen. Die Beteiligten können zwar gezwungen werden, ihre Verhältnisse zu offenbaren, sie werden aber davor geschützt, daß ihre Geheimnisse weiterverbreitet werden. Nach § 88 können

§ 88

empfindliche Strafen bei einer Verletzung der Geheimhaltungspflicht verhängt werden.

6.3 Überleitungsvorschriften

§ 93

In den §§ 93 bis 95 ist berücksichtigt, daß es auch schon bisher ohne Städtebauförderungsgesetz Sanierungsvorhaben gegeben hat. Für laufende Sanierungen bestimmt § 93, daß unter bestimmten Voraussetzungen von Voruntersuchungen vor der förmlichen Festlegung abgesehen werden kann. Die §§ 94 und 95 enthalten Bestimmungen für die Erhebung von Ausgleichsbeträgen in schon laufenden Verfahren und für die Förderung schon in Angriff genommener Sanierungsmaßnahmen.

6.4 Sonderregelungen für einzelne Länder

§ 92

In § 92 sind Sonderregelungen für einzelne Länder enthalten. Die Stadtstaaten Berlin, Bremen und Hamburg können das Sanierungsverfahren zum Teil etwas anders regeln. Für das Land Nordrhein-Westfalen werden die Zuständigkeiten des Siedlungsverbandes Ruhrkohlenbezirk besonders erwähnt. Bei den möglichen abweichenden Regelungen geht es aber immer nur um Abänderungen des formellen, nicht auch des materiellen Sanierungsrechts.

6.5 Rechtsverordnungen

§ 91

§ 91 enthält eine Reihe von Ermächtigungen für die Bundesregierung, mit Zustimmung des Bundesrats durch Rechtsverordnungen Vorschriften zu erlassen, die manche Bestimmungen des Städtebauförderungsgesetzes erläutern und verdeutlichen sollen. Bei den Ermächtigungen handelt es sich um Ermächtigungen zu Vorschriften über Angelegenheiten von finanzieller Bedeutung. Die neuen Vorschriften der §§ 23 und 57 machen es erforderlich, daß nähere Wertermittlungsbestimmungen ergehen. Die zu erwartenden Rechtsverordnungen werden weiter bedeutsam sein für die Ermittlung des Verkaufspreises der Grundstücke bei der Reprivatisierung. Auch die Ermittlung und Erhebung der Ausgleichsbeträge und das Förderungsverfahren bedürfen noch näherer Ausgestaltung. Die zu erwartenden Rechtsverordnungen werden wichtige Hilfen bei der Anwendung des Städtebauförderungsgesetzes sein. Darüberhinaus ist auch noch ein Gesetz über die in § 14 erwähnte Sanierungsgemeinschaft vorgesehen. Solange dieses Gesetz nicht ergangen ist, ist die Bestimmung praktisch unanwendbar. Das Gesetz wird aber auch erst dann gebraucht, wenn die Sanierungsverfahren soweit fortgeschritten sind, daß mit den Baumaßnahmen begonnen werden kann.

7. Einrichtung einer Sanierungsstelle

Sanierungsstelle zur Koordination

Das Städtebauförderungsgesetz regelt die Organisation der Sanierungsstelle nicht. Es sieht auch keine Ermächtigung für den Landesgesetzgeber vor, etwa dem Umlegungsausschuß vergleichbare Sanierungsausschüsse zu schaffen. Die Gemeinden sind also im Rahmen des geltenden Kommunalverfassungsrechts frei, wie und durch wen sie die Sanierungen durchführen lassen wollen.

Im Laufe eines Sanierungsverfahrens sind so verschiedene Gesichtspunkte zu berücksichtigen (Planung, Bodenordnung, Liegenschaftswesen, Finanzen, Wohnungsverwaltung, Sozialbetreuung), daß es zweckmäßig erscheint, in größeren Gemeinden mit spezialisierten Fachämtern eine Sanierungsstelle zu schaffen, die alle bei einer Sanierung auftretenden Aufgaben koordiniert. In größeren Städten dürfte es sich darüberhinaus empfehlen, die vom Gemeinderat wahrzunehmenden Aufgaben für die Sanierung einem ständigen beschließenden Ausschuß zu übertragen, soweit es sich nicht um Satzungsbeschlüsse handelt.

II. Problemfindung

1. Anstoß zu einer Sanierungsmaßnahme

Sanierungsbedürftige Gebiete, wie sie in § 3 definiert werden, entstehen nicht von heute auf morgen. Falsche oder überhaupt fehlende Entwicklungen über einen längeren Zeitraum hinweg können in einem Stadtgebiet – durch Einzelmaßnahmen nicht mehr zu beseitigende – Mißstände begründen, die als Sanierungskriterien anzusprechen sind. In der Regel zeigen sich nebeneinander verschiedenartige Sanierungskriterien, ohne daß das gesamte Ausmaß der Sanierungsbedürftigkeit zu erkennen ist. Die eigentlichen und schwerwiegendsten Ursachen der Mißstände und der daraus resultierenden Sanierungsbedürftigkeit sind oft ohne eingehende Untersuchung nicht zu erkennen.

Sanierungsbedürftigkeit

Der Anstoß zu einer Sanierung kann von der Gemeinde ausgehen, dem Gemeinderat oder einem städtischen Amt wie dem Planungsamt, dem Baurechtsamt, dem Amt für Bodenordnung, dem Amt für öffentliche Ordnung, dem Sozialamt oder von einem Träger öffentlicher Belange, die bei ihrer Tätigkeit die Sanierungsbedürftigkeit eines Gebietes zu erkennen glauben.

S 1

Der Anstoß kann von der Bevölkerung direkt gegeben werden, von Menschen, Einzelnen oder Gruppen, die in dem betroffenen Gebiet wohnen, arbeiten, einkaufen und anderes mehr, wenn sie subjektiv empfundene Mißstände formulieren und Abhilfe verlangen.

S 2

Es können aber auch Interessengruppen, Institutionen, Verbände usw., oder aber wieder die Gemeinde selbst den Anstoß zu einer Sanierung geben, wenn sie etwa durch auftretende Mißstände an der Realisierung von Zielvorstellungen gehindert werden; das kann z. B. ein Handels- und Gewerbeverein sein, dessen Mitglieder Zielvorstellungen wie die Schaffung notwendiger, zeitgemäß gestalteter und konkurrenzfähiger Geschäftsbauten und Versorgungseinrichtungen wegen zu kleiner Parzellen, zu großer Baudichte, unzureichender Entschließung usw. nicht verwirklichen können, dazu aber vielleicht gezwungen sind, um der Konkurrenz eines vor der Stadt liegenden Einkaufszentrums zu begegnen.

S 3

Die Praxis zeigt, daß einem solchen Anstoß, der schließlich dazu führt, ernsthafte Überlegungen und Untersuchungen über die Sanierungsbedürftigkeit eines Gebietes anzustellen, oft schon über einen langen Zeitraum hinweg meinungsbildende Diskussionen und Erwägungen vorangehen werden.

2. Erkennen der Probleme

Mit dem Anstoß zur Sanierung beginnt die „Phase der Problemfindung", in der sich die zuständigen Stellen und Ämter, aber möglichst auch die eventuell an einer Sanierung zu Beteiligenden oder die von der Sanierung Betroffenen oder daran Interessierten über die Bedeutung einer Sanierungsmaßnahme ein orientierendes Bild verschaffen müssen. Diskussionen über das sinnvolle Ziel, Informationen über die erreichbare Verbesserung, über Schwierigkeiten und Möglichkeiten der etwaigen Durchführung sind notwendig. Schließlich muß entschieden werden, ob die erkannten Mißstände und das anzustrebende Ziel ausreichenden Anlaß bieten, um die kostspieligen Vorarbeiten und Untersuchungen, die Voraussetzung der endgültigen Beurteilung der Sanierungsbedürftigkeit eines Gebietes sind, zu rechtfertigen. Die Gemeinde sollte schon zu diesem Zeitpunkt veranlassen, daß sich die eventuell Beteiligten, Betroffenen und Interessierten, zu einem losen Interessenverband zusammenschließen. Ein solcher Interessenverband wird versuchen, sich ein erstes Bild über die Sanierungsbedürftigkeit des Gebietes und denkbare Sanierungsziele aus Gesprächen, Diskussionen zu verschaffen und in einer groben Analyse der Situation – der Grobanalyse – abzuklären; er wird sich über Verfahrensfragen beraten lassen und gegebenenfalls, nach Beurteilung der Ergebnisse aus Diskussion, Grobanalyse und Beratung, die Entscheidung für den Auftrag zu vorbereitenden Untersuchungen zu beeinflussen suchen und mittragen.

Orientierung

Interessenverband

S 7

3. Städtebauliche Mißstände = Sanierungskriterien

Nach § 3 Abs. 2 liegen städtebauliche Mißstände vor, wenn ein Gebiet nach seiner vorhandenen Bebauung oder nach seiner sonstigen Beschaffenheit den allgemeinen

Anforderungen an gesunde Wohn- und Arbeitsverhältnisse oder an die Sicherheit der in ihm wohnenden oder arbeitenden Menschen nicht entspricht oder in der Erfüllung der Aufgaben erheblich beeinträchtigt ist, die ihm nach seiner Lage und Funktion obliegen.

3.1 Sanierungskriterien

Voraussetzung zur Ermittlung der Sanierungsbedürftigkeit sind umfassende und genaue Informationen über die Sanierungskriterien, über die Ursachen bzw. Faktoren, die die Funktionsbeeinträchtigungen in einem Gebiet bewirken. Bis heute gibt es zahlreiche Versuche zur Aufstellung objektiver Sanierungskriterien und zur Beurteilung der Sanierungsbedürftigkeit, aber noch keine allgemein als tragfähig anerkannte und gültige Systematik. Die verschiedenen Gruppen der Sanierungskriterien, die der Anwendung des Gesetzes zu Grunde zu legen sind, werden in § 3 Abs. 3 aufgezeigt.

Funktionen eines Stadtgebietes

Die vielfältigen Funktionen, die ein Stadtgebiet zu erfüllen hat, lassen sich auf fünf Grundfunktionen zurückführen:
▶ Wohnen
▶ Arbeiten
▶ private und öffentliche (soziale, kulturelle usw.) Dienstleistungen
▶ Gesundheit und Sicherheit der Bevölkerung
▶ Verkehr.

Entsprechend sollten auftretende Beeinträchtigungen in den Funktionen eines Gebietes als Kriterien für eine Sanierung geordnet werden. Dazu sind wirtschaftliche, rechtliche, technische und soziale Untersuchungen notwendig.

3.2 Beurteilung der Sanierungsbedürftigkeit

Zur Beurteilung der Sanierungsbedürftigkeit eines Gebietes sind die verschiedenen Sanierungskriterien festzustellen. Die festgestellten Sanierungskriterien müssen in ihrer Bedeutung bewertet werden, das heißt, es muß jeweils das Ausmaß der Mißstände und der Grad der Beeinträchtigung der Funktionen beurteilt und abgeschätzt werden, wie stark in jedem Einzelfall die Gesamtfunktion des Gebietes beeinträchtigt wird und wie sich die Funktionsfähigkeit des Gebietes im Verhältnis zur Funktionsfähigkeit der übrigen Gemeinde verhält. Es muß aus der Einzeluntersuchung und aus dem Gesamtüberblick heraus festgelegt werden, ob das Ausmaß der Sanierungskriterien eine Sanierung notwendig macht. Für die Einzelentscheidung, die zu Anfang ja nur die Begründung für die Einleitung vorbereitender Untersuchungen gibt, ist es wichtig, die weitere Entwicklung des Gebietes ohne eine Sanierung zu bedenken. Wenn etwa erkennbar ist, daß eine Sanierung unter Umständen später nicht mehr realisierbar sein wird, oder daß die Entwicklung der Umgebung oder der gesamten Stadt ohne Änderungen in diesem Gebiet stark beeinträchtigt wird, wird das die Bewertung der Sanierungskriterien, die Entscheidung über die Sanierungsbedürftigkeit nachdrücklich beeinflussen. Zu beachten ist bei der Beurteilung der Sanierungsbedürftigkeit auch, ob die Behebung von Mißständen durch Einzelmaßnahmen möglich oder lohnend ist; Voraussetzung für die Anwendung des Gesetzes schließlich

öffentliches Interesse

ist, daß die Sanierung im öffentlichen Interesse liegt. Das sollte gegebenenfalls im Einzelnen im Verfahren ausdrücklich begründet und nachgewiesen werden.

4. Interessenverband

S 4 Möglichst frühzeitig sollte sich ein Interessenverband als das Gremium formieren, in dem Gemeinde und alle eventuell Beteiligten, Betroffenen und Interessierten, die Ziele und die Möglichkeiten einer Sanierung erörtern. Die Praxis hat gezeigt, daß bei auftretenden Mißständen Betroffene oft nicht allein in der Lage sind, ihre Sorgen nachdrücklich zu formulieren, oder dies auch gar nicht wollen, da sie die Notwendigkeit einer Veränderung nicht im erforderlichen Ausmaß erkennen oder daß sie sich von einer Sanierung keine Verbesserung erhoffen.

Die Arbeit eines Interessenverbandes kann helfen, möglichst schnell ein klares Bild der vorhandenen Situation zu schaffen und durch Informationen und Diskussionen frühzeitig Mißtrauen gegen eine Sanierung abzubauen. Mitglieder in einem solchen Interessenverband sollten nicht nur die Gemeinde und die Grundstückseigentümer, sondern auch Mieter, Pächter und sonstige Nutzer dieses Gebietes, unter Umständen auch von der Sanierung Betroffene aus den benachbarten Gebieten und gegebenenfalls Träger öffentlicher Belange werden. Der Kreis sollte offen bleiben;

dabei kommt der Gemeinde die besondere Aufgabe zu, ausgleichend zu wirken und die Vorherrschaft einzelner Interessierter oder interessierter Gruppen (Eigentümer, Geschäftsleute) zu relativieren. Der Interessenverband soll zu Beginn an der Vorbereitung der Entscheidung mitwirken, ob der Zustand des Gebietes und seine Aufgabe in der Gemeinde „vorbereitende Untersuchungen" notwendig machen und rechtfertigen. Dazu gehören Information auch der Öffentlichkeit, die Diskussion der Sanierungsnotwendigkeit und Realisierbarkeit, sowie die Werbung zur Mitarbeit im Interessenverband. Aufgrund der Grobanalyse muß der Versuch gemacht werden, die Sanierungsbedürftigkeit zu beurteilen. Die Beratung über Verfahrensfragen soll Möglichkeiten der Realisierung aufzeigen. Leider bringt die frühzeitige öffentliche Diskussion die Gefahr mit sich, Spekulationen verschiedenster Art, wie den Abschluß langfristiger, besonders konditionierter Mietverträge usw. auszulösen, gegen die ein wirksamer Schutz erst mit der förmlichen Festlegung gegeben ist. Der an sich notwendige Schutz früher „Öffentlichkeit" ist im Gesetz nur in § 23 Abs. 4 durch eine generelle, sehr unpräzise Vorschrift angedeutet. Die Gemeinde ist daher gut beraten, sich durch genaue Beobachtung aller relevanten Geschäftsvorgänge im Gebiet so gut als möglich gegen spekulative Stör- und Ausnützungsversuche zu sichern.

Gefahr der Spekulation

5. Grobanalyse

Die Grobanalyse ist eine einfache, schnell zu erstellende und billige Analyse eines Gebietes. Dabei entstehende Kosten sind nicht zuschußfähig.

S 5

5.1 Zweck, Inhalt und Umfang

Die Grobanalyse soll ein erstes Bild über Bestand, Trends und Zielvorstellungen geben und die Divergenz zwischen Ist und Soll aufzeigen. Für die Grobanalyse reicht es in der Regel aus, wenn Fachleute die offensichtlichen Mißstände nach einer einfachen Begehung beurteilen und das Wissen etwa der für das Gebiet zuständigen Planer, Sozialarbeiter, Wirtschaftsfachleute, Vertreter der Industrie- und Handelskammern, der Mitglieder von Industrie-, Handels- und Gewerbevereinen zusammentragen. Die Struktur des Gebietes muß dann mit der der gesamten Gemeinde verglichen werden, wobei der künftigen Entwicklung Beachtung zu schenken ist. Schon ein einfacher Bestandsplan, aus dem für eine Vorstadt im Kern noch die Struktur eines Bauerndorfes mit kleinsten Parzellen, engen Straßen usw. zu erkennen ist, oder der die dichte Bebauung des Blockinnern eines Gebietes zeigt, kann aufschlußreich sein. Andere leicht zu erfassende Merkmale können neben desolater Bausubstanz schlechte Verkehrsverhältnisse, starke Überalterung, hoher Besatz mit Gastarbeitern, fehlende Freiflächen u. a. m. sein. Gewisse Grunddaten ergeben sich aus der Auswertung der Adreßbücher. Ergebnisse einer Grobanalyse enthalten einen hohen Grad der Ungenauigkeit. Sie dürfen deshalb nur vorsichtig angewendet und nur unter Vorbehalt verbreitet werden.

Bestand, Trends, Zielvorstellungen

Unterlagen

5.2 Erforderliche Fachleute

Die zur Beratung herangezogenen Fachleute müssen ein möglichst objektives Urteil abgeben können. Die Beeinflussung der Stellungnahme durch einen erhofften Auftrag muß ausgeschaltet werden. Es sollten nicht nur Planer, sondern auch Soziologen und Wirtschaftler, Markt- und Finanzierungsspezialisten beigezogen und befragt werden. Auskünfte von mit dem Gebiet vertrauten Personen sind wichtig, auf das Urteil unbefangener, auch mit Sanierungsfragen weniger vertrauter Personen, sollte gleichfalls nicht verzichtet werden.

5.3 Beratung über Verfahrensfragen

Zu einer objektiven Entscheidung ist neben der Grobanalyse eine Beratung des Interessenverbandes durch die Fachleute über Verfahrensfragen notwendig, über die Chancen und die Realisierbarkeit der Sanierungsmaßnahme, über die Durchführung, die zu erwartenden Schwierigkeiten, die Dauer, die Kosten, die Finanzierungs- und Förderungsmöglichkeiten, die zu erwartenden Erträge. Aber auch die Belastungen und möglichen schädlichen Auswirkungen sowohl für Bewohner wie für Gewerbebetriebe im möglichen Sanierungsgebiet und in den angrenzenden Gebieten sind aufzudecken und zu erörtern.

S 6

6. Beurteilung der Ergebnisse

6.1 Art und Zweck der Beurteilung

S 7 Die Ergebnisse der Grobanalyse und die Ergebnisse der vorhergegangenen Beratungen müssen so transparent wie möglich gemacht und gegeneinander abgewogen werden, daß schließlich die Mitglieder des Interessenverbandes sich eine Meinung bilden und diese formulieren können, und daß dem Gemeinde- bzw. Stadtrat eine objektive Entscheidung darüber ermöglicht ist, ob vorbereitende Untersuchungen notwendig sind, um die Sanierungsbedürftigkeit des Gebietes untersuchen und endgültig beurteilen zu können, und um gegebenenfalls Planungsgrundlagen zu erhalten. Die Entscheidung des Gemeinde- bzw. Stadtrates wird in Kenntnis der Meinung des Interessenverbandes erfolgen, muß aber durchaus nicht mit dessen Intentionen übereinstimmen.

6.2 Entscheidung über die Notwendigkeit vorbereitender Untersuchungen

Wenn festgestellt wird, daß keine ausreichenden Kriterien für die Sanierungsbedürftigkeit gegeben sind, kann das geschilderte informelle Vorverfahren zu einem Zeitpunkt beendet werden, zu dem schwerwiegende Schritte noch nicht eingeleitet und Kosten kaum verursacht worden sind. Wenn entschieden wird, daß vorbereitende Untersuchungen erforderlich, gerechtfertigt sind, können diese, wenn zuvor die im nächsten Abschnitt III 1.2 beschriebenen Voraussetzungen erfüllt sind, in Auftrag gegeben werden.

III. Vorbereitende Untersuchungen

1. Vorbemerkungen

1.1 Zweck der vorbereitenden Untersuchungen

In § 4 ist klar und ausführlich der Zweck der vorbereitenden Untersuchungen beschrieben; es sollen Beurteilungsunterlagen für die Sanierungsbedürftigkeit und die Möglichkeiten der Planung und Durchführung gewonnen werden. Da Möglichkeiten zur Durchführung nicht ohne erste Planüberlegungen — Neuordnungskonzepte — untersucht werden können, ist die Phase der vorbereitenden Untersuchungen nicht klar von der Planungsphase mit der Entwicklung der Neuordnungskonzepte zu trennen. Generell wird man wohl die Untersuchungen der Sanierungsbedürftigkeit und die Schaffung von Planungsgrundlagen den vorbereitenden Untersuchungen, die Überlegungen zur Durchführung aber der Planungsphase zuordnen können. §4

Die Beurteilung der Sanierungsbedürftigkeit beendet die Phase der vorbereitenden Untersuchungen. Erst die Entscheidung, daß eine Sanierung erforderlich ist, veranlaßt Untersuchungen darüber, ob sie auch möglich ist.

1.2 Voraussetzungen für vorbereitende Untersuchungen

Bei der Einleitung der vorbereitenden Untersuchungen gibt es eine Reihe von Vorfragen, die für das weitere Verfahren abzuklären sind.

▶ In der Regel vergibt die Gemeinde die Aufträge zu vorbereitenden Untersuchungen; sie kann diese Aufgabe jedoch auch einem Bauträger übertragen; denkbar und sehr wünschenswert wäre es, wenn der Interessenverband aus Beteiligten, Betroffenen und Interessierten, der sich bereits um die Problemfindung bemüht hat, die Vergabe übernimmt. Kommt es nicht zur Bildung eines festen Zusammenschlusses, so sollte zumindest ein Sanierungsausschuß oder Sanierungsbeirat als „Bindeglied" zwischen den beteiligten Gruppen, den Eigentümern, den Mietern, Pächtern, auch Nutzern wie z. B. Kunden oder Arbeitnehmern und der Gemeinde zum einen, und mit dem Auftragnehmer der vorbereitenden Untersuchung zum anderen geschaffen werden. Dieser Sanierungsbeirat sollte in der Art eines „beratenden Ausschusses" tätig werden. Interessenverband und Sanierungsbeirat könnten dazu beitragen, daß alle Beteiligten die Sanierung als ihre eigene Aufgabe betrachten würden und daß so die für die vorbereitenden Untersuchungen notwendigen Auskünfte und Daten leichter und vollständiger zu erhalten sind. Durch die regelmäßigen Beratungen im Verband oder zwischen Gemeinderat und Sanierungsausschuß könnte die Auffassung „aus dem Gebiet" fortlaufend in die Überlegungen und Entscheidungen der Gemeinde über das Sanierungsgebiet — insbesondere in die vorbereitenden Untersuchungen — einfließen. *Wer vergibt vorbereitende Untersuchungen?*

▶ Mit den vorbereitenden Untersuchungen müssen Spezialisten der verschiedenen Fachdisziplinen betraut werden. Wichtig ist, daß die Arbeiten richtig geplant, koordiniert und in sinnvollem Umfang durchgeführt werden. Man sollte unbedingt darauf bedacht sein, daß der Auftragnehmer — sei es ein Planungsamt, ein freies Planungsbüro, Institut oder auch das Planungsbüro einer Bauträgergesellschaft über die notwendigen Erfahrungen und über an interdisziplinäres Arbeiten gewöhnte Fachleute verfügt. Spezialfragen wie z. B. die Grundstücks- und Gebäudebewertung oder eine Marktanalyse sollten an spezialisierte Ämter oder Institute vergeben werden. Entscheidend ist, daß alle Untersuchungsergebnisse aufeinander abgestimmt, angemessen interpretiert und so transparent, nachvollziehbar und gegeneinander abwägbar wie möglich vorgelegt werden, daß sie auch für Laien verständlich sind. Das versetzt das Entscheidungsgremium, Gemeinderat oder Interessenverband, in die Lage, gut informiert die tatsächliche Sanierungsbedürftigkeit zu beurteilen. Die vorbereitenden Untersuchungen sind Grundlage für die Entscheidung, ob ein Gebiet förmlich als Sanierungsgebiet festgelegt werden soll. Insoweit sind die Ergebnisse der vorbereitenden Untersuchungen für ein Sanierungsgebiet tatsächlich und nicht zuletzt auch rechtlich von außerordentlicher Bedeutung. Die Untersuchungen sind äußerst sorgfältig, mit großem Sachverstand und vor allem mit der Bemühung um größte Objektivität seitens der Fachleute zu führen. *Wer führt vorbereitende Untersuchungen durch?*

Die Einschaltung von gegebenenfalls später bei der Planung tätig werdenden Planern und Bauträgern kann schon wegen der Schwierigkeit der Umsetzung von Untersuchungsergebnissen in Planungsanweisungen, Programme und Planungen sehr sinnvoll sein. Dann muß gesichert werden, daß das Untersuchungsergebnis nicht durch Gewinninteressen der Untersuchenden beeinflußt und verfälscht wird, es muß gewährleistet sein, daß die auf den Untersuchungsergebnissen basierende endgültige Entscheidung der Gemeinde über die Sanierungsbedürftigkeit auch insoweit unbeeinflußt von privaten Geschäftsinteressen bleibt.

Welchen Umfang müssen vorbereitende Untersuchungen haben?

▶ Um ein klares Bild von einem Quartier zu erhalten, müssen alle wirtschaftlichen und rechtlichen, technischen und soziologischen Gegebenheiten — der Bestand — die Entwicklungstendenzen ohne Sanierung, ohne Eingriff — der Trend — und die optimalen Entwicklungsmöglichkeiten durch eine Sanierung, durch einen Eingriff — Chancen und Ziele — untersucht werden. Der Ist-Zustand ist zu analysieren, die Trends müssen im einzelnen ermittelt, Prognosen aufgestellt und Zielvorstellungen entwickelt werden. Für die Grundstücks- und Gebäudebewertung sind Grundlagen zu erarbeiten. Schon vorhandene Untersuchungen und Gutachten können, auch wenn sie schon älter sind, wertvolle Hinweise enthalten. Grundsätzlich sollten Planungen jedwelcher Art für das Gebiet erfaßt und ausgewertet werden. Die gründlich vorüberlegte Disposition der vorbereitenden Untersuchung trägt dazu bei, daß die Untersuchungen weder zu oberflächlich noch zu speziell durchgeführt werden. Es muß angestrebt werden, zunächst die für ein Gebiet vorrangig bestimmenden Sanierungskriterien detailliert zu untersuchen und für die Planung nur die Daten zu erheben, die für die Beurteilung der Sanierungsbedürftigkeit unmittelbar notwendig sind und deren Brauchbarkeit für die Planung schon klar zu erkennen ist.

Das Untersuchungsgebiet wird oft in seiner Größe nicht mit dem späteren Sanierungsgebiet identisch sein. Die genaue Abgrenzung des Sanierungsgebietes ist Gegenstand der Voruntersuchung; sie ist oft erst möglich, wenn Erhebungen und Planungen schon weit fortgeschritten sind. Die Überlegungen zur Auswirkung der Sanierung auf benachbarte Gebiete, über die Einfügung des Sanierungsgebietes in die Stadtstruktur sowie über Abhängigkeiten zwischen Sanierungsgebiet und Gesamtstadt machen es erforderlich, manche Untersuchungen weit über das eigentliche Sanierungsgebiet hinaus auszudehnen. Man wird in der Praxis häufig davon ausgehen müssen, daß die planerischen Voraussetzungen wie Flächennutzungsplan, Stadtentwicklungsprogramm, Investitionsplan, Generalverkehrsplan usw. nicht bestehen, oder nicht auf dem neuesten Stand oder sonst als Entscheidungsgrundlage nicht zureichend sind. Ausreichende Vor- und Zielplanungen sind Voraussetzung der Entscheidung, ihr Fehlen führt oft zu einer wesentlichen Ausdehnung der Arbeit im Rahmen der vorbereitenden Untersuchungen.

Wie werden die vorbereitenden Untersuchungen durchgeführt?

▶ Grundlage der Analysen, Trend-Untersuchungen usw. ist eine umfassende Datenerhebung. Ein großer Teil der notwendigen Daten kann von städtischen oder staatlichen Stellen, Trägern öffentlicher Belange sowie Verbänden und Organisationen, die sich mit dem Gebiet in irgendeiner Weise zu befassen haben, zur Verfügung gestellt werden.

Auskunftspflicht §§ 3 und 4

Geheimhaltungspflicht § 88

Leider ist mit der in § 3 Abs. 4 und § 4 Abs. 3 geregelten Auskunftspflicht nur für Eigentümer, Mieter, Pächter und sonstige Nutzer sowie die Träger öffentlicher Belange die Auskunft über Daten, Vorstellungen und Planungen der Gemeinde gegenüber zur Pflicht gemacht, nicht aber für andere Stellen wie z. B. das Finanzamt, obwohl mit § 88 die Geheimhaltungspflicht garantiert wird. Es gelingt z. B. in der Regel bis heute nur schwer, die für die Beurteilung der wirtschaftlichen Situation eines Gebietes dringend notwendigen Umsatzzahlen zu bekommen, obwohl denkbar und dringend erwünscht wäre, diese — ohne Beeinträchtigung des individuellen „Finanzgeheimnisses" — in einer generellen, niemandes Interessen gefährdenden Weise in die Untersuchung einzuführen. Auch bei statistischen Ämtern ist es nicht immer leicht, die benötigten Angaben und Unterlagen in der erforderlichen Aufschlüsselung zu erhalten. Ein Verlangen der Gemeinde um Erteilung einer Auskunft von einer anderen Behörde kann jetzt auf § 2 gestützt werden.

Welche Angaben mit welcher Genauigkeit tatsächlich benötigt werden, muß von Fall zu Fall entschieden werden. Ein Teil der Daten kann in der Regel etwa von den vorgenannten städtischen oder staatlichen Stellen zur Verfügung gestellt werden, andere jedoch sind nur durch Befragungen zu beschaffen. Je nach Befragungsart — Interviews, Fragebögen usw. — können geeignete Unterlagen erarbeitet werden, wobei die Art der vorgesehenen Auswertung, wie z. B. die Auswertung durch Computer, berücksichtigt werden muß.

▶ Mit Hilfe und auf der Grundlage der Untersuchungsergebnisse gilt es, die nunmehr detailliert erhobenen Sanierungskriterien zu bewerten, die Störung der Einzelfunktionen zu beurteilen, den Einfluß auf die Gesamtfunktion des Stadtgebietes zu bewerten und schließlich in der politischen Gesamtbewertung der Untersuchungsergebnisse festzustellen, ob die Sanierung notwendig ist. Voraussetzung dafür ist eine verständliche, gegebenenfalls Alternativen einschließende Darstellung bei Plänen, Tabellen und Texten sowie die Speicherung der Daten auf Lochkarten oder bei sehr umfassenden notwendigen Untersuchungen auf Platten, um die Auswertung mit Hilfe von Computern vornehmen zu können. Wichtige Entscheidungsgrundlage ist die Darlegung der Meinung der Beteiligten und das Maß der zu erwartenden Härten bei Bewohnern und Gewerbetreibenden. *(Wie werden die Untersuchungsergebnisse zusammengestellt?)*

▶ Bevor vorbereitende Untersuchungen in Auftrag gegeben werden können, muß die Finanzierung der oft beträchtlichen Kosten dieser Untersuchungen gesichert sein. Die Kosten können vom Interessenverband oder von der Gemeinde allein getragen werden. Die Gemeinde ist jedoch gut beraten, durch Beteiligung an den Kosten die Objektivität der Untersuchung mit abzusichern. Zur Deckung der Kosten dürfen nach § 40 Abs. 1 und 2 auch Sanierungsförderungsmittel verwendet werden. Aus der Tatsache, daß Sanierungsförderungsmittel oft nur als Darlehen gewährt werden, kann ein Problem entstehen, wenn die Ergebnisse der vorbereitenden Untersuchungen die Notwendigkeit und die Möglichkeit einer Sanierung nicht nachweisen, oder wenn die Sanierung aus sonstigen Gründen nicht durchgeführt werden kann oder soll. Gelegentlich sind Sanierungsträger dazu bereit, vorbereitende Untersuchungen auf eigene Kosten und damit eigenes Risiko durchführen zu lassen. Es besteht dann aber die Gefahr, daß das Ergebnis verfälscht wird, daß Sanierungsmaßnahmen befürwortet werden, obwohl objektiv vorgenommene vorbereitende Untersuchungen die Sanierungsbedürftigkeit nicht hätten begründen können. *(Wer bezahlt die Kosten der vorbereitenden Untersuchungen?)*

2. Bekanntmachung der vorbereitenden Untersuchungen

Ist die Notwendigkeit vorbereitender Untersuchungen erkannt, so hat nach § 4 Abs. 3 die Gemeinde die vorbereitenden Untersuchungen zu beschließen. Der Beschluß ist ortsüblich bekanntzugeben; auf die Auskunftspflicht ist hinzuweisen. Es sollte aber weitergegangen werden, indem die Öffentlichkeit über die Notwendigkeit einzelner Maßnahmen informiert und um Verständnis und Mithilfe gebeten wird. Für die Sanierung gewecktes Interesse und das Gefühl, daß die Probleme eines jeden ernst genommen werden und daß er mitsprechen kann, kann helfen, bei allen Beteiligten Widerstand abzubauen. *(S 8 — Zweck der Bekanntmachung)*

Wahrscheinlich gibt die öffentliche Information zu diesem Zeitpunkt aber auch den Anreiz zu Spekulationen, denen durch das Gesetz nicht wirksam begegnet wird. Immerhin ist der Termin der ausdrücklichen Bekanntgabe vorbereitender Untersuchungen für die Bewertung von Grundstücken im Sanierungsgebiet, für die Beurteilung atypischer Preisentwicklungen und für die Beurteilung von Miet- und Pachtverhältnissen (§ 23 Abs. 2, 4) wichtig.

Die Bekanntgabe ist dabei durchaus nicht einem — während der Beratung des Gesetzentwurfes diskutierten — „Bewertungsstichtag" gleichzusetzen. Die „Bekanntgabe vorbereitender Untersuchungen" wird aber der späteste auch vor Gericht unstrittige Termin sein, von dem her die „Aussicht auf die Sanierung" generell einflußnehmend angesehen wird. Tatsächlich sind „Aussichten auf die Sanierung" zumeist schon durch die Grobanalyse oder im Einzelfall noch früher ausgelöst und wirksam. Da dieser Termin so wenig vorbestimmbar ist, hat man im Gesetz schließlich ausdrücklich einen „Bewertungsstichtag" nicht eingeführt.

Es kann zweckmäßig sein, zur eindeutigen Fixierung von Grundstückswerten den Termin der Bekanntmachung vorbereitender Untersuchungen möglichst früh anzunehmen — selbstverständlich nur, wenn die Untersuchungen dann auch zügig eingeleitet und durchgeführt werden.

3. Bestandsaufnahme

Grundlage der für die Sanierung erforderlichen wirtschaftlichen, rechtlichen, technischen und sozialen Untersuchungen ist die sorgfältige Erhebung wirtschaftlicher, rechtlicher, technischer und sozialer Tatbestände und Daten. Diese Angaben ermög- *(S 9)* lichen die Beurteilung der Beeinflussungsfaktoren für die Funktionsfähigkeit eines Stadtgebietes, Abweichungen des Ist- vom Soll-Zustand bilden Sanierungskriterien. Die Erkenntnisse über Soll-Zustände bzw. über die Entwicklungsaufgaben und Entwicklungsziele werden zu Planungsgrundlagen. Nachstehend wird versucht – und zwar zwangsläufig ohne Anspruch auf Modellhaftigkeit und Vollständigkeit – die wichtigsten Beeinflussungsfaktoren aufzuzählen, die für ihre Beurteilung notwendigen Angaben zu beschreiben, mögliche Quellen für diese Angaben zu nennen und Sanierungskriterien abzuleiten.

3.1 Gliederung der vorbereitenden Untersuchungen

Die Untersuchungen werden in wirtschaftliche und rechtliche, technische und soziale Untersuchungen gegliedert. Dabei ergeben sich unvermeidbar und notwendig Zusammenhänge und Überschneidungen. Oft ist die richtige Zuordnung einer Einzelfrage zu einer Problemgruppe unklar oder es werden Daten für mehrere Untersuchungen benötigt; so sind zum Beispiel Alter und Zustand eines Gebäudes Gegenstand wirtschaftlicher, technischer und wahrscheinlich auch sozialer Untersuchungen.

Arbeitskonzept Die Gemeinde entwickelt daher – am besten in einer offenen Arbeitsgruppe, der Fachleute der entsprechenden Fakultäten angehören und in der auch die Beteiligten mitwirken können – ein zweckentsprechendes Arbeitskonzept, in dem – möglicherweise in der Art eines Ablauf- oder Verfahrensdiagramms oder auch, in komplizierteren Fällen, eines Netzplanes – festgelegt wird, wer wann was tut, wer im Einzelbereich verantwortlich, federführend ist, wie der Informationstausch erfolgt und wie die jeweils vorliegenden Teilergebnisse ausgewertet werden. Auch über Beteiligungen, Anhörungen, Veröffentlichungen und über die Einschaltung des Gemeinderates/ Stadtrates sollten Absprachen getroffen werden.

3.2 Wirtschaftliche Untersuchungen

Die Durchführung einer Sanierung muß wirtschaftlich und finanziell gesichert sein. Für die spätere Wirtschaftlichkeitsberechnung sind schon jetzt die Grundlagen zu schaffen. Die Höhe der rentierlichen und unrentierlichen Kosten läßt sich bei der Bestandsaufnahme nicht im einzelnen feststellen. Die Kenntnis etwa zu erwartender Geschäftsrenditen und zu erwartender Mieten für Büro-, Wohn-, Lager- und Parkflächen ermöglicht die Beurteilung, bis zu welcher Höhe Sanierungskosten ohne Zuschüsse gedeckt werden können und welche Zuschüsse gegebenenfalls notwendig werden (Untersuchungen zur Wirtschaftsstruktur und daraus resultierende Sanierungskriterien sind den technischen Untersuchungen zugeordnet [vgl. 3.5]).

Von grundlegender Bedeutung sind die Werte der Grundstücke und der Bausubstanz auf den Grundstücken. Sie beeinflussen maßgeblich die Höhe der unrentierlichen Kosten und die Wirtschaftlichkeit einer in Aussicht genommenen Sanierung. Sie sind entscheidend für die Beurteilung, ob die Sanierung – aus der Sicht der öffentlichen Hand – überhaupt möglich ist. Es ist daher während der Phase der vorbereitenden Untersuchungen notwendig, eine Grundstücks- und Gebäudebewertung durchzuführen; Mietverträge und sonstige vertraglich festgelegte Rechte, die im Falle einer Sanierung entschädigt werden müssen, sind zu erfassen. Die Form der Beobachtung des Bodenmarktes und der Veränderung bei Mieten und sonstigen Rechten und die Fortschreibung der Erhebungen ist bereits mit dem Grundkonzept der vorbereitenden Untersuchungen festzulegen.

S 10 ### 3.3 Wertermittlung (Altwerte)

3.31 Vorbemerkungen

Bereits bei der Bestandsaufnahme empfiehlt es sich, die Grundstücke des in Aussicht genommenen Sanierungsgebietes zu bewerten. Es handelt sich um die Wert-

Altwerte ermittlung für den Bestand bzw. die Ermittlung der Altwerte.

Genauigkeit und Aufwand der Wertermittlung richten sich einmal nach dem Zweck der Wertermittlung, zum anderen nach den örtlichen Möglichkeiten (Wertermittlungsstelle, Vergleichspreismaterial). Für einen ersten groben Überblick über den Wert des Bestandes kann bei der Sanierungsvorbereitung eine Kurzbewertung ausreichen, wie sie z. B. häufig beim kostenmäßigen Durchspielen von Planungsvarianten oder bei der Ermittlung von Bebauungsplan-Durchführungskosten nach § 9 Abs. 6 Satz 2 BBauG angewandt wird. Dagegen bedarf es für die Kosten- und Finanzierungsübersicht genauerer Angaben, die nur über Einzelwertermittlungen zu erhalten sind. Schließlich müssen für die Durchführung von Maßnahmen, die Entschädigungsansprüche auslösen, Einzelwertermittlungen vorliegen, die hinsichtlich der Sorgfalt, Genauigkeit und Begründung den Anforderungen an Wertgutachten nach §§ 136 bis 144 BBauG genügen.

Die Altwerte werden im Laufe der Vorbereitung und Durchführung von Sanierungsmaßnahmen benötigt

Wertermittlungszwecke

im Stadium der vorbereitenden Untersuchungen:
▶ Kostenkalkulation im Rahmen der überschlägigen Kosten- und Ertragsschätzungen

für die ersten Maßnahmen im förmlich festgelegten Sanierungsgebiet:
▶ Prüfung des Kaufpreises in einem Grundstückskaufvertrag
▶ Ausübung des Vorkaufsrechtes
▶ Ausübung des gemeindlichen Grunderwerbsrechtes
▶ Übernahmeverlangen bei versagter Vertragsgenehmigung
▶ Kaufpreisbemessung, wenn grundsätzlich Veräußerungswillige ihr Grundstück abgeben wollen

für die weiteren Maßnahmen:
▶ Kostenermittlung im Rahmen der Kosten- und Finanzierungsübersicht
▶ freihändiger Ankauf durch Gemeinde oder Träger
▶ Festsetzung des Einwurfwertes bei der Sanierungsumlegung
▶ Bemessung der Enteignungsentschädigung
▶ Entschädigungsbemessung beim Vollzug des Abbruchgebotes
▶ Übernahmeverlangen wegen des Abbruchgebotes
▶ Übernahmeverlangen wegen des Unvermögens, das Baugebot zu erfüllen
▶ Übernahmeverlangen wegen der Festlegung von Ersatz- und Ergänzungsgebieten

bei der Abwicklung der Sanierungsmaßnahme:
▶ Bemessung der Ausgleichsbeträge
▶ Aufstellung der Gesamtabrechnung.

Für die Durchführung von Wertermittlungen kommen, sofern das Gesetz nicht im Einzelfall etwas anderes vorsieht, folgende Stellen in Betracht:

Wertermittlungsstellen

a) die Bewertungsstelle der Gemeinde
b) der Gutachterausschuß nach § 137 Abs. 1 BBauG
c) die Geschäftsstelle des Gutachterausschusses nach § 137 Abs. 2 BBauG
d) nach § 36 GewO von der Industrie- und Handelskammer öffentlich bestellte und vereidigte Bewertungssachverständige.

Einfachere Wertermittlungen können auch von der Sanierungsstelle der Gemeinde oder vom Sanierungsträger durchgeführt werden.

Da eine sachgerechte Wertermittlung vom Vorhandensein umfangreichen Vergleichsmaterials abhängt, über das im allgemeinen nur die Gutachterausschüsse mit ihren Kaufpreissammlungen (§ 143 Abs. 2 BBauG) verfügen, empfiehlt es sich, alle Wertermittlungen zur Durchführung einer Sanierungsmaßnahme dem Gutachterausschuß zu übertragen. Der Gutachterausschuß ist für eine Reihe von Wertermittlungen durch das Gesetz ohnehin ausdrücklich vorgesehen (§§ 15 Abs. 3, 18 Abs. 1, 23 Abs. 3, 25 Abs. 6, 41 Abs. 5, 59 Abs. 5). Soll der Gutachterausschuß im Frühstadium der Sanierungsmaßnahme noch nicht eingeschaltet werden oder ist seine Einschaltung für die gesamte Altwertermittlung eines größeren Sanierungsgebietes zu aufwendig, empfiehlt es sich, die Geschäftsstelle des Gutachterausschusses in Anspruch zu nehmen.

Gutachterausschuß

Das Gesetz verwendet im Gegensatz zum Bundesbaugesetz nicht einheitlich den Begriff „Verkehrswert" für den Wert, der für die verschiedenen Maßnahmen der Sanierung maßgebend sein soll. Hinsichtlich der Altwerte ist durchweg der Begriff „Wert" verwandt (§§ 15 Abs. 3, 18 Abs. 1, 23 Abs. 3), ohne daß deutlich wird, ob dieser „Wert" ein anderer Wert als der „Verkehrswert" sein soll und wie er sich von diesem unterscheidet. Der Ausschußbericht (zu BT-Drucksache VI/2204 zu § 57 S. 23) spricht vom „nach Maßgabe des § 23 Abs. 2 modifizierten Verkehrswert". Daraus ergibt sich, daß der Gesetzgeber für die Altwertermittlung nicht ohne weiteres den Verkehrswert nach § 141 Abs. 2 BBauG gemeint hat.

Verkehrswert

Nach § 23 Abs. 1 werden die Vorschriften des Dritten bis Fünften Teils des Bundesbaugesetzes angewandt, soweit das Städtebauförderungsgesetz nichts „Besonderes" bestimmt.

Nach § 95 Abs. 1 BBauG bemißt sich die Entschädigung nach dem Verkehrswert. Für Sanierungsmaßnahmen gilt der Verkehrswert unter den in § 23 angeführten Gesichtspunkten. Insoweit handelt es sich um einen modifizierten Verkehrswert. Modifizierte Verkehrswerte sind auch bei der Enteignungsentschädigung allgemein maßgebend, wenn z. B. infolge der bevorstehenden Enteignung eingetretene Werterhöhungen unberücksichtigt bleiben (§ 95 Abs. 2 Nr. 1 BBauG).

Rechtsvorschriften

Für die Ermittlung der Altwerte in Sanierungsgebieten folgt daraus: Zu ermitteln ist der Verkehrswert der Grundstücke, also der Marktwert des Bewertungsobjekts, abgestellt auf die Verhältnisse des gewöhnlichen Geschäftsverkehrs, wobei bestimmte wertbeeinflussende Umstände aufgrund rechtlicher Vorschriften zusätzlich zu berücksichtigen oder unberücksichtigt zu lassen sind.

Für die Ermittlung des Verkehrswertes bei Sanierungsmaßnahmen gelten insbesondere das Städtebauförderungsgesetz, das Bundesbaugesetz und die Verordnung über Grundsätze für die Ermittlung des Verkehrswerts von Grundstücken (Wertermittlungsverordnung oder Verkehrswertverordnung). Im einzelnen werden hier genannt:

▶ § 141 Abs. 2 BBauG (Definition des Verkehrswertes)
▶ § 2 Abs. 1 und 2 Satz 1 WertermittlVO (Gegenstand der Wertermittlung, wertbeeinflussende Umstände)
▶ § 23 StBauFG (Verweis auf Enteignungsentschädigung nach BBauG, Ausschaltung vorweggenommener Sanierungsgewinne)
▶ § 44 Abs. 1 BBauG (Besonderheiten bei Sanierung auslösender Bausubstanz)
▶ § 49 Abs. 1 StBauFG (Entschädigung im Einigungsfall)

Verwaltungsvorschriften

Neben den Rechtsvorschriften gibt es für die Wertermittlung noch eine Reihe von Verwaltungsvorschriften. Am bekanntesten sind die Wertermittlungs-Richtlinien des Bundesschatzministers vom 11. 7. 1966 (Beilage zum Bundesanzeiger Nr. 181 vom 27. 9. 1966), die vielfach von den Länderministerien den Gutachterausschüssen und Gemeinden zur Anwendung empfohlen wurden. Gegen die Wertermittlungs-Richtlinien sind in der Fachwelt allerdings erhebliche Bedenken erhoben worden, weil sie zu schematischen, von den Marktverhältnissen abweichenden Wertermittlungen verführen (vgl. auch Schlegtendal, AVN 1967, 203).

3.32 Kurzbewertung

Für einen ersten groben Überblick über den Wert des Bestandes im Stadium der Problemfindung und der vorbereitenden Untersuchungen kann eine Kurzbewertung in Frage kommen. Dann kann sich nach Begehung des Sanierungsgebietes, ohne Besichtigung des Inneren der Gebäude, folgendes Verfahren anbieten:

Bodenwert	Einschätzung nach Erfahrung, gegebenenfalls nach Vergleichspreisen
+ Gebäudeherstellungswert	Übernahme aus der Gebäudebrandversicherung o. ä.
− Abzug für Alterswertminderung	Einschätzung nach Erfahrung, gegebenenfalls Tabellenabschreibung
± Zu- oder Abschläge	Berücksichtigung von Besonderheiten
= geschätzter Grundstückswert	

Es handelt sich um ein vereinfachtes Sachwertverfahren, das die Ertragsverhältnisse unberücksichtigt läßt. Die Ertragslage ist, soweit möglich, zusätzlich zu beurteilen.

Beispiel einer Kurzbewertung

Lfd. Nr.	Fläche	Boden-wert	Boden-wert	Baujahr	Neuwert 1914	Ab-zug	Bauwert 1914 (Index 100)	Bauwert 1970 bei Baukostenindex 570	Sachwert
	qm	DM/qm	DM		M	%	M	DM	DM
1	289	330,–	95 400,–	1903	121 000,–	54	55 660,–	317 300,–	412 700,–
2	278	400,–	111 200,–	1940/57	73 860,–	10	66 470,–	378 900,–	490 100,–
3	259	330,–	85 500,–	1906	72 900,–	50	36 450,–	207 800,–	293 300,–
4	152	330,–	50 200,–	1906/54	44 200,–	45	24 310,–	138 600,–	188 800,–
5	253	350,–	88 600,–	1905/52	108 580,–	30	76 000,–	433 200,–	521 800,–
6	220	330,–	72 600,–	1904/62	60 300,–	45	33 170,–	189 100,–	261 700,–
7	360	400,–	144 000,–	1907/60	85 000,–	10	76 500,–	436 100,–	580 100,–
8	252	330,–	83 200,–	1905/61	95 960,–	50	47 980,–	273 500,–	356 700,–
9	142	330,–	46 900,–	1903	44 680,–	55	20 110,–	114 600,–	161 500,–
10	139	330,–	45 900,–	1903/64	46 500,–	50	23 250,–	132 500,–	178 400,–
11	12	330,–	4 000,–	–	–	–	–	–	4 000,–
	2356		827 500,–					2 621 600,–	3 449 100,–

(Vgl. auch die Tabelle bei Ross-Brachmann, Leitfaden für die Ermittlung des Bauwerts..., S. 116/117)

EDV

Bei Gemeinden, die über die Möglichkeit elektronischer Datenverarbeitung verfügen, lassen sich diese Berechnungen auch über derartige Anlagen abwickeln. Dabei können dann außerdem eine Reihe von Grundstücksdaten (insbesondere über die ausgeübte Nutzung) abgerufen werden.

Die Kurzbewertungen sind keine begründeten Wertermittlungen, wie sie dem Gutachterausschuß aufgegeben sind; sie können solche auch nicht ersetzen. Sie gestatten jedoch im Stadium der Problemfindung und der vorbereitenden Untersuchungen mit verhältnismäßig geringem Aufwand einen Überblick über die Größenordnung der Grundstückswerte. Die Kurzbewertungen reichen allerdings nicht aus zur Bestimmung von Entschädigungen im Einzelfall.

3.33 Vergleichsmaterial

Eine sachgerechte Wertermittlung muß marktkonform sein, das heißt, sie muß die im gewöhnlichen Geschäftsverkehr bestehenden Gepflogenheiten berücksichtigen und sich an den im gewöhnlichen Geschäftsverkehr bezahlten Grundstückspreisen ausrichten. Die Wertermittlung soll sich auf Vergleichsmaterial stützen, das die gewöhnlichen Marktverhältnisse widerspiegelt. Dieser Grundsatz gilt unabhängig von dem im Einzelfall angewandten Wertermittlungsverfahren.

Das Vergleichsmaterial besteht im wesentlichen aus

▶ Grundstückspreisen (Quelle: Kaufpreissammlung des Gutachterausschusses nach § 143 Abs. 2 BBauG), die als Vergleichspreise herangezogen werden können (§ 4 WertermittlVO),

Kaufpreissammlung

▶ Mieten (Quelle: Befragung der Sanierungsbeteiligten aufgrund der Auskunftspflicht nach § 3 Abs. 4 StBauFG und § 140 BBauG), die als Vergleichsmieten zur Beurteilung der nachhaltig erzielbaren Einnahmen herangezogen werden können (§ 9 Abs. 1 WertermittlVO).

Befragung

Wird die Kaufpreissammlung durch den Gutachterausschuß ordnungsgemäß geführt, so liegen berichtigte Kaufpreise und aufbereitetes Vergleichsmaterial vor, auf die bei der Wertermittlung unmittelbar zurückgegriffen werden kann. Sind diese Voraussetzungen nicht erfüllt, ist es unumgänglich, sämtliches Preismaterial im Sanierungsgebiet selbst, in den benachbarten Gebieten und in den mit dem Sanierungsgebiet vergleichbaren Gebieten — gegebenenfalls im Wege einer nachträglichen oder ergänzenden Auswertung — auf die Vergleichbarkeit zu prüfen.

Bei unbebauten Grundstücken bieten sich folgende Auswertungsverfahren an:

unbebaute Grundstücke

▶ Kaufpreis/qm Grundstücksfläche (K/qm GrFl)

Es handelt sich um das einfachste Auswertungsverfahren. K und GrFl werden dem Kaufvertrag entnommen.

▶ Kaufpreis/qm Geschoßfläche (K/qm GFl)

Dieses Verfahren bedeutet die Eliminierung unterschiedlicher Nutzungsmaße. Abzustellen ist nicht auf die nach den Festsetzungen des Bebauungsplanes höchstzulässige GFl, sondern auf die bei Einhaltung der sonstigen planungs- und bauordnungsrechtlichen Bestimmungen realisierbare GFl. Neben oder an Stelle der GFl kann K auch auf die realisierbare Wohn- bzw. Nutzfläche bezogen werden (K/qm WFl bzw. K/qm NFl).

Beide Verfahren sind verhältnismäßig wenig aufwendig und sollten für Sanierungsbewertungen stets angewandt werden.

Beispiel:

Lfd. Nr.	Fläche qm	GFZ	K/qm GrFl	K/qm GFl	Zeitpunkt
1	304	2,3	1262,—	550,—	1970
2	3692	2,3	1262,—	550,—	1969
3	205	2,4	1170,—	490,—	1970
4	316	2,3	1173,—	510,—	1970
5	452	2,3	1426,—	620,—	1970
6	864	2,3	926,—	400,—	1969
7	257	2,3	1440,—	630,—	1970
8	518	2,3	1683,—	730,—	1970
9	3173	2,0	1300,—	650,—	1970

bebaute Grundstücke

Für die Auswertung von Kaufpreisen bei bebauten Grundstücken sind die nachfolgend aufgeführten Verfahren denkbar:

▶ Kaufpreis/qm Wohn- bzw. Nutzfläche
(K/qm WFl bzw. K/qm NFl)

K ist dem Kaufvertrag zu entnehmen, die WFl (NFl) nach DIN 283 zu ermitteln. Gegebenenfalls kann K auch auf die tatsächliche GFl bezogen werden, die sich aus Plänen und anderen Unterlagen (Bauakten, Gebäudeversicherung) ermitteln läßt.

▶ Kaufpreis/jährlicher Rohertrag (K/R)

Als R sind die üblicherweise erzielbaren Einnahmen aus dem Grundstück (§ 9 Abs. 1 und 2 WertermittlVO) anzusetzen. Dabei ist von den erzielten Einnahmen auszugehen, die von den Beteiligten erfragt werden. Weichen die angegebenen Einnahmen erheblich von den ortsüblich erzielbaren Einnahmen ab, sind letztere an Stelle der tatsächlichen Einnahmen anzusetzen.

▶ für die Ermittlung des Liegenschaftszinssatzes
(= Sollzinssatz nach § 8 Abs. 3 WertermittlVO)

$$L = \frac{100 \ [R - BK - k \ (K - B)]}{K}$$

Dabei ist L = Liegenschaftszins in %
R = jährlicher Rohertrag
BK = Bewirtschaftungskosten
K = Kaufpreis
B = Bodenwertanteil
k = Konstante in Abhängigkeit von der Restnutzungsdauer (RND) des Gebäudes (§ 8 Abs. 4 WertermittlVO); vgl. Tabelle:

RND in Jahren	k	RND in Jahren	k
5	0,1902	55	0,0087
10	0,0893	60	0,0074
15	0,0558	65	0,0063
20	0,0391	70	0,0054
25	0,0293	75	0,0047
30	0,0228	80	0,0040
35	0,0148	85	0,0035
40	0,0123	90	0,0030
45	0,0103	95	0,0026
50	0,0182	100	0,0023

L gibt die Effektivverzinsung des in das bebaute Grundstück investierten Kaufpreises zum Zeitpunkt des Vertragsabschlusses an.

▶ Gebäudewertanteil/qm Wohn- bzw. Nutzfläche
(G/qm WFl bzw. G/qm NFl) oder
Gebäudewertanteil/cbm umbauter Raum
(G/cbm UR)
G ist aus dem Kaufpreis abzüglich des Bodenwertanteils und der Außenanlagen zu ermitteln und auf die WFl bzw. NFl oder auf den nach DIN 277 ermittelten UR zu beziehen.

▶ Gebäudewertanteil/Gebäudeherstellungswert (G/H)
G/H gibt den prozentualen Anteil des Gebäudewerts nach Abzug der Alterswertminderung vom Gebäudeherstellungswert an. Dabei ist H nach Erfahrungssätzen anzusetzen.

Darüber hinaus können die Kaufpreise auch nach anderen geeigneten Merkmalen aufgegliedert werden, wenn sich hieraus Rückschlüsse auf die Marktverhältnisse gewinnen lassen.

Die Auswertungsergebnisse sind nach Möglichkeit in Listen und in Plänen zusammenzustellen, damit die Grundstücke, die für den Preisvergleich in Betracht kommen, leichter verglichen werden können. Die Vergleichspreise und sonstigen Bezugsgrößen sind daraufhin zu untersuchen und zu beurteilen, ob sie zum Preisvergleich geeignet, bedingt geeignet oder ungeeignet sind. Außerdem ist zu prüfen, ob und inwieweit die bezahlten Grundstückspreise bereits vorweggenommene Sanierungsgewinne enthalten, die bei der Entschädigung nach § 23 und damit bei der Altwertermittlung unberücksichtigt bleiben.

Listen und Pläne

Beispiel: Sanierungsgebiet in der City einer Großstadt
Beginn der vorbereitenden Untersuchungen: 1967/68
Die Grundstücke sind sehr klein, schlecht erschlossen und überwiegend mit Gebäuden aus den Jahren 1700 bis 1900 mit mäßiger bis schlechter Ausstattung bebaut. Die Grundstücke sind nach heutigem Baurecht selbständig nicht mehr bebaubar.

Untersuchung auf vorweggenommene Sanierungsgewinne

Kaufpreise im Sanierungsgebiet			Kaufpreise im benachbarten Nichtsanierungsgebiet		
Lfd. Nr.	K/qm NFl	Zeitpunkt	Lfd. Nr.	K/qm NFl	Zeitpunkt
1	945,–	7/1968	1	771,–	9/1967
2	1243,–	1/1969	2	480,–	4/1968
3	1251,–	1/1969	3	499,–	5/1969
4	1283,–	4/1969	4	612,–	9/1969
5	725,–	10/1969	5	634,–	1/1970
6	892,–	10/1969	6	400,–	8/1970
7	1820,–	12/1969			
8	841,–	2/1970	520,– bis 580,– bei weiteren 30 Kauffällen der Innenstadt		
9	1005,–	7/1970			
10	971,–	7/1970			
11	957,–	8/1970			
12	997,–	9/1970			
13	747,–	11/1970			

Die Kaufpreise im Sanierungsgebiet liegen größtenteils deutlich über den Kaufpreisen in vergleichbaren Nichtsanierungsgebieten. Sie enthalten offensichtlich Wertanteile, die nur mit der Erwartung einer besseren Nutzbarkeit der Grundstücke nach der Sanierung erklärt werden können. Die Schwelle, von der ab Kaufpreise wegen des Sanierungseinflusses nicht mehr berücksichtigt werden dürfen, ist zu ermitteln.

3.34 Wertermittlung

Nach Aufbereitung des Vergleichsmaterials erfolgt die Wertermittlung der einzelnen im Sanierungsgebiet liegenden Grundstücke. Wertermittlung bedeutet Erfassung der wertbeeinflussenden Umstände, der Eigenschaften des Grundstücks, der Grundstücksqualität und Umsetzung der Grundstücksqualität in das zum Wertermittlungsstichtag auf dem Grundstücksmarkt bestehende Preisgefüge.

Grundstücksqualität Die Grundstücksqualität ist nach den wertbeeinflussenden tatsächlichen, rechtlichen und wirtschaftlichen Umständen (§ 2 Abs. 2 WertermittlVO) zu ermitteln. Die wertbeeinflussenden Merkmale sind in die — Bestandteil der Wertermittlung bildende — Grundstücksbeschreibung aufzunehmen. Für die Grundstücksbeschreibung kann auf die Bestandsaufnahme (vgl. Seite 58) zurückgegriffen werden.

Eine Reihe von wertbeeinflussenden Umständen ist unberücksichtigt zu lassen, die infolge der bevorstehenden Sanierung eingetreten sind. Sollten wertmindernde Vorwirkungen der Sanierung, vielleicht wegen des Risikos eines zeitweisen Nutzungsausfalls auftreten — was kaum vorkommen dürfte —, so müssen diese bei entsprechender Anwendung des § 95 Abs. 2 BBauG außer Ansatz bleiben.

vorweggenommene Sanierungsgewinne Die häufiger vorkommenden vorweggenommenen Sanierungsgewinne dürfen nicht berücksichtigt werden. § 23 Abs. 2 bestimmt, daß Werterhöhungen, die durch die Aussicht auf die Sanierung, ihre Vorbereitung oder Durchführung eingetreten sind, nur insoweit berücksichtigt werden, als diese durch eigene Aufwendungen zulässigerweise bewirkt wurden, z. B. durch genehmigte oder genehmigungsfreie werterhöhende bauliche Änderungen oder Unterhaltungsarbeiten.

Bei der Wertermittlung ist ferner darauf zu achten, ob die Gebäude in ihrem Bestand rechtlich gesichert sind. Rechtlich gesichert sind die Gebäude dann, wenn eine Baugenehmigung ohne Einschränkung oder doch wenigstens eine vorläufige Bau-

widerrufliche Baugenehmigung genehmigung (z. B. nach Art. 12 Abs. 2 Württ.BO 1910) erteilt worden ist. Dagegen ist der Bestand von Gebäuden rechtlich nicht gesichert, wenn eine Baugenehmigung nur widerruflich erteilt wurde, oder wenn eine befristete Baugenehmigung abgelaufen ist, oder wenn überhaupt keine Baugenehmigung vorgelegen hat. Derartige Gebäude sind bei der Wertermittlung außer Ansatz zu lassen, das heißt, die betreffenden Grundstücke sind im unbebauten Zustand zu bewerten (vgl. dazu auch Urt. des BGH vom 16. 3. 1970 — III ZR 183/69 — in BBauBl 1971, 331).

Schließlich sind bei der Wertermittlung Gebäude insoweit unberücksichtigt zu lassen, als diese hinter den allgemeinen Anforderungen an gesunde Wohn- und Arbeitsverhältnisse oder an die Sicherheit der auf dem betroffenen Grundstück oder im um-

Sanierung auslösende Bausubstanz liegenden Gebiet wohnenden oder arbeitenden Menschen zurückbleiben (Sanierung auslösende Bausubstanz). Dies folgt zwar nicht ausdrücklich aus § 23, ergibt sich jedoch nach dem Ausschußbericht (zu BT-Drucksache VI/2204, zu § 23 S. 12/13) bereits aus § 12 WertermittlVO. Danach sind besondere wertbeeinflussende Umstände wie Abweichungen vom normalen baulichen Zustand durch Abschläge zu berücksichtigen. Der Entschädigungsausschluß folgt dem Gedanken des § 44 Abs. 1 Satz 2

Kölner Hinterhausurteil BBauG und entspricht den Überlegungen des „Kölner Hinterhausurteils" (Urt. des BGH vom 13. 7. 1967 — III ZR 1/65 — in DÖV 1967, 716).

Maßgebend für die Wertermittlung sind die zum Zeitpunkt der Wertermittlung auf dem Grundstücksmarkt herrschenden Preisverhältnisse. Dieser Zeitpunkt gilt als

Stichtag Wertermittlungsstichtag.

unbebaute Grundstücke Der Wert unbebauter Grundstücke ist nach Möglichkeit durch Preisvergleich zu ermitteln: Aus den ausgewerteten Kaufpreisen (K/qm GrFl bzw. K/qm GFl) ist der Verkehrswert (VW) der zu bewertenden Grundstücke abzuleiten (VW/qm GrFl bzw. VW/qm GFl).

bebaute Grundstücke Bei der Wertermittlung für bebaute Grundstücke sind, wenn das Vergleichswertverfahren nicht angewandt werden kann, das Sachwert- und das Ertragswertverfahren mit vergleichenden Elementen zu durchsetzen. Bei Berücksichtigung des untersuchten Vergleichsmaterials bieten sich im einzelnen folgende Verfahren an:

▶ Sachwertverfahren (§§ 14 bis 18 WertermittlVO):
Dabei ist der Abzug für Alterswertminderung entsprechend dem sich aus dem Vergleichsmaterial ergebenden Verhältnis Gebäudewertanteil/Gebäudeherstellungswert (G/H) anzusetzen.

▶ Vergleichswertverfahren (§§ 4 bis 6 WertermittlVO):
Aus den ausgewerteten Kaufpreisen (K/qm WFl, K/qm NFl oder K/cbm UR) ist der Verkehrswert des Bewertungsgrundstücks abzuleiten (VW/qm WFl usw.), ohne daß nach Bodenwertanteil und Gebäudewertanteil unterschieden wird.

▶ bei Ertragsobjekten, Ertragswertverfahren (§§ 7 bis 13 WertermittlVO):
Dabei ist als Sollzinssatz der Zinssatz zugrunde zu legen, der sich aus den durchschnittlichen Liegenschaftszinssätzen (L) des Vergleichsmaterials ergibt. Nicht ange-

messen ist es dagegen, den Sollzinssatz ohne Überprüfung der Marktverhältnisse aus den Wertermittlungs-Richtlinien oder aus dem Schrifttum zu übernehmen.
▶ Vereinfachtes Ertragswertverfahren:
Der — gegebenenfalls nach Vergleichsmieten angepaßte — jährliche Rohertrag ist mit einem Vervielfältiger zu multiplizieren (VW = R × V), der sich aus dem durchschnittlichen Verhältnis Kaufpreis/Rohertrag (K/R) des Vergleichsmaterials ergibt.

Die Verfahren sind nicht alternativ anzuwenden, wie fälschlich aus der Formulierung des § 3 Abs. 3 Satz 1 WertermittlVO herausgelesen wurde (Urt. des OLG Hamburg vom 10. 10. 1969 — 1 U 61/68 BauL.). Sie können vielmehr auch nebeneinander verwandt werden, wenn sie lediglich zur Ermittlung des Verkehrswertes geeignet sind. Nicht nur im Vergleichswertverfahren findet Wertermittlung durch Vergleiche statt. Auch das Ertragswertverfahren und das Sachwertverfahren enthalten Rechnungsgrößen, die im Vergleichswege gewonnen werden (z. B. Normalherstellungskosten, Mieten usw.). Dabei darf der Rahmen des Vergleichbaren nicht zu eng gezogen werden. Auch Kaufpreise für Grundstücke mit unterschiedlichen Qualitätsmerkmalen müssen gegebenenfalls zum Preisvergleich herangezogen werden, wenn die Qualitätsunterschiede angemessen gewertet werden können.

Die aufgeführten Verfahren können auch modifiziert werden. Bei der Auswahl der Verfahren sollen die bei der Wertbeurteilung im gewöhnlichen Geschäftsverkehr bestehenden Gepflogenheiten berücksichtigt werden (§ 3 Abs. 3 Satz 2 WertermittlVO).

Die wesentlichen Qualitätsmerkmale, die es zu vergleichen gilt, sind: **Qualitätsmerkmale**
▶ Lage, Art und Maß der baulichen Nutzung, Grundstücksgestaltung;
▶ bei bebauten Grundstücken ferner:
Bauausführung, Ausstattung, Bau- und Unterhaltungszustand, Alter und Restnutzungsdauer des Gebäudes; Zulässigkeit der baulichen Anlagen nach geltendem Bau- und Bodenrecht;
▶ bei Ertragsobjekten außerdem:
Ertragsverhältnisse, Liegenschaftszinssatz.

Diese Qualitätsmerkmale sind mit den bezahlten Kaufpreisen in Verbindung zu bringen, die sich wiederum auf den Zeitpunkt des Kaufabschlusses beziehen. Stimmen die Vergleichsgrundstücke mit den Bewertungsgrundstücken nach Qualitätsmerkmalen oder auch nach dem Zeitpunkt der Vergleichspreise und der Wertermittlung nicht überein, so sind die Vergleichspreise in der Weise auf die Bewertungsgrundstücke zu übertragen, daß entsprechend den Qualitäts- und Zeitunterschieden auf die Vergleichspreise angemessene Zu- oder Abschläge gemacht werden (§ 6 Abs. 1 WertermittlVO; im gleichen Sinne auch Urt. des OLG Hamm vom 29. 6. 1971 — 16 U [BauL.] 1/70 —).

In Gebieten, in denen nach den Gepflogenheiten des gewöhnlichen Geschäftsverkehrs die Bodenwerte bebauter Grundstücke im Verhältnis zum unbebauten Grundstück als geringerwertig angesehen werden, ist neben dem ermittelten Gesamtwert auch der Bodenwert im unbebauten Zustand zu ermitteln. Ein gegebenenfalls zu entschädigender Gebäudewert kann sich immer nur aus der Differenz von Gesamtwert und Bodenwert im unbebauten Zustand ergeben. Im Gegensatz zur üblichen Wertermittlung, aber gleich wie bei der Umlegungsbewertung nach §§ 57, 58 BBauG verfügt man über die Möglichkeit, die Qualitätsmerkmale und Werte nebeneinandergelegener, oftmals gleichartiger oder ähnlicher Grundstücke miteinander zu vergleichen. Dieser Vergleich sollte mit dem Ziel, etwaige Spannungen zwischen den Werten zu beseitigen, angestellt werden, wenn die Wertermittlungsergebnisse im Rohentwurf vorliegen, ehe die Werte endgültig ermittelt und festgelegt werden. **Bodenwerte bei bebauten Grundstücken**

3.35 Form und Inhalt der Wertgutachten

Die Altwertermittlung sollte in der Form von Gutachten für jedes einzelne Grundstück erfolgen. Dabei ist nicht unbedingt auf das Grundstück im bürgerlich-rechtlichen Sinne abzustellen: es kann zweckmäßig sein, das Grundstück als wirtschaftliche Einheit, insbesondere bei der bei Wertermittlungen immer gebotenen wirtschaftlichen Betrachtungsweise anzusehen. **Einzelgutachten**

Form und Inhalt der Wertermittlungen müssen den Anforderungen genügen, die man an Wertgutachten des Gutachterausschusses nach § 136 BBauG stellt, und zwar auch dann, wenn die Wertermittlung durch eine andere Stelle erfolgt. Die Gutachten sollten neben allgemeinen auch grundstücksbeschreibende Angaben, Wertberechnungen und -ermittlungen sowie eine Begründung enthalten, soweit diese Begründung nicht unmittelbar aus den Wertberechnungen und -ermittlungen hervorgeht. Die Begründung muß z. B. das Gericht in die Lage versetzen, „den Gedankengängen des Gutachters nachzugehen, sie zu prüfen und sich ihnen anzuschließen oder sie abzulehnen" (Beschl. des OLG Frankfurt vom 18. 10. 1962 — 6 W 425/62 — in NJW 1963, 400; wegen der Anforderungen an die Begründung vgl. ferner Urt. des BGH vom 17. 12. 1964 — III ZR 96/63 — in WM 1965, 128; Gerardy AVN 1966, 238).

Das Wertgutachten sollte Planunterlagen und Photographien des Bewertungsobjekts enthalten, wenn dies zur Verdeutlichung und zum Verständnis erforderlich ist. Das Wertgutachten kann auf vorher erstattete Gutachten (Vorgutachten) Bezug nehmen. Diese sollten dem Gutachten beigelegt werden, wenn sie den Beteiligten bislang nicht bekannt waren.

Mitteilung an Grundstückseigentümer

Die Grundstückseigentümer sollten vom erstatteten Wertgutachten eine Ausfertigung oder Abschrift erhalten. Für den Gutachterausschuß ergibt sich dies als Verpflichtung ohnehin aus § 136 Abs. 2 BBauG. Aber auch sonst dürfte dies aus der Verpflichtung folgen, den Grundstückseigentümer an der Sanierung zu beteiligen. Es kann zweckmäßig sein, die Wertgutachten über die Sanierungsstelle der Gemeinde oder über den Sanierungsträger dem Grundstückseigentümer zuzuleiten.

Rechtsschutz

Das erstattete Wertgutachten ist kein Verwaltungsakt. Nach herrschender Rechtsauffassung gibt es gegen ein Wertgutachten keinen Rechtsbehelf. Es ist allerdings üblich und auch zweckmäßig, Einwendungen gegen Wertgutachten als Gegenvorstellungen aufzufassen, die Angelegenheit zu überprüfen und bei begründeten Einwendungen das zunächst ermittelte Wertergebnis abzuändern. Gutachten können nur zusammen mit dem Verwaltungsakt, der sich auf sie stützt, gerichtlich überprüft werden.

3.36 Ermittlung von sonstigen Kosten

Im Zusammenhang mit der Altwertermittlung und im Hinblick auf die in die Wirtschaftlichkeitsberechnung einzusetzenden Kosten ist die Schätzung der Freimachungskosten bzw. Freilegungskosten von Bedeutung.

Miet- und Pachtrechte

Verhältnismäßig unproblematisch ist die Bewertung der Ablösung von Miet- und Pachtrechten. Wird in ein Miet- oder Pachtverhältnis mit festem Miet- oder Pachtzins eingegriffen und der Berechtigte dadurch gezwungen, ein neues Miet- oder Pachtverhältnis — aufgrund der Marktlage zu einem höheren Miet- oder Pachtzins — einzugehen, so muß ihm der Differenzbetrag für die Dauer der fest vereinbarten Miete oder Pacht entschädigt werden. Bei länger befristeten Festmieten sind die anfallenden Beträge auf den Zeitpunkt der Ablösung abzuzinsen (zur Frage der Entschädigung von Miet- und Pachtrechten vgl. auch Urt. des BGH vom 19. 9. 1966 — III ZR 216/63 — in DWW 1967, 176).

Nebenentschädigungen

Am schwierigsten zu ermitteln sind die anfallenden Nebenentschädigungen, die insbesondere bei Eingriffen in gewerbliche Betriebe und bei Angehörigen freier Berufe Kosten von erheblichem, nicht immer leicht voraussehbarem Umfang verursachen. Im einzelnen kommen folgende Positionen in Betracht:

▶ Umzugskosten (Transport einschließlich Ersatz für Unbrauchbarwerden von Inventar)
▶ Ersatz für entgangenen Gewinn (Gewinneinbußen während des Umzugs und der Wiedereinrichtung des Betriebs)
▶ Ersatz für vorübergehende und dauernde Betriebserschwernisse (Anlaufverluste, Kundenverluste, geminderter Firmenwert usw.)
▶ Kosten für Interimslösungen (vorübergehende Unterbringung an anderer Stelle)
▶ Ersatz für steuerliche Nachteile (Versteuerung der durch die Sanierung bedingten Realisierung der Buchgewinne)
▶ Kosten der Sanierungsbeteiligten für Rechtsberatung und Privatgutachten in Ausnahmefällen.

(Für die Nebenentschädigungen wird unter anderem auf folgende Rechtsprechung verwiesen: Urt. des BGH vom 27. 4. 1964 — III ZR 136/63 — [Berghotel-Urteil] in WM 1964, 968; Urt. des BGH vom 6. 12. 1965 — III ZR 172/64 — in NJW 1966, 493 [Schlachthof-Urteil]; Urt. des BGH vom 20. 11. 1967 in DVBl 1968, 216; Urt. des BGH vom 8. 2. 1971 — III ZR 65/70 — in NJW 1971, 1176; zur Frage des Eingriffs in einen Gewerbebetrieb: Urt. des BGH vom 29. 5. 1967 — III ZR 126/66 — in NJW 1967,

1749; Urt. des BGH vom 2. 10. 1967 — III ZR 89/65 — in DWW 1968, 165; siehe auch Vollmar in ZfV 1970, 91).

Außer mit Kosten für Wertentschädigungen und Nebenentschädigungen muß mit weiteren Kosten für Billigkeitsentschädigungen gerechnet werden, die auf den Vorschriften über den Härteausgleich (§ 85) beruhen. Billigkeitsentschädigungen sind schwer abzuschätzen, weil sie auf die persönlichen Lebensumstände des Betroffenen abstellen.

Härteausgleich, Billigkeitsentschädigungen

Die Entschädigungen für die Ablösung von Miet- und Pachtrechten, die Nebenentschädigungen und die Billigkeitsentschädigungen werden in der Praxis als Grundstücksfreimachungskosten bezeichnet. Zusätzlich entstehen jedoch weitere Kosten der Baureifmachung, von denen insbesondere die Kosten für den Abbruch der Gebäude, die über die Sanierungsmaßnahme hinaus nicht erhalten bleiben, zu schätzen sind.

Abbruchkosten

Härteausgleich und Billigkeitsentschädigungen sind verschieden zu betrachten, je nachdem, ob sie den Eigentümern im Sanierungsgebiet oder Mietern, Pächtern oder sonstigen Nutzungsberechtigten gewährt werden. Die umfangreichen Regelungen über Abgabe- und Steuervergünstigungen wirken sich für die Eigentümer vorteilhaft aus, so daß schon dadurch gewisse Härten ausgeglichen werden. Für die Mieter, Pächter und sonstigen Nutzungsberechtigten gibt es entsprechende Tatbestände nicht. Auftretende Härten können deshalb nur über Billigkeitsentschädigungen bzw. über die Vorschrift des § 85 ausgeglichen werden. Die Sanierung darf nicht auf dem Rücken der schwächsten Beteiligten ausgetragen werden. Billigkeitsentschädigungen für Mieter und Pächter sind deshalb großzügig zu bemessen. Das ist auch schon bei der Bewertung der anfallenden Nebenentschädigungen zu berücksichtigen.

Bei der Bewertung von Mietverträgen ist auch noch § 23 Abs. 4 zu beachten. Verträge zwischen Eigentümern und Mietern, die im Vorstadium der Sanierung abgeschlossen wurden, solange noch keine Genehmigungspflicht nach § 15 bestand, können mit dem Ziel abgeschlossen worden sein, dem Vermieter, dem Mieter oder beiden zu hohen Entschädigungen im förmlichen Verfahren zu verhelfen. Solche Verträge bleiben bei der Bewertung unberücksichtigt. Die Abgrenzung im Einzelfall wird sehr schwierig sein, zumal die Vorschrift des § 23 Abs. 4 sich nur undeutlich ausdrückt. Streitigkeiten werden nicht zu vermeiden sein.

§ 23 Abs. 4

3.4 Rechtliche Untersuchungen

Neben den wirtschaftlichen Aspekten müssen bei den vorbereitenden Untersuchungen auch die bestehenden und für die Sanierung relevanten Rechtsverhältnisse erhoben werden. Diese werden wohl nur wenn besonders komplizierte Besitzverhältnisse und sehr kleine Parzellen den Einzelnen in seiner Entwicklungsmöglichkeit hemmen, zu einem Sanierungskriterium werden. Sie werden die Planung aber immer entscheidend beeinflussen.

S 9.1

Die Zustandsermittlung der relevanten rechtlichen (bodenrechtlichen) und planungsrechtlichen Voraussetzungen im Untersuchungsgebiet umfaßt im wesentlichen vier Fragenkomplexe:
▶ Wie sind die Eigentums- und Besitzverhältnisse? (Eigentum, Erbpacht, Pacht- und Mietverhältnis)
▶ Welche übergeordneten Bindungen bestehen in dem Gebiet?
▶ Welche Bebauungspläne gelten?
▶ Welche Planungsträger sind betroffen?

Eine Bestandsaufnahme bestehender Rechtsverhältnisse muß daher im allgemeinen folgende Einzelgesichtspunkte berücksichtigen:
Gegebene Eigentums- und Besitzverhältnisse sowie Nutzungsansprüche grundstücksweise erhoben:
▶ Grundstückseigentum (Einzel- und Gemeinschaftseigentum, Immobilienfonds)
▶ Wohnungs- oder Teileigentum
▶ Erbbaurecht (Dauer und Erbbauzins)
▶ Pacht- und Mietverträge (Dauer, Miet- und Pachtzins)
▶ Besondere Nutzungsansprüche — Baulasten (zugunsten von wem?), Grunddienstbarkeiten, Geh-, Fahr- und Leitungsrechte (zugunsten von wem?)
Nutzungsbeschränkungen
Baubeschränkungen
Sonstige Rechte

Eigentums- und Besitzverhältnisse

▶ Hypotheken, Grund- und Rentenschulden
▶ Sonstige privatrechtliche Vereinbarungen
▶ Wer ist Eigentümer, Pächter, Mieter — hat der Einzelne noch Haus- und Grundbesitz an anderer Stelle im Untersuchungsgebiet oder außerhalb?

Die Erfassung der gegebenen Besitzverhältnisse und der Nutzungsansprüche, die in irgendeiner Form festgesetzt sind, ist die Voraussetzung für die Einschätzung der Werte für die Entwicklung eines Bodenordnungskonzeptes, gibt Anhalte für die Sozialplanung und ermöglicht mit die Schätzung von Härteausgleich und sonstigen Entschädigungen.

Übergeordnete Bindungen Bestehende planerische Bindungen übergeordneter Art:
▶ Landesplanung (Richtlinien der Landesplanung und der Regionalpläne)
▶ Vorbereitende Bauleitplanung (FlNPl)
▶ Überörtliche Fachplanung (z. B. Bundesstraße, Flugschneisen, Eisenbahntrasse, Naturschutz, Energiekabel usw.)
▶ Bauleitplanung der Nachbargemeinden

Die bestehenden übergeordneten planerischen Bindungen allgemeiner Art müssen auf ihre Auswirkung und auf ihre Veränderbarkeit hin überprüft und demnach entsprechend berücksichtigt werden.

Bauleitplanung Verbindliche Bauleitplanung für das Gebiet selbst und seine unmittelbare Umgebung:
▶ Bebauungsplan
▶ Ortsbausatzung
▶ Satzungen allgemein
▶ Maßnahmen zur Sicherung und Durchführung der Bauleitplanung durch
Veränderungssperren
Bodenverkehrsgenehmigungen
Vorkaufsrechte und durch
Enteignung
Umlegung/Grenzausgleich und
Erschließungsmaßnahmen

Die Erfassung der gegebenen rechtlichen Bindungen erlaubt die Beurteilung, ob etwa durch überholte rechtsverbindliche Pläne die Sanierungsbedürftigkeit mit bewirkt wurde und gegebenenfalls welche Satzungen in welcher Weise bei einer Sanierung im Blick auf das Sanierungsziel zu ändern sind, welcher Art gegebenenfalls daraus resultierende Entschädigungsansprüche sein können (Planungsschäden §§ 40—44 BBauG).

3.5 Technische Untersuchungen

S 9.2 Die Technischen Untersuchungen sollen klären, in welchem Zustand sich Grundstücke und Gebäude, Ver- und Entsorgung sowie das Verkehrssystem und die Wirtschaftsstruktur befinden, ob der Zustand oder die zu erwartende Entwicklung eine Sanierung erforderlich machen und wie die Sanierung den Zustand und die Entwicklung für die benachbarten Gebiete und die ganze Stadt beeinflussen wird.

Für die Beurteilung der Funktionsfähigkeit des Stadtgebietes zur Befriedigung wohnlicher Bedürfnisse, der Versorgung mit sozial-kulturellen und sonstigen öffentlichen Leistungen, zur Gewährleistung der Gesundheit und Sicherheit der Bevölkerung sowie der Befriedigung des Verkehrsbedarfes sind als Untersuchung nötig:

Gebäudequalität ▶ Untersuchung der Qualität von Gebäuden; untersucht werden müssen Konstruktionsmängel, mangelhafter Erhaltungszustand, unzureichender Feuchtigkeits-, Kälte- und Schallschutz sowie unzureichende Ver- und Entsorgung.

Natürlich ist die Nutzung zu berücksichtigen und zu überprüfen, wie weit sich die Gebäudestruktur überhaupt für die Nutzung eignet. Dieses Problem ist z. B. im Verdichtungsraum oft in Vorstädten gegeben, wo der Kern eines ursprünglich selbständigen Bauerndorfes heute bei kaum veränderter Struktur die Aufgabe eines Zentrums für viele tausend Einwohner zu übernehmen hat.

Wohnungsqualität ▶ Untersucht werden muß bei Wohngebäuden die Qualität der Wohnungen. Sanierungskriterien sind Konstruktionsmängel, mangelhafter Erhaltungszustand, Einsturzgefahr, unzureichender Feuchtigkeits-, Kälte- und Schallschutz, unzureichende Ver- und Entsorgung, unzureichende sanitäre Einrichtungen, fehlende Abgeschlossenheit der Wohnungen, fehlende Balkone, Loggien, Freisitzplätze usw., ungepflegte Nebengebäude und ungepflegte oder fehlende Außenanlagen und Freiflächen. Weiter müssen Belichtung, Belüftung und Besonnung überprüft werden. Sanierungskriterien sind dabei auch unzureichende Gebäude- und Fensterabstände sowie falsche Lage der Zimmer zur Himmelsrichtung.

Angaben zu diesen Untersuchungen sind nur in seltenen Fällen zu erhalten, eigentlich nur dann, wenn zu einem früheren Zeitpunkt schon eine Sanierung erwogen wurde. Als Quellen kommen nur die Baugesuche beim Baurechtsamt in Frage. Darüber hinaus können Besichtigungen erforderlich sein.

▶ Über die Voraussetzungen für den Katastrophenschutz und sonstigen Bevölkerungsschutz haben oft Feuerwehr, Polizei, Gesundheitsämter und Luftschutzbehörden Kenntnis. Sanierungskriterien sind unzureichende Voraussetzungen für die Brandbekämpfung und Hochwasserschutz, explosions- und feuergefährliche Anlagen in der Nähe von Wohn- und Arbeitsstätten, fehlende Schutzräume und unzureichende Einrichtungen zur Aufrechterhaltung der öffentlichen Sicherheit und Ordnung, der Gesundheitsfürsorge usw. **Katastrophenanfälligkeit**

▶ Erhebung des Maßes der baulichen Nutzung; untersucht werden Bebauungsdichte und Nutzungsdichte. Sanierungskriterien können eine zu hohe Dichte sein, wenn dadurch z. B. ungesunde Wohn- und Arbeitsverhältnisse begründet sind, es kann aber auch eine zu geringe Bebauungsdichte sein, etwa dort, wo wegen nicht möglicher Erschließung, störender Betriebe usw. an sich dringend benötigter Geschäfts- oder Wohnraum nicht geschaffen werden kann oder Qualität und erzielte Miete in keiner Weise der Standortgunst und dem Wert eines Grundstückes entsprechen. Die statistischen Ämter besitzen Angaben hierzu aus Einwohner-, Gebäude- und Arbeitsstättenzählung. **Bebauungsdichte**

▶ Überprüfung der Art der baulichen Nutzung; dazu muß insbesondere die Mischung von Wohnungen mit Gewerbebetrieben untersucht werden. Eventuelle Störungen wie Lärm-, Luft- und Wasserverschmutzung durch Betriebe sind ebenso wie die Störung durch Verkehrseinrichtungen festzuhalten. Auch sonstige störende Anlagen sind festzustellen. Schließlich muß überprüft werden, wie weit baulich genutzte Flächen überhaupt für die Bebauung vorgesehen waren. Sanierungskriterien – nach den Angaben und Richtlinien etwa über Lärmschutz im Städtebau bewertet – sind Vermischung von Wohnungen und nichtstörenden Betrieben mit störenden Betrieben, Wohnungen in störenden Verkehrslagen, sonstige störende Anlagen in falscher Umgebung und die Funktionsfähigkeit des Grundstücks oder des Gebietes sonst beeinträchtigende bauliche Nutzung. **Nutzungsart**

Störende Betriebe

Im Zusammenhang mit den Untersuchungen über Funktionsfähigkeit, Wohnqualität, über Art und Maß der baulichen Nutzung ist eine sowohl für die Definition der Sanierungskriterien wie auch für die Bewertung wichtige Erhebung – besonders bei dicht überbauten Quartieren – die Feststellung der Genehmigungsfähigkeit der bestehenden Bebauung nach dem gültigen, einer neuen Planung zu Grunde zu legenden Bauordnungs- und Planungsrecht. Gerade diese Erhebung wird für die später außerordentlich bedeutungsvolle Feststellung „ungesunder Wohn- und Arbeitsverhältnisse" die Grundlage zu liefern haben.

▶ Überprüfung der Anlagen für den Gemeingebrauch; untersucht werden muß, ob das Stadtgebiet ausreichend mit Freiflächen in Form von Spiel- und Sportflächen, Bädern, Grünanlagen und sonstigen Erholungsanlagen ausgestattet ist. Sanierungskriterien sind das teilweise oder vollständige Fehlen oder der ungenügende Zustand dieser Anlagen. Die notwendigen Angaben über den Zustand sind oft bei Planungs- oder Gartenbauämtern, auch bei Jugendämtern erhältlich. Der Bedarf ist in den generellen Gemeindeentwicklungszielen, zumeist aufgebaut auf den Richtwerten des „Goldenen Plans" niedergelegt bzw. niederzulegen. **Anlagen des Gemeingebrauchs**

▶ Untersuchung der Ausstattung mit Anlagen des Gemeinbedarfes; die quantitative und qualitative Ausstattung eines Stadtgebietes mit sozial-kulturellen Einrichtungen, mit Kindergärten, Schulen, sonstigen Bildungseinrichtungen, Krankenhäusern, Alters- und Pflegeheimen sowie mit sonstigen öffentlichen Einrichtungen, ist zu untersuchen. Sanierungskriterien sind die unzulängliche oder fehlende Ausstattung mit diesen Einrichtungen. Angaben können Jugend-, Schul- und Sozialämter machen. **Anlagen des Gemeinbedarfs**

▶ Untersuchung der Verkehrsverhältnisse; dazu gehören Erhebungen über Ausbau und Zustand der Verkehrsanlagen für fließenden und ruhenden Verkehr sowie den **Verkehrsverhältnisse**

Fußgängerverkehr, Erhebungen über das Angebot an öffentlichen Verkehrsmitteln, über aktive und passive Störungen sowie über Gefahrenquellen durch Überlastung oder fehlenden bzw. falschen Ausbau. Sanierungskriterien sind Gefahrenquellen durch nicht verkehrsgerechten Ausbau, fehlende Flächen, falscher Ausbau, unzureichende Trennung der Verkehrsarten, übermäßige Belastung ungeeigneter Straßen z. B. durch falsche Anlage oder fehlende Funktionstrennung bei Erschließungs-, Sammel- und Hauptverkehrsstraßen, fehlende Parkplätze, gefährliche bzw. fehlende Fußwege und eine ungenügende Bedienung durch öffentliche Verkehrsmittel infolge unzureichender Eingliederung ins öffentliche Verkehrsnetz, falsche Linienführung und unzureichende Qualität der Anschlüsse. Ein weiteres, sehr bedeutsames Sanierungskriterium sind unzumutbare Lärm-, Staub- und Abgasbelästigungen. Angaben über die Verkehrsverhältnisse können die zuständigen Planungsämter, die Verkehrspolizei, die Betriebsgesellschaften der öffentlichen Verkehrsmittel und nicht zuletzt auch die Handels- und Gewerbevereine machen.

S 9.1
Wirtschaftsstruktur

▶ Eine Untersuchung der Wirtschaftsstruktur des Gebietes und seiner Umgebung muß durchgeführt werden, um zu klären, ob die vorhandene Wirtschaftstruktur und die zu erwartende Entwicklung sowohl im Gebiet selbst wie in der relevanten Umgebung eine Sanierung erforderlich machen. Zu prüfen ist, ob und wie eine Sanierung die Struktur im Sanierungsgebiet verbessern kann, wie sie die Struktur der angrenzenden Gebiete beeinflussen wird und wie sie die Entwicklung der Wirtschaftsstruktur der gesamten Stadt zu fördern vermag. Erforderlich sind Marktuntersuchungen mit Gegenüberstellung der vorhandenen und der zukünftig notwendigen Geschäfte und Dienstleistungsbetriebe, Standortuntersuchungen mit detaillierten Angaben über Art der Branchen, Einzugsbereiche, Größen und Geschäftsformen der Unternehmen, sowie mit Angaben über die zu erwartende Rendite. Ähnliche Untersuchungen aller Handwerks- und Gewerbebetriebe, Industrieunternehmen und sonstiger Arbeitsstätten sind nötig. Nur in dieser Weise dürfen Art und Größe der im Sanierungsgebiet anzustrebenden Unternehmen bestimmt werden, damit eine Schädigung der Unternehmen in der Umgebung so weit wie möglich vermieden wird.

Voraussetzung für die Untersuchungen ist die Erfassung der im betroffenen Stadtgebiet ansässigen oder von diesem Gebiet abhängigen gewerblichen Betriebe und sonstigen Arbeitsstätten (Handels-, Handwerks- und Dienstleistungsbetriebe, Freie Berufe, Gewerbe- und Industrieunternehmen, landwirtschaftliche Betriebe).
Überprüft werden muß, ob für die zu versorgende Bevölkerung genügend leistungsfähige Handels-, Handwerks- und Dienstleistungsbetriebe vorhanden sind. Ein Sanierungskriterium ist z. B. die quantitativ — möglicherweise im Blick auf geplante Ortserweiterungen — und qualitativ unzureichende Ausstattung des Untersuchungsgebietes mit solchen Betrieben. Angaben hierzu können am ehesten von der Grundlagenabteilung entsprechend ausgestatteter Planungsämter, vom Wirtschaftsamt, dem Handels- und Gewerbeverein, der zuständigen Industrie- und Handelskammer und von Verbänden und Organisationen gemacht werden. Im Rahmen der Voruntersuchungen können sonst etwa regionale Planungsdienststellen ratend helfen; schließlich können freie Firmen eingeschaltet werden. Kleinere Gemeinden sind gut beraten, wenn sie sich vor Auftragserteilung mit möglicherweise besser informierten Gemeinden, Ämtern und Stellen über die zu beauftragende Firma und über den Auftrag selbst besprechen.

Für die Beurteilung der Funktionsfähigkeit des Stadtgebietes zur Sicherung der Erwerbsgrundlagen sind folgende Untersuchungen nötig:

Erhebung über Art, Größe, Lage der Betriebe

▶ Eine Erhebung von Art, Größe und wirtschaftlicher Lage der gewerblichen Betriebe und sonstigen Arbeitsstätten ist nötig; untersucht werden müssen Branchenstruktur und Stabilität der Betriebe. Sanierungskriterien können unzureichende Leistungsfähigkeit, einseitige Branchenstruktur, ungünstige Größenstruktur und geringe wirtschaftliche Stabilität sein. Notwendig sind Angaben über erzielte Umsätze, Gewinne, Investitionen, Einzugsbereiche usw. Werden einzelne Entwicklungsstörungen (Sanierungskriterien) festgestellt, so muß man mit besonderer Sorgfalt nach den Gründen dieser Störungen suchen (fehlende Parkplätze, schlechte Erreichbarkeit, unterbrochene Schaufensterfront usw.). Die Definition der Ursachen der Störungen, der Sanierungsbedürftigkeit, erleichtert später die Entscheidung über zweckmäßige Sanierungsmaßnahmen.

▶ Eine Überprüfung der Wettbewerbsvoraussetzungen der im eigentlichen Untersuchungsgebiet ansässigen oder von ihm abhängigen gewerblichen Betriebe ist erforderlich; untersucht werden müssen dabei die Standortqualitäten in Bezug auf Einzugsbereich und Umgebung, der bauliche Zustand und die bauliche Eignung der Betriebsräume und notwendigen Freibereiche sowie ihre Erweiterungsmöglichkeit. Sanierungskriterien können ungünstige Entwicklung der kaufkräftigen Nachfrage im Untersuchungsgebiet, mangelnde Attraktivität des Untersuchungsgebietes im Verhältnis zu anderen Gebieten, nicht attraktive unrationelle Betriebsformen und fehlende Erweiterungsmöglichkeiten sein;   *Wettbewerbsvoraussetzungen*

▶ Erwünscht ist die Untersuchung der lagespezifischen Einflüsse auf die betriebliche Tätigkeit; dabei müssen Beeinträchtigung der Betriebsabläufe durch Störungen der Umgebung sowie lagebedingte Kostenbelastungen überprüft werden. Sanierungskriterien sind Beeinträchtigungen des Betriebsablaufs durch Störfaktoren in der Umgebung und lagebedingte Kostenbelastungen.   *Lagespezifische Einflüsse*

Angaben zu diesen Erhebungen sind in der Regel bei den vorgenannten Ämtern kaum zu erhalten, allenfalls haben Gewerbeaufsichtsamt, Gesundheitsamt oder Ortspolizei Kenntnis von der speziellen Situation der Betriebe.

▶ Eine Untersuchung der Ver- und Entsorgung muß stattfinden; Sanierungskriterien sind dabei unzureichende Energieversorgung, Wasserversorgung und Abwasserbeseitigung. Angaben dazu können beim Tiefbauamt und bei Versorgungs-Betrieben erhältlich sein.   *Ver- und Entsorgung*

▶ Überprüfung der Verkehrsverhältnisse; Sanierungskriterium kann die Beeinträchtigung der geschäftlichen Tätigkeit durch die Verkehrslage sein. Angaben hierzu können oft das (Verkehrs-)Planungsamt sowie Handels- und Gewerbeverein und andere Verbände und Organisationen machen. Oft liegt gerade in der Verkehrserschließung des Gebietes oder der auf das Gebiet bezogenen Quartiere eine entscheidende Störung der wirtschaftlichen Funktion des Gebietes. Auf die Bedeutung des ruhenden Verkehrs und auf die Einflüsse durch Erschließung mit Nahverkehr – Lage von Haltestellen, Linienführung besonders bei Bussen, Taxenstandplätze – sei hier nur kurz hingewiesen.   *Verkehrsverhältnisse*

Besondere Aufmerksamkeit muß bei den technischen Untersuchungen heute dem Umweltschutz, dem Klima sowie gesunden Lebens- und Arbeitsbedingungen geschenkt werden.

Ganz besonders wichtig für die Feststellung der Sanierungsbedürftigkeit ist die Meinung der im Gebiet Wohnenden und Arbeitenden sowie die Meinung der Öffentlichkeit ganz allgemein. Auch diese Meinungen sind als Informationen für die Entscheidung über die förmliche Festlegung zu sammeln und aufzubereiten.

3.6 Untersuchungen für den Sozialplan

3.61 Vorbemerkungen

Nach § 4 Abs. 2 sind schon bei den vorbereitenden Untersuchungen Grundsätze für den Sozialplan zu entwickeln. Diese sollen sich nach dem Gesetz insbesondere darauf beziehen, welche nachteiligen Auswirkungen sich aus der Sanierung für die unmittelbar Betroffenen in ihren persönlichen Lebensumständen, im wirtschaftlichen oder sozialen Bereich voraussichtlich ergeben werden, und wie solche nachteiligen Auswirkungen vermieden oder gemildert werden können. Insoweit bezieht sich die Sozialplanung einerseits auf die Erhebung und Bewertung von Daten, andererseits auf die Formulierung von Zielvorstellungen.   *Grundsätze für den Sozialplan § 4 Abs. 2*

Genauigkeit und Aufwand der Datenerfassung richten sich nach dem Zweck der Datenermittlung. Man sollte davon ausgehen, daß bei der Beurteilung planerischer Probleme gewisse Sozialdaten immer beigezogen werden. Soziologische Untersuchungen im Rahmen der allgemeinen Bestandsaufnahme müssen sich auf folgende Bereiche erstrecken:

▶ Daten zur Sozialstruktur
▶ Trend-Daten
▶ Daten über subjektive Zielvorstellungen und objektive Bedürfnisse der Beteiligten bzw. für die Gebiete.

Die Datenerhebung wird sich dabei zunächst auf vorhandenes Material stützen und von größeren statistischen Einheiten (Baublöcken) ausgehen. Material für derartige Grobanalysen ergeben sich aus den Volks- und Arbeitsstättenzählungen. Für die Bestimmung der Art der Nutzung in einem Gebiet kann die Beiziehung von Adreßbüchern und ähnlichen Unterlagen zweckmäßig sein.

Im Rahmen der weiteren Intensivierung der Datenerhebung wird stufenweise vorzugehen sein. Je nach der Größe des Gebietes können repräsentative Befragungen generelle Aufschlüsse geben. Eine Vertiefung der Erkenntnis erfolgt über Fragebögen, die von allen Beteiligten ausgefüllt werden sollen. Schließlich müssen direkte persönliche Befragungen (Haushalts- und Betriebsbogen) erfolgen. Ohne erhobene Individualdaten ist die Sozialplanung, die sich ja schließlich auf die einzelne Familie bzw. den einzelnen Betrieb bezieht, nicht möglich.

Wichtig ist, daß die Gemeinde berücksichtigt, daß die Erhebungen im Laufe des Verfahrens fortgeschrieben werden müssen.

Anhaltspunkte für die im Rahmen der vorbereitenden Untersuchungen zu erhebenden Daten gibt die nachstehende Aufstellung, die, auf den Einzelfall hin abgestimmt, gegebenenfalls auch ergänzt werden muß.

3.62 Allgemeine Daten zur Sozial- und Wirtschaftsstruktur

Bestandsdaten Haushalte
- ▶ Haushaltsstruktur (Ein- und Mehrpersonenhaushalte)
- ▶ Eigentumsverhältnisse bzw. Nutzungsrechte (Eigentümer, Mieter, Untermieter)
- ▶ Altersstruktur (Alter, Geschlecht)
- ▶ Einkommens- und Erwerbsverhältnisse (Berufsgruppen)
- ▶ Ausländer
- ▶ soziale Verflechtungen und Bindungen (im Sanierungsgebiet, außerhalb), Gruppenbildungen, Nachbarschaftsverhältnisse

Betriebe
- ▶ Zahl und Art der Arbeitsstätten bzw. der Betriebe
- ▶ Angaben zur Rechtsform der Gewerbebetriebe
- ▶ Eigentumsverhältnisse bzw. Nutzungsrechte (Pächter)
- ▶ Größe und wirtschaftliche Bedeutung der Betriebe
- ▶ Zahl der Beschäftigten
- ▶ Art der Standortbindung
- ▶ Einzugsbereich von Kunden und Lieferanten

3.63 Individuelle Daten für die Bestandsaufnahme

Individuelle Daten können im allgemeinen nur im persönlichen Gespräch erhoben werden. Es hängt vom Einzelfall ab, wann diese Angaben benötigt werden. Häufig wird das erst in der Planungsphase der Fall sein.

Haushalte
- ▶ Höhe der monatlichen Aufwendungen für die Wohnung (Miete)
- ▶ Art der Wohnung (z. B. Sozialwohnung)
- ▶ Größe und Ausstattung der Wohnung
- ▶ Beurteilung der bestehenden Wohnverhältnisse hinsichtlich der Lage und Ausstattung der Wohnung sowie der Aufwendungen, gemessen an den individuellen Voraussetzungen und subjektiven Präferenzen
- ▶ Anspruch auf Sozialwohnung (Berechtigungsschein) bzw. Wohngeld
- ▶ Wohndauer
- ▶ Dauer des Mietvertrags
- ▶ Lage des Arbeitsplatzes/der Ausbildungsstätte
- ▶ Angaben über beabsichtigte Veränderungen, die nicht im Zusammenhang mit der Sanierungsmaßnahme stehen
- ▶ Besondere Angaben über die sozialen Verhältnisse (z. B. Invalidität, Unterstützung Dritter usw.)

Betriebe
- ▶ Höhe der Pacht (bzw. Miete)
- ▶ Vertragsdauer
- ▶ Angaben über Größe und Ausstattung des Betriebes

- ▶ Erfassung fehlender Räume
- ▶ Erfassung der Freiflächen, Garagen und Stellplätze
- ▶ Finanzielle Leistungsfähigkeit
- ▶ Relevante Angaben über die Beschäftigten (z. B. Wohnort, Alter, sonstige Struktur)

3.64 Trend-Daten
Haushalte
- ▶ Wanderungsdaten (Fluktuation der Wohnbevölkerung)
- ▶ Entwicklung der Sozialstruktur
  (Veränderungen der Altersstruktur sowie der sozialen Schichtung)

Betriebe
- ▶ Entwicklung hinsichtlich der Nutzung des Gebietes
  (z. B. verstärkte gewerbliche Nutzung)
- ▶ Vorhersehbare gewerbliche Entwicklung

3.65 Möglichkeiten und Zielvorstellungen der Beteiligten
Haushalte
- ▶ Beteiligung an der Sanierung
- ▶ Lage, Größe und Ausstattung der gewünschten Wohnung
  (im Sanierungsgebiet, in angrenzenden Gebieten und sonstigen Gebieten)
- ▶ Ausmaß der finanziellen Belastbarkeit
- ▶ Sonstige Präferenzen
- ▶ Art der Eigeninitiative (z. B. bei der Wohnungssuche)

Betriebe
- ▶ Entwicklungsabsichten und -möglichkeiten (räumlich, wirtschaftlich)
- ▶ Standortmöglichkeiten, Standortwünsche
- ▶ Umsetzungsmöglichkeiten hinsichtlich der Wohnwünsche der Beschäftigten

4. Feststellung der Mißstände

Das Feststellen der Mißstände, das heißt die Begründung der Sanierungsbedürftigkeit ist die Voraussetzung für die Entscheidung, daß eine Rahmenplanung notwendig ist.

S 11

Vor der Entscheidung über die Sanierungsbedürftigkeit sollten die Untersuchungsergebnisse öffentlich zur Diskussion gestellt werden. Die Praxis zeigt, daß oft von vielen Betroffenen die Sanierungsbedürftigkeit angezweifelt wird. Nur umfassende Information und offene Diskussion kann helfen, den Beteiligten die Notwendigkeit einer Sanierung besser klar zu machen und damit Widerstand abzubauen. Diese Information und Diskussion muß frühzeitig geführt werden: wird die Notwendigkeit zur Sanierung nicht offen diskutiert, entsteht bei Vorlage von Plänen für Sanierungsprojekte oft der Verdacht, irgendwelche, hinter der Sanierung stehende Gruppen verfolgten private Interessen.

Aus diesem Grunde muß die Untersuchung über die Sanierungsbedürftigkeit, die sich aus den Zielvorstellungen ableitet und die insoweit zur Planung gehört, klar von den technischen Untersuchungen zum Bestand getrennt werden. Ergebnis der vorbereitenden Untersuchungen ist die Entscheidung, daß die Sanierung „notwendig" ist. Im Anschluß an diese Untersuchung beginnt dann die Rahmenplanung.

Ergibt schon die Bestandsaufnahme, daß die Sanierung nicht notwendig ist, so endet das Verfahren. Es tritt in diesem Fall das Problem auf, wie die bisher entstandenen Kosten gedeckt werden. Schließlich kann es auch sein, daß das entscheidende Gremium feststellt, daß die Untersuchungsergebnisse als Entscheidungsgrundlage nicht ausreichen. Es kommt dann zu einer Rückkoppelung, das heißt, die Untersuchungen müssen in der als erforderlich angesehenen Richtung ergänzt werden.

IV. Planungsphase — Neuordnungskonzepte

1. Vorbemerkungen

1.1 Problematik der Planungsphase

Die Praxis zeigt, daß zwischen den vorbereitenden Untersuchungen, die mit der Feststellung der Sanierungsbedürftigkeit enden und der förmlichen Festlegung einer Fläche als Sanierungsgebiet, in der Regel eine ausgedehnte Planungsphase liegen muß. Diese Planungsphase — im Gesetz nicht ausdrücklich verlangt — ist durch die Formulierung einer Reihe von Voraussetzungen für die förmliche Festlegung unerläßlich.

Die den vorbereitenden Untersuchungen folgende Rahmenplanung wird vom Gesetzgeber in § 4 Abs. 1 und 2 im Rahmen der vorbereitenden Untersuchungen gefordert, indem er die Untersuchung der Möglichkeiten für Planung und Durchführung der Sanierung und die „Entwicklung von Vorstellungen" anordnet. Die eigentliche Planung — besser wohl: die planungsrechtliche Fixierung der „Vorstellungen" — beginnt nach dem Gesetz aber erst nach der förmlichen Festlegung. Für die förmliche Festlegung sind jedoch tatsächliche Voraussetzungen verlangt, die eine Planung notwendig machen, bei der Neuordnungskonzepte erarbeitet werden, um die Sanierungsmöglichkeit feststellen zu können. Der Nachweis der Durchführungsmöglichkeit ist oft erst bei einem sehr weit fortgeschrittenen Planungsstand möglich, wenn zukünftige Nutzungsformen, Nutzer usw., die genauen Baukosten, ihre Finanzierung und die erzielbaren Erträge bereits feststehen. Auch die in § 5 Abs. 1 geforderte genaue Abgrenzung des Sanierungsgebietes kann in schwierigen städtebaulichen Situationen eine weit fortgeschrittene Planung voraussetzen. Problematisch erweist sich besonders in solchen Fällen, in denen sich schon vor der förmlichen Festlegung deutlich abzeichnet, wie das Sanierungsprojekt nach seiner Fertigstellung aussehen wird, der fehlende, erst mit der förmlichen Festlegung einsetzende Schutz vor spekulativen Maßnahmen. Das gilt besonders für Ersatz- und Ergänzungsgebiete, deren gleichermaßen notwendiger Schutz durch förmliche Festlegung für das ergänzte Sanierungsgebiet einen aufgestellten Bebauungsplan fordert. Ein weiteres Problem kann sich mit den Kosten für vorbereitende Untersuchungen und Neuordnungskonzepte stellen, wenn die Realisierung der Sanierung nicht möglich ist.

1.2 Ablauf der Planungsphase

Die Planungsphase ist in drei Abschnitte unterteilbar. Im ersten Abschnitt bei der Rahmenplanung werden aus Untersuchungsergebnissen und Zielvorstellungen erste Planvorstellungen entwickelt. Diese Neuordnungskonzepte sind während des zweiten Abschnittes bei der vorbereitenden Planung Grundlage für die Erarbeitung eines Programms, für das im dritten Abschnitt die endgültigen Pläne erarbeitet werden.

2. Auftrag zur Rahmenplanung

Der Auftrag zur Rahmenplanung erfolgt, wenn die Sanierungsbedürftigkeit — soweit die Rahmenplanung nicht bereits zur Beurteilung der Sanierungsbedürftigkeit erforderlich war und insoweit schon vorliegt — erwiesen ist. Mit der Rahmenplanung sollte ein Planungsteam beauftragt werden, in dem nicht nur Planer, sondern auch Fachleute für Kosten- und Finanzierungs- sowie Rechtsfragen, Soziologen usw. mitarbeiten.

Planungsteam Ein solches Team muß nicht aus einem Amt, Büro, Institut oder ähnlichem stammen. Es ist durchaus denkbar, daß ein Team aus Mitgliedern verschiedener Ämter, Büros, Institute oder auch mit einer oder durch eine Bauträgergesellschaft gebildet wird. Bei der Zusammenstellung des Teams muß überlegt werden, ob das Team gegebenenfalls auch mit weiteren Planungsarbeiten betraut werden soll. Bei schwierigen Sanierungen, die in einem Gesamtbauvorhaben realisiert werden müssen, empfiehlt es sich häufig, das Planungsteam, vielleicht später in abgeänderter Form, mit der gesamten Planung bis zur Bauplanung zu betrauen und ihm die Oberleitung bis zur Fertigstellung des Bauvorhabens zu übergeben. Das Planungsteam sollte also gegebenenfalls auch für diese Aufgaben geeignet sein.

Wenn für die Sanierung eines großen Stadtgebietes nur ein Rahmenplan in Form eines gleichsam übergeordneten Bebauungsplans angefertigt werden muß, und die Sanierung in Form zahlreicher Teilpläne und Einzelbauvorhaben von mehreren

Bauherren und Architekten realisiert werden soll, sollte das Planungsteam über den Bebauungsplan und die Oberleitung hinaus nicht weiter tätig werden, da es Anwalt der Rahmenplanung sein muß.

2.1 Notwendigkeit und Zweck der Rahmenplanung

Die Rahmenplanung hat den Zweck, nachzuweisen, daß die Sanierung nicht nur erforderlich, sondern auch möglich ist. Sie soll die verschiedenartigen, in einem sanierungsbedürftigen Gebiet realisierbaren Durchführungsmöglichkeiten aufzeigen. Dazu werden unter Berücksichtigung der Planungsgrundlagen, Planungshinweise und Zielvorstellungen aus den vorbereitenden Untersuchungen Neuordnungskonzepte in möglichst alternativen Sanierungsarten erarbeitet. Diese Neuordnungskonzepte, grobe Planvorstellungen mit zugehörigen Sozialplanungen, Rechtsmodellen und Überlegungen zur Wirtschaftlichkeit sind für Diskussionen und Verhandlungen mit allen Beteiligten, Betroffenen und Interessenten unbedingt erforderlich, denn es zeigt sich in der Praxis immer wieder, daß Eigentümer, Mieter, Pächter und sonstige Nutzer eines Gebietes, die Kosten, die Finanzierung und zu erwartende Erträge möglichst früh kennenlernen möchten. Die Bereitschaft zur Mitarbeit wird von diesen Angaben abhängig gemacht, was nur zu verständlich ist, wenn man bedenkt, welche Mühen, Kosten, Belastungen und neue Schulden und damit welches riskante Abenteuer eine Sanierung für die Beteiligten auch nach dem Städtebauförderungsgesetz sein kann.

    Überlegungen über eine mögliche Förderung setzen gleichfalls bereits Planvorstellungen voraus. In der Regel werden Zusagen erst gegeben, wenn anhand von vorgelegten Plänen durch Wirtschaftlichkeitsberechnungen belegt werden kann, daß eine Sanierung sinnvoll und durchführbar ist, bzw. welcher Förderungsmittel sie bedarf, um durchführbar zu sein.

    Die öffentliche Diskussion von Plänen und Modellen erweist sich oft als problematisch. Zum einen wollen die Beteiligten von Anfang an Möglichkeiten der Bebauung erläutert bekommen, was ohne Pläne und Modelle kaum möglich ist, und Auskunft über Kosten usw. erhalten, die nur auf der Grundlage dieser Projekte zu erarbeiten sind. Zum anderen ist es außerordentlich schwer, bei Vorlage von Neuordnungskonzepten zu überzeugen, daß diese Pläne und Modelle noch nicht endgültige Projekte darstellen, daß die Sanierung ganz anders durchgeführt werden kann. Hier wird am ehesten die Vorlage mehrerer alternativer Vorschläge Klarheit schaffen und die Diskussion polarisieren und befruchten. Anders entstehen leicht Antipathien, Voreingenommenheiten gegen ein Projekt und erschweren die sachliche Diskussion. Die Erarbeitung mehrerer alternativer Neuordnungskonzepte hat sich bewährt. Es wird dadurch glaubhaft, daß die alternativen Planungen nur die verschiedenen Möglichkeiten aufzeigen und daß sie nur als Verhandlungsgrundlage dienen sollen. Das Angebot mehrerer Möglichkeiten hilft, die Eigentümer, Mieter und Pächter davon zu überzeugen, daß sie ihre Wünsche und Vorstellungen äußern und mitentscheiden können und weckt die Bereitschaft zur Mitarbeit.

2.2 Voraussetzungen

Für die Neuordnungskonzepte sind noch keine detaillierten Programme notwendig. Diese sollen ja erst bei den vorbereitenden Planungen mit Hilfe der Diskussionen über die Neuordnungskonzepte und nach eingehenden Verhandlungen mit den Eigentümern und künftigen Nutzern erarbeitet werden. Als Grundlage für die Neuordnungskonzepte genügen die Handlungsanweisungen und Zielvorstellungen, die Ergebnisse der vorbereitenden Untersuchung waren.

2.3 Inhalt und Umfang der Neuordnungskonzepte

Neuordnungskonzepte bestehen aus Planvorstellungen, den zugehörigen Sozialplanungen, Rechtsmodellen für die Durchführung und Wirtschaftlichkeitsberechnungen und zwar jeweils für das Sanierungsgebiet und — sobald als notwendig erkannt — auch für Ersatz- und Ergänzungsgebiete. Die Basis aller alternativen Neuordnungskonzepte ist die Formulierung des Sanierungsziels, die Formulierung des Auftrags, den das Gebiet in der Gemeinde, gegebenenfalls in der Region nach der Sanierung zu erfüllen hat. Aus dem formulierten Sanierungsziel — im Gesetz ist immer wieder bei der Angabe von Voraussetzungen für mögliche Verwaltungsmaßnahmen vom Sanierungszweck die Rede — leiten sich die einzelnen Plankonzepte ab; am Sanierungsziel, am Sanierungszweck sind sie auf ihre Zweck-Mäßigkeit hin zu messen, zu

Marginalien: **Alternativen** · **Pläne, Modelle**

bewerten. Auf die möglichst eingehend-präzise, zugleich weitgehende, die geplanten Maßnahmen begründende Formulierung des Sanierungs-Zwecks ist daher schon bei den Neuordnungskonzepten, besonders aber bei der förmlichen Festlegung wie beim Bebauungsplan Wert zu legen.

S 13.1

Denkmalschutz

Die Planvorstellungen sind erste, noch ganz grobe Vorentwürfe. Sie müssen aber immerhin so genau durchgearbeitet sein, daß vorgesehene Nutzungen zugeordnet, vorgesehene Funktionen überprüft und Nutzflächen sowie umbauter Raum für eine erste Kostenschätzung errechnet werden können. Richtlinien auch zur Entwicklung der Stadtgestalt sind hier zu formulieren, für die Fragen des Denkmalschutzes sind Antworten zu konzipieren.

Stadtstruktur

Um Vor- und Nachteile der Varianten gegeneinander abzuwägen und ihre Realisierbarkeit nachzuweisen, muß für jede Planvariante die Einfügung in die Stadtstruktur überprüft werden. Die Planvorstellungen müssen auf die Orts- und Regionalplanung und gegebenenfalls auf die Agrarstrukturplanung abgestimmt werden.

S 13.2

Sozialplanungen

Auch bei den Sozialplanungen für die Planvorstellungen sind zunächst nur ganz ungefähre Ergebnisse erforderlich. Es genügt, wenn die wichtigsten entstehenden Probleme erkannt, vernünftige Lösungen erdacht und die notwendigen Zuschüsse grob überschlagen werden. Dazu sind die voraussichtlichen Ordnungs- und Ersatzmaßnahmen zu überlegen und die dafür entstehenden Kosten sowie die voraussichtlich notwendigen Beträge für den Härteausgleich zu schätzen. Diese Kosten und Entschädigungen für entstehende Härten sind für die Überlegungen zur Wirtschaftlichkeit notwendig.

S 13.3

Rechtsmodelle

Für jede Planvariante sind Rechtsmodelle, das heißt Modelle für die Durchführung und die Eigentumsregelung zu entwickeln. Es ist anzugeben, welche rechtlichen Formen (Eigentumsformen) das Projekt nach Fertigstellung haben soll. Auch bei den Rechtsmodellen müssen die notwendigen Entschädigungen für zu erwartende Härten abgeschätzt werden, damit sie bei der Untersuchung der Sanierungskosten berücksichtigt werden.

S 13.4

Wirtschaftlichkeit

Überlegungen zur Wirtschaftlichkeit sind für jedes Planungskonzept anzustellen mit dem Ziel des Nachweises, inwieweit das Plankonzept wirtschaftlich realisierbar ist, bzw. welche Zuschüsse zu seiner Realisierung erforderlich werden. Dazu ist eine überschlägige Kostenberechnung aufzustellen, in der die Kosten für Vorbereitung, Planung und Ordnungsmaßnahmen, die Werte der Grundstücke, die unrentierlichen Kosten der Altbausubstanz, alle Entschädigungskosten und Beträge für Härteausgleichszahlungen, Kosten für Ersatzbauten sowie schließlich Kosten der Erschließungs- und Baumaßnahmen enthalten sein sollen. Dieser Kostenberechnung muß als Voraussetzung für Finanzierungsüberlegungen eine Ermittlung des Neuwerts und eine Schätzung der künftig zu erarbeitenden Erträge gegenübergestellt werden, um zu sehen, wie weit die Kosten gedeckt sind, bzw. welche Subventionen und Förderungsmaßnahmen erforderlich sind, um das Plankonzept realisieren zu können. Bei den Finanzierungsüberlegungen wird ermittelt, wie das Projekt finanziert und die nötigen Mittel beschafft werden können. Dazu gehört auch eine Untersuchung, welche Förderungsmittel in Form von öffentlichen Mitteln, Bundes-, Landes- und Gemeindemitteln sowie Ausgleichszahlungen für das Projekt zu erhalten sind und wie Abgabe- und Steuervergünstigungen das Projekt wirtschaftlich stützen können. Für die Zusage von Förderungsmitteln wird heute in der Regel, wie schon erwähnt, die Vorlage des Projektes in Form von Plänen, Modellen, Wirtschaftlichkeitsberechnungen usw. verlangt.

S 13.1

3. Städtebauliche Planvorstellungen

Es sollen zumindest so viele Planvarianten erarbeitet werden, wie die vorbereitenden Untersuchungen sinnvolle, sich aber in wesentlichen Punkten unterscheidende Sanierungsmöglichkeiten aufzeigen. Um sie als Informations- und Diskussionsgrundlage verwenden zu können, muß ihre Realisierbarkeit überprüft werden. Wie bereits beschrieben, sollen diese Entwürfe nur so weit ausgearbeitet werden, wie es unbedingt

Diskussionsgrundlage

erforderlich ist. Sie sollten aber immerhin so detailliert sein, daß die Grundkonzeption klar zu erkennen ist, daß alle Funktionen innerhalb der Baumaßnahmen kontrolliert, die richtige Einfügung in die Umgebung nachgewiesen und die Kosten abgeschätzt werden können und daß es möglich ist, den Eigentümern sowie künftigen Bewohnern und Nutzern ihre Möglichkeiten bei dem Projekt ausreichend demonstrieren zu können. Gelegentlich mag ein städtebaulicher Vorentwurf ausreichen, in der Regel aber, vor allem bei innerstädtischen Sanierungen, wird es nötig sein, einen Bauvorentwurf, zumindest in den wichtigsten Bereichen im Maßstab 1 : 500, mit Schemagrundrissen, Modellen und Schnitten anzufertigen, um die Funktionen, Verkehrsflächen für fließenden, ruhenden sowie Fußgängerverkehr, Wohnflächen, Nutzflächen, sowie Flächen für Nebenräume, Lagerräume, Technikräume und schließlich die notwendigen Freiflächen darstellen zu können. Die Einfügung der Plankonzepte in die Stadtstruktur muß untersucht und beurteilbar gemacht werden.

S 13.11

Ebenso müssen die Projekte auf die Orts- und Regionalplanung und die Agrarstrukturplanung abgestimmt werden, um sicherzustellen, daß die Projekte für die Umgebung keine schwerwiegenden nachteiligen Folgen schaffen, die eine Realisierung erschweren könnten, sondern mit der Gesamtentwicklung in Einklang stehen.

S 13.12
Agrarstruktur

Im § 64 StBauFG hat der Gesetzgeber festgelegt, daß den Belangen der Landwirtschaft besondere Aufmerksamkeit geschenkt wird. Es ist daher empfehlenswert, gegebenenfalls schon die Neuordnungskonzepte auf Agrarstrukturplanungen abzustimmen und Stellungnahmen der oberen Flurbereinigungsbehörde, die vor der förmlichen Festlegung einzuholen sind, schon für Neuordnungskonzepte zu erbitten.

S 13.13

4. Sozialplanung

S 13.2

4.1 Vorbemerkungen

Im Hinblick auf die Tragweite eines Sanierungsverfahrens im sozialen Bereich ist Sozialplanung als wesentlicher Bestandteil der Gesamtplanung anzusehen. Dies gilt sowohl für die Ist-, als auch für den Sollzustand des Sanierungsgebietes. Bei der Entwicklung von Neuordnungskonzepten steht die Sozialplanung neben der technischen Planung, der Entwicklung von Rechtsmodellen und den Wirtschaftlichkeitsüberlegungen. Alle vier Bereiche beeinflussen sich gegenseitig. Sozialplanung ist demnach als ein mit der technischen, rechtlichen und der Wirtschaftlichkeitsplanung parallel verlaufender Prozeß zu begreifen. Daraus resultiert für die Sozialplanung ein wesentlicher Aspekt: Bis zum Zeitpunkt der Entscheidung über die zu realisierende Planalternative und bis zur endgültigen Abgrenzung des Sanierungsgebietes müssen spezielle Konzepte der Sozialplanung für alle Varianten der technischen Planung entwickelt werden.

§ 4 Abs. 2
§ 8

verschiedene Konzepte

Nach den gesetzlichen Bestimmungen §§ 4 und 8 wäre Sozialplanung hauptsächlich als Instrument zur Vermeidung oder Milderung sozialer Härten zu sehen. Sozialplanung hätte in dieser Ausprägung zwar einen bedeutsamen Einfluß auf die Neuordnungskonzepte und auf das Sanierungsziel überhaupt, doch wäre sie — im Gegensatz zu anderen Planungsbereichen — hier eher als reagierende Größe zu charakterisieren.

Sozialplanung muß jedoch auch als aktives und kreatives Instrument im Rahmen der Sanierungsplanung entsprechende Funktionen erfüllen. Der Beitrag der Sozialplanung zur Entwicklung des Sanierungsziels der Neuordnungskonzepte sowie zur weiterführenden Planung kann sich nicht nur am Kriterium der Vermeidung oder Milderung unzumutbarer Härten für die Betroffenen orientieren. Sozialplanung muß im weiteren Sinne auch die Planung der zukünftigen sozialen Funktionen und Aufgaben des Gebietes für sich und in der Gemeinde unter Berücksichtigung der oben angesprochenen Probleme umfassen. In diesem Zusammenhang sollen nur einige Aspekte genannt werden, die im Rahmen einer umfassenden Sozialplanung eine Rolle spielen können:

nicht nur Härteausgleich

Aspekte der Sozialplanung

▶ die zukünftige Sozialstruktur muß definiert werden, z. B. hinsichtlich der Alters- und Sozialschichtung;
▶ das Angebot an Wohnungen und Folgeeinrichtungen muß entsprechend variabel geplant werden;
▶ die zukünftige Gewerbestruktur ist zu bedenken;
▶ der Bedarf an öffentlichen Einrichtungen aller Art muß festgestellt werden;
▶ Freizeit- und Kommunikationsmöglichkeiten sind einzuplanen.

Diese und andere Probleme müssen während des gesamten Planungsprozesses Gegenstand der Diskussion zwischen Öffentlichkeit und Planern sein.

4.2 Sozialplanung — Sozialplan

Im oben definierten Sinne tritt der Begriff der Sozialplanung in den gesetzlichen Regelungen nicht auf. Die §§ 4 und 8 sprechen lediglich vom Sozialplan. Nach § 4

Gesetzliche Regelung

Abs. 2 werden die Grundlagen für den Sozialplan mit den vorbereitenden Untersuchungen sowie mit den sich daran anschließenden Erörterungen mit den Betroffenen zusammengestellt. Bereits in diesem Stadium müssen dann Vorstellungen entwickelt werden, wie sich voraussichtlich für die unmittelbar Betroffenen nachteilige Auswirkungen vermeiden oder mildern lassen (Grundsätze für den Sozialplan). Erörterungen darüber müssen (§ 8 Abs. 2) auch nach der förmlichen Festlegung fortgesetzt werden. Die Suche nach Lösungsmöglichkeiten soll namentlich Berufs-, Erwerbs- und Familienverhältnisse, Lebensalter, Wohnbedürfnisse, soziale Verflechtungen, sowie örtliche Bindungen und Abhängigkeiten berücksichtigen. In diesem Zusammenhang sind gegebenenfalls auch Erörterungen mit Inhabern land- und forstwirtschaftlicher Betriebe durchzuführen (§ 68).

Der Sozialplan (§ 8 Abs. 2) ist demnach eine Zusammenstellung der zu berücksichtigenden Kriterien und der einzusetzenden Instrumente, die im Rahmen einer umfassenden Sozialplanung entwickelt wurden. Er dient der Begegnung sozialer Härten. Er ist gleichzeitig Orientierungsfaktor und ein Instrument, das laufend den jeweiligen Gegebenheiten und Erfordernissen anzupassen ist. Aus diesem Grund lassen sich auch aus dem Sozialplan keine Rechtsansprüche ableiten.

4.3 Phasen der Sozialplanung

Analog zum Ablauf der technischen Planung konkretisiert sich auch die Sozialplanung. Man kann demnach eine Grob- und eine Detailplanungsphase unterscheiden, zwischen denen die Übergänge allerdings fließend sind.

4.31 „Grob"-Planung

Die Grobplanung kann schon in der Phase der vorbereitenden Untersuchungen einsetzen. Da im Rahmen einer allgemeinen Bestandsaufnahme auch die relevanten Sozialdaten ermittelt werden, kann man aus diesen überschlägig den Bedarf z. B. an Ersatzwohnungen und gewerblichen Räumen feststellen. Auch lassen sich Sanierungsbetroffene mit gleichgelagerten Problemen zu sogenannten Problem-Gruppen zusammenfassen, für die dann geschlossene alternative Lösungskonzepte entwickelt werden können. Dabei kann sich z. B. ergeben, daß für die Umsiedlung eines standortgebundenen Betriebs ein Ergänzungsgebiet festzulegen ist, daß der große Anteil alter Bewohner den Bau eines Altenheimes erforderlich macht, oder daß ein Aufbrechen sehr starker positiv zu bewertender Sozialbindungen und Nachbarschaftsbeziehungen nur dadurch zu vermeiden ist, daß nach § 11 ein Ersatzgebiet zur räumlich zusammenhängenden Unterbringung der Bewohner förmlich festgelegt werden muß. In dieser Phase kann und muß auch bereits eine überschlägige Kosten- und Finanzierungsübersicht für den sozialen Sektor erstellt werden.

4.32 Detailplanung — Erstellung eines Sozialplans

Ziel der Detailplanung ist, bei allen Problemen zu konkreten Lösungsvorschlägen zu kommen. Zwar werden die festgestellten, und im Zuge der jetzt einsetzenden Sozialbetreuung auftretenden Härtefälle (unter diesen insbesondere jene, die mit einer Umsetzung verbunden sind) den Kern der Sozialplanung in dieser Phase bilden, doch sollten zunächst alle Sanierungsbetroffenen erfaßt werden. Fälle, deren Lösung unproblematisch erscheint, weil sie durch die Betroffenen selbst gelöst werden können, sollen im Sozialplan mit entsprechendem Vermerk erscheinen.

Das in der Sozialplanung erfaßte Planungsgebiet deckt sich nicht unbedingt mit dem der anderen Planungsbereiche, was sowohl zeitlich als auch räumlich gilt. So können Umsetzungen in ein anderes Gebiet bereits kurz nach der förmlichen Festlegung erfolgen, wenn schon zu diesem Zeitpunkt entsprechende Ersatzräume verfügbar sind. Solche Möglichkeiten sollten nicht aus reinem Formalismus ungenutzt bleiben. Andererseits ist denkbar, daß sich eine Räumung und Umsetzung nicht wie im Sozialplan vorgesehen durchführen läßt. In diesem Fall sind kurzfristig Übergangslösungen zu planen.

Auch können sich während des gesamten Sanierungsverfahrens — und nicht nur in der Planungsphase — die Verhältnisse der Betroffenen ändern (z. B. durch Umzüge, Arbeitsplatzwechsel, Veränderungen der wirtschaftlichen Verhältnisse).

4.4 Das Instrumentarium der Sozialplanung

4.41 Das Instrumentarium des Städtebauförderungsgesetzes

Da Umsetzungsprobleme einen Schwerpunkt der Sozialplanung bilden, geht es in diesem Zusammenhang um die Prüfung jener Bestimmungen des Gesetzes, die Umsetzungsmaßnahmen fördern oder überhaupt erst ermöglichen.

Nach § 11 besteht die Möglichkeit, Bewohner oder Betriebe aus dem Sanierungsgebiet in Ersatz- und Ergänzungsgebieten räumlich zusammenhängend unterzubringen. Die im Bebauungsplan festzulegende Nutzungsart der Grundstücke (§ 11 Abs. 2) gewährleistet in verstärktem Maße die Erstellung der erforderlichen Ersatzbauten. Ersatz- und Ergänzungsgebiete werden wohl hauptsächlich unter dem Aspekt der Möglichkeit, öffentlich geförderten sozialen Wohnungsbau zu betreiben, ausgesucht. Damit wird ein entsprechend günstiges Angebot an Wohnungen möglich.

Ersatz- und Ergänzungsgebiete

Die Bestimmungen des § 46 Abs. 1 (Überlassung geförderter Wohnungen) verstärken die Wirkung des § 11. Damit wird eher gewährleistet, daß diese Wohnungen auch nach den Richtlinien des Sozialplans belegt werden. Das ist eine Einschränkung des freien Verfügungsrechts der Eigentümer.

§ 46

Nach § 46 Abs. 2 können für öffentlich geförderte Wohnungen im Sanierungsgebiet, in Ersatz- und Ergänzungsgebieten sowie für andere Ersatzwohnungen auch solche Sanierungsbetroffene benannt werden, die nicht die zur Erlangung einer Bescheinigung nach § 5 Wohnungsbindungsgesetz 1965 erforderlichen Voraussetzungen erfüllen.

Auch der Härteausgleich (§ 85) ist Instrument der Sozialplanung.

§ 85

Weiter dient die Möglichkeit zur Verlängerung von Miet- und Pachtverhältnissen durch die Gemeinde (§ 31) der Verwirklichung des Sozialplans. Zu beachten ist jedoch hier, daß die Gemeinde nicht von sich aus, sondern nur auf Antrag des Mieters oder Pächters solche Verträge verlängern kann. Dieses Instrument ist also nur dann wirksam, wenn die Gemeinde — sobald die Kündigung oder Aufhebung erfolgt — den betroffenen Mieter oder Pächter über die Tatsache einer erst später möglichen Umsetzung (nach dem Sozialplan) informiert und ihm zur Antragstellung (§ 31) rät.

§ 31

Sind im Zuge der Reprivatisierung die Ansprüche der früheren Eigentümer erfüllt und bleiben noch Grundstücke übrig, so müssen diese unter Beachtung des Sanierungszwecks veräußert werden (§ 25 Abs. 2 a. E.). Die Erreichung des Sanierungszwecks kann es aber erfordern, daß auf diesen Grundstücken z. B. Sozialwohnungen gebaut werden. In diesem Fall ist es zulässig, diese Grundstücke nicht an weite Kreise der Bevölkerung, sondern an natürliche oder juristische Personen zu veräußern, die Sozialwohnungen bauen wollen. Findet sich kein entsprechender Bauträger, so ist die Gemeinde selbst dazu verpflichtet. Der genauen Formulierung des Sanierungszwecks kommt somit größte Bedeutung zu.

4.42 Weitere gesetzliche Grundlagen

An dieser Stelle sei noch auf einige wichtige gesetzliche Bestimmungen hingewiesen, die ebenfalls für die Sozialplanung herangezogen werden können:

▶ Arbeitsförderungsgesetz vom 25. 6. 1969
(BGBl I, S. 585)
▶ Bundessozialhilfegesetz vom 30. 6. 1961
(BGBl I, S. 815, ber. S. 1875)
▶ Zweites Wohngeldgesetz vom 14. 12. 1970
(BGBl I, S. 1637)
▶ Gesetz zur Sicherung der Zweckbestimmung von Sozialwohnungen (Wohnungsbindungsgesetz 1965) vom 1. 8. 1968 (BGBl I, S. 889)
▶ Zweites Wohnungsbaugesetz (Wohnungsbau- und Familiengesetz) vom 24. 8. 1965 (BGBl I, S. 1617) in der Fassung vom 17. 7. 1968 (BGBl I, S. 821)

4.5 Probleme der Sozialplanung

Auch eine umfassende Sozialplanung kann nicht die Garantie dafür bieten, daß alle sozialen Probleme zur Zufriedenheit aller Betroffenen gelöst werden. Das Gesetz stellt sehr hohe Ansprüche an die Sozialplanung. Die Basis für ihre Realisierung, insbesondere im Hinblick auf die Beschaffung von angemessenem Ersatzraum zu zumutbaren Bedingungen, erweist sich jedoch als außerordentlich schmal.

Der Bau von Ersatzanlagen gehört nach § 12 Abs. 1 zu den Baumaßnahmen und bleibt damit grundsätzlich den Eigentümern überlassen. Die Einschränkung der freien Mieterwahl nach § 46 gilt nur für öffentlich geförderte Wohnungen in Sanierungs-, Ersatz- und Ergänzungsgebieten. Außerdem ist nie sichergestellt, ob die benötigten und im Sozialplan nachgewiesenen Wohnungen auch tatsächlich unter Inanspruchnahme öffentlicher Förderung gebaut werden. Allein schon eine Veränderung der Finanzlage des Bauherrn kann dazu führen, daß diese Wohnungen dann frei finanziert werden und sich dadurch erheblich verteuern. Im Rahmen der Sozialplanung können sie dann nicht mehr angeboten werden.

4.6 Sozialbetreuung

Ohne ständigen Kontakt mit den Sanierungsbetroffenen ist erfolgreiche Sozialplanung nicht möglich. Die individuellen Probleme der Betroffenen lassen sich nicht vollständig durch die Daten erfassen, die im Rahmen vorbereitender Untersuchungen ermittelt werden. Nur in persönlichen Gesprächen werden alle die Härten sichtbar werden und das Ausmaß des subjektiven Betroffenseins erkennbar. Deshalb bildet intensive Sozialbetreuung und -beratung eine der für die Aufstellung und Ausführung des Sozialplans wesentlichen Voraussetzungen. Das notwendige Vertrauen wird nur erreicht, wenn der Betroffene sicher sein kann, daß sein persönliches Problem als solches erkannt und daß für ihn eine individuelle Lösung angestrebt wird. Die Vertrauensbasis wird um so breiter, je früher die Betroffenen über alle möglichen Konsequenzen einer Sanierung aufgeklärt werden. Nur so werden sie in die Lage versetzt, die auf sie zukommenden Probleme im voraus abzuschätzen.

Sozialbetreuungsstelle Für die Sozialbetreuung und -beratung ist eine Sanierungsbetreuungsstelle im Sanierungsgebiet zu schaffen.

Das Aufgabengebiet der Sozialbetreuung umfaßt folgende Bereiche:

▶ Persönliche Beratung der Betroffenen in allen Umsetzungsfragen, Erörterung der Wünsche und Möglichkeiten, Unterbreitung konkreter Angebote (Wohnungswechsel, Umzug von Betrieben, Ersatzlandbeschaffung).

▶ Rechtsberatung für Eigentümer, Mieter, Pächter und, soweit dies nicht möglich ist, Vermittlung an andere kompetente Stellen. Es sollte über Möglichkeiten des individuellen Rechtsschutzes aufgeklärt werden. Auch sollte man auf gesetzliche Bestimmungen hinweisen, die zur Vermeidung oder Milderung weiterer nachteiliger Auswirkungen herangezogen werden können. So sind z. B. folgende Fragen zu klären: kann ein Antrag auf Wohngeld oder sonstige Sozialhilfe mit Erfolg gestellt werden; mit welcher Unterstützungssumme ist zu rechnen, und bei welcher Behörde ist der Antrag mit welchen Unterlagen einzureichen? Bei der Antragstellung kann den Betroffenen geholfen werden.

▶ Zusammenstellung der Ergebnisse der vorbereitenden Untersuchungen und der persönlichen Beratungen im Hinblick auf die Konzipierung und Fortschreibung des Sozialplans.

▶ Feststellung der Umsetzungsmöglichkeiten. Bei dieser Frage muß mit Bauträgern Kontakt aufgenommen werden; es kann zweckmäßig sein, Ringtauschmöglichkeiten zu erschließen; die Zusammenarbeit mit Verbänden der freien Wohlfahrtspflege, sozialen Institutionen, den Kirchen usw. ist zu suchen.

▶ Kooperation mit allen Planungsträgern des Sanierungsverfahrens. Über die Sanierungsbetreuungsstelle können Vorschläge für die Neuordnungskonzepte z. B. hinsichtlich der baulichen und sozialen Gestaltung, Nutzungs- und Sozialgruppierung der zukünftigen Bewohner, die von den Betroffenen entwickelt werden, an die Planungsträger weitergegeben werden. Die Sanierungsbetreuungsstelle kann damit die Funktion eines Bindegliedes zwischen den Betroffenen und der Gemeinde sowie dem Träger erfüllen.

Sozialplan und Sozialbetreuung bleiben nach §§ 8 bzw. 4 auf das förmlich festgelegte Sanierungsgebiet beschränkt. Auch in den an das Sanierungsgebiet angrenzenden Bereichen können soziale Härtefälle direkt durch die Sanierungsmaßnahme verursacht werden. So kann z. B. im angrenzenden Gebiet durch die Sanierung ein Gewerbetreibender seinen Kundenstamm und damit seine Existenz einbüßen. Die

Härtefälle in Nachbargebieten Gemeinde sollte diesen Sachverhalt berücksichtigen und nach Möglichkeit Sozialbetreuung (ohne die Rechtsbasis des StBauFG) auch auf diese Gebiete ausdehnen. Sie kann die Bewohner dieser Gebiete auffordern, sich mit ihren Problemen an die Sanierungsbetreuungsstelle zu wenden.

5. Rechtsmodelle für die Neuordnung

S 13.3

5.1 Vorbemerkung

Durch Sanierungsmaßnahmen sollen die betroffenen Grundstückseigentümer, Mieter und Pächter nach Möglichkeit nicht aus dem Sanierungsgebiet verdrängt werden. Das Eigentum soll erhalten bzw. durch Eigentum in neuer Rechtsform ersetzt werden. Ist dies nicht möglich, so stehen den Verdrängten Entschädigungsansprüche (§§ 23, 30) und Ansprüche auf Härteausgleichszahlungen (§ 85) zu. Die Gemeinde ist deshalb nicht nur aus rechtlichen und gesellschaftspolitischen, sondern auch aus wirtschaftlichen Gründen gehalten, bereits in der Planungsphase die Möglichkeiten der Eigentumserhaltung, der Umformung des Eigentums bzw. der Reprivatisierung zu untersuchen. Dabei ist zu beachten, daß den Alteigentümern nach Möglichkeit das Eigentum an ihrem Grundstück belassen oder innerhalb des Sanierungsgebietes wieder „unmittelbares Eigentum" verschafft werden sollte, und zwar

Zielvorstellungen

§ 25 Abs. 3 unmittelbares Eigentum

▶ Alleineigentum an einem Grundstück,
▶ Miteigentum an einem Grundstück,
▶ Grundstücksgleiche Rechte (Erbbaurecht),
▶ Rechte nach dem Wohnungseigentumsgesetz (Wohnungs- und Teileigentum).

Nur dann, wenn mit diesen Eigentumsformen der Sanierungszweck sachdienlich und wirtschaftlich nicht erreicht werden kann oder wenn die Betroffenen damit einverstanden sind, sollte die Verschaffung „mittelbaren Eigentums" in Betracht gezogen werden. Dies geschieht dadurch, daß

mittelbares Eigentum

▶ das Eigentum auf eine juristische Person übertragen wird, an der die Alteigentümer als Gesellschafter oder Mitglieder überwiegend beteiligt sind,
▶ das Eigentum auf einen geeigneten Immobilienfonds mit der Maßgabe übertragen wird, daß dieser Fonds den Alteigentümern Fondsanteile anbietet.

Ist auch dies nicht möglich, so soll die Gemeinde den Alteigentümern die Gelegenheit verschaffen, außerhalb des Sanierungsgebietes Grundeigentum in den verschiedenen Eigentumsformen zu erwerben. Zur Befriedigung der Eigentumswünsche der Alteigentümer soll die Gemeinde auch ihr gehörende und zur Erfüllung ihrer Aufgaben nicht benötigte Grundstücke — auch solche außerhalb des Sanierungsgebietes — zur Verfügung stellen (§ 1 Abs. 5). Auch Grundstücke des Bundes können für Sanierungsmaßnahmen bereitgestellt werden (vgl. § 1 Nr. 10 des Gesetzes über die verbilligte Veräußerung, Vermietung und Verpachtung von bundeseigenen Grundstücken vom 16. 7. 1971, BGBl I, S. 1005).

§ 1 Abs. 5

Die Gemeinde ist aber nicht verpflichtet, den Wünschen von Alteigentümern auf Gewährung von Grundeigentum oder dem Grundeigentum entsprechenden Rechten in jedem Fall zu entsprechen.

kein Rechtsanspruch

Den Eigentümern wurde vom Gesetzgeber kein klagbarer Anspruch auf Übertragung von Eigentum in einer bestimmten Rechtsform zugestanden. Das heißt aber nicht, daß die Gemeinde die für sie bequemste Lösung wählen kann. Sie muß sich über alle Möglichkeiten informieren, gegebenenfalls Fachleute zu Rate ziehen und imstande sein, mit den Grundstückseigentümern die beabsichtigte Neugestaltung des Sanierungsgebietes und die Möglichkeiten der Beteiligung der Grundstückseigentümer im Hinblick auf den erklärten Sanierungszweck zu erörtern (§ 9 Abs. 1 und 2). Darüber hinaus soll sie auch die Eigentumsfragen mit den Eigentümern besprechen und deren Wünsche feststellen. Bei einem umfangreichen Sanierungsvorhaben, bei dem die Begründung von Raumeigentum oder die Einschaltung eines Immobilienfonds in Betracht kommt, wird es sich empfehlen, rechtzeitig einen Sanierungsträger zu bestellen, da in solchen Fällen die Fragen der Eigentumsregelung und der damit zusammenhängenden Verträge stets im Zusammenhang mit der Planung, den Kosten, den Finanzierungsmöglichkeiten und der Wirtschaftlichkeit gesehen werden müssen. Die bei diesen Überlegungen auftretenden organisatorischen, rechtlichen und finanziellen Probleme sind typisch wohnungswirtschaftliche Probleme, auf die eine Gemeinde üblicherweise nicht vorbereitet sein kann (siehe auch Seite 116 ff.).

§ 9 Abs. 1 und 2 Erörterung

5.2 Mögliche Eigentumsformen bei der Bodenordnung

5.21 Erhaltung des bisherigen Eigentums

Die Erhaltung der alten Grundstücksgrenzen — gegebenenfalls mit Grenzkorrekturen — wird vom Gesetzgeber als erste Möglichkeit der Eigentumsregelung genannt.

Sie dürfte in der Praxis nur bei Objektsanierungen eine Rolle spielen. Großzügige Überbauungen und Flächensanierungen vertragen sich im allgemeinen nicht mit Kleinparzellen.

5.22 Eigentum an anderen Grundstücken im Sanierungsgebiet

Umlegung Einzelbebauung

Die Zuteilung anderer Grundstücke setzt im Regelfall ein Umlegungsverfahren voraus. Alle Sanierungsgrundstücke werden dabei zu einer Umlegungsmasse vereinigt. Das Gebiet wird neu geordnet, und jedem Eigentümer wird ein neu gebildetes Grundstück zugeteilt. Eine derartige (freiwillige oder amtliche) Bodenordnung setzt voraus, daß die sich durch die Umlegung in der Regel zwangsläufig ergebende Einzelbebauung im Hinblick auf den Sanierungszweck vertretbar ist.

5.23 Miteigentum an einem Grundstück

Sanierungsgebiete befinden sich oft im Kern der Gemeinden, dort, wo die Grundstücke im allgemeinen sehr klein sind und wo die gewerbliche Nutzung hinter der vergleichbarer Gebiete zurückgeblieben ist und intensiviert werden müßte. Eine Einzelbebauung auf kleinen Grundstücken wird in solchen Gebieten oft keine grundlegenden Verbesserungen bringen, vielmehr den Anlaß für zukünftige Sanierungsverfahren bilden. Um eine großzügige Einzelbebauung zu ermöglichen, kann

Umlegung Miteigentum

bei der Umlegung Miteigentum zugeteilt werden. Dadurch wird vermieden, daß nur die Eigentümer großer Grundstücke bei der Zuteilung berücksichtigt werden. Die Zuweisung von Miteigentum bedingt aber, daß für den Fall der Eigennutzung auch nur durch einen Miteigentümer oder für eine etwa beabsichtigte Verwertung auf getrennte Rechnung der Miteigentümer umfangreiche Nutzungsregelungen (§ 1010 BGB) getroffen werden. Je weiter diese Nutzungsregelungen ausgestaltet werden, um so mehr nähern sie sich dem eingeführten Rechtsinstitut des Wohnungs- und Teileigentums.

Die Verschaffung von Miteigentum ist vor allem für Eheleute oder für Eltern mit Kindern zu empfehlen. In anderen Fällen ist die Verschaffung von Wohnungs- und Teileigentum vorzuziehen.

5.24 Grundstücksgleiche Rechte

Da die nach Landesrecht bestehenden grundstücksgleichen Rechte (z. B. Bergwerkseigentum, Mineralabbaurechte) in Sanierungsgebieten kaum eine Rolle spielen, sind

Erbbaurecht

vor allem die Möglichkeiten des Erbbaurechts zu untersuchen. Der Gedanke, eine Sanierung dadurch zu ermöglichen, daß die Gemeinde oder der Sanierungsträger alle Grundstücke erwirbt, Erbbaurechte begründet und diese veräußert, erscheint auf den ersten Blick bestechend. Es findet kein Austausch Grundstück gegen Grundstück oder gegen einen Miteigentumsanteil am Grundstück (wie z. B. bei Wohnungseigentum) statt, sondern eine Veräußerung und damit eine „Geldschöpfung" für die Eigentümer. Deren Eigenkapital wird verstärkt und damit die Finanzierung der Neubauten erleichtert.

Grundstückserwerb durch Gemeinde oder Träger

Das Verfahren ist aber nur praktikabel, wenn die Gemeinde bzw. der Sanierungsträger alle Grundstücke erwerben kann, die zur Erstellung des jeweiligen Gebäudekomplexes erforderlich sind. Die Erstellung eines nicht teilbaren Gebäudes teils im Wege des Erbbaurechts, teils auf einem Grundstück ist vor allem dann, wenn das Gebäude noch in Raumeigentum aufgeteilt werden soll, rechtlich grundsätzlich nicht möglich. Der Grundstückserwerb wird zudem wegen der permanenten Geldnot und der meist vorhandenen Verschuldung der Gemeinden nicht zu realisieren sein. Ein Sanierungsträger aber kann es sich in der Regel nicht leisten, sein Betriebskapital in Grundbesitz einzufrieren. Hinzu kommt noch die Abneigung der Grundstückseigentümer gegen Erbbaurechte im allgemeinen. Diese Abneigung ist bei der heutigen wirtschaftlichen und rechtlichen Situation vor allem auf die sich stetig ändernden Wertverhältnisse und die daraus resultierende Forderung des Erbbaurechtsgebers auf einen durch eine Wertsicherungsklausel für alle Zeiten gesicherten rentablen Erbbauzins, auf die zeitliche Beschränkung des Erbbaurechts und die Heimfallbestimmungen zurückzuführen. In den Augen der Erbbauberechtigten stellt sich das Erbbaurecht wirtschaftlich als die Gewährung eines für sie unkündbaren Darlehens in Höhe des Grundstückswerts und mit einem sich stetig nach oben erhöhenden Zinssatz dar. Dieses Schuldverhältnis erlischt erst mit dem Heimfall oder dem Zeitablauf des Erbbaurechts, so daß der Erbbauberechtigte im Laufe der Zeit ein Mehrfaches des zunächst vorgegebenen Grundstückspreises bezahlt.

Bei einem Anfangszinssatz von 5 %, einer angenommenen anhaltenden durchschnittlichen Erhöhung der Lebenshaltungskosten von jährlich 4 % und einer darauf abgestellten Wertsicherungsklausel zahlt der Erbbauberechtigte im Laufe von 99 Jahren etwa das 56fache des zu Beginn der Berechnung zugrunde gelegten Grundstückswerts als Zinsen an den Eigentümer.

Schließlich wird auch noch der Vorteil der „Geldschöpfung" teilweise durch die geringeren Beleihungsmöglichkeiten eines Erbbaurechts (§ 19 ErbbauVO) wieder eingeschränkt.

Der Gedanke liegt nahe, die aufgezeigten Probleme dadurch zu umgehen, daß die Grundstücke in der Hand der Eigentümer verbleiben und diese dazu bewegt werden, Erbbaurechte selbst zu begründen. In diesem Fall würde sich die wirtschaftliche Betrachtungsweise der Eigentümer ändern, die Abneigung Dritter gegen den Erwerb eines Erbbaurechts bzw. Wohnungs- oder Teilerbbaurechtes i. S. von § 30 WEG aber eher verstärken. Erfahrungsgemäß werden Erbbaurechte aus der Hand der Gemeinden noch eher angenommen als aus Privathand.

Es ergeben sich aber auch große praktische Schwierigkeiten: Das Verfahren setzt voraus, daß alle zur jeweiligen Bebauung erforderlichen Grundstücke vereinigt werden, und die Grundstückseigentümer sich über die Eigentumsverhältnisse am neuen Grundstück (Ideelles Miteigentum, Gesellschaft nach § 705 BGB, Gründung einer juristischen Person) und auch über die Konditionen des von ihnen gemeinsam abzuschließenden Erbbaurechtsvertrags einigen. Mit dem Erbbaurecht wird aus all diesen Gründen nur selten gearbeitet werden können.

5.25 Rechte nach dem Wohnungseigentumsgesetz

Während die Gemeinde die in Abschnitt 5.21–5.24 genannten Bodenordnungsverfahren mit den Alteigentümern allein durchführen kann, ist sie bei einer Bodenordnung mit dem Ziel, Rechte nach dem Wohnungseigentumsgesetz zu verschaffen, aus praktischen Gründen auf die Mitwirkung eines Sanierungsträgers oder eines Unternehmens der Wohnungswirtschaft angewiesen. Sie selbst kann in der Regel kein Raumeigentum (Wohnungs- und Teileigentum) anbieten, da der Begründung von Raumeigentum ein dem Baugesuch entsprechender Aufteilungsplan (§ 7 WEG) zugrundezulegen ist und darüber hinaus für die Berechnung der Miteigentumsanteile und die Regelung der Rechtsbeziehungen zwischen den Wohnungseigentümern spezifisch wohnungswirtschaftliche Kenntnisse erforderlich sind.

Wohnungs- und Teileigentum

Wenn zur Erreichung des Sanierungszwecks eine Einzelbebauung nicht in Betracht kommt, erwirbt die Gemeinde bzw. der Sanierungsträger freihändig oder mit Hilfe des Vorkaufsrechts, des Grunderwerbsrechts oder der Enteignungsmöglichkeiten den zur Durchführung der Sanierung erforderlichen Grundbesitz. Soweit kein Sanierungsträger bestellt wurde, der selbst die Bebauung durchführt, wird der Grundbesitz an ein Wohnungsunternehmen veräußert und dieses verpflichtet, Raumeigentum zu begründen und den Alteigentümern zum Erwerb anzubieten. Bei der Veräußerung an das Wohnungsunternehmen ist es zweckmäßig, die Erfüllung der Veräußerungsverpflichtung vertraglich durch ein Rücktrittsrecht oder ein Wiederkaufsrecht, evtl. auch durch eine Vertragsstrafe abzusichern. Weiter kann auch festgelegt werden, wie der Veräußerungspreis vom Wohnungsunternehmen zu berechnen ist. Gemeinnützige Wohnungsunternehmen sind der Preisbindung nach § 14 WGGDV unterworfen, so daß eine vertragliche Bestimmung über den Veräußerungspreis sich bei nicht gemeinnützigen Unternehmen hierauf beziehen könnte.

Ohne Neubaupläne, Kosten- und Wirtschaftlichkeitsberechnungen und ohne bindende Zusage über die Zuteilung eines bestimmten Raumeigentums wird in der Regel ein freihändiger Erwerb der Grundstücke nicht möglich sein. Da die Gemeinden im allgemeinen aus kommunalpolitischen Gründen nur ungern gesetzliche Zwangsmittel anwenden, bietet sich zur Lösung dieser Schwierigkeiten die Einschaltung eines Sanierungsträgers an, der mit den Beteiligten plant und den Bau soweit vorbereitet, daß den Alteigentümern Zug um Zug gegen Aufgabe ihres Grundbesitzes der Erwerb eines ihren Ansprüchen und Möglichkeiten entsprechenden Raumeigentums gesichert werden kann. Allerdings sollte dann die Gemeinde auch nicht davor zurückschrecken, die durch das Gesetz gegebenen Zwangsmittel konsequent gegen eine Minderheit von solchen Eigentümern anzuwenden, die trotz aller Bemühungen um ihre Mitwirkung auf einer negativen Einstellung beharren.

Diese Form der Bodenordnung kommt den Grundgedanken der Erhaltung unmittelbaren Eigentums bei Sanierungsmaßnahmen am weitesten entgegen, da in der Regel auch der Eigentümer einer Kleinstparzelle wieder Eigentum, und zwar Raumeigentum im Sinne des WEG erhalten kann.

Eine Gefahr darf allerdings nicht übersehen werden: Grundstücke, die vielen Eigentümern (Miteigentümern, Wohnungseigentümern) gehören, können eine bestehende Grundstückssituation bis zur völligen Unbeweglichkeit verfestigen. Liegen in einem Sanierungsgebiet etwa 50 Grundstücke, von denen jedes 10 Miteigentümern gehört, so hat man es schon mit 500 Beteiligten zu tun. Die Zahl der an einem Verwaltungsverfahren Beteiligten kann so groß werden, daß es beinahe aussichtslos wird, Verwaltungsverfahren in bezug auf ein Grundstück durchzuführen; es ist verwaltungsmäßig z. B. nicht mehr zu schaffen, für eine Baulast, die ein Grundstück mit einem Wohnhochhaus betrifft, alle Unterschriften von 120 Wohnungseigentümern beizubringen. Die Vorschrift des § 22 Abs. 4, wonach Enteignungsverfahren miteinander verbunden werden können, hilft diesem Mißstand nicht ab. Die Zahl der vorhandenen Eigentümer, mit denen verhandelt werden muß, bleibt dieselbe. Nur durch zweckentsprechende Gestaltung der Miteigentümerverträge nach § 3 WEG bzw. der Teilungserklärungen nach § 8 WEG und die Erteilung ausreichender Vollmachten für den Verwalter läßt sich diesem Mißstand entgegenwirken.

5.26 Eigentumsverschaffung über eine juristische Person

Das Eigentum an den neu zu ordnenden Grundstücken wird auf eine juristische Person übertragen, an der die Alteigentümer als Gesellschafter oder Mitglieder überwiegend beteiligt sind.

Hier kommen in Frage: Eingetragener Verein, Gesellschaft mit beschränkter Haftung, Kommanditgesellschaft und deren Unterart GmbH & Co. KG, Aktiengesellschaft.

Die Übertragung eines Sanierungsgrundstücks auf eine überwiegend aus den Eigentümern bestehende juristische Person setzt in der Praxis voraus, daß sich die Alteigentümer in der Verfolgung eines gemeinsamen Zieles einig sind. Dieses Verfahren wäre z. B. denkbar, wenn sich mehrere Geschäftsinhaber dazu entschließen würden, ein Gemeinschaftswarenhaus gemeinsam zu bauen und zu betreiben. Die in einem solchen Fall abzuschließenden Verträge über die Bildung der juristischen Person, die Übertragung der Grundstücke und das Betreiben des Warenhauses bedürfen jeweils eingehender Überlegungen der Beteiligten mit dem beurkundenden Notar. Eine Sanierungsbetreuung durch ein fachkundiges Unternehmen erscheint in einem solchen Fall unerläßlich.

Gemeinschaftswarenhaus

5.27 Eigentumsverschaffung über einen Immobilienfonds

Die Grundstücke werden an einen geeigneten Immobilienfonds mit der Verpflichtung veräußert, vorrangig den Alteigentümern Immobilienfondsanteilscheine anzubieten. Damit werden vor allem die Alteigentümer angesprochen, die sich mit der Verwaltung von Grundbesitz nicht mehr befassen und auch keine Schulden mehr aufnehmen wollen, gleichwohl aber eine Zinsen bringende wertbeständige Kapitalanlage in Grundbesitz anstreben.

Bei der üblichen Baufinanzierung bringt der Grundstückseigentümer und Bauherr das erforderliche Eigenkapital auf und beschafft sich das noch fehlende Kapital durch die Aufnahme von Kapitalmarktmitteln, Bauspardarlehen, öffentlichen Mitteln usw. Bei einem Immobilienfonds verhält es sich nicht anders. Der wesentliche Unterschied besteht lediglich darin, daß das Eigenkapital nicht von einer Person allein, sondern durch eine Vielzahl von Personen aufgebracht wird. Die Immobilienfondsgesellschaften nehmen nach entsprechender Werbung das Kapital der Anlagesuchenden entgegen, stellen Anteilscheine (Zertifikate) über die Beteiligung des Anlegers am Fondsvermögen aus und verwenden das so gewonnene Kapital zur Finanzierung.

Offene Immobilienfonds

Als geeignet werden vom Gesetzgeber zunächst sogenannte „Offene Immobilienfonds" angesehen, deren Grundstückssondervermögen (Fonds) aus inländischen Grundstücken besteht. Bei offenen Immobilienfonds wird der Zeichner von Anteilscheinen im Verhältnis seines Anteils zur Anzahl der insgesamt ausgegebenen Anteile an dem Sondervermögen des Fonds beteiligt. Der Alteigentümer eines Sanierungsgrundstücks hat bei einer Veräußerung an einen offenen Fonds aber keine

Gewähr dafür, daß er auch immer am Schicksal der sanierten Grundstücke partizipiert. Bei offenen Fonds sind nämlich weder die Zahl noch der Gesamtwert der auszugebenden Anteile noch die Zahl der zum Fonds gehörenden Grundstücke (Bauobjekte) beschränkt. Auch können die Anlagewerte jederzeit geändert werden. Wenn also bei der Veräußerung von Grundstücken an den Immobilienfonds keine vertraglichen Vereinbarungen getroffen werden, die die Fondsverwaltung zwingen, das Grundstück im Fondsvermögen zu belassen, ist eine Weiterveräußerung des bebauten Grundstücks durch die Fondsverwaltung jederzeit möglich. Auf keinen Fall läßt sich aber eine nachträgliche Verschlechterung der Rendite durch die Aufnahme zusätzlicher und weniger ertragreicher Objekte in den Fonds ausschließen. Andererseits kann aber auch durch die Aufnahme günstigerer Objekte zu einem späteren Zeitpunkt die Rendite verbessert werden. So kann z. B. bei der Sanierung reiner Wohngebiete mit entsprechend geringer Rendite eine Wirtschaftlichkeit unter Umständen nur durch die Aufnahme rentabler gewerblicher Objekte in das Fondsvermögen erzielt werden. Diese Möglichkeit der nachträglichen Mischung haben nur die offenen Fonds.

Änderung der Anlagewerte

Die Immobiliengesellschaft eines offenen Fonds ist eine Kapitalanlagegesellschaft im Sinne des Gesetzes über Kapitalanlagegesellschaften in der Fassung der Bekanntmachung des Gesetzes vom 14. Januar 1970 (BGBl. I, S. 127) und unterliegt damit der gesetzlichen Überwachung durch das Bundesaufsichtsamt für das Kreditwesen in Berlin; ein Vorzug gegenüber den geschlossenen Fonds, bei denen bislang keine gesetzliche Aufsicht angeordnet wurde.

Der Anteilschein (Zertifikat) ist ein Wertpapier, für das zunächst ein Erstausgabepreis festgesetzt wird. Nach gewissen Zeitabständen — mindestens einmal monatlich — wird der Ausgabepreis von der Depotbank, die Überwachungs- und Kontrollaufgaben ausübt, und der Fondsverwaltungsgesellschaft neu festgelegt. Der Wert des einzelnen Anteils wird hierbei durch die Teilung des Werts des Fondsvermögens durch die Anzahl der im Umlauf befindlichen Anteile bestimmt. Die Bewertung des Fondsvermögens erfolgt mindestens einmal jährlich durch unabhängige Sachverständige.

Da die Fondsverwaltungsgesellschaft jederzeit zur Rücknahme der Anteile zum jeweils geltenden Rücknahmepreis verpflichtet ist, kann sich der Zeichner ohne Schwierigkeiten von seinem Anlagewert trennen.

Rücknahme von Anteilen

Eine Beteiligung an einem offenen Fonds ist bei den meisten Fondsgesellschaften bereits ab 50 DM möglich. Die Ausschüttungen auf die Anteile unterliegen als Einkünfte aus Kapitalvermögen der Einkommensteuer. Zur Vornahme der steuerlichen Abschreibungen ist nur die Fondsgesellschaft als Eigentümerin des Grundbesitzes berechtigt, so daß der Zeichner keine Abschreibungen geltend machen kann.

Bei einer Weiterveräußerung entstehen keine steuerlichen Nachteile, wenn die Spekulationsfrist von derzeit sechs Monaten abgelaufen ist. Es fällt auch keine Grunderwerbsteuer an, da kein Grundstück, sondern ein Wertpapier gehandelt wird. Der Ersterwerb und die Rückgabe eines Anteils sind auch frei von der Börsenumsatzsteuer.

Steuern

„Geschlossene Immobilienfonds" können nur dann an einer Sanierungsmaßnahme mitwirken, wenn die von der Landesregierung bestimmte Behörde sie geprüft und für geeignet erklärt hat (vgl. § 25 Abs. 5 Nr. 2). Diese Prüfung ist erforderlich, da eine gesetzliche Überwachung wie bei den offenen Fonds bislang noch nicht eingeführt wurde und die Gemeinde, wie auch der unerfahrene Eigentümer davor geschützt werden müssen, in falsche Hände zu geraten. Derzeit kann nämlich noch jedermann einen geschlossenen Fonds auflegen und Renditeversprechungen abgeben, die für den Anleger meist nicht nachprüfbar sind. Der behördlichen Prüfung, die sich vor allem auch auf die Berechnung der Rendite und in diesem Zusammenhang auf den Ansatz einer ausreichenden Instandhaltungs- und Bauerneuerungsrücklage zu erstrecken hat, kommt deshalb große Bedeutung zu.

Geschlossene Immobilienfonds

Eignungserkärung

Bei geschlossenen Immobilienfonds wird durch die Ausgabe einer begrenzten Zahl von Anteilscheinen eine bestimmte Summe als Eigenkapital für die Finanzierung eines bestimmten Bauvorhabens gesucht. Das Bauvorhaben kann auch aus mehreren räumlich getrennten Objekten bestehen. Im Gegensatz zu den offenen Fonds können geschlossene Fonds also nur im voraus zu bestimmende Objekte in das Fondsvermögen aufnehmen und die Anlagewerte dann nicht mehr verändern. Der Fonds ist in sich geschlossen.

Begrenzte Zahl von Anteilscheinen

Man unterscheidet derzeit drei Arten von geschlossenen Immobilienfonds: den Bruchteilseigentumsfonds, den KG-Fonds und den BGB-Gesellschafts-Fonds.

Bruchteilseigentumsfonds

Beim „Bruchteilseigentumsfonds" ist Eigentümer der Grundstücke und zugleich Fondsverwalter eine juristische Person (Fondsträger). Zwischen dem Fondsträger und dem Anteilzeichner kommt mit der Zahlung des gezeichneten Betrags ein Treuhandvertrag nach Maßgabe allgemeiner Vertragsbedingungen zustande: Der Fondsträger wird beauftragt, Grundstücke im eigenen Namen, aber für Rechnung der Anteilzeichner zu erwerben oder schon erworbene Grundstücke den Anteilinhabern zuzuordnen. Der Fondsträger besitzt und verwaltet die Grundstücke treuhänderisch für die Anteilinhaber. Diese sind also „wirtschaftliche Bruchteilseigentümer" der Grundstücke. Durch die Verpflichtung des Fondsträgers, die Grundstücke an die Anteilinhaber zu veräußern, haben diese einen Anspruch auf Übertragung von Bruchteilseigentum an den Fondsgrundstücken. Dieser Anspruch wird bei größeren Zeichnungsbeträgen durch Auflassungsvormerkungen für die jeweiligen namentlich genannten Anteilinhaber, bei kleineren Beträgen durch Vormerkungen für eine als Sammeltreuhänderin auftretende Bank im Grundbuch gesichert.

Sicherung im Grundbuch

Anteil am Ertrag

Die Anteilinhaber erhalten grundsätzlich keine Verzinsung ihrer gezeichneten Beträge, vielmehr ihren Anteil am Ertrag des bebauten Grundstücks. Da die Grundstücke meistens erst nach Auflegung des Fonds bebaut werden und während der Bauzeit kein Ertrag zu erwarten ist, wird in der Regel eine Verzinsung der Zeichnungsbeträge bis zur Fertigstellung der Gebäude vereinbart. Die Zinsen werden selbstverständlich vom Fondsträger in die Gesamtkosten der Baumaßnahme einkalkuliert.

Bei den Bruchteilseigentumsfonds ist eine Beteiligung meist ab 1000 DM möglich. Die Zeichner werden wirtschaftlich und steuerlich wie Grundstückseigentümer behandelt. Der Grundbesitz wird ihnen anteilig mit den derzeit noch niedrigen Einheitswerten zugerechnet und der Vermögenssteuer unterworfen. Da die Fremdfinanzierungsbeträge aber in der Regel den Einheitswert erheblich übersteigen, entsteht im allgemeinen ein Minusbetrag, der dann mit anderen Vermögenswerten des Anteilinhabers verrechnet werden kann. Die anteiligen Erträge des Fondsvermögens unterliegen als Einkünfte aus Vermietung und Verpachtung insoweit der Einkommensteuer als die Einkünfte über den Werbungskosten liegen. Als wirtschaftliche Eigentümer können die Anteilinhaber die Abschreibungen nach § 7 Abs. 5 EStG in Anspruch nehmen.

Abschreibungen

Der Ersterwerb eines Anteils durch einen Alteigentümer, der sein Grundstück dem Immobilienfonds veräußert hatte, ist auch dann grunderwerbsteuerfrei, wenn es sich um keinen Anteil an einem steuerbegünstigten, sondern an einem gewerblichen Objekt handelt. Allerdings tritt die Befreiung nur insoweit ein, als der Wert des erworbenen Anteils den Wert des hingegebenen Grundstücks um nicht mehr als das Doppelte übersteigt. Maßgebend sind hierbei aber nicht die Verkehrswerte, sondern die (anteiligen) Einheitswerte (§ 77 Abs. 2).

Bei einer Weiterveräußerung von Anteilen hat der Zweiterwerber aber Grunderwerbsteuer in Höhe von 7% aus dem Wert des Grundbesitzes zu zahlen. Damit kann je nach dem Anteil des gezeichneten Kapitals an den Gesamtkosten eine sehr erhebliche Grunderwerbsteuerbelastung entstehen (z. B. fällt bei einer Finanzierung mit 1/3 Zertifikatkapital und 2/3 Fremdkapital eine Steuer in Höhe von 21% des Zeichnungsbetrags an).

Eine Spekulationssteuer fällt dann nicht an, wenn die Weiterveräußerung nach Ablauf von derzeit noch zwei Jahren nach dem Zeitpunkt des Ersterwerbs erfolgt.

KG-Fonds

Beim „KG-Fonds" ist Eigentümer der Grundstücke eine Kommanditgesellschaft, und zwar entweder in Form der reinen Kommanditgesellschaft oder der einer GmbH & Co KG. Als Kommanditist tritt in der Regel eine Bank auf, die den Zeichnern eine Beteiligung an dem von ihr treuhänderisch gehaltenen Kommanditanteil anbietet. Der Anteilschein bescheinigt dem namentlich genannten Zeichner, daß er einen bestimmten Zeichnungsbetrag einbezahlt und damit einen Anteil an der von der Bank treuhänderisch für den Zeichner und die anderen Anteilinhaber gehaltenen Kommanditbeteiligung an der Kommanditgesellschaft erworben hat. Die Anteilinhaber sind also über den Kommanditisten als „Unterkommanditisten" an der KG beteiligt. Mit dem Erwerb des Unterkommanditanteils erhält der Anteilinhaber die Stellung eines wirtschaftlichen Miteigentümers der Grundstücke, die die KG in der Regel bereits erworben hat.

Unterkommanditist

Der Treuhänderkommanditist übt für die Gesamtheit der Anteilinhaber gegenüber der Geschäftsführung der KG Kontrollfunktionen aus. Ausschlaggebende Faktoren für die Sicherheit der Anteilinhaber sind die Bonität und Seriosität des Treuhänderkommanditisten, persönliche und fachliche Eignung der Komplementäre, sorgfältig gestaltete Verträge, die dem Treuhänderkommanditisten eine fortlaufende Prüfung und Überwachung der Geschäftsführung der KG ermöglichen, sowie die Einschaltung eines unabhängigen Sachverständigenausschusses für die Bewertung der Anlagewerte. Auch hierauf hat die von der Landesregierung zu bestimmende Behörde bei der Prüfung der Eignung eines KG-Fonds zu achten.

Auch bei den KG-Fonds ist eine Beteiligung meist ab 1000 DM möglich. Wirtschaftlich und steuerlich werden Anteilinhaber grundsätzlich gleich behandelt wie beim Bruchteileigentumsfonds. Bei der Grunderwerbsteuer ergibt sich allerdings eine wesentliche Besserstellung der Anteilinhaber. Bei dem Erwerb und der Weiterveräußerung eines Anteils entsteht in keinem Fall eine Grunderwerbsteuer, da zwar wirtschaftlich aber nicht rechtlich gesehen Grundbesitz veräußert wird. Veräußert wird vielmehr ein Gesellschaftsrecht, der Unterkommanditanteil. Diese Veräußerung unterliegt nicht der Grunderwerbsteuer.

keine Grunderwerbsteuer

Beim „BGB-Gesellschaft-Fonds" bilden alle Anteilinhaber eine Gesellschaft bürgerlichen Rechts gemäß §§ 705 ff. BGB. Die im Grundbuch als Eigentümer eingetragene Immobiliengesellschaft hält als Treuhänder die Anteile der Gesamtheit der Anteilzeichner. Durch die mittelbare Beteiligung an der Immobiliengesellschaft werden alle Zeichner wirtschaftlich und steuerlich als Eigentümer des Fondsvermögens angesehen. Bei einer Veräußerung fällt keine Grunderwerbsteuer an, da auch bei dieser Fondskonstruktion rechtlich kein Grundstück, sondern ein Gesellschaftsrecht veräußert wird. Darüber hinaus ist eine Sicherung der Zeichner durch Eintragung einer Auflassungsvormerkung für den Treuhändergesellschafter möglich.

BGB-Gesellschaftsfonds

Die Konstruktion des BGB-Gesellschaft-Fonds wurde bislang nur in Einzelfällen praktiziert.

Das Städtebauförderungsgesetz will durch die Einschaltung der Immobilienfonds nicht nur eine Reprivatisierungsmöglichkeit auch für den Eigentümer kleinsten Grundbesitzes schaffen, sondern darüber hinaus auch die Mobilisierung des für große Sanierungsmaßnahmen erforderlichen beträchtlichen Eigenkapitals unter gleichzeitiger Eigentumsbildung für weite Kreise der Bevölkerung erreichen. Es wäre aber verfehlt, wenn die Gemeinden allzu hohe Erwartungen in Immobilienfonds-Gesellschaften setzen würden. Auch diesen Gesellschaften sind Grenzen gesetzt, bedingt durch organisatorische und vor allem wirtschaftliche Probleme.

Möglichkeiten der Immobilienfonds

Nur in seltenen Fällen werden alle Sanierungsgrundstücke im förmlich festgelegten Sanierungsgebiet von der Gemeinde erworben und dem Immobilienfonds zugeführt werden können. Es wird vielmehr oft eine Bodenordnung mit den Eigentümern erforderlich, die im Gebiet wieder unmittelbares Eigentum erhalten wollen. Auf die sich aus der Bodenordnung ergebenden Aufgaben sind auch die Immobilienfonds-Gesellschaften bis auf wenige Ausnahmen ebenso wenig eingestellt, wie auf die Durchführung eines größeren Bauvorhabens in eigener Regie. Für die Bodenordnung wird deshalb grundsätzlich die Einschaltung eines Sanierungsträgers erforderlich, für die Baudurchführung oft die Beauftragung eines Sanierungsbetreuers bzw. Wohnungsunternehmens.

Diese organisatorischen Schwierigkeiten lassen sich zweifellos bewältigen. Kritisch wird es dagegen, wenn die Wirtschaftlichkeit gefährdet ist, wenn die von den Anteilzeichnern erwartete Rendite nicht erzielt werden kann. Dort liegen die oft unüberbrückbaren Schwierigkeiten. Im einzelnen wird hierzu auf Seite 86 verwiesen.

5.28 Mischformen

Bei jeder Sanierungsmaßnahme muß damit gerechnet werden, daß die Wünsche der Eigentümer hinsichtlich der Regelung der Eigentumsverhältnisse trotz aller Bemühungen der Gemeinde oder des Sanierungsträgers nicht auf einen Nenner gebracht werden können. Wenn auch kein Rechtsanspruch der Eigentümer auf Verschaffung von Eigentum in der von ihnen gewünschten Rechtsform besteht, so soll die Gemeinde doch im Rahmen des Möglichen den Wünschen der Eigentümer entsprechen, wenn dadurch der Sanierungszweck nicht gefährdet wird. Die Gemeinde darf nicht die für sie einfachste und vielleicht sogar von vielen Eigentümern gewünschte Art der Eigentumsregelung einheitlich treffen, wenn mit einem etwas komplizierteren Verfahren mehr Eigentümerwünsche befriedigt werden können. Sie muß versuchen, im Rahmen des Sanierungszwecks, des Möglichen und Zumutbaren den Wünschen möglichst vieler Eigentümer gerecht zu werden. Je vielfältiger das Angebot der Gemeinde an die Alteigentümer ist, um so leichter wird eine Bodenordnung unter Mitwirkung der Eigentümer und unter Vermeidung von Zwangsmitteln gelingen. Es gilt deshalb, die in den vorhergehenden Abschnitten genannten Verfahren zu kombinieren. Dies ist um so eher möglich, je größer das Sanierungsgebiet ist. Ein allgemein gültiges Rezept hierfür kann allerdings nicht gegeben werden, da bei jeder Sanierung die Grundstücksverhältnisse, die Einstellung und die Wünsche der Eigentümer sowie die städtebauliche Situation und Konzeption verschieden sein werden. Die Einschaltung eines fachkundigen Sanierungsunternehmens ist bei einem Bodenordnungsverfahren, das solche Mischformen der Eigentumsregelung vorsieht, ratsam. Auf die einzelnen Möglichkeiten bei einem solchen Verfahren wird auf Seite 140 eingegangen.

6. Überlegungen zur Wirtschaftlichkeit

6.1 Vorbemerkungen

S 13.4   Die Entwicklung von Planvorstellungen, Sozialplanungen und Rechtsmodellen ist Voraussetzung für die Prüfung der Wirtschaftlichkeit, die meist ausschlaggebend dafür sein wird, ob ein Neuordnungskonzept realisiert werden kann oder verworfen werden muß. Zur Prüfung der Wirtschaftlichkeit im Stadium der vorbereitenden Untersuchungen gehören überschlägige Kosten- und Ertragsschätzungen sowie Finanzierungsüberlegungen. Zu berücksichtigen sind auch steuerliche Fragen. Diese Überlegungen sind für jedes Neuordnungskonzept anzustellen und werden je nach Art der Planung, der Finanzierungsmöglichkeiten und des Rechtsmodells zu unterschiedlichen Ergebnissen führen.

Ein praktisches Beispiel möge dies verdeutlichen: Das Neuordnungskonzept A für ein Sanierungsgebiet sieht eine Randbebauung eines Stadtviertels mit einer GFZ von 2,0 vor. Die Bodenordnung kann auf dem Wege einer Umlegung durchgeführt werden. Die Eigentümer erhalten alle wieder Alleineigentum an teils sehr kleinen Grundstücken. Läden, Büros und Wohnungen sind nach wie vor zur Straße orientiert. Während der Bauzeit werden Umquartierungen notwendig, da die Altbebauung abgerissen werden muß, bevor an gleicher Stelle neu gebaut werden kann.

Das Neuordnungskonzept B sieht eine Gesamtbebauung vor, die mit einer GFZ von 2,4 ein um etwa 30 % größeres Bauvolumen zuläßt. Da auf Einzelgrundstücke keine Rücksicht genommen werden muß — die Bodenordnung erfolgt im Wege der Zuteilung von Raumeigentum — wird eine optimale städtebauliche und ertragreiche Lösung möglich. Wohnungen und Büros werden so orientiert, daß Belästigungen durch den Straßenverkehr weitgehend vermieden werden. Für den Einkaufsbereich werden vom Fahrverkehr getrennte, witterungsgeschützte Passagen angelegt. Bei der Überbauung kann abschnittsweise so vorgegangen werden, daß die neuen Wohnungen im Blockinnern dann bezugsfertig sind, wenn die Altbauten längs den Straßen geräumt werden müssen. Der Vergleich der Kosten und der erzielbaren Erträge gab den Ausschlag für das Neuordnungskonzept B, die „Gemeinschaftslösung". Obwohl die Bauausführung bei der „Einzellösung" A einfacher gehalten und die Kosten damit niedriger veranschlagt werden konnten als bei der Lösung B, ergaben sich doch durch die vermehrte und vor allem besser zu gestaltende Wohn- und Nutzfläche bei der Lösung B relativ höhere Erträge, so daß die Grundstückspreise bei der Reprivatisierung höher angesetzt werden können und voraussichtlich keine Sanierungsförderungsmittel eingesetzt werden müssen. Bei der Lösung A dagegen können die Grundstückswerte nicht höher angesetzt werden; es wären vielmehr noch erhebliche Sanierungszuschüsse erforderlich.

6.2 Abgabe- und Steuervergünstigungen

S 13.47   Die in den §§ 76—84 enthaltenen abgaben- und steuerrechtlichen Vorschriften erhalten ihr Gewicht bei Sanierungsmaßnahmen insbesondere dadurch, daß ein großer Teil der sonst üblichen Kosten für Abgaben und Steuern nicht entsteht und daß entstandene Kosten zum Teil durch Steuervergünstigungen leichter getragen werden können. Die Vorschriften sind teilweise — insbesondere auf dem Gebiet der Grunderwerbsteuer — kompliziert und werden noch durch Ausführungsbestimmungen ergänzt werden.

6.21 Abgabenfreiheit

Geschäfte und Verhandlungen zur Vorbereitung und Durchführung von Sanierungsmaßnahmen, zur Durchführung von grunderwerbsteuerfreien Erwerbsvorgängen, zur Gründung oder Auflösung eines Sanierungsunternehmens sowie von Zusammenschlüssen im Sinne des § 13 Abs. 4 (juristische Person) und im Sinne des § 14 (Sanierungsgemeinschaft) sind von Gebühren, Auslagen und ähnlichen Abgaben freigestellt. Diese Freistellung ist erforderlich, da die Sanierung im öffentlichen Interesse liegt und nicht vom Willen der Sanierungsbetroffenen abhängt (vgl. zu BT-Drucksache VI/2204 zu § 76 S. 27).

§ 76

Begünstigt sind alle Amtshandlungen der Gemeinde im Rahmen einer Sanierungsmaßnahme (z. B. Entscheidungen über Anordnung und Aufhebung der förmlichen Festlegung, Versagung einer Baugenehmigung nach § 6 Abs. 3, Genehmigungen und Versagungen nach § 15, Abbruchgebot [§ 19], Baugebot [§ 20], Modernisierungsgebot [§ 21], Aufhebung von Miet- und Pachtverhältnissen [§§ 27–29], Verlängerung von Miet- und Pachtverhältnissen [§ 31], Bescheinigung für den Sanierungsträger als Treuhänder [§ 36 Abs. 1], Bescheid über Anforderung eines Ausgleichsbetrags [§ 41 Abs. 8, § 42 Abs. 3], Bescheid über den Abschluß einer Sanierungsmaßnahme über einzelne Grundstücke nach § 50).

Amtshandlungen der Gemeinde

Weiter fallen unter diese Befreiungsvorschriften alle Gebühren und Auslagen der nach Landesrecht zuständigen Behörde für die Bestätigung der Eignung eines Sanierungsträgers (§ 34 Abs. 5) und alle Gebühren des Grundbuchamts (Eintragung und Löschung des Sanierungsvermerks gemäß §§ 5 Abs. 4, 51 Abs. 5, Eintragung von Eigentumsänderungen aufgrund von Rechtshandlungen der Gemeinde wie Vorkaufsrecht [§ 17], Grunderwerbsrecht [§ 18 Abs. 6 und 10], ferner die Löschung von Rechten nach § 18 Abs. 9 und der Vollzug von Verträgen, bei denen Grunderwerbsteuerbefreiung nach § 77 gewährt wird). Die Vergünstigungen werden nur gewährt, wenn eine Bescheinigung der nach Landesrecht zuständigen Behörde über das Vorliegen der Voraussetzungen vorgelegt wird (§ 83 Abs. 1). Da diese Bescheinigungen für jeden einzelnen Fall ausgestellt werden müssen, ist ein erheblicher Verwaltungsaufwand bei den Behörden und Aufgabenträgern zu erwarten.

Grundbuchamt

Nicht begünstigt sind alle Amtshandlungen, für die aufgrund landesrechtlicher Vorschriften Gebühren und Auslagen zu erheben sind, z. B. Vermessungsgebühren, Baugenehmigungsgebühren, Gebühren für Bescheinigungen nach § 7 WEG usw. (§ 76 Abs. 2). Die Abgabenfreiheit erstreckt sich auch nicht auf die Kosten eines Rechtsstreits (§ 76 Abs. 2) und auch nicht auf Beurkundungs- und Beglaubigungsgebühren, da hierfür nach § 11 Abs. 3 KostO eine ausdrückliche Befreiung erforderlich wäre.

Landesrechtliche Vorschriften

6.22 Grunderwerbsteuerbefreiung

Ziel der Vorschriften des § 77 ist es, Sanierungsmaßnahmen grundsätzlich ohne Belastung mit Grunderwerbsteuer durchzuführen und zu ermöglichen. Steuerfrei sind daher

§ 77

▶ der Erwerb von Grundstücken durch die Gemeinde oder einen anderen Aufgabenträger im Sinne des StBauFG zur Vorbereitung und Durchführung von Sanierungsmaßnahmen oder zur Verwendung als Austausch- oder Ersatzland, § 77 Abs. 1 Nr. 1;

▶ der Wiedererwerb oder Ersatzerwerb in bestimmten Grenzen durch Personen, die Grundstücke im Sanierungsgebiet oder als Ersatz- oder Austauschland abgegeben haben, § 77 Abs. 1 Nr. 2;

▶ der Austausch von Grundstücken im Sanierungsgebiet; bei Wertausgleichen z. B. bei Barzahlungen tritt insoweit Steuerpflicht ein, § 77 Abs. 1 Nr. 3;

▶ der Erwerb von Grundstücken durch Immobilienfonds, § 77 Abs. 1 Nr. 4, allerdings unter einschränkenden Bestimmungen;

▶ Erwerbsvorgänge, die durch die Begründung, das Bestehen oder die Auflösung eines Treuhandverhältnisses bedingt sind, § 77 Abs. 1 Nr. 5.

Vgl. dazu auch den Ausschußbericht zu BT-Drucksache VI/2204 zu § 77 S. 27.

Die Steuerbefreiungsvorschriften bei einem Erwerb durch einen Immobilienfonds lassen Wünsche offen. Begünstigt ist nach dem StBauFG nur der Erwerb von der Gemeinde bzw. einem Aufgabenträger, nicht dagegen der unmittelbare Erwerb vom Eigentümer. Erschwerend kommt hinzu, daß der Erwerb nur insoweit steuerbegünstigt ist, als die Alteigentümer binnen 18 Monaten nach Erwerb durch den Immobilienfonds Anteilscheine erwerben und weiter nachgewiesen wird, daß die Erwerber der Anteilscheine Steuerbefreiung erlangt hätten, wenn sie ohne Zwischenschaltung des Immobilienfonds Miteigentum am Grundstück erworben hätten. Die Befristung von 18 Monaten benachteiligt vor allem die geschlossenen Fonds, die im Gegensatz zu den offenen Fonds zur Zeichnung erst auffordern können, wenn unter anderem der Umfang des Fondsobjekts feststeht, die Planung abgeschlossen ist, die Kosten und die Fremdfinanzierung gesichert sind. Diese Vorarbeiten sind binnen 18 Monaten bei Sanierungsvorhaben kaum zu bewältigen. Die Immobilienfondsgesellschaften geschlossener Fonds werden deshalb erst zu einem verhältnismäßig späten Zeitpunkt, nämlich kurz vor Baubeginn Grundstücke erwerben und sich bis dahin wegen der erforderlichen Vorarbeiten durch Kaufangebote der Gemeinden sichern wollen. Da die landesrechtlichen Befreiungsmöglichkeiten unberührt bleiben und danach der Erwerb zur Errichtung steuerbegünstigten Wohnraumes von der Grunderwerbsteuer befreit ist, treffen die einschränkenden Bestimmungen des § 77 im Ergebnis jene Alteigentümer, welche Anteilscheine an einem geschlossenen Fonds mit starkem gewerblichen Einschlag erwerben. Viele Sanierungsverfahren werden in der Mitte unserer Städte durchgeführt, wo häufig gewerbliche Bauten erstellt werden und wo steuerbegünstigter oder öffentlich geförderter Wohnungsbau wegen der meist sehr hohen Grundstückspreise und mangels ausreichender Sanierungsförderungsmittel nicht im an sich erstrebenswerten Umfang betrieben werden kann.

Immobilienfondsanteilscheine   Der Erwerb der Anteilscheine kann grunderwerbsteuerfrei gehalten werden. Der Erwerb von Anteilscheinen von offenen Fonds, BGB-Gesellschaftsfonds und KG-Fonds unterliegt nicht der Grunderwerbsteuer, da keine Grundstücke, sondern Wertpapiere bzw. Gesellschaftsrechte erworben werden. Der grunderwerbsteuerfreie Erwerb von Anteilscheinen an Bruchteilseigentumsfonds ist nach landesrechtlichen Vorschriften bei steuerbegünstigten Objekten ebenfalls möglich, bei gewerblichen Objekten allerdings nur bei einem Erwerb durch einen Alteigentümer nach § 77 Abs. 1 Nr. 2. Da die Grunderwerbsteuerbefreiung für alle Zeichner angestrebt wird, kommt bei gewerblichen Objekten die Einschaltung eines Bruchteilseigentumsfonds kaum in Frage.

Nachweis   Während sich die Voraussetzungen für die Steuerbefreiung nach § 77 Abs. 1 Nr. 3 und 5 aus dem zu beurteilenden Rechtsgeschäft ergeben, ist zur Gewährung der Steuerbefreiung nach den Ziffern 1 und 2 die Vorlage von Bescheinigungen der nach Landesrecht zuständigen Behörde, im Falle der Ziffer 4 eine Bescheinigung der Gemeinde erforderlich. Wegen einer Nachversteuerung wird auf § 77 Abs. 3–5 verwiesen.

6.23 Grundsteuer und Gewerbesteuer

§ 78   Sobald Sanierungsabsichten bekannt werden, jedoch spätestens nach der förmlichen Festlegung, ist zu erwarten, daß ein Teil der Mieter im Sanierungsgebiet, vor allem die Inhaber von Ladengeschäften, sich um Räume außerhalb des Sanierungsgebietes bemühen und daß die Grundstückserträge — sei es aus Miete oder dem Betrieb eines Gewerbes — sinken. In einem solchen Fall kann auf Antrag die Grundsteuer entsprechend dem Anteil der Ertragsminderung um 20–80 % erlassen werden, wenn die nach Landesrecht zuständige Behörde anerkennt, daß die Minderung des Ertrags durch Sanierungsmaßnahmen verursacht wurde (§ 78).

§ 79   Weiter besteht die Möglichkeit, Betrieben in Sanierungsgebieten die Gewerbesteuer zu erlassen, wenn die Betriebserträge infolge der Sanierungsmaßnahmen zurückgehen und die Einziehung der Gewerbesteuer insoweit eine unbillige Härte darstellen würde. Die nach Landesrecht zuständige Behörde hat in diesem Fall lediglich festzustellen, daß der Gewerbebetrieb im Sanierungsgebiet liegt (§ 79).

Die derzeit noch gegebene Möglichkeit der Grundsteuervergünstigung nach § 92 II. WoBauG für den bei der Sanierung neu geschaffenen Wohnraum bleibt unberührt. Eine Vergünstigung für neu geschaffene gewerbliche Räume wurde nicht eingeräumt.

6.24 Gesellschaftsteuer

§ 80   Kapitalgesellschaften sind von der Gesellschaftsteuer befreit, wenn die nach Landesrecht zuständige Behörde anerkennt, daß sich die Gesellschaft nach ihrer Satzung und tatsächlichen Geschäftsführung ausschließlich mit der Vorbereitung und Durchführung von Sanierungs- oder Entwicklungsmaßnahmen befaßt (§ 80).

6.25 Körperschaftsteuer, Gewerbesteuer und Vermögensteuer bei Aufgabenträgern

§ 81   Um eine durch die Sanierung ausgelöste Besteuerung zu vermeiden, sind Zusammenschlüsse im Sinne von § 13 Abs. 4, §§ 14 und 60 von der Körperschaftsteuer, Gewerbesteuer und Vermögensteuer befreit, vorausgesetzt, daß diese Rechtsträger sich ausschließlich auf die Durchführung von Sanierungs- oder Entwicklungsmaßnahmen beschränken. Unter der gleichen Voraussetzung werden Sanierungsträger im Sinne des § 34 Abs. 1 Nr. 4 und 5 (freie Wohnungsunternehmen und andere Unternehmen, die nicht als Bauunternehmen tätig und auch nicht von einem Bauunternehmen abhängig sind) von diesen Steuern freigestellt. Um Mißbräuchen vorzubeugen, erschien es dem Gesetzgeber erforderlich, diese Befreiung nur Sanierungsträgern in der Rechtsform einer juristischen Person zu gewähren.

6.26 Einkommensteuer

Bei der Übertragung von Anlagegütern im Sinne des § 6b Abs. 1 Satz 2 Nr. 1 bis 4 EStG, insbesondere von Grundstücken und Geschäftseinrichtungen, auf einen Aufgabenträger (Eigentümerzusammenschluß nach § 13 Abs. 4, Sanierungsgemeinschaft nach § 14, Sanierungsträger nach § 33, oder einen Erwerber, der die Sanierung nach § 13 Abs. 1 und 2 als Eigentümer selbst durchführt), werden in der Regel stille Reserven aufgedeckt. Diese errechnen sich aus der Differenz zwischen Veräußerungspreis (abzüglich Veräußerungskosten) und Buchwert und sind als sogenannter Veräußerungsgewinn grundsätzlich dann zu versteuern, wenn und soweit diese Reserven nicht auf Ersatzwirtschaftsgüter übertragen werden. Da diese Übertragung (Reinvestition) bei Sanierungsmaßnahmen oft erst nach mehreren Jahren möglich wird, kann nach § 82 der Veräußerer im Wirtschaftsjahr der Veräußerung eines ihm seit mindestens zwei Jahren gehörenden Wirtschaftsguts eine den steuerlichen Gewinn mindernde Rücklage bilden. Bis zur Höhe dieser Rücklage kann der Veräußerer von den Anschaffungs- oder Herstellungskosten des Ersatzwirtschaftsguts in den auf die Veräußerung folgenden sieben Wirtschaftsjahren einen Betrag abziehen und so den Veräußerungsgewinn eliminieren. Erwirbt der Veräußerer jedoch neu hergestellte Baulichkeiten — bei Sanierungsmaßnahmen meist die Regel — so verlängert sich die Reinvestitionsfrist um weitere zwei Jahre auf neun Jahre, wenn mit der Herstellung des Gebäudes vor dem Schluß des siebenten Jahres begonnen wurde. Rücklagen, die nach Ablauf der entsprechenden Frist noch vorhanden sind, müssen gewinnerhöhend aufgelöst und versteuert werden. Werden Sanierungsmaßnahmen nicht zügig durchgeführt und wird die Bebauung nicht innerhalb von neun Jahren nach Erwerb des ersten Grundstücks durch den Aufgabenträger abgeschlossen, so können sich bei Vorliegen eines Verschuldens erhebliche Schadensersatzansprüche ergeben.

Voraussetzung für die Inanspruchnahme der Steuervergünstigung ist eine Bestätigung der nach Landesrecht zuständigen Behörde, daß die Übertragung der alten Wirtschaftsgüter zur Vorbereitung oder Durchführung der Sanierungsmaßnahmen auf einen Aufgabenträger der oben bezeichneten Art erfolgt ist.

Wird ein Geschäftsinhaber durch Sanierungsmaßnahmen veranlaßt, seinen Gewerbebetrieb aufzugeben, so können unter Umständen die Vergünstigungen des § 16 Abs. 4 EStG (neu geregelt durch das 2. StÄndG 1971 vom 10. 8. 71) in Anspruch genommen werden. Der Veräußerungsgewinn Steuerpflichtiger, die das 55. Lebensjahr bei der Aufgabe des Gewerbebetriebs vollendet haben, wird nach dieser Neuregelung zur Einkommensteuer nur insoweit herangezogen, als er 60 000 DM (früher 20 000 DM) übersteigt. Dieser Freibetrag ermäßigt sich um den Betrag, um den der Veräußerungsgewinn 200 000 DM (früher 80 000 DM) übersteigt.

Für Modernisierungsmaßnahmen sind gleichfalls Steuervergünstigungen vorgesehen. Die Bundesregierung wurde ermächtigt, mit Zustimmung des Bundesrates durch Rechtsverordnung Vorschriften zu erlassen, nach denen Aufwendungen für Modernisierungsmaßnahmen auf zwei bis fünf Jahre verteilt und erhöhte Absetzungen bis zu jährlich 10 % der Herstellungskosten vorgenommen werden können (§ 84 Nr. 2).

6.3 Wertermittlung (Neuwerte)

6.31 Vorbemerkungen

Im Rahmen der Wirtschaftlichkeitsuntersuchungen sind von entscheidender Bedeutung die Grundstückswerte nach Durchführung der Sanierung, die sogenannten Neuwerte.

Diese werden benötigt
im Stadium der vorbereitenden Untersuchungen:
▶ für die Kalkulation der überschlägigen Kosten und Erträge

Übertragung stiller Reserven
§ 82
§ 6b EStG

Betriebsaufgabe
§ 16 Abs. 4 EStG

Modernisierungsmaßnahmen
§ 84

S 13.411

Wertermittlungszwecke

nach der förmlichen Festlegung des Sanierungsgebiets:
▶ für die Kosten- und Finanzierungsübersicht
nach Durchführung der Ordnungsmaßnahmen:
▶ zur Bemessung des Kaufpreises bei der Privatisierung
bei der Abwicklung der Sanierungsmaßnahmen:
▶ zur Bemessung der Ausgleichsbeträge
▶ zur Aufstellung der Gesamtabrechnung.

Wegen der Wertermittlungsstellen, der Rechtsvorschriften für die Wertermittlung sowie der Form und des Inhalts der Wertgutachten wird auf die Ausführungen zur Altwertermittlung verwiesen (vgl. S. 48 ff.). Für die Neuwertermittlung ist außerdem die Rechtsverordnung nach § 91 Abs. 2 zu beachten, die allerdings noch nicht erlassen ist.

6.32 Wertermittlung

Verkehrswert Maßgebend ist der Verkehrswert, der sich aus der rechtlichen und tatsächlichen Neuordnung des Sanierungsgebietes ergibt (§§ 25 Abs. 6, 41 Abs. 5). Das erfordert die **Grundstücksqualität** Ermittlung des Verkehrswerts auf der Grundlage der Grundstücksqualität nach Durchführung der Sanierung. Zur maßgebenden Grundstücksqualität gehören sowohl die Nutzbarkeit nach dem der Sanierung zugrunde liegenden Bebauungsplan, als auch die Lage, die Erschließung und der Zuschnitt des Grundstücks nach Durchführung der Sanierung. Qualitätsbestimmende Merkmale, deren vorweggenommene Erwartungswerte bei der Altwertermittlung außer Betracht bleiben müssen, sind hier nicht nur mit ihren etwaigen Erwartungswerten, sondern mit den auf der unmittelbaren Realisierung beruhenden Werten zu berücksichtigen.

Wertermittlungsstichtag Als Wertermittlungsstichtag ist der Zeitpunkt der Wertermittlung mit den zu diesem Zeitpunkt auf dem Grundstücksmarkt geltenden Preisverhältnissen anzunehmen. Das wirft für die Kosten- und Ertragsschätzungen Probleme auf, weil man teilweise Kosten und Erträge mit auf den Wertermittlungsstichtag kalkulierten Beträgen ansetzt, während die später anfallenden Beträge infolge der konjunkturellen Weiterentwicklung sowohl auf der Kosten- wie auf der Ertragsseite höher sein dürften. Dennoch wurden bislang die Neuwerte nicht unter Hinausschiebung des Wertermittlungsstichtags prognostiziert.

Für die Neuwertermittlung stellt sich ebenso wie bei der Altwertermittlung die Aufgabe, das in der Kaufpreissammlung enthaltene Vergleichsmaterial zusammenzustellen und auf die Brauchbarkeit zu prüfen. Weitgehend werden die neuen Grund**Vergleichsmaterial** stücke im unbebauten Zustand zu bewerten sein, so daß sich die Aufgabenstellung auf die Sichtung des Vergleichsmaterials für unbebaute Grundstücke reduziert. Wegen der Einzelheiten wird auf Seite 51 ff. verwiesen.

Die Neuwerte sind nach Möglichkeit durch Preisvergleich zu ermitteln. Hierfür können auch geeignete Vergleichspreise für andernorts gehandelte Grundstücke herangezogen werden. Denkbar ist jedoch auch der Vergleich mit den Altwerten der Grundstücke (in unbebautem Zustand), wobei die durch die Sanierung bewirkte Wertverbesserung angemessen zu berücksichtigen ist. Soweit möglich, sind beide Verfahren zur gegenseitigen Kontrolle anzuwenden.

6.33 Sonderfälle

Bleibt die Bebauung auch über die Sanierungsmaßnahmen hinaus erhalten, dann besteht die Neuwertermittlung insoweit aus der Wertermittlung für bebaute Grund**bebaute Grundstücke** stücke, die bis auf die durch die Sanierung bewirkte Wertverbesserung mit der Altwertermittlung vergleichbar ist (vgl. Seite 48 ff.).

Soweit bereits neu bebaute Grundstücke veräußert werden, kommt ebenfalls die Wertermittlung für bebaute Grundstücke in Frage. Sie besteht im wesentlichen daraus, den Bodenwert und die an den Normalherstellungskosten (§ 15 Abs. 1 WertermittlVO) orientierten Baukosten angemessen zu ermitteln. Diese Aufgabe läßt sich mit der Wertermittlung für die Beleihung von Neubauten vergleichen. Die Anwendung des Ertragswertverfahrens ist jedoch auch möglich.

Teileigentum bzw. Wohnungs- Ein Sonderfall ist auch die Bewertung von Gebäuden, die in Teileigentum bzw. **eigentum** Wohnungseigentum nach dem Wohnungseigentumsgesetz aufgeteilt werden. An sich handelt es sich dann um ein Sonderproblem der Wertermittlung für bebaute Grundstücke. Hierfür bietet sich in erster Linie das Vergleichswertverfahren in der Weise an, daß aus Kaufpreisen für vergleichbare Objekte (K/qm WFl bzw. K/qm NFl) der Verkehrswert der zu bewertenden Objekte abgeleitet wird. Beim Preisvergleich ist zu berücksichtigen, daß zu den in den Kaufverträgen ausgewiesenen Kaufpreisen in der Regel noch Bauzinsen hinzukommen, die die effektiven Kaufpreise erhöhen.

Eine Bewertung des Gesamtgebäudes und die Verteilung der Werte entsprechend der im Grundbuch eingetragenen bzw. vorgesehenen Miteigentumsanteile führt häufig zu keinem richtigen Ergebnis, weil die Miteigentumsanteile vom Bauträger oft nur im Hinblick auf eine gerechte Verteilung der Bewirtschaftungskosten errechnet wurden und nicht dem Verhältnis der Verkehrswerte der Wohnungen entsprechen.

6.4 Kosten   S 13.41

6.41 Vorbemerkungen
Es ist zu unterscheiden zwischen den Kosten der Vorbereitung der Sanierung, den Kosten der Ordnungsmaßnahmen, den sonstigen Kosten und den Kosten der Baumaßnahme. Je nach Kostengruppe ergeben sich unterschiedliche Kostenträger und unterschiedliche Finanzierungsmöglichkeiten.

6.42 Kosten der Vorbereitung der Sanierung   § 40 Abs. 2
Zu den Kosten der Vorbereitung der Sanierung gehören grundsätzlich alle bis zur förmlichen Festlegung anfallenden Kosten, insbesondere
- die Kosten der vorbereitenden Untersuchungen, wie z. B. Kosten der Bestandsaufnahme, von Gutachten über den Verkehr und den Gewerbebedarf, Architekten- und Ingenieurhonorare für Planalternativen, Modelle usw., die Vergütung und Auslagen eines mit den vorbereitenden Untersuchungen beauftragten Unternehmens, (vgl. auch den Aufgabenkatalog im Muster des Vorbereitungsvertrags, Anhang Seite 207 ff.);
- die Kosten der Verhandlungen mit den Beteiligten;
- die Kosten der förmlichen Festlegung des Sanierungsgebietes;
- die Kosten der Sozialplanung;
- die Kosten der Öffentlichkeitsarbeit;
- die Kosten der Ausarbeitung von Bauleitplänen (Flächennutzungsplan, Bebauungsplan) und von Planungswettbewerben.

6.43 Kosten der Ordnungsmaßnahmen
Zu den Kosten der Ordnungsmaßnahmen gehören grundsätzlich alle nach der förmlichen Festlegung bis zur Reprivatisierung anfallenden Kosten, insbesondere   § 41 Abs. 2
§ 12 Abs. 1 Nr. 1
- die Kosten der Bodenordnung;
- die Kosten der Verwirklichung des Sozialplans bei der Durchführung der Ordnungsmaßnahmen, insbesondere die Umzugskosten der Bewohner und Betriebe;
- die Abbruchkosten;
- die Erschließungskosten mit Ausnahme des Erschließungsaufwands für die in § 128 Abs. 3 BBauG genannten Maßnahmen (Brücken, Tunnels, Unterführungen, Ortsdurchfahrten von Bundesstraßen und Landstraßen I. und II. Ordnung);
- Entschädigungen, soweit durch sie kein bleibender Gegenwert erlangt worden ist;
- Ausgaben für den Härteausgleich;
- Vergütungen und Auslagenersatz für Aufgabenträger.

6.44 Kosten der Neubebauung
Zu den Kosten der Neubebauung, der Ersatzbauten und der Modernisierungsmaßnahmen gehören
- die Kosten des Grundstücks in Höhe des sich aufgrund der Neuordnung ergebenden Werts;
- die Kosten der Gebäude bzw. der einzelnen Modernisierungsarbeiten (Reine Baukosten nach Abschnitt 2.1 DIN 276) mit Ausnahme der Abbruchkosten, die zu den Ordnungsmaßnahmen zählen;
- die Kosten der Außenanlagen nach Abschnitt 2.2 DIN 276;
- die Baunebenkosten nach Abschnitt 2.3 DIN 276, soweit sie das zur Ausführung kommende Bauwerk betreffen, insbesondere auch die Kosten etwaiger Bauwettbewerbe;
- die Kosten der besonderen Betriebseinrichtungen und des Geräts und sonstiger Wirtschaftsausstattungen nach den Abschnitten 2.4 und 2.5 DIN 276.

Muster für solche Kostenvoranschläge und die Abrechnung solcher Kosten sind beim Richard Boorberg-Formularverlag erhältlich.

6.45 Sonstige Kosten der Sanierung
Hierzu zählen insbesondere

§ 39 Gemeinbedarfs- und Folgeeinrichtungen
§ 44 Betriebe

▶ die Kosten der durch die Sanierung bedingten Gemeinbedarfs- und Folgeeinrichtungen;
▶ die Kosten der anderweitigen Unterbringung eines von der Sanierung betroffenen gewerblichen Betriebs oder eines land- oder forstwirtschaftlichen Betriebs;
▶ die Kosten, welche durch eine wesentliche Änderung baulicher Anlagen solcher Betriebe infolge der Sanierung entstehen.

6.46 Kostentragung

Gemeinde
§ 41 Abs. 2

Die Kosten der Vorbereitungsmaßnahmen hat die Gemeinde als Veranlasser bzw. Auftraggeber, die Kosten der Ordnungsmaßnahmen aufgrund ausdrücklicher gesetzlicher Bestimmung zu tragen, wobei eine Refinanzierung über Sanierungszuschüsse, Sanierungsdarlehen oder später auch durch Ausgleichsbeträge der Grundstückseigentümer denkbar ist. Bei einem förmlichen Verfahren dürfen diese Kosten den Eigentümern nicht in Rechnung gestellt werden. Die Höhe dieser Kosten berührt also die Sanierungsbetroffenen unmittelbar nicht, umsomehr aber die Gemeinde, welche sich darüber schlüssig werden muß, ob sie den finanziellen Belastungen eines Sanierungsvorhabens unter Berücksichtigung der zu erwartenden Förderungsmittel des Bundes und des Landes gewachsen ist. Zu erwartende Ausgleichsbeträge sind bei diesen Finanzierungsüberlegungen zweckmäßigerweise nicht zu berücksichtigen, da diese Beträge erst nach Abschluß der Sanierung – also nach Jahren – zu entrichten sind (vgl. Seite 86 ff.).

§ 41 Abs. 10

Sind dem Eigentümer Kosten der Ordnungsmaßnahmen entstanden, so sind sie ihm von der Gemeinde zu ersetzen, wobei eine Aufrechnung mit Ausgleichsforderungen vorzunehmen ist. Eine Stundung der Ausgleichsbeträge ist in diesem Fall nur für den die Ersatzforderung des Eigentümers übersteigenden Teil des Ausgleichsbetrages möglich.

Die sonstigen Kosten der Sanierung hat die Gemeinde zu tragen, mit Ausnahme der rentierlichen Kosten der anderweitigen Unterbringung eines Betriebs und der Kosten rentierlicher baulicher Veränderungen eines Betriebs.

§ 45 Abs. 1
Eigentümer

Die Kosten der Neubebauung, der Ersatzbauten und der Modernisierung gehen zu Lasten des Eigentümers als Bauherrn, bzw. zu Lasten der Erwerber der durch den Träger oder ein anderes Unternehmen hergestellten Baulichkeiten. Sie müssen deshalb gesondert von den Kosten der Vorbereitungs- und Ordnungsmaßnahmen und den sonstigen Kosten ermittelt werden.

6.5 Finanzierung

6.51 Vorbemerkungen
Nach dem Gesetz entscheidet die Gemeinde, ob und in welchem Gebiet Voruntersuchungen durchgeführt werden sollen. Sie legt das Sanierungsgebiet auch förmlich fest. Als Konsequenz hieraus ergibt sich, daß sie für die finanziellen Folgen verantwortlich ist.

Risiko

Sie trägt das volle Risiko, etwa dann, wenn im Verlauf einer Sanierung Bund und Land ihre Förderungsmittel reduzieren oder eine weitere Finanzierung einstellen. Nach dem Gesetz sollen zwar Bund, Länder und sonstige Körperschaften des öffentlichen Rechts Sanierungsmaßnahmen unterstützen (§§ 2, 71), einen Rechtsanspruch können die Gemeinden daraus aber nicht ableiten. Das Gesetz enthält insbesondere keine Bestimmung darüber, in welcher Höhe Förderungsmittel im Einzelfall bewilligt werden können. Die von den Kommunen angestrebte Drittelung der Kosten wurde gesetzlich nicht verankert. Erschwerend kommt hinzu, daß sich Sanierungsmaßnahmen auf einen sehr langen Zeitraum erstrecken, daß aber Bund und Länder verbindliche Zusagen in der Regel jeweils nur für ein Jahr geben. All dieser Risiken muß sich die Gemeinde bewußt sein, wenn sie ein Sanierungsgebiet festlegen will.

Finanzierungsquellen

Bei Sanierungsvorhaben können folgende Finanzierungsquellen in Frage kommen:
▶ Finanzhilfen des Bundes, §§ 71, 72;
▶ besondere Bundesmittel, § 73;

- Bürgschaften, Garantien oder sonstige Gewährleistungen des Bundes, § 75;
- Landesmittel, § 72 Abs. 3 Satz 1, § 39 Abs. 1 (und nach den landesrechtlichen Wohnungsbauförderungsrichtlinien);
- Mittel der Gemeinden und der Gemeindeverbände, § 39 Abs. 1;
- Ausgleichsbeträge §§ 41, 42;
- Mittel öffentlicher Aufgabenträger bzw. Träger öffentlicher Belange für deren Aufgaben in Verbindung mit einer Sanierung, §§ 2, 38.

6.52 Finanzierung der Vorbereitungs- und Ordnungsmaßnahmen

Die Kosten der Vorbereitung der Sanierung und der Ordnungsmaßnahmen müssen durch die Gemeinde als Kostenträger finanziert werden. Die Gemeinde kann zur teilweisen Finanzierung bei der zuständigen Landesbehörde die Bewilligung von Sanierungsförderungsmitteln beantragen. *(S 13.42 Sanierungsförderungsmittel; § 72 Abs. 4)*

Die als Finanzhilfen bestimmten Bundesmittel werden grundsätzlich den Ländern zugeteilt, die dann die Mittel für die einzelnen Maßnahmen bewilligen. Daneben hat sich der Bund vorbehalten, neben seinen Finanzhilfen an die Länder auch Haushaltsmittel für ressortzugehörige Aufgaben oder zur Förderung nicht staatlicher zentraler Einrichtungen unmittelbar zur Verfügung zu stellen. *(§ 72 Abs. 3; § 73)*

Dem Antrag sind jeweils umfangreiche, in den einzelnen Förderungsrichtlinien der Länder näher bezeichnete Unterlagen beizufügen, insbesondere eine Kostenübersicht, ein Finanzierungsplan, die vorhandenen technischen Unterlagen, wie z. B. städtebauliche Gesamtkonzeption, Ausschnitt aus dem Flächennutzungsplan, sowie Bestandsaufnahmen. In der Regel wird für die Gewährung eines Zuschusses eine angemessene Eigenbeteiligung (in NRW z. B. mindestens 25 % der Aufwendungen) vorausgesetzt. *(Antragsunterlagen)*

Die Sanierungsförderungsmittel können als Darlehen oder Zuschüsse zur Deckung der Kosten oder zur Verbilligung von anderen Darlehen, die der Deckung der Kosten dienen, gewährt werden. Daneben ist auch die Bewilligung von Vor- oder Zwischenfinanzierungsdarlehen oder von Zuschüssen zur Verbilligung solcher Darlehen möglich. *(§ 39 Abs. 3)*

Zur Erleichterung und Verbilligung der späteren Durchführung von Sanierungsmaßnahmen kann es zweckmäßig sein, schon vor der förmlichen Festlegung Grundstücke in den vorgesehenen Sanierungsgebieten zu erwerben. Auch dafür können Darlehen bewilligt werden. *(Grunderwerb; § 39 Abs. 1)*

Solange nicht feststeht, ob und in welcher Höhe für ein Sanierungsvorhaben ein Defizit entsteht, können Sanierungsförderungsmittel als Vorauszahlung zins- und tilgungsfrei unter dem Vorbehalt einer späteren endgültigen Bestimmung bewilligt werden. Je nach Entwicklung des Sanierungsvorhabens können die Mittel dann in ein Darlehen oder einen Zuschuß umgewandelt, durch andere Sanierungsförderungsmittel ersetzt oder auch zurückgefordert werden. *(§ 39 Abs. 5)*

6.53 Finanzierung der sonstigen Kosten der Sanierung

Zur Finanzierung der von der Gemeinde zu tragenden Kosten der Gemeinbedarfs- und Folgeeinrichtungen und der Umzugskosten eines Betriebs können Sanierungsförderungsmittel eingesetzt werden, wenn sonst der Sanierungszweck nicht erreicht werden könnte. Dagegen sind die Kosten des Neubaues oder der Beschaffung von Ersatzbauten für die anderweitige Unterbringung eines Betriebs oder bauliche Veränderungen in einem solchen Betrieb vom Betrieb selbst zu finanzieren, und zwar in der Regel mit Kapitalmarktmitteln und Eigenmitteln. Außerdem können Darlehen aufgrund anderer Vorschriften in Frage kommen, z. B. Darlehen aus dem ERP-Sondervermögen oder die Übernahme von Bürgschaften durch das ERP-Sondervermögen. Eventuell kommen auch Härteausgleichszahlungen in Frage. Soweit der Betrieb allerdings durch die anderweitige Unterbringung oder die Änderung baulicher Anlagen Vorteile erhält, sind diese zu kapitalisieren, als Ausgleichsbetrag festzusetzen und zu verrechnen. Sanierungsförderungsmittel können ebenfalls eingesetzt werden, aber nur subsidiär zur Finanzierung von Spitzenbeträgen. Sanierungsförderungsmittel sollen nicht dazu dienen, andere Förderungsmittel zu sparen. *(§ 39 Abs. 1 Gemeinbedarfs- und Folgeeinrichtungen; § 44 Betrieb)*

6.54 Finanzierung der Neubauten

Die Kosten der Neubebauung und der Ersatzbauten sind vom Eigentümer als Bauherr bzw. vom Erwerber der durch den Träger oder ein anderes Unternehmen fertiggestell- *(§ 45 Abs. 1)*

Eigenkapital, Kapitalmarktmittel, öffentl. Mittel

ten Baulichkeiten zunächst konventionell mit Kapitalmarktmitteln und Eigenkapital zu finanzieren. Für den Bau von Wohnungen können außerdem Mittel zur Förderung des sozialen Wohnungsbaues beantragt werden. Stehen solche Mittel nicht zur Verfügung und könnte deshalb eine begonnene Sanierung nicht abgeschlossen werden, so können auch Sanierungsförderungsmittel eingesetzt werden, die dann zu öffentlichen Mitteln im Sinne des § 6 Abs. 1 II. WoBauG bestimmt werden können. Neben öffentlichen Mitteln können Sanierungsförderungsmittel als nachrangige Baudarlehen dann bewilligt werden, wenn die Gesamtkosten des Neubaues auch bei angemessenem Einsatz von erststelligen Finanzierungsmitteln, Eigenleistungen des Bauherrn bzw. Erwerbers und sonstiger Finanzierungsmittel unter Berücksichtigung der nachhaltig erzielbaren Erträge nicht gedeckt werden können.

§ 45 Abs. 3
Sanierungsförderungsmittel
§ 45 Abs. 4
§ 45 Abs. 5

Immobilienfondsfinanzierung

Die Einschaltung von Immobilienfonds als Finanzierungsinstrument bei Sanierungsvorhaben wird sicher in vielen Fällen zum Erfolg führen. Durch die Immobilienfonds wird nicht nur erhebliches Eigenkapital aktiviert, sondern auch die vom Gesetzgeber angestrebte Reprivatisierung und auch die Privatisierung für weite Kreise der Bevölkerung erreicht. Es wäre aber abwegig, in dem Immobilienfonds ein Mittel zu sehen, das eine Finanzierung der Neubaukosten und womöglich noch der Kosten der Vorbereitungs- und Ordnungsmaßnahmen ermöglicht, ohne daß der Einsatz öffentlicher Mittel oder von Sanierungsförderungsmitteln notwendig wäre. Entscheidend sind selbstverständlich auch hier Ertrag und Wirtschaftlichkeit.

Grenzen der Immobilienfondsfinanzierung

Während sich der einzelne Eigentümer eines Hauses oder eines Raumeigentums mit einer sehr niedrigen Verzinsung seines Eigenkapitals im Hinblick auf die kommende Wertsteigerung zufriedengibt, oder mit einer Verzinsung erst gar nicht rechnet, muß die Immobilienfondsgesellschaft eine Barausschüttung von heute mindestens 5 % auf das gezeichnete Kapital anbieten, wenn sie ihre Anteilscheine absetzen will. Diese Eigenkapitalverzinsung wird meist dadurch erreicht, daß auf den Einsatz höherverzinslicher Darlehen — also hauptsächlich erststelliger Hypothekardarlehen — oder Darlehen mit günstigem Zinssatz und hoher Tilgung — z. B. Bauspardarlehen — verzichtet wird. Der Einsatz niedrig verzinslicher öffentlicher Mittel bzw. Sanierungsförderungsmittel wird dadurch nicht entbehrlich.

Ein Beispiel: Nach den Wohnungsbauförderungsbestimmungen 1970 des Landes Baden-Württemberg sind bei einer Immobilienfondsfinanzierung öffentlich geförderter Wohnungen in der Größe von 75 qm folgende Mitfinanziererdarlehen bzw. Sanierungsförderungsmittel je Wohneinheit neben den öffentlichen Mitteln erforderlich:

Gesamtkosten je qm/WFl	Darlehen mit Annuität von 1,5 %	oder Zuschuß
1000	12 500	4 200
1100	22 900	7 700
1200	33 200	11 100
1300	43 500	14 500
1400	53 800	18 000
1500	64 100	21 400

§§ 2, 38
Träger öffentl. Belange

Werden öffentliche Aufgabenträger bzw. Träger öffentlicher Belange in Verbindung mit einer Sanierung tätig, so kann der Einsatz der von diesen Trägern verwalteten Mittel für das Sanierungsvorhaben von erheblicher Bedeutung sein. Gelegentlich werden z. B. Sanierungsmaßnahmen durch notwendige Straßenbaumaßnahmen ausgelöst oder werden mit diesen gleichzeitig durchgeführt. Hierbei ist eine Abstimmung der Finanzierung notwendig (§§ 2, 38).

6.55 Ausgleichsbeträge

S 13.46

Einer der Grundsätze des Städtebauförderungsgesetzes ist die Inanspruchnahme der Wertsteigerung des in der Sanierung neugeordneten Bodens, die Abschöpfung der Sanierungsvorteile. Die Sanierung soll nicht zu Nachteilen für die Beteiligten führen, es sollen ihnen aber auch keine unverdienten finanziellen Vorteile aus der Sanierung erwachsen. Dieser Grundsatz ist in § 23 Abs. 2 niedergelegt, der wohl bedeutsamsten Vorschrift des Städtebauförderungsgesetzes.

§ 41 Abs. 4–10
§ 23 Abs. 2

§ 41 regelt die Kostentragung für die Ordnungsmaßnahmen. Grundsätzlich hat die Gemeinde die Kosten zu tragen. Die beteiligten Grundeigentümer haben nach § 41

Abs. 4 an die Gemeinde einen Ausgleichsbetrag in Geld, entsprechend dem durch die Sanierung erhöhten Wert der Grundstücke zu entrichten. Der Ausgleichsbetrag soll dazu dienen, der Gemeinde wenigstens einen Teil der Kosten der Ordnungsmaßnahmen abzunehmen. Damit soll es einfacher werden, ein Sanierungsvorhaben zu finanzieren. Durch Verrechnen der Sanierungsgewinne wird vermieden, daß die Allgemeinheit zum Vorteil Einzelner belastet wird.

Kosten der Ordnungsmaßnahmen

Die Regelung in § 41 Abs. 4, 5, 6 und 7 ist der Abschöpfung des Umlegungsvorteils bei der Umlegung nach dem Bundesbaugesetz (§ 57 BBauG) nachgebildet (siehe auch Bonczek, Städtebauförderungsgesetz im Entstehen, in Mitteilungsblatt BDVI 1970, 253 [282]). Im Umlegungsverfahren wird die umlegungsbedingte Wertsteigerung der in das Verfahren einbezogenen Grundstücke abgeschöpft. Die Bestimmungen über die Ausgleichsbeträge nach § 41 gehen jedoch weiter. Während im Umlegungsverfahren diejenigen Planungsvorteile, die sich von den Umlegungsvorteilen ohne weiteres trennen lassen, nicht mit abgeschöpft werden können, gibt es eine solche Unterscheidung bei den Ausgleichsbeträgen des Städtebauförderungsgesetzes nicht.

Die Höhe der Ausgleichsbeträge ist abhängig von den durch die Sanierung bewirkten Werterhöhungen der Grundstücke. Die für jedes Einzelgrundstück zu ermittelnde Werterhöhung besteht aus dem Unterschied zwischen dem Wert, der sich für das Grundstück ergeben würde, wenn eine Sanierung weder beabsichtigt noch durchgeführt worden wäre, und dem Wert, der sich für das Grundstück durch die rechtliche und tatsächliche Neuordnung des Sanierungsgebietes ergibt (§ 41 Abs. 5 Satz 1). Die Werterhöhung ist also aus der Differenz von Neuwert und Altwert zu ermitteln.

§ 41 Abs. 4–9

Dabei ist die Bebauung nicht zu bewerten (§ 41, Abs. 5 Satz 2). Das bedeutet die Ermittlung der Werte des Grundstücks im jeweilig unbebauten Zustand. Andererseits sind Beeinträchtigungen des Bodenwerts, die sich aus der Bebauung ergeben, durch Abschlag vom Bodenwert zu berücksichtigen. Das kann dann der Fall sein, wenn auf einem nach Durchführung der Sanierung an sich sehr wertvollen Grundstück ein Gebäude aus denkmalpflegerischen Gründen erhalten bleibt, das den Bodenwert nicht zu rentieren vermag.

Sind bei der Sanierung die Grundstücksgrenzen verändert oder ist dem Eigentümer ein anderes Grundstück zugeteilt worden, so ist der Wertunterschied zwischen bisherigem und neuem Grundstück zu ermitteln (§ 41 Abs. 5 Satz 3). Eine Ermittlung der Werterhöhung entfällt jedoch, wenn der Beteiligte für sein bisheriges Grundstück eine Entschädigung erhalten und das neue Grundstück zum Verkehrswert erworben hat (entsprechend § 41 Abs. 7).

Gegen den Ausgleichsbetrag sind nach § 41 Abs. 6 vom Sanierungsbeteiligten bewirkte Aufwendungen aufzurechnen, und zwar im einzelnen:

Aufrechnung

▶ Werterhöhungen, die bereits in einer Umlegung (Umlegungswertausgleich nach § 57 BBauG) oder in einer Enteignung (Vorteilsausgleich nach § 93 Abs. 3 BBauG) berücksichtigt wurden;

▶ Werterhöhungen, die der Eigentümer – wie z. B. bei nach § 15 genehmigten wertsteigernden baulichen Verbesserungen – zulässigerweise bewirkt hat, soweit diese nicht bereits entsprechend § 23 Abs. 2 Satz 1 letzter Halbsatz im Altwert des Grundstücks enthalten ist;

▶ Kosten der Ordnungsmaßnahmen, die dem Sanierungsbeteiligten entstanden sind, z. B. Kosten der Freimachung und des Abbruchs von Gebäuden, um das Grundstück dadurch erneut baureif zu machen.

Neben den beteiligten Grundstückseigentümern haben unter gewissen Voraussetzungen nach § 42 auch „Veranlasser" Ausgleichsbeträge zu entrichten. Beruhen die städtebaulichen Mißstände im Sinne des § 3 Abs. 3 Nr. 1 nicht nur unwesentlich auf Einwirkungen, die von einem Betrieb auf das Sanierungsgebiet ausgehen und gewinnt dieser Betrieb aus der Durchführung der Sanierung einen Vorteil, so kann die Gemeinde den Betrieb in Höhe des Vorteils zu einem Ausgleichsbetrag heranziehen. Dabei kann es sich um einen Betrieb innerhalb oder auch außerhalb des Sanierungsgebietes handeln. Ein Gebiet kann den allgemeinen Anforderungen an gesunde Wohn- und Arbeitsverhältnisse oder an die Sicherheit der in ihm wohnenden oder arbeitenden Menschen nicht entsprechen, weil von einem Betrieb Lärm, Rauch, Abgase, Staub ausgehen. Bei der Durchführung einer Sanierung kann ein solcher Betrieb Vorteile haben. So kann der Abbruch von Wohnhäusern in der unmittelbaren Nähe eines Betriebs dem Betrieb in Zukunft erhebliche Aufwendungen für Emissionsschutz ersparen, vielleicht wird durch eine derartige Maßnahme sogar eine Betriebsverlage-

§ 42 Veranlasser

rung unnötig gemacht. Liegt der Betrieb außerhalb des Sanierungsgebietes, so kann ihn die Gemeinde in Höhe des vollen Vorteils zu einem Ausgleichsbetrag heranziehen. Liegt der Betrieb im Sanierungsgebiet, so darf ein Ausgleichsbetrag vom Veranlasser nach § 42 Abs. 2 nur insoweit erhoben werden, als der Vorteil die durch die Sanierung bedingte Werterhöhung der Grundstücke übersteigt. Damit soll vermieden werden, daß für ein und denselben Vorteil sowohl nach § 41 wie nach § 42 Ausgleichsbeträge erhoben werden.

Verzicht auf Ausgleichsbeträge

Bei vor Inkrafttreten des Gesetzes schon begonnenen Sanierungen kann die Gemeinde im Einzelfall von der Erhebung von Ausgleichsbeträgen nach § 41 ganz oder teilweise absehen, wenn dies zur Vermeidung unbilliger Härten geboten ist. Im Ausschußbericht (zu BT-Drucksache VI/2204 zu § 34 S. 30) sind Beispiele angeführt: wenn ein Eigentümer mit der Gemeinde schon einen Vertrag über die Durchführung bestimmter Sanierungsmaßnahmen geschlossen hat, oder wenn der Eigentümer seinen Neubau schon in bestimmter Weise finanziert und die sich daraus ergebende Miete gewählt hat, so können das Umstände sein, die zu einem Verzicht auf die Ausgleichsbeträge führen. Der Grundgedanke ist der, daß die Eigentümer durch die Neuerungen des Gesetzes nicht in Schwierigkeiten geraten sollen, wenn sie bisher schon bereit waren, an einer Sanierung mitzuwirken.

Den Gemeinden kann ein Gebrauchmachen von dieser Übergangsregel nicht empfohlen werden, insbesondere dann, wenn noch weitere Sanierungsvorhaben in Angriff genommen werden müssen. Würde in dem schon laufenden Verfahren auf die Ausgleichsbeträge verzichtet, so würde es sehr schwierig werden, sie im nächsten Verfahren beizutreiben. Zumindest sind Überlegungen über eine Gleichbehandlung aller Sanierungsfälle notwendig.

Späte Fälligkeit
S 117
S 118

Wie groß die praktische Bedeutung der Erhebung der Ausgleichsbeträge sein wird, läßt sich noch kaum voraussagen. Die Gemeinden müssen eines deutlich sehen: Die Ausgleichsbeträge stehen nicht etwa als Barmittel zur Durchführung der Sanierung zur Verfügung. Nach § 41 Abs. 6 ist der Ausgleichsbetrag erst nach Abschluß der Sanierung zu entrichten. Vorauszahlungen können zwar gefordert werden, jedoch erst dann, wenn das Grundstück schon entsprechend den Festsetzungen des Bebauungsplans genutzt wird. Zum Teil sind die Ausgleichsbeträge in Tilgungsdarlehen umzuwandeln.

Die Lage ist vergleichbar der Erhebung von Erschließungsbeiträgen. Sie werden erst fällig, wenn die Erschließungsanlagen hergestellt sind. Zu Beginn der Sanierung kann also nicht die Rede davon sein, daß, soweit Ausgleichsbeträge erhoben werden können, keine Kosten entstünden. Die Kosten entstehen und müssen bezahlt werden. Die Ausgleichsbeträge werden erst zu einem so späten Zeitpunkt, möglicherweise erst nach langen Prozessen, tatsächlich eingezogen werden können, daß sie durch Zinsverluste ihren Wert weitgehend eingebüßt haben werden. Eine Sanierung läßt sich deshalb nicht auf der Erhebung von Ausgleichsleistungen aufbauen.

S 13.41

6.6 Laufende Aufwendungen und Erträge

In der Wirtschaftlichkeitsberechnung sind nach den Kosten und dem Finanzierungsplan die laufenden Aufwendungen und Erträge auszuweisen.

Kapitalkosten

Die laufenden Aufwendungen setzen sich aus den Kapitalkosten und den Bewirtschaftungskosten zusammen. Kapitalkosten sind namentlich die Zinsen und Verwaltungskostenbeiträge für die im Finanzierungsplan ausgewiesenen Fremdfinanzierungsmittel und die Zinsen des Eigenkapitals. Die Kapitalkosten für die Fremdfinanzierungsmittel sind mit den tatsächlich anfallenden Beträgen anzusetzen, die Zinsen für das Eigenkapital bis zur Höhe des marktüblichen Zinssatzes für I. Hypotheken. Werden jedoch öffentliche Mittel oder Sanierungsförderungsmittel als Baudarlehen beansprucht, so dürfen die Eigenleistungen des Bauherrn bis zu 15 % der Gesamtkosten nur mit 4 % verzinslich und erst darüber hinausgehende Beträge mit dem für I. Hypotheken marktüblichen Zinssatz angesetzt werden (§ 45 Abs. 5 in Verbindung mit §§ 42, 88b 2. WoBauG, § 8a Abs. 1 WoBindG 1965).

Tilgungsbeträge dürfen in die Wirtschaftlichkeitsberechnung grundsätzlich nicht einbezogen werden. Im Rahmen der Bewirtschaftungskosten sind dafür 1 % der Baukosten als Abschreibungssatz einzusetzen, soweit nicht besondere Umstände eine Überschreitung rechtfertigen (vgl. § 25 II. BV).

Bewirtschaftungskosten

Zu den Bewirtschaftungskosten zählen ferner die Verwaltungskosten (§ 26 II. BV), die Betriebskosten (§ 27 II. BV), die Instandhaltungskosten (§ 28 II. BV) und bei

Mietwohnungen das Mietausfallwagnis, das in der Regel mit höchstens 2 % der Erträge (§ 29 II. BV) angesetzt werden darf.

Erträge sind nach der Definition in § 31 II. BV die Einnahmen aus Miete, Pacht und Vergütungen, die bei ordentlicher Bewirtschaftung nachhaltig erzielt werden können. Zulässige Umlagen und Zuschläge bleiben als Ertrag unberücksichtigt. Als Ertrag gilt auch der Miet- und Nutzungswert von Räumen oder Flächen, die vom Eigentümer selbst benutzt werden oder aufgrund eines anderen Rechtsverhältnisses als Miete oder Pacht überlassen sind.

Erträge

Im öffentlich geförderten Wohnungsbau wird die Miethöhe aufgrund der landesrechtlichen Wohnungsbau-Förderungsbestimmungen von der Bewilligungsstelle festgelegt. Dasselbe trifft zu, wenn Sanierungsförderungsmittel beim Neubau von Wohnungen zu öffentlichen Mitteln bestimmt werden. Dabei muß der Bauherr, der solche Mittel in Anspruch nehmen will, vielfach auf eine volle Verzinsung seiner Eigenleistungen verzichten, weil die nach den Wohnungsbauförderungsrichtlinien zulässige Miete eine Verzinsung in der an sich gesetzlich gestatteten Höhe nicht zuläßt. Anders verhält es sich, wenn die Sanierungsförderungsmittel nicht als öffentliche Mittel eingesetzt werden. Dann kann der Bauherr bei der Vermietung die Kostenmiete verlangen, das heißt die Miete, die zur Deckung aller Finanzierungs- und Bewirtschaftungskosten einschließlich einer angemessenen Eigenkapitalverzinsung erforderlich ist.

6.7 Beurteilung der Wirtschaftlichkeit

Die Wirtschaftlichkeit eines Bauvorhabens kann daran gemessen werden, ob und in welcher Höhe eine Verzinsung der Eigenmittel des Bauherrn möglich ist. Zu diesem Zweck werden die Aufwendungen für Fremdkapitalkosten und Bewirtschaftungskosten den erzielbaren bzw. zulässigen Erträgen gegenübergestellt. Der Überschuß dient der Verzinsung des Eigenkapitals. Wird keine ausreichende Verzinsung erzielt, so ist die Maßnahme unwirtschaftlich; es müssen entweder Kosten reduziert (z. B. die Grundstücke sind mit einem zu hohen Wert in die Wirtschaftlichkeitsberechnung eingegangen) oder zusätzliche Sanierungsförderungsmittel eingesetzt werden.

Insbesondere in Ballungsgebieten kann zum Zeitpunkt der Erstellung der Gebäude die Marktmiete hinter der Kostenmiete zurückbleiben. Der private Bauherr rechnet aber im allgemeinen damit, daß die Marktmiete schnell die auf den Erstellungszeitpunkt bezogene Kostenmiete übersteigen wird und verzichtet deshalb häufig auf eine sofortige Verzinsung seines Eigenkapitals. Die Gemeinde dagegen darf bei einer von ihr durchzuführenden Sanierung nicht mit einer zeitweiligen Unterverzinsung rechnen. Sie kann auch einen Verzicht des Eigentümers nicht unterstellen, viel weniger verlangen. Dasselbe gilt bei der Einschaltung von Immobilienfonds, die ihre Anteilscheine nur dann absetzen können, wenn die Verzinsung von Anfang an gesichert ist. Diese Rentierlichkeit von Anfang an bedeutet für den Eigentümer oder Zertifikatinhaber bei freien, ständig steigenden Mieten auf die Dauer erhöhten Gewinn. Dieser erhöht sich zusätzlich noch, sobald die Fremdmittel getilgt sind und die dafür anfallenden Annuitäten wegfallen.

Gelegentlich werden sich aber beide Betrachtungsweisen vereinen und dadurch rechnerisch unwirtschaftliche Sanierungsvorhaben realisieren lassen. So kann es z. B. zweckmäßig sein, die rechnerisch unwirtschaftlichen und von den Alteigentümern nicht beanspruchten Flächen zum Marktpreis an Dritte zu veräußern. Liegt dieser Marktpreis wie beispielsweise bei den obersten Wohnungen eines Hochhauses über den tatsächlichen anteiligen Kosten, so kann die Differenz dazu verwendet werden, die Kosten der übrigen Raumeinheiten zu senken und die dadurch wirtschaftlich gewordenen Raumeinheiten den Alteigentümern zuzuteilen. Dieses Bewertungsverfahren, bei dem die Gesamtkosten entsprechend der Marktlage aufgeteilt werden, ist zulässig und wird von der unternehmerischen Wohnungswirtschaft bei der Veräußerung von Wohnungs- und Teileigentum seit vielen Jahren praktiziert.

6.8 Beispiel einer Wirtschaftlichkeitsberechnung

Im folgenden Beispiel ist eine vergleichende Wirtschaftlichkeitsberechnung für ein in Aussicht genommenes Sanierungsgebiet wiedergegeben. Der Vergleich bezieht sich auf zwei verschiedene Neuordnungskonzepte A und B, denen verschiedene technische Lösungen zugrunde liegen, bei denen die vorgesehene Art der Nutzung unterschiedlich ist. Sie führen deshalb auch wirtschaftlich und finanziell zu unterschiedlichen Ergebnissen.

Unrentierliche Kosten

Diese Berechnung dient in erster Linie dazu, festzustellen, ob bei der Sanierung unrentierliche Kosten entstehen, die durch Zuschüsse der öffentlichen Hand abgedeckt werden müssen, oder ob die Sanierung nicht von den Eigentümern — vielleicht mit Hilfe eines Trägers — vom Finanziellen her gesehen allein durchgeführt werden kann. Es handelt sich damit um eine Wirtschaftlichkeitsberechnung, wie sie der Eigentümer eines bebauten Grundstücks aufstellen muß, wenn er den Abbruch seines Gebäudes und eine Neubebauung überlegt und wenn er hierfür keine öffentlichen Finanzierungshilfen in Anspruch nimmt. Es wird deshalb zunächst untersucht, welche Mieten bei voller Rentierlichkeit erzielt werden müßten (Kostenmiete). Sodann wird geprüft, welche Mieten am Markt tatsächlich erzielbar sind. Bleiben die Marktmieten hinter den Kostenmieten zurück, so entstehen unrentierliche Kosten.

In die Kosten werden deshalb zunächst auch die gesamten Kosten der Ordnungsmaßnahmen aufgenommen. Bei den Grundstückskosten sind nicht die Neuwerte des Grund und Bodens, sondern die Altwerte der Grundstücke einschließlich des Werts der aufstehenden Gebäude angesetzt. Die Neuwerte der Grundstücke spielen erst dann eine Rolle, wenn sie zur Ermittlung der Ausgleichsbeträge benötigt werden.

Bei dieser Art von Wirtschaftlichkeitsberechnung wird die Wirtschaftlichkeit verschiedener Neuordnungskonzepte nicht von vornherein durch öffentliche Finanzierungshilfen beeinflußt. Diese Betrachtungsweise ermöglicht es sowohl der Gemeinde wie den Sanierungsbeteiligten, die Entscheidung, ob saniert werden kann oder nicht bzw. welches Neuordnungskonzept verwirklicht werden kann, mit von der Wirtschaftlichkeit des Neuordnungskonzepts abhängig zu machen. Erst wenn die Wirtschaftlichkeit des Sanierungsvorhabens klar geworden ist, wird man sich im Rahmen der Finanzierungsüberlegungen damit beschäftigen müssen, welche öffentlichen Mittel gegebenenfalls zur Abdeckung der unrentierlichen Kosten bereitgestellt werden müssen.

Dazu muß noch eine weitere Wirtschaftlichkeitsberechnung auf der Basis des Städtebauförderungsgesetzes erarbeitet werden. In dieser sind, insbesondere auf der Kostenseite, die Neuwerte der Grundstücke anzusetzen; für die Finanzierungsseite

Ausgleichsbeträge sind die Ausgleichsbeträge zu ermitteln und einzusetzen.

Das Beispiel:

	Neuordnungskonzept A	Neuordnungskonzept B
Angaben zum Sanierungsgebiet		
Grundstücksgröße insgesamt (Nettobauland)	22 400 qm	22 400 qm
zulässige und realisierbare Geschoßflächenzahl (GFZ)	2,0	2,0
realisierbare Geschoßfläche	44 800 qm	44 800 qm
realisierbare Nutzfläche		
Ladenflächen	11 800 qm	20 600 qm
Büroflächen	3 000 qm	4 500 qm
Wohnflächen	19 500 qm	9 000 qm
Lagerflächen	5 200 qm	9 000 qm
Nutzfläche insgesamt	39 500 qm	43 100 qm
erforderliche Stellplätze (80 % im UG, 20 % im Freien)	660	740
Kosten		
Grundstückskosten		
Bodenwerte (alt)	6 300 000 DM	6 300 000 DM
Gebäudewerte (alt)	6 600 000 DM	6 600 000 DM
Abbruch und Freimachung	1 500 000 DM	1 500 000 DM
Grundstückskosten ingesamt	14 400 000 DM	14 400 000 DM
Reine Baukosten	42 600 000 DM	50 560 000 DM
Außenanlagen	1 700 000 DM	4 140 000 DM
Baunebenkosten einschließlich Betreuungskosten	14 000 000 DM	15 400 000 DM
	72 700 000 DM	84 500 000 DM

	Neuordnungskonzept A	Neuordnungskonzept B
Finanzierung		
Kapitalmarktmittel (50 % der Kosten, Zins: 8 %)	36 350 000 DM	42 250 000 DM
Eigenmittel (50 % der Kosten, Zins: 6 %)	36 350 000 DM	42 250 000 DM
	72 700 000 DM	84 500 000 DM
Laufende Aufwendungen		
Kapitalkosten		
Kapitalmarktmittel (8 %)	2 908 000 DM	3 380 000 DM
Eigenmittel (6 %)	2 181 000 DM	2 535 000 DM
Bewirtschaftungskosten		
Abschreibung (1 % aus den Baukosten)	583 000 DM	701 000 DM
Verwaltungskosten (2,– DM/qm NFl)	79 000 DM	86 000 DM
Betriebskosten		
(4,– DM/qm NFl bei Neuordnungskonzept A)	158 000 DM	—
(6,– DM/qm NFl bei Neuordnungskonzept B)	—	259 000 DM
Instandhaltungskosten (4,– DM/qm NFl)	158 000 DM	172 000 DM
Stellplätze (50,– DM/St)	33 000 DM	37 000 DM
Mietausfallwagnis (2 % der Erträge)	100 000 DM	140 000 DM
Laufende Aufwendungen insgesamt	6 200 000 DM	7 310 000 DM
Erträge		
Monatliche Marktmieten für		
Büroflächen (8,– DM/qm NFl)	24 000 DM	36 000 DM
Wohnflächen (6,– DM/qm NFl)	117 000 DM	54 000 DM
Lagerflächen (4,– DM/qm NFl)	20 800 DM	36 000 DM
Stellplätze (60,– DM/St)	39 600 DM	44 400 DM
Monatsmiete ohne Ladenflächen	201 400 DM	170 400 DM
Jahresmiete ohne Ladenflächen	2 416 800 DM	2 044 800 DM
Dann ergeben sich bei voller Rentierlichkeit folgende erforderliche Mieten für Ladenflächen	26,72 DM/qm	21,30 DM/qm
Monatliche Marktmieten für		
Ladenflächen (20,– DM/qm NFl)	236 000 DM	412 000 DM
Büroflächen (8,– DM/qm NFl)	24 000 DM	36 000 DM
Wohnungen (6,– DM/qm NFl)	117 000 DM	54 000 DM
Lagerflächen (4,– DM/qm NFl)	20 800 DM	36 000 DM
Stellplätze (60,– DM/St)	39 600 DM	44 400 DM
Monatsmiete (insgesamt)	437 400 DM	582 400 DM
Jahresmiete	5 248 800 DM	6 988 800 DM
Wirtschaftlichkeit		
Aufwendungen	6 200 000 DM	7 310 000 DM
Erträge	5 248 800 DM	6 988 800 DM
Fehlbetrag	951 200 DM	321 200 DM
kapitalisiert mit 8 % (= unrentierliche Kosten)	11 890 000 DM	4 015 000 DM

Anmerkungen:
▶ Beim Neuordnungskonzept B ist eine intensivere gewerbliche Nutzung vorgesehen, die eine günstigere Wirtschaftlichkeit ergibt.
In diesem Beispiel läßt sich die intensivere Ladennutzung angesichts der kleinparzelligen Grundstücksstruktur nur erreichen durch eine Gemeinschaftslösung mit Eigentumsformen wie Raumeigentum (Wohnungs-, Teileigentum) oder Immobilienfonds. Bei der Entscheidung, welches Neuordnungskonzept gewählt werden soll, sind unter anderem die günstigere Wirtschaftlichkeit und der „Verzicht" auf Alleineigentum an Einzelparzellen gegeneinander abzuwägen.

▶ Der Errechnung der Baukosten kann bei einer solchen überschlägigen Rechnung ein Erfahrungssatz pro qm Nutzfläche oder pro cbm umbauten Raums zugrunde gelegt werden.
▶ Die Finanzierung wurde schematisiert. Als Zinssatz für die Eigenmittel wurde von 6 % ausgegangen; bei der Beantragung von Wohnungsbauförderungsmitteln wäre § 20 II. BV zu beachten.
▶ Die Bewirtschaftungskosten sind beim Neuordnungskonzept B höher, weil mehr Aufzüge, Rolltreppen und Rollsteige und ähnliches vorgesehen sind.

7. Entscheidung: Sanierung erforderlich und möglich

7.1 Voraussetzungen für die Entscheidung

Die Entscheidung darüber, ob eine Sanierung nicht nur erforderlich, sondern auch möglich ist, wird vom Gesetzgeber mit den §§ 1 Abs. 2, 3 Abs. 1 und 4 Abs. 1 verlangt. Sie ist wegen ihrer Bedeutung mit größter Vorsicht zu treffen: muß später doch noch festgestellt werden, daß die Sanierung nicht durchführbar ist, wird der Schaden sowohl für viele Eigentümer, Mieter und Pächter wie für Träger und Gemeinden beträchtlich sein. Viel Vertrauen geht verloren und hohe unnütze Kosten entstehen. Sorgfältig erarbeitete Neuordnungskonzepte, für Laien leicht verständlich dargestellt,

S 16
S 14
S 15

sind ebenso unabdingbare Voraussetzung dieser Entscheidung, wie die Erörterung der Neuordnungskonzepte mit den Beteiligten, die Stellungnahme der Träger öffentlicher Belange und gegebenenfalls die Stellungnahme der oberen Flurbereinigungsbehörde, denn diese Erörterungen und Stellungnahmen dienen der Kontrolle auf Zweckmäßigkeit und Realisierbarkeit.

S 14

7.2 Beteiligung der Träger öffentlicher Belange

§ 4 Abs. 4

Nach der ausdrücklichen Bestimmung des § 4 Abs. 4 soll die Gemeinde möglichst frühzeitig die Träger öffentlicher Belange beteiligen. Diese Regelung betont noch stärker als § 2 Abs. 5 BBauG die Notwendigkeit, früh Kontakt aufzunehmen. Die Nichtberücksichtigung berechtigter Forderungen von Trägern öffentlicher Belange kann zur Rechtsungültigkeit des der Sanierung zugrundeliegenden Bebauungsplans führen, wenn die Nichtberücksichtigung eine Verletzung der Leitsätze des § 1 Abs. 4 und 5 BBauG darstellt. Die vorbereitenden Untersuchungen sind daher ohne enge Fühlungnahme mit den Trägern öffentlicher Belange möglicherweise ohne Wert.

Es wird zweckmäßig sein, daß die Gemeinde nach dem Beschluß, die vorbereitenden Untersuchungen zu beginnen, die im Einzelfall zu beteiligenden Träger öffentlicher Belange ausdrücklich benachrichtigt. Die Träger öffentlicher Belange sind dabei aufzufordern, Aufschluß über von ihnen beabsichtigte oder bereits eingeleitete Maßnahmen zu geben, die für die Sanierung bedeutsam sein können; sie sind zur Mitteilung über derartige Maßnahmen verpflichtet, auch über die Änderung ihrer Absichten. § 2 setzt ausdrücklich fest, daß der Bund einschließlich seiner Sondervermögen, die Länder und die sonstigen Körperschaften, Anstalten und Stiftungen des öffentlichen Rechts im Rahmen der ihnen obliegenden Aufgaben die Gemeinden bei der Durchführung von Sanierungsmaßnahmen unterstützen sollen. Diese Bestimmung ist — teilweise entsprechend — zweifellos auch für die Träger öffentlicher Belange anzuwenden.

§ 2

Für diese bedeutet das, daß bei einer Interessenabwägung und bei Zweifelsfällen die Durchführung einer Sanierung vorrangig zu berücksichtigen ist. Auch die Aufsichtsbehörden haben insoweit von der Vorrangigkeit von Absichten und Maßnahmen nach diesem Gesetz auszugehen.

Der Kreis der Träger öffentlicher Belange, deren Interessen durch die Sanierungsmaßnahme berührt sein können, ist in jedem Einzelfall zu bestimmen. Insbesondere ist im Hinblick auf § 10 Abs. 1 das zuständige Amt für die Denkmalpflege, im Hinblick auf den Sozialplan die damit zu befassenden Stellen und wegen §§ 64 ff. die Flurbereinigungsbehörde zu beteiligen. Besonders wichtig ist es, die Zustimmung der in § 12 Abs. 2 genannten Bedarfsträger einzuholen.

S 15

Auswertung

Die insoweit gewonnenen Informationen prüft die Gemeinde im Blick auf die festgestellten Sanierungskriterien; insbesondere ist zu untersuchen, ob etwa Festlegungen und Maßnahmen der beteiligten Träger öffentlicher Belange einzelne Sanierungskriterien begründen, oder sonst ungestörte Entwicklungen behindern; darüberhinaus ist zu prüfen, welchen Einfluß Absichten und Ziele der Träger öffentlicher

Belange auf Absichten und Ziele für das Sanierungsgebiet haben und schließlich, ob und inwieweit geplante oder zusätzliche Maßnahmen der Träger öffentlicher Belange die Durchführung der Maßnahmen nach diesem Gesetz besonders fördern können.

Aus der Beteiligung der Träger öffentlicher Belange ergeben sich Bindungen für die Sanierung. Diese müssen im Rahmen der vorbereitenden Untersuchungen möglichst eindeutig erhoben, ausgehandelt und fixiert werden.

7.3 Mitwirkung der Beteiligten und der Öffentlichkeit am Sanierungsprozeß

7.31 Vorbemerkungen

S 16, 26, 36
§§ 4, 8, 9
Information

Bei der städtebaulichen Planung besteht ein wachsendes Bedürfnis der Öffentlichkeit nach Information und kritischer wie konstruktiver Mitwirkung. Andererseits ist aber auch Resignation der Öffentlichkeit, insbesondere der von der Planung nachteilig Betroffenen, zu beobachten. Da eine Sanierungsmaßnahme für alle Beteiligten einschneidende Konsequenzen mit sich bringt, ist es erforderlich, daß der Austausch von Informationen sowie die Zusammenarbeit zwischen den verantwortlichen Gremien und der Öffentlichkeit verbessert wird. Dies gilt umso mehr, als es immer schwerer wird, bei steigender Komplexität der Probleme, Planungsprozesse transparent zu gestalten. Der Gesetzgeber hat dem mit der Schaffung der Vorschriften über eine weitergehende Beteiligung der Betroffenen an Sanierungsmaßnahmen Rechnung getragen: Die Gemeinde ist verpflichtet, die Betroffenen aktiv zu beteiligen.

Diese Beteiligung sollte jedoch über den Kreis der direkt Betroffenen hinausreichen; denn eine Demokratisierung des Sanierungsprozesses kann nur durch die Artikulation der Interessen und die Mitwirkung aller Beteiligten sowie der Öffentlichkeit erreicht werden. In diesem Zusammenhang ist deutlich zu sehen, daß das Ziel der Sanierung, der Sanierungszweck, im Interesse der Allgemeinheit liegen muß, daß jedoch übereinstimmend formulierte Interessen der Betroffenen mit den Zielen der Allgemeinheit durchaus nicht immer übereinstimmen müssen bzw. gleichzusetzen sind.

Mitwirkung der Beteiligten und Sozialplanung sind in engem Zusammenhang zu sehen. Dies gilt besonders für jene Betroffenen, die den auf sie zukommenden Problemen ratlos und hilflos gegenüberstehen.

7.32 Beteiligte – Gesetzliche Regelung

Die rechtlichen Grundlagen für eine Beteiligung der Öffentlichkeit an Sanierungsverfahren sind die §§ 1 Abs. 4; 4 Abs. 1 und 2; 8 Abs. 2 und 9 Abs. 1.

Rechtsgrundlage

Die Regelung in § 4 Abs. 1 und 2 bezieht sich auf die Phase vor der förmlichen Festlegung des Sanierungsgebietes. Für die Gemeinde ergibt sich daraus die Verpflichtung, im Zuge vorbereitender Untersuchungen über die Gespräche bei der Bestandsaufnahme hinaus weitergehende Kontakte zu den Eigentümern, Mietern, Pächtern und anderen Nutzungsberechtigten im Untersuchungsgebiet aufzunehmen. Ziel der Kontaktaufnahme ist, die Mitwirkungsbereitschaft und -möglichkeit, die Einstellung zur Sanierung, die Vorschläge und Zielvorstellungen zu erfassen und zu erörtern. Diese Erörterungen sollen sich auch auf mögliche nachteilige Auswirkungen für die Betroffenen, auf die Vermeidung oder Milderung dieser Auswirkungen (Grundsätze des Sozialplans) beziehen.

S 16

Personen oder Gruppen können bereits während der Phase der Problemfindung aktiv werden und diese Aktivität über die gesamte Dauer des Sanierungsverfahrens beibehalten. Die dauernde Mitwirkung der Beteiligten (Ausschüsse, offene Arbeitskreise) entspricht den Vorstellungen des Gesetzes und kommt in § 8 Abs. 2 zum Ausdruck.

Die gesetzlichen Bestimmungen der §§ 8 Abs. 2 und 9 Abs. 2 beziehen sich auf die Phasen nach der förmlichen Festlegung. Eine derartig strikte Zuordnung zu einem bestimmten Zeitpunkt läßt sich jedoch nicht einhalten. Die Erörterungen der beabsichtigten Neugestaltung des Sanierungsgebietes (§ 9 Abs. 1) müssen bereits in der Planungsphase einsetzen.

Nach § 9 Abs. 1 soll neben den Eigentümern, Mietern, Pächtern und anderen Nutzungsberechtigten auch den im Sanierungsgebiet Arbeitenden Gelegenheit gegeben werden, sich zur Neugestaltung zu äußern. Das kann beispielsweise durch Beteiligung der Arbeitnehmervertreter (Betriebs- und Personalräte) der im Sanierungsgebiet gelegenen Betriebe geschehen.

7.33 Mittelbar Betroffene, Öffentlichkeit

Mittelbar Betroffene Aus den einzelnen im Gesetz angesprochenen Kriterien (Verfügungsgewalt über Eigentum, Nutzungsrechte, Arbeitstätigkeit im Sanierungsgebiet) lassen sich verschiedene Interessenlagen ableiten, doch sind damit nicht alle Interessenlagen und damit Gruppen erfaßt, die von einem Sanierungsverfahren tangiert werden. Es kommen beispielsweise hinzu

▶ nicht im Sanierungsgebiet wohnende oder arbeitende Nutzer öffentlicher oder privater Einrichtungen (z. B. Freizeiteinrichtungen, Geschäfte, Arztpraxen) im Sanierungsgebiet;
▶ Bewohner umliegender Gebiete;
▶ Gewerbetreibende in umliegenden Gebieten;
▶ zukünftige Bewohner und Gewerbetreibende des Sanierungsgebietes (soweit sie bereits als solche bekannt sind).

Eine genaue Abgrenzung dieser „mittelbar betroffenen" Gruppen ist im Gesetz nicht erfolgt, sie werden im Gesetz nicht erwähnt. Sie sind jedoch ein Teil der Öffentlichkeit — die gesamte Bevölkerung einer Stadt bildet die Öffentlichkeit, die das Sanierungsverfahren tragen sollte —, die spezifische Interessen artikulieren kann.

Eine Sanierung kann nur erfolgreich durchgeführt werden, wenn alle Betroffenen an Planung und Durchführung beteiligt werden. Die Mitbeteiligung an der Problemfindung und -definition, sowie der Zielfindung und der Entwicklung alternativer Programme und Pläne, ist dabei besonders wichtig, kooperative Zusammenarbeit mit der Verwaltung oder den Trägern ist anzustreben, auch im Blick auf das methodische Konzept der Sanierung sowie auf den Zeitstufenplan.

Planung und Durchführung sind so keine vorwiegend verwaltungsinternen Vorgänge, deren Ergebnisse einer nicht informierten Öffentlichkeit „zur Kenntnisnahme" vorgelegt werden, sondern transparente und kontrollierbare Prozesse.

Umfassende Information über alle die Sanierung betreffenden Fragen ist die Voraussetzung für das Erkennen der Probleme und das Entwickeln von Vorstellungen über die Sanierungsziele. Umfassende Information muß alle Vor- und Nachteile für die Beteiligten deutlich werden lassen. Nur auf diese Weise kann jeder Beteiligte erkennen, wie weit er betroffen ist. Inhalt der Information sollte auch die Aufklärung über die rechtliche Lage und über mögliche Rechtsbehelfe sein.

Durch die Information allein können sich noch keine echten Wechselbeziehungen zwischen Beteiligten, Öffentlichkeit und Verwaltung entwickeln. Sie können erst entstehen, wenn aufgrund der Information eine Diskussionsphase einsetzen kann, die in Kooperation bei der Planung einmündet.

Um allen qualitativen Anforderungen genügen zu können, die im Rahmen der allgemeinen Mitwirkung am Sanierungsprozeß gestellt werden, müssen bestimmte Mindestvoraussetzungen erfüllt sein. Die Betroffenen und die Öffentlichkeit müssen in der Lage sein, die spezielle Problem- und Interessenlage sowie das allgemeine Interesse zu erkennen und zu artikulieren. Um die Tragweite der Sanierung abzuschätzen, sowie um Zielvorstellungen entwickeln zu können, müssen Informationen beschafft und analysiert werden können. Die Bereitschaft und Fähigkeit zur Kooperation basiert auf einem allgemeinen Lernprozeß, dessen Ziel die Stärkung des politischen Bewußtseins ganz allgemein ist.

Lernprozeß

Die Verwaltung darf Planung nicht mehr nur im Hinblick auf eine möglichst schnelle Erreichung selbst formulierter Planungsziele sehen. Transparenz des Planungsprozesses und Bereitschaft zur Kooperation erfordern darüberhinaus eine Lösung von hierarchischen Organisationsstrukturen und eine erhöhte Flexibilität der Verwaltung.

Flexibilität

7.34 Probleme der Mitwirkung der Öffentlichkeit

Voraussetzung für die qualifizierte Mitwirkung ist auch die Organisation der Beteiligten. Um ihren Vorstellungen größeren Nachdruck zu verleihen, und um damit die Chance für die Beachtung ihrer Interessen und Ziele zu vergrößern, müssen sich die an der Sanierung Beteiligten schon frühzeitig zu Interessengruppen organisieren. Erfahrungen aus bisher durchgeführten Sanierungsmaßnahmen haben gezeigt, daß nicht alle Teile der Betroffenen diese Voraussetzungen in gleicher Weise erfüllen können. Gerade die wirtschaftlich Schwachen sind eine sehr heterogene Gruppe (z. B. Kleinrentner, Kleingewerbetreibende, Großfamilien, Ausländer). Sie sind vielfach von den Auswirkungen der Sanierung besonders hart, oft sogar existenzbedro-

7.33 Mittelbar Betroffene, Öffentlichkeit

Mittelbar Betroffene

Aus den einzelnen im Gesetz angesprochenen Kriterien (Verfügungsgewalt über Eigentum, Nutzungsrechte, Arbeitstätigkeit im Sanierungsgebiet) lassen sich verschiedene Interessenlagen ableiten, doch sind damit nicht alle Interessenlagen und damit Gruppen erfaßt, die von einem Sanierungsverfahren tangiert werden. Es kommen beispielsweise hinzu

▶ nicht im Sanierungsgebiet wohnende oder arbeitende Nutzer öffentlicher oder privater Einrichtungen (z. B. Freizeiteinrichtungen, Geschäfte, Arztpraxen) im Sanierungsgebiet;
▶ Bewohner umliegender Gebiete;
▶ Gewerbetreibende in umliegenden Gebieten;
▶ zukünftige Bewohner und Gewerbetreibende des Sanierungsgebietes (soweit sie bereits als solche bekannt sind).

Eine genaue Abgrenzung dieser „mittelbar betroffenen" Gruppen ist im Gesetz nicht erfolgt, sie werden im Gesetz nicht erwähnt. Sie sind jedoch ein Teil der Öffentlichkeit – die gesamte Bevölkerung einer Stadt bildet die Öffentlichkeit, die das Sanierungsverfahren tragen sollte –, die spezifische Interessen artikulieren kann.

Eine Sanierung kann nur erfolgreich durchgeführt werden, wenn alle Betroffenen an Planung und Durchführung beteiligt werden. Die Mitbeteiligung an der Problemfindung und -definition, sowie der Zielfindung und der Entwicklung alternativer Programme und Pläne, ist dabei besonders wichtig, kooperative Zusammenarbeit mit der Verwaltung oder den Trägern ist anzustreben, auch im Blick auf das methodische Konzept der Sanierung sowie auf den Zeitstufenplan.

Planung und Durchführung sind so keine vorwiegend verwaltungsinternen Vorgänge, deren Ergebnisse einer nicht informierten Öffentlichkeit „zur Kenntnisnahme" vorgelegt werden, sondern transparente und kontrollierbare Prozesse.

Umfassende Information über alle die Sanierung betreffenden Fragen ist die Voraussetzung für das Erkennen der Probleme und das Entwickeln von Vorstellungen über die Sanierungsziele. Umfassende Information muß alle Vor- und Nachteile für die Beteiligten deutlich werden lassen. Nur auf diese Weise kann jeder Beteiligte erkennen, wie weit er betroffen ist. Inhalt der Information sollte auch die Aufklärung über die rechtliche Lage und über mögliche Rechtsbehelfe sein.

Durch die Information allein können sich noch keine echten Wechselbeziehungen zwischen Beteiligten, Öffentlichkeit und Verwaltung entwickeln. Sie können erst entstehen, wenn aufgrund der Information eine Diskussionsphase einsetzen kann, die in Kooperation bei der Planung einmündet.

Um allen qualitativen Anforderungen genügen zu können, die im Rahmen der allgemeinen Mitwirkung am Sanierungsprozeß gestellt werden, müssen bestimmte Mindestvoraussetzungen erfüllt sein. Die Betroffenen und die Öffentlichkeit müssen in der Lage sein, die spezielle Problem- und Interessenlage sowie das allgemeine Interesse zu erkennen und zu artikulieren. Um die Tragweite der Sanierung abzuschätzen, sowie um Zielvorstellungen entwickeln zu können, müssen Informationen beschafft und analysiert werden können. Die Bereitschaft und Fähigkeit zur Kooperation basiert auf einem allgemeinen Lernprozeß, dessen Ziel die Stärkung des politischen Bewußtseins ganz allgemein ist.

Lernprozeß

Die Verwaltung darf Planung nicht mehr nur im Hinblick auf eine möglichst schnelle Erreichung selbst formulierter Planungsziele sehen. Transparenz des Planungsprozesses und Bereitschaft zur Kooperation erfordern darüberhinaus eine Lösung von hierarchischen Organisationsstrukturen und eine erhöhte Flexibilität der Verwaltung.

Flexibilität

7.34 Probleme der Mitwirkung der Öffentlichkeit

Voraussetzung für die qualifizierte Mitwirkung ist auch die Organisation der Beteiligten. Um ihren Vorstellungen größeren Nachdruck zu verleihen, und um damit die Chance für die Beachtung ihrer Interessen und Ziele zu vergrößern, müssen sich die an der Sanierung Beteiligten schon frühzeitig zu Interessengruppen organisieren. Erfahrungen aus bisher durchgeführten Sanierungsmaßnahmen haben gezeigt, daß nicht alle Teile der Betroffenen diese Voraussetzungen in gleicher Weise erfüllen können. Gerade die wirtschaftlich Schwachen sind eine sehr heterogene Gruppe (z. B. Kleinrentner, Kleingewerbetreibende, Großfamilien, Ausländer). Sie sind vielfach von den Auswirkungen der Sanierung besonders hart, oft sogar existenzbedro-

Belange auf Absichten und Ziele für das Sanierungsgebiet haben und schließlich, ob und inwieweit geplante oder zusätzliche Maßnahmen der Träger öffentlicher Belange die Durchführung der Maßnahmen nach diesem Gesetz besonders fördern können.

Aus der Beteiligung der Träger öffentlicher Belange ergeben sich Bindungen für die Sanierung. Diese müssen im Rahmen der vorbereitenden Untersuchungen möglichst eindeutig erhoben, ausgehandelt und fixiert werden.

7.3 Mitwirkung der Beteiligten und der Öffentlichkeit am Sanierungsprozeß

7.31 Vorbemerkungen

S 16, 26, 36
§§ 4, 8, 9
Information

Bei der städtebaulichen Planung besteht ein wachsendes Bedürfnis der Öffentlichkeit nach Information und kritischer wie konstruktiver Mitwirkung. Andererseits ist aber auch Resignation der Öffentlichkeit, insbesondere der von der Planung nachteilig Betroffenen, zu beobachten. Da eine Sanierungsmaßnahme für alle Beteiligten einschneidende Konsequenzen mit sich bringt, ist es erforderlich, daß der Austausch von Informationen sowie die Zusammenarbeit zwischen den verantwortlichen Gremien und der Öffentlichkeit verbessert wird. Dies gilt umso mehr, als es immer schwerer wird, bei steigender Komplexität der Probleme, Planungsprozesse transparent zu gestalten. Der Gesetzgeber hat dem mit der Schaffung der Vorschriften über eine weitergehende Beteiligung der Betroffenen an Sanierungsmaßnahmen Rechnung getragen: Die Gemeinde ist verpflichtet, die Betroffenen aktiv zu beteiligen.

Diese Beteiligung sollte jedoch über den Kreis der direkt Betroffenen hinausreichen; denn eine Demokratisierung des Sanierungsprozesses kann nur durch die Artikulation der Interessen und die Mitwirkung aller Beteiligten sowie der Öffentlichkeit erreicht werden. In diesem Zusammenhang ist deutlich zu sehen, daß das Ziel der Sanierung, der Sanierungszweck, im Interesse der Allgemeinheit liegen muß, daß jedoch übereinstimmend formulierte Interessen der Betroffenen mit den Zielen der Allgemeinheit durchaus nicht immer übereinstimmen müssen bzw. gleichzusetzen sind.

Mitwirkung der Beteiligten und Sozialplanung sind in engem Zusammenhang zu sehen. Dies gilt besonders für jene Betroffenen, die den auf sie zukommenden Problemen ratlos und hilflos gegenüberstehen.

7.32 Beteiligte — Gesetzliche Regelung

Die rechtlichen Grundlagen für eine Beteiligung der Öffentlichkeit an Sanierungsverfahren sind die §§ 1 Abs. 4; 4 Abs. 1 und 2; 8 Abs. 2 und 9 Abs. 1.

Rechtsgrundlage

Die Regelung in § 4 Abs. 1 und 2 bezieht sich auf die Phase vor der förmlichen Festlegung des Sanierungsgebietes. Für die Gemeinde ergibt sich daraus die Verpflichtung, im Zuge vorbereitender Untersuchungen über die Gespräche bei der Bestandsaufnahme hinaus weitergehende Kontakte zu den Eigentümern, Mietern, Pächtern und anderen Nutzungsberechtigten im Untersuchungsgebiet aufzunehmen. Ziel der Kontaktaufnahme ist, die Mitwirkungsbereitschaft und -möglichkeit, die Einstellung zur Sanierung, die Vorschläge und Zielvorstellungen zu erfassen und zu erörtern. Diese Erörterungen sollen sich auch auf mögliche nachteilige Auswirkungen für die Betroffenen, auf die Vermeidung oder Milderung dieser Auswirkungen (Grundsätze des Sozialplans) beziehen.

S 16

Personen oder Gruppen können bereits während der Phase der Problemfindung aktiv werden und diese Aktivität über die gesamte Dauer des Sanierungsverfahrens beibehalten. Die dauernde Mitwirkung der Beteiligten (Ausschüsse, offene Arbeitskreise) entspricht den Vorstellungen des Gesetzes und kommt in § 8 Abs. 2 zum Ausdruck.

Die gesetzlichen Bestimmungen der §§ 8 Abs. 2 und 9 Abs. 2 beziehen sich auf die Phasen nach der förmlichen Festlegung. Eine derartig strikte Zuordnung zu einem bestimmten Zeitpunkt läßt sich jedoch nicht einhalten. Die Erörterungen der beabsichtigten Neugestaltung des Sanierungsgebietes (§ 9 Abs. 1) müssen bereits in der Planungsphase einsetzen.

Nach § 9 Abs. 1 soll neben den Eigentümern, Mietern, Pächtern und anderen Nutzungsberechtigten auch den im Sanierungsgebiet Arbeitenden Gelegenheit gegeben werden, sich zur Neugestaltung zu äußern. Das kann beispielsweise durch Beteiligung der Arbeitnehmervertreter (Betriebs- und Personalräte) der im Sanierungsgebiet gelegenen Betriebe geschehen.

hend, betroffen, andererseits jedoch oft nicht fähig, sich aus eigener Kraft gegen die Bedrohung ihrer Existenz zu wehren. So können Informationen über eine geplante Sanierungsmaßnahme in ihrem Wohngebiet eher Resignation als Mitwirkungsbereitschaft hervorrufen. Es ist Aufgabe der Gemeinde, im Rahmen der Sozialplanung bzw. der Gemeinwesenarbeit, auch diese Gruppen in die Lage zu versetzen, sich aktiv und konstruktiv an der Sanierungsmaßnahme zu beteiligen.

Nicht auszuschließen ist die Gefahr, daß bei den Diskussionen „Debattierklubs" entstehen und ein konkretes Ergebnis nicht erreicht wird. Das droht vor allem dann, wenn die Beteiligten und die Öffentlichkeit zu spät in den Sanierungsprozeß einbezogen wurden, also zu spät und unzureichend informiert worden sind, wenn sie ihre Mitwirkungsmöglichkeit nicht erkennen und wenn einzelne Beteiligte an der Handlungsunfähigkeit des Gremiums oder der Verwaltung interessiert sind. Die Öffentlichkeit darf nicht das Gefühl haben, daß sie nur mithelfen soll, fremde Ideen und Interessen durchzusetzen und nachträglich zu legitimieren. Transparente Planungsprozesse werden zu Anfang länger dauern als die bisherige Planung. Sie erfordert auch einen höheren Personalaufwand bei der Gemeinde bzw. beim Träger. In einer kürzeren Realisierungsphase dürfte dieser anfängliche Mehraufwand jedoch ausgeglichen werden.

7.35 Methoden

Verschiedene Methoden der Beteiligung der Öffentlichkeit bieten sich an. Bürgerversammlungen und ständige Bürgerforen, Informations- und Beratungsstellen sind denkbar. Letztere werden auch im Rahmen der Sozialplanung gebraucht. Auch an eine ständige Ausstellung, die den einzelnen Bürgern die Fortschritte in der Planung des gesamten Sanierungsprozesses verdeutlicht, wäre zu denken.

Ferner könnte das Interesse der Öffentlichkeit durch Planspiele geweckt werden. Dadurch verliert die Planung an Abstraktion und wird durchsichtiger. Eine laufende Information kann durch unregelmäßig erscheinende Informationsblätter erfolgen.

Möglich ist auch, einen außerhalb der Verwaltung stehenden, unparteiischen Treuhänder-„Anwalt" zur Vertretung der Interessen sonst nicht organisierter Gruppen einzusetzen (in den USA „Advocacy Planning"). Insbesondere als Gesprächspartner für die Sanierungsberatungsstelle, sicher aber auch für den Kontakt zu den Sanierungsträgern sind in der Verwaltung Arbeitsgruppen zu bilden, in denen die an der Sanierung beteiligten Stellen, gegebenenfalls auch der Träger, vertreten sind. Die Effizienz solcher Arbeitsgruppen hängt entscheidend davon ab, ob bzw. in welchem Umfang ihnen Entscheidungsbefugnisse übertragen werden. **Advocacy Planning**

7.36 Finanzielle Konsequenzen

Eine breite Beteiligung der Öffentlichkeit verursacht der Gemeinde erhebliche sachliche und personelle Kosten. Es wird sich häufig die Frage stellen, wie weit die Gemeinden diese Kosten aufbringen können. **Kosten**

Nach der gesetzlichen Regelung handelt es sich bei diesen Kosten um Kosten der Vorbereitung der Ordnungsmaßnahmen, so daß nach §§ 39, 40 der Einsatz von Sanierungsförderungsmitteln möglich ist. **§§ 39, 40**

7.4 Entscheidung über die Durchführbarkeit

Die Entscheidung über die Durchführbarkeit einer Sanierung muß die Gemeinde fällen. Die Beteiligten sollten hierzu ausdrücklich gehört werden. Wie schon angeführt, müssen sie dazu, da sie ja in den meisten Fällen keine Fachleute sind, in die Lage versetzt werden, ihre Entscheidung objektiv und in voller Erkenntnis der Sachlage zu treffen. Im Einzelfall kann es vorkommen, daß die vorliegenden Unterlagen für die Entscheidung nicht ausreichen, diese werden dann nachzuerheben sein und neu vorgelegt werden (Rückkoppelung). Muß festgestellt werden, daß die Sanierung nicht möglich ist, endet das Verfahren. Es entsteht damit, wie schon bei den vorbereitenden Untersuchungen die Frage, wer die Kosten zu tragen hat. Wird aber festgestellt, daß die Durchführung der Sanierung möglich ist, muß der Auftrag zu vorbereitenden Untersuchungen erteilt werden. **S 17**

S 18

8. Vorbereitende Planung

Sinn der vorbereitenden Planung ist es, ein detailliertes und realisierbares Programm für die Sanierung zu erarbeiten.

Dazu ist z. B. die zweckmäßige Relation von Wohnen und Einkaufen zu suchen oder zu überlegen, ob ein Gemeinschaftswarenhaus gebaut oder ein Warenhauskonzern zur Mitarbeit gewonnen werden soll.

Zusammenarbeit mit den Beteiligten

Nur in Zusammenarbeit von zukünftigen Nutzern und Gemeinde kann — in einem Optimierungsverfahren in der Regel aus mehreren Möglichkeiten ausgewählt — das am besten geeignete Programm erarbeitet werden.

Erst wenn das endgültige Programm nach detaillierten Absprachen mit allen Beteiligten sinnvoll aufgestellt ist, kann der Planungsauftrag erteilt werden.

8.1 Erarbeitung von Programmalternativen mit Realisierungsmodellen

S 19 Vorbereitende Untersuchungen und Neuordnungskonzepte, vor allem aber die Diskussion über die Neuordnungskonzepte geben in der Regel schon relativ genaue Hinweise für das Programm zur Erfüllung von Sanierungsziel und Sanierungszweck. Um aber ein optimales Programm zu erhalten, empfiehlt es sich auch hier wieder, auf der Basis des diskutierten und formulierten Sanierungszwecks Programmalternativen zu entwickeln, sie auf ihre Qualität und Realisierbarkeit zu prüfen, sie bewertbar zu machen, zur Diskussion zu stellen, ungeeignete Programme auszuscheiden, die verbleibenden weiter zu verfeinern und schließlich zur Auswahl vorzulegen.

Wenn man weiß, wie schwierig oft die wirtschaftliche Lage der Beteiligten und wie ungewiß die Finanzierung auch mit öffentlichen Mitteln ist, wird klar, wie sorgfältig und genau die Programme und die zugehörigen Realisierungsmodelle ausgearbeitet werden müssen. Die auch vom Gesetzgeber nachdrücklich unterstützte Forderung, Vorstellungen der Beteiligten im Rahmen des Sanierungszwecks zu berücksichtigen, verlangt die Mitsprache, womöglich auch Mitentscheidung und Mitbindung der Beteiligten. Soll z. B. auf Wunsch eines Eigentümers ein Betrieb, etwa ein Hotel, errichtet werden und sollen die Vorstellungen des Eigentümers — da mit dem Sanierungszweck vereinbar — in die Planung einfließen, dann ist in Form eines Vorvertrags sicherzustellen, wie weit der Eigentümer das Risiko trägt und das Hotel in der gewünschten Lage, Form usw. übernehmen muß, wie weit er die Gemeinde oder den Träger absichert für den Fall, daß das Hotel nicht gebaut wird.

8.2 Vorbereitung der Entscheidung

S 20 Voraussetzung der Auswahl eines Programmes aus mehreren Alternativen ist, daß die Programme gegenüber dem Sanierungszweck und untereinander abwägbar dargestellt und die zugehörigen Realisierungsmodelle sorgfältig erarbeitet werden. In der Praxis werden dabei häufig nicht mehrere Programmalternativen zur Planungsreife bearbeitet werden, sondern es wird sich aus zunächst mehreren noch ungenauen

endgültiges Programm

Programmskizzen — bei fortlaufenden Diskussionen, Verhandlungen und Bewertungen in Zusammenarbeit mit den Beteiligten — im Zuge der Ausarbeitung der Programme immer mehr ein optimales Programm herauskristallisieren, das schließlich

S 21 über den Planungsauftrag zur Ausführung bestimmt wird. Gelegentlich werden aber durchaus auch ausgearbeitete Alternativprogramme vorzulegen sein, oder es wird auch die Entscheidung für ein Programm ohne zugeordnete Planung nicht möglich sein. Dann müssen für die zu diskutierenden Programme Planungen begonnen werden; die Entscheidung für ein Programm wird erst bei vergleichender Wertung der aus den Programmen entwickelten Pläne fallen.

9. Planung

Auftrag der Planung ist es, auf der Grundlage des ausgewählten Programmes Planalternativen zu entwickeln, und daraus nach und nach — wiederum in einem Optimierungsverfahren — die Planung zu entwickeln, die zur Ausführung kommen soll.

9.1 Erarbeitung von Planalternativen

S 22 Die Erarbeitung mehrerer alternativer Entwürfe hat den Vorteil, verschiedene Ausführungsmöglichkeiten zu zeigen und vergrößert die Chance, die wirklich zweckmäßigste und erreichbare Planung herauszufinden, sofern sowohl die Qualität der Entwürfe, als auch die Möglichkeiten und Schwierigkeiten bei der Realisierung vergleichbar sind.

9.2 Auswahl des Entwurfs

Wenn in einem Programm alle Voraussetzungen für die eigentliche Planung geschaffen sind, ist zur Erlangung des optimalen Entwurfes oft ein Wettbewerb zu empfehlen. Der Erfolg eines derartigen Wettbewerbes ist weitgehend abhängig von der Qualität der Ausschreibung, insbesondere von der Klarheit der Programmstellung. Für Ausarbeitung und Auswahl der Planung gilt dasselbe, was schon für die Ausarbeitung und Auswahl der Programme galt. Die Gemeinde ist gut beraten, sich für die Erarbeitung und die Auswahl der Planalternativen qualifizierter Berater zu bedienen. Es müssen durchaus nicht sofort neue beratende Ausschüsse gebildet werden, oft ist es ausreichend, drei bis fünf qualifizierte Fachleute um ein gemeinsames Gutachten für den Gemeinderat/Stadtrat zu bitten. Die Meinung der Interessierten, des Verbandes der Beteiligten, der Träger öffentlicher Belange, die Äußerungen der Ämter selbst zu den einzelnen Plänen sowie das Votum erfahrener Fachleute, geben der Gemeinde für ihre Entscheidung, wie etwa der Sanierungszweck erreicht werden soll, ausreichende Information.

S 23

Wettbewerb

V. Förmliche Festlegung

1. Voraussetzungen

S 25

Nach § 3 Abs. 1 hat die Gemeinde, wenn sie Sanierungsmaßnahmen nach dem Städtebauförderungsgesetz durchführen will, das Gebiet, in dem die städtebaulichen Mißstände behoben werden sollen, durch Beschluß förmlich als Sanierungsgebiet festzulegen. Bevor aber die Sanierungsabsichten einer Gemeinde diese konkrete Gestalt annehmen können, müssen verschiedene Voraussetzungen erfüllt sein. Die förmliche Festlegung muß als Versprechen der Gemeinde aufgefaßt werden, daß die Sanierung zügig durchgeführt und abgeschlossen wird. Beachtlich ist auch die finanzielle Verpflichtung, die die Gemeinde mit der förmlichen Festlegung übernimmt. Das gilt auch bei der Umstellung schon laufender Verfahren auf das Recht des Städtebauförderungsgesetzes.

1.1 Vorbereitung der Sanierung

Vorbereitende Untersuchungen
§ 4

In den Abschnitten III und IV wurde dargestellt, welchen Umfang die vorbereitenden Untersuchungen und die vorbereitenden Planungen wohl haben müssen, damit begründet entschieden werden kann, ob eine Sanierung notwendig und durchführbar ist. Die durch § 4 vorgeschriebenen vorbereitenden Untersuchungen müssen abgeschlossen sein und die Stellungnahmen vorliegen, wenn das Sanierungsgebiet förmlich festgelegt werden soll. Die vorbereitenden Untersuchungen müssen ergeben haben, daß das Gebiet sanierungsbedürftig ist, daß also Mißstände im Sinne des § 3 vorliegen und daß die Sanierung auch möglich ist.

1.11 Vorbereitende Untersuchungen für laufende Verfahren

laufende Verfahren nach
Mittelbewilligung
§ 93 Abs. 1

Obwohl das Vorbereitungsstadium wohl der wichtigste Abschnitt aller Sanierungen ist (so auch Troidl in Bay. Bgm. 1970, 169), können für eine Übergangszeit die Gemeinden Sanierungsgebiete bei Vorliegen gewisser Voraussetzungen auch ohne vorbereitende Untersuchungen oder Stellungnahmen im Sinne des § 4 förmlich als Sanierungsgebiete festlegen. Nach § 93 Abs. 1 kann das innerhalb eines Jahres nach Inkrafttreten des Städtebauförderungsgesetzes (also bis zum 31. 7. 1972) dann geschehen, wenn der Bund oder das Land zur Durchführung einer Sanierung vor Inkrafttreten des Städtebauförderungsgesetzes der Gemeinde Förderungsmittel bewilligt haben.

Nach § 93 Abs. 1 Satz 2 kann allerdings die nach Landesrecht zuständige Behörde verlangen, daß Untersuchungen oder Stellungnahmen im Sinne des § 4 nachgeholt werden. Daraus ergibt sich, daß § 93 Abs. 1 selbst für laufende Sanierungsverfahren keinen Verzicht auf vorbereitende Untersuchungen ausspricht. Das Gesetz geht vielmehr davon aus, daß — wenn für die Durchführung eines Verfahrens schon Förderungsmittel bewilligt wurden — bereits vorher vorbereitende Untersuchungen durchgeführt worden sind, nur vielleicht anders, als das nach § 4 jetzt vorgesehen ist. § 93 Abs. 1 Satz 2 zeigt, daß die vorbereitenden Untersuchungen so vollständig sein müssen, daß das weitere Verfahren darauf aufgebaut werden kann.

Für laufende Sanierungsverfahren kann es zweckmäßig sein, durch schnelle förmliche Festlegung des Sanierungsgebietes die Regeln des Städtebauförderungsgesetzes für das Sanierungsgebiet anwendbar zu machen. § 93 Abs. 1 sieht vor, daß das ohne Zeitverlust durch weitere vorbereitende Untersuchungen möglich sein soll. Unabhängig davon, ob es von der nach Landesrecht zuständigen Behörde verlangt wird oder nicht, wird aber jede Gemeinde in einem solchen Falle gut daran tun zu überprüfen, ob ihre vorbereitenden Untersuchungen und Planungen, auch was die Stellungnahmen der Träger öffentlicher Belange angeht, vollständig sind.

laufende Verfahren vor
Mittelbewilligung
§ 93 Abs. 2

Für laufende Sanierungen, für die noch keine Förderungsmittel bewilligt wurden, kann nach § 93 Abs. 2 die nach Landesrecht zuständige Behörde zulassen, daß zur förmlichen Festlegung des Sanierungsgebietes innerhalb eines Jahres nach Inkrafttreten des Städtebauförderungsgesetzes auf vorbereitende Untersuchungen oder Stellungnahmen ganz oder teilweise verzichtet wird. § 93 Abs. 2 beruht auf dem Gedanken, daß — wenn eine Sanierung schon durchgeführt wird — auf jeden Fall vorbereitende Untersuchungen in einem gewissen Umfang stattgefunden haben und daß es nicht immer notwendig sein wird, die vorbereitenden Untersuchungen noch auf den Stand zu bringen, der nach § 4 vorgesehen ist, insbesondere, wenn das Sanierungsverfahren schon sehr weit fortgeschritten ist. Es gilt hier jedoch dasselbe wie im Falle des § 93 Abs. 1: Soll nach dem Städtebauförderungsgesetz weiter verfahren werden, so müssen die dafür nötigen Unterlagen, wenn sie nicht schon vorliegen, noch beschafft werden.

1.2 Die Abgrenzung des Sanierungsgebietes

Nach § 3 Abs. 1 Satz 2 ist das Sanierungsgebiet so zu begrenzen, daß sich die Sanierung zweckmäßig durchführen läßt. Einzelne Grundstücke, die von der Sanierung nicht betroffen werden, können aus dem Gebiet ganz oder teilweise ausgenommen werden. Mit diesen Regelungen über die Begrenzung des Sanierungsgebietes schließt das Städtebauförderungsgesetz an die Vorschriften des Bundesbaugesetzes über die Abgrenzung von Umlegungsgebieten (§ 52 BBauG) an. Maßgebend sind in beiden Fällen weitgehend gleiche Erwägungen.

Da sich aus der Begrenzung des Sanierungsgebietes ergibt, für welche Grundstücke und für welche Beteiligten das besondere rechtliche Instrumentarium des Städtebauförderungsgesetzes gilt, trifft dieser Beschluß nicht nur eine wesentliche planerische Vorentscheidung (vgl. Schmidt-Assmann aaO. S. 425), sondern hat auch erhebliche Rechtswirkungen. Das Gesetz enthält deshalb Bestimmungen darüber, wie das Gebiet abzugrenzen ist. Die Regeln dienen also dem Schutz der Beteiligten (vgl. dazu für die Abgrenzung von Umlegungsgebieten Brügelmann-Stahnke, BBauG, § 52 Anm. 1). Nach § 3 Abs. 1 muß für die Begrenzung des Sanierungsgebietes nicht nur feststehen, daß es städtebauliche Mißstände aufweist, deren Behebung durch Sanierungsmaßnahmen erforderlich ist, sondern auch, daß sich die Sanierung in der gewählten räumlichen Begrenzung zweckmäßig durchführen läßt.

Die Grenze des Sanierungsgebietes muß eindeutig festgelegt werden. Zweckmäßigerweise werden dazu Katasterunterlagen verwendet. Nur durch die Bezugnahme auf Katasterunterlagen können die in das Sanierungsgebiet einbezogenen Grundstücke eindeutig bestimmt werden. Auch das Grundbuch geht vom Liegenschaftskataster aus (§ 2 Abs. 2 GBO).

Um häufig berechtigte Widerstände der beteiligten Grundstückseigentümer zu vermeiden, sollte angestrebt werden, daß die Gebietsgrenze mit der Grenze der bestehenden Flurstücke und auch der Grundstücke übereinstimmt.

Es können allerdings auch Teile von Flurstücken und Grundstücken in das Verfahren einbezogen werden. Die Grundstücksteile müssen dann jedoch eindeutig bezeichnet werden, so daß kein Zweifel darüber auftaucht, welche Teile eines Grundstücks in das Sanierungsverfahren einbezogen sind und welche nicht. Dabei wird man davon ausgehen können, daß der förmlichen Festlegung nicht eine katastertechnische Teilung des Grundstücks vorausgehen muß. Ist z. B. durch einen Lageplan deutlich, welche Grundstücksteile innerhalb des Sanierungsgebietes liegen, so kann die Umfangsvermessung auch erst im Laufe des Verfahrens durchgeführt werden.

Bei der zweckmäßigen Abgrenzung des Sanierungsgebietes kommt es nicht darauf an, ob alle in das Verfahren einbezogenen Grundstücke städtebauliche Mißstände aufweisen. Zur zweckmäßigen Durchführung der Sanierung kann es notwendig sein, auch Grundstücke in das Sanierungsgebiet einzubeziehen, auf denen beispielsweise eine noch gesunde Bausubstanz vorhanden ist. Wichtig ist dann, ob diese Grundstücke zur Erreichung des Sanierungszweckes für das gesamte Gebiet benötigt werden, etwa weil sonst eine gemeinschaftliche Tiefgarage nicht zu verwirklichen wäre. (Vgl. auch den Ausschußbericht, zu BT-Drucksache VI/2204 zu § 3 S. 4.) Bei der Abgrenzung des Sanierungsgebietes handelt es sich um eine Zweckmäßigkeitsentscheidung der Gemeinde, die nach pflichtgemäßem Ermessen getroffen werden muß.

In das pflichtgemäße Ermessen der Gemeinde ist auch gestellt, ob nach § 3 Abs. 1 Satz 3 einzelne Grundstücke, die von der Sanierung nicht betroffen werden, aus dem Gebiet ganz oder teilweise ausgenommen werden. Während nach § 52 Abs. 2 BBauG die Herausnahme eines Grundstücks aus der Umlegung möglich ist, wenn dieses Grundstück die Durchführung der Umlegung erschwert oder wenn seine Grenzen durch die Umlegung nicht geändert werden sollen, geht § 3 Satz 3 von einem genaueren Kriterium aus: einzelne Grundstücke sind von der Sanierung dann nicht betroffen, wenn auf ihnen keinerlei Mißstände vorliegen und sie zur Neuordnung und Neubebauung des Gebietes nicht benötigt werden. Diese Voraussetzungen werden innerhalb eines Sanierungsgebietes nur selten vorliegen, allenfalls bei Grundstücken, die am Rande des Gebietes liegen.

Sind die vorbereitenden Untersuchungen mit der notwendigen Gründlichkeit betrieben und sind die Stellungnahmen nach sorgfältiger Überlegung abgegeben worden, dann ist die genaue Abgrenzung des Gebietes das unmittelbare Ergebnis der vorbereitenden Untersuchungen; es bleibt kein großer Spielraum für eine Änderung der Begrenzung, die während der Planungsphase als richtig erkannt wurde.

1.3 Realisierbarkeit

§ 5 Abs. 2   Nach § 5 Abs. 2 bedarf der Beschluß über die förmliche Festlegung des Sanierungsgebietes der Genehmigung der höheren Verwaltungsbehörde. Die Genehmigung ist u. a. dann zu versagen, wenn keine Aussicht besteht, die Sanierungsmaßnahmen innerhalb eines absehbaren Zeitraumes durchzuführen. Damit ist die Voraussetzung für das Ergehen eines Beschlusses über die förmliche Festlegung eines Sanierungsgebietes die Realisierbarkeit der Sanierung. Nur Maßnahmen, die Erfolg versprechen, sollen nach dem Städtebauförderungsgesetz in Angriff genommen werden. Die Anwendung der besonderen bodenrechtlichen Bestimmungen des Städtebauförderungsgesetzes ist nur dann gerechtfertigt, wenn sich das angestrebte Ziel innerhalb eines angemessenen Zeitraumes verwirklichen läßt.

1.31 Mangelnde Mitwirkungsbereitschaft der Beteiligten

Die Durchführung einer Sanierung kann daran scheitern, daß keiner der Beteiligten ernsthaft bereit ist, an der Sanierung mitzuwirken. An der Mitwirkungsbereitschaft fehlen kann es nicht nur bei den beteiligten Eigentümern, Mietern, Pächtern und anderen Nutzungsberechtigten, deren Einstellung zur Sanierung nach § 4 im Rahmen der Voruntersuchungen besonders festgestellt werden muß, sondern auch bei den Trägern öffentlicher Belange. Liegt etwa im vorgesehenen Sanierungsgebiet ein Grundstück, das Zwecken der Polizei dient, und hat die Polizei bei den Voruntersuchungen nach § 4 Abs. 2 erklärt, daß sie mit der Durchführung von Sanierungsmaßnahmen auf ihrem Grundstück aus beachtlichen Gründen nicht einverstanden sein kann (vgl. § 12 Abs. 2), dann wäre es unsinnig, zumindest für dieses Grundstück einen Beschluß über die förmliche Festlegung zu fassen. Liegen solche Widerstände von Bedarfsträgern vor oder mangelt es bei den beteiligten Grundstückseigentümern an jeder Mitwirkungsbereitschaft, so kann das ein Zeichen dafür sein, daß die vorbereitenden Untersuchungen noch nicht im notwendigen Umfange durchgeführt oder diskutiert wurden. Es empfiehlt sich, die Vorbereitungsphase möglicherweise unter starker Einschaltung der Beteiligten weiter auszudehnen.

1.32 Keine Finanzierungsmöglichkeit

Insbesondere dann, wenn eine vorhandene größere Bausubstanz beseitigt werden muß, fallen im Rahmen der Ordnungsmaßnahmen erhebliche Entschädigungen und Umsetzungskosten an. Ebenso ist der Aufwand für die Neubebauung hoch. Ohne die erforderlichen Mittel ist eine Sanierung nicht realisierbar. Aussicht, ein Sanierungsverfahren in absehbarer Zeit abzuschließen, besteht nur, wenn zu erkennen ist, daß die notwendigen Mittel im Laufe des Verfahrens beschafft werden können. Bei der Einleitung eines Verfahrens läßt sich das oft schon überblicken. So ist es denkbar, daß eine Gemeinde ein langfristiges Investitionsprogramm aufgestellt und darin auch Mittel für die Sanierung vorgesehen hat, oder auch, daß Bundes- oder Landeszuschüsse zugesagt wurden. Ebenso sind die Vermögensverhältnisse der Eigentümer im Sanierungsgebiet von Bedeutung.

Besteht keine Aussicht, das nötige Geld zu beschaffen, dann ist eine wesentliche Voraussetzung für die förmliche Festlegung eines Sanierungsgebietes nicht erfüllt.

2. Verfahren

2.1 Der Satzungsbeschluß

S 25.1
§ 5 Abs. 1   Der Beschluß der Gemeinde über die förmliche Festlegung des Sanierungsgebietes ergeht nach § 5 Abs. 1 Satz 1 als Satzung. In der Satzung ist das Sanierungsgebiet genau zu bezeichnen. Die im Sanierungsgebiet gelegenen Grundstücke sind einzeln aufzuführen (§ 5 Abs. 1 Satz 2 und 3). Mit dem Erfordernis der genauen Bezeichnung des Sanierungsgebietes und der einzelnen Aufführung der im Sanierungsgebiet

Inhalt   gelegenen Grundstücke schließt das Städtebauförderungsgesetz wieder an umlegungsrechtliche Bestimmungen des Bundesbaugesetzes an (vgl. § 47 Satz 2 und 3 BBauG).

Das Sanierungsgebiet muß in dem Satzungsbeschluß mit Worten so genau wie möglich umschrieben werden, wobei möglichst auf allgemein bekannte örtliche Bezeichnungen zurückgegriffen werden sollte, wie z. B. Straßen oder bestimmte Gebäude. Diese Beschreibung ist notwendig, weil die Eigentümer und vor allem die Mieter, Pächter und sonstigen Nutzungsberechtigten die Grundstücke in ihrer katastertechnischen Bezeichnung oft nicht kennen; sie erfahren nur durch eine solche allgemeine Beschreibung, ob auch ihr Grundstück in das Sanierungsgebiet mit einbezogen ist. Die Einzelaufführung der Grundstücke erfolgt zweckmäßigerweise durch Angabe der einzelnen Flurstücksnummern. Dabei ist darauf zu achten, daß der neueste, katastertechnische Stand zugrunde gelegt wird. Die Angabe unrichtiger Flurstücksnummern kann im weiteren Verfahren zu Schwierigkeiten führen.

Der Satzungsbeschluß ist schriftlich zu begründen. Dabei sind die Sanierungsgründe und der Sanierungszweck darzulegen. Angaben über die Abgrenzung des Gebietes und über die Durchführbarkeit der Gesamtmaßnahme sind erforderlich.

Die Grenzen des Umlegungsgebietes werden am besten auch in einem Lageplan dargestellt, der im Satzungsbeschluß genannt wird und der bei der Sanierungsstelle zur Einsicht durch jedermann aufgelegt wird. Nur so kann allen Zweifeln über die Begrenzung des Sanierungsgebietes bei den Beteiligten begegnet werden.

Lageplan

Der Gesetzgeber hat aus den gleichen Gründen wie im Bebauungsplanverfahren (§ 10 BBauG; vgl. dazu Brügelmann-Grauvogel, BBauG, § 10 Bem. I) auch den Beschluß über die förmliche Festlegung des Sanierungsgebietes als Satzung ausgestaltet. Der Beschluß ist damit Rechtsnorm und nicht Verwaltungsakt. Das hat Bedeutung für die Anfechtungsmöglichkeit und den Rechtsschutz der Beteiligten. Nur in einzelnen Bundesländern ist es möglich, mit einem Normenkontrollantrag (§ 47 VwGO) die Satzung anzugreifen. Das gilt für Baden-Württemberg, Bayern, Bremen, Hessen und Schleswig-Holstein. In den anderen Bundesländern gibt es keine Normenkontrollanträge.

Rechtsschutz

Ob das Urteil des OVG Berlin vom 8. 5. 1970 (BauR 1970, 219), in dem es heißt, das Fehlen der Normenkontrollklage in Berlin verletze die grundgesetzliche Rechtsschutzverbürgung, dazu führen wird, daß auch in den anderen Bundesländern das Normenkontrollverfahren eingeführt wird, bleibt noch abzuwarten. Damit ist freilich nicht, wie Maier (in „Der Haus- und Grundbesitzer" Nr. 6/1971, 8, 9) meint, der Rechtsschutz im Städtebauförderungsgesetz schwerwiegend eingeschränkt. Es ist zwar richtig, daß gegen die Satzung als Rechtsnorm in einigen Bundesländern zunächst keine Möglichkeit des Vorgehens besteht. Die Satzung kann jedoch bei der Anfechtung eines jeden Einzelaktes mitangefochten werden. Ständig wird inzidenter mitüberprüft werden, ob auch die Satzung rechtsgültig ist. Zweckmäßiger wäre es allerdings gewesen, den Beschluß über die förmliche Festlegung als Verwaltungsakt auszugestalten. Das hätte den Vorwurf einer unzulässigen Einschränkung des Rechtsschutzes im Städtebauförderungsgesetz erspart. Vor allem wäre dann der Beschluß über die förmliche Festlegung nach Erledigung der Widersprüche rechtskräftig geworden. Es ist zu befürchten, daß unter der mangelnden Rechtskraft des Beschlusses über die förmliche Festlegung und der ständigen Möglichkeit der Inzidenterüberprüfung das Verfahren leiden wird.

2.2 Genehmigung der Satzung

Nach § 5 Abs. 2 bedarf die Satzung der Genehmigung der höheren Verwaltungsbehörde. Dem Genehmigungsantrag ist ein Bericht über das Ergebnis der vorbereitenden Untersuchungen und über die Gründe, die eine förmliche Festlegung des Sanierungsgebietes rechtfertigen, beizufügen. Für die Genehmigung oder Versagung gelten die Vorschriften des § 6 Abs. 2 bis 4 BBauG. Danach ist die Genehmigung dann zu versagen, wenn die Satzung nicht ordnungsgemäß zustande gekommen ist, wenn also Verfahrensmängel vorliegen (wie z. B. die Mitwirkung eines befangenen Gemeinderats) oder wenn die Satzung anderen Rechtsvorschriften widerspricht. Damit ist die herkömmliche Rechtskontrolle der gemeindlichen Selbstverwaltung gemeint. § 5 Abs. 2 geht jedoch weiter. In Satz 4 ist bestimmt, daß die Genehmigung auch dann zu versagen ist, wenn keine Aussicht besteht, die Sanierung innerhalb eines absehbaren Zeitraums durchzuführen.

S 25.2
§ 5 Abs. 2

Die Genehmigungsbehörde muß also nicht nur nachprüfen, ob Formfehler vorliegen und ob die Gemeinde den Sachverhalt hinsichtlich der Sanierungsbedürftigkeit richtig gewürdigt hat. Die höhere Verwaltungsbehörde übt hier auch eine Zweck-

Zweckmäßigkeitskontrolle

mäßigkeitskontrolle aus. Ob eine Sanierungsmaßnahme innerhalb eines absehbaren Zeitraumes durchgeführt werden kann, ist keine Rechtsfrage. Auf die Mitwirkungsbereitschaft der Beteiligten, auf die Stellungnahmen der Bedarfsträger und vor allem auf die Frage der Finanzierung ist zu achten. Es wäre aber nicht richtig, wenn nur die Frage der Finanzierung geprüft würde. Mindestens ebenso bedeutungsvoll ist die Frage, ob Ersatzland zur Verfügung gestellt werden kann, und ob die Unterbringung der Bewohner des Gebietes, die ihre Räume im Zuge der Sanierung verlieren, nicht nur finanziell, sondern auch tatsächlich gesichert ist.

Die Frage der Durchführungsmöglichkeiten kann die höhere Verwaltungsbehörde nur auf Grund des Berichts über das Ergebnis der vorbereitenden Untersuchungen beurteilen. Mittelbar ist der höheren Verwaltungsbehörde damit die Befugnis eingeräumt, darüber zu bestimmen, ob die vorbereitenden Untersuchungen in genügendem Umfang durchgeführt wurden. Reichen die übersandten Unterlagen nicht aus, um die Realisierbarkeit der Sanierung zu beurteilen, so kann die höhere Verwaltungsbehörde die Satzung nicht genehmigen. Anstatt die Genehmigung zu versagen, wird die höhere Verwaltungsbehörde zweckmäßigerweise aber einen weiteren Bericht über die Fragen verlangen, die ihr noch klärungsbedürftig erscheinen. Unter Umständen bedeutet das eine Ausweitung der vorbereitenden Untersuchungen. In jedem Falle empfiehlt es sich für die Gemeinden, Kontakt mit der höheren Verwaltungsbehörde zu halten — dies um so mehr, wenn die höhere Verwaltungsbehörde auch bei der Entscheidung über die Gewährung von Förderungsmitteln mit eingeschaltet ist.

2.3 Bekanntmachung der Satzung

S 25.3
§ 5 Abs. 3
Die Satzung ist zusammen mit der Genehmigung in der Gemeinde ortsüblich bekanntzumachen, § 5 Abs. 3. Dabei ist auf einen Teil der eintretenden Rechtswirkungen, nämlich auf die Vorschriften der §§ 15, 17, 18 und 23 hinzuweisen. Mit der Bekanntmachung wird die Satzung rechtsverbindlich. § 5 Abs. 3 entspricht damit § 12 BBauG.

Im Laufe der Beratungen wurde vielfach gefordert, die Eigentümer und sonstigen Nutzungsberechtigten von der rechtsverbindlichen Satzung zu benachrichtigen. Der Ausschuß ist dieser Anregung nicht gefolgt. Beim Erlaß einer Rechtsnorm ist eine Einzelbenachrichtigung nicht üblich. Im übrigen haben alle Beteiligten schon durch die Voruntersuchungen Kenntnis davon, daß ihre Grundstücke in das Sanierungsgebiet einbezogen werden sollen (vgl. zu BT-Drucksache VI/2204 zu § 5 S. 6).

2.4 Änderung der Satzung

§ 5 Abs. 5
Nach § 5 Abs. 5 bedarf eine Änderung der Satzung über die förmliche Festlegung des Sanierungsgebietes, die nur eine geringfügige Änderung der Grenzen betrifft und der nur eine unwesentliche Bedeutung zukommt, keiner Genehmigung, wenn die Eigentümer der betroffenen Grundstücke zustimmen. Die Vorschrift dient der Verfahrensbeschleunigung. Daß hier allein auf die Eigentümer und nicht auch auf die sonstigen Nutzer des Gebiets abgestellt ist, ist vertretbar, weil der Kreis der Nutzer sich ständig ändern kann. Jede Änderung der Satzung über die förmliche Festlegung — selbst wenn es sich um eine geringfügige Änderung handelt und wenn ihr nur unwesentliche Bedeutung zukommt — ist jedoch wieder in Satzungsform zu beschließen.

2.5 Sanierungsvermerk im Grundbuch

S 34
§ 5 Abs. 4
Nach § 5 Abs. 4 teilt die Gemeinde dem Grundbuchamt die rechtsverbindliche Satzung über die förmliche Festlegung des Sanierungsgebietes mit. Das Grundbuchamt hat in die Grundbücher der in der Satzung aufgeführten Grundstücke einzutragen, daß eine Sanierung durchgeführt wird. Der Sanierungsvermerk hat in erster Linie die Bedeutung, daß bei jeder Eintragung im Grundbuch geprüft wird, ob sich aus den Vorschriften des Städtebauförderungsgesetzes ein Hindernis für die Eintragung ergibt (z. B. das Nichtvorliegen einer Genehmigung nach § 15). Darüber hinaus dient der Sanierungsvermerk auch der Klarheit im Rechtsverkehr. Jeder, der ein Grundbuch einsieht, erhält so Kenntnis von der Tatsache der Sanierung. Durch den Sanierungs-

S 35
vermerk werden die Eigentümer der betroffenen Grundstücke noch einmal deutlich auf ihre Beteiligung am Sanierungsverfahren hingewiesen. Nach § 55 GBO benachrichtigt nämlich das Grundbuchamt die Eigentümer der Grundstücke, für die die Eintragung vorgenommen wird. Wer die Veröffentlichung des Satzungsbeschlusses übersehen haben sollte, wird dadurch auf die Sanierung nochmals hingewiesen. Wenn die Gemeinde mit den Beteiligten weiterverhandelt, kann sie davon ausgehen, daß zu-

mindest die Eigentümer durch den Sanierungsvermerk im Grundbuch vom Fortgang des Verfahrens unterrichtet sind.

3. Rechtswirkungen der förmlichen Festlegung

3.1 Auswirkungen auf andere Rechtsvorgänge
Mit der förmlichen Festlegung unterliegen die im Sanierungsgebiet gelegenen Grundstücke den besonderen Vorschriften, die für die Durchführung der Sanierung gelten. Der in den Ausschußberatungen als entbehrlich gestrichene § 6 Abs. 1 der Regierungsvorlage hatte dies ausdrücklich so formuliert. Überschneidungen mit anderen für Grundstücke geltenden Vorschriften sind denkbar; § 6 regelt vornehmlich solche Überschneidungen.

S 31
§ 6

3.11 Doppelgenehmigungen nach Städtebauförderungsgesetz und Grundstücksverkehrsgesetz
Die Regelung des § 6 Abs. 1 über die Anwendbarkeit der Vorschriften des Grundstücksverkehrsgesetzes entspricht den inhaltlich gleichlautenden §§ 4 Nr. 4 GrdstVG und 22 BBauG. Danach bedarf die Veräußerung land- und forstwirtschaftlicher Grundstücke nur dann der Genehmigung nach dem Grundstücksverkehrsgesetz, wenn es sich um die Veräußerung einer Wirtschaftsstelle oder eines Grundstücks handelt, das im Bebauungsplan nach § 9 Abs. 1 Nr. 10 BBauG als landwirtschaftliche Fläche festgesetzt ist. Die Vorschrift soll überflüssige Doppelgenehmigungen vermeiden; ihr liegt die Erwägung zugrunde, daß durch die Veräußerung landwirtschaftlicher Grundstücke innerhalb eines förmlich festgelegten Sanierungsgebietes agrarstrukturelle Belange nicht beeinträchtigt werden können. Nur bei den Wirtschaftsstellen und den nach § 9 Abs. 1 Nr. 10 BBauG festgesetzten landwirtschaftlichen Nutzflächen soll die Mitwirkung der Behörde gesichert sein, der die Überwachung des landwirtschaftlichen Bodenverkehrs obliegt. Damit sind Doppelgenehmigungen nach dem GrdstVG und dem StBauFG in diesen Fällen erforderlich. In den Fällen der zweiten Alternative (landwirtschaftliche Grundstücke im Bebauungsplan) wird die Vorschrift allerdings erst bedeutsam, wenn der Bebauungsplan nach § 12 BBauG rechtsverbindlich bekanntgemacht ist.

§ 6 Abs. 1

3.12 Doppelgenehmigungen nach Städtebauförderungsgesetz und Bundesbaugesetz
Zur Vermeidung von Doppelgenehmigungen sind auch die Vorschriften des Bundesbaugesetzes über den Bodenverkehr und über die Verfügungs- und Veränderungssperre im Umlegungsgebiet nicht anzuwenden. Unberührt bleibt die Vorschrift des § 18 über die vor der förmlichen Festlegung entstandenen Entschädigungsansprüche bei Veränderungssperren. Solche Ansprüche entstehen nur, wenn im Zeitpunkt der förmlichen Festlegung der Beginn der Veränderungssperre oder die erste Zurückstellung eines Baugesuches länger als vier Jahre zurückliegt. Eine sich als Veränderungssperre auswirkende Versagung einer Genehmigung nach § 15 Abs. 2 wird auf diese Frist nicht angerechnet. Im übrigen dient die Regelung lediglich der Klarstellung, da nach § 6 Abs. 4 mit der förmlichen Festlegung ohnehin eine bestehende Veränderungssperre außer Kraft tritt, ein Anspruch nach § 18 BBauG also nach der förmlichen Festlegung des Sanierungsgebietes nicht entstehen kann.

§ 6 Abs. 2

Entschädigungsansprüche wegen Veränderungssperre

3.13 Bindungswirkung der Bodenverkehrsgenehmigung
Als gesetzliche Fiktion bestimmt § 6 Abs. 3, daß im Hinblick auf die Bindungswirkung einer erteilten Bodenverkehrsgenehmigung die förmliche Festlegung des Sanierungsgebietes als eine Änderung der rechtlichen oder tatsächlichen Voraussetzungen anzusehen ist: mit der förmlichen Festlegung entfällt die Bindungswirkung kraft Gesetzes. Zu eigenartigen Ergebnissen führt aber die Entschädigungsregelung nach Absatz 3 Satz 2. Ähnlich wie bei der Veränderungssperre des § 14 BBauG bestimmt zwar § 15 Abs. 12, daß vor der förmlichen Festlegung des Sanierungsgebietes erteilte baurechtliche Genehmigungen unberührt bleiben. Dies gilt wie bei § 14 BBauG nur für förmliche Genehmigungen, nicht für Bauvorbescheide (wie z. B. nach § 91 LBO für Baden-Württemberg) und auch nicht für Bodenverkehrsgenehmigungen nach § 21 BBauG (vgl. Ernst-Zinkahn-Bielenberg, BBauG § 14 Rdn. 65 und 67, Schrödter, BBauG § 14 Rdn. 5). Deshalb hat eine Bodenverkehrsgenehmigung keine Bindungswirkung

§ 6 Abs. 3

Ablehnung wegen Erschwerung der Sanierung (§ 21 BBauG) gegenüber einer Entscheidung nach § 15 Abs. 2. Die Entschädigungsregelung nach § 6 Abs. 3 Satz 2 bezieht sich nur auf die Fälle, in denen trotz erteilter Bodenverkehrsgenehmigung eine Baugenehmigung versagt werden kann, weil sich die für die Beurteilung der planungsrechtlichen Zulässigkeit des mit der Bodenverkehrsgenehmigung bezweckten Vorgangs maßgebenden rechtlichen und tatsächlichen Verhältnisse verändert haben (§ 21 Abs. 1 i.V.m. § 20 Abs. 1 BBauG). Eine Gemeinde wird daher — um Entschädigungsansprüche zu vermeiden — einen Bauantrag nicht mit der Begründung ablehnen, die Bebauung widerspreche dem der Sanierung zugrunde liegenden Bebauungsplan oder der vorhandenen Bebauung, sondern mit der Begründung, es werde die Sanierung im Sinne des § 15 Abs. 3 erschwert. Würde man hingegen § 6 Abs. 3 Satz 2 auch dann anwenden, wenn eine Baugenehmigung aus den Gründen des § 15 Abs. 3 versagt worden ist, so würde das in den Fällen des vorherigen Erlasses einer Veränderungssperre im Sinne des § 14 BBauG zu untragbaren Ergebnissen führen: würde nämlich nach erteilter Bodenverkehrsgenehmigung und nach Erlaß einer Veränderungssperre ein Bauantrag abgelehnt, so müßte der Bauherr das entschädigungslos hinnehmen. Wird aber der Bauantrag wenige Tage später nach förmlicher Festlegung des Sanierungsgebietes abgelehnt, so müßte entschädigt werden. Eine solche ungleiche Behandlung gleichliegender Sachverhalte wäre rechtlich bedenklich.

3.14 Zurückgestellte Bauanträge

§ 6 Abs. 4 Die Regelung des § 6 Abs. 4, nach der eine Veränderungssperre außer Kraft tritt und ein Zurückstellungsbescheid mit der förmlichen Festlegung des Gebietes unwirksam wird, ist in ihrer praktischen Auswirkung hinsichtlich der Zurückstellungsbescheide wenig sinnvoll. Die Vorschrift wäre entbehrlich, da die §§ 14 und 15 BBauG nach Absatz 2 ohnehin nicht anwendbar sind. Nun führt sie aber dazu, daß die Baurechts**Verpflichtungsklage** behörden sofort nach förmlicher Festlegung des Sanierungsgebietes die zurückgestellten Bauanträge neu aufgreifen und die Entscheidung der Gemeinde nach § 15 herbeiführen müssen. Da die Verfahren von Amts wegen ohne weiteren Antrag des Bauherrn wieder aufzunehmen sind (vgl. Ernst-Zinkahn-Bielenberg, BBauG § 15 Rdn. 17), ist mit begründeten Verpflichtungsklagen zu rechnen, wenn die Behörde drei Monate untätig bleibt.

3.15 Bestandskraft in der Umlegung ergangener Entscheidungen

§ 6 Abs. 5 Die in den Ausschußberatungen eingefügte Regelung des § 6 Abs. 5 beruht auf der Überlegung, daß über die im Zeitpunkt der förmlichen Festlegung eingeleiteten Umlegungs- und Enteignungsverfahren zwar grundsätzlich nach den Vorschriften des StBauFG zu entscheiden ist, im Interesse des Rechtsfriedens aber vor der förmlichen Festlegung des Gebietes erlassene hoheitliche Akte Bestand haben sollen (vgl. zu BT-Drucksache VI/2204 zu § 6 S. 6). Ist ein Umlegungsplan aufgestellt worden — es ist nicht notwendig, daß er auch unanfechtbar geworden ist — so sollte es bei den im Umlegungsplan getroffenen Entscheidungen bleiben. Das gleiche gilt für eine Vorwegregelung nach § 76 BBauG. Die förmliche Festlegung soll nicht allein ein Grund dafür sein, das Umlegungsverfahren ganz neu unter Anwendung der Bestimmungen des StBauFG aufzurollen. Ist ein Umlegungsplan zwar aufgestellt, aber noch nicht rechtskräftig geworden, so kann es im Widerspruchsverfahren notwendig werden, den Plan noch zu ändern. Solche Änderungen sind ebensowenig ausgeschlossen wie Änderungen nach § 73 BBauG — etwa weil sich im Laufe des Sanierungsverfahrens der der Umlegung zu Grunde liegende Bebauungsplan ändert.

3.16 Bestandskraft in Enteignungsverfahren ergangener Entscheidungen

§ 6 Abs. 6 Auch Entscheidungen in Enteignungsverfahren haben nach § 6 Abs. 6 Bestandskraft. Daß die Vorschriften des Bundesbaugesetzes weiter anzuwenden sind, wenn vor der förmlichen Festlegung lediglich der Enteignungsbeschluß nach § 113 BBauG ergangen ist, führt nicht zu sachgerechten Ergebnissen. Obwohl die Begründung des Ausschußberichtes § 22 bei der Aufzählung der nicht anzuwendenden Vorschriften nicht erwähnt (vgl. zu BT-Drucksache VI/2204, zu § 6 S. 6: „§§ 16 und 23"), ist nach dem Wortlaut des Absatzes 6 auch die Anwendung dieser Bestimmung in einem bereits vor der förmlichen Festlegung des Sanierungsgebietes eingeleiteten Enteignungsverfahren ausgeschlossen. Die eine Enteignung erleichternden Vorschriften, z. B. die ge**StBauFG gilt nach Rücknahme** setzliche Fiktion des Vorliegens „zwingender städtebaulicher Gründe", sind nicht anzuwenden. Daher sind in einem nach der förmlichen Festlegung fortgeführten Enteignungsverfahren z. B. die „zwingenden städtebaulichen Gründe" im Sinne des § 88 BBauG im Einzelfall darzulegen und nachzuweisen. Die Gemeinde kann jedoch ihren Enteignungsantrag zurücknehmen und einen neuen Enteignungsantrag stellen, über den nach den Bestimmungen des Städtebauförderungsgesetzes zu entscheiden ist. Sie wird das insbesondere dann tun, wenn das im Hinblick auf den Sanierungszweck geboten erscheint.

3.17 Erschließungsbeiträge

Die Regelung des § 6 Abs. 7, nach der Erschließungsbeiträge nicht zu erheben sind, erleichtert zwar den Betroffenen die Durchführung einer Sanierungsmaßnahme, erhöht indes die von der öffentlichen Hand zu tragenden Kosten. Sie stellt den Grundstückseigentümer im Sanierungsgebiet besser als denjenigen in einem sonstigen Gebiet. Die Regelung ist dennoch sinnvoll, weil nach § 41 Abs. 4 der Grundstückseigentümer für die nach § 41 Abs. 1 von der Gemeinde zu tragenden Kosten der Ordnungsmaßnahmen einen Ausgleich in der Höhe des Wertzuwachses seines Grundstückes entrichten muß. Da zu den Ordnungsmaßnahmen auch die Neuerschließung gehört, wird sie vom Grundstückseigentümer anteilig mitbezahlt. Wegen dieser Sonderregelung sind die allgemeinen Vorschriften über die Erhebung von Erschließungsbeiträgen entbehrlich. Das Gesetz hat nicht nur die Erhebung von Erschließungsbeiträgen für die erstmalige Herstellung ausgeschlossen, sondern auch für Erweiterungen und Verbesserungen. § 6 Abs. 7 ändert die Regelung des § 128 Abs. 2 Satz 1 BBauG ab, wonach landesrechtliche Regelungen über Beiträge für Erweiterungen und Verbesserungen unberührt bleiben.

§ 6 Abs. 7

3.18 Berichtigung des Flächennutzungsplans

Um unerwünschte Bodenspekulationen und ungerechtfertigte Preisanstiege zu vermeiden — die Annahme Forsthoffs (Deutsche Wohnungswirtschaft 3/1971, S. 77) Sanierungsobjekte seien nur für einen Schleuderpreis zu veräußern, ist wenig real — sehen viele Gemeinden davon ab, die Sanierungsgebiete im Flächennutzungsplan nach § 5 Abs. 4 BBauG kenntlich zu machen. Nach der Regelung des § 6 Abs. 8 gilt der Flächennutzungsplan mit dem Beschluß über die förmliche Festlegung als ergänzt. Er ist also ohne weiteren Änderungsbeschluß von Amts wegen durch die Verwaltung zu berichtigen. Auf dem Original des Flächennutzungsplans ist zweckmäßigerweise ein Berichtigungsvermerk anzubringen, aus dem der Satzungsbeschluß über die förmliche Festlegung des Sanierungsgebietes hervorgeht. Der Berichtigungsvermerk sollte unterschrieben und mit dem Dienstsiegel versehen werden. Da hierdurch der Flächennutzungsplan nicht geändert wird, bedarf es auch keiner Genehmigung nach § 6 BBauG durch die höhere Verwaltungsbehörde. Im übrigen wäre die Genehmigung in der Genehmigung der Satzung über die förmliche Festlegung nach § 5 Abs. 2 Satz 1 zu sehen.

§ 6 Abs. 8

Berichtigung durch die Verwaltung

3.2 Genehmigungspflicht für Vorhaben und Rechtsvorgänge

Die Genehmigungspflicht des § 15 ist die wichtigste an die förmliche Festlegung anknüpfende Rechtswirkung. Um wirksam zu sein, hätte der Zeitpunkt der Genehmigungsbedürftigkeit vor den Zeitpunkt der förmlichen Festlegung vorverlegt werden müssen. Denn die — berechtigte — Vorschrift des § 4 Abs. 3, den Beginn der vorbereitenden Untersuchungen bekanntzumachen, ermöglicht Spekulationsgeschäfte. Öffentlichkeit der Planung setzt voraus, daß diese Öffentlichkeit auch vom Gesetzgeber gegen Mißbrauch abgesichert wird. Weder § 15 noch § 23 Abs. 4 sind hier ausreichende Schutzbestimmungen. Von einer Vorverlegung des Zeitpunktes der Genehmigungspflicht wurde wegen verfassungsrechtlicher Bedenken abgesehen (vgl. zu BT-Drucksache VI/2204 § 6 S. 10 und Forsthoff, Verfassungsrechtliche Prüfung der in § 12 des Entwurfs des Städtebauförderungsgesetzes vorgesehenen Eigentumsbeschränkungen, Deutsche Wohnungswirtschaft 3/1971, S. 76 ff.). Diese Bedenken werden nicht geteilt. Es ist hier nicht Raum, im einzelnen auf diese verfassungsrechtlichen Fragen näher einzugehen. Es sei aber der Hinweis gestattet, daß § 2 GrstVG für landwirtschaftliche und forstwirtschaftliche Grundstücke eine zeitlich nicht beschränkte Genehmigungspflicht enthält, während die Genehmigungspflicht des § 15 nur für die Dauer der Durchführung des Sanierungsverfahrens und hier auch nur während der relativ kurzen Zeitspanne zwischen förmlicher Festlegung und deren Aufhebung nach § 51 besteht.

S 23

§ 15

3.21 Genehmigung von Rechtsvorgängen

S 28
Kaufvertrag und dingliche Einigung
§ 15 Abs. 1 Nr. 1 und 3

Unter der „rechtsgeschäftlichen Veräußerung" im Sinne des § 15 Abs. 1 Nr. 1 ist nicht nur das schuldrechtliche Kausalgeschäft wie ein Kaufvertrag, ein Tauschvertrag oder ein Schenkungsvertrag zu verstehen, sondern auch die Auflassung als dingliche Einigung sowie die Eintragung im Grundbuch. Beide Rechtsgeschäfte bedürfen daher zur Wirksamkeit der Genehmigung, soweit nicht die Genehmigungsfiktion nach Nr. 3 eingreift: ist der Kaufvertrag genehmigt, so sind damit auch die Auflassung und die Eintragung genehmigt. Es fällt auf, daß anders als beispielsweise in § 2 Abs. 2 GrstVG die Veräußerung eines Miteigentumsanteils und eines Erbanteils nicht ausdrücklich genannt werden. Ferner ist die Veräußerung eines Grundstücksteils (abgesehen von der Genehmigungspflicht für die Teilung nach Nr. 5) nicht besonders erwähnt. Letzteres ist allerdings nach § 86 entbehrlich, da nach § 145 Abs. 1 BBauG die für Grundstücke geltenden Vorschriften des Bundesbaugesetzes sinngemäß auch für Grundstücksteile gelten.

Grundstücksteil

Miteigentumsanteil
Erbteil

Offen ist die Frage aber für den Miteigentumsanteil und den Erbanteil. Die Begründung der Regierungsvorlage (vgl. BR-Drucksache 1/70 zu § 12 S. 32) bezieht sich nur auf den Abs. 1 des § 2 GrstVG. Eine ausdehnende Auslegung im Sinne des § 2 Abs. 2 Nr. 2 GrstVG dürfte ausscheiden, zumal die Veräußerung eines Erbanteils nicht das Grundstück, sondern die Sachgesamtheit betrifft (vgl. Brügelmann-Stahnke, BBauG § 51 II. 2 [1], Ernst-Zinkahn-Bielenberg, BBauG § 51 Rdn. 11). Hingegen wird man die Veräußerung eines Miteigentumsanteils der Veräußerung eines Grundstücks gleichstellen müssen, da der Miteigentumsanteil (als Bruchteilseigentum, im Gegensatz zum Eigentum zur gesamten Hand) ein unmittelbares Eigentumsrecht am Grundstück begründet.

§ 15 Abs. 1 Nr. 2

Entgegen der einschränkenden Regierungsvorlage wurde § 15 Abs. 1 Nr. 2 in den Ausschußberatungen dahin ausgedehnt, daß die Bestellung aller ein Grundstück belastender Rechte, also auch die Bestellung von Grundpfandrechten und Reallasten genehmigungsbedürftig ist. Im Ausschußbericht ist zu Recht darauf hingewiesen worden (vgl. zu BT-Drucksache VI/2204 S. 9 1. Sp.), daß die Nr. 2 dem § 51 Abs. 1 BBauG entspricht und keine Veranlassung bestehe, bei Sanierungsmaßnahmen hinter den im Bundesbaugesetz getroffenen Regelungen zurückzubleiben. Eine wesentliche Erleichterung bringt der zweite Halbsatz der Nr. 2: Wird das im förmlich festgelegten Sanierungsgebiet gelegene Grundstück bereits wieder bebaut oder wird im Zuge der Sanierung das auf dem Grundstück stehende Gebäude modernisiert, ist die Bestellung von Rechten im Zusammenhang mit den Bau- oder Modernisierungsmaßnahmen, z. B. die Eintragung einer Finanzierungshypothek oder die Eintragung eines Überfahrtrechts, genehmigungsfrei.

Grundstücksbelastungen

Genehmigung von Mietverträgen
§ 15 Abs. 1 Nr. 4

Von besonderer praktischer Bedeutung ist die Regelung der Nr. 4: langfristige Mietverträge über ein im Zuge der Sanierung abzubrechendes Gebäude können zu hohen Entschädigungen führen. Die Genehmigungspflicht besteht nur für Vereinbarungen, die nach der förmlichen Festlegung neu abgeschlossen oder um mehr als ein Jahr verlängert werden. Vereinbarungen, die vor der förmlichen Festlegung abgeschlossen oder verlängert worden waren, sind auch dann nicht genehmigungspflichtig, wenn die Vertragsdauer weit in die Zeit nach der förmlichen Festlegung hinein reicht. Die Gemeinde ist soweit nur durch § 23 Abs. 4 — vermutlich unzureichend — geschützt.

Die Genehmigungspflicht besteht nur bei auf bestimmte Zeit abgeschlossenen Verträgen. Vom Sinn und Zweck der Regelung her wird man aber den auf unbestimmte Zeit geschlossenen Vertrag mit einer Kündigungsfrist von mehr als einem Jahr dem auf bestimmte Zeit von mehr als einem Jahr abgeschlossenen gleich setzen müssen. Schon bei Abschluß eines Vertrags auf unbestimmte Zeit mit z. B. zweijähriger Kündigungsfrist steht fest, daß der Vertrag wenigstens die Dauer der Kündigungsfrist, nämlich zwei Jahre, besteht. Eine unterschiedliche Behandlung beider Tatbestände wäre sachlich nicht gerechtfertigt.

§ 15 Abs. 1 Nr. 5

Nach Nr. 5 ist die Teilung eines Grundstücks genehmigungsbedürftig, unabhängig davon, ob dabei ein Grundstücksteil veräußert wird. Der Teilungsbegriff ist derselbe wie in § 19 BBauG.

3.22 Genehmigung von Vorhaben

§ 15 Abs. 2

§ 15 Abs. 2 entspricht der Vorschrift des § 51 Abs. 1 Nr. 5—7 BBauG über die Verfügungs- und Veränderungssperre in der Umlegung und stimmt inhaltlich überein mit den Regelungen des § 14 BBauG über eine Veränderungssperre (BR-Drucksache

I/70 zu § 12 S. 32). Auf das Schrifttum zu den §§ 14 und 51 BBauG kann daher verwiesen werden.

Besonders zu erwähnen ist die in den Ausschußberatungen neu eingefügte Nr. 4. Danach bedarf im förmlich festgelegten Sanierungsgebiet der Abbruch aller genehmigungspflichtigen Anlagen der Genehmigung der Gemeinde. Diese Genehmigungspflicht ist weitergehend als die Abbruchgenehmigung nach den Landesbauordnungen der Länder (vgl. z. B. § 89 Abs. 3 der Landesbauordnung für Baden-Württemberg). Bei der sachlich gebotenen restriktiven Auslegung der Vorschrift wird man als bauliche Anlagen im Sinne der Nr. 4 nur solche ansehen müssen, die als mit dem Erdboden verbundene Anlagen des Hoch- und Tiefbaus tatsächlich bauliche Anlagen sind und nicht nur als bauliche Anlagen gelten, wie die Verkaufswagen oder Aufschüttungen. Daß der Abbruch der für die Neubaumaßnahmen notwendigen Baustelleneinrichtungen im Sanierungsgebiet einschließlich der zum vorübergehenden Aufenthalt dienenden Unterkünfte nach Nr. 4 genehmigungsfrei ist, ergibt sich bereits aus der baurechtlichen Genehmigungsfreiheit der Errichtung dieser Anlagen (vgl. z. B. § 89 Abs. 1 Nr. 27 LBO BW).

Abbruchsgenehmigung

Baustelleneinrichtungen

3.23 Voraussetzungen für die Versagung der Genehmigung

Nach § 15 Abs. 3 kann die Genehmigung versagt werden, wenn Anhaltspunkte dafür gegeben sind, daß der Vorgang die Sanierung unmöglich machen oder wesentlich erschweren oder dem Sanierungszweck zuwider laufen würde. Das Vorliegen dieser Tatbestände selbst, also z. B. die wesentliche Erschwerung der Sanierung, muß nicht nachgewiesen werden. Es genügt, die Umstände nachzuweisen, die eine solche Erschwerung als möglich erscheinen lassen. Die Genehmigung kann bereits dann versagt werden, wenn eine wesentliche Erschwerung der Sanierung gewissermaßen zu befürchten ist.

Bei Preisüberhöhungen wird im Gesetz eine solche Erschwerung der Sanierung angenommen. Eine Preisüberhöhung liegt vor, wenn der Kaufpreis bei einer rechtsgeschäftlichen Veräußerung den unter Beachtung des § 23 maßgebenden Entschädigungswert übersteigt. Entsprechendes gilt bei der Bestellung oder Veräußerung eines Erbbaurechts. Dies folgt aus § 15 Abs. 3 Satz 2. Diese Vorschrift dürfte analog auf Miet- oder Pachtverhältnisse mit überhöhten Miet- oder Pachtzinsen anzuwenden sein.

Der Kaufpreis ist nach dem für die Sanierungsgebiete maßgebenden Entschädigungswert auf seine Angemessenheit zu überprüfen. Beabsichtigt die Genehmigungsbehörde die Versagung der Genehmigung, so soll sie ein Gutachten des Gutachterausschusses einholen. Wenn der Altwert bereits vorliegt, ist er nur insoweit direkt verwendbar, als er sich auf den Zeitpunkt der Genehmigung bezieht. Anderenfalls muß er zu diesem Wertermittlungsstichtag erneut ermittelt werden. Die Preisüberhöhung soll durch ein Gutachten des Gutachterausschusses nachgewiesen werden. Wenngleich es sich um eine Sollvorschrift handelt ist — sofern nicht besondere Umstände ein anderes Vorgehen rechtfertigen — ein Gutachten des Gutachterausschusses einzuholen. In keinem Falle sollte an die Stelle des Gutachtens des Gutachterausschusses die in einigen Bundesländern bestehende Schätzung durch den Gemeinderat treten. Hier ist der Vorwurf der Befangenheit zu befürchten.

Während die mangelnde Genehmigung von Rechtsvorgängen nach § 15 Abs. 1 dazu führt, daß der Vorgang bis zu seiner Genehmigung schwebend unwirksam ist, z. B. eine Auflassung durch die Eintragung im Grundbuch nicht vollzogen werden darf, hat der Mangel einer Genehmigung nach Absatz 2 nur mittelbare Wirkungen. Zunächst einmal darf die Baugenehmigungsbehörde die bauordnungsrechtliche Genehmigung nicht erteilen, wenn die Genehmigung nach § 15 nicht vorliegt. Die Behörde würde sonst einen gesetzwidrigen Zustand schaffen (vgl. Ernst-Zinkahn-Bielenberg, zu § 51 Randn. 23). Hat die Baugenehmigungsbehörde aber nach der förmlichen Festlegung eine Baugenehmigung erteilt, ohne die Genehmigung durch die Gemeinde nach § 15 einzuholen, so ist die Errichtung der baulichen oder sonstigen Anlage formell rechtswidrig. Wenn die Genehmigung nachträglich nach § 15 Abs. 3 nicht erteilt werden kann, ist die Anlage auch materiell baurechtswidrig. Es sind damit die Voraussetzungen für die Anordnungen der Baueinstellung oder des Abbruchs nach den landesrechtlichen Vorschriften gegeben. Die Anlage steht im Widerspruch zu öffentlich-rechtlichen Vorschriften, zu denen alle Normen des öffentlichen Rechts zu zählen sind (vgl. Sauter-Holch-Rentschler, LBO für Bad.-Württ. § 101 Anm. 1; Schlez, LBO

§ 15 Abs. 3

Preisüberhöhung

Gutachterausschuß

Fehlen der Genehmigung

**Baueinstellung
Abbruch**

für Bad.-Württ. § 101, Randn. 10; Mang-Simon, Bay. BO Art. 99, Randn. 2, Art. 100, Randn. 9; s. a. Ernst-Zinkahn-Bielenberg, § 51, Randn. 24). Ferner haben die durch die ungenehmigten Rechtsgeschäfte oder tatsächlichen Handlungen vorgenommenen Veränderungen der rechtlichen oder tatsächlichen Verhältnisse, wenn eine Genehmigung auch nachträglich nach § 15 Abs. 3 nicht erteilt werden kann, für die Wertberechnung und etwaigen Entschädigungsfestsetzungen keinerlei Wirkung (vgl. Ernst-Zinkahn-Bielenberg, § 51 Randn. 24 zu dem soweit gleichlautenden § 51 BBauG).

kein Bußgeld Hingegen ist der Verstoß gegen § 15 Abs. 2 nicht mit einem Bußgeld bedroht, die Vornahme von Veränderungen im Sinne des Absatzes 2 ohne Genehmigung kann daher nicht geahndet werden.

3.24 Entschädigungsverzicht, Auflagen, Bedingungen, Befristungen

§ 15 Abs. 4, 5

Rechtsanspruch auf Genehmigung

§ 15 Abs. 4 gibt einen Rechtsanspruch auf Erteilung der Genehmigung, wenn die Beteiligten für sich und ihre Rechtsnachfolger auf Entschädigungen verzichten. Diese Regelung ist sinnvoll, weil in diesen Fällen kein Bedürfnis besteht, die Rechtsvorgänge oder Nutzungen zu untersagen. Nach Absatz 5 kann die Genehmigung auch unter Auflagen, befristet oder bedingt erteilt werden. Handelt es sich hierbei um die Errichtung einer baugenehmigungspflichtigen Anlage, sind die landesrechtlichen Vorschriften über Auflagen, Bedingungen und Befristungen bei Baugenehmigungen zu beachten. Z. B. nach § 95 Abs. 4 Satz 3 der Landesbauordnung für Baden-Württemberg sind befristete oder widerrufliche Baugenehmigungen nur bei Werbeanlagen, Automaten und Behelfsbauten möglich. Jedoch wird man auch allgemein die Erteilung einer befristeten Baugenehmigung für zulässig halten müssen, wenn der Bauantragsteller von vornherein einen entsprechend befristeten Antrag stellt. Es ergibt sich dies aus dem allgemeinen Verfahrensgrundsatz, daß eine Behörde nicht mehr zuzusprechen braucht, als beantragt ist. Die Behörde wird daher in solchen Fällen auf eine entsprechende Einschränkung des Bauantrages zu achten haben. Die Fristen und Bedingungen sind zur Vermeidung von Unstimmigkeiten genau festzulegen.

3.25 Genehmigungsfiktion

§ 15 Abs. 6

§ 15 Abs. 6 entspricht § 6 GrstVG und § 19 Abs. 4 Satz 3 BBauG. Die Genehmigungsfiktion kann zu einem Scheitern der Sanierung führen, wie auch die Genehmigungsfiktion des § 19 BBauG die städtebauliche Planung beeinträchtigen kann. Die Regelung ist durch eine gegenüber § 19 BBauG längere Frist und die Möglichkeit eines Zwischenbescheids mit der Wirkung einer Fristverlängerung entschärft. Hervorzuheben ist, daß die Fristverlängerung nicht vom Erlaß des Zwischenbescheids an,

Berechnung der Fristverlängerung sondern von dem Ablauf der Frist an zu rechnen ist, so daß sich also durch den Zwischenbescheid die Frist auf insgesamt sechs Monate verlängert. Soweit der letzte Tag der Frist oder ihrer Verlängerung auf einen Samstag, Sonntag oder gesetzlichen Feiertag fallen, endet die Frist erst am nächstfolgenden Werktag (§ 193 BGB).

3.26 Übernahmeanspruch

S 28

§ 15 Abs. 7

Die Versagung der Genehmigung berechtigt nach § 15 Abs. 7 den Eigentümer, von der Gemeinde die Übernahme des Grundstücks zu verlangen, wenn und soweit ihm mit Rücksicht auf die Durchführung der Sanierung wirtschaftlich nicht mehr zuzumuten ist, das Grundstück zu behalten oder zu nutzen. Bei Flächen eines land- oder forstwirtschaftlichen Betriebs ist die Gemeinde selbst dann zur Übernahme verpflichtet, wenn die Übernahme für sie zwar eine unzumutbare Belastung bedeutet,

Landwirte der Inhaber des land- oder forstwirtschaftlichen Betriebs die außerhalb des Sanierungsgebietes gelegenen Grundstücke aber nicht mehr in angemessenem Umfang baulich oder wirtschaftlich nutzen kann. Diese Bevorzugung eines landwirtschaftlichen Betriebs gegenüber einem Gewerbebetrieb, bei dem die Wirtschafts- und Interessenlage durchaus gleich sein kann, ist verfassungsrechtlich nicht unbedenklich (vgl. Beschl. des BVerfG vom 11. 5. 1970, 1 BvL 17/67, zu § 4 EStG, BBauBl. 6/71 S. 279).

teilweise Einbeziehung von Grundstücken Nicht geregelt ist die teilweise Einbeziehung eines Grundstücks. Ein solcher Fall ist z. B. denkbar, wenn ein Grundstück teils innerhalb, teils außerhalb des förmlich festgelegten Sanierungsgebietes liegt und die Teilung des innerhalb gelegenen Teiles nicht genehmigt wird (vgl. § 15 Abs. 1 Nr. 5). Unter den Voraussetzungen des Absatzes 7 Satz 1 kann hier der Eigentümer nur die Übernahme desjenigen Grundstücksteils verlangen, der innerhalb des förmlich festgelegten Sanierungsgebietes liegt; § 15 ist nur in diesem Gebiet anwendbar.

Entsprechend dem Übernahmeanspruch des Grundstückseigentümers wird man auch dem Bruchteilseigentümer (Miteigentümer) einen Anspruch auf Übernahme des Bruchteilseigentums in entsprechender Anwendung dieser Bestimmung gewähren müssen, wenn die Veräußerung des Miteigentumsanteils nicht genehmigt wird.

Sowohl im Einigungsfall als auch im Enteignungsfall gilt als Entschädigungswert der Altwert des Grundstücks, bezogen auf den Zeitpunkt der Einigung bzw. auf den Zeitpunkt, in dem die Enteignungsbehörde über den Enteignungsantrag entscheidet (§ 93 Abs. 4 Satz 1 BBauG), oder in Zeiten schwankender Preise der Zeitpunkt der letzten mündlichen Verhandlung (BGHZ 7, 96; 14, 106; Pagendarm, WM 58, 1350).

Entschädigungswert

3.27 Wegfall der Genehmigungspflicht

Die Genehmigungsfreiheit des § 15 Abs. 9 beruht auf der Erwägung, daß die Gemeinde oder der Sanierungsträger keine Rechtsvorgänge oder Nutzungen durchführen werden, die die Sanierung erschweren werden. Nach Satz 2 unterliegen Gemeinde und Sanierungsträger auch der Vorschrift des § 23. Vor Erwerb eines Grundstücks sollte daher ein Gutachten des Gutachterausschusses vorliegen.

Genehmigung für Gemeinde oder Träger § 15 Abs. 9

In gleicher Weise ausgenommen von der Genehmigungspflicht sind Rechtsvorgänge, die Zwecken der Landesverteidigung und dem Erwerb von Grundstücken dienen, die in ein Planfeststellungsverfahren der nach § 38 BBauG privilegierten Planungsträger einbezogen sind. Der Bedarfsträger unterliegt ebenfalls der Preisbindung. Führt der Grundstückserwerb dazu, daß der Sanierung zugrunde liegende Bebauungsplan geändert oder ergänzt werden muß, sind der Gemeinde nach der unberührt bleibenden Bestimmung des § 37 Abs. 3 Satz 2 BBauG die entstandenen Kosten zu ersetzen.

für Landesverteidigung und „privilegierte" Träger § 15 Abs. 10

§ 15 Abs. 1 gilt nicht für Verträge zum Zwecke der Vorwegnahme der Erbfolge, also z. B. nicht für Hofübergabeverträge an den künftigen Erben (sogenannte „Leibgedingverträge").

Leibgedingverträge § 15 Abs. 11

Bedenklich ist die Regelung des Absatzes 12 über die Genehmigungsfreiheit von Unterhaltungsarbeiten. Unterhaltungsarbeiten können durchaus die gleichen Wertsteigerungen mit sich bringen wie wertsteigernde Änderungen baulicher Anlagen im Sinne des § 15 Abs. 2 Nr. 2.

Unterhaltungsarbeiten § 15 Abs. 12

3.3 Besondere bodenrechtliche Bestimmungen

3.31 Vorkaufsrecht

§ 17 vereinfacht die Ausübung des Vorkaufsrechtes. Nach der bestehenden gesetzlichen Regelung (§§ 25 und 26 BBauG) muß die Gemeinde für unbebaute Grundstücke im Geltungsbereich eines Bebauungsplanes oder eines aufzustellenden Bebauungsplanes oder für bebaute Grundstücke in Sanierungsgebieten durch Satzung ein Vorkaufsrecht begründen. Durch die Regelung des § 17 wird der Satzung über die förmliche Festlegung des Sanierungsgebietes automatisch die gleiche Rechtswirkung beigemessen. Über die Ausübung im einzelnen kann auf das einschlägige Schrifttum zu §§ 24 ff. BBauG verwiesen werden. Hervorzuheben ist aber, daß nach Absatz 2 die Gemeinde das Vorkaufsrecht zugunsten eines Sanierungsträgers ausüben kann, ohne daß das Grundstück wie in § 27 Abs. 1 BBauG als Baugrundstück für den Gemeinbedarf, als Verkehrs-, Versorgungs- oder Grünfläche festgesetzt worden ist oder mit Eigenheimen, Kaufeigenheimen oder Kleinsiedlungen bebaut werden soll.

S 29 Vorkaufsrecht ohne Satzung § 17

Ausübung für Sanierungsträger

3.32 Grunderwerbsrecht

Die Regelung ist in ihrem systematischen Aufbau eigenartig. In ihrem Gesamtinhalt zielt sie darauf hin, diejenigen Grundstücke leichter in die Hand zu bekommen, deren Eigentümer sich ohnehin schon von ihnen trennen wollen. Daß zuvor mit dem Eigentümer verhandelt und ein freihändiger Erwerb versucht wird, ist in der Praxis selbstverständlich und hätte keiner gesetzlichen Ausformung im einzelnen — wie in den Absätzen 1 und 2 — bedurft. Die Grundstückseigentümer werden tunlichst Genehmigungsanträge nach § 15 vermeiden; sie werden, ohne einen förmlichen Antrag zu stellen, bei der Gemeinde eine Vorentscheidung darüber erbitten, ob ein solcher Antrag Aussicht auf Erfolg hat und werden ihr Verhalten entsprechend einrichten. Dies kann in der Folge zu schwierigen zivilrechtlichen Auseinandersetzungen führen. Solange nämlich über die Veräußerung nicht entschieden ist, ist ein geschlossener Kaufvertrag oder eine dingliche Einigung schwebend unwirksam. Wird aber wegen

S 29 § 18 Abs. 1

Verhandlungen mit Eigentümer

Vorbescheid

eines negativen „Vorbescheides" ein Genehmigungsantrag nie gestellt, bleibt der Vertrag in der Schwebe. Es fragt sich in solchen Fällen, ob einer und gegebenenfalls welcher der beiden Vertragspartner zur Stellung des Antrags verpflichtet ist. Schließlich ist überhaupt zweifelhaft, ob es im Rahmen des § 18 einen solchen, für die Gemeinde nicht verbindlichen „Vorbescheid" überhaupt geben kann und ob nicht jedem derartigen Vorbescheid die Rechtswirkung der §§ 15 und 18 zuzumessen ist. Bei Auskünften ist daher Vorsicht geboten. Das Grunderwerbsrecht kann wie auch das Vorkaufsrecht zugunsten eines Sanierungsträgers ausgeübt werden.

Die Mitteilung der Gemeinde, daß sie den Erwerb des Grundstücks in Betracht zieht, ist fristgebunden. Nach ungenutztem Fristablauf ist die Ausübung des Grunderwerbsrechtes nicht mehr möglich. Die Mitteilung hat als hoheitliche Willensäußerung unmittelbare Rechtswirkung für den betroffenen Grundstückseigentümer, da sie die spätere Ausübung des Grunderwerbsrechts ermöglicht. Sie ist daher, ähnlich wie die Androhung eines Zwangsgeldes im Verwaltungsvollstreckungsverfahren, selbständiger Verwaltungsakt, obwohl sie dem eigentlichen Eingriffsakt, der Ausübung des Grunderwerbsrechts, ähnlich wie bei der Verhängung des Zwangsgeldes, vorhergeht. Die Mitteilung ist mit Rechtsmittelbelehrung zuzustellen.

Mitteilung ist Verwaltungsakt

Im Gegensatz zur Versagung der Genehmigung nach § 15 Abs. 3 ist hier die Einholung eines Gutachtens des Gutachterausschusses zwingend vorgeschrieben, sofern nicht ein bereits vorliegendes Gutachten ausreicht. Ein solches vorliegendes Gutachten muß vom Gutachterausschuß sein, ein sonstiges Gutachten (gemeinderätliche Schätzung, Makler, öffentlich bestellter Sachverständiger) reicht nicht aus. Dies ergibt sich aus § 18 Abs. 2 Satz 5, wonach als Entgelt der vom Gutachterausschuß ermittelte Wert festzusetzen ist.

Erörterungstermin

Ähnlich wie in einem Enteignungsverfahren nach § 109 BBauG hat die Gemeinde vor Ausübung des Grunderwerbsrechts den Eigentümer zu einem Erörterungstermin zu laden. Anders als im Enteignungsverfahren ist die Ausübung des Grunderwerbsrechts nach gescheiterter Einigung fristgebunden. Die Gemeinde muß innerhalb von sechs Monaten nach der Mitteilung durch Erklärung des Erwerbes das Grunderwerbsrecht ausüben. Das bedeutet, daß die Gemeinde innerhalb von sechs Monaten nach Mitteilung zu dem Erörterungstermin laden und die Erörterung selbst durchführen muß. Die Ladung ist unter Einhaltung einer einmonatigen Ladungsfrist zuzustellen.

unbekannter Wohnsitz eines Eigentümers

Das kann insbesondere dann, wenn der Aufenthaltsort der Eigentümer unbekannt ist, die Eigentümer verschollen sind oder eine Vielzahl von möglicherweise im Ausland wohnenden Eigentümern zu einer Erbengemeinschaft gehören, zu nahezu unüberwindlichen Schwierigkeiten führen. Es ist zweckmäßig, zusammen mit der Mitteilung zum Erörterungstermin zu laden. Die Befristung kann ferner dazu führen, eine mögliche Einigung zu vereiteln. Die Gemeinde kann sich nämlich auf die Bitte des Eigentümers, ihm Bedenkfristen einzuräumen, nicht einlassen, wenn inzwischen die Frist abzulaufen droht. Das ist selbst dann der Fall, wenn der betroffene Eigentümer mit einer Fristverlängerung einverstanden wäre. Das Grunderwerbsrecht darf nur ausgeübt werden, wenn konkrete Tatbestände vorliegen, aus denen zu ersehen ist, daß der Erwerb dieses Grundstücks zur Durchführung der im öffentlichen Interesse liegenden Sanierung notwendig ist, z. B., wenn nach dem Bebauungsplan oder nach dem Stand der Planungsarbeiten vorauszusehen ist, daß der Eigentümer die auf dem betroffenen Grundstück beabsichtigte Maßnahme nicht selbst durchführen kann (vgl. BT-Drucksache VI/2204 zu § 17 S. 10). Das Merkmal der Erforderlichkeit ist ein unbestimmter Rechtsbegriff, der in vollem Umfang der gerichtlichen Nachprüfung unterliegt.

Verbindlichkeit des Gutachtens

Nach Absatz 2 Satz 5 ist in dem Erwerbsbescheid als Entgelt der vom Gutachterausschuß ermittelte Wert festzusetzen. Von diesem Wert kann die Gemeinde, selbst wenn sie das Gutachten nicht für zutreffend hält, weder nach unten noch nach oben abweichen (abgesehen von dem Absetzen der Belastungen nach Absatz 9). Erstmalig bildet damit ein Wertgutachten für die Entschädigungsfestsetzung nicht nur eine Entscheidungshilfe, an die man sich halten, über die man sich aber auch hinwegsetzen kann. Damit wird auch § 142 BBauG, nach dem Gutachten, soweit nichts anderes vereinbart wird, keine bindende Wirkung haben, eingeschränkt. Die der Übernahme des Wertergebnisses als Entschädigungswert gewissermaßen innewohnende Automatik wird dem Gutachten des Gutachterausschusses eine höhere Autorität als bisher verleihen. Das bedeutet umgekehrt aber auch eine besondere Verantwortung für den Gutachterausschuß, der er nur dann gerecht werden kann, wenn in ihm qualifizierte

Bewertungssachverständige mitwirken und er durch eine mit Fachpersonal hinreichend besetzte Geschäftsstelle unterstützt wird.

Absatz 5 sieht die Möglichkeit eines „Grundurteils" über die Zulässigkeit der Ausübung des Grunderwerbsrechtes vor, wenn einer der Beteiligten dies beantragt. Es wird hierbei die Frage der richtigen Bemessung des Entgeltes ausgeklammert.

Grundurteil über Zulässigkeit

Der Eigentumsübergang vollzieht sich durch Erklärung der Ausübung des Grunderwerbsrechtes und Eintragung der Eigentumsänderung im Grundbuch (Absatz 6) oder durch Auflassung und Eintragung (Absatz 7). Die zwingende Regelung, in die Einigungsbeurkundung gleichzeitig die Auflassung aufzunehmen (Absatz 7 Satz 1), führt dazu, bei Veräußerungen von Grundstücksteilen die Vermessungsunterlagen rechtzeitig zu besorgen, die zur Erklärung und Beurkundung der Auflassung erforderlich sind.

Der Eigentümer kann die Ausübung des Grunderwerbsrechtes abwenden, indem er innerhalb eines Monats nach Zustellung des Bescheides über die Ausübung des Grunderwerbsrechtes schriftlich erklärt, daß er die Sanierung selbst durchführen will und glaubhaft macht, daß er sie zügig durchführen kann. Für die Glaubhaftmachung (§ 294 ZPO) genügt die überwiegende Wahrscheinlichkeit. Da auf Antrag die Frist für die Glaubhaftmachung angemessen zu verlängern ist und die Verlängerung mehrfach erfolgen kann, wird diese Möglichkeit die Ausübung des Grunderwerbsrechtes in der Praxis in vielen Fällen in Frage stellen. Die Regelung des Absatzes 8, daß die Gemeinde unverzüglich, d. h. ohne schuldhaftes Zögern, nach Unanfechtbarkeit des Ausübungsbescheides das festgesetzte Entgelt zu zahlen hat, ist schon deshalb erforderlich, weil der Grundstückseigentümer aus der Sanierung ausscheidet und in die Lage versetzt werden soll, das Entgelt sofort anderweitig einsetzen zu können. Das trifft auch dann zu, wenn bei mehreren Grundstücken eines Eigentümers nur bei einigen von der Ausübung des Grunderwerbsrechtes Gebrauch gemacht wird.

Abwendung des Grunderwerbsrechts

Zahlung des Entgelts

Wegen der Entschädigung für andere Vermögensnachteile (Absatz 4) kann auf das Schrifttum zu § 96 BBauG verwiesen werden. Das Schicksal der an dem Grundstück bestehenden Rechte, wie Vorkaufsrechte, Reallasten und dergleichen ist in Absatz 9 geregelt.

4. Sozialplan

4.1 Vorbemerkungen

Sowohl für die Datenerhebung (Umfang und Erhebungsmethode) als auch für die Erstellung des Sozialplans gibt es keine empirisch abgesicherte Methode. Daher kann es sich hier nur um einen Ansatz handeln, aus dem sich kein Anspruch auf Vollständigkeit und absolute Gültigkeit ableiten läßt und der nur als Leitfaden für die praktische Anwendung der Vorschriften der §§ 4 Abs. 2 und 8 dienen kann.

S 26
§ 8

Bei jeder Sanierung werden sich Inhalt und Umfang der Sozialplanung und damit des Sozialplans wesentlich voneinander unterscheiden. Deshalb lassen sich nur Kategorien zusammenstellen, die als Mindestinhalt jedes Sozialplans berücksichtigt werden sollten. Diese Kategorien reichen über die im Gesetz (§ 8) genannten hinaus, doch sind sie in ihrer Gesamtheit als die logisch notwendige Folge im Hinblick auf die Wirksamkeit und Funktion des Instruments „Sozialplan" anzusehen.

Auch die Form der Darstellung sowie die Methode der Fortschreibung des Sozialplans sind noch nicht erprobt. Der Zeitplan sowie die Abstimmung der einzelnen Sanierungsmaßnahmen aufeinander können etwa in der Form eines Netzplans dargestellt werden.

Darstellung und Fortschreibung

Der dynamische Charakter des Sozialplans wurde im Ablaufschema berücksichtigt: ein horizontal verlaufendes Band „Sozialplan" begleitet die Phasen des Verfahrens von der förmlichen Festlegung an. Die zeitliche Zuordnung (nach der förmlichen Festlegung) erfolgte gemäß der gesetzlichen Regelung.

4.2 Mindestinhalt des Sozialplans

4.21 Bestandsaufnahme

Grundlage und zugleich Teil des Sozialplans ist die Bestandsaufnahme, die S. 62 f. dargelegt worden ist. Diese Bestandsaufnahme ist nun den individuellen Anforderungen und inzwischen eingetretenen Veränderungen anzupassen. Insbesondere ist zu überprüfen, ob die Trend-Daten und die Möglichkeiten und Zielvorstellungen der Beteiligten ausreichend erfaßt oder zu ergänzen sind.

4.22 Auswertung der Bestandsaufnahme

Die in der Bestandsaufnahme zusammengefaßten Daten sind nunmehr auszuwerten. Aus diesen Daten lassen sich Problem-Gruppen, die der besonderen Betreuung bedürfen, zusammenstellen. Dafür können etwa die nachstehenden Merkmale herangezogen werden:

Problemgruppen
- kinderreiche und große Familien
- alte Menschen
- im Gebiet Ansässige, die aus bestimmten Gründen an das Sanierungsgebiet gebunden sind
- soziale Randgruppen
- Gewerbetreibende, deren Betriebe nach Art, Größe und Lage an das Gebiet in besonderer Weise gebunden sind
- Gewerbetreibende, die in der gegenwärtigen Altbausubstanz noch ein ausreichendes Auskommen haben, denen aber die Belastungen im Neubaugebiet kaum zuzumuten sind.

Für diese Problem-Gruppen gilt es nunmehr, auf deren besondere Problematik abgestimmte Lösungsmöglichkeiten zu finden. Diese müssen in die Planung entsprechend eingehen.

Härtefälle Härtefälle sind gemäß § 4 Abs. 2 unter Abwägung objektiver Kriterien und der subjektiven Kriterien, das heißt der persönlichen Lebensumstände, der wirtschaftlichen und sozialen Voraussetzungen sowie der Wünsche der Betroffenen festzustellen. In diesem Zusammenhang muß jedoch auch gesehen werden, daß Härten nicht nur durch das Fehlen entsprechender materieller Voraussetzungen auftreten können. Immaterielle Faktoren, wie z. B. eine sehr starke Bindung der Betroffenen an das Sanierungsgebiet, können ebenfalls die Ursache von Härten darstellen. Diese Faktoren sind nur sehr schwer erfaßbar und auch dementsprechend schwer in die Beurteilung einzubeziehen. Schwerpunktmäßig werden Härtefälle in Folge der §§ 19, 26–30 auftreten — soweit sie durch den Entschädigungsanspruch nach § 30 nicht vermieden werden können — sowie nach Anwendung des § 32 (Mieterhöhung nach Modernisierungsmaßnahmen).

4.23 Maßnahmekatalog des Sozialplans

Maßnahmen Ausgehend von den Ergebnissen der Bestandsaufnahme, deren Analyse und unter Beachtung des der Sanierung zugrunde liegenden Sanierungszieles bzw. des Sanierungszwecks, ist es nunmehr Aufgabe der Gemeinde, ein Grundkonzept für die soziale und ökonomische Entwicklung des Sanierungsgebietes und seiner Umgebung zu konzipieren. Es handelt sich dabei um einen Rahmenplan, der Aussagen macht über die anzustrebende Zusammensetzung der Bevölkerung, über die künftige Einwohnerzahl, über Anteile von öffentlich gefördertem Wohnungsbau, Altenwohnungen und ähnlichem. Dabei spielt eine wichtige Rolle, ob und wieweit es beabsichtigt und möglich ist, die bisherigen Bewohner wieder im Sanierungsgebiet unterzubringen. In diesem Zusammenhang und auch im Blick auf die angeführten Problem-Gruppen wird sich die Notwendigkeit der Festlegung von Ersatz- und Ergänzungsgebieten zeigen.

Ersatz- und Ergänzungsgebiete Ersatz- und Ergänzungsgebiete werden also im wesentlichen durch die Sozialplanung begründet.

Der Sozialplan muß ferner Maßnahmen enthalten, die zur Lösung der Probleme der oben genannten Gruppen erforderlich sind.

Des weiteren sind die Maßnahmen darzustellen, mit welchen individuelle Härtefälle gelöst werden können.

Ersatzraumbeschaffung Die zentrale Frage bei der Erfassung der Härtefälle ist, welche objektiven Kriterien zugrundegelegt werden müssen, um den Betroffenen angemessenen Ersatzraum zu zumutbaren Bedingungen anbieten zu können, und wie die objektiven und die subjektiven Kriterien in jedem Einzelfall gegeneinander abzuwägen sind.

Wohngeld
Sozialer Wohnungsbau Die Gemeinde kann bei der Beschaffung und Bewertung von Ersatzwohnraum als objektive Kriterien wohl nur die Maßstäbe zugrunde legen, die nach dem 2. Wohngeldgesetz vom 14. 12. 1970 (BGBl I, S. 1637) hinsichtlich der zumutbaren Mietbelastung und die nach den Bestimmungen des sozialen Wohnungsbaus hinsichtlich der Größe des jeweils angemessenen Ersatzraums gelten. Sind diese Bedingungen mit den subjektiven Voraussetzungen und Wünschen vereinbar und werden sie von den Betroffenen akzeptiert, so müssen diese Fälle als Härtefälle nur dann im Sozialplan weiter behandelt werden, wenn trotzdem keine passenden Umsetzungsmöglichkeiten

gefunden werden können und (z. B. für kinderreiche oder ortsgebundene Familien) Anforderungen erfüllt werden müssen, die über diese objektiven Maßstäbe hinausreichen. Unabhängig davon sind die Bestimmungen des Sozialhilfegesetzes anzuwenden. Härtefälle sind insoweit gegeben, wenn sich die genannten objektiven Kriterien mit der Leistungsfähigkeit und mit den subjektiven Möglichkeiten und Erfordernissen der Betroffenen nicht in Einklang bringen lassen. Im Rahmen des Sozialplans muß auch geklärt werden, wie gegebenenfalls über den finanziellen Härteausgleich (§ 85) hinaus auftretende Härten vermieden oder wenigstens gemildert werden können.

Die Erfassung von Umsetzungsmöglichkeiten muß grundsätzlich unter der gleichzeitigen Beachtung des räumlichen (Größe, Ausgestaltung) und des finanziellen Aspekts (Miete, Pacht) erfolgen. Notwendig können sein: **Umsetzungsmöglichkeiten**
▶ der Nachweis von Ersatzräumen (Wohnungen und gewerbliche Räume) im Sanierungsgebiet bzw. im Ersatz- oder Ergänzungsgebiet, in der Nähe des Sanierungsgebietes und in sonstigen Gebieten,
▶ der Nachweis von Umsetzungsmöglichkeiten in besondere Ersatzräume (z. B. Altenheime) jeweils in den oben benannten Gebieten,
▶ die Prüfung von Ringtauschmöglichkeiten,
▶ die Prüfung von Übergangslösungen.

Der Sozialplan muß alle Bewohner des Gebietes einschließen.

Analog zu diesem im wesentlichen auf Wohnbevölkerung bezogenen Maßnahmenkatalog ist eine Sozialplanung auch für die gewerblichen Betriebe zu erarbeiten. Dabei handelt es sich insbesondere um das Problem der anzustrebenden Betriebsgröße im Sanierungsgebiet sowie um die Suche nach Ersatz- bzw. Übergangslösungen für bestehende Betriebe. Hier wird insbesondere eine Rolle spielen, ob und inwieweit es möglich ist, Kleingewerbetreibende, Handwerker und Einzelläden in einem Sanierungsgebiet, auch in Neubauquartieren, wieder unterzubringen. Können diese Betriebe im Neubaugebiet nicht mehr sinnvoll angesiedelt werden, sind Ersatzlösungen in anderen Altbaugebieten zu suchen. Ist eine Betriebsaufgabe unvermeidbar, so muß für eine anderweitige Existenzmöglichkeit der insoweit Betroffenen eine Lösung gesucht werden. **Gewerbebetriebe**

Neben einer allgemeinen Aufstellung der Kosten, die z. B. im Rahmen der Umsetzungen, des Härteausgleichs und der sonstigen Maßnahmen entstehen, soll aufgeführt sein, wie die erforderlichen Mittel aufgebracht und zur Verfügung gestellt werden. **Kosten**

Schließlich muß der Sozialplan Aussagen machen über die geplanten Zeitabläufe und über die Methodik der Fortschreibung des Planes. Er sollte präzise Angaben enthalten auch über die Zuständigkeiten innerhalb der planenden Verwaltung in der Gemeinde oder beim Träger. Der im Sanierungsgebiet Ansässige, der an der Sanierung Beteiligte und Betroffene, muß gerade für die Sozialplanung einen Gesprächspartner haben, der in der Lage ist, ihn kompetent zu informieren, und der andererseits die Wege in die Verwaltung hinein weist.

Die notwendige und vorgeschriebene Sozialplanung ist für die Gemeinden etwas neues. Sie werden deshalb — mit Ausnahme weniger Großstädte — auf die Beratung von Fachleuten, die außerhalb der Verwaltung stehen, in ganz besonderer Weise angewiesen sein. Man muß damit rechnen, daß sich Scharen von Firmen mit wohlklingenden Namen den Verwaltungen zur Mitarbeit anbieten. Da gerade bei der Sozialplanung Kontinuität notwendig ist, und andererseits die Tätigkeit in der Sozialplanung sich über viele Jahre erstrecken kann — im Zusammenhang mit nur einem Projekt — ist bei der Auftragserteilung besondere Sorgfalt geboten. Es ist nicht notwendig, daß der Beauftragte oder die beauftragte Firma am Ort ansässig sind. Im Rahmen des Auftrages müssen feste Termine abgesprochen werden. Während es bei Vertragsabschlüssen mit Sanierungsträgern oder ähnlichen immer möglich sein wird, Rahmenverträge vorzubereiten, ist das für die Sozialplanung schwieriger. Tatsächlich besteht hier nur die Möglichkeit, durch Kooperation und gegenseitige Information der Auftraggeber (Gemeinden und Träger) die Qualität auch auf Seiten der Auftragnehmer abzusichern.

VI. Bebauungsplanverfahren

1. Vorbemerkungen

Im Bebauungsplan findet die Neugestaltung des Sanierungsgebietes, wie sie in den vorangegangenen Phasen — Vorbereitende Untersuchungen, Planungsphase, Förmliche Festlegung — erarbeitet worden ist, ihren planungsrechtlichen Niederschlag. Der Bebauungsplan steht also am Ende des „Planungsprozesses".

Inkrafttreten   Das Bebauungsplanverfahren wird wohl bei jeder Sanierung nach der förmlichen Festlegung anlaufen. Der Abschluß des Verfahrens und das Inkrafttreten des Bebauungsplans kann sich bis in die Phase der Ordnungsmaßnahmen oder sogar der Baumaßnahmen verschieben. Erst wenn Zwangsmaßnahmen notwendig werden — etwa der Enteignungsbeschluß, § 22 Abs. 2, — muß der Bebauungsplan rechtsverbindlich geworden sein.

Den Bebauungsplan erst möglichst spät rechtsverbindlich werden zu lassen, bietet verfahrensmäßige Erleichterungen. Während der Ordnungs- oder der Baumaßnahmen können Bebauungsplanänderungen notwendig werden. Solche Bebauungsplanänderungen sind mit geringerem Verwaltungsaufwand durchzuführen, wenn der Bebauungsplan noch nicht rechtskräftig geworden ist.

§ 11   Von diesen verfahrensmäßigen Erleichterungen wird man jedoch dann keinen Gebrauch machen können, wenn Ersatz- und Ergänzungsgebiete, § 11, notwendig werden, was häufig zu erwarten sein wird. Nach § 11 können Ersatz- und Ergänzungsgebiete erst dann förmlich festgelegt werden, wenn der rechtsverbindliche Bebauungsplan vorliegt.

§ 33 Abs. 2   Zu beachten ist, daß nach § 33 Abs. 2 die Ausarbeitung der Bauleitpläne und die Aufgaben eines für eigene Rechnung tätigen Sanierungsträgers nicht demselben Unternehmen oder von ihm abhängigen Unternehmen übertragen werden soll.

2. Erörterung mit den Beteiligten

S 36   Die Gemeinde soll nach der Förmlichen Festlegung mit allen Beteiligten möglichst
§ 9   frühzeitig die beabsichtigte Neugestaltung des Sanierungsgebietes erörtern. Zu den Beteiligten gehören nach dem Gesetz neben den Eigentümern der im förmlich festgelegten Sanierungsgebiet gelegenen Grundstücke, soweit sie bekannt oder aus dem Grundbuch ersichtlich sind, auch die Mieter, Pächter und anderen Nutzungsberechtigten oder deren Beauftragte. § 9 könnte man so verstehen, daß die im Gebiet vorhandenen Eigentümer, Mieter usw. gemeint sind. Über diesen Kreis hinaus wird es

künftige Mieter   aber zu empfehlen sein, auch an künftige Eigentümer, Mieter usw. zu denken, sobald diese bekannt sind; gerade sie sind an der Neugestaltung sicherlich interessiert und vielfach kaum weniger betroffen. Mit ihnen sollte daher die Neugestaltung ebenfalls erörtert werden.

Hinsichtlich der Eigentümer sieht § 9 Abs. 2 vor, daß mit diesen über die mit einer Veräußerung ihrer Grundstücke zusammenhängenden Fragen gesprochen wird, wenn ihnen eine Beteiligung an der Durchführung der Sanierung nicht möglich erscheint. Dabei soll insbesondere auch festgestellt werden, ob und in welcher Rechtsform die Eigentümer einen späteren Erwerb von Grundstücken oder Rechten im Rahmen der §§ 25 und 35 Abs. 5 anstreben.

Frist zur Stellungnahme   § 9 Abs. 3 sagt, daß den Beteiligten auf Wunsch eine angemessene Frist zur Stel-
§ 9 Abs. 3   lungnahme einzuräumen ist. Dabei muß berücksichtigt werden, daß die Beteiligten mit einer nicht einfachen Materie konfrontiert sind. Andererseits darf die Sanierung nicht unvertretbar verzögert werden. Es muß daher dem pflichtgemäßen Ermessen der Gemeinde überlassen bleiben, die Frist zu bestimmen.

Erörterungen mit den Beteiligten sind nach § 9 Abs. 4 in einer Niederschrift festzuhalten. Den Beteiligten ist auf ihren Wunsch in den sie betreffenden Teil der Niederschrift Einsicht zu gewähren. Demnach ist die Gemeinde nicht verpflichtet,

Abschriften   auch nur auszugsweise Niederschriften hinauszugeben. In der Praxis wird man zumindest in bestimmten Fällen der Bitte um Überlassung von Abschriften entsprechen.

Die Erörterung der Neugestaltung des Sanierungsgebietes mit den Beteiligten ist in
Sanierungsträger   § 9 den Gemeinden auferlegt. Nach § 33 kann die Gemeinde jedoch Sanierungsträger oder andere Beauftragte einschalten. Zumindest dann wird das zweckmäßig sein,

wenn ein Sanierungsträger oder andere Beauftragte bereits vorher bei den Vorbereitenden Untersuchungen und in der Planungsphase eingeschaltet waren.

Nach § 9 findet die Erörterung nach der förmlichen Festlegung statt. Genau gesehen handelt es sich aber nicht um einen neuen Vorgang, sondern um eine Fortführung der schon nach § 4 aufgenommenen Verhandlungen. § 9 ist also mißverständlich: man könnte meinen, daß über die Neugestaltung des Gebietes erst nach der förmlichen Festlegung mit den Beteiligten zu verhandeln wäre. Das ist nicht richtig. Über die Neugestaltung des Gebietes muß schon während der vorbereitenden Untersuchungen und in der Planungsphase, also vor der förmlichen Festlegung, mit den Beteiligten gesprochen werden. Allerdings können jetzt nach der förmlichen Festlegung die Erörterungen konkreter werden als bisher. Verbindlicher ist jetzt über Baupläne, über Finanzierungsfragen, über die Durchführung eines Umzugs usw. zu verhandeln.

Fortführung früherer Verhandlungen § 4

3. Bebauungsplanentwurf

Es ist zweckmäßig, Bebauungsplanentwürfe für das Sanierungsgebiet sowie für Ersatz- und Ergänzungsgebiete etwa gleichzeitig zu bearbeiten, selbst wenn zur förmlichen Festlegung von Ersatz- und Ergänzungsgebieten ein rechtsverbindlicher Bebauungsplan vorliegen muß. Auch die Kosten- und Finanzierungsübersicht sowie die Abstimmung der Finanzierung mit Trägern öffentlicher Belange können praktisch nur gemeinsam und nicht getrennt nach Sanierungs- bzw. Ersatz- und Ergänzungsgebieten erarbeitet werden.

S 37, S 38 § 10

3.1 Inhalt des Bebauungsplanentwurfs

Für den Inhalt eines Bebauungsplanentwurfs bilden das BBauG und die BauNVO die Rechtsgrundlage. Für die Darstellung der Bebauungsplanentwürfe ist die PlanZVO maßgebend; hinzu kommen ergänzende Verwaltungsvorschriften in verschiedenen Bundesländern.

§ 9 BBauG BauNVO

Für Sanierungsgebiete ist darüber hinaus in § 10 vorgesehen, daß im Bebauungsplan die Gebäude und sonstigen baulichen Anlagen kenntlich zu machen sind, die bei der Durchführung der Sanierung ganz oder teilweise beseitigt werden müssen, weil sie den Festsetzungen des Bebauungsplans nicht entsprechen. Ebenso sind die Gebäude kenntlich zu machen, die erhalten bleiben sollen (§ 10 Abs. 1). Außerdem ist das förmlich festgelegte Sanierungsgebiet im Bebauungsplan kenntlich zu machen. Zum Planinhalt ist in § 10 Abs. 1 betont, daß auf die Erhaltung von Bauten, Straßenplätzen oder Ortsteilen von geschichtlicher, künstlerischer oder städtebaulicher Bedeutung Rücksicht zu nehmen ist. Das besagt im Grunde nichts Neues, es ergibt sich bereits aus § 1 BBauG. Die Betonung in § 10 ist wohl daraus zu erklären, daß es sich hier um ein besonders wichtiges Problem für die Stadtgestaltung bei der Sanierung handelt. Schließlich ist in § 10 Abs. 1 vorgeschrieben, daß in Sanierungsgebieten für die Neugestaltung Bebauungspläne im Sinne des § 30 BBauG — also sogenannte „qualifizierte" Bebauungspläne — aufzustellen sind.

Ergänzende Vorschriften für den Bebauungsplan

Wie „Kennzeichnungen" in den Bebauungsplänen darzustellen sind, ergibt sich aus der PlanZVO: Für die Umgrenzung des Sanierungsgebietes ist wohl das Zeichen unter 14.3 der Anlage zur PlanZVO zu verwenden, wenn dieses Planzeichen auch in der PlanZVO von 1965 verbindlich nur für den Flächennutzungsplan vorgesehen wurde. Abzubrechende Gebäude usw. sind mit Planzeichen kenntlich zu machen, die gemäß § 2 Abs. 2 PlanZVO aus den Planzeichen der PlanZVO sinngemäß zu entwickeln sind (z. B. besondere Schraffur, Umrandung, Text).

Darstellung

3.2 Bebauungsplanentwurf mit Kenntlichmachung

Es wird wohl in der Regel notwendig sein, in Sanierungsgebieten einen neuen Bebauungsplan aufzustellen. Vorhandene Bebauungspläne werden nur in seltenen Fällen bereits der angestrebten Neugestaltung entsprechen. Wegen des Inhalts eines neuen Bebauungsplans kann auf 3.1 verwiesen werden.

S 37 § 10 Abs. 1

3.3 Alter Bebauungsplan mit Berichtigung

Es ist denkbar, daß ein Bebauungsplan für die Neugestaltung des Sanierungsgebietes vorhanden ist, der den Anforderungen von § 10 Abs. 1 bereits entspricht. In diesem Fall genügt es nach § 10 Abs. 2 das Sanierungsgebiet und die abzubrechenden bzw.

S 38 § 10 Abs. 2

zu erhaltenden Gebäude und sonstigen baulichen Anlagen in dem vorhandenen Bebauungsplan im Wege der Berichtigung kenntlich zu machen.

Kein besonderes Verfahren

Da es sich um eine „Berichtigung" und nicht um eine „Änderung" oder „Ergänzung" des Bebauungsplans (§ 2 Abs. 9 BBauG) handelt, muß kein Bebauungsplanverfahren durchgeführt werden, also auch keine öffentliche Auslegung. Die Eigentümer,

§ 10 Abs. 3

Mieter usw. der abzubrechenden Gebäude sind nach § 10 Abs. 3 zu benachrichtigen. Es dürfte sich empfehlen (im Zuge des vorgesehenen ständigen Kontaktes mit den Beteiligten), daß auch die Beteiligten informiert werden, deren Gebäude und sonstigen baulichen Anlagen aus den in § 10 Abs. 1 genannten Gründen erhalten bleiben sollen. Wegen der „Kennzeichnung des Sanierungsgebietes" bedarf es keiner besonderen Benachrichtigung, da die förmliche Festlegung öffentlich bekannt gemacht worden ist.

S 39
§ 38 Abs. 1

4. Kosten- und Finanzierungsübersicht

Schon bei den vorbereitenden Untersuchungen und im Laufe der Planungsphase sind bei den Überlegungen zur Wirtschaftlichkeit Kosten, Erträge, Finanzierung, öffentliche Förderungsmittel und die Steuerfragen bis in alle Einzelteile erarbeitet und geklärt worden, um die am besten geeignete Planung auswählen und ausarbeiten zu können. Bei Aufstellung des Bebauungsplans sind die Kosten und die Finanzierung endgültig zu überarbeiten und in die von den Ländern vorgeschriebene Form zu bringen. Die Überarbeitung und Fortschreibung der Finanzierungspläne ist auch in den weiteren Phasen notwendig, wenn die Gemeinde für sich und andere Beteiligte die Übersicht über die jeweilige Kosten- und Finanzlage behalten will. Bei der Überarbeitung während der Aufstellung des Bebauungsplans ist vor allem eine genauere Abschätzung der Neuwerte und Erträge möglich, die sich aus dem Plan ergeben. Eine Anpassung ist besonders hinsichtlich der Veränderungen im allgemeinen Preisgefüge (Bodenwerte, Baupreise usw.) notwendig. Dabei können sich durchaus höhere Kosten — vor allem bei den Ordnungsmaßnahmen — ergeben. Wenn sich dann „Finanzierungslücken" zeigen, muß deren Deckung abgeklärt werden, bevor die Sanierung weitergeführt werden kann.

Nach § 38 Abs. 1 ist die Kosten- und Finanzierungsübersicht für die Durchführung der Sanierung aufzustellen, also für die Ordnungs- und Baumaßnahmen, § 12 Abs. 1.

Die Kosten- und Finanzierungsübersicht ist nach Abstimmung mit den Trägern öffentlicher Belange der höheren Verwaltungsbehörde vorzulegen, § 38 Abs. 1. Spätestens wird das mit der Vorlage zur Genehmigung des Bebauungsplans notwendig sein. Es empfiehlt sich jedoch, das schon vorher zu tun, damit die Kosten- und Finanzierungsübersicht bis zur öffentlichen Auslegung abgeklärt ist, zumal gerade auch in dieser Frage ohnehin laufend Kontakte mit der höheren Verwaltungsbehörde notwendig sein werden. Die höhere Verwaltungsbehörde hat nach § 38 Abs. 2 das Recht, Ergänzungen und Änderungen der Kosten- und Finanzierungsübersicht von der Gemeinde zu verlangen. Andererseits ist ihr die Pflicht auferlegt, bei der Beschaffung von Förderungsmitteln eines öffentlichen Haushalts die Gemeinde zu unterstützen.

S 40
§ 38

5. Abstimmung der Finanzierung mit den Trägern öffentlicher Belange

Während des Bebauungsplanverfahrens ist die Abstimmung der Finanzierung mit den Trägern öffentlicher Belange besonders vorgeschrieben, damit diese wichtige Frage „abschließend" geklärt wird, bevor das Bebauungsplanverfahren abgeschlossen ist.

§ 38 Abs. 2

Gegenüber der Gemeinde und der höheren Verwaltungsbehörde ist in § 38 Abs. 2 den Trägern öffentlicher Belange eine Auskunftspflicht über ihre eigenen Absichten sowie Kosten- und Finanzierungsvorstellungen auferlegt. Die höhere Verwaltungsbehörde hat für ein wirtschaftlich sinnvolles Zusammenwirken zwischen Gemeinde und Trägern öffentlicher Belange zu sorgen.

S 41
§ 10
§§ 2, 9–13 BBauG

6. Der Bebauungsplan

Wegen des Inhalts des Bebauungsplans wird auf 3.1 verwiesen. Der Bebauungsplan ist Grundlage des gesamten sich anschließenden Verfahrens. Er ist die Basis vieler Verwaltungsakte. Das ist bei der Aufstellung des Planes, insbesondere bei der Formulierung der Begründung zu bedenken, damit die Ziele des Bebauungsplans (der Sanierungszweck) rechtlich genügend abgesichert sind, wenn es zu gerichtlichen Auseinandersetzungen kommt.

Das Städtebauförderungsgesetz hat keine Änderung gebracht, d. h., der Bebauungsplan wird als Satzung beschlossen. Es handelt sich dabei um einen Hoheitsakt, den die Gemeinde nicht auf einen Sanierungsträger übertragen kann, § 44 Abs. 4.

Auch hinsichtlich der formellen Abwicklung des Bebauungsplanverfahrens bringt das Städtebauförderungsgesetz keine Veränderung. Es sind also hier — wie außerhalb von Sanierungsgebieten — die entsprechenden Vorschriften des BBauG maßgebend.

7. Ersatz- und Ergänzungsgebiete

S 42

7.1 Vorbemerkungen

Die Möglichkeit, Ersatz- und Ergänzungsgebiete festlegen zu können — ist eine Konsequenz des Sozialplans, dessen Durchführung dadurch überhaupt erst ermöglicht wird. Angesichts eines Wohnungsmarkts, der dem Eigentümer die Entscheidung überläßt, wen er als Mieter haben will, müssen die Gemeinden die Möglichkeit erhalten, betroffene Mieter in Ersatz- und Ergänzungsgebieten tatsächlich wieder unterzubringen.

Sozialplan

Ersatz- und Ergänzungsgebiete sollen die Möglichkeit bieten, Bewohner von Sanierungsgebieten wieder räumlich zusammenhängend unterzubringen. Ein wesentliches Problem des Sozialplans ist die Notwendigkeit, Ersatz zu zumutbaren Bedingungen (Lage, Größe, Ausstattung, Miete usw. der Wohnung) zu schaffen. § 11 Abs. 2 bietet dafür die notwendige Handhabe. Ersatz- und Ergänzungsgebiete können auch für Gewerbebetriebe notwendig sein, insbesondere auch und gerade für solche, bei denen der Gewerbetreibende nicht selber Grundeigentümer ist.

§ 11

Der Bebauungsplan nach § 9 BBauG ist durch § 11 insoweit entscheidend weiter entwickelt. Bedauerlich ist, daß die rechtlichen Möglichkeiten des § 11 nur in Ersatz- und Ergänzungsgebieten und nicht im Sanierungsgebiet selbst gelten. Denn die mit dem Sozialplan verfolgten Ziele dürften sich in vielen Fällen besser im Sanierungsgebiet verwirklichen lassen. Es erscheint daher nicht logisch, daß der Gesetzgeber die Bestimmungen des § 11 nicht auch für Sanierungsgebiete beschlossen hat. Es ist aber wenigstens nicht ausgeschlossen, daß unmittelbar neben dem Sanierungsgebiet Ersatz- und Ergänzungsgebiete festgelegt werden können, um eine Unterbringung in der gewohnten Umgebung zu ermöglichen.

7.2 Förmliche Festlegung von Ersatz- und Ergänzungsgebieten

Erst wenn der Bebauungsplan vorliegt — also nachdem § 12 BBauG in Kraft getreten ist —, können nach § 11 Ersatz- und Ergänzungsgebiete förmlich festgelegt werden. Da auf diese Weise die Sicherung der Ersatzgebiete nur außerordentlich schlecht, schlechter als die Sicherung der Sanierungsgebiete, möglich ist, dürfte es zweckmäßig sein, bei der Bekanntgabe der vorbereitenden Untersuchungen die Ersatzgebiete mit zu erwähnen und später nach Notwendigkeit die Schutzmöglichkeiten des Bundesbaugesetzes auszunutzen. Das würde bedeuten, daß für die Ersatz- und Ergänzungsgebiete zu gegebener Zeit ein Beschluß, einen Bebauungsplan aufzustellen, zu erfolgen hat und daß gegebenenfalls eine Veränderungssperre (§ 14 BBauG) verhängt werden muß. Der hierdurch begründete Fristablauf bestimmt im Verhältnis zu dem Planungsfortschritt im Sanierungsgebiet die Zweckmäßigkeit der Termine für den Einleitungsbeschluß.

S 42

Rechtzeitige Sicherung von Ersatzgebieten

Die in § 11 Abs. 1 genannten Voraussetzungen werden wohl gefordert, weil die formelle Festlegung als Ersatz- und Ergänzungsgebiete für die Eigentümer in der Tat einen erheblichen Eingriff darstellen kann. Bei der Festlegung von Ersatz- und Ergänzungsgebieten im bebauten Gebiet (Baulücken) wird aber der Grundgedanke des § 87 Abs. 2 Nr. 1 BBauG zu berücksichtigen sein.

§ 87 Abs. 2 BBauG

Für die förmliche Festlegung und die sich daraus ergebenden Wirkungen verweist § 11 Abs. 1 auf die Vorschriften für die Sanierungsgebiete. Daraus ergibt sich, daß die förmliche Festlegung durch eine Satzung erfolgt.

Vorschriften wie im Sanierungsgebiet

Eine zusammenhängende Unterbringung von Bewohnern oder Betrieben läßt sich u. U. durch mehrere Ersatz- und Ergänzungsgebiete erreichen — die Überschrift von § 11 sagt ja auch: „Gebiete". So könnten beispielsweise mehrere Baulücken in der Nähe des Sanierungsgebietes als Ersatz- und Ergänzungsgebiete die räumlich zusammenhängende Unterbringung ermöglichen. In diesem Fall würde der räumliche Zusammenhang nicht nur zwischen den Ersatzwohnungen, sondern auch mit der gewohnten Umgebung und deren Bewohner gegeben sein. Und das dient der Erreichung des Sanierungszwecks. In diesem Sinn ist es nach § 11 ebenfalls möglich, auch ein-

Festlegung einzelner Grundstücke

117

zelne Grundstücke als Ersatz- bzw. Ergänzungsgebiet festzulegen. Dies ist gerade auch für einen Betrieb vorstellbar, der als einziger aus dem Gebiet verlagert werden muß und für den der Zusammenhang mit den im Sanierungsgebiet verbleibenden Betrieben bzw. mit seinen Kunden wichtig ist.

Ersatzgebiete für Folgeeinrichtungen

Ersatz- und Ergänzungsgebiete können auch für Gemeinbedarfs- oder Folgeeinrichtungen — auch privatwirtschaftliche — in Anspruch genommen werden. Das kann notwendig werden beispielsweise bei Umstrukturierungen oder um eine vorhandene Unterversorgung des Sanierungsgebietes im Zusammenhang mit der Umgebung zu beseitigen. So hat beispielsweise eine Untersuchung des Städtebauinstituts SIN Nürnberg in erneuerungsbedürftigen Gebieten mehrerer Städte ergeben, daß in solchen Gebieten Kindergärten in besonderem Maße fehlen. Das ist umso beachtlicher, wenn man durch Zuzug junger Familien die Regeneration in Sanierungsgebieten einleiten oder fördern will, um dadurch einer bestehenden Überalterung entgegen zu wirken (Sozialplan).

Erweiterte Festsetzungsmöglichkeit im Bebauungsplan

Im Bebauungsplan für die Ersatz- und Ergänzungsgebiete können Festsetzungen getroffen werden, die über das hinausgehen, was nach BBauG und BauNVO möglich ist. Insbesondere können Festsetzungen getroffen werden, die dazu dienen, die Unterbringung bestimmter Bevölkerungsgruppen unter Berücksichtigung des Sozialplans zu gewährleisten. Damit können die Gemeinden sicherstellen, daß den weichenden Eigentümern sowie Mietern und Pächtern, die in den Ersatzgebieten untergebracht werden sollen, dort auch tatsächlich ein Ersatz zu zumutbaren Bedingungen verschafft wird.

Im Bebauungsplan ist demnach generell der Charakter des Baugebietes als „Ersatz- und Ergänzungsgebiet" kenntlich zu machen. Dazu ist nach § 2 Abs. 2 PlanZVO ein Planzeichen sinngemäß zu entwickeln, etwa in Anlehnung an Nr. 13.5 oder 14.3 der Anlage zur PlanZVO. Denkbar ist auch eine Kennzeichnung durch Text, beispielsweise um bei einem Block Überlagerungen mit anderen Planzeichen zu vermeiden.

Bestimmung der Nutzung

Ist die beabsichtigte Art der Nutzung einer Nutzungsart der §§ 2–9 BauNVO ähnlich, so ist diese Art der Nutzung festzusetzen, darüber hinaus ist für die einzelnen Grundstücke zwingend festsetzbar die Nutzung — z. B. Weinhandlung mit Probierstube, Malergeschäft, Kfz-Reparaturbetrieb, Massagesalon — zur Sicherung von aus dem Sanierungsgebiet Verdrängten. Eine geschoßweise unterschiedliche Festsetzung ist zulässig — auch eine derartige Fixierung kann im Einzelfalle sinnvoll sein. Weicht die beabsichtigte Art der Nutzung wesentlich von der der §§ 2–9 BauNVO ab, so ist ein Sondergebiet festzusetzen. Bei der Festsetzung von Sondergebieten müßten die planungsrechtlich wichtigen Störungsgrade (nicht wesentlich störend; nicht störend usw.) mitbestimmt werden.

Bei der Festsetzung zu Gunsten besonderer Bevölkerungsgruppen handelt es sich insbesondere um Bewohner des Sanierungsgebietes — denkbar sind Festsetzungen für: Altenwohnungen — öffentlich geförderten Wohnungsbau — Wohnungen für Kinderreiche — Wohnungen für Behinderte. Der Bebauungsplan kann insoweit relativ genaue Bauprogramme fixieren. Die Ausweisung muß im Sozialplan begründet sein. Zulässig sind zweifellos auch insoweit gemischte Programme, zulässig sind auch Teilfestsetzungen (mindestens 40 % der Wohnungen sind als Wohnungen im öffentlich geförderten Wohnungsbau, davon die Hälfte als Wohnungen mit mindestens 4 Zimmern zu errichten). Teilfestsetzungen dürften die Durchsetzung von Ersatz- und Ergänzungsgebieten wesentlich erleichtern. Die ergänzenden Vorschriften zur Art der Nutzung, die Vorschriften zum Sondergebiet, sowie die Vorschriften zur Berücksichtigung besonderer Bevölkerungsgruppen sind im Einzelfall im Text des Bebauungsplans festzusetzen.

Beispiele für Festsetzungen in Ersatz- und Ergänzungsgebieten

▶ WA — Allgemeines Wohngebiet — gemäß § 4 BauNVO; im Ersatz- und Ergänzungsgebiet: in den Obergeschossen sind nur Wohnungen zulässig; mindestens 60 % der Wohnfläche im öffentlich geförderten sozialen Wohnungsbau, davon wenigstens die Hälfte als Wohnungen mit mindestens 4 Zimmern, zur Unterbringung von Bewohnern aus dem Sanierungsgebiet XY entsprechend dem Sozialplan (§ 11 StBauFG). (Bei einer derartigen Festsetzung könnte der Eigentümer über die Erdgeschoßfläche und über 40 % der Wohnflächen im Rahmen des Bebauungsplans frei verfügen.)

▶ SO — Sondergebiet — gemäß § 11 BauNVO.

1. Das Gebiet dient vorwiegend der Unterbringung von älteren Menschen, insbesondere aus dem Sanierungsgebiet XY.
2. Zulässig sind
a) Altenwohn-, Alten-, Altenpflegeheime und Versorgungseinrichtungen für die offene Altenhilfe,
b) Einzelhandelsbetriebe, Schank- und Speisewirtschaften,
c) Anlagen für kirchliche, kulturelle und andere soziale sowie gesundheitliche Zwecke.
3. Im Ersatz- und Ergänzungsgebiet sind wenigstens 80 % der Nutzfläche nur zulässig zur Unterbringung von älteren Menschen aus dem Sanierungsgebiet XY entsprechend dem Sozialplan (§ 11 StBauFG).

▶ GE — Gewerbegebiet — gemäß § 8 BauNVO.
1. Zulässig sind Gewerbebetriebe gemäß § 8 Abs. 2 Nr. 1 BauNVO.
2. Im Ersatz- und Ergänzungsgebiet sind nur zulässig Gewerbebetriebe aus dem Sanierungsgebiet XY (§ 11 StBauFG).

▶ MI — Mischgebiet — gemäß § 6 BauNVO.
Im Ersatz- und Ergänzungsgebiet sind in den Erdgeschossen mindestens 500 qm Nutzfläche nur zulässig zur Unterbringung von Weinhandlung mit Probierstube, Malergeschäft und Kfz-Betrieb aus dem Sanierungsgebiet XY (§ 11 StBauFG).

§ 11 Abs. 2 bewirkt: Die Gemeinde kann zum einen die besondere Nutzung erzwingen — eine Möglichkeit, die das BBauG bisher nur beim Pflanzzwang kannte (§ 9 Abs. 1, Nr. 15 und 16 BBauG). Ferner kann die Gemeinde die Unterbringung bestimmter Bevölkerungsgruppen entsprechend dem Sozialplan wenigstens hier durchsetzen. Es kann also nicht nur eine bestimmte Nutzungsart durchgesetzt werden, sondern auch bestimmt werden, wer im Ersatz- und Ergänzungsgebiet unterzubringen ist.

Konsequenzen der Festsetzung

Zum anderen wird durch Festsetzungen nach § 11 der Grundstückswert beeinflußt. Das wird vor allem deutlich bei Festsetzungen für den sozialen Wohnungsbau: In Gemeinden mit hohen Grundstückspreisen ist öffentlich geförderter sozialer Wohnungsbau nur dann möglich, wenn die Grundstücke erheblich unter dem üblichen Preis erworben werden können. Von dieser Sachlage geht § 6 Abs. 1 II. BV aus. Für Grundstücke mit Festsetzungen nach § 11 Abs. 2 wird sich demnach ein vom üblichen Verkehrswert nach unten abweichender Verkehrswert bilden. Das gilt für Grundstücke innerhalb und außerhalb von Baugebieten. War der Verkehrswert vorher höher, so ist allerdings weiter von diesem Wert auszugehen. Die folgenden Fälle sollen das verdeutlichen (die gewählten Wertangaben sind nur als Beispiel zu verstehen, sie werden in der jeweiligen Gemeinde von den dortigen Verhältnissen am Grundstücksmarkt bestimmt):

1. Fall:
ca. 5 DM/qm: Bodenwert vor der Sanierung bzw. der Festlegung als Ersatz- und Ergänzungsgebiet.
z. B. ca. 40 DM/qm: Nur dann sozialer Wohnungsbau möglich.
In diesem Fall kann für die Fläche mit der Festsetzung „Bauland (z. B. WA)", jedoch mit der Einschränkung „für sozialen Wohnungsbau" aufgrund § 11 Abs. 2, der Bodenwert auf höchstens 40 DM/qm anwachsen.
ca. 130 DM/qm: Bodenwert für Bauland ohne Einschränkungen „für sozialen Wohnungsbau" aufgrund § 11 Abs. 2.

2. Fall:
ca. 130 DM/qm: Bodenwert vor der Sanierung bzw. der Festlegung als Ersatz- und Ergänzungsgebiet.
z. B. ca. 40 DM/qm: Nur dann sozialer Wohnungsbau möglich.

In diesem Fall hat der Eigentümer einen Übernahmeanspruch zum Wert von 130 DM/qm. Der „Planungsschaden" von 90 DM/qm gehört zu den Kosten des Sozialplans und damit nach § 41 Abs. 2 zu den Kosten der Ordnungsmaßnahmen.

Zu einem unter dem Verkehrswert liegenden Preis Bauland abzugeben, sind bisher praktisch nur die Gemeinden auf Grund ihrer Verpflichtung zur Förderung des sozialen Wohnungsbaus nach §§ 1, 89 II. WoBauG bereit. Dieses Preisniveau ergibt sich nun aber auch für die betreffenden Grundstücke als Folge der Festsetzung für sozialen Wohnungsbau in Ersatz- und Ergänzungsgebieten entsprechend § 11 Abs. 2.

S 43
§ 11 Abs. 3

7.3 Übernahmeverlangen

Eine Festlegung als Ersatz- und Ergänzungsgebiet kann die Verkäuflichkeit der betroffenen Grundstücke erheblich beeinträchtigen. Daher ist auch in § 11 Abs. 3 ein Übernahmeanspruch vorgesehen.

S 44
§ 10 Abs. 3

8. Bei abzubrechenden Gebäuden: Benachrichtigung der Beteiligten

Müssen nach dem Bebauungsplan Gebäude abgebrochen werden, so sollen nach Rechtsverbindlichkeit des Planes die Eigentümer abzubrechender Gebäude oder deren Beauftragte benachrichtigt werden, wenn sie bekannt oder aus dem Grundbuch ersichtlich sind. Entsprechendes gilt für Mieter, Pächter und sonstige Nutzungsberechtigte. Die Benachrichtigung soll erfolgen, sobald der Bebauungsplan rechtsverbindlich ist. Bei vorhandenem Bebauungsplan entsprechend § 10 Abs. 2 soll nach § 10 Abs. 3 die Benachrichtigung erfolgen, sobald die förmliche Festlegung rechtsverbindlich geworden ist. Dabei wird davon ausgegangen, daß schon vor der förmlichen Festlegung der Sanierungszweck mit den Beteiligten erörtert worden ist. In der Benachrichtigung ist auf die Vorschriften der §§ 26—32 hinzuweisen.

§ 10 Abs. 3 — Benachrichtigung — ist als Sollvorschrift ausgestaltet. Der nicht zwingende Charakter der Vorschrift verhindert, daß später Verfahrensmängel gerügt werden können.

Für Grundstücke, die in einem Umlegungsgebiet liegen, gilt nach § 10 Abs. 4 die Benachrichtigungspflicht nach § 10 Abs. 3 nicht.

VII. Ordnungsmaßnahmen

1. Ordnungsmaßnahmen und Baumaßnahmen
Das Gesetz unterscheidet bei der Durchführung der Sanierung zwei Phasen, die Ordnungsmaßnahmen und die Baumaßnahmen.

§ 12

1.1 Die Ordnungsmaßnahmen
Zu den Ordnungsmaßnahmen gehören nach § 12 Abs. 1 Nr. 1 die Bodenordnung, der Umzug der Bewohner und Betriebe, die Beseitigung baulicher Anlagen, die Erschließung sowie sonstige Maßnahmen, die notwendig sind, um die Baumaßnahmen durchführen zu können. Der Umzug der Bewohner und Betriebe setzt oft voraus, daß Ersatzräume geschaffen werden. Auch die Bereitstellung und gegebenenfalls die Erschließung von Ersatz- und Ergänzungsgebieten gehört zu den Ordnungsmaßnahmen. Nach § 13 Abs. 1 führt grundsätzlich die Gemeinde die Ordnungsmaßnahmen durch.

§ 12 Abs. 1 Nr. 1

1.2 Die Baumaßnahmen
Nach § 12 Abs. 1 Nr. 2 gehören zu den Baumaßnahmen die Neubebauung, die Modernisierung baulicher Anlagen, die Errichtung von Ersatzbauten, Ersatzanlagen und durch die Sanierung bedingter Gemeinbedarfs- und Folgeeinrichtungen, sowie die Verwirklichung der sonstigen nach dem Bebauungsplan festgesetzten Nutzung. Die Ersatzbauten, Ersatzanlagen und Gemeinbedarfs- und Folgeeinrichtungen können auch außerhalb des Sanierungsgebietes liegen. Dann gelten allerdings die Vorschriften des 2. Teils des Gesetzes (3. und 4. Abschnitt) nur, wenn ein Ersatz- oder Ergänzungsgebiet nach § 11 förmlich festgelegt worden ist. Die Aufzählung der möglichen Baumaßnahmen ist nicht erschöpfend. Bei der Verschiedenheit der in Betracht kommenden Aufgaben und bei der Vielfalt der Ziele der einzelnen Sanierungen können abschließende Aufzählungen nicht gewagt werden. Die Durchführung der Baumaßnahmen bleibt grundsätzlich den Eigentümern überlassen.

§ 12 Abs. 1 Nr. 2

1.3 Die Trennung von Ordnungs- und Baumaßnahmen
Die Unterteilung in Ordnungs- und Baumaßnahmen bedeutet nicht zwangsläufig ein zeitliches Nacheinander. Selbst dann, wenn bei der Bodenordnung in der Sanierung wieder Einzelgrundstücke entstehen, wird es zu einer abschnittweisen Durchführung kommen und werden Ordnungs- und Baumaßnahmen ineinander übergehen. Zudem werden häufig die Bauabschnitte überlagernde Gemeinschaftsanlagen vorkommen (z. B. Sammelgarage). Eine Trennung von Ordnungs- und Baumaßnahmen wird im Rahmen von Gemeinschaftslösungen ohnehin so gut wie unmöglich sein. Ein Überschneiden von Ordnungs- und Baumaßnahmen wird es auch dann geben, wenn Bewohner eines Sanierungsgebiets in Ersatzbauten umgesetzt werden müssen. Die Umsetzung gehört zwar zu den Ordnungsmaßnahmen, die Errichtung von Ersatzbauten gehört aber zu den Baumaßnahmen. Ein Teil der Baumaßnahmen muß also vollzogen sein, bevor die Ordnungsmaßnahmen abgeschlossen werden können. Die Unterteilung in Ordnungs- und Baumaßnahmen ist also nur ein Hilfsmittel, mit dem zwei Maßnahmegruppen zusammengefaßt und teilweise besonderen Regelungen unterstellt werden. Die Unterteilung ist vor allem im Hinblick auf die Finanzierung der einzelnen Maßnahmen von Bedeutung (vgl. §§ 38 ff.).

2. Vorarbeiten und Vorentscheidungen
Die Planung der Hochbauten ist im Groben bei der Entwicklung der Neuordnungskonzepte und bei der Auswahl des Entwurfs längst überlegt. Für die Durchführung der Ordnungsmaßnahmen müssen aber konkrete Detailüberlegungen für die Bebauung vorliegen, nur dann können die Verhandlungen mit den Beteiligten sinnvoll weitergeführt werden. Kann bei der Abwicklung der Ordnungsmaßnahmen über Einzelheiten der zukünftigen Bebauung keine Auskunft gegeben werden, werden die Beteiligten nur selten endgültige Stellungnahmen abgeben.

Bauplanung
S 46

Nach § 12 Abs. 2 dürfen auf Grundstücken, die bestimmten öffentlichen Zwecken dienen, (z. B. Landesverteidigung, Polizei, Post) Sanierungsmaßnahmen nur mit Zustimmung des Bedarfsträgers durchgeführt werden. Liegen solche Grundstücke im

Zustimmung von Bedarfsträgern
S 45

Sanierungsgebiet, so muß die Gemeinde, bevor sie Sanierungsmaßnahmen in Angriff nimmt, die erforderliche Zustimmung einholen. Wurden die vorbereitenden Untersuchungen unter Beteiligung der Träger öffentlicher Belange richtig durchgeführt, so ist die Erteilung der Zustimmung nur eine Formsache. Hätte ein solcher Bedarfsträger ernsthafte Bedenken vorgebracht, so würde es kaum zur förmlichen Festlegung des Sanierungsgebietes gekommen sein.

3. Verschiedene Möglichkeiten zur Durchführung der Ordnungsmaßnahmen

S 46
§ 13

Für die Durchführung der Sanierung, zunächst für die Durchführung der Ordnungsmaßnahmen, gibt es verschiedene Wege:
▶ die Gemeinde erwirbt sämtliche Grundstücke im Sanierungsgebiet;
▶ sie erwirbt einen Teil der Grundstücke im Sanierungsgebiet, während sich andere Grundeigentümer an der Sanierung beteiligen;
▶ sie führt eine Umlegung durch;
▶ sie schaltet einen Sanierungsträger ein;
▶ die Eigentümer und sonstigen Beteiligten führen die Sanierung alleine durch.

Die verschiedenen Möglichkeiten können immer wieder kombiniert werden. Das mag sogar die Regel sein, denn die Gemeinde ist für die Durchführung der Ordnungsmaßnahmen auch dann verantwortlich, wenn diese anderen übertragen worden sind. Eine Gemeinde muß z. B. bei der Beauftragung eines Sanierungsträgers oder beim Abschluß eines Vertrags, durch den die Ordnungsmaßnahmen auf die Eigentümer übertragen werden, wissen, daß sie den Sanierungsträger oder die Eigentümer, gelegentlich mit den nur ihr zu Gebote stehenden Zwangsmitteln unterstützen muß. Die Hauptfrage, die hier zu entscheiden ist, ist wohl die, wie weit eine Gemeinde die Durchführung der Ordnungsmaßnahmen den Eigentümern überlassen soll. Hierüber kann es zu ernsthaften Auseinandersetzungen kommen, die das ganze weitere Verfahren belasten können. Man wird deshalb nur im Ausnahmefall eine bestimmte Durchführungsart gegen den erklärten Willen der Mehrheit der Beteiligten wählen.

S 48, S 49–61

4. Durchführung durch Grunderwerb durch die Gemeinde

Je mehr Grundstücke im Sanierungsgebiet der Gemeinde gehören, umso einfacher läßt sich eine Sanierung durchführen. Die Gemeinden werden deshalb vielfach versuchen, im Sanierungsgebiet möglichst viele Grundstücke aufzukaufen oder sie sogar alle zu erwerben. Diese Möglichkeit ist durch das Gesetz gegeben. Richtig wird diese Art der Durchführung vor allem dann sein, wenn im Sanierungsgebiet große Verkehrs- oder Gemeinbedarfsflächen liegen oder wenn auf den für die private Bebauung vorgesehenen Flächen zweckmäßigerweise keine Einzelbebauung, sondern komplexe Bauwerke errichtet werden müssen.

4.1 Grunderwerb durch Kauf, Ausübung des Vorkaufsrechts und des Grunderwerbsrechts

S 49
Erörterungen
S 50
Ankauf

Zunächst muß versucht werden, möglichst viele Grundstücke freihändig zu erwerben. Mit jedem Grundstückseigentümer im Sanierungsgebiet müssen Kaufverhandlungen aufgenommen werden. Kommt es zum freihändigen Verkauf, so erübrigen sich alle weiteren Maßnahmen.

Kaufpreis
§ 49 Abs. 1

Die Verkaufsbereitschaft der beteiligten Grundeigentümer hängt natürlich nicht zuletzt vom gebotenen Grundstückskaufpreis ab. Bei der Vereinbarung des Kaufpreises ist die Gemeinde an den Wert gebunden, der sich nach § 23 Abs. 2 ergibt, das heißt den Grundstückswert ohne vorweggenommenen Sanierungsgewinn, und zwar auch beim freihändigen Erwerb (§ 49 Abs. 1). Das folgt auch aus § 36 Abs. 5. Diese Bestimmung gilt zwar direkt nur für die Überführung eines Grundstücks aus dem Vermögen eines Sanierungsträgers in das Treuhandvermögen. Sie enthält aber einen allgemeinen Rechtsgedanken: Maßgebend für den Grunderwerb sind nur die Werte des § 23.

S 51
Vorkaufsrecht
Grunderwerbsrecht
§§ 17, 18

Neben dem freihändigen Erwerb kommt auch der Erwerb durch Ausübung des Vorkaufsrechts und des gemeindlichen Grunderwerbsrechts (§§ 17 und 18) in Frage, beide Instrumente sind schon von der förmlichen Festlegung an anwendbar. Man kann davon ausgehen, daß das eine oder andere Grundstück nach diesen Bestimmungen von der Gemeinde erworben werden kann.

4.2 Die Enteignung nach dem Städtebauförderungsgesetz

Der angestrebte freihändige Grundstückserwerb wird häufig durch den durch § 23 eingeschränkten Spielraum der Gemeinde bei der Festlegung des Kaufpreises nicht möglich sein. Enteignungsverfahren sind dann nicht zu vermeiden.

S 52
§ 22

4.21 Weiterentwicklung der Enteignungsvorschriften des Bundesbaugesetzes

Die Enteignung für Zwecke des Städtebaus ist in §§ 85 ff. des Bundesbaugesetzes, das gemäß § 86 auch bei Enteignungen nach dem Städtebauförderungsgesetz gilt, geregelt. Die bei Enteignungen gewonnenen Erfahrungen haben jedoch gezeigt, daß diese Bestimmungen zu viele Jahre dauernden Enteignungsverfahren führen. Allein mit diesen Bestimmungen ließen sich Sanierungsmaßnahmen nicht zweckmäßig durchführen. Die zeitliche Belastung der Beteiligten und der Allgemeinheit wäre zu groß. Das Städtebauförderungsgesetz versucht, die Bestimmungen des Bundesbaugesetzes weiter zu entwickeln und den besonderen Bedürfnissen bei Sanierungen anzupassen.

§§ 85 ff. BBauG

4.22 Erleichterung der Enteignungsvoraussetzungen

§ 87 Abs. 1 BBauG wiederholt die grundgesetzliche Schranke für Enteignungen: Im einzelnen Fall ist eine Enteignung nur zum Wohl der Allgemeinheit zulässig. Die Enteignung ist danach immer erst das letzte Mittel, um einen angestrebten Zweck zu erreichen. Dies gilt auch im Rahmen des Städtebauförderungsgesetzes. An dem Verfassungsgrundsatz des Artikel 14 Abs. 3 Satz 1 GG ändert das Städtebauförderungsgesetz nichts. Bei der Fassung der Vorschrift des § 22 wird jedoch deutlich, daß der Gesetzgeber auch den Gesetzesbefehl des Art. 14 Abs. 2 GG berücksichtigt hat.

Nach § 22 Abs. 1 Satz 1 sind, wenn in einem förmlich festgelegten Sanierungsgebiet enteignet werden soll, zwingende städtebauliche Gründe im Sinne von § 88 BBauG als gegeben anzusehen. Das bedeutet, daß eine der Zulässigkeitsvoraussetzungen für eine Enteignung wegfällt: Es muß nicht nachgewiesen werden, daß zur Erfüllung des Enteignungszwecks die Bereitstellung von Grundstücken aus dem Besitz der öffentlichen Hand unmöglich oder unzumutbar ist (§ 87 Abs. 2 Ziff. 1 BBauG). Es genügt vielmehr der Nachweis, daß sich die Gemeinde ernsthaft um den freihändigen Erwerb des Grundstücks zu angemessenen Bedingungen vergeblich bemüht hat. Hinsichtlich des Kaufpreises ist ein Angebot nach § 22 Abs. 1 Satz 2 als angemessen anzusehen, wenn es dem nach § 23 bemessenen Wert des Grundstücks entspricht.

zwingende städtebauliche Gründe
§ 22 Abs. 1

Eine erhebliche Erleichterung für die Durchführung von Sanierungen enthält § 22 Abs. 7: soweit die Enteignung zugunsten der Gemeinde zulässig ist, kann sie auch zugunsten eines Sanierungsträgers erfolgen. Der nach § 87 Abs. 3 BBauG vorgeschriebene umständliche Umweg über die Gemeinde entfällt, auch wenn die bauliche Nutzung erst vorbereitet wird.

Enteignung für Sanierungsträger

Auch § 22 Abs. 8 enthält eine sehr wichtige Klarstellung: Die Zulässigkeit einer Enteignung wird durch die Vorschriften der §§ 18 bis 21 nicht berührt. Dadurch wird sichergestellt, daß ein Enteignungsverfahren auch dann zulässig ist, wenn das gemeindliche Grunderwerbsrecht ausgeübt, oder wenn ein Abbruchgebot, Baugebot oder Modernisierungsgebot erlassen werden könnte. Damit ist gesagt, daß die Maßnahmen der §§ 18 bis 21 gegenüber der Enteignung nicht als das mildere und immer vorzuziehende Verwaltungsmittel anzusehen sind. Eine Gemeinde, die schnell sanieren muß oder möchte, muß sich also nicht, bevor sie ein Enteignungsverfahren beantragt, auf die Bestimmungen der §§ 18 bis 21 verweisen lassen. Nur das Verhältnis Umlegung—Enteignung bleibt so, wie es auch bisher war. § 16 wird in § 22 Abs. 8 nicht aufgeführt. Kann der Sanierungszweck durch eine Umlegung erreicht werden, so kann nicht enteignet werden. Da § 16 Abs. 3 Geldabfindungen im Umlegungsverfahren für den Fall vorsieht, daß ein beteiligter Grundeigentümer mit der Zuteilung von Rechten nach § 59 Abs. 4. BBauG nicht einverstanden ist, enthält freilich die Umlegung im Rahmen des Städtebauförderungsgesetzes gewisse Elemente der Enteignung.

Verhältnis zu anderen Eingriffen
§ 22 Abs. 8

4.23 Die Enteignungsentschädigung nach dem Städtebauförderungsgesetz

Nach § 99 BBauG ist die Enteignungsentschädigung grundsätzlich in Geld festzusetzen. In einigen Ausnahmefällen kann auf Antrag eine Entschädigung in Land gewährt werden (§ 100 BBauG). Beide Bestimmungen werden für die Enteignung nach dem Städtebauförderungsgesetz durch § 22 Abs. 3 modifiziert. Anstelle einer Geldentschädigung können nach § 22 Abs. 3 Satz 1 — wenn der Betroffene damit einver-

Rechte als Entschädigung
§ 22 Abs. 3

123

standen ist – als Entschädigung auch gewährt werden Miteigentum an einem Grundstück, grundstücksgleiche Rechte oder Rechte nach dem Wohnungseigentumsgesetz sowie sonstige dingliche Rechte und sogar Immobilienfondsanteile. Allerdings haben die Betroffenen keinen Rechtsanspruch, in einer dieser Formen entschädigt zu werden. Die Entscheidung darüber trifft die Enteignungsbehörde. Ohne daß der Gemeinde solche Rechte oder Anteile zur Verfügung stehen, kann die Enteignungsbehörde gegen den Willen der Gemeinde keine solchen Entschädigungen festsetzen. Auch § 100 BBauG ist abgeändert. Statt eines selbständigen Ersatzgrundstücks kann, wenn ein Anspruch auf Ersatzland besteht, auch ein grundstücksgleiches Recht als Entschädigung festgesetzt werden. Damit ist bei der Durchführung einer Sanierung praktisch das Erbbaurecht gemeint. Andere auf landesrechtlichen Bestimmungen beruhende grundstücksgleiche Rechte (vgl. § 196 EGBGB – z. B. Bergwerkseigentum oder Hauberganteile) spielen hier keine Rolle. Wer ein Erbbaurecht ablehnt, kann, wenn er einverstanden ist, als Entschädigung Miteigentum, Rechte nach dem Wohnungseigentumsgesetz, sonstige dingliche Rechte oder Immobilienfondsanteile erhalten. Ist der Betroffene auch damit nicht einverstanden, bleibt es bei der Geldentschädigung. Durch diese neuen Entschädigungsbestimmungen bekommt das Enteignungsverfahren nach dem Städtebauförderungsgesetz ein ganz anderes Gesicht. Die neuen Möglichkeiten müssen weitgehend ausgeschöpft werden, wenn der Sanierungszweck erreicht werden soll.

4.24 Verfahrenserleichterungen

Um eine Beschleunigung des Enteignungsverfahrens zu erreichen, war es vor allem notwendig, die formellen Bestimmungen über die Enteignung zu ergänzen. Diese Beschleunigungsmöglichkeit ist gerechtfertigt, wenn man sich vor Augen hält, daß es sich bei der Enteignung nach dem Städtebauförderungsgesetz vielfach nur um eine Enteignung auf Zeit handelt. Nach § 25 müssen die Grundstücke weitgehend wieder privatisiert werden (vgl. Hein in Der Städtebund 1970, 73, [74]). Nach §§ 22 Abs. 2 kann ein Enteignungsverfahren bereits eingeleitet werden, wenn der Bebauungsplan nach § 2 Abs. 6 BBauG öffentlich ausgelegt und mit den Beteiligten erörtert worden ist. Es muß bei der Einleitung des Enteignungsverfahrens also kein rechtsverbindlicher Bebauungsplan vorliegen. Umso sorgfältiger muß die Verfahrensbestimmung des § 22 Abs. 2 Nr. 2 beachtet werden: vor der Einleitung des Enteignungsverfahrens müssen mit den Beteiligten die von ihnen gegen den Entwurf des Bebauungsplans fristgemäß vorgebrachten Bedenken und Anregungen erörtert worden sein. Außerdem muß auch die Möglichkeit eines freihändigen Erwerbs des Grundstücks zu angemessenen Bedingungen mit den Beteiligten durchgesprochen worden sein. Zur weiteren Beschleunigung des Verfahrens ist bestimmt, daß die Erörterung der Bedenken und Anregungen sowie der Möglichkeit eines freihändigen Erwerbs in demselben Termin erfolgen kann. Von dieser Möglichkeit sollte durchaus Gebrauch gemacht werden. Gleichgültig ob eine oder mehrere Besprechungen: Es sind genaue Niederschriften zu fertigen, um der Enteignungsbehörde den Nachweis der vorgeschriebenen Erörterungen erbringen zu können. In jedem Falle ist das Verfahren so zu fördern, daß der Enteignungsbeschluß ergehen kann, sobald der Bebauungsplan rechtsverbindlich geworden ist.

Ist der Bebauungsplan in Kraft getreten, so ist nach § 22 Abs. 2 Satz 3 für eine vorzeitige Besitzeinweisung eine erneute mündliche Verhandlung nicht erforderlich. Diese Abweichung von der Regel des § 116 BBauG vereinfacht und verkürzt das Verfahren. Da mit den Betroffenen schon mündlich verhandelt wurde und in einer erneuten mündlichen Verhandlung über die vorzeitige Besitzeinweisung – wie die Praxis zeigt – keine neuen Argumente zu erwarten sind, ist die Aufgabe dieser Formalie zu begrüßen.

Auf Antrag der Gemeinde sind Enteignungsverfahren, die Grundstücke im Sanierungsgebiet betreffen, miteinander zu verbinden (§ 22 Abs. 4). Eine solche Verbindung kann auch ohne Antrag der Gemeinde von der Enteignungsbehörde vorgenommen werden. Eine Gemeinde, die in einem Sanierungsgebiet mehrere Enteignungsanträge gestellt hat, sollte den Antrag auf Verbindung der Verfahren immer stellen. Die gemeinsame Bearbeitung und Verhandlung führt nicht nur zu einer Beschleunigung, sondern sichert auch, daß in allen Fällen nach den gleichen Gesichtspunkten – von den gleichen Personen – entschieden wird.

Die wichtigste Neuerung enthält § 22 Abs. 5. Danach hat die Enteignungsbehörde auf Antrag vorab über den Übergang oder die Belastung des Eigentums zu entscheiden — auch wenn über die Enteignungsentschädigung noch nicht entschieden werden kann. Damit wird das sonst im Enteignungsrecht herrschende Prinzip der vorgängigen Entschädigung eingeschränkt (vgl. auch Sellmann, Neue bodenrechtliche Vorschriften für die städtebauliche Sanierung, Düsseldorf 1969, Seite 57). Allerdings hat in diesem Falle die Enteignungsbehörde anzuordnen, daß dem Berechtigten eine Vorauszahlung in Höhe der zu erwartenden Entschädigung zu leisten ist. Ähnliches gilt nach § 22 Abs. 6 für den Fall, daß sich die Parteien nur über den Übergang des Eigentums, nicht aber über die Entschädigung geeinigt haben. Mit Hilfe dieser Bestimmungen wird die Gemeinde oder der Sanierungsträger schneller als bisher über ein zu enteignendes Grundstück verfügen können. Rechtsschutz wird jedoch für die Entschädigung bis zur höchsten Instanz gewährt. Die Rechtfertigung für diese Beschleunigungsbestimmung findet sich besonders in dem Umstand, daß die Gemeinde die zu enteignenden Grundstücke meist nicht behalten wird.

Vorabentscheidung über Eigentumsübergang § 22 Abs. 5

4.25 Veräußerungspflicht, Rückenteignung
Die besondere Veräußerungspflicht der Gemeinde nach § 89 wird durch § 22 Abs. 1 Satz 3 ausdrücklich ausgeschlossen. Die Veräußerungspflicht der Gemeinde richtet sich im Rahmen des Städtebauförderungsgesetzes nach § 25. Dagegen bleibt ein Anspruch auf Rückenteignung nach § 102 BBauG bestehen (vgl. § 52 Abs. 6 Satz 1). Außerdem enthält § 52 noch Regelungen über die Rückübertragung von Grundstücken, die im förmlich festgelegten Sanierungsgebiet enteignet wurden, wenn die förmliche Festlegung des Sanierungsgebietes vor Durchführung der Sanierung aufgehoben wird.

§ 102 BBauG

4.3 Beendigung, Aufhebung und Verlängerung von Miet-, Pacht- und sonstigen Nutzungsverhältnissen im Sanierungsgebiet
Sind die Grundstücke in der Hand der Gemeinde, so muß dafür gesorgt werden, daß die im Bebauungsplan für den Abbruch kenntlich gemachten Gebäude tatsächlich abgebrochen werden können. In Frage kommt die vertragsgemäße Beendigung von Miet- und Pachtverhältnissen. Nicht immer aber werden sich alle Verträge vertragsgemäß beenden lassen. Deshalb sind auch Möglichkeiten zur Aufhebung von Miet- und Pachtverhältnissen vorgesehen. Da neben Miete und Pacht auch andere schuldrechtliche Vertragsverhältnisse, die zum Gebrauch oder zur Nutzung eines Grundstücks, eines Gebäudes oder eines Gebäudeteils oder einer sonstigen baulichen Anlage berechtigen, vorliegen können, erklärt § 27 Abs. 7 die Bestimmungen über die Aufhebung von Miet- und Pachtverhältnissen für solche anderen schuldrechtlichen Vertragsverhältnisse für entsprechend anwendbar. Die Aufhebung von Miet- und Pachtverhältnissen kommt nicht nur dann in Betracht, wenn ein Gebäude abgebrochen werden muß (§§ 26, 27), sondern möglicherweise auch bei der Durchführung von Modernisierungsmaßnahmen (§ 28) und auch bei unbebauten Grundstücken (§ 29). Eine besondere Frage ist die der Entschädigung, wenn Miet- oder Pachtverhältnisse aufgehoben werden (§ 30). Unter Umständen können Miet- und Pachtverhältnisse nach § 31 auch verlängert werden.

4.31 Die Beendigung von Miet- und Pachtverhältnissen
Das Gesetz geht davon aus, daß, wenn über Gebäude, die abgebrochen werden müssen, vertragliche Nutzungsverhältnisse bestehen, diese möglichst vertraglich beendigt und abgewickelt werden. § 27 Abs. 1 bestimmt, daß ein Mietverhältnis nur aufgehoben werden darf, wenn es nicht durch Kündigung beendet werden kann. Für die Beendigung von Mietverhältnissen bringt jedoch § 26 gewisse Sonderbestimmungen. Muß bei der Durchführung der Sanierung ein Gebäude oder eine sonstige Anlage im förmlich festgelegten Sanierungsgebiet ganz oder teilweise beseitigt werden, und ist die alsbaldige Beseitigung beabsichtigt, so ist das ein Umstand, mit dem die Kündigung des Mietverhältnisses begründet werden kann. Nach § 556a BGB kann der Mieter der Kündigung eines Mietverhältnisses über Wohnraum widersprechen und die Fortsetzung des Mietverhältnisses verlangen, wenn die Beendigung des Mietverhältnisses für den Mieter eine Härte bedeuten würde, die auch unter Würdigung der berechtigten Interessen des Vermieters nicht zu rechtfertigen ist. Nach § 556b und 556c BGB kann beim Vorliegen der Voraussetzungen des § 556a BGB unter Um-

S 54
§§ 26, 28, 29

§§ 556a–c BGB

ständen eine Fortsetzung eines befristeten Mietverhältnisses verlangt werden. § 26 bestimmt nun, daß bei der Anwendung der §§ 556a, 556b und 556c des BGB auch das öffentliche Interesse an der alsbaldigen Sanierung zu berücksichtigen ist. Die alsbaldige Durchführung der Sanierung ist also ein Grund, den die Gemeinde als Eigentümerin — ebenso ein privater Vermieter — dafür ins Feld führen kann, daß unter Würdigung der berechtigten Interessen des Vermieters die Aufrechterhaltung des Mietverhältnisses nicht gerechtfertigt ist. Allerdings gilt das nur, wenn für den **Ersatzwohnraum** Mieter und die zu seinem Hausstand gehörenden Personen angemessener Ersatzwohnraum zu zumutbaren Bedingungen zur Verfügung gestellt wird. Damit ist sichergestellt, daß die Sanierungen nicht auf dem Rücken der Mieter abgewickelt werden. Angemessener Ersatzwohnraum zu zumutbaren Bedingungen kann jedoch nur dann zur Verfügung gestellt werden, wenn der Sozialplan rechtzeitig aufgestellt und fortgeschrieben und mit dem Bau von Ersatzwohnungen gleichfalls rechtzeitig begonnen wurde. § 26 ist also ein Schutzgesetz für den Wohnungsmieter. Gerade dann, wenn die Gemeinde alle Grundstücke aufkauft, muß sie sich über die Möglichkeiten und Folgen der Beendigung von Mietverhältnissen im Sanierungsgebiet im klaren sein.

4.32 Die Aufhebung von Miet- und Pachtverhältnissen

S 55
§ 27
§ 27 bietet die Möglichkeit, Miet- oder Pachtverhältnisse, die nicht vertragsgemäß beendet werden können, vorzeitig aufzuheben. In Frage kommen vor allem langfristige Miet- und Pachtverträge, die für einen längeren, bestimmten Zeitraum abgeschlossen worden sind. Nach dieser Bestimmung können nicht nur langfristige Miet- und Pachtverträge der gemeindeeigenen Grundstücke aufgehoben werden, sondern auf Antrag der Eigentümer auch Miet- oder Pachtverhältnisse an Grundstücken, die während der Sanierung in Privateigentum verbleiben.

S 53
Erörterung
§ 27 Abs. 3
Die Aufhebung von Miet- oder Pachtverhältnissen, die vorher mit den Betroffenen zu erörtern ist, ist an verschiedene Voraussetzungen geknüpft. Erforderlich ist, daß bei der Durchführung der Sanierung das Gebäude oder die sonstige bauliche Anlage ganz oder teilweise beseitigt werden muß, und zwar alsbald, nicht erst in 2 oder 3 Jahren. Erforderlich ist die konkrete Angabe, daß beispielsweise in 9 Monaten oder **alsbaldiger Abbruch** in einem Jahr der Abbruch erfolgen wird. Nur dann kann die Gemeinde die Miet- oder Pachtverhältnisse, die der Beseitigung entgegenstehen, aufheben. Ist die Gemeinde selbst Eigentümer, so genügt ein entsprechender Antrag einer Dienststelle der Gemeinde oder aber eine Entschließung der Sanierungsstelle. Sonst muß der **Antrag des Eigentümers** Antrag des Eigentümers vorliegen oder aber es muß ein Abbruchgebot ergangen sein. Die Miet- oder Pachtverhältnisse können nur mit einer Frist von mindestens 6 Monaten, bei land- oder forstwirtschaftlich genutzten Grundstücken nur zum Schluß eines Pachtjahres aufgehoben werden.

Nach § 27 Abs. 2 darf die Gemeinde ein Mietverhältnis über Wohnraum nur aufheben, wenn im Zeitpunkt der Beendigung des Mietverhältnisses ein angemessener Ersatzwohnraum für den Mieter und die zu seinem Hausstand gehörenden Personen zu zumutbaren Bedingungen zur Verfügung steht. Diese Vorschrift schützt den Mieter noch deutlicher als die des § 26 bei der Beendigung von Mietverhältnissen. **Ersatzwohnraum** Bei der Aufhebung muß Ersatzwohnraum schon im Zeitpunkt der Beendigung des Mietverhältnisses zur Verfügung stehen.

Zum Begriff des angemessenen Ersatzwohnraums zu zumutbaren Bedingungen und seine objektive wie subjektive Eingrenzung, siehe Seite 112 f.

Aufhebungsverfügung Die Aufhebung eines Mietverhältnisses geschieht nach vorausgegangener Erörterung durch eine Verfügung der Sanierungsstelle. Dem Verwaltungsakt ist eine Rechtsmittelbelehrung beizufügen (§ 86 in Verbindung mit § 154 BBauG). Adressat der Verfügung ist der Mieter. Meist werden Mietverträge heute mit beiden Ehegatten abgeschlossen. Dann ist die Verfügung auch an die Ehefrau des Mieters zu richten. Hat der Vermieter keinen Antrag auf Aufhebung des Mietverhältnisses gestellt und wird im Hinblick auf ein Abbruchgebot das Miet- oder Pachtverhältnis aufgehoben, so ist auch der Vermieter Adressat der Verfügung. In dem Bescheid sind nicht nur die Adressaten und das Mietobjekt zweifelsfrei zu bezeichnen, sondern in der Begründung ist auch das Vorliegen aller gesetzlichen Aufhebungsvoraussetzungen genau darzulegen. Dies gilt besonders auch für den Antrag des Eigentümers oder für das Abbruchgebot, hinsichtlich der Notwendigkeit der Beseitigung der baulichen Anlage und vor allem der Absicht, sie alsbald abzubrechen. Die Verfügung muß auch den

Ersatzwohnraum bezeichnen und darlegen, warum dieser Ersatzwohnraum angemessen ist und warum die Bedingungen für den Ersatzwohnraum zumutbar sind. Ist die Verfügung nicht formgerecht, so kann ein Rechtsstreit über die Aufhebung eines Miet- oder Pachtvertrags eine Sanierung jahrelang aufhalten.

Wird ein Miet- oder Pachtverhältnis über Geschäftsraum aufgehoben, so muß nach § 27 Abs. 3 mit dem Mieter oder Pächter vor der Aufhebung des Vertragsverhältnisses die Möglichkeit einer anderweitigen Unterbringung erörtert werden. Strebt der Mieter oder Pächter eine anderweitige Unterbringung an, so soll die Gemeinde das Miet- oder Pachtverhältnis nur aufheben, wenn im Zeitpunkt der Aufhebung anderer geeigneter Geschäftsraum zu zumutbaren Bedingungen zur Verfügung steht. Die Verpflichtung ist nicht so bindend, wie die zur Stellung von Ersatzwohnräumen. Keine Gemeinde wird jedoch diese Sollvorschrift übergehen können. Im übrigen gelten bei gewerblichen Räumen die gleichen Voraussetzungen wie bei der Aufhebung von Miet- oder Pachtverhältnissen über Wohnraum.

Geschäftsräume
§ 27 Abs. 3

Ersatzräume

Für die Miet- oder Pachtverhältnisse über Geschäftsräume besteht nach § 27 Abs. 4 noch eine weitere Besonderheit. Wird die Erwerbsgrundlage eines Mieters oder Pächters von Geschäftsraum infolge der Durchführung der Sanierung wesentlich beeinträchtigt, und ist ihm deshalb die Fortsetzung des Miet- oder Pachtverhältnisses nicht mehr zuzumuten, so kann die Gemeinde auf Antrag des Mieters oder Pächters das Miet- oder Pachtverhältnis mit einer Frist von mindestens 6 Monaten aufheben. Auch diese Bestimmung dient dem Schutz der Nutzungsberechtigten. Es ist denkbar, daß infolge der beginnenden Durchführung der Sanierung — Abbruch von Häusern, Bauarbeiten — sich manche Geschäfte nicht halten können. Dann muß es die Möglichkeit geben, das Nutzungsverhältnis auch gegen den Willen des Vermieters (Verpächters) möglichst schnell zu beenden. Ist die Gemeinde Eigentümerin und Vermieterin, so wird sie in solchem Falle das Miet- oder Pachtverhältnis „im gegenseitigen Einvernehmen" vorzeitig beenden müssen.

Vorzeitige Aufhebung
§ 27 Abs. 4

Nach § 27 Abs. 6 wird durch die Bestimmungen des § 27 Abs. 1 bis 4 die Zulässigkeit einer Aufhebung von Miet- oder Pachtverhältnissen im Rahmen einer Umlegung oder Enteignung nicht berührt. Im Umlegungsverfahren und im Enteignungsverfahren können Miet- und Pachtverhältnisse als Teil des Umlegungsplanes bzw. durch eine besondere Enteignungsverfügung aufgehoben werden. Im Rahmen einer Umlegung oder Enteignung gelten weniger strenge Voraussetzungen als im Rahmen des § 27. Insbesondere ist im Umlegungs- und Enteignungsrecht nicht bestimmt, daß ein Miet- oder Pachtverhältnis nur aufgehoben werden kann, wenn angemessener Ersatzwohnraum zu zumutbaren Bedingungen zur Verfügung steht. Die Vorschrift könnte deshalb dazu verleiten, Miet- und Pachtverhältnisse möglichst im Rahmen einer Umlegung oder Enteignung und nicht nach dem Städtebauförderungsgesetz aufzuheben; aber auch wenn durch Umlegung oder Enteignung im Rahmen der Durchführung einer Sanierung ein Mietverhältnis aufgehoben wird, erfolgt die Aufhebung als Teil der Sanierung. Auch für die Aufhebung dieses Mietverhältnisses muß der Sozialplan Vorsorge getroffen haben. Ist das nicht der Fall, so leidet das Verfahren unter einem erheblichen Mangel.

Aufhebung in Umlegungs- oder Enteignungsverfahren
§ 27 Abs. 6

4.33 Räumung der Miet- und Pachtgrundstücke, Umsetzung der Mieter und der Pächter

Ist ein Miet- oder Pachtverhältnis durch Aufhebung beendigt, so kann die Gemeinde nach § 27 Abs. 5 die Räumung mit den Mitteln des Verwaltungszwanges vollziehen. Die Anwendung von Verwaltungszwang ist aber nur das letzte Mittel. Wie und insbesondere wohin die Umsetzung der Mieter und Pächter erfolgen soll, wurde vorher schon durch den Sozialplan festgelegt. Die Umsetzung ist deshalb Vollzug des Sozialplanes. Trotzdem ist die Bestimmung des § 27 Abs. 5 nicht unnötig. Der Sozialplan selbst ist weder Rechtsnorm noch Verwaltungsakt. Er ist selbständig nicht durchsetzbar. Es ist deshalb notwendig, daß das Gesetz die Möglichkeit der Anwendung der Mittel des Verwaltungszwanges ausdrücklich erwähnt. Die Anwendung des Verwaltungszwanges richtet sich nach den landesrechtlichen Vorschriften in den verschiedenen Ländern (siehe die Übersicht über die geltenden Verwaltungsvollstreckungsgesetze bei Schmidt-Jortzig, Der Zwangsmitteleinsatz nach § 72 Abs. 2 BBauG in DVBl 1971, 297). Daneben kommt bei vertragsgemäß beendigten Mietverhältnissen eine Räumung nach den Vorschriften der ZPO in Betracht.

S 58
Umsetzung
§ 27 Abs. 5
S 59
Räumung

S 58
Verwaltungszwang

4.34 Die Entschädigung bei der Aufhebung von Miet- oder Pachtverhältnissen

S 57
Entschädigung
§ 30

Es kann nicht ausgeschlossen werden, daß den Betroffenen durch die Aufhebung von Miet-, Pacht- oder sonstigen schuldrechtlichen Vertragsverhältnissen nach den §§ 27 bis 29 Vermögensnachteile entstehen. Dann ist nach § 30 eine angemessene Entschädigung in Geld entsprechend den Vorschriften über die Enteignung zu leisten. Vermögensnachteile können sowohl dem Mieter, als auch dem Vermieter entstehen; dem Vermieter, weil er den bisherigen Mietzins verliert; dem Mieter entstehen Umzugskosten, eventuell höhere Mietkosten, oder Hausrat wird wertlos, weil er in der neuen Wohnung nicht mehr verwendet werden kann. Nach § 30 Abs. 2 ist die Gemeinde zur Entschädigung verpflichtet. Diese Entschädigung ist nach der Aufhebung des Vertragsverhältnisses auszuhandeln, also nicht etwa schon in der Aufhebungsverfügung aufzuführen. Kommt eine Einigung über die Höhe der Entschädigung zwischen der Gemeinde und den Betroffenen, die zunächst versucht werden muß, nicht zustande, so entscheidet die höhere Verwaltungsbehörde. Sie hat vor der Entscheidung die Beteiligten, also auch die Gemeinde, zu hören. Zweckmäßig ist es aber, die Frage der Entschädigung schon vorher bei der Erörterung der Aufhebung des Mietverhältnisses mit zu besprechen und wenn möglich, zu regeln.

§ 30 Abs. 3 enthält Sondervorschriften für den Fall, daß ein Pachtvertrag über kleingärtnerisch genutztes Land nach §§ 27 oder 29 aufgehoben wird. Im Regelfall muß Ersatzland gestellt werden.

4.35 Verlängerung von Miet- und Pachtverhältnissen

S 56
§ 31

Auf Antrag eines Mieters oder Pächters kann die Gemeinde nach § 31 ein Miet- oder Pachtverhältnis über Wohn- oder Geschäftsraum verlängern. Eine Verlängerung ist nur zulässig, wenn dies zur Verwirklichung des Sozialplans erforderlich ist. Das gilt etwa, wenn ein Eigentümer einem Mieter gekündigt hat; die Ersatzwohnung, die nach dem Sozialplan für den Mieter vorgesehen ist, ist zwar bei Beendigung des Mietverhältnisses im Bau, aber noch nicht fertig; der Sozialplan jedoch kann nur verwirklicht, und unbillige Härten für den Mieter können nur vermieden werden, wenn er nicht zweimal umziehen muß. Um zu ermöglichen, daß der Mieter aus der alten Wohnung gleich in die für ihn vorgesehene Ersatzwohnung zieht, bietet sich eine befristete Verlängerung des Mietverhältnisses nach § 31 an. Zu beachten ist, daß

Sozialplan

die Verlängerung ohne einen Hinweis im Sozialplan unzulässig ist. Nur wenn der Sozialplan sorgfältig aufgestellt wurde, wird eine Gemeinde von § 31 überhaupt Gebrauch machen können. Ist die Gemeinde Grundstückseigentümer und Vermieter, so kommt § 31 nicht in Betracht. Die Gemeinde kann dann die Verlängerung durch eine Vereinbarung mit dem Mieter herbeiführen.

4.4 Abbruch der baulichen Anlagen

S 60

Sind alle Mietverhältnisse aufgehoben oder beendet und die Bewohner ausgezogen, ist das Sanierungsgebiet „rechtlich freigemacht", so folgt die „tatsächliche Freimachung" der Grundstücke. Die im Rahmen der Sanierung zu beseitigenden baulichen Anlagen sind abzubrechen.

4.5 Ersatz für Änderungen von Einrichtungen, die der öffentlichen Versorgung dienen

S 109

Versorgungseinrichtungen
§ 24

Stehen im förmlich festgelegten Sanierungsgebiet Anlagen der öffentlichen Versorgung infolge der Durchführung der Sanierung nicht mehr zur Verfügung, und sind besondere Aufwendungen erforderlich, um Ersatz zu beschaffen, so hat die Gemeinde dem Versorgungsträger die entstehenden Kosten zu erstatten (§ 24).

Bei der Durchführung der Sanierungsmaßnahmen wird es häufig erforderlich sein, Versorgungsanlagen — § 24 nennt Elektrizität, Gas, Wasser oder Wärme, Anlagen der Wasserwirtschaft oder Fernmeldeanlagen der Bundespost — zu verlegen oder gar neu zu errichten. Müssen solche Anlagen vor oder nach dem Abbruch der zu beseitigenden Gebäude, vielleicht im Rahmen der Erschließung, verlegt oder ersetzt werden, so entstehen dadurch hohe Aufwendungen. Der Bundesrat hatte sich dafür eingesetzt, die Vorschrift zu streichen (siehe die Stellungnahme des Bundesrates zum Regierungsentwurf, BT-Drucksache VI/510 Anlage 2 zu § 21), weil es über die Tragung der Folgelasten für öffentliche Versorgungsträger meist besondere vertragliche Vereinbarungen gebe, in die das Städtebauförderungsgesetz nicht eingreifen dürfe. Da jedoch bei Sanierungsmaßnahmen Versorgungsanlagen in besonders großem Umfang betroffen werden können, erschien es der Bundesregierung und dem Bundestagsausschuß für Städtebau und Wohnungswesen sachgerecht, den Grundsatz des Kostenausgleichs gesetzlich festzulegen. Der Kostenersatz für die Versorgungsträger entspricht auch der bisherigen Umlegungspraxis. Gemeinde und Versorgungsträger müssen zunächst versuchen, sich über die Kostenerstattung zu einigen. Einigen sie sich nicht, so entscheidet nach § 24 Abs. 2 die höhere Verwaltungsbehörde. Vor der Entscheidung hat die höhere Verwaltungsbehörde die Gemeinde und den Versorgungsträger zu hören.

S 110
Kostenersatz

4.6 Die Erschließung des Sanierungsgebietes

S 61

Ist das Sanierungsgebiet abgeräumt und ist die Frage der Versorgungsanlagen geregelt, so müssen — meist gleichzeitig mit der Verlegung der Versorgungsanlagen — die neuen Erschließungsanlagen gebaut werden. Die Erschließung gehört nach § 12 Abs. 1 Nr. 1 zu den Ordnungsmaßnahmen und nicht zu den Baumaßnahmen. Sie ist demnach noch von der Gemeinde zu veranlassen, kann jedoch den Eigentümern übertragen werden (§ 13 Abs. 1). Die Kosten der Erschließung hat in jedem Falle die Gemeinde zu tragen (vgl. § 6 Abs. 7; siehe auch § 41 Abs. 3).

5. Durchführung durch die Gemeinde bei Mitbeteiligung von Privateigentümern

S 48, S 63–81

5.1 Vorbemerkungen

§ 13 enthält den Grundsatz, daß die Gemeinde die Ordnungsmaßnahmen durchführt, sie kann die Durchführung dieser Maßnahmen auf Grund eines Vertrags ganz oder teilweise den Eigentümern überlassen. In dem Vertrag ist die Kostenfrage zu regeln, Fristen sind zu vereinbaren (§ 13 Abs. 1), ferner ist die Rückübernahme durch die Gemeinde vorzusehen, falls die Ordnungsmaßnahmen stecken bleiben (§ 13 Abs. 3). Versäumt die Gemeinde, die Voraussetzungen der Rückübernahme vertraglich zu regeln, so kann das zu Schwierigkeiten führen. Entsprechendes gilt für die Pflicht der Gemeinde, für die Durchführung der Maßnahmen durch die Eigentümer zu sorgen. Zweckmäßigerweise behält sich die Gemeinde dafür Einwirkungsmöglichkeiten im Vertrag vor. Als Vertragspartner kann anstelle eines Eigentümers auch dessen Betreuer oder Beauftragter in Frage kommen (§ 13 Abs. 3), ebenso ein Zusammenschluß von Eigentümern zu einer juristischen Person (§ 13 Abs. 4 und § 14). Das ist bei der Prüfung zu berücksichtigen, ob eine zügige und zweckmäßige Durchführung der Ordnungsmaßnahmen gewährleistet ist.

Vertrag mit Eigentümern
§ 13

Die Mischform — Grunderwerb durch die Gemeinde unter Mitbeteiligung von Eigentümern — wird wohl am häufigsten vorkommen, vielfach unter Einschaltung eines Trägers. Die Durchführung allein durch die Gemeinde wird aus folgenden Gründen oft problematisch sein:
▶ der Erwerb aller Grundstücke wird sehr teuer sein,
▶ bei den vielen rechtlichen Möglichkeiten und der langen Prozeßdauer wird der Erwerb außerordentlich lang dauern,
▶ der Erwerb eines Grundstücks wird nur schwer durchsetzbar sein, wenn der Eigentümer bereit ist, bei der Sanierung mitzuwirken.

Allerdings wird sich bis zum Beginn der Ordnungsmaßnahmen in der Regel herausgestellt haben, daß zumindest ein Teil der Eigentümer nicht bereit oder in der Lage ist, sich zu beteiligen. Um diese Grundstücke wird sich die Gemeinde durch Ankauf, Ausübung des Vorkaufsrechts und Grunderwerbsrechts oder durch Enteignung bemühen müssen.

Häufig wird eine ganze Reihe von Eigentümern an der Sanierung interessiert sein. Diese können von der Gemeinde an der Sanierung mitbeteiligt werden. Ihnen kann die Beendigung von Mietverhältnissen, die Räumung, die Umsetzung, der Abbruch, die Erschließung und schließlich das Bauen (Modernisieren) überlassen werden. Dabei kann es notwendig werden, daß die Gemeinde durch die ihr vorbehaltenen Maßnahmen unterstützend eingreift, etwa durch die Aufhebung von Mietverhältnissen. Ebenso muß die Gemeinde gegenüber den Eigentümern eingreifen können, wenn diese nicht oder nicht in angemessener Frist tätig werden, beispielsweise durch Verhängung eines Baugebots.

Beteiligung der Eigentümer

5.2 Der Ablauf im einzelnen

Nachdem der neue Bebauungsplan wenigstens im Entwurf vorliegt, der Sanierungszweck und die Sanierungsziele eindeutig formuliert sind, kann endgültig mit den

Eigentümern, die bisher eine Beteiligung nicht abgelehnt haben, abgeklärt werden, ob sie sich definitiv beteiligen wollen oder nicht. Dabei müssen ausgereifte Unterlagen zur Verfügung stehen; bei Gemeinschaftslösungen werden oft bereits baugesuchsreife Pläne vorliegen müssen. Bei denjenigen, die sich beteiligen wollen, müssen deren endgültige Vorstellungen, Wünsche und Möglichkeiten geklärt werden. Die Grundstücke der anderen müssen, soweit das nicht schon vorher geschehen ist, von der Gemeinde durch Ankauf, Enteignung, Ausübung des Grunderwerbsrechts oder Vorkaufsrechts erworben werden. Neben dem Erwerb ganzer Grundstücke kann auch der Erwerb von Teilgrundstücken oder ein Grenzausgleich in Frage kommen, ferner das Einbringen in eine „Beteiligungsmasse", etwa für eine Gemeinschaftslösung.

Grunderwerb

S 63 Ist abgeklärt, wer mitbeteiligt wird, so wird die Gemeinde die notwendigen vertraglichen Vereinbarungen treffen (§ 13 Abs. 1). Für die übrigen Grundstücke kann der Erwerb eingeleitet und durchgeführt werden. Dieses und das weitere Vorgehen der Gemeinde hinsichtlich ihrer Grundstücke ist auf Seite 122 ff. im einzelnen behandelt und dargelegt.

Mietverhältnisse
S 64 Die Beendigung bzw. Aufhebung oder Verlängerung von Miet- und Pachtverhältnissen ist mit den Betroffenen zu erörtern (§ 27 Abs. 3). Das ist notwendig, um im Einzelfall feststellen zu können, was angemessener Ersatzraum zu zumutbaren Bedingungen ist (§§ 26, 27 Abs. 2).

S 65 Die beteiligten Eigentümer können die Miet- und Pachtverhältnisse über ihre Grundstücke durch fristgerechte Kündigung beenden; für die Grundstücke der Gemeinde ist das deren Aufgabe.

S 66, 67 Für die Aufhebung von Miet- und Pachtverhältnissen, die keine Kündigung, sondern eine vorzeitige Vertragsauflösung durch Verwaltungsakt ist, ist allein die Gemeinde zuständig, ebenso für die Verlängerung von Miet- und Pachtverhältnissen.

S 69, 70 Nachdem die Gebäude „rechtlich frei" geworden sind, können sie nun „tatsächlich freigemacht" werden: Es erfolgt die Umsetzung oder, wenn der Betroffene dazu nicht bereit ist, die zwangsweise Räumung nach Erwirken eines Räumungstitels. Die Räumung kann nach der ZPO durchgesetzt werden oder durch Verwaltungszwang, wenn das Städtebauförderungsgesetz die Grundlage bildet.

S 73 Die Gebäude können abgebrochen werden. Soweit die Eigentümer dazu nicht bereit sind, kann die Gemeinde ein Abbruchgebot ergehen lassen.

S 71 ### 5.3 Das Abbruchgebot

5.31 Voraussetzungen

§ 19 Ein Abbruchgebot kommt nach § 19 — selbstverständlich auch in Ersatz- und Ergänzungsgebieten — in Betracht, wenn zur Durchführung der Sanierung ein Gebäude oder eine sonstige bauliche Anlage im förmlich festgelegten Sanierungsgebiet alsbald ganz **Bebauungsplan** oder teilweise beseitigt werden muß. Der Bebauungsplan muß in Kraft getreten sein. Das Abbruchgebot ist nur zulässig, wenn das abzubrechende Gebäude den Festsetzungen des Bebauungsplanes nicht entspricht und eine Anpassung nach § 20 Abs. 1 Nr. 2 ausscheidet oder wenn es wegen seiner schlechten Beschaffenheit nicht mehr modernisiert werden kann. Es ist erstaunlich, daß § 19 besondere materielle Voraussetzungen enthält, obwohl nach § 10 Abs. 1 im Bebauungsplan die Gebäude und sonstigen baulichen Anlagen kenntlich zu machen sind, die bei der Durchführung der Sanierung ganz oder teilweise beseitigt werden müssen. Man sollte annehmen, daß eine solche Kenntlichmachung im Bebauungsplan ausreichen würde, um ein Abbruchgebot zu rechtfertigen. Ist im Bebauungsplan ein Gebäude als abzubrechend kenntlich gemacht, so kann bei der Durchführung des Bebauungsplans eine Anpassung oder Modernisierung des Gebäudes nicht mehr in Frage kommen. Nach § 19 Abs. 1 Nr. 1 und 2 muß jedoch trotz der Kenntlichmachung im Bebauungsplan nochmals geprüft werden, ob das abzubrechende Gebäude nicht doch erhalten werden kann.

Das zeigt, daß rechtlich bedeutsame Entscheidungen über den Abbruch von Gebäuden erst bei einem Abbruchgebot, nicht schon im Bebauungsplanverfahren ergehen. Im Bebauungsplan wird ohnehin ein abzubrechendes Gebäude nur kenntlich gemacht (bei vorhandenen Bebauungsplänen sogar nur im Wege der Berichtigung durch die Verwaltung) und nicht der Abbruch festgesetzt. Das Abbruchgebot darf **Ersatzräume** nur ergehen, wenn im Zeitpunkt der Beseitigung angemessener Ersatzwohnraum oder anderer geeigneter Geschäftsraum zu zumutbaren Bedingungen zur Verfügung steht (§ 19 Abs. 2).

Zu den Voraussetzungen des Abbruchgebotes gehört insoweit die Erörterung der Möglichkeit einer anderweitigen Unterbringung. Nach Abs. 2 ist das ausdrücklich für Inhaber von Geschäftsräumen vorgeschrieben, es gilt jedoch ebenso für die Nutzer von Wohnräumen. Anzunehmen ist, daß die hierzu notwendigen Gespräche im Zusammenhang mit der Sozialplanung geführt wurden. Es würde dann genügen, in der Abbruchverfügung auf den Sozialplan zu verweisen.   *Erörterungen*

5.32 Das Verfahren

Entgegen der Paragraphenüberschrift ist das „Abbruchgebot" keineswegs ein Gebot, selbst tätig zu werden und das Gebäude abzubrechen, sondern eine Verpflichtung zur Duldung der Beseitigung durch die Gemeinde. Die Verpflichtung des Eigentümers und sonstiger Nutzungsberechtigter erfolgt durch mit Rechtsmittelbelehrung zu versehenden Bescheid, der an den Eigentümer und ebenso an die Nutzer zu adressieren ist. Beide können von den Rechtsmittelmöglichkeiten Gebrauch machen. In der Verfügung ist das abzubrechende Bauwerk genau und zweifelsfrei zu bezeichnen. Das gilt im besonderen bei Teilabbrüchen. Es ist auszusprechen, daß die Adressaten die Beseitigung zu dulden haben. In der Begründung sind die materiellen und formellen Voraussetzungen zu erwähnen.

Nach § 19 Abs. 1 Satz 2 müssen diejenigen benachrichtigt werden, für welche ein Recht an dem Grundstück oder an einem das Grundstück belastenden Recht im Grundbuch eingetragen oder durch Eintragung gesichert ist, das nicht zur Nutzung berechtigt, wenn sie von der Beseitigung betroffen werden. Das gilt z. B. für den Inhaber eines dinglichen Wohnrechts, in manchen Fällen auch für den Inhaber von Grunddienstbarkeiten. Auch die Inhaber von Grundpfandrechten werden von der Beseitigung betroffen; wird das Gebäude abgebrochen, so haftet ihnen nur noch das Grundstück. Durch die Benachrichtigung müssen sie darauf aufmerksam gemacht werden, daß sie sich am Verfahren über die Entschädigung beteiligen können.   *Benachrichtigung Betroffener*

5.33 Die Entschädigung

Entstehen dem Eigentümer durch die Beseitigung Vermögensnachteile, so hat ihm die Gemeinde nach § 19 Abs. 3 eine angemessene Entschädigung zu leisten, die nach den Vorschriften über die Bemessung der Enteignungsentschädigung zu errechnen ist. Kommt eine Einigung zwischen dem Eigentümer und der Gemeinde nicht zustande, so entscheidet die höhere Verwaltungsbehörde, die vor ihrer Entscheidung den Eigentümer und die Gemeinde zu hören hat.   **S 72** *Entschädigung*

Anstelle der Geldentschädigung nach Absatz 3 kann der Eigentümer nach Absatz 4 von der Gemeinde die Übernahme des Grundstücks verlangen, wenn es ihm mit Rücksicht auf das Abbruchgebot wirtschaftlich nicht mehr zuzumuten ist, das Grundstück zu behalten. Kommt eine Einigung über die Übernahme nicht zustande, so kann der Eigentümer die Entziehung des Eigentums an dem Grundstück verlangen, also ein Enteignungsverfahren gegen sich selbst beantragen. Die Bestimmungen des Bundesbaugesetzes über die Enteignung gelten dann entsprechend, für die Bewertung gilt § 23.   **S 74** *Übernahmeanspruch*

Für die Behandlung der Rechte der Nebenberechtigten (Hypothekengläubiger usw.) gilt § 97 BBauG entsprechend. Soweit den sonstigen Nutzungsberechtigten durch das Abbruchgebot Vermögensnachteile entstehen, ist ihnen nach § 19 Abs. 5 in Verbindung mit § 30 eine angemessene Geldentschädigung zu leisten. Für die früheren Mieter und Pächter wird durch das Abbruchgebot selbst in der Regel kein neuer Vermögensnachteil entstehen. Das Abbruchgebot wird erst ergehen können, wenn die bestehenden Miet- und Pachtverhältnisse beendet oder aufgehoben sind. Im Streitfall setzt die höhere Verwaltungsbehörde die Entschädigung fest.   *Nebenberechtigte*

5.34 Anwendungsbereich

Das Abbruchgebot ist von seinen materiellen Voraussetzungen her nicht einfach zu handhaben. Überall wo Privateigentümer am Verfahren beteiligt sind, deren Häuser abzubrechen sind und die sich gegen die Durchführung der Sanierung sperren, wird die Gemeinde von der Vorschrift des § 19 Gebrauch machen müssen. Abbruchgebote werden deshalb häufig sein.

Sofortiger Vollzug Wird gegen ein Abbruchgebot ein Rechtsmittel eingelegt, so kann dadurch eine Sanierung jahrelang verzögert werden. In vielen Fällen wird eine Verfahrensbeschleunigung nur dadurch erreicht werden können, daß der sofortige Vollzug des Abbruchgebots angeordnet wird (§ 80 VwGO). Ob der Zeitverlust für die Gemeinde und die übrigen Beteiligten im Einzelfall so unerträglich werden wird, daß ungerechtfertigte Zugeständnisse gemacht werden, um das Verfahren weiterzubringen, wird erst die Praxis zeigen.

S 76, S 109 Nach dem Abbruch kann die Erschließung und die Änderung der Versorgungsleitungen abgeschlossen werden.

S 77
§ 20

5.4 Das Baugebot

Das Baugebot des § 20 hat in § 59 Abs. 5 BBauG, beschränkt auf Sanierungsgebiete, einen Vorläufer. § 59 Abs. 5 BBauG war jedoch wenig praktikabel und wurde deshalb so gut wie nie angewandt. Ähnliche Bestimmungen enthielten einige Aufbaugesetze der Länder.

Das Baugebot leitet von den Ordnungsmaßnahmen zu den Baumaßnahmen über. Sind alle Grundstücke abgeräumt, so besteht ein großes Interesse der Gemeinde daran, daß das Sanierungsgebiet umgehend vollständig überbaut wird. In Ersatz- und Ergänzungsgebieten kann dieses Interesse schon früher bestehen, um Ersatzräume zu schaffen. Unter Umständen läßt sich das Sanierungsziel nur erreichen, wenn alle Grundstücke gleichzeitig überbaut werden. Um sicherzustellen, daß eine Sanierung nicht wegen mangelnden Aufbauwillens eines Beteiligten Schaden leidet, steht das Baugebot jetzt in einer gegenüber § 59 Abs. 5 BBauG fortgebildeten Form zur Verfügung: Insbesondere kann das Baugebot auch außerhalb eines Umlegungsverfahrens ergehen.

5.41 Voraussetzungen

Bebauung Nach § 20 Abs. 1 kann die Gemeinde verlangen, daß ein im förmlich festgelegten Sanierungsgebiet gelegenes Grundstück entsprechend den Festsetzungen des Bebauungsplans bebaut oder ein vorhandenes Gebäude oder eine vorhandene sonstige bauliche Anlage den Festsetzungen des Bebauungsplans angepaßt wird. Baugebot **Anpassung** oder Anpassungsgebot können ergehen, wenn die alsbaldige Bebauung oder Anpassung zur Durchführung der Sanierung erforderlich ist, wenn also der Sanierungserfolg mit davon abhängt, daß auch auf diesem Grundstück gebaut wird. Für die Bebauung **Frist** oder die Anpassung ist eine Frist zu bestimmen. Die Länge dieser Frist ist nach Art und Umfang des zu errichtenden Bauwerks zu bemessen. § 59 Abs. 5 BBauG findet keine Anwendung; das Baugebot nach dieser Bestimmung darf nur ergehen, wenn eine tragbare Finanzierung des Bauvorhabens gewährleistet ist. Diese Prüfung muß die Gemeinde im Rahmen des § 20 von sich aus nicht anstellen.

5.42 Verfahren

Das Baugebot des § 20 Abs. 1 ist ein mit Rechtsmittelbelehrung zu versehender Verwaltungsakt, dessen Adressat der Eigentümer des Grundstücks ist. Nach Absatz 2 **gemeinsames Baugebot** kann das Baugebot bei einem zusammenhängenden Bauvorhaben zur Erleichterung **§ 20 Abs. 2** oder Beschleunigung der Sanierung auch an mehrere Eigentümer gleichzeitig ergehen, die dann das Bauvorhaben gemeinschaftlich oder in Abstimmung untereinander durchzuführen haben. Das bedeutet eine gewisse Verfahrensvereinfachung. Es müssen nicht verschiedene Verfahren angestrengt werden, sondern alle Eigentümer können durch ein Baugebot verpflichtet werden. Trotzdem muß die Verfügung genau erkennen lassen, was von dem einzelnen verlangt wird; sie ist auch allen zuzustellen.

S 78
Übernahmeanspruch
§ 20 Abs. 1

5.43 Übernahmeanspruch des Eigentümers

Nach § 20 Abs. 1 Satz 2 kann der Eigentümer von der Gemeinde die Übernahme des Grundstücks verlangen, wenn er glaubhaft macht, daß eine tragbare Finanzierung nicht zu ermöglichen ist. Kommt eine Einigung über das Übernahmeverlangen nicht zustande, so kann der Eigentümer ein Enteignungsverfahren gegen sich selbst einleiten. Eine andere Möglichkeit, etwaigen Schaden von sich abzuwenden, hat der Eigentümer nicht. Ein gesetzliches Baugebot ist kein einer Enteignung vergleichbarer Hoheitsakt, sondern eine Inhaltsbestimmung des Eigentums im Sinne des Art. 14 Abs. 1 Satz 2 GG (vgl. Sellmann aaO. S. 40), die keine Entschädigungspflicht auslöst. Wenn ein Eigentümer die Finanzierung nicht ermöglichen kann, wird durch das Baugebot von ihm Unmögliches verlangt. Um das zu vermeiden und trotzdem den Fortgang des Verfahrens nicht zu gefährden, kann der Eigentümer die Übernahme seines Grundstücks verlangen.

5.44 Enteignung bei Nichterfüllung des Baugebotes
Kommt ein Eigentümer der Verpflichtung aus dem Baugebot nicht nach, so kann die Gemeinde die Enteignung des Grundstücks verlangen und zwar nicht nur zu ihren Gunsten, sondern auch zugunsten eines Bauwilligen, der glaubhaft macht, daß er das Grundstück innerhalb angemessener Frist bebauen wird. Bis zu diesem Enteignungsantrag wird geraume Zeit vergangen sein. Der Umweg über das Baugebot ist lang. Eine Gemeinde sollte deshalb nur dann vom Baugebot Gebrauch machen, wenn für den Eigentümer die Finanzierung möglich erscheint. Andernfalls sollte sie im Interesse einer zügigen Abwicklung der Sanierung gleich von den erleichterten Möglichkeiten der Enteignung nach § 22 in Verbindung mit § 85 ff. BBauG Gebrauch machen. Die Enteignung wird ja durch die Möglichkeit, ein Baugebot zu erlassen, nicht unzulässig (§ 22 Abs. 8). Es ist in solchen Fällen für die übrigen Beteiligten richtiger, gleich das schärfere Mittel der Enteignung zu verwenden. Ferner sollte ein Baugebot nur ergehen, wenn die Gemeinde das Bauvorhaben selbst durchführen könnte für den Fall, daß der Eigentümer das Baugebot nicht erfüllt.

S 79
Enteignung nach Baugebot
§ 20 Abs. 3

5.5 Modernisierungsgebot
Durch das Modernisierungsgebot soll die Gemeinde in die Lage versetzt werden, erhaltenswerte Bausubstanz zwangsweise den heutigen Anforderungen an gesunde Wohn- und Arbeitsverhältnisse anzupassen. Bei notwendigen Modernisierungsmaßnahmen soll die Gemeinde mit dem Eigentümer erörtern, wie die Mängel zu beheben sind.

S 75, 80
§ 21

5.51 Mängel der Gebäude
Bei den zu modernisierenden Gebäuden handelt es sich um solche, die nicht bei der Durchführung der Sanierung beseitigt werden müssen. Es scheiden also diejenigen Gebäude aus, die als zu beseitigende nach § 10 Abs. 1 Satz 3 bezeichnet sind. Die Gebäude müssen Mängel aufweisen, die nicht notwendig Baumängel oder Bauschäden sein müssen. Die entsprechende andere Formulierung der Regierungsvorlage wurde in den Ausschußberatungen entsprechend geändert (zu BT-Drucksache VI/2204 S. 12). Gedacht ist insbesondere an mangelhafte sanitäre Einrichtungen eines Gebäudes. Nach dem Wortlaut des Absatzes 1 muß die Behebung der Mängel zur Erreichung des Sanierungszwecks zwar erforderlich sein. Da aber nach der Definition des Absatzes 2 Mängel insbesondere vorliegen, wenn das Gebäude nicht den allgemeinen Anforderungen an gesunde Wohn- und Arbeitsverhältnisse entspricht, ist im Regelfall die Erforderlichkeit zu unterstellen, da die Erzielung gesunder Wohn- und Arbeitsverhältnisse ein Hauptzweck der Sanierung ist (vgl. § 1 Abs. 2 und 4). Unter der „Möglichkeit" der Modernisierung (Absatz 1) ist nicht nur die technische, sondern auch die rechtliche und wirtschaftliche Möglichkeit zu verstehen. Nicht nur baurechtlich unzulässige (was selten vorkommen dürfte), sondern auch wirtschaftlich nicht vertretbare Modernisierungsmaßnahmen scheiden aus.

Mängel der Gebäude

5.52 Umfang der anzuordnenden Maßnahmen
Absatz 3 beschränkt den Umfang der angeordneten Maßnahmen auf das, was nach den landesrechtlichen Vorschriften des Bauordnungsrechtes oder anderen Vorschriften (z. B. gewerberechtlichen, wohnungsaufsichtlichen oder dergl.) gefordert werden kann. Wesentlich ist der Hinweis in Absatz 3 Satz 2 auf die „entsprechenden Neubauten". Das bedeutet, daß die zu modernisierenden Gebäude insoweit wie Neubauten zu beurteilen sind. Die landesrechtlichen Vorschriften, die bei bestehenden Gebäuden die Eingriffsmöglichkeit einschränken, finden keine Anwendung. Insbesondere können die Anforderungen an Aufenthaltsräume in Neubauten nach den landesrechtlichen Vorschriften an die zu modernisierenden Gebäude gestellt werden; es kann eine Mindestraumhöhe verlangt werden oder daß die Fenster unmittelbar ins Freie führen. Die Nutzung von Aufenthaltsräumen unter Gelände kann gegebenenfalls untersagt werden, der Einbau von Aborten innerhalb der Wohnung, von Waschräumen und dergl. kann verlangt werden. Vor allen Dingen kann auch die Herstellung der notwendigen Stellplätze in gleichem Umfang und unter den gleichen Vor-

Bauordnungsrecht

aussetzungen wie bei Neubauten verlangt werden, wenn der Mangel an Stellplätzen zur Erreichung des Sanierungszweckes behoben werden muß. Nicht der Schutz vor drohender Verletzung von Recht und Ordnung, von Leben und Gesundheit ist auslösend, sondern das Vorliegen eines Mangels im Sinne des § 21 Abs. 1 und die Erforderlichkeit seiner Beseitigung.

Frist Für die Durchführung ist wie beim Baugebot eine angemessene Frist zu bestimmen, deren Dauer sich nach Art und Umfang der Modernisierungsmaßnahmen richtet.

5.53 Zwangsmittel, insbesondere die Ersatzvornahme

Absatz 4 sieht die Ersatzvornahme durch die Gemeinde vor. In der Praxis hat sich die Ersatzvornahme gerade bei Bau- oder Abbruchsmaßnahmen nicht bewährt. Einmal ist die Verwaltungskraft der Gemeinde bei der Zwangsdurchführung von Baumaßnahmen häufig überfordert, zum anderen ist die Durchführung und die Sicherung der Kosten der Ersatzvornahme praktisch nur schwer möglich. Bei einfachen Modernisierungsmaßnahmen, wie Ausbessern und Tapezieren der Wände und Dekken, dem Abbruch kleinerer Vorbauten, dem Einbau von Aborten mit Wasserspülung anstelle von Trockenaborten, mag dies noch angehen. Bringt aber die Modernisierung Grundrißänderungen mit sich, sollen beispielsweise mehrere unzureichende Kleinstwohnungen primitivster Ausstattung zu etwas größeren Wohnungen mit den notwendigen Sanitärräumen zusammengelegt werden, kann dies gegen den Willen der Eigentümer und der Mieter kaum durchgesetzt werden. Zwar haben nach Absatz 5 Mieter und sonstige Berechtigte die Durchführung zu dulden. Auch können Mietverhältnisse nach § 28 beendet werden. Die praktischen Schwierigkeiten hierbei dürfen aber keineswegs unterschätzt werden. Modernisierungs- und Umbaumaßnahmen innerhalb eines Gebäudes sind in der Praxis nur möglich, wenn die hiervon unmittelbar betroffenen Bewohner sich selbst darauf einrichten.

Zwangsgeld Das Rechtsinstitut des Zwangsgeldes scheint besser als die Ersatzvornahme geeignet zu sein, die Modernisierung zu erreichen. Die Verhängung eines Zwangsgeldes nach den landesrechtlichen Vorschriften wird man als zulässig ansehen müssen. Durch die unmittelbare gesetzliche Regelung der Ersatzvornahme in Absatz 4 wollte der Gesetzgeber, worauf die Begründung der Regierungsvorlage hindeutet (vgl. BR-Drucksache 1/70 S. 37), die Ersatzvornahme nicht als das einzige Mittel des Verwaltungszwanges geregelt wissen, sondern offenbar nur klarstellen, daß die Gemeinde bei der Durchsetzung der Modernisierung bis zu dem Zwangsmittel der Ersatzvornahme gehen kann. Der Gesetzgeber hat die Obergrenze der Zwangsmittel festgelegt, mildere Mittel aber nicht ausschließen wollen, was auch nach dem allgemeinen Grundsatz der Verhältnismäßigkeit polizeilicher Mittel bedenklich wäre. Ferner bleiben nach Absatz 6 sonstige Anordnungen und deren Durchsetzung mit allgemeinen Mitteln des Verwaltungszwangs unberührt.

S 82–89 ### 6. Die Durchführung der Ordnungsmaßnahmen durch ein Umlegungsverfahren

Bei vielen bisher in Angriff genommenen Sanierungen wurde versucht, die Neuordnung der Grundstücksverhältnisse durch ein Umlegungsverfahren (§ 45 ff. BBauG) zu erreichen. Auch in Zukunft werden die Ordnungsmaßnahmen häufig durch ein Umlegungsverfahren erledigt werden, weil es oft keinen anderen Weg zur Neuordnung der Grundstücke gibt — wenn die bisherigen Grundstücksgrenzen im Sanierungsgebiet verändert werden müssen, wenn viele Grundeigentümer am Verfahren beteiligt sind und wenn eine Einigung zwischen der Gemeinde und den Beteiligten nicht ohne weiteres möglich ist. Die Umlegung ist, wenn nicht enteignet werden soll, das gesetzlich vorgesehene Mittel zur Durchführung der Ordnungsmaßnahmen.

6.1 Bebauungsplan und Umlegung

Die Umlegung dient nach § 45 BBauG der Neuordnung bebauter und unbebauter Grundstücke, so daß nach Lage, Form und Größe für die bauliche oder sonstige Nutzung zweckmäßig gestaltete Grundstücke entstehen. Das Verfahren wird durch den Umlegungsbeschluß des § 47 eingeleitet und mit einem Umlegungsplan — der eine Zusammenfassung sehr verschiedener Verwaltungsakte ist (§ 66) — abgeschlossen. Wegen der Einzelheiten kann auf die Kommentare zum Bundesbaugesetz verwiesen werden. Auf die Bestimmung des § 45 Abs. 2 BBauG ist besonders hinzuweisen; eine Umlegung kann eingeleitet werden, wenn ein Bebauungsplan noch nicht aufgestellt ist; der Bebauungsplan muß aber vor der Auslegung der Umlegungskarte in Kraft getreten sein. Diese Bestimmung kommt der Sanierung sehr entgegen. Sie bedeutet, daß zu Beginn der Ordnungsmaßnahmen, wenn diese durch eine Umlegung durchgeführt werden, ein rechtsverbindlicher Bebauungsplan noch nicht vorliegen muß, sondern daß dieser während der Verhandlungen im Umlegungsverfahren in seinen Feinheiten abgestimmt und ausgearbeitet werden kann. Von der Vorschrift des § 45 Abs. 2 BBauG wird bei einer Umlegung im Rahmen des Städtebauförderungsgesetzes in aller Regel Gebrauch gemacht werden. § 10 Abs. 4 trägt dem Gedanken Rechnung: Im Regelfall ist ein Bebauungsplan, aus dem hervorgeht, daß bauliche Anlagen im Sanierungsgebiet beseitigt werden müssen, den Eigentümern mitzuteilen, sobald er rechtsverbindlich geworden ist. Im Umlegungsgebiet gilt das nicht. Der Kontakt zwischen der Umlegungsstelle und den Beteiligten ist normalerweise so eng, daß sich eine besondere Benachrichtigung erübrigt.

6.2 Besonderheiten einer Umlegung nach dem Städtebauförderungsgesetz

Das Städtebauförderungsgesetz modifiziert die Bestimmungen des Bundesbaugesetzes für Sanierungsumlegungen.

6.21 Sondervorschriften des § 16

§ 16 Abs. 1 bestimmt, daß die Eintragung eines Umlegungsvermerks im förmlich festgelegten Sanierungsgebiet entfällt. Neben dem Sanierungsvermerk ist ein besonderer Umlegungsvermerk entbehrlich. **kein Umlegungsvermerk**

Absatz 2 bestimmt, daß bei einer Umlegung im Sanierungsgebiet der Flächenmaßstab des § 58 BBauG keine Anwendung findet. Es ist also immer nach dem Wertmaßstab zu arbeiten. Angesichts des meist sehr unterschiedlichen Werts der Grundstücke im Sanierungsgebiet ist der Ausschluß der Flächenumlegung gerechtfertigt. Für die Wertumlegung bestimmt Absatz 2, daß bei der Wertermittlung und Entschädigungsberechnung die Bestimmung des § 23 entsprechend anzuwenden ist. Alle Wertänderungen, die durch die Sanierung verursacht werden, sind somit als Wertänderungen, die durch die Umlegung bewirkt werden, zu betrachten. Insbesondere bleibt kein Raum für einen nicht zu berücksichtigenden eigenständigen Planungsvorteil. Das entspricht schon der bisherigen Praxis und Rechtsprechung bei Sanierungsumlegungen (vgl. Beschluß des Bundesverfassungsgerichts vom 17. 12. 1964 – 1. BvL 2/62 in DWW 1965, 81). Das Gesetz schafft Klarheit in diesem Punkt. **nur Wertmaßstab**

In einem Umlegungsverfahren nach dem Bundesbaugesetz kann gegen den Willen der Beteiligten kein Miteigentum, Wohnungseigentum, Teileigentum usw. zugeteilt werden. Für die Sanierungsumlegung bestimmt § 16 Abs. 3, daß diese in § 59 Abs. 4 BBauG genannten Rechte zugeteilt werden können, wenn in diesen Rechtsformen Eigentum für eine größere Zahl von Beteiligten erhalten werden kann, und wenn es mit dem Sanierungszweck vereinbar ist. Ganz deutlich ist in der Bestimmung gesagt, daß, wer Eigentum in diesen Rechtsformen ablehnt, mit Geld abzufinden ist. Die bisher schon gegebenen Möglichkeiten zur Geldabfindung in § 59 Abs. 3 gewinnen damit an Bedeutung. Es ist sichergestellt, daß sich auch kompliziertere Bebauungspläne durch eine Umlegung verwirklichen lassen. **Rechte als Abfindung**

Der Möglichkeit für die Gemeinde, Rechte der in § 59 Abs. 4 BBauG bezeichneten Art im Umlegungsverfahren zu begründen, steht nach § 16 Abs. 4 ein Recht der Grundstückseigentümer auf solche Rechte gegenüber. Hat ein Grundstückseigentümer im Sanierungsgebiet eigengenutzten Wohn- oder Geschäftsraum aufgegeben und erhält er im Umlegungsverfahren kein selbständiges Grundstück, so soll ihm auf seinen Antrag eines der in § 59 Abs. 4 bezeichneten Rechte zugeteilt werden. In Frage werden vor allem Rechte nach dem Wohnungseigentumsgesetz kommen. Der Anspruch ist nur dann ausgeschlossen, wenn die Zuteilung solcher Rechte in der Umlegung nicht möglich oder mit dem Sanierungszweck nicht vereinbar ist. Mit dieser Vorschrift geht die Umlegung über die Ordnungsmaßnahmen nach § 12 hinaus: Sollen Rechte nach dem Wohnungseigentumsgesetz begründet werden, so muß zumindest eine Bauzeichnung vorliegen. Die Verzahnung der Umlegung mit den Baumaßnahmen wird deutlich. **S 85**

6.22 Die Aufhebung von Miet-, Pacht- und sonstigen Rechten **S 86**

Nach § 61 BBauG ist es im Umlegungsverfahren möglich, Rechte aller Art, auch Miet- und Pachtrechte, im Umlegungsplan aufzuheben, zu ändern oder neu zu begründen. Das gilt auch für die Umlegung im Rahmen des Städtebauförderungs-

§ 27 Abs. 6 gesetzes. § 27 Abs. 6 sagt ausdrücklich, daß die Zulässigkeit einer Aufhebung von Miet- oder Pachtverhältnissen im Rahmen der Umlegung durch die Möglichkeit, Miet- oder Pachtverhältnisse nach § 27 aufzuheben, nicht berührt werde. Die Aufhebung von Rechten, insbesondere von Miet- und Pachtverhältnissen, ist nach § 27 an besondere Bedingungen geknüpft. Voraussetzung ist vor allem die Stellung von angemessenem Ersatzwohnraum zu zumutbaren Bedingungen. Diese Voraussetzung besteht im Rahmen des § 61 BBauG nicht. Nach § 27 Abs. 6 könnte man meinen, daß deshalb im Rahmen einer Umlegung bei der Aufhebung von Miet- und Pachtverhältnissen kein Ersatzwohnraum zu stellen sei. Das ist aber nur bedingt richtig. Die Umlegungsstelle darf ein Mietverhältnis im Umlegungsplan aufheben ohne

Ersatzräume genau geprüft zu haben, wann Ersatzwohnraum zur Verfügung steht. Wird ein Mietverhältnis durch besondere Verfügung aufgehoben, so muß angegeben werden, daß im Zeitpunkt der Beendigung des Mietverhältnisses der Ersatzraum vorhanden ist. Damit ist zwar ein rechtlicher Unterschied zwischen diesen beiden Möglichkeiten der Aufhebung von Miet- oder Pachtverhältnissen gegeben, ein tatsächlicher jedoch nicht. Es wird nicht angehen, daß eine Gemeinde bei einer Sanierungsumlegung nicht für Ersatzräume sorgt. Durch den Sozialplan besteht für die Gemeinde die Pflicht, sich um Mieter, die ihre Wohnungen in einer Umlegung verlieren, genauso zu kümmern wie um die, deren Miet- oder Pachtverhältnisse nach § 27 aufgehoben werden. Nur bei Mietern, die sich offensichtlich selbst helfen können, muß die Gemeinde nicht für Ersatzräume sorgen.

6.23 Umlegungsvorteil und Sanierungsvorteil

Der Umlegungsvorteil ist in § 57 BBauG definiert. Es handelt sich um die Wertänderung, die durch die Umlegung bewirkt wird, um die Differenz zwischen dem Wert des eingeworfenen und dem des zugeteilten Grundstücks. Beim Sanierungsvorteil

Wertänderungen handelt es sich um die Wertänderungen, die durch die rechtliche und tatsächliche Neuordnung des Sanierungsgebietes entstehen. Diese Wertänderungen sind schon im Rahmen einer Umlegung zu berücksichtigen (§ 16 Abs. 2 Satz 3). Die Abschöpfung der Sanierungsvorteile ist allgemein jedoch in § 41 geregelt. Dort heißt es in Absatz 6, daß auf die Beträge, die zum Ausgleich der Sanierungsvorteile zu entrichten sind, die Werterhöhungen anzurechnen sind, die bereits bei einer Ausgleichsleistung in einem Umlegungsverfahren berücksichtigt worden sind. Die Bestimmung ist nicht ganz eindeutig. Grundsätzlich wird man jedoch davon ausgehen können, daß der Umlegungsvorteil im Rahmen einer Sanierung unter Beachtung der Vorschrift des § 23 gleich dem Sanierungsvorteil ist. § 41 Abs. 6 möchte vor allem eine doppelte Heranziehung vermeiden. Es ist jedoch nicht auszuschließen, daß es neben dem nach § 16 berechneten Umlegungsvorteil noch besondere Sanierungsvorteile gibt, die vielleicht erst nach der Bebauung sichtbar werden. Im übrigen gelten für die Geldleistungen bei einer Sanierungsumlegung die Vorschriften des § 64 BBauG. Danach kann insbesondere die Fälligkeit der Ausgleichsleistungen für Mehrwerte bis zu längstens 10 Jahren hinausgeschoben werden. Die öffentlichen Lasten werden im Grundbuch eingetragen. Das Verfahren ist eindeutiger und leichter zu handhaben als das zur Erhebung der Ausgleichsbeträge nach § 41.

6.24 Bindung der Ausgleichsleistungen aus einem Umlegungsverfahren für den Wiederaufbau

§ 49 Abs. 2 § 49 Abs. 2 enthält noch eine wichtige Vorschrift für die Entschädigungen, die im Umlegungsverfahren an die beteiligten Grundeigentümer zu zahlen sind. Werden einem beteiligten Grundeigentümer öffentliche Mittel zur Förderung der Neubebauung, von Modernisierungsmaßnahmen, von Ersatzbauten oder Ersatzanlagen gewährt, so kann die Bewilligung davon abhängig gemacht werden, daß die Ausgleichsleistungen aus einem Umlegungsverfahren als Eigenleistung für die Finanzierung eingesetzt werden. Das war bisher nicht möglich. Die Vorschrift dürfte wirksamer sein als das Baugebot.

S 86 ### 6.3 Inhalt des Umlegungsplans bei einer Umlegung im Rahmen des Städtebauförderungsgesetzes

Im Umlegungsplan ist vieles zusammengefaßt, das bei anderer Durchführung der Sanierung in verschiedenen einzelnen Verwaltungsakten enthalten ist. Der Umlegungsplan enthält die neuen Grundstücksgrenzen und Bezeichnungen, sowie die örtlichen Verkehrsflächen nach § 55 Abs. 2 BBauG (Umlegungskarte § 67 BBauG). Das Umlegungsverzeichnis nach § 68 BBauG führt die neuen Grundstücke unter Gegenüberstellung des alten und neuen Bestands mit Angabe der Eigentümer auf. Die Gebäude, die bei der Durchführung der Sanierung ganz oder teilweise beseitigt werden müssen, sind zu bezeichnen (§ 16 Abs. 5). Außerdem sind alle Rechte angegeben, soweit sie aufgehoben, beendet oder neu begründet werden. Das bedeutet, daß über sämtliche Miet- und sonstigen Nutzungsverhältnisse der Umlegungsplan die notwendigen Aussagen enthält. Das Umlegungsverzeichnis enthält weiter die Grundstückslasten nach Rang und Betrag. Außerdem sind im Umlegungsverzeichnis alle Geldleistungen, die zu zahlen sind, ihre Fälligkeit und Zahlungsart anzugeben. Damit sind nicht nur die Entschädigungen gemeint, die die Gemeinde an die Eigentümer zu zahlen hat, sondern auch „Entschädigungen", die die Eigentümer für Mehrwerte an die Gemeinde zu zahlen haben. Auch die Entschädigungen, die sonst in einem besonderen Verfahren von der höheren Verwaltungsbehörde festgesetzt werden (z. B. nach § 19 Abs. 3, § 24 Abs. 2 und § 30 Abs. 2), sind im Umlegungsplan enthalten. Ebenso kann ein Baugebot, das sich allerdings nicht nach § 59 Abs. 5 BBauG, sondern nach § 20 richtet, im Umlegungsplan vorgesehen werden. Das Baugebot dient insoweit der Vorbereitung des Bauens, gehört also im Regelfall noch zu den Ordnungsmaßnahmen. **Baugebot im Umlegungsverfahren**

Die Vielfalt der möglichen Regelungen im Umlegungsplan läßt es zweckmäßig erscheinen, daß eine Gemeinde immer dann vom Mittel der Umlegung Gebrauch macht, wenn eine Sanierung nicht durch schnelle Vereinbarungen abgeschlossen werden kann, sondern wenn hoheitlich und mit Zwang gearbeitet werden muß.

6.4 Die Möglichkeit der Vorwegnahme der Entscheidung nach § 76 BBauG
S 84 Vorwegregelung

Im Umlegungsverfahren können die Eigentums- und Besitzverhältnisse einzelner Grundstücke durch Beschluß der Umlegungsstelle vorweggeregelt werden, wenn die betroffenen Rechtsinhaber einverstanden sind. Von der Vorschrift des § 76 BBauG wird bei einer Sanierungsumlegung immer wieder Gebrauch gemacht werden können. Sie dient der Beschleunigung des Verfahrens, ist allerdings nur anwendbar, wenn die Beteiligten einverstanden sind. Die Umlegungsstelle muß hier vorsichtig sein: durch die Vorwegregelung für einige Grundstücke können für andere Grundstücke Tatsachen geschaffen werden, die die Eigentümer anderer Grundstücke benachteiligen. Mit dieser Begründung können gegen Vorwegregelungen Rechtsmittel eingelegt werden. Da die Vorwegnahme der Entscheidung nach § 76 BBauG deshalb nicht immer problemlos ist, kann es sich empfehlen, ein Sanierungsgebiet in mehrere Umlegungsgebiete aufzuteilen und nicht ein Mammutumlegungsverfahren durchzuführen. So bleibt für die Beteiligten wie für die Sanierungsstelle die Übersicht eher gewahrt. Einer Beschleunigung des Verfahrens dient auch eine vorzeitige Besitzeinweisung nach § 77 BBauG. **Vorzeitige Besitzeinweisung S 83**

6.5 Der Vollzug des Umlegungsplanes
S 88

Der Vollzug des in Kraft getretenen Umlegungsplanes richtet sich grundsätzlich nach § 72 Abs. 2 BBauG. Die Gemeinde hat den Umlegungsplan zu vollziehen, sobald er unanfechtbar geworden ist. Sie hat den Beteiligten die neuen Besitz- und Nutzungsrechte erforderlichenfalls mit den Mitteln des Verwaltungszwanges zu verschaffen (siehe dazu Schmidt-Jortzig in DVBl 1971, 297 ff.). § 16 Abs. 5 bestimmt darüber hinaus, daß die Eigentümer die Beseitigung von im Umlegungsplan bezeichneten Gebäuden dulden müssen, wenn die Gemeinde sie zum Vollzug des Umlegungsplanes durchführt. Diese Duldungspflicht ergibt sich eigentlich schon aus § 72 Abs. 2 BBauG. Die Klarstellung ist jedoch zu begrüßen. Der Vollzug des Umlegungsplanes nach § 72 Abs. 2 BBauG und § 16 Abs. 5 setzt jedoch — gerade wenn es sich um die Beseitigung von Gebäuden handelt — voraus, daß ein Sozialplan vorhanden ist, der gleichzeitig mit vollzogen wird: daß Bewohner in Ersatzräume umgesetzt, daß Gewerbebetriebe provisorisch bis zur Bezugsfertigkeit der Neubauten untergebracht werden. **§ 72 Abs. 2 BBauG** **§ 16 Abs. 5**

7. Durchführung mit einem Sanierungsträger
S 90—98

7.1 Gründe für die Beauftragung eines Trägers
Für die Einschaltung eines Sanierungsträgers sind in der Regel finanzielle und personelle Gründe maßgebend.

Vor- und Zwischenfinanzierung Finanzielle Gründe sprechen für die Einschaltung eines Trägers, wenn der Gemeinde kurzfristig keine ausreichenden Mittel zur Verfügung stehen, weil die Haushaltslage keine Investitionen zuläßt, oder weil Sanierungsförderungsmittel des Bundes oder des Landes noch nicht in ausreichendem Umfang bereitstehen. In diesem Fall kann ein kapitalstarker Träger eigene Mittel einsetzen oder die erforderlichen Vor- oder Zwischenfinanzierungsmittel beschaffen. Die Gemeinde spart dadurch zwar kein Geld, sie übernimmt im Gegenteil zusätzliche Zinslasten, es wird jedoch der Zahlungszeitpunkt hinausgeschoben und die Sanierung kann beginnen.

Personal Ausschlaggebend für die Einschaltung eines Trägers werden in der Regel personelle Gründe sein. Die Gemeinden sind weitgehend überfordert, wenn es darum geht, große Baumaßnahmen durchzuführen, insbesondere bei Beteiligung eines Immobilienfonds oder wenn Wohnungs- und Teileigentum zu begründen ist. Die dabei auftretenden organisatorischen, rechtlichen und finanziellen Probleme sind typisch wohnungswirtschaftlicher Art, auf die eine Gemeinde üblicherweise nicht vorbereitet sein kann.

Dabei darf allerdings nicht übersehen werden, daß kleine Gemeinden in eine finanzielle und personelle Abhängigkeit von Sanierungsträgern kommen können. Die Aufsichtsbehörden werden die Gemeinden unterstützen müssen, damit sich solche möglichen Abhängigkeiten nicht nachteilig auswirken. Einer überlegten Auswahl des Trägers und einer sorgfältigen Gestaltung des Vertrags mit dem Sanierungsträger kommt in diesem Zusammenhang sehr große Bedeutung zu.

7.2 Auswahl des Trägers

Auswahlkriterien Sanierungsverfahren erstrecken sich oft über einen sehr langen Zeitraum. Sie beanspruchen vor allem während der vorbereitenden Untersuchungen und bei Beginn der Ordnungsmaßnahmen einen erheblichen Arbeits-, Zeit- und Kapitalaufwand. Für die Auswahl des Trägers kann deshalb die Beantwortung folgender Fragen ausschlaggebend sein:

▶ Ist das Unternehmen als Bauunternehmen tätig oder von einem Bauunternehmen rechtlich oder wirtschaftlich abhängig? Ist dies der Fall, so darf eine Beauftragung nicht erfolgen, da die erforderliche Bestätigung der nach Landesrecht zuständigen Behörde nicht ausgesprochen werden könnte, § 34 Abs. 1.

▶ Hat das Unternehmen die erforderlichen Fachleute für die in Aussicht genommene Art der Bodenordnung?

▶ Liegen Erfahrungen auf dem Gebiet des Wohnungseigentums und evtl. auf dem Gebiet der Immobilienfonds-Finanzierung vor?

▶ Ist das Unternehmen personell so ausgestattet, daß eine zügige Bearbeitung des Sanierungsvorhabens gewährleistet ist?

▶ Wo hat das Unternehmen seine Geschäftsräume? Können die Mitarbeiter des Unternehmens für kurzfristig notwendig werdende Besprechungen mit der Gemeinde und den von der Sanierung Betroffenen zur Verfügung stehen?

▶ Ist das Unternehmen finanziell in der Lage, auf Verlangen der Gemeinde auch für eigene Rechnung tätig zu werden, insbesondere die sich aus dem Vorkaufs-, Grunderwerbs- oder Enteignungsrecht der Gemeinde ergebenden Verpflichtungen zu erfüllen, wenn die Gemeinde diese Rechte zugunsten des Sanierungsträgers ausübt?

▶ Werden die Geschäftstätigkeit und die wirtschaftlichen Verhältnisse des Unternehmens jährlich geprüft? Von wem? – Gegebenenfalls ist eine entsprechende Auflage bei der Bestätigung erforderlich, § 34 Abs. 3.

▶ Besitzen die Vertreter des Unternehmens und die leitenden Angestellten die erforderliche Zuverlässigkeit?

Kooperation Bei einem überregional tätigen Unternehmen kann der mögliche Nachteil der räumlichen Entfernung im Einzelfall durch eine Kooperation mit einem ortsansässigen Unternehmen vermieden werden. Diese Kooperation ist in verschiedenen Formen denkbar:

▶ Das örtliche Unternehmen wird Sanierungsträger und läßt sich vom überregional tätigen Unternehmen in bestimmtem Umfang betreuen. Wenn bei dem örtlichen Unternehmen die Voraussetzungen des § 34 Abs. 2 Nr. 1 (personelle und wirtschaftliche Eignung) fehlen, ist der Betreuungsvertrag zur Erhaltung der Bestätigung für den Sanierungsauftrag dann der Behörde vorzulegen.

▶ Das überregional tätige Unternehmen wird Sanierungsträger und bedient sich zur Erfüllung bestimmter Leistungen, insbesondere der zeitraubenden Verhandlungen mit den Sanierungsbetroffenen des örtlichen Unternehmens als Erfüllungsgehilfen. Auch in diesem Fall kann es zweckmäßig sein, den Vertrag zwischen beiden Unternehmen bei Beantragung der Bestätigung für die Übernahme der Sanierungsaufgaben mit vorzulegen.

▶ Das überregional tätige und das örtliche Unternehmen bilden eine Arbeitsgemeinschaft und haften gemeinsam gegenüber der Gemeinde für die ordnungsgemäße Erledigung ihrer Aufgaben. Wenn die Arbeitsgemeinschaft eine Gesellschaft bürgerlichen Rechts im Sinne der §§ 705 ff. BGB und keine juristische Person ist, kann für die Arbeitsgemeinschaft die Steuerfreiheit nach § 81 jedoch nicht erlangt werden.

▶ Das überregional tätige und das örtliche Unternehmen gründen eine juristische Person zur Durchführung bestimmter Sanierungsvorhaben. Für die Gründung des Unternehmens und die Durchführung der Sanierungsaufgaben erhält das neue Unternehmen alle Steuervergünstigungen (§§ 80, 81). Zu beachten ist, daß in diesem Fall die personellen und finanziellen Gegebenheiten des neuen Unternehmens für die Bestätigung als Sanierungsträger zu prüfen sind und die Situation der gründenden Unternehmen nur dann zu beachten ist, wenn entsprechende Geschäftsbesorgungsverträge abgeschlossen und vorgelegt werden.

7.3 Vertragsabschluß

7.31 Zeitpunkt

Ist sich die Gemeinde bewußt, daß sie nicht in der Lage ist, ein Sanierungsvorhaben bis zum Ende selbst durchzuführen, so wird sie zu einem möglichst frühen Zeitpunkt einen Sanierungsträger bestellen — nicht erst dann, wenn sie vielleicht mit ihren Bemühungen gescheitert ist. Je früher die Gemeinde eine Zusammenarbeit mit einem Träger anstrebt, umso größer sind im allgemeinen die Chancen der Realisierung. Nach § 33 Abs. 3 kann ein Auftrag zur Vorbereitung der Sanierung bereits vor der förmlichen Festlegung erteilt werden.

_{S 90}

7.32 Form

Der Sanierungsträger kann auch durch privatschriftlichen Vertrag beauftragt werden. Auch wenn in ihm die Verpflichtung zur Veräußerung von Grundstücken enthalten ist, bedarf er nicht der notariellen Beurkundung (§ 35 Abs. 2).

§ 313 BGB gilt nicht

7.33 Vertragsinhalt

Soweit gesetzliche Bestimmungen fehlen, ist der Inhalt des Vertrags der freien Gestaltung der Vertragspartner überlassen. Zu beachten ist jedoch, daß die Gemeinde hoheitliche Befugnisse nicht übertragen darf (§ 33 Abs. 4) und daß der Vertrag beiderseits nur aus wichtigem Grund gekündigt werden kann (§ 35 Abs. 2).

Entscheidend ist für die Vertragsgestaltung, ob der Sanierungsträger im eigenen Namen und für eigene Rechnung tätig werden soll, oder ob ein Treuhandverhältnis beabsichtigt ist. Als Treuhänder erfüllt der Sanierungsträger seine Aufgaben im eigenen Namen, aber für Rechnung der Gemeinde. Das Treuhandvermögen hat der Träger getrennt von seinem sonstigen Vermögen zu verwalten. Zu diesem Treuhandvermögen gehören die Finanzierungsmittel, welche die Gemeinde dem Träger zur Verfügung stellt und alles, was der Sanierungsträger direkt oder indirekt mit diesen Mitteln erwirbt (Surrogate).

Tätigkeit für eigene Rechnung

Treuhandverhältnis

Von besonderer Bedeutung ist die Bestimmung, daß die Gemeinde die Erfüllung der Verbindlichkeiten gewährleistet, für die der Sanierungsträger mit dem Treuhandvermögen haftet. Durch diese Regelung erhält der Treuhänder die Möglichkeit, von Hypothekenbanken Darlehen zu erhalten, die dinglich nicht zu sichern sind und von den Banken durch Kommunalobligationen refinanziert werden können (sog. Kommunaldarlehen).

Kommunaldarlehen
§ 36 Abs. 4

Soweit der Sanierungsträger neben seinem Treuhandauftrag für eigene Rechnung Grundstücke erwirbt — dies ist zulässig — kann er diese mit Zustimmung der Gemeinde gegen Ersatz seiner Aufwendungen in das Treuhandvermögen überführen. Er muß sie überführen, wenn die Gemeinde es verlangt. In diesem Fall hat die Gemeinde die vom Gutachterausschuß nach § 23 zu ermittelnden Werte zu berücksichtigen. Diese Werte können unter den Aufwendungen liegen, weshalb für den als Treuhänder tätigen Sanierungsträger bei einer Tätigkeit auf eigene Rechnung erhöhte Vorsicht oder eine entsprechende abweichende vertragliche Vereinbarung geboten ist.

§ 36 Abs. 5

Wegen des möglichen Vertragsinhalts wird auf die im Anhang abgedruckten Mu-

Vertragsmuster

ster der Bundesvereinigung der Kommunalen Spitzenverbände nebst Anmerkungen verwiesen.

7.4 Die Durchführung im einzelnen

S 91 Der Träger verhandelt mit den Grundstückseigentümern und Nutzungsberechtigten mit dem Ziel, deren Bereitschaft zur Mitwirkung an der Sanierung zu wecken und zu fördern. Dies wird ihm umso eher gelingen, je mehr Möglichkeiten der Beteiligung er den Eigentümern und Nutzungsberechtigten bieten kann. Bei einem größeren Sanierungsvorhaben sind zum Beispiel folgende Angebote denkbar:

Mögliche Angebote
- Tausch von Altgrundstücken gegen neu gebildete Grundstücke, wenn eine grundstücksweise Bebauung möglich ist.
- Tausch von Altgrundstücken gegen gleichwertiges oder durch den Einsatz von Finanzierungsmitteln höherwertiges Raumeigentum an Wohnungen, Garagen oder gewerblichen Räumen.
- Tausch von Altgrundstücken gegen mittelbares Eigentum in der Form von Immobilienfonds-Anteilscheinen;
hierbei können den Alteigentümern im Benehmen mit der Immobilienfonds-Gesellschaft unter Umständen noch besondere Vorteile verschafft werden, wie z. B. ein Vormietrecht für Räume in einer bestimmten Größe oder die Möglichkeit, später gegen Hingabe des Zertifikats die Übertragung des entsprechenden Raumeigentums zu verlangen.
- Vormietrecht für zusätzlichen, im Fondsvermögen stehenden Raum, wenn das vom Alteigentümer eingetauschte Raumeigentum allein den gegebenen Bedarf nicht befriedigt.
- Vormietrecht für den Altmieter.
- Bereitstellung provisorischer Geschäftsräume während der Bauzeit zur Aufrechterhaltung des Geschäftsbetriebs.
- Bereitstellung von Wohnungen als Ersatz oder als Übergang bis zur Fertigstellung des Neubaues.
- Bevorzugte Berücksichtigung von Kaufwünschen der Mieter und Pächter.
- Entschädigung mit Grundbesitz des Trägers außerhalb des Sanierungsgebietes.

S 92 Gelingt es dem Träger nicht, die Eigentümer zu einer privaten Sanierung zu bewegen, so haben er oder die Gemeinde die erforderlichen Grundstücke zu erwerben.

Es ist denkbar, daß der Träger nur einen Teil der Grundstücke erwirbt und mit den Eigentümern der anderen Grundstücke gemeinsam die Ordnungsmaßnahmen durchführt. Der Träger kann später die Baubetreuung übernehmen.

Soweit es dem Träger nicht gelingt, die Eigentümer zur Mitwirkung zu bewegen, oder die Grundstücke zu erwerben, kann die Gemeinde zugunsten des Trägers die Enteignung betreiben.

S 26 Der Sanierungsträger hält wegen der Fortschreibung des Sozialplans mit der Gemeinde Kontakt und sorgt für die Umsetzung in die von ihm oder von der Gemeinde beschafften Ersatzbauten.

S 93 Die Verhandlungen mit den Nutzungsberechtigten sollten vom Sanierungsträger zugleich mit den Verhandlungen mit den Grundstückseigentümern aufgenommen werden. Soweit eine Auflösung der Miet- und Pachtverhältnisse im beiderseitigen Einvernehmen nicht möglich ist, müssen sie gekündigt werden. Handelt es sich um **S 94** langfristige Verträge, so kann der Träger die Gemeinde ersuchen, die Miet- und Pachtverhältnisse aufzuheben.

S 96 Notfalls muß die Räumung vom Träger erzwungen werden, der gegebenenfalls auch hierfür die Hilfe der Gemeinde beanspruchen kann. Anschließend erfolgt der Abbruch und die Erschließung. Soll den früheren Grundstückseigentümern bzw. den **S 97, 98** betreuten Bauherren eines der in § 22 Abs. 3 Nr. 1 bezeichneten Rechte, insbesondere Wohnungs- und Teileigentum zugeteilt werden, so muß bis zu diesem Zeitpunkt die Bauplanung entsprechend fortgeschritten sein. Das trifft auch zu, wenn Dritte erwerben sollen. Diese zuletzt genannte Möglichkeit gewinnt vor allem dann an Bedeutung, wenn gewerbliche Räume zur Veräußerung an Dritte, z. B. an ein Kaufhaus, vorgesehen sind. Dann liegt dem Sanierungsträger, der nach den Wünschen des Kaufhauses bauen soll, sehr viel daran, das Kaufhaus endgültig zu binden. Das Kaufhaus wird die beim Erwerb anfallende Grunderwerbsteuer so niedrig wie möglich halten wollen. Es wird deshalb auf einen Erwerb vor Beginn der Baumaßnahmen drängen.

Abhängig vom Sanierungszweck ist auch denkbar, daß eine Privatisierung oder Reprivatisierung erst nach Durchführung der Baumaßnahmen möglich oder zweckmäßig ist. Auch wenn Eigentumswohnungen geschaffen werden und diese an Dritte veräußert werden müssen, so ist eine Veräußerung entsprechend der heutigen Lage am Grundstücksmarkt meist nur möglich nach Baubeginn und zudem zu einem Festpreis. Dies bedeutet eine Baudurchführung für eigene Rechnung und Gefahr des Sanierungsträgers.

Mit der Reprivatisierung ist die Tätigkeit des auf eigene Rechnung arbeitenden Sanierungsträgers beendet. Soweit er als Treuhänder tätig war — insbesondere wenn ihm Sanierungsförderungsmittel zur Verfügung gestellt worden waren —, hat er gegenüber der Gemeinde nach Beendigung seiner Tätigkeit als Treuhänder (wie auch im Falle der Kündigung) Rechnung zu legen und das noch vorhandene Treuhandvermögen auf die Gemeinde zu übertragen.

8. Durchführung durch die Eigentümer   S 100–108

8.1 Vorbemerkungen

Die Möglichkeit, seitens der Gemeinde den Eigentümern, Mietern, Pächtern oder sonstigen Nutzungsberechtigten sowie anderen Dritten, die sich zu einer juristischen Person für die Durchführung der Sanierung zusammengeschlossen haben (§ 14), die Ordnungsmaßnahmen durch Vertrag ganz zu überlassen, ist sicherlich wünschenswert. Wahrscheinlich wird diese Möglichkeit jedoch selten ausgenutzt werden können. Entscheidend dafür ist, daß die Eigentümer mit ihren unterschiedlichen Interessenlagen in angemessener Frist zu einstimmigen Entscheidungen kommen müssen. Schon beim Wohnungseigentum hat sich eindeutig gezeigt, daß wesentliche Veränderungen, bei denen Einstimmigkeit notwendig ist, praktisch nie zustande kommen. Bei den vielfältigen besonderen Schwierigkeiten von Ordnungsmaßnahmen in Sanierungsgebieten — man denke nur an die Notwendigkeit einer von allen akzeptierten Bewertung — wird das nur selten gelingen. Weiter muß berücksichtigt werden, daß eine Aktivität der Gemeinde in der Form einer „amtlichen" Sanierung nach dem Städtebauförderungsgesetz oft deshalb notwendig wird, weil die Sanierungsbedürftigkeit gerade durch unzureichende private Aktivität in dem Sanierungsgebiet entstand. Vielfach ist das darauf zurückzuführen, daß in den Sanierungsgebieten eine kleinparzellige Grundstücksstruktur besteht, die es notwendig macht, daß bei Erneuerungsmaßnahmen ein gemeinsames Vorgehen auf mehreren benachbarten Grundstücken zustande kommt und daran die private Aktivität scheitert. Gelegentlich werden die Eigentümer auch durch die auf sie zukommenden Entscheidungen überfordert.

§§ 13, 14

Einstimmigkeit

Wenn die Eigentümer sich Beauftragter oder Betreuer bedienen, § 13 Abs. 3, und wenn sich alle auf einen gemeinsamen Beauftragten bzw. Betreuer mit erheblichen Vollmachten einigen — was selten zu erwarten ist —, so erscheint eine zügige und zweckmäßige Durchführung der Ordnungsmaßnahmen eher denkbar. Das gleiche gilt für Sanierungsgemeinschaften nach § 14. Entscheiden sich dagegen die Eigentümer für verschiedene Beauftragte oder Betreuer, so ist die dann wiederum erforderliche Einstimmigkeit sicherlich kaum weniger problematisch als bei mehreren Eigentümern. Auch im Hinblick auf die Sozialplanung dürfte die Durchführung der Ordnungsmaßnahmen allein durch die Eigentümer selten funktionieren.

In der Regel wird es gerade bei der Sanierung durch die Eigentümer zweckmäßig sein, die Ordnungsmaßnahmen anlaufen zu lassen, bevor der Bebauungsplan zur Rechtskraft gebracht wird. Dadurch werden planerische Rückkoppelungen während der Ordnungsphase erleichtert, da es sehr viel einfacher ist, nur den Entwurf des Bebauungsplanes zu ändern. Bis zum Beginn der Ordnungsphase sollte der Bebauungsplanentwurf öffentlich ausgelegt worden sein, damit den Eigentümern eine entsprechende Basis zur Verfügung steht. Der Bebauungsplan würde dann erst zur Rechtskraft gebracht werden, wenn Zwangsmaßnahmen notwendig sind. Wenn Zwangsmaßnahmen nicht auftreten, kann der Bebauungsplan bis zur Neuordnung der Grundstücke offen gehalten werden.

Bebauungsplan

8.2 Der Ablauf im einzelnen

Der Vertrag, mit dem den Eigentümern die Durchführung der Ordnungsmaßnahmen ganz oder teilweise überlassen wird (§ 13 Abs. 1), muß mit allen Eigentümern geschlossen werden.

S 100

Inhalt des Vertrags

In dem Vertrag ist eine eingehende Regelung aller mit den Ordnungsmaßnahmen zusammenhängenden Fragen notwendig, insbesondere die Frage der Kosten, damit von Anfang an die Belastungen der Eigentümer eindeutig klargelegt werden, die Fragen der Erschließung und des Sozialplans, bei dem die Gemeinde zumindest eine laufende Kontrolle bzw. Mitwirkung wird übernehmen müssen. Weiter wird die Gemeinde — etwa durch Fristsetzungen — bereits in diesem Vertrag festlegen müssen, wann sie die Durchführung der Ordnungsmaßnahmen ihrerseits wieder übernehmen wird.

S 101

Daß die Eigentümer die Ordnungsmaßnahmen durchführen, ist am ehesten zu erwarten, wenn sie sich eines gemeinsamen Beauftragten oder Betreuers bedienen (§ 13, Abs. 3), oder wenn sie sich zu einer juristischen Person zusammenschließen (§ 13 Abs. 4, § 14). Dazu muß ein Eigentümer, ein Sanierungsbetreuer oder die Gemeinde die Initiative ergreifen. Der Initiator wird gewisse Vorarbeiten leisten müssen, um die erforderliche Mitarbeit zu erreichen. Es könnte zweckmäßig sein, möglichst frühzeitig aus dem Kreis aller Eigentümer einen Ausschuß zu bilden, um auf diese Weise die Eigentümer möglichst frühzeitig repräsentativ zu beteiligen und sie zu aktivieren. Dieser Ausschuß könnte dann auch den Sanierungsbetreuer vorschlagen.

S 102

Sanierungsgemeinschaft § 14

Aufgrund einer Anregung des Bundesrates und entsprechend dem Alternativentwurf der CDU/CSU sieht § 14 die Möglichkeit vor, daß sich Grundeigentümer, Mieter, Pächter und sonstige Nutzungsberechtigte sowie andere Dritte zu einer Sanierungsgemeinschaft zusammenschließen können, deren ausschließlicher Zweck in der gemeinsamen Durchführung der Sanierung besteht. Über die Sanierungsgemeinschaft ist in § 14 nur gesagt, daß sie eine juristische Person des privaten Rechts ist und daß sie durch die Verleihung der Rechtsfähigkeit durch die nach Landesrecht zuständige Behörde entsteht. Im übrigen wird das Nähere in einem besonderen Gesetz geregelt (§ 14 Abs. 2), das abzuwarten ist.

So sehr die Sanierungsgemeinschaft an sich zu begrüßen ist, so problematisch wird sie in der Praxis sein. Denn nicht nur die Grundeigentümer, sondern auch die Mieter, Pächter usw. sollen einbezogen werden. Das wird die notwendigen Vereinbarungen außerordentlich schwierig machen.

S 103

Auf der Basis einer Einigung über die Art der Neuordnung — auch der Bewertung — sind als erster Schritt im Zuge der Ordnungsmaßnahmen von den Eigentümern oder deren Beauftragten bzw. Betreuern die bestehenden Miet- und Pachtverhältnisse in abzubrechenden und gegebenenfalls auch in zu modernisierenden Gebäuden zu beenden.

S 104, 105

Nun müssen die abzubrechenden bzw. zu modernisierenden Gebäude durch Umsetzung freigemacht werden oder — falls die freiwillige Umsetzung nicht erreichbar ist — durch zwangsweise Räumung im Rahmen des Sozialplanes. Gerade bei der Umsetzung oder Räumung kann Härteausgleich notwendig werden. Besonders deswegen empfiehlt sich die enge Zusammenarbeit mit der Gemeinde.

S 106, 107

Erschließung

Spätestens nach dem Abbruch können die Erschließungsanlagen hergestellt werden, soweit die Neugestaltung des Sanierungsgebietes das erforderlich macht. Das kann durch die Eigentümer oder durch die Gemeinde geschehen. Auch hier wird deutlich, wie eng die Zusammenarbeit mit der Gemeinde sein muß.

Bei der Erschließung werden auch die Versorgungsleitungen geändert werden, soweit das notwendig ist. Dabei entstehende Kosten (soweit sie über das bei ordnungsgemäßer Wirtschaft erforderliche Maß hinausgehen) muß die Gemeinde nach § 24 Abs. 1 den Versorgungsunternehmen erstatten.

S 108

Eigentumsregelung

Spätestens wenn die Bebaubarkeit erreicht ist, muß die zu Beginn vereinbarte Eigentumsregelung durchgeführt werden. Bei Einzellösungen sind die neuen Einzelgrundstücke aufgrund des „Zuteilungsentwurfs" zu vermessen und aufzulassen. Soll Eigentum in der Form von Wohnungs- oder Teileigentum zugewiesen werden, dann ist erst auf Grund eines dem Baugesuch entsprechenden Aufteilungsplanes die Eigentumsregelung endgültig möglich. Der Sicherung der Eigentümer von Kleingrundstücken ist besondere Aufmerksamkeit zu schenken.

VIII. Privatisierung

1. Vorbemerkungen

Die Veräußerungspflicht der Gemeinde (§ 25) hat eine Ausgleichsfunktion gegenüber den erweiterten Eingriffsmöglichkeiten in das private Eigentum — Vorkaufsrecht, Grunderwerbsrecht, Baugebot mit Enteignungsfolge und allgemein erleichterte Enteignung. Nach dem Gesetzentwurf in der Fassung auf Grund der Beschlüsse in der 3. Lesung sollte das Eigentum „nur" an diejenigen Personen zurückfallen, die im Zuge der Sanierung, sei es durch freiwillige Maßnahmen, sei es durch Zwangsmaßnahmen nach dem Städtebauförderungsgesetz, Grundeigentum verloren haben. Eine Rangfolge der Eigentumsformen war hierbei nicht vorgesehen. Die Gemeinde hatte nach pflichtgemäßem Ermessen zur bestmöglichen Erreichung des Sanierungszwecks eine Auswahlmöglichkeit zwischen Volleigentum, Miteigentum, Teileigentum und Anteilsrechten. Es war dies eine echte „Reprivatisierung". Die schließlich beschlossene Fassung, die auf einen Vorschlag des vom Bundesrat angerufenen Vermittlungsausschusses zurückgeht, weitet diesen Gedanken im Sinne einer „allgemeinen Privatisierung" aus, wenngleich gegenüber Dritten keine Pflicht der Gemeinde zur Privatisierung begründet wurde, sondern die Gemeinde lediglich durch eine Sollvorschrift dazu angehalten wird. Außerdem wurde wieder eine Rangfolge eingeführt, nach welcher Volleigentum, Miteigentum oder Teileigentum gegenüber Anteilsrechten vorrangig zu bilden ist. Grundsätzlich müssen die Gemeinden alle Grundstücke im Sanierungsgebiet außer den im Gesetz erwähnten Gemeinbedarfs- oder ähnlichen Flächen wieder veräußern. Sie haben nur dann die Möglichkeit, selbst oder mit Hilfe gemeinnütziger Wohnungsbauträger Wohnungen des öffentlich-geförderten sozialen Wohnungsbaues zu errichten, wenn dies nach der Begründung des Bebauungsplans zur Erreichung des Sanierungszwecks unvermeidbar notwendig ist (§ 25 Abs. 2 letzter Satz). Bei den sich nach Durchführung der Sanierung wahrscheinlich ergebenden relativ hohen Verkehrswerten der Grundstücke dürften kaum „weite Kreise der Bevölkerung" Eigentum erwerben können, vielmehr liegt die Vermutung nahe, daß Eigentum diejenigen erwerben werden, die ohnehin schon weitgehend den Bodenmarkt beherrschen. Es besteht die Gefahr, daß damit das Ziel der weiten Streuung privaten Eigentums tatsächlich verfehlt wird.

Von einer „Wiedergutmachung" selbst im weitesten Sinne kann dann nicht mehr gesprochen werden, wenn die Gemeinde angehalten wird, ein freihändig erworbenes Grundstück an einen Dritten zu veräußern, der niemals im Sanierungsgebiet Grundeigentum besaß.

2. Einschränkung der Veräußerungspflicht

Die Pflicht zur Veräußerung ist aber in verschiedener Hinsicht eingeschränkt.

Die Pflicht zur Veräußerung (§ 25 Abs. 1 Satz 1) besteht nur für die Grundstücke, die die Gemeinde „nach der förmlichen Festlegung" erworben hat. Der Begriff ist zunächst zeitlich zu verstehen; ein Erwerb vor der förmlichen Festlegung, also z. B. in der Vorbereitungsphase der Sanierung, löst diese Pflicht nicht aus. Man wird weiter einen Erwerb nicht als reprivatisierungspflichtig ansehen müssen, der zur Durchführung der Sanierung außerhalb des förmlich festgelegten Gebietes erfolgt ist. Dies ergibt sich aus der Gleichstellung des freihändigen Erwerbs mit dem Erwerb nach den Vorschriften des Gesetzes (§ 25 Abs. 1). Ein Erwerb nach diesen Vorschriften ist nur bei Grundstücken im förmlich festgelegten Sanierungsgebiet möglich. Bei den freihändig erworbenen Grundstücken kann es sich daher ebenfalls nur um Grundstücke innerhalb des Gebietes handeln.

Die Pflicht besteht auch nur insoweit, als die Gemeinde nicht Austausch- oder Ersatzland aus ihrem sonstigen Fiskalvermögen hergegeben oder beim Erwerb bereits dingliches Eigentum in anderer Form begründet hat.

Von der Veräußerungspflicht sind die Flächen ausgenommen, die als Gemeinbedarfsgrundstücke oder als Verkehrs-, Versorgungs- oder Grünfläche in einem Bebauungsplan festgesetzt sind. Dies ist eigentlich selbstverständlich. Wesentlich aber ist die weitere Bestimmung, daß die Gemeinde auch diejenigen Flächen zurückbehalten darf, die sie als Austauschland oder als Landentschädigung benötigt. Nach dem Ausschußbericht (zu BT-Drucksache VI/2204 zu § 25 S. 13) ist die Ausnahmeregelung nicht dahin zu verstehen, daß die Gemeinde Grundstücke allein mit der Behauptung zurückhalten darf, sie irgendwann einmal, z. B. als Austauschland, zu benötigen. Es muß vielmehr ein sachgerechter und in gewissem Umfang bereits konkretisierter Bedarf geltend gemacht werden. Dies kann vor allem der Fall sein, wenn in absehbarer Zeit weitere Sanierungen in dem Gemeindegebiet durchgeführt werden sollen und dafür Grundstücke für Umsiedlungen benötigt werden.

Ersatzgebiete Nicht ausdrücklich erwähnt sind die Grundstücke in Ersatz- und Ergänzungsgebieten, für die in dem für diese Gebiete aufzustellenden Bebauungsplan die besondere Nutzungsart festgesetzt worden ist. Aus dem Sinn und Zweck dieser Festsetzungsmöglichkeit ergibt sich aber, daß sich die Veräußerungspflicht nicht auf solche Grundstücke erstrecken kann: Nach § 11 Abs. 3 kann der Eigentümer in solchen Fällen die Übernahme des Grundstücks verlangen, wenn wegen der Festsetzung der besonderen Nutzungsart es ihm wirtschaftlich nicht zuzumuten ist, das Grundstück zu behalten. Es wäre daher widersinnig, für das gleiche Grundstück eine Veräußerungspflicht zwingend anzunehmen.

Begünstigter Personenkreis Eine Pflicht zur Reprivatisierung besteht nur gegenüber Personen, die Grundstücke verloren haben. Der Wegfall des Wortes „nur" gegenüber der Fassung auf Grund der Beschlüsse in der 3. Lesung ist soweit ohne rechtliche Bedeutung. Wenn eine Verpflichtung gegenüber einem bestimmten Personenkreis festgelegt wird, so besteht sie gegenüber eben diesem Personenkreis und damit auch nur gegenüber diesem.

Unter den Eigentümern, die Eigentum verloren haben, sind vorrangig die zu berücksichtigen, die ansonsten kein Grundeigentum oder solches nur in geringem Umfang haben, bei denen also die Grundstücke im Sanierungsgebiet der einzige Grundbesitz waren. Unter sonstigem Grundeigentum wird auch Miteigentum nach Bruchteilen oder zur gesamten Hand (Erbengemeinschaften, Gesamtgut bei ehelichen Gütergemeinschaften) sowie Wohnungseigentum zu verstehen sein. Ferner sind diejenigen Eigentümer bevorzugt zu berücksichtigen, die die verlorenen Wohn- oder Geschäftsräume selbst bewohnt oder genutzt hatten. Diesen Personenkreis trifft der Eigentumsverlust durch die Sanierungsmaßnahme besonders hart; ihm ist zunächst wieder Eigentum zu verschaffen.

Land- und Forstwirte Soweit Land- oder Forstwirte zur Durchführung der Sanierung Grundstücke abgegeben haben, sind Grundstücke mit festgesetzter land- oder forstwirtschaftlicher Nutzung diesem Personenkreis anzubieten (§ 25 Abs. 2 Satz 4). Die abgegebenen Grundstücke müssen nicht notwendig selbst land- oder forstwirtschaftlich genutzt gewesen sein. Die Regelung geht als Spezialregelung der der Sätze 1 und 2 vor. Grundstücke mit festgesetzter land- oder forstwirtschaftlicher Nutzung sind daher nur und erst dann anderen Personen anzubieten, wenn keine berechtigten Land- oder Forstwirte vorhanden oder erwerbswillig sind. Die Regelung dürfte aber keine allzu große praktische Bedeutung erlangen.

Verbleiben der Gemeinde Grundstücke nach Befriedigung der Reprivatisierungsberechtigten, so soll sie die Grundstücke, wenn der Sanierungszweck das zuläßt, an **Privatisierung** „weite Kreise" der Bevölkerung veräußern. Die Regelung ist als Sollvorschrift ausgebildet; sie verpflichtet die Gemeinde daher nicht zwingend, sondern nur im Regelfall, soweit nicht begründete Umstände des Einzelfalles ein anderes Vorgehen angezeigt erscheinen lassen. Ein in einer Gemeinde besonders hoher Fehlbestand beispielsweise von Wohnungen des öffentlich-geförderten, sozialen Wohnungsbaues würde die Gemeinde berechtigen, von der Sollvorschrift Abstand zu nehmen. Dasselbe wäre beispielsweise der Fall, wenn ein Bedarf an Austauschland zwar noch nicht konkretisiert geltend gemacht werden kann, jedoch ein Bedarf an Austauschland für spätere Sanierungen in ungewöhnlich großem Umfang absehbar ist. Zusammengefaßt wird man die Auffassung vertreten können, daß alle vom Durchschnittsfall abweichenden Sonderverhältnisse die Gemeinde zur Zurückhaltung berechtigen. Eine wesentliche Einschränkung des Reprivatisierungsanspruchs ergibt sich aus § 25 Abs. 4. Die Verpflichtung der Gemeinde beschränkt sich auf die Veräußerung eines Grundstücks mit dem Bodenwert oder die Verschaffung eines Rechtes mit dem Wert, den das hergegebene Grundstück unter Berücksichtigung der Bestimmungen des § 23 gehabt hat. Dies führt aber in der Folge dazu, daß der Eigentümer eines Kleingrundstücks am wenigsten Schutz erfährt. Denn bei den zu erwartenden Preisanstiegen nach Durchführung **Wertgleichheit** der Sanierung wird es vielfach nicht möglich sein, wertentsprechende Grundstücke oder Rechte zur Verfügung zu stellen. Soweit im übrigen das zu reprivatisierende

Grundstück oder Recht den Wert des hergegebenen übersteigt, handelt es sich um eine Privatisierung nach § 25 Abs. 2 Satz 5.

3. Rechtsanspruch auf Privatisierung

Ob und wie weit ein Eigentümer die Überlassung eines Grundstücks schlechthin oder gar eines bestimmten Grundstücks erzwingen kann, ist zweifelhaft. Ob nämlich für die Gemeinde eine öffentlich-rechtliche Pflicht zur Eingehung eines privaten Rechtsverhältnisses besteht (vgl. Wolff, Verwaltungsrecht I, 7. Auflage, § 22 III f) und ob nach der sogenannten „Zweistufenlehre" die Ablehnung eines Antrags auf Reprivatisierung gegenüber dem in § 25 Abs. 2 bezeichneten Personenkreis einen Verwaltungsakt darstellt, der mit der Anfechtungsklage oder mit der Verpflichtungsklage angegriffen werden kann, ist umstritten. Das Bundesverwaltungsgericht hat in seiner Entscheidung vom 8. März 1962 (BVerwGE 14, 65 [68]) die in der Entscheidung BVerwGE 7, 89 geäußerte Auffassung, daß die Ablehnung des Angebots eines bevorzugten Bieters zwar eine bürgerlich-rechtliche Erklärung sei, jedoch neben ihrer privatrechtlichen Bedeutung einen öffentlich-rechtlichen Charakter habe, ausdrücklich als nicht zutreffend bezeichnet. In seiner Entscheidung, die zu der Frage erging, ob in einem öffentlichen Ausschreibungsverfahren einem Bewerber der Zuschlag zu erteilen ist, wenn er Angehöriger eines bevorzugt zu berücksichtigenden Personenkreises ist, hat das Bundesverwaltungsgericht darauf abgehoben, daß in den Bevorzugungsvorschriften weder eine verbindliche und darum als Verwaltungsakt ergehende Entscheidung über die Zugehörigkeit des Bewerbers zum bevorzugten Bewerberkreis, noch über das Bestehen, den Inhalt und das Ausmaß des zu gewährenden Vorzugs vorgesehen sei; der Vorzug des Bewerbers wirke sich nur als Vorrang bei der Wertung der Angebote aus (S. 69/70). In Anlehnung an das angeführte Urteil vom 8. März 1962 könnte man die Entscheidung der Gemeinde über die Berücksichtigung eines Bewerbers oder über die Bevorzugung eines Bewerbers bei der Reprivatisierung nach § 25 Abs. 2 Satz 1 oder Satz 2 ebenfalls nicht als einen Verwaltungsakt ansehen. Wie auch bei einer Ausschreibung würde sich dann die Privilegierung der früheren Eigentümer „nur als Vorrang bei der Wertung der Angebote" auf Erwerb von Grundeigentum oder anderen Rechten im Sinne des § 25 Abs. 3 auswirken. Noch weniger müßte man dann auch die Nichtberücksichtigung eines Bewerbers, der nicht nach § 25 Abs. 2 Satz 1, 2 und/oder 4 privilegiert ist (vgl. § 25 Abs. 2 Satz 5) als einen gerichtlich überprüfbaren Verwaltungsakt ansehen.

In jedem Fall aber kann die Verpflichtung der Gemeinde zur Reprivatisierung im Rahmen der Kommunalaufsicht überprüft und nötigenfalls erzwungen werden. Da möglicherweise eine Anrufung der Gerichte durch die Kaufbewerber ausscheidet, ist die Staatsaufsicht zum Schutze einzelner gerechtfertigt (vgl. Schnapp, Zum Funktionswandel der Staatsaufsicht, DVBl 1971, S. 480, 483 r. Sp.). Handelt die Gemeinde pflichtwidrig, so muß sie mit Schadensersatzansprüchen rechnen.

Kommunalaufsicht

4. Rangfolge

Bei der Erfüllung der Veräußerungspflicht kann die Gemeinde zwischen den verschiedenen Eigentumsformen nicht immer frei wählen. Entgegen der Fassung auf Grund der Beschlüsse des Ausschusses in der 3. Lesung (vgl. zu BT-Drucksache VI/2204 zu § 25 S. 14) enthält § 25 Abs. 3 Satz 2 eine Rangfolge. Unmittelbares Eigentum (Alleineigentum, Miteigentum, grundstücksgleiche Rechte wie Erbbaurechte, Wohnungseigentum) ist vorrangig vor mittelbarem Eigentum (Beteiligung an juristischen Personen oder Immobilienfonds) zu begründen, wobei die Gemeinde zwischen den verschiedenen Formen unmittelbaren Eigentums wählen kann. Dieser Vorrang besteht außerdem nur, wenn der Sanierungszweck das zuläßt. Die Entscheidung über die Eigentumsformen trifft die Gemeinde im Rahmen ihres — (nur) kommunalaufsichtlich überprüfbaren — pflichtgemäßen Ermessens.

Das Gesetz bestimmt weiter, zu welchem Zeitpunkt zu reprivatisieren ist. Nach § 25 Abs. 2 Satz 3 soll die Gemeinde die Veräußerung nach Möglichkeit, insbesondere wenn der Sanierungszweck es zuläßt, an Bauwillige vornehmen, die glaubhaft machen, daß sie die Grundstücke fristgemäß bebauen werden. Dies dürfte den Bewerbern nicht schwerfallen, da an die Glaubhaftmachung wesentlich geringere Anforderungen als an eine Beweisführung gestellt werden. Der Nachweis einer Finanzierung wird hier generell ausreichen. Für die Praxis hat dies zur Folge, daß im allgemeinen nach den Ordnungsmaßnahmen und vor den Baumaßnahmen reprivatisiert werden muß.

Zeitpunkt

5. Ersatzgrundstücke

In den Fällen, in denen es wegen ganz besonderer Zielsetzungen zur Erreichung des Sanierungszweckes erforderlich ist, das Grundstück z. B. einem einzelnen Unternehmen anstelle der nach § 25 Abs. 2 Satz 1 bis 4 zu berücksichtigenden Personen anzubieten, soll die Gemeinde ersatzweise Grundstücke oder Rechte außerhalb des Sanierungsgebietes anbieten. Das kann in Frage kommen, wenn ein von der Industrie beeinträchtigtes Wohngebiet gleichfalls Industriegebiet werden soll, oder wenn etwa an einer U-Bahn-Station ein Warenhaus oder Verwaltungsgebäude errichtet werden soll. Die Gemeinde wird sich in solchen Fällen Ersatzgrundstücke von Begünstigten zur Verfügung stellen lassen; anderenfalls würde dies zu einem Grundstücksverlust der Gemeinde führen. Die Regelung ist im Interesse derjenigen, die zur Durchführung der Sanierung Grundstücke abgeben mußten, notwendig und zu begrüßen. Allerdings ist die Verpflichtung auf den „Rahmen der Möglichkeiten" der Gemeinde beschränkt. Eine Ersatzleistung ist der Gemeinde nicht nur dann unmöglich, wenn die Übertragung von Grundstücken oder Rechten aus Rechts- oder aus tatsächlichen Gründen unmöglich ist, sondern auch, wenn durch die Veräußerung die geordnete Wirtschaftsführung der Gemeinde leiden oder Aufgaben beeinträchtigt würden, deren Erfüllung im gemeindlichen Interesse liegt. Flächen im Eigentum der Gemeinde, die sie, auch ohne daß konkrete Absichten bereits bestehen, für den Gemeinbedarf, für den sozialen Wohnungsbau, für besondere privatwirtschaftliche Zwecke (z. B. Industrieerweiterungen) oder dergleichen einmal benötigen wird, braucht sie nicht zu veräußern.

6. Veräußerungsvertrag

Vertragsinhalt

Die Veräußerung ist ein zivilrechtlicher Vertrag. Aus § 25 ist zu entnehmen, daß eine Veräußerung nur insoweit und erst dann in Frage kommt, wenn die Erreichung des Sanierungszweckes nicht gefährdet wird. Die Gemeinde muß daher bei Abschluß des zivilrechtlichen Vertrags die Erreichung des Sanierungszweckes auch zivilrechtlich sichern. Das bedeutet, daß sie die bislang auch schon in Kaufverträgen der Gemeinden übliche Rückfallklausel aufnimmt, daß der Erwerber das Grundstück der Gemeinde rückübereignen muß, sofern er es nicht innerhalb einer von der Gemeinde im Vertrag festzusetzenden angemessenen Frist bebaut. Dieses „Wiederkaufsrecht" sollte durch Eintragung einer Vormerkung grundbuchrechtlich gesichert werden (vgl. Staudinger, Sachenrecht, 11. Auflage, § 883 Rdn. 18; Haegele, Grundbuchrecht, 3. Auflage 1966, Rdn. 648).

Die Gemeinde ist bei der Ausgestaltung des Kaufvertrags weitgehend frei. Es besteht daher die Möglichkeit, über den zivilrechtlichen Kaufvertrag Verpflichtungen abzusichern, die öffentlich-rechtlich nicht oder nur schwer begründet werden können, wie die Verpflichtung, an eine Sammelantenne anzuschließen und die Errichtung eigener Fernsehantennen auf dem Dach des Gebäudes zu unterlassen, eine bestimmte Heizungsart einzurichten oder sich an eine zentrale Wärmeversorgung anzuschließen, bestimmte Geschosse ausschließlich zu Wohnzwecken auszubauen und zu nutzen, überhaupt ganz allgemein bestimmte erwünschte Nutzungen auf dem Grundstück oder in bestimmten Geschossen des auf dem Grundstück zu errichtenden Gebäudes vorzunehmen oder unerwünschte zu unterlassen, z. B. im Erdgeschoß und in den Fußgängerbereichen ausschließlich Ladengeschäfte mit Schaufensterfronten einzurichten oder dergleichen mehr. Es darf hierbei auf die den Gemeinden vielfach bekannten Schwierigkeiten Bezug genommen werden, bestimmte Handlungen, Unterlassungen oder baugestalterische Ausführungen in Bebauungsplänen nicht vorschreiben zu können. Bei der Veräußerung besteht die Möglichkeit, alle diese Dinge zivilrechtlich mit der Folge der Erzwingbarkeit auf dem ordentlichen Rechtswege zu regeln. Insbesondere sind auch Verpflichtungen des Erwerbers zur Erfüllung des Sozialplans (z. B. Dauermietrecht, sozialer Wohnungsbau) möglich und notwendig.

7. Kaufpreis

Gutachterausschuß

Der Kaufpreis ist zwar grundsätzlich frei zu vereinbaren, nach § 25 Abs. 6 Satz 1 ist aber die Gemeinde an den Verkehrswert gebunden. Sie hat ein Gutachten des Gutachterausschusses einzuholen. Dies ergibt sich aus Satz 2, der nur in diesem Sinn gelesen werden kann. Denn daß ein Gutachterausschuß auf Antrag zur Erstattung eines Gutachtens verpflichtet ist, hätte keiner Regelung im Städtebauförderungsgesetz bedurft, das ist bereits in § 136 Abs. 1 Nr. 1 und 4 BBauG bestimmt (die Gemeinde ist

146

„Eigentümerin", der Bewerber ist „Kaufbewerber"). Der Kaufpreis für die zu veräußernden Grundstücke und Rechte ist nach dem Verkehrswert der Objekte zu bestimmen, der sich aus der rechtlichen und tatsächlichen Neuordnung des Sanierungsgebietes ergibt (§ 25 Abs. 6 Satz 1). Maßgebend ist also der Neuwert der Grundstücke. Wegen seiner Ermittlung und der dabei anzuwendenden Methoden wird auf die Ausführungen bei der Wertermittlung (Neuwerte) verwiesen (vgl. S. 81 ff.). Die Neuwerte sind im Regelfall bereits im Rahmen der überschlägigen Kosten- und Ertragsschätzungen und im Rahmen der Kosten- und Finanzierungsübersicht ermittelt worden. Da diese Wertermittlungen meistens eine lange Zeit zurückliegen dürften, empfiehlt sich eine neue Wertermittlung, bezogen auf den Veräußerungszeitpunkt im Einzelfall. Soweit das Grundstück an einen Eigentümer rückveräußert wird, der zuvor Eigentum verloren hat, ist der Teil des Kaufpreises, der sich durch die sanierungsbedingte Werterhöhung ergibt, auf Verlangen des Käufers in ein Tilgungsdarlehen umzuwandeln, sofern er den erhöhten Kaufpreis nicht aus eigenen oder Fremdfinanzierungsmitteln bezahlen kann. Das Tilgungsdarlehen ist nachrangig nach Darlehen zu sichern, die zur Finanzierung der Neubebauung oder Modernisierung aufgenommen worden sind (§ 25 Abs. 7 Satz 2 i. V. m. § 41 Abs. 8 Satz 3).

Neuwert

IX. Baumaßnahmen

Bauen Modernisieren § 12

§§ 20, 21 Baugebot Modernisierungsgebot

Nach § 12 Abs. 1 gehören zu den Baumaßnahmen einer Sanierung die Neubebauung, die Modernisierung baulicher Anlagen, die Errichtung von Ersatzbauten und Ersatzanlagen, und die Errichtung von durch die Sanierung bedingten Gemeinbedarfs- und Folgeeinrichtungen sowie die Verwirklichung der sonstigen, nach dem Bebauungsplan festgesetzten Nutzung. Ersatzbauten und Ersatzanlagen und durch die Sanierung bedingte Gemeinbedarfs- und Folgeeinrichtungen können auch außerhalb des Sanierungsgebietes liegen. Mit dem Baugebot in § 20 und dem Modernisierungsgebot in § 21 kann, wenn die Durchführung der Sanierung die alsbaldige Bebauung oder Anpassung erforderlich macht, die Bebauung in einer näher zu bestimmenden angemessenen Frist erzwungen werden. Dies gilt auch für Bauvorhaben, die zur Durchführung des Sozialplans auf reprivatisierten Grundstücken fristgerecht ausgeführt werden müssen.

1. Charakteristische Merkmale von Baumaßnahmen bei Sanierungen

Die heute notwendigen komplizierten städtischen Strukturen erfordern oft eine gleichzeitige Bebauung, wenn nicht sogar eine einheitliche Baustruktur, wobei eine einheitliche Gestaltung die geringsten Schwierigkeiten macht. Diese läßt sich zum Teil mit Bauvorschriften erreichen. Funktionelle, technische und wirtschaftliche Abhängigkeiten jedoch können eine gemeinsame, gleichzeitige Bebauung notwendig machen. Funktionelle Abhängigkeit kann durch gemeinsame Erschließung, gemeinsame Zufahrten und gemeinsame Einfahrten in die Parkebenen, gemeinsame Parkgeschosse, gemeinsame Fußgängerebenen und Passagen, gemeinsame Anlieferung usw. entstehen. Technische Abhängigkeit wird durch gemeinsame technische Einrichtungen, gemeinsame Bausysteme usw. geschaffen. Wirtschaftliche Abhängigkeiten entstehen, wenn die Bebauung in Teilen, als Torso, nicht funktions- und damit lebensfähig ist, wenn wirtschaftliche, kostensparende Bausysteme nur bei einer Gesamtbebauung angewendet werden können, wenn ein Geschäftsviertel nur bei schneller, gleichzeitiger Fertigstellung konkurrenzfähig ist. Die Notwendigkeit, ein Gebiet in Bauabschnitten zu erstellen, um Geschäfte in Betrieb halten zu können, wenig Interimsbauten erstellen zu müssen und für möglichst viele Bewohner nur einen einmaligen Umzug erforderlich zu machen usw., kann eine einheitlich gelenkte Bebauung erfordern. Das ist auch der Fall, wenn die Bebauung über einem komplizierten Verkehrsbauwerk errichtet werden soll (Kleiner Schloßplatz in Stuttgart). Auch Eigentumsformen wie Miteigentum an einem Grundstück, Rechte nach dem Wohnungseigentumsgesetz, sonstige dingliche Rechte und die Einschaltung eines Immobilienfonds können eine Bebauung vor der Privatisierung zweckmäßig machen.

Die Privatisierung vor der Bebauung verbessert die Mitentscheidungsmöglichkeiten der Eigentümer und künftigen Nutzer. Die vorgenannten Merkmale jedoch müssen als Argumente für eine einheitliche Bebauung gelten und sie zeigen, aus welchen Gründen diese gegebenenfalls erforderlich ist. Deutlich wird überdies, welche Schwierigkeiten für die Bebauung im ganzen entstehen, wenn Baugebot und Modernisierungsgebot von Einzelnen umgangen oder durch gerichtliche Einsprüche lange Zeit hinausgezögert werden können. Es muß für Sanierungen, für die der Sanierungszweck und die beschriebenen Merkmale eine gleichzeitige, in Teilen oder insgesamt einheitliche Bebauung notwendig machen, empfohlen werden, die Privatisierung erst nach der Bebauung zu vollziehen, zumindest aber bei der Privatisierung privatrechtliche Verträge abzuschließen, die diese Bebauung gewährleisten. In vielen der geschilderten Fälle ist die Erreichung des Sanierungszwecks nur durch Einschaltung eines Baubetreuers oder einer Bauträgergesellschaft möglich.

2. Baurechtliche Verstöße bei abschnittsweiser Durchführung der Sanierung

Wird in einem Sanierungsgebiet in Abschnitten gebaut, so entstehen vorübergehend baurechtliche Verstöße etwa

▶ gegen die Abstandsvorschriften nach dem Bauordnungsrecht der Länder, weil die Gebäude auf den Nachbargrundstücken noch nicht abgebrochen sind oder weil die endgültigen Grundstücksgrenzen noch nicht in die Örtlichkeit übertragen sind,

▶ gegen die Baunutzungsverordnung, weil das Grundstück später größer sein wird und es jetzt fast vollständig überbaut wird, so daß es an Freifläche fehlt, die nach der Sanierung aber vorhanden sein wird (Auswirkung auf Grundflächenzahl und Geschoßflächenzahl)

▶ gegen die Bauweise des § 22 Baunutzungsverordnung, wonach auf die Grenze gebaut werden muß, wenn der Bebauungsplan das vorsieht, mit Rücksicht auf die noch bestehenden Nachbargrundstücke, aber nicht auf die Grenze gebaut werden kann — vielleicht auch deshalb, weil die Grenze in der Örtlichkeit noch gar nicht existiert.

Befreiungen

Die Baugenehmigungsbehörde kann das Baugesuch nur genehmigen, wenn sie Befreiungen erteilen kann. Die Verstöße bestehen alle nur vorübergehend; nach Abschluß der Sanierung sind keine baurechtlichen Verstöße mehr vorhanden. Man wird im Regelfall davon ausgehen können, daß Gründe des Wohls der Allgemeinheit i. S. des § 31 Abs. 2 BBauG bzw. der jeweiligen Landesbauordnungen die Befreiung erfordern, um die Sanierungsmaßnahme zügig und zweckmäßig durchführen zu können. Deshalb dürfte auch ein Rechtsanspruch auf Erteilung der Befreiung gegeben sein, da im Rahmen des pflichtgemäßen Ermessens nur die Erteilung der Befreiung als richtige Entscheidung anzusehen ist (dazu Gierth, BaWüVBl 1965, 129; Ernst-Zinkahn-Bielenberg, BBauG, § 31 Rdn. 61, 62). Das dürfte auch bei der Befreiung von nachbarschützenden Vorschriften anzunehmen sein.

Nachbarschutz

X. Abwicklung

Ist das Sanierungsgebiet neu bebaut, sind die erforderlichen Modernisierungsmaßnahmen durchgeführt oder ist die Sanierung nach Abschluß anderer Maßnahmen schon als durchgeführt zu betrachten, so kann das Verfahren abgeschlossen werden. Das Ziel der Sanierung ist dann erreicht.

S 114
Abschluß für einzelne Grundstücke

1. Fortfall von Rechtswirkungen für einzelne Grundstücke

Durch die förmliche Festlegung des Sanierungsgebietes treten Rechtswirkungen ein, die zum Teil für die Beteiligten Beschränkungen mit sich bringen. Diese Beschränkungen sind nur so lange gerechtfertigt, als das Sanierungsziel noch nicht erreicht ist. § 50 ermöglicht es, für einzelne Grundstücke diese Rechtswirkungen zu beseitigen, wenn für sie die Sanierung als durchgeführt anzusehen ist.

1.1 Fortfall von Rechtswirkungen für einzelne Grundstücke, die schon entsprechend den Festsetzungen des Bebauungsplans genutzt werden

§ 50 Abs. 1

§ 50 Abs. 1 regelt den Fortfall von Rechtswirkungen für einzelne Grundstücke, die bereits während der Durchführung der Sanierung entsprechend den Festsetzungen des Bebauungsplans bebaut sind, die in sonstiger Weise entsprechend dem Bebauungsplan genutzt werden oder auf denen die Modernisierungsmaßnahmen durchgeführt worden sind. Für solche Grundstücke hat die Gemeinde auf Antrag des Eigentümers die Sanierung für das Grundstück als abgeschlossen zu erklären. Die

Rechtsanspruch

antragsberechtigten Eigentümer haben also einen Rechtsanspruch darauf, daß der Abschluß der Sanierung von der Gemeinde ausgesprochen wird. Die Erklärung der Gemeinde ist ein Verwaltungsakt, der von anderen Beteiligten angefochten werden kann.

Aus § 50 Abs. 2 ergibt sich, daß die Gemeinde auch ohne einen Antrag des Eigentümers die Sanierung für Grundstücke, die schon bebaut sind oder sonst entsprechend den Festsetzungen des Bebauungsplans genutzt werden, für abgeschlossen erklären kann. Denn wenn es möglich ist, den Abschluß ohne Antrag des Eigentümers für noch nicht bebaute Grundstücke zu erklären, dann erst recht für schon bebaute.

1.2 Fortfall von Rechtswirkungen für einzelne Grundstücke, deren bebauungsplanmäßige Nutzung später erfolgen kann

§ 50 Abs. 2

Nach § 50 Abs. 2 kann die Gemeinde die Durchführung der Sanierung für einzelne Grundstücke für abgeschlossen erklären, auch wenn diese noch nicht entsprechend den Festsetzungen des Bebauungsplans genutzt werden. Allerdings muß dann sichergestellt sein, daß die Bebauung oder sonstige Nutzung oder Modernisierung auch ohne Gefährdung des Sanierungszweckes erst später erfolgen kann. Es wird nicht immer notwendig sein, die Beschränkungen, die die förmliche Festlegung des Sanierungsgebietes mit sich bringt, bis zum Abschluß der Bebauung beizubehalten. Die Verwirklichung des Bebauungsplans für das Sanierungsgebiet kann gewährleistet sein, auch ohne daß noch weitere Maßnahmen nach dem Städtebauförderungsgesetz notwendig sind. In diesen Fällen entscheidet die Gemeinde nach pflichtmäßigem

Ermessensentscheidung

Ermessen. Die Erklärung, die an die Eigentümer zu richten ist, ist ein rechtsmittelfähiger Verwaltungsakt. Sie ist dann unproblematisch, wenn sie von den betreffenden Eigentümern gewünscht wird. Liegen solche Anträge nicht vor, so muß die vorzeitige Abschlußerklärung gut begründet werden. Ein Interesse der Gemeinde am Vorziehen des Abschlusses kann in der Aufhebung der Beschränkungen für die Eigentümer und dem dadurch einzusparenden Verwaltungsaufwand, z. B. dem Wegfall der Genehmigungspflicht nach § 15, liegen. Ein Rechtsanspruch der Eigentümer auf den vorzeitigen Abschluß der Sanierung für sein Grundstück besteht jedoch nicht, wenn das Grundstück noch nicht bebauungsplanmäßig genutzt wird.

1.3 Wirkungen des vorzeitigen Abschlusses

§ 50 Abs. 3

Die wichtigste Wirkung der Erklärung des vorzeitigen Abschlusses der Sanierung für einzelne Grundstücke ist, daß die besonderen bodenrechtlichen Vorschriften und die Bestimmungen über Miet- und Pachtverhältnisse (§§ 15 bis 32), nicht mehr anzuwenden sind. Damit entfallen die Beschränkungen, denen die Beteiligten unterworfen waren.

Außerdem hat die Gemeinde das Grundbuchamt zu ersuchen, den Sanierungsvermerk im Grundbuch zu löschen (§ 50 Abs. 3). Die Löschung des Vermerks hat zwar keine konstitutive Wirkung, die Gemeinde muß jedoch tätig werden, damit der unrichtig gewordene Vermerk im Grundbuch gelöscht wird.

Beim Fortfall von Rechtswirkungen für einzelne Grundstücke nach § 50 Abs. 1 und 2 handelt es sich um einen echten Abschluß der Sanierung mit der Folge, daß § 41 Abs. 6 zum Zuge kommt. Demnach ist für die Grundstücke für die die Sanierung vorzeitig abgeschlossen wurde, der Ausgleichsbetrag festzusetzen und zu entrichten (siehe unten 3).

2. Aufhebung der förmlichen Festlegung

Ist das Ziel der Sanierung für das gesamte Sanierungsgebiet erreicht, oder ist sicher, daß das Ziel nicht erreicht werden kann, so ist die förmliche Festlegung nach § 51 aufzuheben. | **S 115**

2.1 Aufhebung der förmlichen Festlegung nach Durchführung der Sanierung

Ist die Sanierung im ganzen Sanierungsgebiet durchgeführt, so werden die Vorschriften des Gesetzes, vor allem die besonderen bodenrechtlichen Vorschriften, nicht mehr gebraucht, die förmliche Festlegung des Sanierungsgebietes ist nach § 51 Abs. 1 aufzuheben. | **§ 51**

2.2 Aufhebung der förmlichen Festlegung wegen Undurchführbarkeit der Sanierung

Stellt sich heraus, daß die Sanierung nicht durchführbar ist, dann muß die förmliche Festlegung mit ihren Beschränkungen umgehend aufgehoben werden. Eine Sanierung kann aus ganz verschiedenen Gründen undurchführbar sein oder undurchführbar werden. § 51 Abs. 2 nennt als Beispiel, daß die erforderlichen Finanzierungsmittel nicht beschafft werden können. Eine Aufhebung der Sanierungsabsicht kann jedoch auch ganz andere Gründe haben: z. B. den Wegfall der Bereitschaft einiger Eigentümer, sich an der Sanierung zu beteiligen, oder das endgültige Fehlen der Zustimmung eines Bedarfsträgers nach § 12 Abs. 2. Ist die Sanierung nur in einem Teil des förmlich festgelegten Sanierungsgebietes undurchführbar, so ist die förmliche Festlegung nur für diesen Teil aufzuheben. | **§ 51 Abs. 2**

2.3 Verfahren

Der Beschluß, durch den die Satzung über die förmliche Festlegung aufgehoben wird, ergeht nach § 51 Abs. 3 ebenfalls als Satzung. Die Satzung bedarf der Genehmigung der höheren Verwaltungsbehörde. Auf die Genehmigung ist die Vorschrift des § 6 Abs. 2 bis 4 BBauG entsprechend anzuwenden. Das bedeutet, daß die Genehmigung nur versagt werden darf, wenn der Satzungsbeschluß nicht ordnungsgemäß zustande gekommen ist, oder wenn er gesetzlichen Vorschriften widerspricht. Die Genehmigung kann auch unter Auflagen erteilt werden. Über die Genehmigung der Satzung ist binnen 3 Monaten zu entscheiden. Nur aus wichtigen Gründen kann diese Frist verlängert werden. Zuständig für die Genehmigung ist die höhere Verwaltungsbehörde. Das Gesetz schreibt nicht vor, welche Unterlagen dem Genehmigungsantrag beizufügen sind, so wie es das in § 5 Abs. 2 für die förmliche Festlegung vorsieht. Dem Genehmigungsantrag der Gemeinde sind jedoch all diejenigen Unterlagen anzuschließen, die erforderlich sind, damit die höhere Verwaltungsbehörde beurteilen kann, ob die Sanierung tatsächlich durchführbar bzw. daß sie undurchführbar ist. | **S 115.1 Satzung** **S 115.2 Genehmigung**

Die Satzung über die Aufhebung der förmlichen Festlegung des Sanierungsgebietes ist zusammen mit der Genehmigung der höheren Verwaltungsbehörde in der Gemeinde ortsüblich bekannt zu machen. Mit der Bekanntmachung wird die Satzung rechtsverbindlich. | **S 115.3 Bekanntmachung**

2.4 Rechtswirkungen der Aufhebung der förmlichen Festlegung des Sanierungsgebietes

Die wichtigste Rechtswirkung der Aufhebung der förmlichen Festlegung des Sanierungsgebietes nennt das Gesetz nicht: mit der Rechtsverbindlichkeit der Satzung über die Aufhebung des Sanierungsgebietes werden die besonderen Bestimmungen des Städtebauförderungsgesetzes, soweit sie sich nicht auf die Abwicklung des Verfahrens beziehen, unanwendbar. Einige Rechtswirkungen sind besonders hervorgehoben (§ 61 Abs. 2):

Mit dem Inkrafttreten der Satzung wird die Kenntlichmachung des Sanierungsgebietes im Bebauungsplan — wenn die Sanierung durchgeführt wurde auch im Flächennutzungsplan — gegenstandslos. Das gleiche gilt für die Kenntlichmachung der zu beseitigenden Gebäude und sonstigen baulichen Anlagen im Bebauungsplan. Bebauungsplan und Flächennutzungsplan sind ohne besonderes Verfahren — formlos — zu berichtigen. Außerdem ersucht die Gemeinde das Grundbuchamt, die Sanierungsvermerke im Grundbuch zu löschen; sie sind gegenstandslos, das Grundbuch ist unrichtig geworden.

S 120

2.5 Besondere Rechtswirkungen bei Aufhebung der förmlichen Festlegung im Sanierungsgebiet wegen Undurchführbarkeit der Sanierung

Wird die förmliche Festlegung eines Sanierungsgebietes aufgehoben, weil die Sanierung undurchführbar ist, so haben die Rechtswirkungen der förmlichen Festlegung eine Zeit lang bestanden. Die Beteiligten waren den damit verbundenen Beschränkungen unterworfen. Möglicherweise wurden Grundstücke im Hinblick auf die förmliche Festlegung des Sanierungsgebietes an die Gemeinde abgegeben. Das Gesetz enthält deshalb hierfür eine Sonderbestimmung.

2.51 Der Rückübertragungsanspruch

S 116

§ 52

Hat ein Eigentümer zur Durchführung der Sanierung sein Grundstück freihändig oder nach den besonderen bodenrechtlichen Bestimmungen dieses Gesetzes oder nach Bestimmungen des Bundesbaugesetzes ohne Hergabe von entsprechendem Austauschland (Ersatzland) oder ohne Begründung von grundstücksgleichen Rechten hergegeben, und wird die förmliche Festlegung des Sanierungsgebietes wegen Unmöglichkeit der Durchführung aufgehoben, so entfällt der Hauptgrund für die Übertragung des Grundstücks. § 52 sieht dann vor, daß der frühere Eigentümer einen Anspruch auf Rückübertragung seines Grundstücks gegen die Gemeinde oder den Sanierungsträger hat. Nach § 52 Abs. 2 ist unter bestimmten Voraussetzungen der Anspruch ausgeschlossen, z. B. dann, wenn das Grundstück als Baugrundstück für den Gemeinbedarf oder als Verkehrs-, Versorgungs- oder Grünfläche in einem Bebauungsplan festgesetzt ist, oder wenn es für sonstige öffentliche Zwecke benötigt wird, (§ 52 Abs. 2 Nr. 1). Der Anspruch ist auch dann ausgeschlossen, wenn mit der zweckgerechten Verwendung des Grundstücks begonnen worden war, oder wenn die Grundstücksgrenzen erheblich verändert worden sind. Die Rückübertragung kann vom früheren Eigentümer binnen zwei Jahren seit der Aufhebung der Satzung über die förmliche Festlegung verlangt werden (§ 52 Abs. 3). Als Kaufpreis ist der Verkehrswert zu zahlen, den das Grundstück zur Zeit der Rückübertragung hat (§ 52 Abs. 4). Die Bestimmungen gelten auch im Ersatz- und Ergänzungsgebiet. Unberührt bleibt ein Anspruch auf Rückenteignung nach § 102 BBauG.

Der Anspruch auf Rückübertragung kann vom früheren Eigentümer gerichtlich durchgesetzt werden. Werden entsprechende Anträge gestellt, so ist zu prüfen, ob einer der Fälle des § 52 Abs. 2 vorliegt, die den Anspruch ausschließen. Ist keiner dieser Fälle gegeben, dann muß das Grundstück zurückgegeben werden — selbst dann, wenn das Gebiet im Flächennutzungsplan nach wie vor als Sanierungsgebiet ausgewiesen ist und die Gemeinde plant, die Sanierung später noch durchzuführen.

2.52 Vorzeitiger Abbruch einer Sanierung — Entschädigung

Das Gesetz enthält keine Bestimmungen darüber, ob und wann den Beteiligten wegen des vorzeitigen Abbruchs einer Sanierung nach § 51 Abs. 2 eine Entschädigung zu zahlen ist. Eine gesetzliche Regelung ist auch nicht notwendig. Die förmliche Festlegung eines Sanierungsgebietes liegt im Rahmen der Sozialbindung des Eigentums, die enschädigungslos hingenommen werden muß. Vergleicht man die Rechtsprechung des BGH zu entsprechenden Fragen des Umlegungsverfahrens, so ergibt sich im Hinblick auf die Veränderungssperre im Umlegungsverfahren (Urteil des BGH vom 14. 7. 1965 — III ZR 2/64 — in NJW 1965, 2101), daß eine Entschädigungspflicht erst dann eintritt, wenn sich das Verfahren länger als notwendig hinzieht. Wird eine Sanierung wegen Undurchführbarkeit abgebrochen, so liegt demgemäß nur dann ein entschädigungspflichtiger Tatbestand vor, wenn die Gemeinde die Sanierung zunächst nicht zielbewußt betrieben, die Undurchführbarkeit der Sanierung selbst verschuldet oder die Aufhebung des Sanierungsbeschlusses, die alsbald nach Feststellung der Undurchführbarkeit erfolgen mußte, schuldhaft verzögert hat. Der Entschädigungsanspruch ergibt sich dann direkt aus Art. 14 Abs. 3 GG (vgl. den Ausschußbericht zu BT-Drucksache VI/2204 zu § 52 S. 21). Umfang und Höhe des Anspruchs richten sich nach den allgemeinen Regeln des Enteignungsrechts.

Verschulden der Gemeinde

3. Die Erhebung der Ausgleichsbeträge
Die Aufhebung der förmlichen Festlegung ist nicht der letzte Verfahrensschritt in einer Sanierung. So ist der Abschluß der Sanierung Voraussetzung für die Erhebung der Ausgleichsbeträge nach §§ 41 und 42 (über die Berechnung der Ausgleichsbeträge siehe S. 87, Wertermittlungsstichtag ist der Zeitpunkt des Abschlusses der Sanierung).

3.1 Die Fälligkeit der Ausgleichsbeträge
Die Ausgleichsbeträge nach § 41, mit denen der durch die Sanierung bedingte Mehrwert der neuen Grundstücke abgeschöpft wird, ist für die Finanzierung der Sanierung von erheblicher Bedeutung. Die Ausgleichsbeträge stehen jedoch nicht zur Verfügung, wenn im Zuge der Sanierung Ausgaben anfallen, wenn Geld zur Durchführung der Ordnungs- oder Baumaßnahmen aufgewendet werden muß oder wenn gebaut wird. Nach § 41 Abs. 6 ist der Ausgleichsbetrag erst nach Abschluß der Sanierung zu entrichten. Damit ist der rechtliche Abschluß der Sanierung gemeint, sei es für einzelne Grundstücke nach § 50 oder für das ganze Sanierungsgebiet nach § 51. Erst wenn die Erklärung über den vorzeitigen Abschluß der Sanierung für einzelne Grundstücke oder die Satzung über die Aufhebung der förmlichen Festlegung des Sanierungsgebietes rechtskräftig bzw. rechtsverbindlich geworden, sowie die Satzung über die Aufhebung der förmlichen Festlegung und ihre Genehmigung ortsüblich bekanntgemacht worden sind, sind die Ausgleichsbeträge zu bezahlen. Nach § 41 Abs. 8 fordert die Gemeinde den Ausgleichsbetrag durch Bescheid beim einzelnen Eigentümer an, in dessen Begründung die Berechnungsart des Ausgleichsbetrags anzugeben ist, damit nachgeprüft werden kann, ob die Forderung zu recht besteht; der Betrag wird einen Monat nach Zustellung des Bescheids fällig. Da gegen diesen Bescheid Rechtsmittel mit aufschiebender Wirkung eingelegt werden können, kann es lange dauern, bis die Ausgleichsbeträge tatsächlich bezahlt werden.

S 117 Mehrwertabschöpfung

§ 41

3.2 Umwandlung des Ausgleichsbetrags in ein Tilgungsdarlehen
Der Ausgleichsbetrag ist auf Antrag des Eigentümers in ein Tilgungsdarlehen umzuwandeln, sofern ihm nicht zugemutet werden kann, die Verpflichtung bei Eintritt der Fälligkeit mit eigenen oder fremden Mitteln zu erfüllen. Ein solcher Antrag wird wohl häufig gestellt werden. Die Prüfung der Zumutbarkeit der Zahlung des Betrags setzt einen genauen Einblick in die Vermögensverhältnisse des Eigentümers voraus. In der Regel wird der Sanierungsstelle jedoch schon im Laufe des Verfahrens deutlich werden, für welche Eigentümer die Umwandlung des Ausgleichsbetrags in ein Tilgungsdarlehen erforderlich werden wird. Erfolgt die Umwandlung in ein Tilgungsdarlehen, so ist zu prüfen, auf welche Zeit sich die Tilgung, für den einzelnen Eigentümer möglicherweise ganz verschieden, erstrecken soll. Wird zur Sicherung des Tilgungsdarlehens ein Grundpfandrecht bestellt (die Ausgleichsbeträge werden nicht wie die Geldleistungen im Umlegungsverfahren nach § 64 Abs. 6 BBauG im Grundbuch eingetragen), so soll Grundpfandrechten, die zur Finanzierung der Neubebauung oder Modernisierung im Rahmen der Sanierung eingetragen werden, der Vorrang vor dem Recht der Gemeinde für das Tilgungsdarlehen eingeräumt werden. Das Gesetz geht davon aus, daß sich die Beteiligten darüber einigen.

§ 41 Abs. 8

Zumutbarkeit

3.3 Die Erhebung von Vorauszahlungen auf den Ausgleichsbetrag
Nicht immer muß auf den rechtlichen Abschluß der Sanierung gewartet werden, bis Ausgleichsbeträge erhoben werden können. § 41 Abs. 9 räumt der Gemeinde das Recht ein, von den Eigentümern Vorauszahlungen auf die Ausgleichsbeträge zu verlangen. Allerdings ist das erst möglich, wenn die beabsichtigten Sanierungsmaßnahmen auf dem Grundstück, für das die Vorauszahlung verlangt wird, durchgeführt sind und das Grundstück entsprechend den Festsetzungen des Bebauungsplans genutzt wird. Die Vorauszahlungen können also erst verlangt werden, wenn für die Grundstücke der vorzeitige Abschluß der Sanierung erklärt werden könnte. Eine große zeitliche Vorverlegung der Fälligkeit der Ausgleichsbeträge ist damit nicht verbunden.

§ 41 Abs. 9

3.4 Die Erhebung der Ausgleichsbeträge des Veranlassers

S 118
§ 42

Für die Heranziehung des Veranlassers zu Ausgleichsbeträgen nach § 42 gelten die Vorschriften des § 41 Abs. 6 Satz 1 und Abs. 8 entsprechend. Auch dieser Ausgleichsbetrag ist erst nach Abschluß der Sanierung zu entrichten und wird erst einen Monat nach Zustellung eines entsprechenden Bescheids fällig. Die Bescheide nach § 42 werden zweckmäßigerweise zusammen mit den Bescheiden nach § 41 ausgefertigt und zugestellt.

S 119
4. Gesamtabrechnung

4.1 Zweck der Gesamtabrechnung

Die Notwendigkeit einer Gesamtabrechnung ergibt sich zwar nicht aus einer besonderen Bestimmung des Gesetzes, indirekt jedoch aus den §§ 40 bis 49. Im Verlaufe der Maßnahme wird weitgehend mit kalkulierten Ausgaben und Einnahmen gearbeitet. Erst am Schluß der Maßnahme können den Soll-Ansätzen der Wirtschaftlichkeitsberechnung die Ist-Beträge der Abrechnung gegenübergestellt werden.

Die Gesamtabrechnung ist mit der Nachkalkulation einer normalen Baumaßnahme zu vergleichen. Erst sie wird ein abschließendes Urteil darüber erlauben, wie sich eine Sanierungsmaßnahme wirtschaftlich und finanziell dargestellt und ausgewirkt hat. Sie wird hinsichtlich mancher Einzelheiten zu Erfahrungen führen, die für künftige Maßnahmen von Bedeutung sind.

4.2 Aufstellung der Gesamtabrechnung

Die Aufstellung der Gesamtabrechnung schließt sich zweckmäßigerweise an die Veranlagung zu den Ausgleichsbeträgen an. Damit die Soll-Ansätze und Ist-Beträge miteinander vergleichbar sind, sollte die Gesamtabrechnung in etwa das gleiche Schema wie die Kosten- und Finanzierungsübersicht aufweisen. Ist letztere nach dem tatsächlichen Bestand ständig auf dem laufenden gehalten, wird sich die Gesamtabrechnung daraus entwickeln lassen. Stehen irgendwelche Beträge zum Zeitpunkt der Gesamtabrechnung noch nicht fest, so sind nach ihrer vermutlichen Höhe Rückstellungen bzw. Forderungen auszuweisen. Über solche Beträge ist später gesondert abzurechnen.

§ 48

4.3 Überschußverteilung

Berechtigte

Ergibt sich aus der Gesamtabrechnung bei der Gemeinde ein Überschuß, so ist dieser auf die Eigentümer der im Sanierungsgebiet gelegenen Grundstücke zu verteilen. Maßgebend sind die Eigentumsverhältnisse bei der Bekanntmachung des Beschlusses über die förmliche Festlegung des Sanierungsgebietes. Ist nach diesem Zeitpunkt das Grundstück gegen Entgelt übertragen und ist der Käufer zu einem Ausgleichsbetrag herangezogen worden, so steht der Überschußanteil dem Veräußerer und dem Erwerber je zur Hälfte zu.

Verteilungsmaßstab

Die auf die einzelnen Grundstücke entfallenden Anteile des Überschusses sind nach dem Verhältnis der Altwerte der Grundstücke im unbebauten Zustand zu bestimmen. Welcher Wertermittlungsstichtag für diese Werte maßgebend sein soll, hat das Gesetz nicht bestimmt. Es muß sich um ein und denselben Stichtag für alle Grundstücke handeln, damit ein gerechter Verteilungsmaßstab gewährleistet ist. Sofern nicht die Werte zu einem anderen Zeitpunkt zweckmäßiger sind, bieten sich die Werte an, die die Grundlage für die Kosten- und Finanzierungsübersicht gebildet haben.

Vor der Verteilung sind vom Überschuß die Zuschüsse abzuziehen, die der Gemeinde oder den Eigentümern aus Mitteln eines öffentlichen Haushalts zur Deckung der Sanierungskosten gewährt worden sind. Abzuziehen sind auch Zuschüsse, die die Gemeinde Beteiligten gewährt hat. Überschüsse werden selten sein.

5. Abschluß der Sozialplanung

Die Sozialplanung muß über den formalen Abschluß der Sanierungsmaßnahme hinaus weitergeführt werden, da sich für die Betroffenen aus den Umsetzungen und den Veränderungen ihrer näheren Umwelt häufig schwere, nicht aus eigener Kraft zu meisternde Probleme ergeben können. Die Betroffenen werden oft durch finanzielle Sorgen und soziale Schwierigkeiten belastet sein. Finanzielle Probleme können sich aus Mehrbelastungen (höhere Miet- und Heizungskosten, höhere Fahrtkosten zum Arbeitsplatz usw.) ergeben. Soziale Probleme werden vielfach aus dem subjektiven Empfinden der Betroffenen abzuleiten sein. „Umsiedler" und die im Sanierungsgebiet Bleibenden können unzufrieden sein und dies auch offen kundtun. Der Unmut über das Verhalten der Behörden, über „schlechtere" Lebensbedingungen, über die Veränderung schlechthin, dürfte oft auch auf nicht bewußte Ursachen zurückzuführen sein: Verlust der „Heimat", Abreißen lang gewohnter Sozialbeziehungen; im Neubaugebiet werden Nachbarschaftsbeziehungen oft nur sehr schwer anzuknüpfen sein, vermeintliche oder tatsächliche soziale Unterschiede am Ort der Neuansiedlung können soziale Distanz oder Diffamierung ergeben. Der Sozialplan muß die Folgen der Sanierung demnach auch über den Abschluß der Sanierung hinaus berücksichtigen.

Die Sozialbetreuung im Rahmen der Sozialplanung wird so allmählich in die allgemeine Gemeinwesenarbeit der Gemeinde übergehen. Sozialplanung, die über den förmlichen Abschluß der Sanierung hinaus notwendig und beabsichtigt ist, ist im Sozialplan ausdrücklich zu verankern. Sie ist dann als Teil der Ordnungsmaßnahmen anzusehen und insoweit zuschußfähig. Bei der Gesamtabrechnung sind entsprechende Rückstellungen zu bilden.

XI. Rechtsschutz

1. Rechtsmittel der Grundstückseigentümer

1.1 Rechtsschutz im Vorbereitungsstadium

Beschluß über vorbereitende Untersuchungen § 4 Abs. 3

Der Beschluß über den Beginn vorbereitender Untersuchungen nach § 4 Abs. 3 ist zwar ortsüblich bekanntzumachen und ist ein förmlicher Verfahrensschritt, dennoch handelt es sich nicht um einen Verwaltungsakt, der mit einem Rechtsmittel angegriffen werden könnte. Die vorbereitenden Untersuchungen sind Voraussetzung für die Durchführung der Sanierung, greifen jedoch nicht unmittelbar in die Rechte der betroffenen Grundstückseigentümer ein. Verwaltungsakte zur Regelung von Einzelfällen werden erst in den folgenden Verfahrensabschnitten vorgenommen. Die Rechtslage ist insoweit die gleiche wie die bei der Anordnung der Umlegung durch die Gemeinde (einen Verwaltungsakt verneinend: Schrödter, BBauG § 45 Rdn. 10; Ernst-Zinkahn-Bielenberg, BBauG § 46 Rdn. 13).

Auskunftsverlangen § 3 Abs. 4

Rechtsmittel des Eigentümers sind aber im Vorbereitungsstadium der Sanierung dann gegeben, wenn Einzelmaßnahmen gegenüber dem Eigentümer erfolgen. Eine solche Einzelmaßnahme ist das Verlangen nach § 3 Abs. 4, Auskunft über das Grundstück zu geben, etwa über die Kosten durchgeführter Erneuerungsarbeiten am Gebäude, die Höhe der Einnahmen aus Miete oder Pacht oder dergleichen. Ein solches Auskunftsverlangen ist ein Verwaltungsakt und damit anfechtbar. Die Rechtswidrigkeit des Verlangens kann sich daraus ergeben, daß es außerhalb der notwendigen Ermittlung des Sachverhalts gestellt wird oder ermessenswidrig ist.

Rechtsweg

Schwierig ist in solchen Fällen die Frage zu beantworten, welcher Rechtsweg gegeben ist. Die Rechtslage ist hier dieselbe wie bei Maßnahmen im Umlegungsverfahren, wo auch hinsichtlich der Verwaltungsakte im Vorverfahren der Rechtsweg zu den Baulandgerichten gegeben ist, die zur Entscheidung über die in der Hauptsache ergehenden Verwaltungsakte zuständig sind (vgl. Schrödter, BBauG § 150 Rdn. 9, § 157 Rdn. 3). Nach § 86 Abs. 2 sind aber die Baulandgerichte nur zuständig, soweit es sich um die Ausübung des Grunderwerbsrechts der Gemeinde und den Härteausgleich handelt, ferner um Verwaltungsakte auf Grund des Städtebauförderungsgesetzes, auf die die Vorschriften des Bundesbaugesetzes über die Entschädigung im Enteignungsverfahren anzuwenden sind, die in einem Bodenordnungs- oder Enteignungsverfahren nach dem Bundesbaugesetz ergehen und schließlich für Streitigkeiten über die Höhe der Geldentschädigung in einem Flurbereinigungsverfahren. Soweit in solchen Verfahren zur Durchführung der Sanierung Auskünfte verlangt werden, ist die Zuständigkeit der Baulandgerichte gegeben. In den übrigen Fällen eines Auskunftsverlangens sind die Verwaltungsgerichte zuständig.

Vorverfahren

Die Zuständigkeit der Verwaltungsgerichte und der ordentlichen Gerichte für die Anfechtung eines Auskunftsverlangens, je nachdem, in welchem Verfahren dieses Verlangen ergeht, führt auch zur unterschiedlichen Notwendigkeit eines Vorverfahrens (Widerspruchsverfahren):

▶ Soweit es sich um das Verfahren vor den Verwaltungsgerichten handelt, ist nach § 68 Abs. 1 VwGO vor der Erhebung der Anfechtungsklage die Rechtmäßigkeit und Zweckmäßigkeit des Auskunftsverlangens in einem Vorverfahren nachzuprüfen. Das Vorverfahren beginnt mit der Erhebung des Widerspruchs (§ 69 VwGO). Der Widerspruchsbescheid wird, da es sich bei der Durchführung der Sanierung um eine Selbstverwaltungsangelegenheit der Gemeinde handelt, von dieser erlassen (vgl. § 73 Abs. 1 Nr. 3 VwGO).
Hierbei sind jedoch unterschiedliche Regelungen in den Ländern zu beachten:
So erläßt in manchen Ländern das Landratsamt als Rechtsaufsichtsbehörde den Widerspruchsbescheid. Die Nachprüfung des Verwaltungsaktes unter dem Gesichtspunkt der Zweckmäßigkeit ist teilweise der Gemeinde vorbehalten (so z. B. § 7 Abs. 1 des bad.-württ. Gesetzes zur Ausf. der VwGO vom 22. 3. 1960).

▶ Soweit nach § 86 Abs. 2 die Baulandgerichte zuständig sind, ist ein Vorverfahren nur dann erforderlich, wenn die jeweilige Landesregierung durch Rechtsverordnung bestimmt hat, daß ein Verwaltungsakt in einem Umlegungs- oder in einem Enteignungsverfahren durch Antrag auf gerichtliche Entscheidung erst dann angefochten werden kann, nachdem seine Rechtmäßigkeit und Zweckmäßigkeit in einem

Vorverfahren nachgeprüft worden ist (§ 155 BBauG). Das ist in den Ländern teilweise und unterschiedlich geschehen (vgl. die Übersichten bei Brügelmann—Meyer, BBauG § 155 Bem. 1c, und Schrödter, BBauG § 155 Rdn. 2).

Die Anordnung zur Erteilung einer Auskunft kann in entsprechender Anwendung des § 150 Abs. 2 Satz 2 BBauG durch Androhung und Festsetzung eines Zwangsgeldes bis zu 1000 DM vollstreckt werden (der Verweisung in § 87 Abs. 1 hätte es nicht bedurft, da nach § 86 Abs. 1 Satz 2 die Vorschriften des Achten Teils ohnehin Anwendung finden). **Vollstreckung**

Ein Widerspruch gegen die Anordnung oder Festsetzung eines Zwangsgeldes hat indes keine aufschiebende Wirkung, wenn das landesrechtlich bestimmt ist, weil es sich um eine Maßnahme der Verwaltungsvollstreckung handelt (vgl. z. B. § 9 des bad.-württ. Gesetzes zur Ausf. der VwGO).

1.2 Rechtsschutz bei der förmlichen Festlegung

Die erste Möglichkeit, gegen eine Sanierungsmaßnahme vorgehen zu können, bietet die förmliche Festlegung des Sanierungsgebietes durch Satzung der Gemeinde. Ähnlich wie bei einem Umlegungsbeschluß, der freilich Verwaltungsakt ist, können die Voraussetzungen der förmlichen Festlegung nach § 3 sowie die räumliche Begrenzung des Sanierungsgebietes dann überprüft werden, wenn die landesrechtlichen Vorschriften die Überprüfung einer Satzung im Normenkontrollverfahren vorsehen. Dies ist in Baden-Württemberg, Bayern, Bremen, Hessen und Schleswig-Holstein der Fall. Die Zulässigkeitsvoraussetzungen der förmlichen Festlegung des Sanierungsgebietes unterliegen als unbestimmte Rechtsbegriffe in vollem Umfang der verwaltungsgerichtlichen Überprüfung. **S 25** / **Normenkontrolle**

Dies gilt auch für die förmliche Festlegung von Ersatz- und Ergänzungsgebieten nach § 11. **S 42**

1.3 Rechtsmittel beim Übernahmeverlangen

An verschiedenen Stellen des Gesetzes ist vorgesehen, daß der Eigentümer von der Gemeinde die Übernahme seines Grundstücks verlangen kann. Zunächst kann das bei der Festsetzung von Ersatz- und Ergänzungsgebieten der Fall sein. Das Übernahmeverlangen ist nach den Vorschriften des Fünften Teiles des Bundesbaugesetzes durchzusetzen. Der Eigentümer hat zwei Möglichkeiten, die Übernahme durchzusetzen (vgl. zu dem Übernahmeverlangen des § 40 BBauG Ernst-Zinkahn-Bielenberg, BBauG § 40 Rdn. 56): **S 43** / **§ 11 Abs. 3**

▶ Der Eigentümer kann den Antrag stellen, daß die Gemeinde das Enteignungsverfahren gegen ihn beantragt, und — bei Ablehnung des Antrags — gerichtliche Entscheidung nach § 86 in Verbindung mit § 157 BBauG bei der Kammer für Baulandsachen beantragen. Ob nur ein Antrag auf Aufhebung der ablehnenden Entscheidung gestellt werden kann oder ob daneben noch die Möglichkeit einer Verpflichtungsklage oder Untätigkeitsklage vor den allgemeinen Verwaltungsgerichten gegeben ist, ist hinsichtlich § 40 BBauG im Schrifttum umstritten. **Enteignung durch Gemeinde**

▶ Der Eigentümer kann ferner gegen sich selbst Enteignungsantrag stellen und bei Ablehnung durch die Enteignungsbehörde wiederum Antrag auf gerichtliche Entscheidung nach § 157 BBauG. **Enteignungsantrag gegen sich selbst**

Die Vollstreckung für den Eigentümer ist schwierig, der Enteignungsbeschluß allein ist kein Vollstreckungstitel. Auch im Übernahmeverfahren gilt der Grundsatz der vorgängigen Entschädigungsleistung, das heißt, erst nach Leistung oder Hinterlegung der Geldentschädigung wird nach Eintritt der Unanfechtbarkeit des Enteignungsbeschlusses die Ausführung angeordnet. Diese Rechtsgestaltung wird dem „klassischen" Enteignungsverfahren gerecht, da hier der Enteignungsbegünstigte ein Interesse daran hat, das Grundstück zu erwerben; sie versagt hingegen, wenn der Enteignungsbegünstigte durch zwangsweise Durchsetzung des Übernahmeverlangens zum Erwerb gezwungen werden muß. Allerdings kann, da hier Anspruchsgegner die Gemeinde ist, nötigenfalls im Kommunalaufsichtswege die Zahlung der festgesetzten Entschädigung erzwungen werden. **Vollstreckung**

1.4 Rechtsschutz bei der Erörterung mit den Beteiligten

Rechtsmittelmöglichkeiten sind auch bei den notwendigen Erörterungen mit den Beteiligten vorhanden. Nach § 9 Abs. 4 Satz 2 ist dem Eigentümer auf seinen Wunsch Einsicht in die Erörterungsniederschrift zu geben. Dieses Recht kann nach Durchfüh- **S 36** rung eines Widerspruchsverfahrens vor den Verwaltungsgerichten durch Verpflichtungsklage durchgesetzt werden. Ist der Antrag auf Einsicht von der Gemeinde abgelehnt worden, so ist nach § 68 Abs. 2 VwGO zunächst das Widerspruchsverfahren durchzuführen. Bei der Erhebung der Verpflichtungsklage sind, wenn die Behörde untätig geblieben ist, die §§ 75 und 76 VwGO zu beachten. Die Verpflichtungsklage kann danach nicht vor Ablauf von drei Monaten seit dem Antrag auf Einsichtgewährung erhoben werden, es sei denn, eine kürzere Frist ist wegen der besonderen Umstände des Falles geboten. Letzteres dürfte bei der zügigen Durchführung von Sanierungsverfahren häufig der Fall sein; der Eigentümer hat ein berechtigtes Interesse daran, umgehend Einsicht in die Erörterungsniederschrift zu erhalten. Diese Einsicht kann für ihn wertlos werden, wenn er sie frühestens nach Ablauf von drei Monaten durchsetzen kann.

Die Verpflichtungsklage kann nur bis zum Ablauf eines Jahres seit dem Antrag auf Einsichtnahme gestellt werden.

Die Weigerung der Gemeinde, den Beteiligten nach § 9 Abs. 3 eine Frist zur Stellungnahme einzuräumen, stellt keinen selbständig anfechtbaren Verwaltungsakt dar. Durch eine solche Weigerung wird kein Rechtsverhältnis geregelt. Gegebenenfalls handelt es sich um einen Fehler im Verfahren, der den Verwaltungsakt bzw. die Satzung möglicherweise rechtswidrig machen kann (vgl. Schrödter, BBauG § 157 Rdn. 3).

1.5 Rechtsmittel gegen die Versagung der Genehmigung nach § 15

Eines der häufigsten Rechtsmittel wird das gegen die Versagung einer Genehmigung nach § 15 oder gegen Auflagen, Befristungen oder Bedingungen bei Erteilung der Genehmigung nach § 15 sein.

Bei der Anfechtung einer Ablehnung der Genehmigung handelt es sich um eine Anfechtungsklage vor den Verwaltungsgerichten. Zuvor muß das Widerspruchsverfahren durchgeführt sein.

Bleibt die Behörde auf den Genehmigungsantrag hin untätig, wird in der Regel eine Verpflichtungsklage ausscheiden; sie könnte nämlich nach § 75 VwGO in der Regel nicht vor Ablauf von drei Monaten erhoben werden. Nach § 15 Abs. 6 Satz 4 gilt die Genehmigung aber als erteilt, wenn sie nicht innerhalb von drei Monaten versagt oder durch einen Zwischenbescheid die Frist um weitere drei Monate verlängert wird. Dennoch ist die Verpflichtungsklage nicht gänzlich ausgeschlossen: Wenn wegen besonderer Umstände eines Falles eine kürzere Frist zur Entscheidung geboten ist, kann nach § 75 Satz 2 VwGO eine Verpflichtungsklage vor Eintritt der Genehmigungsfiktion zulässig sein. Gleichwohl wird diese Möglichkeit ohne große praktische Bedeutung bleiben, da erfahrungsgemäß das Verfahren länger dauert als der Rest der Dreimonatsfrist zwischen Klageeingang und Eintritt der Genehmigungsfiktion.

Der zweite Fall einer Verpflichtungsklage wäre bei Fristverlängerung durch Zwischenbescheid denkbar, der die Genehmigungsfiktion für die Dauer von sechs Monaten ausschließt. Hier wäre während des Laufes der zweiten Dreimonatsfrist eine Verpflichtungsklage grundsätzlich zulässig. Allerdings dürfte damit zu rechnen sein, daß das Gericht in solchen Fällen das Verfahren nach § 75 Satz 3 VwGO bis zum Ablauf der Sechsmonatsfrist aussetzen wird, so daß der Verpflichtungsklage auch in diesen Fällen in der Praxis keine Bedeutung zukommen wird.

Auflagen, Befristungen oder Bedingungen werden ebenfalls durch die Anfechtungsklage angegriffen.

Für den Übernahmeanspruch nach § 15 Abs. 7 nach Ablehnung der Genehmigung gilt das oben (1.3) Ausgeführte entsprechend.

1.6 Rechtsschutz beim Negativattest

Nach § 15 Abs. 8 ist die Vorschrift des § 23 Abs. 2 BBauG über die Erteilung eines Negativattests entsprechend anzuwenden. Erteilt die Gemeinde das Zeugnis nicht, ist die Verpflichtungsklage gegeben. Im Regelfall dürfte die Verpflichtungsklage bereits vor Ablauf der Dreimonatsfrist des § 75 VwGO zulässig sein, da es der Gemeinde bereits in einem kürzeren Zeitraum möglich sein müßte, die Frage der Genehmigungsfreiheit zu prüfen.

Eine ausdrückliche Ablehnung eines beantragten Negativattestes kommt nur in Frage, wenn die Gemeinde den Vorgang für genehmigungsbedürftig hält. Beantragt der Antragsteller die Erteilung eines Negativattests, so kann der Antrag nicht hilfsweise in einen Antrag auf Erteilung einer etwa notwendigen Genehmigung umgedeutet werden. In diesem Fall ist die Gemeinde weder befugt, die Genehmigung zu erteilen, noch sie zu versagen (wegen eines möglichen Grunderwerbsrechts). Zur Erledigung des Antrags auf Ausstellung eines Negativattests ist die Behörde auch nicht an die Frist des § 15 Abs. 6 Satz 4 gebunden (vgl. Ernst-Zinkahn-Bielenberg, BBauG § 23 Rdn. 4), so daß die Genehmigung auch nicht als erteilt gilt.

1.7 Rechtsmittel gegen die Durchführung der Ordnungs- oder der Baumaßnahmen

Nach § 13 Abs. 1 und 2 führt der Eigentümer die Baumaßnahmen durch und die Ordnungsmaßnahmen dann, wenn ihm dies die Gemeinde auf Grund eines Vertrags ganz oder teilweise überlassen hat. Nach Absatz 3 kann die Gemeinde die Durchführung der überlassenen Ordnungsmaßnahmen und der Baumaßnahmen selbst übernehmen oder sie hat für die Durchführung der Maßnahmen zu sorgen, wenn die zügige und zweckmäßige Durchführung durch den Eigentümer nicht gewährleistet ist.

S 46
§ 13

Die Rückübernahme der Durchführung der Ordnungsmaßnahmen richtet sich nach dem Durchführungsvertrag, mit dem sie übertragen worden ist. Entsteht über die Ausübung eines Rücktrittsrechts oder die Geltendmachung eines Rückübernahmeanspruchs hinsichtlich der Ausführung der Ordnungsmaßnahme durch die Gemeinde ein Streit, so ist zweifelhaft, welcher Rechtsweg gegeben ist. Man wird davon ausgehen müssen, daß es sich um eine öffentlich-rechtliche Streitigkeit handelt und demgemäß die Verwaltungsgerichte zuständig sind. Das Rechtsverhältnis zwischen der Gemeinde als der Stelle, die grundsätzlich für die Durchführung einer Sanierung zuständig ist, und dem Grundstückseigentümer, der ausnahmsweise auf Grund eines Vertrags die Durchführung der Ordnungsmaßnahmen übernimmt, ist seiner inneren Natur nach ein öffentlich-rechtliches (wie z. B. ein Erschließungsvertrag, vgl. Urteil des BGH vom 30. 9. 1970 in BBauBl 1971, 381). In Frage kommt eine öffentlich-rechtliche Leistungsklage, mit der die Verpflichtung der Gemeinde begehrt wird, die Durchführung der Ordnungsmaßnahmen den Eigentümern (weiterhin) zu überlassen oder eine Unterlassungsklage gegen die Gemeinde mit dem Ziel, ihr zu verbieten, die Ordnungsmaßnahmen durchzuführen.

Öffentlich-rechtlicher Vertrag

Die Durchführung einer Baumaßnahme durch die Gemeinde erfolgt — etwa im Anschluß an die Nichtbefolgung eines Baugebotes — durch Enteignung des Grundstücks oder im Wege der Ersatzvornahme bei der Nichterfüllung eines Modernisierungsgebotes. Die Rechtsmittel der betroffenen Grundstückseigentümer hiergegen richten sich daher unmittelbar gegen die Enteignung, das Baugebot oder Modernisierungsgebot. Ein selbständig anfechtbarer Verwaltungsakt — Übernahme der Baumaßnahmen nach § 13 Abs. 3 — ist nach dem Gesetz nicht möglich.

1.8 Rechtsmittel im Umlegungsverfahren

Soweit im Rahmen einer Sanierung ein Bodenordnungsverfahren durchgeführt wird, sind die gleichen Rechtsmittel gegeben wie im Umlegungsverfahren sonst auch (Antrag auf gerichtliche Entscheidung bei der Baulandkammer gemäß § 86 Abs. 2 in Verbindung mit § 157 BBauG; gegebenenfalls nach Durchführung des landesrechtlich vorgeschriebenen Widerspruchsverfahrens).

S 82–88
§ 16

Anfechtbar sind demgemäß folgende Maßnahmen:
▶ Umlegungsbeschluß, § 47 BBauG;
▶ Entscheidung über Anrechnung der bisherigen Verhandlungen und Festsetzungen, § 50 Abs. 3 BBauG;
▶ Änderungen des Umlegungsgebietes, § 52 Abs. 3 BBauG;
▶ Ablehnung der Einsichtnahme in das Bestandsverzeichnis, § 53 Abs. 4 BBauG;
▶ Umlegungsplan, § 66 BBauG;
▶ Verweigerung der Einsicht in das Umlegungsverzeichnis, § 69 BBauG;
▶ Vorzeitige Inkraftsetzung des Umlegungsplanes, § 71 Abs. 2 BBauG;
▶ Verschaffung des neuen Besitz- und Nutzungsrechts durch Verwaltungszwang, § 72 Abs. 2 BBauG;
▶ Änderung des Umlegungsplanes nach Unanfechtbarkeit, § 73 BBauG;
▶ Verweigerung der Einsicht in den Umlegungsplan, § 75 BBauG;
▶ Vorwegnahme der Entscheidung, § 76 BBauG (vgl. hierzu § 6 Abs. 5);
▶ Vorzeitige Besitzeinweisung, §§ 77 BBauG (vgl. auch Schrödter, BBauG § 157 Rdn. 4).

Abzubrechende Gebäude Sind im Umlegungsplan zu beseitigende Gebäude als solche bezeichnet, ist nach § 16 Abs. 5 Satz 2 der Eigentümer kraft Gesetzes zur Duldung des Abbruchs verpflichtet. Es ergeht daher kein besonderer Bescheid — wie etwa beim Abbruchgebot nach § 19 Abs. 1 Satz 1 —, der vom Eigentümer mit einem Rechtsmittel angegriffen werden könnte. Der Eigentümer muß sich gegen die Bezeichnung des Gebäudes oder der baulichen Anlage im Umlegungsplan wenden, indem er Antrag auf gerichtliche Entscheidung gegen den Umlegungsplan stellt, wenn er sich gegen den Abbruch wehren will.

1.9 Rechtsmittel gegen das Vorkaufsrecht

S 29
§ 17
Verwaltungsakt

Der Beschluß der Gemeinde, das Vorkaufsrecht auszuüben, ist ein privatrechtsgestaltender Verwaltungsakt. Er kann nach § 42 VwGO mit der verwaltungsgerichtlichen Klage angefochten werden (Ernst-Zinkahn-Bielenberg, BBauG § 24 Rdn. 63 mit weit. Nachw.). Diese Rechtsauffassung ist zwar umstritten; die Ausgestaltung der Rechte der Gemeinde und damit die Ausgestaltung des Vorkaufsrechts als eines öffentlich-rechtlichen Eingriffsrechtes zwingt zu diesem Schluß. Man wird annehmen können, daß sich die Auffassung des Oberverwaltungsgerichtes Münster (Urt. vom 13. 12. 1967 — IV A 1276/76 — in BRS 18 Nr. 71) allgemein durchsetzen wird, nach der die Erklärung der Gemeinde über die Ausübung des Vorkaufsrechts bei den Verwaltungsgerichten angefochten werden kann.

Somit ist auch die Erklärung der Ausübung des Vorkaufsrechts nach § 17 als belastender Verwaltungsakt nach Durchführung des Widerspruchsverfahrens mit der Anfechtungsklage angreifbar.

1.10 Rechtsmittel gegen das Grunderwerbsrecht

S 29
§ 18

Die Erklärung der Gemeinde nach § 18 Abs. 1, daß sie den Erwerb des Grundstücks in Betracht zieht, ist ein Verwaltungsakt. Obwohl sie nur die endgültige Ausübung vorbereitet, kann sie bereits vom Grundstückseigentümer — nach Widerspruch — durch eine Anfechtungsklage mit der Behauptung angegriffen werden, die Voraussetzungen für eine solche Mitteilung seien nicht gegeben. Die fehlende Genehmigungsbedürftigkeit eines nach § 15 nicht genehmigten Rechtsvorganges dürfte der Kläger allerdings nicht geltend machen können, da insoweit die Tatbestandswirkung der unanfechtbar abgelehnten Genehmigung der gerichtlichen Entscheidung zugrunde zu legen ist. Nach § 86 kann die Mitteilung nur durch Antrag auf gerichtliche Entscheidung bei der Baulandkammer, also nicht vor den Verwaltungsgerichten, angegriffen werden. Ein Widerspruchsverfahren ist nicht vorgesehen.

Der Grundstückseigentümer kann ferner durch Antrag auf gerichtliche Entscheidung bei der Baulandkammer die Erklärung der Gemeinde nach § 18 Abs. 2 angreifen, daß sie das Grundstück erwirbt. Er kann hierbei etwa vorbringen, die Frist von sechs Monaten sei nicht eingehalten oder der Erwerb sei zur Durchführung der Sanierung nicht erforderlich.

Die Erklärung des Eigentümers, die Sanierung selbst durchführen zu wollen, schafft ein selbständiges Abwendungsrecht. Sie verhindert nicht den Eintritt der Unanfechtbarkeit der Erklärung nach Absatz 2. Will der Eigentümer dieses Ergebnis vermeiden, so muß er neben seiner Erklärung nach Absatz 3 Antrag auf gerichtliche Entscheidung über die Erklärung der Gemeinde nach Absatz 2 stellen. Der Anspruch nach Absatz 3 ist ebenfalls durch Antrag auf gerichtliche Entscheidung durchzusetzen.

Fristverlängerung Die Ablehnung einer Fristverlängerung nach § 18 Abs. 3 Satz 2 ist nicht selbständig anfechtbar, da durch eine solche Ablehnung nicht unmittelbar ein Rechtsverhältnis geregelt wird. Eine nicht gerechtfertigte Ablehnung kann aber die Durchführung der Sanierungsmaßnahme durch die Gemeinde fehlerhaft machen, so daß im Rahmen des Verfahrens bei der Baulandkammer über die Abwendung der Ausübung des Grunderwerbsrechts die Frage der Fristverlängerung inzidenter geprüft wird.

Höhe der Entschädigung Im Verfahren bei der Baulandkammer über die Ausübung des Grunderwerbsrechts wird auch die Höhe der Entschädigung überprüft. Auf Antrag eines der Beteiligten kann über die Berechtigung der Gemeinde zur Ausübung des Grunderwerbsrechts nach § 18 Abs. 5 vorab entschieden werden.

Die Entscheidung der höheren Verwaltungsbehörde über die Entschädigung anderer Vermögensnachteile nach § 18 Abs. 4 kann nach § 86 ebenfalls nur durch Antrag auf gerichtliche Entscheidung angefochten werden.

1.11 Rechtsmittel gegen das Abbruchgebot

Das Abbruchgebot als Duldungsverpflichtung ist — nach erfolglosem Widerspruch — mit der Anfechtungsklage vor den Verwaltungsgerichten angreifbar.

S 71
§ 19

Über die Höhe der Geldentschädigung nach § 19 Abs. 3 hingegen entscheidet auf Antrag die Baulandkammer.

S 72

Ebenfalls ist Antrag auf gerichtliche Entscheidung bei der Baulandkammer gegeben zur Durchsetzung des Anspruches auf Übernahme des Grundstückes nach § 19 Abs. 4 (vgl. im übrigen hierzu 1.3).

S 74

Die Durchsetzung des Abbruchgebots enthält keine weiteren Verwaltungsakte. Der Abbruch eines Gebäudes gehört als Beseitigung baulicher Anlagen zu den Ordnungsmaßnahmen im Sinne des § 12 Abs. 1 Satz 2 Nr. 1, die nach § 13 Abs. 1 die Gemeinde durchzuführen hat. Zur Durchführung der Abbruchmaßnahme durch die Gemeinde genügt die unanfechtbare Duldungsverpflichtung.

S 73

1.12 Rechtsmittel gegen das Baugebot

Das Baugebot kann nach Durchführung des Widerspruchsverfahrens mit der Anfechtungsklage vor den Verwaltungsgerichten angefochten werden. Ergeht es nach § 20 Abs. 2 an mehrere Eigentümer als gemeinsames Gebot, so ist jeder Eigentümer widerspruchs- bzw. klageberechtigt.

S 77
§ 20

Über das Rechtsmittelverfahren bei Durchsetzung des Übernahmeverlangens nach § 20 Abs. 2 Satz 3 vergleiche oben 1.3.

Eine Vollstreckung des Baugebots im Wege der Ersatzvornahme ist zwar im StBauFG nicht vorgesehen, nach den allgemeinen Vorschriften aber nicht ausgeschlossen. Gegen Vollstreckungsmaßnahmen wie Zwangsgeld, Ersatzvornahme, unmittelbarer Zwang, sind die üblichen Rechtsmittel gegeben. Doch dürften solche Vollstreckungsmaßnahmen selten vorkommen; in aller Regel wird die Gemeinde eine Enteignung nach § 20 Abs. 3 beantragen.

1.13 Rechtsmittel gegen das Modernisierungsgebot

Die Anordnung der Modernisierung nach § 21 Abs. 3 kann — nach Widerspruch — mit der Anfechtungsklage vor den Verwaltungsgerichten angegriffen werden.

S 80
§ 21

Die nach den allgemeinen Vorschriften ohnehin zulässige Ersatzvornahme ist in Absatz 4 sonderrechtlich geregelt. Maßgebend sind die landesrechtlichen Vorschriften.

S 81
Ersatzvornahme

1.14 Rechtsmittel im Enteignungsverfahren

Maßnahmen im Enteignungsverfahren sind nach § 86 Abs. 2 in Verbindung mit § 157 BBauG nur durch Antrag auf gerichtliche Entscheidung bei der Baulandkammer anfechtbar. In Frage kommen:

S 52
§ 22

▶ Enteignungsbeschluß, §§ 112 und 113 BBauG;
▶ Verlängerung der Verwendungsfrist, § 114 Abs. 2 BBauG;
▶ Entziehung eines Rechts, § 115 Abs. 2 BBauG;
▶ Vorzeitige Besitzeinweisung und Aufhebung, § 116 Abs. 1–3, 6 BBauG;
▶ Ausführungsanordnung, § 117 BBauG;
▶ Aufhebung des Enteignungsbeschlusses, § 120 BBauG;
▶ Gesonderte Entscheidungen über die Entschädigung, § 22 Abs. 3 Satz 2 in Verbindung mit § 100 BBauG;
▶ Entscheidung über die Rückenteignung, § 102 BBauG (vgl. Schrödter, BBauG § 157 Rdn. 5).

Soweit die Enteignungsbehörde nach § 22 Abs. 5 getrennt über den Eigentumsübergang (Rechtsänderung) und die Höhe der Entschädigung entscheidet, sind jeweils selbständige Rechtsmittel gegeben.

1.15 Rechtsmittel des Eigentümers bei der Aufhebung von Miet- oder Pachtverhältnissen

▶ Lehnt die Gemeinde den Antrag eines Eigentümers ab, Miet- oder Pachtverhältnisse aufzuheben, so ist die Anfechtungsklage, verbunden mit einer Verpflichtungsklage, vor den Verwaltungsgerichten gegeben. Eine Untätigkeitsklage, ebenfalls verbunden mit einer Verpflichtungsklage, kann erhoben werden, wenn die Gemeinde, ohne förmlich abzulehnen, das Miet- oder Pachtverhältnis nicht aufhebt.

S 55, 66
§§ 27–29
Ablehnung des Antrags

▶ Die Aufhebung des Mietverhältnisses ist ein privatrechtsgestaltender Verwaltungsakt. Soweit durch die Aufhebung des Miet- und Pachtverhältnisses der Eigentümer

Aufhebung

beschwert wird, kann er ebenfalls Anfechtungsklage vor den Verwaltungsgerichten erheben, insbesondere dann, wenn nach § 27 Abs. 4 auf Antrag des Mieters das Miet- oder Pachtverhältnis aufgehoben wird.

Entsprechendes gilt für die Aufhebung von Miet- und Pachtverhältnissen nach den §§ 28 und 29.

Entschädigung
▶ Die Entscheidung der höheren Verwaltungsbehörde über die Höhe der Geldentschädigung bei der Aufhebung von Miet- oder Pachtverhältnissen nach § 30 kann nur durch Antrag auf gerichtliche Entscheidung bei den Baulandgerichten angefochten werden.

Verlängerung
▶ Wird auf Antrag eines Mieters ein Miet- oder Pachtverhältnis verlängert, so kann der Eigentümer den privatrechtsgestaltenden Verwaltungsakt vor den Verwaltungsgerichten anfechten.

1.16 Rechtsmittel gegen den Bescheid über die Ausgleichsbeträge

S 117, 118
§§ 41, 42
Der Bescheid zur Anforderung eines Ausgleichsbetrags nach § 41 Abs. 8 kann nach Durchführung des Widerspruchsverfahrens mit einer Anfechtungsklage vor den Verwaltungsgerichten angefochten werden, ebenso der Ausgleichsbescheid gegenüber einem Veranlasser nach § 42.

1.17 Rechtsschutz bei der Kostenerstattung

§ 43
Der Erstattungsanspruch des Eigentümers für Kosten der Modernisierungsmaßnahmen nach § 43 Abs. 1 kann bei Ablehnung nach Durchführung des Widerspruchverfahrens mit einer Anfechtungsklage, bei Untätigkeit der Behörde mit einer Verpflichtungsklage vor den Verwaltungsgerichten durchgesetzt werden. Dabei hat der Eigentümer den Nachweis zu führen, daß er die Kosten nicht durch eigene oder fremde Mittel decken und aus Erträgen des Gebäudes finanzieren kann. Dasselbe gilt für Sondermaßnahmen des Eigentümers eines Gebäudes mit besonderer geschichtlicher, künstlerischer oder städtebaulicher Bedeutung (vgl. § 43 Abs. 3).

1.18 Rechtsschutz beim Härteausgleich

S 30
§ 85
Wird von der Gemeinde ein Antrag auf Gewährung eines Härteausgleichs abgelehnt, so kann der Bescheid durch Antrag auf gerichtliche Entscheidung bei der Baulandkammer angefochten werden (§ 86 Abs. 2). Ein Widerspruchsverfahren ist nicht vorgesehen. Bescheidet die Gemeinde den Antrag nicht, so kann — als Antrag auf gerichtliche Entscheidung — eine Leistungsklage bei der Baulandkammer erhoben werden. Hierbei braucht die Dreimonatsfrist des § 75 VwGO nicht eingehalten zu werden.

Beweislast
Der Kläger trägt die Beweislast für das Vorliegen der Voraussetzungen des § 85. Daß die Voraussetzungen des § 85 Abs. 4 nicht vorliegen, hat der Eigentümer zumindest darzulegen.

Ob darüber hinaus der einzelne Eigentümer einen Anspruch auf die Gewährung von Sanierungsförderungsmitteln hat, ist fraglich. Nach § 45 sind jedoch Streitigkeiten über die Gewährung von Förderungsmitteln nicht ganz auszuschließen. In diesem Falle könnte der ablehnende Verwaltungsakt durch Anfechtungs- oder Verpflichtungsklage angegriffen werden; zuständig sind die Verwaltungsgerichte.

Entsprechendes gilt, wenn im Bewilligungsbescheid besondere Auflagen enthalten sind (vgl. § 46 Abs. 1).

1.19 Rechtsmittel beim Abschluß der Sanierung

S 114
§ 50
Wird der Antrag eines Eigentümers nach § 50 Abs. 1, für sein Grundstück die Sanierung für abgeschlossen zu erklären, abgelehnt oder nicht beschieden, so ist — nach Widerspruch, wenn abgelehnt wurde — die Anfechtungs- oder Verpflichtungsklage vor den Verwaltungsgerichten gegeben. In den Fällen des § 50 Abs. 2 besteht nach der ausdrücklichen Regelung des Satzes 2 ein Rechtsanspruch nicht; eine Klage wäre daher nur zulässig, wenn der Eigentümer Ermessensfehler oder Ermessensmißbrauch vorträgt.

S 115
§ 51
Die Satzung über die Aufhebung der förmlichen Festlegung des Sanierungsgebietes nach § 51 ist auf Antrag eines Eigentümers in einem Normenkontrollverfahren zu überprüfen, sofern die landesrechtlichen Vorschriften ein solches vorsehen. Der Eigentümer müßte allerdings geltend machen, daß er durch die Aufhebung der förmlichen Festlegung in seinen Rechten verletzt wird; das wird selten möglich sein. Der Erlaß der Satzung über die Aufhebung selbst kann nicht in einem Normenkontrollverfah-

ren verfolgt werden, da die Gemeinde in diesem Verfahren nicht zum Erlaß einer Satzung verpflichtet werden kann.

1.20 Rechtsmittel bei Rückübertragung
Während für einen Rückenteignungsanspruch nach § 102 BBauG, der nach § 52 Abs. 6 Satz 1 ausdrücklich unberührt bleibt, die Baulandgerichte zuständig sind (§ 157 BBauG), ist für die Entscheidung über den Anspruch nach § 52 der ordentliche Rechtsweg gegeben. Der frühere Eigentümer muß gegen den jeweiligen Eigentümer auf Auflassung und Eintragungsbewilligung der Eigentumsänderung im Grundbuch klagen.

S 116
§ 52

2. Rechtsschutz der Mieter, Pächter und sonstigen Drittberechtigten
Mieter, Pächter und andere Nutzungsberechtigte können fast von jeder Maßnahme ebenso betroffen sein wie ein Eigentümer. Ihnen stehen deshalb fast an allen Fällen, in denen dem Eigentümer Rechtsmittel zur Verfügung stehen, dieselben Rechtsmittel zu.

Besonders ist hervorzuheben:

▶ Soweit nach den landesrechtlichen Vorschriften ein Normenkontrollverfahren gegeben ist, kann auch ein Mieter, Pächter oder sonstiger Nutzungsberechtigter einen Normenkontrollantrag stellen. Auch er kann in seinen Rechten beeinträchtigt sein, wenn das Grundstück, an dem er ein Nutzungsrecht hat, förmlich in ein Sanierungsgebiet einbezogen wird.

Normenkontrollantrag

▶ Nicht nur der Eigentümer, sondern auch der Käufer wird durch die Ausübung des Vorkaufsrechts durch die Gemeinde beschwert. Auch er kann daher die Ausübung des Vorkaufsrechts als privatrechtsgestaltenden Verwaltungsakt angreifen (siehe oben XI, 1.9).

Vorkaufsrecht
§ 17

▶ Die Duldungsverpflichtung bei einem Abbruchgebot nach § 19 muß, um wirksam zu sein, auch gegen den sonstigen Nutzungsberechtigten ergehen. Er hat die gleichen Rechte wie der Eigentümer (siehe oben XI, 1.11). Insbesondere kann die Festsetzung der Entschädigung für einen sonstigen Nutzungsberechtigten nach den §§ 19 Abs. 5, 30 Abs. 1 und 86 Abs. 2 durch Antrag auf gerichtliche Entscheidung vor der Baulandkammer angegriffen werden.

Abbruchgebot
§ 19

▶ Bei der Modernisierung ist nach § 21 Abs. 5 der Mieter, Pächter oder sonstige Nutzungsberechtigte kraft Gesetzes verpflichtet, die Durchführung der Maßnahmen zu dulden. Es bedarf keines Ausspruchs der Duldungspflicht durch Verwaltungsakt, damit entfällt auch die Möglichkeit einer Anfechtungsklage beim Verwaltungsgericht.

Modernisierungsgebot
§ 21

2.1 Rechtsschutz bei der Beendigung oder der Aufhebung von Miet- oder Pachtverhältnissen
Der Hauptfall, in dem Mieter, Pächter und sonstige Nutzungsberechtigte Rechtsschutz in Anspruch nehmen werden, ist aber die Beendigung, Aufhebung, Verlängerung und Entschädigung von Mietverhältnissen nach den §§ 26 ff.

▶ Soweit eine Beendigung von Mietverhältnissen durch Kündigung nach § 26 in Frage steht, ist Rechtsschutz vor den Amtsgerichten (vgl. § 23 GVG) gegeben. Bei einem Widerspruch des Mieters gegen die Kündigung ist auch das öffentliche Interesse an der alsbaldigen Durchführung der Sanierung und das Vorhandensein von Ersatzwohnraum zu berücksichtigen.

S 54, 65, 94, 103
Kündigung
§ 26

▶ Die Aufhebung eines Miet- oder Pachtverhältnisses nach § 27 Abs. 1 auf Antrag des Eigentümers ist ein privatrechtsgestaltender Verwaltungsakt. Der Mieter oder Pächter kann – nach Durchführung des Widerspruchverfahrens – Anfechtungsklage vor den Verwaltungsgerichten erheben.

S 55, 66
Aufhebung
§ 27

▶ Umgekehrt gewährt § 27 Abs. 4 dem Mieter oder Pächter einen Anspruch auf Aufhebung des Mietverhältnisses. Wie der Eigentümer seinen Anspruch nach Absatz 1 (siehe oben 1.15), kann der Mieter oder Pächter seinen Anspruch durch Anfechtungsklage nach Ablehnung – und Widerspruch – bzw. durch Untätigkeitsklage verbunden mit einer Verpflichtungsklage vor den Verwaltungsgerichten durchsetzen.

▶ Gegen die zwangsweise Durchsetzung der Räumung mit Mitteln des Verwaltungszwanges kann sich der Mieter oder Pächter nach erfolglosem Widerspruch mit der Anfechtungsklage vor den Verwaltungsgerichten wehren. Nach § 187 Abs. 3 VwGO können die Länder bestimmen, daß Rechtsbehelfe gegen Maßnahmen in der Verwaltungsvollstreckung keine aufschiebende Wirkung haben. Soweit das geschehen

S 59, 70, 96, 105
Räumung

§ 80 Abs. 5 VwGO

ist, kann der Mieter — um eine drohende Exmittierung zu verhindern — bei der Behörde oder beim Verwaltungsgericht Antrag auf Anordnung der aufschiebenden Wirkung stellen. Wird der Antrag abgelehnt, ist die Beschwerde gegeben. Wird hingegen dem Antrag stattgegeben, stehen der Gemeinde oder dem an der Räumung interessierten Grundstückseigentümer keine Rechtsmittel zu.

S 57, 68
Entschädigung
§ 30

▶ Über die Höhe der Entschädigung bei der Aufhebung von Miet- oder Pachtverhältnissen, auch bei der Aufhebung eines Pachtvertrags über kleingärtnerisch genutztes Land, wird nach Antrag auf gerichtliche Entscheidung von den Baulandkammern entschieden (§ 30 Abs. 1, § 86).

2.2 Rechtsschutz bei der Verlängerung von Mietverhältnissen und bei Mieterhöhung

S 56, 67
Verlängerung von Mietverhältnissen
§ 31

Der Mieter oder Pächter kann einen Antrag auf Verlängerung des Mietverhältnisses im Falle der Ablehnung durch die Gemeinde nach Widerspruch mit der Anfechtungsklage, bei Untätigkeit mit der Untätigkeitsklage, jeweils verbunden mit einer Verpflichtungsklage, verfolgen. Man wird annehmen müssen, daß die Erhebung der Untätigkeitsklage schon vor Ablauf der Dreimonatsfrist nach § 75 VwGO dann zulässig ist, wenn das Miet- oder Pachtverhältnis ohne Verlängerung vor Ablauf der Dreimonatsfrist enden würde. Dies wäre ein besonderer Grund, der eine frühere Klageerhebung rechtfertigen würde (vgl. § 75 Satz 2 VwGO).

S 113
Mieterhöhung
§ 32

Bei Rechtsstreitigkeiten über die Zulässigkeit oder den Umfang einer Mieterhöhung sind die ordentlichen Gerichte, das Amtsgericht als Mietgericht (§ 23 GVG) zuständig. Dasselbe gilt für Kündigungen durch den Mieter bei Mieterhöhung durch den Vermieter (§ 32 Abs. 4).

3. Rechtsmittel der Gemeinden

3.1 Rechtsschutz bei der förmlichen Festlegung

S 25.2
§ 5 Abs. 2

Wird die Genehmigung der förmlichen Festlegung des Sanierungsgebietes von der höheren Verwaltungsbehörde versagt, kann die Gemeinde Anfechtungsklage vor den Verwaltungsgerichten erheben. Zuvor ist ein Widerspruchsverfahren durchzuführen. Den Widerspruchsbescheid erläßt das Regierungspräsidium, das auch als höhere Verwaltungsbehörde den Erstbescheid erlassen hat (vgl. § 73 Abs. 1 Nr. 2 VwGO).

3.2 Rechtsschutz bei verweigerter Zustimmung

S 45
§ 12 Abs. 2

Versagt ein öffentlicher Bedarfsträger seine nach § 12 Abs. 2 erforderliche Zustimmung zur Durchführung von Sanierungsmaßnahmen, so stehen der Gemeinde Rechtsmittel zu.

Zustimmung als Verwaltungsakt

Die Zustimmung nach § 12 Abs. 2 ist — anders als etwa bei § 36 BBauG — nicht Voraussetzung für den Erlaß eines Verwaltungsaktes, der gegen den die Zustimmung Erteilenden selbst erginge, sondern stellt sich als eine Duldungserklärung des öffentlichen Bedarfsträgers dar. Die gesetzliche Regelung bedeutet lediglich eine Umkehrung der Anfechtungslast: ohne § 12 Abs. 2 müßte sich der öffentliche Bedarfsträger — wie jeder sonstige Betroffene — gegen eine Sanierungsmaßnahme, z. B. ein Abbruchgebot, wenden. Nach der Regelung des § 12 Abs. 2 kann die Gemeinde nicht einseitig Sanierungsmaßnahmen anordnen, wenn ein Bedarfsträger berührt wird, sondern muß seine Zustimmung erreichen. Ob die Verweigerung der Zustimmung ein mit der Anfechtungs- oder Verpflichtungsklage angreifbarer Verwaltungsakt ist oder eine Parteistreitigkeit, weil die Verweigerung der Zustimmung möglicherweise kein hoheitliches Handeln des Bedarfsträgers darstellt, ist für die Klagemöglichkeit nur so weit von Bedeutung, als im ersteren Fall ein Widerspruchsverfahren durchgeführt werden muß, im letzteren Falle nicht. Man wird sich der Ansicht von Eyermann-Fröhler (VwGO § 42 Rdn. 17) anschließen können, daß mit der Verpflichtungsklage nicht nur der Erlaß eines Verwaltungsakts im engeren Sinn begehrt werden kann, sondern jedes Tätigwerden, durch dessen Unterlassung der Kläger beschwert zu sein behauptet.

3.3 Rechtsmittel gegen Entschädigungsfestsetzungen durch die höhere Verwaltungsbehörde

S 51, 57, 68, 72, 110

Soweit eine Einigung über die Höhe einer von der Gemeinde zu leistenden Entschädigung nicht zustande kommt und die höhere Verwaltungsbehörde entscheidet, steht der Gemeinde genauso wie dem Begünstigten der Antrag auf gerichtliche Entscheidung bei der Baulandkammer zu. Es sind dies die Fälle des § 18 Abs. 4, § 19 Abs. 3, § 24 Abs. 2, § 30 Abs. 2.

3.4 Rechtsschutz bei Abschluß der Sanierung
Wird der Beschluß der Gemeinde, die förmliche Festlegung des Sanierungsgebietes ganz oder teilweise wieder aufzuheben, von der höheren Verwaltungsbehörde nicht genehmigt (§ 51 Abs. 3), so kann die Gemeinde nach Durchführung des Widerspruchsverfahrens vor der höheren Verwaltungsbehörde Anfechtungsklage bei den Verwaltungsgerichten erheben.

S 115.2
§ 51 Abs. 3

4. Rechtsmittel der Bedarfsträger

4.1 Rechtsschutz bei Fehlen der Zustimmung
Führt die Gemeinde eine Sanierungsmaßnahme entgegen § 12 Abs. 2 ohne die erforderliche Zustimmung des Bedarfsträgers durch, stellt diese Maßnahme schon deshalb einen den Bedarfsträger beschwerenden Verwaltungsakt dar. Er kann nach Widerspruch Anfechtungsklage vor den Verwaltungsgerichten erheben.

S 45

4.2 Rechtsmittel gegen Entschädigungsfestsetzung
Soweit ein Bedarfsträger einen Kostenerstattungsanspruch für Änderungen von Einrichtungen nach § 24 Abs. 1 geltend macht, kann er hinsichtlich der Höhe der Geldentschädigung gerichtliche Entscheidung bei den Baulandgerichten beantragen. Dies ist in § 24 Abs. 2 Satz 2 besonders bestimmt.

S 110

5. Rechtsmittel der Sanierungsträger

5.1 Rechtsschutz bei Verweigerung der Unterstützung durch die Gemeinde
Die Ausübung des Vorkaufsrechts, des Grunderwerbsrechts oder eine Enteignung zugunsten des Sanierungsträgers kann der Sanierungsträger durch eine Verpflichtungsklage vor den allgemeinen Verwaltungsgerichten durchsetzen. Da die Ausübung in das Ermessen der Gemeinde gestellt ist, beschränkt sich die gerichtliche Nachprüfung allerdings auf das Vorliegen eines Ermessensfehlers oder einer ermessensmißbräuchlichen Durchführung durch die Gemeinde.

S 51, 52
§§ 17 Abs. 2, 18 Abs. 10, 22 Abs. 7

5.2 Rechtsmittel bei Verweigerung der Bestätigung
Will ein Sanierungsträger die Bestätigung nach § 34 im Klagewege erzwingen, ist hierfür die Verpflichtungsklage oder — nach Ablehnung und gegebenenfalls Widerspruch — die Anfechtungsklage, verbunden mit einem Verpflichtungsantrag, vor den Verwaltungsgerichten gegeben; sofern für die Bestätigung eine oberste Landesbehörde zuständig ist, bedarf es nach § 68 Satz 2 Nr. 1 VwGO keines Widerspruchsverfahrens.

§ 34

5.3 Rechtsschutz bei der Abwicklung
Der Rechtsweg für Auseinandersetzungen zwischen Gemeinde und Sanierungsträger im Zuge der Abwicklung des Auftrags (z. B. Übertragung des Treuhandvermögens, § 36 Abs. 6) richtet sich danach, ob das Rechtsverhältnis als ein öffentlich-rechtliches oder privatrechtliches zu qualifizieren ist. Schon durch die förmliche Bestätigung des Sanierungsträgers trägt dieses Verhältnis seiner „inneren Natur nach" öffentlich-rechtliche Züge. Die Ansprüche sind daher als öffentlich-rechtliche Klagen vor den allgemeinen Verwaltungsgerichten durchzusetzen, die auch ansonsten für die Entscheidung öffentlich-rechtlicher Streitigkeiten berufen sind.

Öffentlich-rechtlicher Vertrag

ZWEITER TEIL

Entwicklungsmaßnahmen

I. Einleitende Bemerkungen

1. Der Begriff der Entwicklungsmaßnahmen nach dem Städtebauförderungsgesetz

Neue Orte
Neue Siedlungseinheiten
Neue Ortsteile

Unter Entwicklungsmaßnahmen versteht das Städtebauförderungsgesetz solche Maßnahmen, durch die entsprechend den Zielen der Raumordnung und Landesplanung neue Orte geschaffen oder vorhandene Orte zu neuen Siedlungseinheiten entwickelt oder vorhandene Orte um neue Ortsteile erweitert werden (§ 1 Abs. 3 Satz 1). Dabei geht es um die Erreichung strukturpolitischer Ziele, die durch die Raumordnung und Landesplanung vorgegeben sind. Nach § 1 Abs. 3 Satz 2 müssen die Entwicklungsmaßnahmen die Strukturverbesserung in den Verdichtungsräumen, die Verdichtung von Wohn- und Arbeitsstätten im Zuge von Entwicklungsachsen oder den Ausbau von Entwicklungsschwerpunkten außerhalb der Verdichtungsräume zum Gegenstand haben. Besonders erwähnt ist außerdem der Ausbau der hinter der allgemeinen Entwicklung zurückbleibenden Gebiete. Das Gesetz stellt also für die Durchführung von Entwicklungsmaßnahmen weniger auf quantitative als auf qualitative Kriterien ab.

1.1 Die Größe von Entwicklungsbereichen

Das Gesetz kennt keine quantitativen Entwicklungskriterien. Entwicklungsmaßnahmen müssen also nicht eine gesetzlich vorgeschriebene Mindestgröße haben. Obwohl es an einer entsprechenden Bestimmung fehlt, ergibt sich die Forderung nach einer bestimmten Ausdehnung eines Entwicklungsbereichs aus den Vorschriften des § 1 Abs. 3. Jede Entwicklungsmaßnahme muß für die Raumordnung und Landesplanung, mindestens für die Regionalplanung (vgl. § 53 Abs. 1 Ziffer 1, wo die Region besonders erwähnt ist) von Bedeutung sein. Die Erweiterung eines kleinen Orts um 10 Gebäude hat keine raumordnerische Relevanz. 300, 500 oder 1000 Wohnungen können aber sehr wohl der Strukturverbesserung in Verdichtungsräumen oder dem Ausbau von Entwicklungsachsen dienen. Entwicklungsmaßnahmen sind also nicht nur für Mammutvorhaben mit über 10000 Wohnungen und ähnlich vielen Arbeitsplätzen da.

Raumordnung und Landesplanung

Soll aus landesplanerischen Gründen ein ganz neuer Ort geschaffen werden, so kann das durch eine Entwicklungsmaßnahme geschehen. Der Bau neuer Städte wird allerdings in der dichtbesiedelten Bundesrepublik eine Ausnahme sein. Durch Entwicklungsmaßnahmen können auch vorhandene Orte zu neuen Siedlungseinheiten entwickelt oder um neue Ortsteile erweitert werden. Die Abgrenzung gegenüber der Ortserweiterung nach dem Bundesbaugesetz ist durch das Erfordernis gegeben, daß die Maßnahmen für die Ziele der Raumordnung und Landesplanung relevant sein müssen. Nach der Regierungsvorlage war sogar vorgesehen, daß Entwicklungsmaßnahmen „zur Verwirklichung" der Ziele der Raumordnung und Landesplanung durchgeführt werden müssen. In den Ausschußberatungen ist diese enge Formulierung durch die jetzige Fassung ersetzt (vgl. den Ausschuß-Bericht, zu BT-Drucksache VI/2204 — zu § 1 S. 3) und damit der Anwendungsbereich der Entwicklungsmaßnahmen erweitert worden. Entwicklungsmaßnahmen müssen **nicht** mehr darauf angelegt sein, Ziele der Raumordnung und Landesplanung durchzusetzen; sie müssen ihnen nur entsprechen. Man wird hier jedoch mit einer unterschiedlichen Praxis der verschiedenen Landesplanungsbehörden rechnen müssen.

Selbständigkeit neuer Orte

In der Regierungsvorlage war vorgesehen, daß durch Entwicklungsmaßnahmen vorhandene Ortschaften um „neue selbständige Siedlungseinheiten" erweitert werden können. Bei den Ausschußberatungen ist der Begriff „selbständige Siedlungseinheiten" gestrichen worden. Im Ausschußbericht (zu BT-Drucksache VI/2204 — zu § 1 S. 3) heißt es dazu, es sei durchaus nicht zwingend, daß bei der Erweiterung eines vorhandenen Ortes der neue Ortsteil eine vollständige Ausstattung mit Gemeinbedarfseinrichtungen, mit Wohn- und Arbeitsstätten, sowie administrative und soziale Selbständigkeit erhalte; es könne vielmehr auch ausreichen — und den Zielen der Raumordnung und Landesplanung entsprechen — einem neuen Ortsteil eine spezielle

Gewerbegebiete

Funktion zuzuweisen, sei es als Standort von Gewerbebetrieben oder als Wohnviertel. Sogar die Einrichtung regional relevanter Gewerbe- und Einkaufsgebiete kann somit eine Entwicklungsmaßnahme nach dem Städtebauförderungsgesetz sein.

Begriff des Ortes

Noch eine weitere von der Regierungsvorlage abweichende Formulierung in § 1 Abs. 3 ist von Bedeutung. Während in der Regierungsvorlage von „Ortschaften" die

Rede war, spricht der Gesetzestext jetzt nur noch von „Orten". Die Begriffe Ortschaft und Ort haben nicht ganz den gleichen Sinngehalt. Unter dem Begriff der Ortschaft kann man auch eine Verwaltungseinheit verstehen. Indem das Gesetz den Begriff der „Ortschaft" durch den Begriff „Ort" ersetzt hat, wird deutlich, daß das Gesetz nicht auf Verwaltungseinheiten abstellt (eine Großstadt ist eine Ortschaft!), sondern vielmehr die sozioökonomische Einheit meint. Auch Siedlungseinheiten auf der Gemarkung von Großstädten und die Erweiterung von Ortsteilen von Großstädten können deshalb unter den Begriff der Entwicklungsmaßnahme nach dem Städtebauförderungsgesetz fallen.

1.2 Entwicklungsmaßnahmen in Verdichtungsgebieten

Nach der Regierungsvorlage und nach dem Gesetzentwurf der Fraktion der CDU/CSU (BT-Drucksache VI/434) mußte die Schaffung neuer Ortschaften oder die Entwicklung vorhandener Ortschaften zu neuen Siedlungseinheiten zur Entlastung von Verdichtungsgebieten oder zur Entwicklung der hinter der allgemeinen Entwicklung zurückbleibenden Gebiete notwendig sein. Während der Ausschußberatungen wurde diese Formulierung geändert. Im Ausschußbericht (zu BT-Drucksache VI/2204 – zu § 1 S. 3) heißt es dazu, daß es unter Umständen auch darauf ankomme, die Verdichtungsgebiete städtebaulich zu ordnen, nicht aber unbedingt diese Gebiete zu entlasten. Das Städtebauförderungsgesetz beruht also nicht auf der Vorstellung einer Entballung, sondern sieht als Mittel zur Erreichung einer städtebaulichen Ordnung die Verdichtung ausdrücklich vor. Entwicklungsmaßnahmen können und sollen also durchgeführt werden, um den in diesen Gebieten fast immer vorhandenen Überlastungserscheinungen, vor allem im Verkehrs- und Wohnungswesen, durch neue Ordnungsfaktoren entgegen zu wirken.

Mehrere Gemeinden in einem Verdichtungsbereich oder mehrere Ortsteile einer Großstadt können sich zu einer neuen Siedlungseinheit entwickeln, indem ihre Infrastruktur gemeinsam geplant, die Verteilung von Wohn- und Arbeitsstätten gemeinsam überlegt, und diese Planungen schließlich durch Entwicklungsmaßnahmen verwirklicht werden.

1.3 Entwicklungsmaßnahmen außerhalb der Verdichtungsräume

Es gibt in manchen Ländern Gebiete außerhalb der Verdichtungsräume, für die die Raumordnung und Landesplanung ausdrücklich von „Entwicklung" spricht und den Ausbau von zentralen Orten oder von ganzen Entwicklungsachsen vorsieht. Die hier vorgesehene Verdichtung von Wohn- und Arbeitsstätten im Zuge von Entwicklungsachsen rechtfertigt die Festlegung von Entwicklungsbereichen, sei es für ergänzende Wohn- oder Arbeitsgebiete, sei es für sozial und ökonomisch selbständige Siedlungseinheiten.

Insbesondere kann durch Entwicklungsbereiche die Verkehrsstruktur eines ganzen Verdichtungsraumes, bzw. einer Entwicklungsachse, verbessert werden. So ist der Ausbau eines schienengebundenen Nahverkehrsnetzes nur sinnvoll, wenn Entwicklungsmaßnahmen in Angriff genommen werden. Nur wenn die Bebauung in städtebaulich und regional- bzw. raumordnerisch relevanten Größenordnungen an den Haltestellen dieser neuen Verkehrslinien konzentriert wird, ist eine entsprechende Auslastung der Strecken gewährleistet und läßt sich eine raumordnerisch erwünschte Gesamtsiedlungsstruktur erreichen. Beim Ausbau in Entwicklungsschwerpunkten außerhalb der Verdichtungsräume, insbesondere in den hinter der allgemeinen Entwicklung zurückgebliebenen Gebieten, wird es erforderlich sein, die Entwicklungsbereiche so anzulegen, daß sie als selbständige Orte wirksam werden können.

Strukturverbesserung

2. Allgemeine Grundsätze und allgemeine Verfahrensbestimmungen für Entwicklungsmaßnahmen

Die allgemeinen Grundsätze und die allgemeinen Verfahrensbestimmungen des Gesetzes für die Entwicklungsmaßnahmen sind im wesentlichen die gleichen wie für die Durchführung von Sanierungen nach dem Städtebauförderungsgesetz. Es kann deshalb auf die Einleitenden Bemerkungen im Ersten Teil S. 36 ff. verwiesen werden. Nur auf einige Besonderheiten ist hinzuweisen.

Über die Mitwirkung der Beteiligten und der Öffentlichkeit gelten bei Sanierungs- und Entwicklungsmaßnahmen die gleichen Grundsätze. Von Entwicklungsmaßnahmen sind jedoch in der Regel weniger Personen direkt betroffen; meist werden Entwicklungsmaßnahmen in bisher landwirtschaftlich genutzten Gebieten durchgeführt werden. Es gibt so gut wie keine Wohnungsmieter im Entwicklungsbereich. Direkt betroffen werden neben einigen Pächtern meist nur die Eigentümer sein. Zu prüfen ist allerdings, ob Bewohner unmittelbar angrenzender Siedlungen und Dörfer durch die geplanten Veränderungen ihrer Umgebung direkt betroffen werden. Deshalb ist bei den Entwicklungsmaßnahmen die Beteiligung der Öffentlichkeit von ebenso großer Bedeutung wie bei den Sanierungsmaßnahmen. Das Interesse der Allgemeinheit gilt auch neuen Teilen der Stadt.

Beteiligung der Öffentlichkeit

Schwierig ist es im Entwicklungsverfahren, schon die späteren Bewohner des Entwicklungsbereichs zu repräsentieren. Die Mitarbeit von Bürgern anderer neu gebauter Stadtteile kann jedoch zur Vermeidung von Fehlern sehr hilfreich sein.

Sozialbindung des Eigentums

Die Sozialbindung des Eigentums tritt bei den Entwicklungsmaßnahmen beinahe noch stärker als bei den Sanierungsmaßnahmen hervor. Grundsätzlich soll ja die Gemeinde alle Grundstücke im Entwicklungsbereich erwerben. Die Eigentümer müssen sich also — mindestens zeitweise — von ihrem Eigentum trennen. Nur so ist die einheitliche Durchführung der Entwicklungsmaßnahme ohne Rücksicht auf frühere Grundstücksgrenzen gewährleistet.

In vielen Fällen bedeutet der Grunderwerb durch die Gemeinde für die früheren Eigentümer jedoch keine endgültige Trennung vom Grundeigentum. Die Gemeinde ist verpflichtet, die Grundstücke nachher weitgehend wieder zu veräußern und zwar in erster Linie an die früheren Eigentümer. Damit gilt auch im Entwicklungsbereich der Grundsatz der Eigentumserhaltung, ebenso wie bei der Sanierung. § 1 Abs. 6 enthält noch einen neuen Grundsatz: Bei Entwicklungsmaßnahmen sollen nach Möglichkeit Grundeigentum oder entsprechende Rechte für weite Kreise der Bevölkerung begründet werden. Entwicklungsmaßnahmen sollen nach dem Willen des Gesetzgebers also auch Maßnahmen zur Vermögensbildung sein.

Eigentumserhaltung

3. Die Stellung der Gemeinden bei der Durchführung von Entwicklungsmaßnahmen

Entwicklungsbereiche werden nicht durch die Gemeinden, sondern durch eine Rechtsverordnung der Landesregierung förmlich festgelegt. Ob und wann auf dem Gebiet einer Gemeinde eine Entwicklungsmaßnahme durchgeführt wird, entscheidet nicht die Gemeinde selbst, sondern die Landesregierung. Anders als bei den Sanierungsmaßnahmen ist dem Staat bei Entwicklungsmaßnahmen der Vorrang eingeräumt. Unter Umständen verbleibt den Gemeinden nicht einmal die Vorbereitung und Durchführung der Maßnahmen. Die Landesregierung kann nach § 54 Abs. 4 durch Rechtsverordnung bestimmen, daß ein Gemeindeverband oder ein Verband, an dessen Willensbildung die Gemeinde oder der zuständige Gemeindeverband beteiligt ist, diese Aufgabe an Stelle der Gemeinde wahrnimmt. In der Rechtsverordnung kann auch eine andere Gemeinde oder ein Landkreis mit der Wahrnehmung der Aufgabe beauftragt werden, wenn die Gemeinde zustimmt oder nur geringfügig betroffen ist. Bleibt die Gemeinde zuständig, so ist sie jedoch nach § 54 verpflichtet, alles zu tun, um die vorgesehene Entwicklung zu verwirklichen. Insbesondere soll sie alle Grundstücke im Entwicklungsbereich erwerben.

Stellung der Gemeinden

Die Durchführung einer Entwicklungsmaßnahme ist nicht nur aus der Interessenlage der Gemeinde zu beurteilen, sie dient vorrangig übergeordnetem Interesse; die Entwicklungsmaßnahme muß den Zielen der Raumordnung und Landesplanung entsprechen. Die Bundesregierung meint in der amtlichen Begründung zur Regierungsvorlage (BT-Drucksache VI/510 S. 48 zu § 45), daß die getroffene Regelung das Selbstverwaltungsrecht der Gemeinden nicht beeinträchtige und verfassungsrechtlich unbedenklich sei. Soweit die Gemeinde die Entwicklungsmaßnahme vorzubereiten und durchzuführen hat, wird sie eigenverantwortlich tätig — auch wenn ihr der Rahmen dafür, was zu tun ist, eng vorgegeben ist. Der enge Rahmen und die Entscheidungsbefugnis der Landesregierung sind im übergeordneten Interesse nicht nur von Vorteil, sondern notwendig. Angesichts der oft unzureichenden Verwaltungskraft kleinerer Gemeinden wäre es unmöglich, diesen die Entscheidung über die Durchführung einer Entwicklungsmaßnahme und die Durchführung selbst ganz zu überlassen. Schmidt-Assmann (Die Verwaltung 1970, 421 [436 ff.]) fürchtet zwar, die getroffene Regelung werde zu einer Auszehrung der gemeindlichen Eigenverantwortlichkeit führen. Das muß aber keineswegs der Fall sein. Eine Gemeinde mit ausreichender Verwaltungskraft kann sich immer so aktiv einschalten, daß man trotz der teilweise auf den Staat verlagerten Verantwortung auch die Entwicklungsmaßnahmen als Maßnahmen der gemeindlichen Selbstverwaltung ansehen kann.

II. Vorüberlegungen

1. Initiative zur Durchführung einer Entwicklungsmaßnahme
Entwicklungsbereiche werden durch Rechtsverordnung der Landesregierung förmlich festgelegt. Eine solche Rechtsverordnung wird nur selten vom Land selbst veranlaßt sein. Daß das Land Entwicklungsmaßnahmen in einem bestimmten Gebiet für erforderlich hält, ist zwar möglich. In der Regel aber werden von den unteren Verwaltungsebenen Anregungen an Landesbehörden herangetragen worden sein, bevor das Land Entwicklungsmaßnahmen in einem bestimmten Gebiet für nötig erachtet.

E 4

Land

1.1 Initiatoren
Im Bereich von größeren Städten wird der Anstoß zur Durchführung einer Entwicklungsmaßnahme oft von der Gemeinde ausgehen. Bei Entwicklungsmaßnahmen auf dem Gebiet kleinerer Gemeinden könnte sich auch der Landkreis für die Durchführung von Entwicklungsmaßnahmen in seinem Gebiet einsetzen. Der Anstoß zu einer Entwicklungsmaßnahme kann aber nicht nur von den drei herkömmlichen Verwaltungsebenen Gemeinde, Kreis, Land ausgehen. In allen Ländern werden die Überlegungen, ob Entwicklungsmaßnahmen erforderlich sind, zu den vordringlichsten Aufgaben der Regionalplanung gehören. Da in den Planungen der Regionalverbände Entwicklungsbereiche und Dringlichkeiten festgelegt werden können — und da bei der Aufstellung der Regionalpläne die Gemeinden und Gemeindeverbände zumindest beteiligt sind —, wird das Schwergewicht für die Anregung von Entwicklungsmaßnahmen in Zukunft wohl bei den Regionalverbänden liegen. Eine Ausnahme wird allenfalls für die Großstädte gelten.

Es wird darauf ankommen, wie Gemeinde, Kreis oder Regionalverband ihre Auffassung dem Lande nahebringen und bei der Landesregierung durchsetzen können. Die Auffassungen der Länder hierzu werden sich kaum einheitlich entwickeln.

**E 3
Gemeinde
E 2
Landkreis**

**E 1
Regionalverband**

1.2 Andere mögliche Abläufe
Manche Gemeinden werden nicht willens oder nicht in der Lage sein, die Grundstücke im Entwicklungsbereich zu erwerben. Es kann deshalb zu gewissen Mischformen bei der Erschließung neuer Gebiete kommen.

Beispiel: Eine mittelgroße Stadt teilt einer kleinen Nachbargemeinde mit, sie werde für ein bestimmtes Gebiet, das sich für eine Überbauung besonders gut eigne, das aber auf der Gemarkung beider Gemeinden liegt, die Durchführung einer Entwicklungsmaßnahme bei der Landesregierung beantragen. Das Gebiet sei ohnehin für die Überbauung vorgesehen. Der Mangel an Wohnungen, besonders an im öffentlich geförderten, sozialen Wohnungsbau errichteten Wohnungen, sei so groß, daß zur Strukturverbesserung die Entwicklung durchgeführt werden müsse. Was kann daraufhin geschehen?

E 17.1

▶ Verzögerung
Die kleine Gemeinde hat vielleicht andere Vorstellungen von der Entwicklung ihres Gemeindegebiets. Sie hält die größere Stadt zunächst einmal hin und verzögert die Sache. Ob es zur förmlichen Festlegung des Entwicklungsbereichs durch die Landesregierung kommt, ist dann eine Frage der Politik.

▶ Gemeinsamer Antrag
Die kleine Gemeinde kann dem Vorschlag zustimmen — vielleicht nachdem ihr von der großen Stadt einiges versprochen wurde, wie z. B. die Verlängerung einer Straßenbahnlinie. Sind sich die beiden Gemeinden einig, so wird sich die förmliche Festlegung des Entwicklungsbereichs bei der Landesregierung eher durchsetzen lassen.

▶ Freiwillige Bodenordnung als Ersatzlösung
Die kleine Gemeinde weiß vielleicht, daß sie die Entwicklung auf die Dauer nicht aufhalten kann. Sie möchte mit der großen Stadt aber möglichst wenig zu tun haben und außerdem wollen die Landwirte der kleinen Gemeinde den drohenden Maßnahmen nach dem Städtebauförderungsgesetz ausweichen: die Grundeigentümer im

geplanten Entwicklungsbereich — und zwar auf beiden Gemarkungen — schließen sich zusammen und bieten die Durchführung einer freiwilligen Bodenordnung an. Die kleine Gemeinde begibt sich dadurch nicht in Abhängigkeit zur größeren Stadt und die Grundeigentümer hoffen, daß ihnen ein größerer Teil des Entwicklungsgewinns bleibt, wenn sie die Neuordnung selbst durchführen.

Freiwillige Bodenordnung

Auf den Vorschlag muß nicht eingegangen werden; die Gemeinden können auf der Anwendung des Städtebauförderungsgesetzes bestehen, sich aber auch unter gewissen Bedingungen mit der freiwilligen Bodenordnung einverstanden erklären. Eine Bedingung könnte z. B. sein, daß im Rahmen der freiwilligen Bodenordnung eine größere Schulfläche, sei es unentgeltlich, sei es zu einem vertretbaren Preis, von den Eigentümern zur Verfügung gestellt wird, oder daß ein bestimmter Prozentsatz der in dem Bereich entstehenden Wohnungen im öffentlich geförderten, sozialen Wohnungsbau errichtet werden muß (so z. B. das Stuttgarter Modell der freiwilligen Bodenordnung, siehe dazu Tesmer in ZfV 1971, 161). Es kann zu einer Übereinkunft zwischen den beiden Gemeinden und den Grundeigentümern kommen, die die Durchführung einer formellen Entwicklungsmaßnahme im Einzelfall unnötig machen kann.

Ohne Städtebauförderungsgesetz würde es möglicherweise zu einer solchen Einigung nicht kommen. Aktive Gemeinden werden entweder in der Lage sein, bei der Landesregierung Entwicklungsmaßnahmen durchzusetzen, oder sie sind in der Lage, unter Hinweis auf das Städtebauförderungsgesetz das öffentliche Interesse an einer bestimmten Entwicklung anderweitig durchzusetzen.

2. Grobanalyse

2.1 Zweck der Grobanalyse

E 5 Wenn feststeht, daß die für notwendig erachtete Maßnahme tatsächlich eine Entwicklungsmaßnahme nach dem Städtebauförderungsgesetz ist und den Zielen der Raumordnung, Landesplanung und Regionalplanung entspricht, müssen folgende Fragen bedacht werden:

▶ Welches Gebiet kommt als Standort für die Entwicklungsmaßnahme in Frage?
▶ Welches Gebiet soll durch die Entwicklungsmaßnahmen verbessert und gefördert werden?
▶ Welches Gebiet wird eventuell negativ durch die Entwicklungsmaßnahme beeinflußt?
▶ Welches Ziel haben die betroffenen Gemeinden, sowie u. U. Träger öffentlicher Belange und Bedarfsträger?
▶ Erscheint die Maßnahme so dringlich, daß zur Vorbereitung kostspielige Untersuchungen zu verantworten sind, und bestehen Aussichten für die Durchführung?
▶ Welche Voruntersuchungen sind nötig, um die Notwendigkeit der Entwicklungsmaßnahme zu begründen und ihre Durchführbarkeit zu überprüfen?

Zur Klärung dieser Fragen ist eine Grobanalyse notwendig.

2.2 Inhalt und Umfang der Grobanalyse

Die Grobanalyse dient dem Initiator der Entwicklungsmaßnahme zur Problemfindung. Wie das Wort schon sagt, soll sie keine detaillierte Untersuchung des Ist-Zustands, von Trends, Prognosen und Zielvorstellungen für alle wirtschaftlichen, rechtlichen, technischen und soziologischen Aspekte sein wie die eigentlichen Voruntersuchungen, sondern es soll eine erste grobe Analyse von der Situation erarbeitet werden, indem erfahrene Fachleute die wichtigsten Funktionen, die die Gesamtfunktion einer Region beeinflussen, beurteilen.

Welche Funktionen in einem Entwicklungsbereich zum Kriterium werden, ist von Fall zu Fall zu entscheiden.

Schon in der Phase der Vorüberlegungen sind für die Beurteilung der Gesamtfunktion einer Region immer bedeutsam und aufschlußreich die Struktur der vorhandenen Arbeitsstätten in diesem Gebiet, eine etwaige Pendlerbewegung, das Angebot von und die Nachfrage nach Wohnraum, die Frage, ob die notwendige Infrastruktur vorhanden ist und ob in einem Gebiet auch all die Dienstleistungen erbracht werden, die für zeitgemäßes Wohnen heute selbstverständlich sind oder doch sein sollten. Im Rahmen der Grobanalyse sollten denkbare Alternativen erwogen, untersucht und bewertet werden. Immer wird es sich aber nur um grobe Überlegungen handeln; bei der Beurteilung der Ergebnisse ist noch nicht mehr geschehen, als daß ein mögliches Ziel erkannt wurde. Ob es ein erstrebenswertes und durchsetzbares Ziel ist, das zeigen erst die vorbereitenden Untersuchungen.

2.3 Auftrag zur Grobanalyse
Die vom Initiator der Entwicklungsmaßnahme mit der Grobanalyse etwa beauftragten Fachleute, gleichgültig ob es sich um Ämter, Forschungsinstitute, Planungsbüros oder Entwicklungsträger handelt, müssen Erfahrungen in der Regionalplanung und speziell mit der Entwicklung von Gebieten haben und ein neutrales Urteil abgeben können. Die Beeinflußung durch einen erhofften Auftrag muß ausgeschaltet werden. Es sollten nicht nur Planer, sondern auch Soziologen und Wirtschaftler, Markt- und Finanzierungsspezialisten sein. Auch Auskünfte von mit dem Gebiet auf andere Weise vertrauten Personen können wichtig sein.

2.4 Durchführung der Grobanalyse
Nur die wichtigsten Kriterien für eine Entwicklungsmaßnahme sollen untersucht werden. Die Untersuchungen müssen ohne großen Aufwand billig durchzuführen sein, denn in diesem Stadium ist es schwierig, entstehende Kosten zu decken, da ja erst festgestellt werden soll, ob mit vorbereitenden Untersuchungen zu beginnen ist.

Es reicht in der Regel vollkommen aus, wenn die mit der Grobanalyse beauftragten Fachleute eine kurze Stellungnahme abgeben, nachdem sie sich nach Gesprächen und aufgrund von Auskünften, nach Sichtung von vorhandenem Material und nach Besichtigungsfahrten ein erstes Bild gemacht haben. Quellen für Information können z. B. folgende Stellen sein:
▶ bei den Gemeinden: Gemeindeverwaltungen, Planungsämter, Wirtschaftsämter, Sozialämter, Statistische Ämter, Finanzämter, Industrie- und Handelskammern;
▶ in der Region: Regionale Planungsämter, freie, in dem Gebiet tätige Planungsbüros;
▶ bei den Kreisen und Regierungspräsidien: entsprechende Ämter wie bei den Gemeinden, dazu die für die Landwirtschaft und den Landschaftsschutz zuständigen Ämter;
▶ bei der Landesregion: Zuständige Ministerien.

Informationsquellen

Zur Grobanalyse gehört auch eine Beratung durch die Fachleute über Verfahrensfragen, über die Chancen und die Realisierbarkeit der Sanierungsmaßnahme, die Durchführung, die zu erwartenden Schwierigkeiten, die Dauer, die Kosten, die Finanzierungs- und Förderungsmöglichkeiten, die zu erwartenden Erträge, aber auch die Belastungen und möglichen schädlichen Auswirkungen sowohl für die Menschen in dem in Aussicht genommenen Entwicklungsbereich, als auch in den angrenzenden Gebieten.

Es muß hier deutlich gemacht werden, daß die Ergebnisse aus der Grobanalyse und den Beratungen so transparent und gegeneinander abwägbar gemacht werden müssen, daß sie dem Initiator der Entwicklungsmaßnahme eine objektive Entscheidung darüber ermöglichen, daß vorbereitende Untersuchungen erforderlich sind, um die Notwendigkeit einer Entwicklungsmaßnahme gründlich untersuchen und endgültig beurteilen zu können, und um Planungsgrundlagen zu erhalten.

Auch für die Einholung von Stellungnahmen der betroffenen Gemeinden zu den Ergebnissen der Grobanalyse ist eine leichtverständliche Darstellung erforderlich.

2.5 Beurteilung der Ergebnisse
Wenn festgestellt wird, daß keine ausreichenden Kriterien für die Notwendigkeit einer Entwicklungsmaßnahme gegeben sind, endet das Verfahren zu einem Zeitpunkt, zu dem noch keine schwerwiegenden Schritte eingeleitet und kaum Kosten verursacht worden sind.

Ergibt die Grobanalyse jedoch, daß eine Entwicklungsmaßnahme sinnvoll erscheint, dann müssen vorbereitende Untersuchungen durchgeführt werden.

E 6

III. Vorbereitende Untersuchungen

1. Zuständigkeit

Land oder Gemeinde
§§ 53, 54
E 7

Die Erklärung zum städtebaulichen Entwicklungsbereich erfolgt nach § 53 Abs. 1 durch eine Rechtsverordnung der Landesregierung. Nach § 54 Abs. 1 wird die Entwicklungsmaßnahme im Regelfall von der Gemeinde vorbereitet und durchgeführt. Obwohl die Gemeinden nicht selbst bestimmen können, ob eine Entwicklungsmaßnahme auf ihrem Gebiet durchgeführt wird, liegt die Vorbereitung bei ihnen als Aufgabe der gemeindlichen Selbstverwaltung. Schließt das die Zuständigkeit der Gemeinden zu vorbereitenden Untersuchungen mit ein? Nach dem Wortlaut des Gesetzes sind kaum Zweifel möglich. Es schreibt zwar nicht ausdrücklich vor, daß vorbereitende Untersuchungen stattfinden müssen. Sie sind aber ein so selbstverständlicher und notwendiger Teil der Vorbereitung einer Entwicklungsmaßnahme, daß die Gemeinden, die für die Vorbereitung zuständig sind, auch für die vorbereitenden Untersuchungen zuständig sein müßten.

Zweifel ergeben sich jedoch aus den Gesetzesmaterialien. Der Bundesrat hatte in einem § 44 a vorgeschlagen, daß vor der Erklärung zum Entwicklungsbereich vorbereitende Untersuchungen durchzuführen seien, und daß die Gemeinde zu beauftragen sei, das zu tun. Die Bundesregierung hatte jedoch in ihrer Gegenäußerung zur Stellungnahme des Bundesrats ausgeführt, die für die Raumordnung und Landesplanung zuständigen Stellen des Landes prüften, ob die Voraussetzungen für eine Entwicklungsmaßnahme vorlägen. Die Rechtsverordnung der Landesregierung stelle den Abschluß eines Prüfungsverfahrens innerhalb des Landes dar (BT-Drucksache VI/510, S. 58 und 73). Der Bundestagsausschuß für Städtebau und Wohnungswesen schloß sich der Stellungnahme der Bundesregierung an (Ausschuß-Bericht, zu BT-Drucksache VI/2204 zu § 53, S. 22). Demnach wäre das Land zuständig.

Es ist zweifelhaft, ob dieser Wille des Gesetzgebers im Gesetzestext hinreichend Ausdruck gefunden hat. Vielleicht läßt sich aus § 53 Abs. 1 Nr. 1 schließen, daß die Vorbereitung einer Entwicklungsmaßnahme erst auf die Erklärung zum städtebaulichen Entwicklungsbereich folgen soll. Da aber ohne vorbereitende Untersuchung eine förmliche Festlegung nicht erfolgen kann und da die Vorbereitung der Entwicklungsmaßnahme zu den Aufgaben der Gemeinde gehört, ist ihr jedenfalls nicht verboten, solche vorbereitenden Untersuchungen durchzuführen. Sicher werden die Länder in vielen Fällen bei der Vorbereitung einer Entwicklungsmaßnahme ohnehin die Gemeinden beauftragen, vorbereitende Untersuchungen durchzuführen, da diese ohnehin, wenn sie sinnvoll sein sollen, an Ort und Stelle durchgeführt werden müssen. Es ist natürlich nicht ausgeschlossen, daß Landesdienststellen selbst vorbereitende Untersuchungen durchführen, dann muß das aber in gleichem Umfang geschehen.

Manche Gemeinden werden nicht in der Lage sein, die vorbereitenden Untersuchungen für eine Entwicklungsmaßnahme in der gebotenen Ausführlichkeit vorzunehmen. Das kann dazu führen, daß die Gemeinde sich der Unterstützung des Regionalverbandes bedient, zu dem sie gehört. Insbesondere Untersuchungen von überörtlichem Charakter lassen sich durch einen Regionalverband zweckmäßig durchführen. Die Träger der Regionalplanung können so an der Vorbereitung an einer Entwicklungsmaßnahme mitwirken.

E 7, 8
Entwicklungsträger
§ 55

Nach § 55 kann die Gemeinde einen Entwicklungsträger beauftragen, die städtebaulichen Entwicklungsmaßnahmen vorzubereiten und durchzuführen. Auf Verlangen der obersten Landesbehörde ist sie sogar dazu verpflichtet, einen Entwicklungsträger zu beauftragen (§ 55 Abs. 1 Satz 2). Die Beauftragung eines Entwicklungsträgers wird häufig sein.

E 9
andere Körperschaft
§ 54 Abs. 4

Schließlich ist es möglich, daß die Zuständigkeit der Gemeinde entzogen wird, z. B. wenn zu befürchten ist, daß der Gemeinde die erforderliche Verwaltungskraft fehlt, oder wenn bei einem sich über mehrere Gemeinden erstreckenden Entwicklungsbereich unterschiedliche Zielvorstellungen die Vorbereitung erschweren. Die Landesregierung kann durch Rechtsverordnung bestimmen, daß ein Gemeindeverband oder ein Verband, an dessen Willensbildung die Gemeinde oder der zuständige Gemeindeverband beteiligt ist, eine Entwicklungsmaßnahme vorbereitet und durchführt. Wenn die betroffene Gemeinde zustimmt oder wenn ihr Gemeindegebiet nur in geringem Umfang berührt wird, kann in der Rechtsverordnung auch eine andere Gemeinde oder ein Landkreis beauftragt werden, die Entwicklungsmaßnahme vorzubereiten und durchzuführen. Die Übertragung der Zuständigkeit nach § 54 Abs. 4 setzt jedoch – wenn nicht nur ganz kleine Gemeindeteile betroffen sind – die Zustimmung oder mindestens die Beteiligung der Gemeinde voraus. Soll ein Planungsverband zur Wahrnehmung der Vorbereitung und Durchführung der Entwicklungsmaßnahme bestimmt werden, so können Gemeinden und sonstige öffentliche Planungsträger auch ohne Vorliegen eines Antrages nach § 54 Abs. 2 zu einem Planungsverband zusammengeschlossen werden.

2. Notwendigkeit vorbereitender Untersuchungen

Im Gegensatz zur Sanierung hat der Gesetzgeber bei den Entwicklungsmaßnahmen keine Vorschriften über die Vorbereitung erlassen. Durch die Definition der Entwicklungsmaßnahmen und durch die Beschreibung, welche Ziele sie haben müssen und welche Voraussetzungen für die förmliche Festlegung verlangt werden, sind vorbereitende Untersuchungen aber vor der förmlichen Festlegung unvermeidbar notwendig.

Diese Phase, in der Voruntersuchungen durchgeführt und Entwicklungskonzepte samt Realisierungsmodellen erarbeitet werden müssen, um die Notwendigkeit, die Abgrenzung und Durchführbarkeit der Entwicklungsmaßnahme festzustellen, ist praktisch durch § 53 Abs. 1 und 2 vorgeschrieben. Dessen Forderungen lassen sich ohne Voruntersuchungen, die Erarbeitung von Planungskonzepten sowie die Überprüfung ihrer wirtschaftlichen, rechtlichen und soziologischen Durchführbarkeit nicht erfüllen. Die durchführbaren alternativen Planungskonzepte müssen sogar soweit optimiert werden, daß für das am besten geeignete Konzept der Bereich präzise abgegrenzt werden kann. **§ 53**

Die vorbereitenden Untersuchungen gliedern sich in zwei Teile.

Im ersten Teil werden die Voruntersuchungen durchgeführt. Ihr Zweck ist es, die Notwendigkeit und Zweckmäßigkeit der Entwicklungsmaßnahme zu untersuchen und Planungsgrundlagen zu erarbeiten. Sind Notwendigkeit und Zweckmäßigkeit erwiesen, wird im zweiten Teil mit den Entwicklungskonzepten und zugehörigen Realisierungsmodellen die Durchführbarkeit untersucht.

3. Voruntersuchungen

Der Schwerpunkt der Planung einer Entwicklungsmaßnahme liegt in der Regionalplanung. Neben den wie bei der Sanierung wichtigen Fragen nach Art und Maß der Nutzung, sind die Standortbestimmung und die richtige Eingliederung in den regionalen Verflechtungsbereich von entscheidender Bedeutung für sinnvolle, erfolgversprechende Planungen. Notwendige Grundlage solcher Planungen sind detaillierte Voruntersuchungen, und zwar eine Analyse des Ist-Zustandes, die Ermittlung von Trends, die Aufstellung von Prognosen und die Erfassung von Zielvorstellungen für alle politischen, wirtschaftlichen, rechtlichen, technischen und sozialen Aspekte. **E 10**

Aus den in § 1 Abs. 3 und 4, in § 53 und in § 54 Abs. 2 geforderten Zielen für eine Entwicklungsmaßnahme ergeben sich deutliche Hinweise für die durchzuführenden Voruntersuchungen.

Im Gegensatz zur Sanierung ist bei einer Entwicklungsmaßnahme die Bekanntmachung des Beginns vorbereitender Untersuchungen nicht vorgeschrieben. Sie liegt aber im Interesse der Maßnahme – da mit der Sozialplanung die Beteiligung der Öffentlichkeit generell verlangt wird. Voruntersuchungen bleiben nicht geheim. Die Öffentlichkeit muß über die Notwendigkeit einzelner Maßnahmen informiert und um Verständnis und Mithilfe gebeten werden. **keine Bekanntmachung**

Nur gute Information und offene Diskussion kann helfen, die Notwendigkeit für eine Entwicklungsmaßnahme klar zu machen und damit Mißtrauen und Widerstände abzubauen. Diese Information und Diskussion muß frühzeitig geführt werden. Wird die Notwendigkeit für eine Entwicklungsmaßnahme nicht allgemein anerkannt, entsteht bei Vorlage von Plänen für Entwicklungsprojekte leicht der Verdacht, das Projekt diene nur geschäftlichen Interessen.

Aber es gibt noch einen weiteren Grund, den Beginn vorbereitender Untersuchungen bekanntzugeben. Nachdem das Gesetz mit §§ 23 Abs. 2 und 57 Abs. 4 wenigstens einen gewissen Schutz vor spekulativen Maßnahmen gibt, dient die Bekanntmachung dazu, jedermann darauf hinzuweisen, daß eine Entwicklungsmaßnahme **§ 57 Abs. 4 Spekulation** beabsichtigt ist und daß die Grundstückspreise damit eigentlich nicht mehr steigen dürften. Wer trotzdem höhere Preise bezahlt, handelt auf eigenes Risiko.

Auskunftspflicht Leider hat es der Gesetzgeber unterlassen, wie für die Sanierung in §§ 3 Abs. 4 und 4 Abs. 3 die Auskunftspflicht zu regeln, obwohl die Geheimhaltungspflicht im § 88 auch für Entwicklungsmaßnahmen gilt. Nur für Behörden ergibt sich aus § 2 eine Pflicht zur Auskunftserteilung. Für Privatpersonen besteht jedoch eine Auskunftspflicht nach dem BBauG (§ 86 Abs. 1 in Verbindung mit §§ 150, 151 BBauG).

Voraussetzungen für Voruntersuchungen Als Voraussetzung für die Voruntersuchungen sind eine Reihe von Fragen zu beachten und Vorbedingungen zu erfüllen.

Auftrag ▶ Wer gibt die Voruntersuchungen in Auftrag?
Die von der Landesregierung mit der Durchführung betraute Gemeinde, der Gemeindeverband oder der Kreis bzw. der beauftragte Entwicklungsträger gibt die Voruntersuchungen in Auftrag und hat dafür zu sorgen, daß sie richtig durchgeführt und daß brauchbare Ergebnisse erzielt werden.

Fachleute ▶ Wer wird mit den Voruntersuchungen beauftragt?
Mit den Voruntersuchungen müssen Spezialisten der verschiedensten Fachdisziplinen betraut werden, wobei es wichtig ist, daß die Arbeiten richtig geplant und koordiniert und in sinnvollem Umfang durchgeführt werden. Man sollte unbedingt darauf achten, daß nur ein Planungsamt, ein freies Planungsbüro, Institut oder auch das Planungsbüro einer Bauträgergesellschaft die Arbeiten durchführt, das über die notwendigen erfahrenen und an interdisziplinäres Arbeiten gewöhnten Fachleute verfügt.

Spezialfragen wie z. B. die Grundstücks- und Gebäudebewertung oder eine Marktanalyse sollen an spezialisierte Ämter oder Institute vergeben werden. Entscheidend ist, daß die Untersuchungsergebnisse zusammengestellt, richtig interpretiert und so transparent, nachvollziehbar und gegeneinander abwägbar vorgelegt werden, daß sie auch für Nichtfachleute verständlich sind. Dadurch wird das Entscheidungsgremium in die Lage versetzt, objektiv die Notwendigkeit der Entwicklungsmaßnahme beurteilen zu können. Da die Ergebnisse der Voruntersuchungen für einen Entwicklungsbereich von größter Bedeutung sind, müssen die Untersuchungen sorgfältig, mit großem Sachverstand und vor allem größter Objektivität seitens der Fachleute geführt werden. Die Einschaltung von gegebenenfalls bei der Planung tätig werdenden Planern, Trägern usw. ist schon wegen der Schwierigkeit der Umsetzung von Untersuchungsergebnissen in Planungsanweisungen, Programme und Planungen sinnvoll. Es muß aber gewährleistet sein, daß die auf den Untersuchungsergebnissen basierende endgültige Entscheidung über die Notwendigkeit und Zweckmäßigkeit der Entwicklungsmaßnahme unbeeinflußt von privatem Geschäftsinteresse bleibt.

Umfang der Voruntersuchung ▶ Was muß in welchem Umfang untersucht werden?
Um ein klares Bild von einem Gebiet zu erhalten, müssen alle wirtschaftlichen und rechtlichen, technischen und soziologischen Gegebenheiten, die Entwicklungsmöglichkeiten ohne eine Entwicklungsmaßnahme und die optimalen Entwicklungsmöglichkeiten durch eine Entwicklungsmaßnahme untersucht werden. Der Ist-Zustand ist zu analysieren, Trends sollen ermittelt sowie Prognosen aufgestellt werden. Die regionalplanerischen Zielvorstellungen, Bedingung für eine Entwicklungsmaßnahme, die vor Beginn der Vorbereitung erarbeitet sein müssen, sind zu verfeinern und mit den Zielvorstellungen in den Gemeinden und gegebenenfalls auch mit Zielvorstellungen bei den Trägern öffentlicher Belange und den Bedarfsträgern sowie mit allen Planungen in dem Gebiet abzustimmen.

Gründliche Vorüberlegungen tragen dazu bei, daß die Untersuchungen weder zu oberflächlich noch zu umfassend durchgeführt werden. Es muß angestrebt werden, zunächst nur die für die Beurteilung der Notwendigkeit und Zweckmäßigkeit einer Entwicklungsmaßnahme entscheidenden Kriterien detailliert zu untersuchen und Daten für die Planung nur in dem Umfang zu erheben, in dem sie auch für die Beurteilung der Notwendigkeit einer Entwicklungsmaßnahme erforderlich sind und ihre Brauchbarkeit für die Planung schon klar zu erkennen ist.

▶ Wie werden die Voruntersuchungen durchgeführt?
Grundlage der Analysen, Trend-Untersuchungen usw. ist eine umfassende Datenerhebung. Ein großer Teil der notwendigen Daten kann von städtischen oder staat-

lichen Stellen, Trägern öffentlicher Belange, Verbänden und Organisationen, die sich mit dem Gebiet in irgendeiner Weise zu befassen haben, zur Verfügung gestellt werden.

Welche Angaben mit welcher Genauigkeit benötigt werden, muß für jede Entwicklungsmaßnahme neu entschieden werden. Daten, die nicht von den genannten städtischen oder staatlichen Stellen usw. zur Verfügung gestellt werden können, sind mittels Erhebungen und Befragungen zu beschaffen.

▶ Wie werden die Untersuchungsergebnisse zusammengestellt?   **Zusammenstellung der Ergebnisse**
Bei den Sanierungsmaßnahmen (siehe Seite 42) ist die Problematik bei der Beurteilung der Sanierungsbedürftigkeit beschrieben; diese Problematik gibt es auch bei den Entwicklungsmaßnahmen. Es gilt mit Hilfe der Untersuchungsergebnisse die Kriterien zu bewerten, sie als Einzelfunktionen zu beurteilen, den Einfluß auf die Gesamtfunktion des Gebietes zu bewerten und schließlich zu entscheiden, ob die Entwicklungsmaßnahme notwendig bzw. sinnvoll sein wird. Voraussetzung dafür sind leicht verständliche Darstellungsarten bei Plänen, Tabellen und Texten sowie die Speicherung der Daten auf Lochkarten oder bei sehr umfassend notwendigen Untersuchungen auf Bändern, um die Auswertung mit Hilfe von Computern vornehmen zu können.

▶ Wer bezahlt die Voruntersuchungen?   **Kosten**
Bevor Voruntersuchungen in Auftrag gegeben werden können, muß die Finanzierung der oft beträchtlichen Kosten gesichert sein. Hierbei ist § 58 zu beachten und zu   **§ 58**
bedenken, daß diese Kosten nicht durch Ausgleichsbeträge oder ähnliches gedeckt werden können, falls die Entwicklungsmaßnahme sich nicht durchführen läßt.

3.1 Wirtschaftliche und rechtliche Voruntersuchungen einschließlich Wertermittlung

3.11 Wirtschaftliche Untersuchungen für die Region

Die Grundlagen der Entscheidung, ob in einem bestimmten Gebiet ein Entwicklungsbereich förmlich festgesetzt werden soll, sind ganz wesentlich aus dem regionalen Zusammenhang dieses Gebietes und aus seiner regionalen Verflechtung abzuleiten. Die Aufgaben, welche der Entwicklungsbereich in der Region, insbesondere zur Verbesserung ihrer Struktur zu erfüllen hat, sind hierbei möglichst genau zu belegen.   **Aufgaben des Entwicklungsbereichs für die Region**
Dazu sind umfangreiche regionalwirtschaftliche Erhebungen und Untersuchungen erforderlich. Im Rahmen derartiger Untersuchungen ist etwa zu prüfen, welcher Standort für Wohnungen im Verflechtungsbereich im Blick auf die bestehende Gesamtstruktur des Raumes tatsächlich optimal ist, wie groß die Arbeitsplatzkapazität des bezogenen Raumes ist, welche Art Arbeitsplätze sinnvoll im Entwicklungsbereich neu zu schaffen wären, ob überhaupt ein Standort für eine wirtschaftliche gewerbliche Entwicklung im Entwicklungsbereich, im Blick auf dessen besondere Lage, gegeben ist. Sollen durch die Festsetzung des Entwicklungsbereiches etwa vorhandene Orte durch einen zwischen ihnen zu errichtenden neuen zentralen Bereich zu einer neuen Siedlungseinheit entwickelt werden, so werden sehr eingehende Marktanalysen, sowohl im Blick auf den Entwicklungsbereich selbst und das dort zu realisierende Programm, wie im Blick auf die Struktur in den bestehenden Gebieten, notwendig sein. Die hier insgesamt erforderlichen, auf die Region und auf den regionalen Zusammenhang bezogenen wirtschaftlichen Berechnungen sind außerordentlich kompliziert und im Regelfall von der Gemeinde nicht zu leisten. Ist im groben Zusammenhang erkennbar, daß in einem bestimmten Raum ein Entwicklungsbereich sinnvoll und wirtschaftlich festgesetzt werden kann, so werden für das immer weiter zu verfeinernde Programm weitere Untersuchungen erforderlich. Es sind für die in Aussicht genommenen Flächen etwa die Fragen der allgemeinen Versorgung und der Entsorgung zu prüfen, es sind die Probleme des Anschlusses des Gebietes an das überörtliche Verkehrsnetz, insbesondere auch im Blick auf den öffentlichen Nahverkehr, zu analysieren und zu bewerten. Oft werden dem Entwicklungsbereich Aufgaben zukommen, die sich aus seiner Lage in der Region herleiten und die nicht nur etwa der Erfüllung der Bedürfnisse der im Entwicklungsbereich erwarteten Bevölkerung dienen; es werden Infrastrukturmaßnahmen im Entwicklungsbereich angesetzt werden, die zur Versorgung eines auch über den Entwicklungsbereich hinausreichenden Raumes gedacht sind. Auch die aus solchen Einrichtungen hergeleiteten Belastungen sind in die Überlegungen zur Wirtschaftlichkeit der Entwicklungsmaßnahme mit

einzubeziehen. Dies gilt sowohl für Investitionskosten und daraus herzuleitende Belastungen wie für Betriebskosten als Dauerbelastung.

3.12 Wirtschaftliche Untersuchungen für den Entwicklungsbereich

Kostenschätzung

Auf der Grundlage und unter Verwertung der regionalen Erhebungen und Untersuchungen sind grobe Schätzungen für die Kosten und Finanzierungsmöglichkeiten im Entwicklungsbereich selbst aufzustellen. Für derartige Kostenschätzungen sind die Wertermittlungen als Ausgangspunkt zu berücksichtigen. Es sind die Kosten der Infrastruktur zusammenzustellen. Das gilt sowohl für den Hochbau wie für den Tiefbau und die allgemeine Versorgung. Es sind die allgemeinen Planungskosten und die Kosten der Sozialplanung überschlägig zu ermitteln, und schließlich ist es erforderlich, die vermutlich entstehenden „Betriebskosten", die die den Entwicklungsbereich verwaltende Gemeinde aufbringen muß, zu überschlagen. Es ist zu überlegen und zu prüfen, wie diese Kosten abgedeckt werden können (Finanzierungsplan).

3.13 Wertermittlung

E 10.1

Die Wertermittlung im Entwicklungsbereich ist sowohl für den Zustand der Grundstücke vor der Entwicklungsmaßnahme als auch für den Zustand der Grundstücke nach Durchführung der Entwicklungsmaßnahme vorzunehmen. Die Grundstückswerte vor der Entwicklungsmaßnahme sind mitbestimmend für die Kosten der Maßnahme; die Grundstücksneuwerte sind bedeutsam, weil die Veräußerungserlöse für die Finanzierung der Maßnahme verwendet werden.

Altwerte §§ 57, 23

Rechtsgrundlage für die Ermittlung der Altwerte ist — abgesehen vom Sonderfall des § 57 Abs. 4 — § 57 Abs. 1 Nr. 9 in Verbindung mit § 23. Danach ist der Verkehrswert zu ermitteln, der gegeben wäre, wenn eine Entwicklungsmaßnahme weder beabsichtigt noch durchgeführt würde, weil etwaige Werterhöhungen, die lediglich durch die Aussicht auf die Entwicklung, durch ihre Vorbereitung oder Durchführung eingetreten sind (vorweggenommene Entwicklungsgewinne), nicht zu berücksichtigen sind. Für die Praxis bedeutet diese Regelung, daß man die Grundstücke daraufhin untersuchen muß, welche Qualität sie vor der Entwicklungsmaßnahme und ohne eine derartige Maßnahme aufgewiesen haben bzw. aufweisen würden.

land- oder forstwirtschaftliche Grundstücke

Es kann sich um die Qualität von land- oder forstwirtschaftlich genutzten Grundstücken ohne Bauerwartung handeln, wenn die Aussicht auf eine Bebauung erstmals mit der Absicht, eine Entwicklungsmaßnahme durchzuführen, auftritt und sich diese Aussicht auf die Entwicklungsabsicht gründet. Dieser Fall kann insbesondere dann vorliegen, wenn der in Aussicht genommene Entwicklungsbereich bisher im Flächennutzungsplan (§ 5 BBauG) noch nicht als Baufläche dargestellt war. Die unerwünschten preislichen Auswirkungen eines Flächennutzungsplanes werden vermieden, wenn im Flächennutzungsplan entsprechende Gebiete ausdrücklich als künftige Entwicklungsbereiche dargestellt werden.

Bauerwartungsland oder Rohbauland

Bei den von der Entwicklungsmaßnahme betroffenen Flächen kann es sich jedoch auch bereits um Bauerwartungsland oder vereinzelt sogar um Rohbauland handeln, wenn die Flächen im Flächennutzungsplan bereits als Baufläche dargestellt oder sogar in einem Bebauungsplan als Baugebiet festgesetzt sind, oder wenn der Grundstücksmarkt im Rahmen des gewöhnlichen Geschäftsverkehrs derartige Flächen als Bauerwartungsland oder gar Rohbauland ansieht, was an Hand der Kaufpreissammlung zu untersuchen wäre.

Zusammenfassend ist also festzustellen, daß die im Entwicklungsbereich vor der Entwicklungsmaßnahme und ohne ihre Vorwirkungen gebildeten Grundstückswerte der Wertermittlung im Entwicklungsverfahren zugrunde gelegt werden müssen, eine bis dahin bereits eingetretene Wertentwicklung also nicht rückgängig gemacht werden kann. Diese Feststellung muß deswegen mit aller Deutlichkeit getroffen werden, weil man sich vom Gesetz bis in die letzte Phase der Beratung im Hinblick auf ein der Sozialbindung des Grund und Bodens adäquateres Bodenrecht erhofft hatte, daß Erwartungswerte, die nicht auf Leistungen des Grundstückseigentümers, sondern darauf beruhen, daß durch Investitionen und Leistungen der Allgemeinheit aus Ackerland höherwertiges Bauland wird, im Entwicklungsbereich nicht entschädigt werden müßten. Auch die erhoffte allgemein preisdämpfende Wirkung einer solchen Vorschrift tritt bei der jetzigen Formulierung nicht ein. Insoweit hat das Städtebauförderungsgesetz also nichts Neues gebracht. Andererseits ist nicht zu verkennen, daß das Städtebauförderungsgesetz im Entwicklungsbereich die Entschädigung unterhalb der

Vergleich StBauFG mit BBauG

Werte für Bauerwartungsland und Bauland dort festlegt, wo sich noch keine Bauerwartungs- oder Baulandwerte gebildet haben und der Sonderfall des § 57 Abs. 4 nicht gegeben ist. Dies bedeutet zwar nicht unbedingt einen Unterschied zu den Umlegungsvorschriften des Bundesbaugesetzes, aber doch einen bedeutenden Unterschied zur Praxis förmlicher Umlegungsverfahren nach dem Bundesbaugesetz, die im Regelfall die Rohbaulandqualität der Einwurfsbewertung (= Altwertermittlung) auch dann unterstellt, wenn der Grundstücksmarkt diese Entwicklungsstufe vielleicht nicht erreicht hat, und damit den Grundstücksmarkt veranlaßt, die Grundstückspreise auf Rohbaulandniveau hochzuziehen (Beeinflussung des Grundstücksmarktes durch das Verwaltungshandeln der Umlegungsstelle). Lediglich bei freiwilligen Umlegungsmaßnahmen wurde bislang versucht, Entschädigungen unterhalb des Rohbaulandwertes zu vereinbaren (so z. B. beim Stuttgarter Modell der freiwilligen Bodenordnung, siehe dazu Tesmer in ZfV 1971, 161). Jedenfalls verdeutlicht das Städtebauförderungsgesetz für den Entwicklungsbereich, daß in entsprechenden Fällen Entschädigungen unterhalb von Baulandwerten verschiedener Entwicklungsstufen nicht nur denkbar und zulässig sind, sondern daß Entschädigungen über diese Werte hinaus auch nicht vorgesehen sind, weil höhere Werte tatsächlich nicht bestehen.

§ 57 Abs. 4 verpflichtet unter bestimmten Voraussetzungen zu einem höheren Entschädigungswert. Danach ist in Gebieten, in denen sich „kein von dem innerlandwirtschaftlichen Verkehrswert abweichender Verkehrswert gebildet hat, der Wert maßgebend, der in vergleichbaren Fällen im gewöhnlichen Geschäftsverkehr auf dem allgemeinen Grundstücksmarkt dort zu erzielen wäre, wo keine Entwicklungsmaßnahmen vorgesehen sind". Diese Fassung ist mißverständlich und entspricht nicht den anerkannten Regeln und Erkenntnissen der Grundstücksbewertung. Es ist in sich widersprüchlich, wenn neben dem innerlandwirtschaftlichen Verkehrswert noch ein davon abweichender Verkehrswert bestehen soll. Es kann sich für ein Grundstück immer nur ein Verkehrswert bilden. Im übrigen ist weder der innerlandwirtschaftliche Verkehrswert definiert noch ist näher bestimmt, welche Fälle im Nichtabweichungsfall des § 57 Abs. 4 „vergleichbare Fälle" sind, nach denen die Wertermittlung dann ausgerichtet werden müßte.

vom innerlandwirtschaftlichen Verkehrswert abweichender Verkehrswert

Die Anwendung dieser Vorschrift kann überhaupt nur dort in Frage kommen, wo sich vor der und ohne die Entwicklungsmaßnahme Grundstückspreise unterhalb der Bauerwartungslandqualität gebildet haben. Nur in diesen Fällen ist die Untersuchung auf die Abweichung nach § 57 Abs. 4 notwendig.

Als innerlandwirtschaftlicher Verkehrswert dürfte ein Wert aufzufassen sein, der dem Preis entspricht, der von Land- oder Forstwirten im gewöhnlichen Geschäftsverkehr für Grundstücke im Hinblick auf eine dauernde land- oder forstwirtschaftliche Nutzung gezahlt wird und nicht durch die Erwartung einer anderweitigen Nutzung oder durch sonstige außergewöhnliche Umstände beeinflußt ist. Der sogenannte innerlandwirtschaftliche Verkehrswert dürfte dem land- oder forstwirtschaftlichen Ertragswert entsprechen; er muß zumindest in der Nähe dieses Wertes liegen.

innerlandwirtschaftlicher Verkehrswert

Überall dort, wo sich bereits von diesem Wert abweichende Verkehrswerte gebildet haben, ist die Anwendung der Sonderbestimmung des § 57 Abs. 4 ausgeschlossen. Das ist insbesondere in den Gebieten der Fall, in denen für land- oder forstwirtschaftlich genutzte Grundstücke ohne Bauerwartung bereits Preise bezahlt werden, die ein Mehrfaches des land- und forstwirtschaftlichen Ertragswertes betragen, ohne daß für derartige Grundstücke eine qualifizierte, meistens nicht einmal eine lose Bauerwartung besteht. Die Anwendung der Sonderwertfestsetzung des § 57 Abs. 4 ist auch dort ausgeschlossen, wo Land- und Forstwirte vom land- und forstwirtschaftlichen Ertragswert und damit vom sogenannten innerlandwirtschaftlichen Verkehrswert abweichen und im Regelfall den vom innerlandwirtschaftlichen Verkehrswert abweichenden Verkehrswert bezahlen. In diesem Zusammenhang ist der Hinweis des OLG München in einem Urteil von 1969 — W XV 2/66 — von Bedeutung, daß im Ausstrahlungsgebiet von Großstädten sich die Preise im rein landwirtschaftlichen Grundstücksverkehr nicht mehr an den Ertragswerten, sondern an den Verkehrswerten ausrichten, die oft ein Vielfaches des Ertragswertes betragen (vgl. Müthling, BlGBW 1971, 148). Auch für diesen Fall, in dem der sogenannte innerlandwirtschaftliche Verkehrswert seine Bedeutung für den Grundstücksmarkt verloren hat — vermutlich in allen Verdichtungsgebieten —, ist für die Bewertung davon auszugehen, daß sich ein vom innerlandwirtschaftlichen Verkehrswert abweichender Verkehrswert gebildet hat.

kein vom innerlandwirtschaftlichen Verkehrswert abweichender Verkehrswert

Eine besondere Wertfestsetzung nach § 57 Abs. 4 dürfte nur in den im Regelfall unterstrukturierten Gebieten mit geringer Wohnsiedlungstätigkeit gegeben sein, in denen heute noch die land- und forstwirtschaftlichen Ertragswerte weitgehend den Verkehrswert der land- oder forstwirtschaftlich genutzten Grundstücke ohne Bauerwartung bestimmen. In diesen Fällen ist nicht auf diesen Verkehrswert, sondern auf die sogenannten vergleichbaren Fälle ohne Entwicklungsmaßnahme abzuheben. Als

vergleichbare Gebiete

vergleichbare Gebiete sind dabei wohl Gebiete mit einer dem zu bewertenden Gebiet vergleichbaren Struktur anzusehen, in denen Grundstücke an Nichtlandwirte veräußert worden sind. Bei Heranziehung dieser Kaufpreise sind jedoch die Preise insoweit nicht zu berücksichtigen, als sie durch die Erwartung einer baulichen oder gewerblichen Nutzbarkeit beeinflußt worden sind. Dem Bericht des Bundestagsausschusses für Städtebau und Wohnungswesen (zu BT-Drucksache VI/2204; zu § 57) ist zu entnehmen, daß für den Fall des § 57 Abs. 4 nicht der innerlandwirtschaftliche Verkehrswert maßgebend sein soll, aber auch nicht der Verkehrswert für vergleichbares Bauerwartungsland. Der Gesetzgeber hat vielmehr an einen Preis gedacht, der über dem innerlandwirtschaftlichen Verkehrswert, jedoch unterhalb der Bauerwartungslandebene liegt. Für diese Wertbemessung kann Anhalt sein, was Nichtlandwirte für land- oder forstwirtschaftlich genutzte Grundstücke ohne qualifizierte Bauerwartung bezahlen.

in der Praxis vorkommende Fälle

In der Praxis wird man je nach Lage des Falles mit folgenden Grundstückswerten zu tun haben, wenn es um die Altwertermittlung geht:

Grundstücksqualität im Entwicklungsbereich vor der Entwicklungsmaßnahme	zu ermittelnde Altwerte	Rechtliche Einordnung des Wertermittlungsfalles
Baureifes Land	Verkehrswert für baureifes Land	§§ 57 Abs. 1, 23
Rohbauland	Verkehrswert für Rohbauland	§§ 57 Abs. 1, 23
Bauerwartungsland	Verkehrswert für Bauerwartungsland	§§ 57 Abs. 1, 23
Ackerland ohne Bauerwartung, das mit dem Mehrfachen des landwirtschaftlichen Ertragswertes gehandelt wird	Verkehrswert für Ackerland ohne Bauerwartung	§§ 57 Abs. 1, 23
Ackerland ohne Bauerwartung, das entsprechend dem landwirtschaftlichen Ertragswert bzw. innerlandwirtschaftlichen Verkehrswert gehandelt wird	Wert nach Preisen für Ackerland ohne Bauerwartung, die von Nichtlandwirten bezahlt werden	§ 57 Abs. 4

Vieles spricht dafür, daß das Vorsehen einer Entwicklungsmaßnahme im Sinne des § 57 Abs. 4 nicht nur das Vorbereiten einer formellen Entwicklungsmaßnahme umfaßt, sondern daß damit alle Entwicklungen im Sinne des § 1 Abs. 3 gemeint sind — auch wenn sie vor dem 1. 8. 1971 eingeleitet wurden. Das gebietet schon der Gleichheitsgrundsatz.

Preisvergleich

Entsprechend der maßgebenden Grundstücksqualität sind die Grundstückswerte durch Preisvergleich zu ermitteln. Es handelt sich in der Praxis in erster Linie um die Wertermittlung für land- und forstwirtschaftlich genutzte Grundstücke, teilweise im Stadium des werdenden Baulandes. Auf die Ausführungen zum Vergleichswertverfahren bei der Wertermittlung (Altwerte) für Sanierungsmaßnahmen wird verwiesen (vgl. Seite 51 ff.).

Die Ermittlung der Neuwerte ist erforderlich im Blick auf die bei der Reprivatisierung zu erzielenden Kaufpreise. Rechtsgrundlage für die Ermittlung der Neuwerte sind § 54 Abs. 3 Satz 5 in Verbindung mit § 41 Abs. 5 Satz 1 sowie § 59 Abs. 5 Satz 1. Das bedeutet die Ermittlung des Verkehrswertes nach dem Zustand der Grundstücke, der sich aus der rechtlichen und tatsächlichen Neuordnung des Entwicklungsbereichs ergibt. Gegenüber der Neuwertermittlung bei Sanierungsmaßnahmen treten keine besonderen Probleme auf. Daher kann auf diese Ausführungen verwiesen werden (vgl. Seite 81 ff.).

Neuwerte §§ 54, 59

3.2 Technische Voruntersuchungen

Bei einer Entwicklungsmaßnahme muß die Struktur der ganzen Umgebung untersucht werden, und zwar die Wirtschaftsstruktur, die technische Struktur und die soziologische Struktur, die sich durch die gegenseitige Beeinflussung und Abhängigkeit nicht klar voneinander trennen lassen. Gutachten über die Zukunft der Region werden entscheidende Bedeutung haben, wobei vor allem das Maß interessant ist, in dem sich die Entwicklung von Region und Entwicklungsmaßnahme gegenseitig positiv beeinflussen können. Die Daten aus dieser Arbeit werden Standortwahl, Abgrenzung, sowie Art und Maß der Nutzung für die Entwicklungsmaßnahme beeinflussen und eine optimale Einfügung und Verflechtung von Entwicklungsmaßnahme und umgebendem Bereich ermöglichen. Insbesondere wird die besondere Aufgabe der Maßnahme zu definieren sein — ob es sich um eine mehr oder weniger monofunktionale Maßnahme oder um ein Gebiet mit weitergehender ökonomischer und sozialer Selbständigkeit handelt.

E 10.2

Im Rahmen der technischen Untersuchungen für eine Entwicklungsmaßnahme müssen der Zustand im Entwicklungsbereich, vorhandene technische Mißstände und die Qualität möglicher Standorte untersucht, und geprüft werden, welche technischen Tatbestände eine Entwicklungsmaßnahme notwendig und sinnvoll machen, und welche technischen Voraussetzungen dafür gegeben sind. Dazu sind folgende Bereiche zu erfassen:

3.21 Natürliche Gegebenheiten
▶ Geologischer Aufbau (Bebaubarkeit)
▶ Topographie (Hänge, Orientierung)
▶ Grundwasser
▶ Klima
▶ Flora und Fauna (landw. Nutzbarkeit beachten!)

Es muß beachtet werden, daß bebaubare Flächen groß genug sind. Ihr Wert ist zu erheben. Möglichen Gefährdungen durch Erdbeben, Stürme, Steinschläge, Überschwemmungen und vor allem die Umweltverschmutzung ist größte Aufmerksamkeit zu schenken.

3.22 Verkehrserschließung
▶ Straßennetz
▶ Schienennetz
▶ Anbindung an Fernverkehrsnetz
▶ Flughäfen
▶ Besondere Bedeutung ist den öffentlichen Verkehrsmitteln zuzumessen.

3.23 Ver- und Entsorgung
▶ Energieversorgung
  Strom (Licht- und Kraftstrom)
  Gas (Erdgas)
▶ Wasserversorgung
▶ Abwasserbeseitigung
▶ Müllbeseitigung

Zu prüfen ist besonders, ob nur mit Strom, nicht auch mit Gas versorgt werden soll, und ob eine zentrale Heizungsanlage vorgesehen werden kann.

3.24 Folgeeinrichtungen

Es muß untersucht werden, welche Gemeingebrauchs- und Gemeinbedarfseinrichtungen mit welchen Qualitäten am Ort oder in der Nähe erreichbar vorhanden sind und welche geplant werden müssen, wobei die Bereiche zu beachten sind, die mitversorgt werden sollen. Zu diesen Einrichtungen gehören Spiel-, Sport- und Erholungsanlagen, Handels-, Handwerks- und Dienstleistungseinrichtungen sowie alle sozial-kulturellen und sonstigen öffentlichen Einrichtungen.

3.25 Erwerbsmöglichkeiten
Die Gewerbe- und Industriestruktur muß untersucht werden. Dazu müssen alle Unternehmen erfaßt und ihre Entwicklung ebenso wie die der Gesamtstruktur beurteilt werden. Es muß ermittelt werden, welches Angebot an Arbeitsplätzen in welcher Entfernung bei welcher Erreichbarkeit zur Verfügung steht. Für die Planung ist festzustellen, wo für eine gesunde Industriestruktur und ein gutes Angebot an Arbeitsplätzen welche Betriebe und Einrichtungen anzusiedeln sind, damit die Gesamtfunktion des Gebietes optimal gefördert wird.

3.26 Erholungsgebiete
Es muß ermittelt werden, welche Naherholungsplätze zur Verfügung stehen, welche Möglichkeiten sie bieten, welche Qualitäten sie haben, wie sie erreichbar sind und welche Maßnahmen zur Entwicklung erforderlich sind.

E 10.3
3.3 Soziologische Voruntersuchungen
Soziologische Voruntersuchungen müssen — analog zu den anderen Untersuchungsbereichen — sowohl das zukünftige Entwicklungsgebiet als auch den regionalen Verflechtungsbereich erfassen. Dabei wird die Datenerhebung aus dem Entwicklungsgebiet den kleinsten Raum einnehmen. Auch können nur in diesem Gebiet Individualdaten erhoben werden. Allen anderen Daten, die über die statistischen Ämter der Stadt oder des Landes beschafft werden können, liegt eine großräumigere Gliederung zugrunde. In vielen Fällen wird es auch erforderlich sein, eine gezielte Datenerhebung durchzuführen, so z. B. über soziale, wirtschaftliche und kulturelle Verflechtungen.

3.31 Sozialdaten für die Aufstellung eines Sozialplans
Individualdaten Für die Aufstellung eines Sozialplans werden Individualdaten von jedem im Entwicklungsbereich Wohnenden und Arbeitenden benötigt. Es handelt sich hierbei um die gleichen Kategorien, die auch im Rahmen einer Sanierungsmaßnahme benötigt werden. Darüber hinaus muß die Gemeinde mit den Betroffenen Gespräche über ihre Wünsche und Zielvorstellungen hinsichtlich eventuell notwendiger Umsetzungen oder ihrer voraussichtlichen Beteiligung an späteren Baumaßnahmen führen.

Betroffene Betroffen im Sinne der §§ 4 Abs. 2 und 8 Abs. 2 sind im Entwicklungsbereich nicht nur die im Gebiet Ansässigen, sondern auch möglicherweise — das ist zu untersuchen — die in benachbarten Gebieten Ansässigen. Betroffen sind vornehmlich auch die künftigen Bewohner und Nutzer des Entwicklungsbereichs. Werden durch eine Entwicklungsmaßnahme aber zwei Dörfer mit insgesamt 3 000 Einwohnern zu einer neuen Siedlungseinheit mit 15 000 Einwohnern entwickelt, so werden die 3 000 Alteingesessenen von der Entwicklungsmaßnahme in all ihren Lebensverhältnissen direkt betroffen.

3.32 Standortqualitäten der Region
Bei der Erarbeitung der Entwicklungskonzepte müssen als wesentliche Faktoren die bestehenden Standortqualitäten der Region berücksichtigt werden und zwar im Hinblick auf die Attraktivität des Gebiets als Wohnort und/oder als Standort für neue Industrien. Die Analyse der Standortqualitäten muß grundsätzlich beide Bereiche berücksichtigen. Der Schwerpunkt kann jedoch aus folgenden Gründen auf der Analyse des Wohnstandorts liegen: Immer weniger Industrien sind an klassische Standorte gebunden, deshalb hängen Entscheidungen über eine Industrieansiedlung in immer größerem Maße von der Attraktivität des Gebietes als Wohnort ab.

Beurteilung der Standortqualität Für die Beurteilung von Standortqualitäten können z. B. die Bevölkerungswanderung, die Entwicklung der Alters- und Sozialstruktur, das Ausmaß der überregionalen Verflechtungen als Indikatoren herangezogen werden. Diese wiederum hängen insbesondere von den nachstehenden Faktoren ab:
▶ Möglichkeiten für die Freizeitgestaltung, Naherholung
▶ Verkehrserschließung
▶ Angebot an Arbeitsplätzen

▶ Siedlungsdichte
▶ Angebot an kulturellen Einrichtungen
▶ Bildungsangebot

3.33 Sozialstruktur der Region
Daten über die bestehende Sozialstruktur der Region sind ebenfalls ein wesentlicher Orientierungsfaktor für die Aufstellung des Programms. In diesem Zusammenhang müssen Daten der Altersstruktur und Sozialschichtung, aber auch über die Bevölkerungsentwicklung erhoben werden. Wanderungsdaten sind auf folgende Aspekte hin zu analysieren: Alters- und Berufsgruppen, die Richtung der Wanderung und, soweit möglich, die Motive für Ab- und Zuwanderungen.

3.34 Soziale und kulturelle Verflechtungsbereiche
In dieser Kategorie werden Austauschbeziehungen des Entwicklungsbereichs mit regionalen Schwerpunkten analysiert. Aus der Breite der Pendlerströme (Berufspendler, Schüler, „Kulturpendler") läßt sich der im Gebiet nicht befriedigte oder nicht zu befriedigende Bedarf ablesen, das Ausmaß der Verflechtung wird erkennbar und kann bewertet werden. Diese Daten sind für das Programm des Entwicklungsbereichs wichtig.

3.35 Heranziehung von Vergleichsdaten entsprechender Regionen für Prognosen
Aus den Ergebnissen der Untersuchungen in den Erhebungsbereichen lassen sich weitere Entwicklungen teilweise vorausschätzen, wenn der zugrunde gelegte Zeitraum groß genug gewählt wurde. Prognosen lassen sich jedoch wesentlich dadurch verbessern, daß entsprechende Vergleichsdaten aus anderen Entwicklungsbereichen herangezogen werden.

3.4 Begrenzung des Untersuchungsgebietes
Wenn besondere funktionale Ziele der Entwicklung zu Grunde liegen, kann die Untersuchung entsprechend eingeschränkt werden. Wenn verschiedene Standorte für die Entwicklungsmaßnahme in Frage kommen, müssen diese Untersuchungen für jeden Standort durchgeführt werden. Dabei ist zu prüfen, inwieweit die regionalen Zielvorstellungen erreicht werden. Die Untersuchungsergebnisse müssen so transparent und bewertbar dargestellt werden, daß eine Optimierung möglich ist, um den geeignetsten Standort zu finden.

Die Voruntersuchungen werden im Blick auf die Begrenzung des Entwicklungsgebietes besonders sorgfältig zu führen und nachzuweisen sein, denn die Begrenzung der Gebiete wird häufig Anlaß zu Interessenkollision und Rechtsstreit sein. Die Änderung der Begrenzung des Gebietes andererseits ist sicher nur schwer erreichbar; es würde darüber hinaus deutlich, daß die Voruntersuchungen nicht sorgfältig genug geführt wurden.

3.5 Entscheidung zur Weiterbearbeitung   E 11
Die Ergebnisse der vorbereitenden Untersuchungen sind Grundlage der Entscheidung darüber, ob eine Entwicklungsmaßnahme notwendig und sinnvoll ist. Insbesondere muß sich aus dieser Untersuchung ergeben, daß das Wohl der Allgemeinheit die Durchführung der Entwicklungsmaßnahme nach diesem Gesetz erfordert. Ob sie auch durchgeführt werden kann, muß mit Hilfe von Entwicklungskonzepten und Realisierungsmodellen weiter geprüft werden.

4. Entwicklungskonzepte

4.1 Zweck, Umfang und Erarbeitung der Entwicklungskonzepte
Auf die Notwendigkeit, Entwicklungskonzepte — bestehend aus Planvorstellungen   E 12
und zugehörigen Realisierungsmodellen — schon vor der förmlichen Festlegung zu erarbeiten, wurde bereits hingewiesen. Mit ihrer Hilfe kann nachgewiesen werden, daß eine Entwicklungsmaßnahme nicht nur erforderlich und sinnvoll, sondern auch durchführbar ist. Entwicklungskonzepte sollen verschiedenartige, in einem Gebiet realisierbare Durchführungsmöglichkeiten aufzeigen. Dazu werden unter Berücksichtigung der Planungsgrundlagen, Planungshinweise und Zielvorstellungen aus den Voruntersuchungen alternative Entwicklungskonzepte erarbeitet. Diese groben Plan-

E 12.1–4 vorstellungen mit zugehörigen Sozialplanungen, Rechtsmodellen und Überlegungen zur Wirtschaftlichkeit sind für Diskussionen und Verhandlungen mit den Gemeinden und allen Beteiligten, Betroffenen und Interessenten unbedingt erforderlich.

Auch Überlegungen über eine mögliche Förderung setzen bereits Planvorstellungen voraus, denn in der Regel werden Zusagen erst gegeben, wenn anhand von vorgelegten Plänen, Wirtschaftlichkeitsberechnungen usw. belegt werden kann, daß eine Sanierung sinnvoll und durchführbar ist.

Partizipation Öffentlichkeitsarbeit und Partizipation der Beteiligten und Betroffenen durch öffentliche Diskussion von Plänen und Modellen erweist sich oft als problematisch. Zum einen wollen die zu Beteiligenden von Anfang an Möglichkeiten der Bebauung erläutert bekommen, was ohne Pläne kaum möglich ist, und Auskunft über Kosten usw. erhalten, die nur auf der Grundlage dieser Projekte zu erarbeiten sind. Zum anderen aber sind viele Menschen, wenn man ihnen Entwicklungskonzepte vorlegt, kaum zu überzeugen, daß diese Pläne noch nicht endgültige Projekte darstellen, und die Entwicklungsmaßnahme ganz anders durchgeführt werden kann. Die Verbitterung darüber, scheinbar nicht nach Wünschen und Vorstellungen befragt worden zu sein, wird dann rasch Antipathien gegen das Projekt erwecken und sachliche Diskussionen erschweren. Hier hat sich die Erarbeitung mehrerer alternativer Entwicklungskonzepte sehr bewährt. Sie macht eher glaubhaft, daß die alternativen Planungen nur die verschiedenen Möglichkeiten aufzeigen und als Verhandlungsgrundlage dienen sollen.

Alternativen

Für die Entwicklungskonzepte sind keine detaillierten Programme notwendig. Diese sollen erst bei der weiteren Planung aus den Diskussionen über die Neuordnungskonzepte und nach eingehenden Verhandlungen mit den Gemeinden, den Eigentümern und den künftigen Nutzern erarbeitet werden. Als Grundlage für die Entwicklungskonzepte genügen die Handlungsanweisungen und Zielvorstellungen, die durch die Raumordnung und Landesplanung gegeben oder Ergebnisse der Voruntersuchung sind.

Entwicklungskonzepte bestehen aus Planvorstellungen, den zugehörigen Sozialplanungen, Rechtsmodellen für die Durchführung und Wirtschaftlichkeitsberechnungen, jeweils auf den Zweck der Entwicklungsmaßnahme bezogen und im einzelnen begründet und belegt.

4.2 Städtebauliche Planvorstellungen

E 12.1 Planvorstellungen Planvorstellungen sind erste, noch ganz grobe Vorentwürfe, etwa Pläne im Maßstab 1 : 2500. Es sollen zumindest so viele Varianten erarbeitet werden, wie die Voruntersuchungen sinnvolle, sich aber in wesentlichen Punkten unterscheidende Durchführungsmöglichkeiten aufzeigen.

Um sie als Informations- und Diskussionsgrundlage verwenden und vor allem, um den Entwicklungsbereich abgrenzen zu können, muß die Realisierbarkeit überprüft und die Qualität bewertbar gemacht werden. Wie bereits beschrieben, sollen diese Entwürfe nur soweit ausgearbeitet werden, wie es unbedingt erforderlich ist. Sie sollten aber immerhin so detailliert sein, daß Grundkonzeption und Qualität klar zu erkennen sind, alle Funktionen innerhalb der Baumaßnahmen kontrolliert, die richtige Einfügung in die Umgebung nachgewiesen und die Kosten abgeschätzt werden können und es möglich ist, den Eigentümern sowie künftigen Bewohnern und Nutzern ihre Möglichkeiten bei dem Projekt ausreichend zu demonstrieren. Dazu ist ein städtebaulicher Vorentwurf erforderlich, der für die wichtigsten Bereiche zumindest im Maßstab 1 : 2500 mit Lageplänen, Funktionsschemaplan, Modellen usw. anzufertigen ist, um Funktionsabläufe, Flächennutzungen, Verkehrsführungen sowie Ver- und Entsorgung darstellen zu können. Die Einfügung der Plankonzepte in die Stadtstruktur muß untersucht und beurteilbar gemacht werden. Ebenso müssen die Projekte auf die Orts- und Regionalplanung und die Agrarstrukturplanung abgestimmt werden, um sicherzustellen, daß sie auch die Ziele der Raumordnung und Landesplanung erfüllen, die Entwicklung der Region fördern und mit der Gesamtentwicklung in Einklang stehen, ohne irgendwelche Bereiche negativ zu beeinflussen. In § 64 hat der Gesetzgeber festgelegt, daß den Belangen der Landwirtschaft besondere Aufmerksamkeit geschenkt werden soll. Es ist daher notwendig, Entwicklungskonzepte auf Agrarstrukturplanungen abzustimmen und Stellungnahmen der oberen Flurbereinigungsbehörde einzuholen.

E 12.11
E 12.12
E 12.13

§ 64

4.3 Sozialplanung

Der Beitrag, der Sozialplanung bei der Entwicklung alternativer Konzepte liefert, unterscheidet sich in seinem Stellenwert grundsätzlich nicht von ihrem Beitrag im Rahmen einer Sanierungsmaßnahme. Die allgemeinen Aussagen, die im Ersten Teil, Seite 67 ff. gemacht werden, gelten auch für Sozialplanung im Rahmen von Entwicklungsmaßnahmen, in diesem Zusammenhang findet jedoch eine wesentliche Schwerpunktverlagerung statt. Während Sozialplanung bei einer Sanierung in erster Linie Instrument zur Vermeidung sozialer Härten war, geht es hier im wesentlichen um den Beitrag, den Sozialplanung zur Schaffung optimaler Lebensbedingungen für alle von der Entwicklungsmaßnahme Betroffenen leisten kann, das heißt auch für die künftigen Bewohner und für die in der Region Ansässigen.

Sozialplanung zur Schaffung optimaler Lebensbedingungen

Da das Entwicklungsziel (§ 1 Abs. 3) gewissermaßen von außen, nämlich im Rahmen der Zielplanung für einen größeren Planungsbereich (Landes-, Regional-, Bereichs- und Stadtentwicklungspläne) für das Entwicklungsgebiet definiert wird, kann sich auch der Planungsbereich der Sozialplanung nicht allein auf das Entwicklungsgebiet beschränken. In die Planung der funktionalen Ausgestaltung dieses Gebietes müssen weitere Gebiete entsprechend den übergeordneten Zielrichtungen einbezogen werden.

Fälle problembehafteter Umsetzungen sowie die Notwendigkeit eines Härteausgleichs werden relativ selten sein, da die Bevölkerungsdichte im zukünftigen Entwicklungsgebiet in der Regel gering ist. Größere Probleme können auftreten, wenn für landwirtschaftliche Betriebe entsprechendes Ersatzland beschafft werden muß, sowie bei notwendigen Umsetzungen von Betrieben. Die sozialbetreuerische Funktion der Sozialplanung wird sich deshalb schwerpunktmäßig auf die zukünftig im Gebiet Wohnenden und Arbeitenden beziehen.

4.31 Entwicklung von Zielvorstellungen hinsichtlich der zukünftigen Sozialstruktur des Gebietes

Als Richtlinien für die Entwicklung von Zielvorstellungen hinsichtlich der zukünftigen Sozialstruktur müssen übergeordnete Entwicklungspläne zugrunde gelegt werden. Aus diesen läßt sich unter anderem ableiten, welcher direkte Bedarf durch andere Maßnahmen, z. B. die Erschließung von Industriegebieten, umfangreichen Sanierungsmaßnahmen, Zusammenschluß mehrerer Gemeinden, entstehen wird.

Dient eine Entwicklungsmaßnahme beispielsweise der Strukturverbesserung in den hinter der allgemeinen Entwicklung zurückgebliebenen Gebieten, so wird es vor allem darum gehen, etwa durch die Schaffung von Arbeitsplätzen zu einer zweckmäßigen Sozialstruktur (auch hinsichtlich der Alters- und Sozialschichtung) zu gelangen. Kriterien liefern darüberhinaus Richtung und Ausmaß von Wanderungs- und täglichen Pendlerbewegungen. Alle diese Faktoren zeigen, daß bei Entwicklungsmaßnahmen die Planung der zukünftigen Sozialstruktur notwendige Ausgleichsfunktionen zu bedenken hat.

4.32 Die funktionale Ausgestaltung des Gebietes

Bei Überlegungen über die funktionale Ausgestaltung des Entwicklungsgebietes sollte im wesentlichen von zwei Fragen ausgegangen werden:
▶ Welches Ziel (gemäß § 1 Abs. 3) soll mit der Entwicklungsmaßnahme erreicht werden, und welche direkten Anforderungen folgen aus der Art des Entwicklungszieles?
▶ Welcher Verflechtungsgrad mit den angrenzenden Bereichen kann und soll erreicht werden?

Aus beiden Faktoren läßt sich ableiten, ob sich die funktionale Ausgestaltung schwerpunktmäßig aus dem Eigenbedarf des Entwicklungsgebietes ergibt (z. B. bei der Planung einer Trabantenstadt), oder ob in erster Linie Bedürfnisse eines größeren Einzugsbereiches gedeckt werden müssen (z. B. mit der Planung eines neuen Zentrums nach dem Zusammenschluß mehrerer Gemeinden).

Hier können — bei der Vielfalt der Möglichkeiten — nicht alle Fälle analysiert werden. Deshalb seien nur einige Bereiche angesprochen, die bei der funktionalen Ausgestaltung berücksichtigt werden müssen:
▶ die Mischung von Wohn- und Arbeitsbereichen;
▶ der Bedarf an privaten und öffentlichen Versorgungs- und Dienstleistungseinrichtungen, an Einrichtungen des Gesundheitswesens, der Bildung und Kultur;

▶ der Bedarf an Freizeit- und Erholungseinrichtungen;
▶ die Verkehrserschließung.

4.33 Auswirkungen der Sozialplanung auf die Region

Neben dem Beitrag zu dem übergeordneten Ziel einer allgemeinen Strukturverbesserung im regionalen Bereich kann der Anteil der Sozialplanung insbesondere im Hinblick auf die Steigerung der Attraktivität dieses Gebietes bedeutsam werden. Die genannten Maßnahmen sollen die Standortqualität für den Wohn- und Arbeitsbereich verbessern. Darüberhinaus lassen sich günstige Auswirkungen für bestimmte Wirtschaftszweige, wie z. B. dem Fremdenverkehr ableiten. Der Erfolg der Maßnahmen wird deshalb an verstärkten Zuwanderungen der Wohnbevölkerung, weiteren Industrieansiedlungen, einem stärkeren Touristenstrom ablesbar sein.

Verbesserung der Standortqualität

4.34 Öffentlichkeitsarbeit

Die Planung von Entwicklungsmaßnahmen kann nicht isoliert von der Öffentlichkeit erfolgen. Öffentlichkeitsarbeit muß deshalb mit der Information aller Beteiligten über die Zielvorstellungen der übergeordneten Entwicklungspläne begonnen werden. Sobald sich nach dem Stand der Entwicklung eine Zielgruppe definieren läßt (z. B. bei Ortskernplanungen die Bewohner der zusammengeschlossenen Gemeinden), sollte diese über alle Konzeptionen informiert und zu aktiver Mitarbeit aufgefordert werden. Denkbar ist auch die Bildung einer Arbeitsgruppe, der neben Vertretern der Zielgruppen erfahrene Entwicklungsplaner und Bewohner anderer, neuerer, vergleichbarer Objekte angehören. Erfahrungen aus anderen Entwicklungen können so direkt in die Planung eingehen.

4.4 Rechtsmodelle — Eigentumsformen

E 12.3

Nach der allgemeinen Vorschrift des § 1 Abs. 6 sollen bei Entwicklungsmaßnahmen Grundeigentum, grundstücksgleiche Rechte, Rechte nach dem Wohnungseigentumsgesetz, sonstige dingliche Rechte oder Anteilsrechte für weite Kreise der Bevölkerung begründet werden. Die Forderung auf Berücksichtigung weiter Kreise der Bevölkerung wird in § 59 wiederholt, gleichzeitig aber durch die Einbeziehung der Vorschriften in § 25 Abs. 3 wieder eingeschränkt. Die breiteste Streuung des Eigentums wäre nämlich durch Immobilienfonds möglich. Diese rangieren aber in der zwar nicht verbindlichen, aber doch nach dem Willen des Gesetzgebers anzustrebenden Rangfolge an letzter Stelle.

Bei der Auswahl der Eigentumsformen ist zu beachten, daß nach Möglichkeit
▶ Grundstückseigentum oder
▶ Miteigentum an einem Grundstück, Erbbaurechte und Raumeigentum

zu veräußern oder zu verschaffen sind, und daß erst in zweiter Linie die Verschaffung mittelbaren Eigentums auf dem Umweg über eine

▶ juristische Person, an der die Eigentümer überwiegend beteiligt sind,

oder über einen

▶ Immobilienfonds

in Betracht gezogen werden soll.

Wie bei einem Sanierungsverfahren, so besteht auch bei einem Entwicklungsverfahren kein klagbarer Anspruch der Alteigentümer auf Zuteilung von Eigentum in einer bestimmten Rechtsform. Da aber Entwicklungsmaßnahmen gegenüber Sanierungsmaßnahmen in der Regel größere Gebiete umfassen, ist es weder notwendig noch zweckmäßig, für das gesamte Gebiet dieselbe Eigentumsregelung vorzusehen. Bauwilligen Alteigentümern kann in der Regel Alleineigentum an einem Grundstück zugeteilt werden. Reichen die Mittel des Alteigentümers für eine selbständige Bebauung nicht aus, so kann die Gemeinde dem Alteigentümer Raumeigentum verschaffen. Sie veräußert zu diesem Zweck ein für ein mehrgeschossiges Gebäude vorgesehenes Grundstück an ein Wohnungsunternehmen, das Raumeigentum begründet und dem Alteigentümer vorrangig zum Kauf anbietet. Bei der Veräußerung des Grundstücks an das Wohnungsunternehmen sollten zweckmäßigerweise entsprechende vertragliche Vereinbarungen getroffen und durch Rücktrittsrecht, Wiederkaufsrecht, Vertragsstrafe oder ähnliches gesichert werden.

Die Wünsche der Alteigentümer werden von der Gemeinde bereits bei den Grundstücksverkaufsverhandlungen festgestellt und bei der Bauleitplanung nach Möglichkeit berücksichtigt. Sind Teile des Entwicklungsbereichs nach dem formulierten Entwicklungszweck für sozialen, öffentlich geförderten Wohnungsbau vorgesehen, so sind dafür besondere Modelle und Vertragsmuster zu überlegen. In der Eigentumsregelung für die nicht zu reprivatisierenden Grundstücke hat die Gemeinde dann einen gewissen Spielraum. Sie kann Erbbaurechte begründen und diese an Bauwillige veräußern – die Gemeinde sollte die Möglichkeit immer ernsthaft prüfen –, kann Grundstücke oder Erbbaurechte an Wohnungsunternehmen veräußern und diese verpflichten, Raumeigentum zu begründen und zu veräußern, sie kann eine Immobilienfonds-Gesellschaft einschalten. Nur eines soll sie nicht: Grundstücke an einzelne Kapitalanleger veräußern, die Mietwohnungen erstellen. Wenn aus soziologischen, wirtschaftlichen oder wohnungspolitischen Gründen eine Mischung angebracht ist oder Mietwohnungen dringend benötigt werden und eine Immobilienfonds-Gesellschaft zu einem Engagement nicht gewonnen werden kann, bestehen keine Bedenken, auch einzelne Kapitalanleger bei der Privatisierung zu berücksichtigen.

4.5 Überlegungen zur Wirtschaftlichkeit

4.51 Überschlägige Kosten- und Ertragsschätzungen

Während sich bei Sanierungsmaßnahmen die Kosten- und Ertragsschätzungen in der Regel auch auf die Durchführung der Baumaßnahmen und deren nachhaltigen Ertrag erstrecken müssen, sind bei Entwicklungsmaßnahmen im wesentlichen nur die einmaligen Kosten und Erträge der Maßnahme selbst zu ermitteln. Es handelt sich also überwiegend um eine Gegenüberstellung von einmaligen Einnahmen und Ausgaben.

Als Kostenfaktoren (Ausgaben) sind zu erfassen: **Kostenfaktoren**
- Kosten der vorbereitenden Untersuchungen
- Kosten eines Entwicklungsträgers
- Kosten der Bauleitplanung
- Kosten des Grunderwerbs
- Kosten der Erschließung
- Herstellungskosten der Gemeinbedarfs- und Folgeeinrichtungen
- laufende Aufwendungen für Gemeinbedarfs- und Folgeeinrichtungen, z. B. für Unterhaltung von Straßen, Grünflächen, Schulen, Krankenhäusern, Kindergärten, Nahverkehrsunternehmen.

Diese Kosten werden finanziert durch folgende Einnahmen:
- Erlös aus dem Verkauf der neu gebildeten Baugrundstücke zu dem infolge der Entwicklungsmaßnahme höheren Verkehrswert
- Entwicklungsförderungsmittel des Bundes und des jeweiligen Landes
- Erschließungskostenbeiträge der Käufer gemäß BBauG
- laufende Einnahmen aus dem Betrieb von Gemeinbedarfs- und Folgeeinrichtungen, z. B. Beförderungsentgelte für Nahverkehrsmittel, Müllabfuhrgebühren, Kindergartenbeiträge der Eltern, Strom- und Wassergebühren usw.

4.52 Finanzierung

Die Finanzierung der Entwicklungsmaßnahme soll im wesentlichen aus dem der Gemeinde beim Verkauf der Grundstücke zufließenden Planungsgewinn, nämlich der Differenz zwischen Einkaufs- und Verkaufspreis, erfolgen. Soweit dieser Überschuß zur Finanzierung der Gemeinbedarfs- und Folgeeinrichtungen nicht ausreicht, können Entwicklungsförderungsmittel beantragt werden.

Für Entwicklungsförderungsmittel gelten im wesentlichen dieselben Vorschriften, wie für Sanierungsförderungsmittel. Sie werden der Gemeinde vom Land bzw. der vom Land bestimmten Stelle zur Deckung der Kosten der Vorbereitung und Durchführung der Maßnahmen einschließlich der durch sie bedingten Folgeeinrichtungen bewilligt. Die Mittel können als Darlehen oder Zuschuß, auch zur Vor- oder Zwischenfinanzierung gewährt werden. Gegebenenfalls kann die Zweckbestimmung auch später erfolgen. Da für den Einsatz der Entwicklungsförderungsmittel dieselben Grundsätze anzuwenden sind, wie bei der Finanzierung der Sanierung, kann auf die Ausführungen auf Seite 85 ff. und die Vorschriften § 39 Abs. 2–5, §§ 40, 43–47 und 49 verwiesen werden. Zu beachten ist, daß nach § 58 auch Gemeinbedarfs- und Folgeeinrichtungen vom Bund gefördert werden können.

Die für die Sanierung geltenden Abgaben und steuerrechtlichen Vorschriften (§§ 76 ff) sind für Entwicklungsmaßnahmen ebenfalls im vollen Umfang anzuwenden. Auf die Ausführungen Seite 78 ff. kann deshalb verwiesen werden.

4.6 Konzepte für die Verwaltungseinteilung

Bei Entwicklungsmaßnahmen sind insbesondere dann, wenn neue Orte geschaffen oder vorhandene Orte zu neuen Siedlungseinheiten entwickelt werden (§ 1 Abs. 3 Nr. 1 und 2), Konzepte für die Verwaltungseinteilung zu entwickeln. Es kann nicht davon ausgegangen werden, daß die bestehende Verwaltungsstruktur für die neuen Aufgaben ausreicht. Der Begriff des „Ortes" ist zwar nicht mit dem Begriff der „Gemeinde" identisch. In vielen Fällen wird aber die Entwicklung vorhandener Orte zu neuen Siedlungseinheiten mit der Zusammenlegung von Gemeinden verbunden sein. In diesen Fällen ist es notwendig, die sich daraus ergebenden Folgerungen für die Regelung der Zuständigkeit der Gemeindeverwaltung, die Weitergeltung des Satzungsrechtes der ehemaligen Gemeinden und dergleichen zu treffen. Nach dem Städtebauförderungsgesetz ist vorzugsweise „die Gemeinde" zuständig. Wird nun eine Entwicklungsmaßnahme auf der Gemarkung mehrerer Gemeinden durchgeführt, so können nicht alle Gemeinden je nach der zufälligen örtlichen Belegenheit der Maßnahme zuständig sein. Der Gemeindezusammenschluß oder andere organisatorische Vereinbarungen müssen daher so vorbereitet werden, daß sie im Zeitpunkt der Erklärung zum städtebaulichen Entwicklungsbereich vollzogen sind.

Beim Entstehen neuer Orte dürfte es in der Regel in ähnlicher Weise, wenn auch nicht mit der gleichen Dringlichkeit, geboten sein, die Gemeinden neu zu gliedern. Die Entstehung eines neuen Ortes auf dem Gemarkungsgebiet einer Gemeinde, ohne Einbeziehung des Ortes oder von Ortsteilen dieser Gemeinde, wird das Schaffen einer eigenen Verwaltungszuständigkeit dieses neuen Ortes als zweckmäßig erscheinen lassen. Wird ein vorhandener Ort um einen neuen Ortsteil erweitert, so wird es bei der Zuständigkeit der Gemeinde verbleiben können. Bei dem Schaffen neuer Orte wird aber ein Gemeinwesen eigener Lebenskraft und eigener Selbständigkeit neu geschaffen. Allerdings erscheint es in diesem Falle nicht zweckmäßig, mit Anlaufen der Entwicklungsmaßnahme, also mit der Erklärung zum städtebaulichen Entwicklungsbereich, bereits eine neue Gemeinde, quasi auf dem Papier, zu gründen. Die Durchführung der Entwicklungsmaßnahme sollte noch der alten Gemeinde überlassen bleiben, die allein die notwendige Verwaltungskraft aufbringen kann, die Entwicklungsmaßnahme durchzuführen.

5. Beteiligung der Öffentlichkeit

E 15 Bei der Schilderung der Sanierungsmaßnahmen sind die Fragen der Beteiligung der Öffentlichkeit eingehend behandelt worden. Darauf wird verwiesen.

Ein wesentlicher Unterschied ist bei der Entwicklungsmaßnahme gegenüber der Sanierung dadurch gegeben, daß es sich bei der Entwicklungsmaßnahme in erster Linie um weitgehend unbebaute Flächen handelt, daß also Bewohner kaum betroffen werden. Überdies soll die Gemeinde die Grundstücke im städtebaulichen Entwicklungsbereich – abgesehen von Sonderfällen – erwerben. Auch deshalb kann man im Entwicklungsbereich nur in Ausnahmefällen mit Betroffenen rechnen. Soweit in Sonderfällen dennoch Betroffene vorhanden sind, wird die Gemeinde diese beteiligen.

Anpassungsgebiet Soweit im Entwicklungsbereich ein Anpassungsgebiet nach § 62 festgelegt wird, gelten die Formen der Beteiligung wie bei der Sanierung.

Das Städtebauförderungsgesetz hat der Gemeinde die Aufgabe übertragen, dafür zu sorgen, daß ein lebensfähiges örtliches Gemeinwesen entsteht (§ 54 Abs. 2). Dabei ist davon auszugehen, daß auch auf die Lebensfähigkeit der angrenzenden Gebiete zu achten ist. Diese Aufgabe trifft zunächst die Landesregierung, die den Entwicklungsbereich festlegt. Darüberhinaus hat die Gemeinde grundlegende Entscheidungsverantwortung für die künftige Gestaltung des Entwicklungsbereichs zugewiesen bekommen. Das macht es notwendig, außer den Trägern öffentlicher Belange vor allem auch die Öffentlichkeit benachbarter Gebiete sowohl zur förmlichen Festlegung als auch zur künftigen Gestaltung des Entwicklungsbereichs zu hören. Die Absicht der förmlichen Festlegung und die Entwicklungskonzepte sind daher auch mit den insoweit indirekt Betroffenen zu diskutieren. Das kann etwa in Bürgerversammlungen oder in Arbeitskreisen geschehen. Dabei oder zuvor müssen die Entwicklungskonzepte in einer verstehbaren Form der Öffentlichkeit bekanntgegeben werden.

6. Beteiligung der Träger öffentlicher Belange

E 14 Die Träger öffentlicher Belange sind auch im Entwicklungsgebiet frühzeitig zu beteiligen (siehe dazu die Hinweise für das Sanierungsgebiet Seite 92 f.). Von Entwicklungsmaßnahmen werden in der Regel Belange der Natur- und Landschaftspflege und der Landwirtschaft berührt; von den Trägern öffentlicher Belange sind daher im Entwicklungsbereich im Regelfalle das Flurbereinigungsamt, das Landwirtschaftsamt, das Forstamt, die Naturschutzbehörden, das Geologische Landesamt und gegebenenfalls das Bergamt zu hören. Die besondere Rücksichtnahme auf Grundstücke, auf denen sich Anlagen der Landesverteidigung, des Bundesgrenzschutzes, der Bundespost usw. befinden, wird ausgeweitet, insbesondere auf Atomanlagen. Die Bedarfsträger dieser Einrichtungen sind vorrangig zu beteiligen.

§ 53 Abs. 2 i. V. m. § 12 Abs. 2

IV. Förmliche Festlegung des städtebaulichen Entwicklungsbereichs

1. Voraussetzungen

E 17
§ 53

Voraussetzung für die Erklärung eines Gebietes zum städtebaulichen Entwicklungsbereich ist, daß es sich um eine Entwicklungsmaßnahme im Sinne des § 1 Abs. 3 handelt. § 53 Abs. 1 Nr. 1—4 nennt noch weitere Voraussetzungen. Die im Zuge der vorbereitenden Untersuchungen formulierten Ziele und Erfordernisse der Entwicklungsmaßnahme sind die gerichtlich nachprüfbaren Grundlagen zur Anwendung der besonderen Vorschriften des Gesetzes. Auf ihre Formulierung und Begründung ist daher besonderer Wert zu legen.

1.1 Einheitliche Vorbereitung, Planung und Durchführung der Maßnahme

§ 53 Abs. 1 Nr. 1

Die erste der besonderen Voraussetzungen des § 53 Abs. 1 Nr. 1 ist, daß die einheitliche Vorbereitung, Planung und Durchführung der Maßnahme der angestrebten Entwicklung des Landesgebietes und der Region entspricht. Dies ist anzunehmen, wenn die Entwicklung der Region dringend ist, wenn das Ziel der Regionalplanung aber nur erreicht werden kann, wenn etwas Einheitliches entsteht, nicht auch dann, wenn die Gemeinden selbständig und unkoordiniert kleine neue Baugebiete, sei es zum Wohnen oder als Industriestandort, ausweisen. Hierin liegt doch ein gewisses quantitatives Kriterium für die Festlegung eines Entwicklungsbereiches. Die einheitliche Vorbereitung, Planung und Durchführung wird immer nur für größere Gebiete in Frage kommen, wird bei großen Gebieten aber auch besonders notwendig sein.

1.2 Wohl der Allgemeinheit

§ 53 Abs. 1 Nr. 2

gesteigertes öffentliches Interesse

Die zweite der besonderen Voraussetzungen ist, daß das Wohl der Allgemeinheit die Durchführung der Entwicklungsmaßnahme nach dem Städtebauförderungsgesetz erfordert. Nach § 1 Abs. 4 dienen Entwicklungsmaßnahmen dem Wohl der Allgemeinheit. § 53 Abs. 1 Nr. 2 fordert jedoch nicht nur, was § 1 Abs. 4 schon voraussetzt. Entwicklungsmaßnahmen müssen also durch ein gesteigertes öffentliches Interesse gerechtfertigt werden. Es muß sich um Maßnahmen handeln, deren Durchführung ohne die besonderen bodenrechtlichen Bestimmungen des Städtebauförderungsgesetzes nicht in der erwünschten Art und Weise möglich wäre.

1.3 Zügige Durchführung

§ 53 Abs. 1 Nr. 3

Nach § 53 Abs. 1 Nr. 3 muß die zügige Durchführung einer Entwicklungsmaßnahme innerhalb eines absehbaren Zeitraumes gewährleistet sein. Da die Gemeinde alle Grundstücke im Entwicklungsbereich erwerben soll und sie die rechtlichen Möglichkeiten dazu hat, sind wohl nur wenige Fälle denkbar, in denen eine Entwicklungsmaßnahme sich nicht zügig durchführen ließe. Immerhin kann es sein, daß ein Entwicklungsbereich ungünstig abgegrenzt wird und daß deshalb eine zügige Durchführung nur schwer möglich ist. Es kann auch sein, daß Bedarfsträger nach § 53 Abs. 2 Satz 2 und 3 ihre Zustimmung nicht erteilen. Denkbar ist auch, daß außerhalb des Entwicklungsbereichs Voraussetzungen geschaffen werden müssen (wie der Bau einer neuen Schienenverbindung) und daß deshalb die Durchführung nicht zügig vorankommt. Reicht die Verwaltungskraft einer Gemeinde nicht aus, um eine Entwicklungsmaßnahme schnell durchzuführen, so ist das kein Grund, keine Entwicklungsmaßnahme einzuleiten. Der Gemeinde muß dann vielmehr aufgegeben werden, nach § 55 Abs. 1 Satz 2 einen Entwicklungsträger zu beauftragen.

1.4 Bereitstellung öffentlicher Mittel

Finanzierung
§ 53 Abs. 1 Nr. 4

Voraussetzung der Erklärung zum städtebaulichen Entwicklungsbereich ist weiter, daß die Bereitstellung der voraussichtlich erforderlichen Mittel aus den öffentlichen Haushalten erwartet werden kann (§ 53 Abs. 1 Nr. 4). Öffentliche Mittel sind notwendig einmal zum Grunderwerb, dann zur Baureifmachung und schließlich zum Bauen selbst. Die Entwicklungsmaßnahme muß also bei der Erklärung zum städtebaulichen Entwicklungsbereich so gut vorüberlegt sein, daß bekannt ist, welche öffentlichen Mittel voraussichtlich aufgebracht werden müssen — und in welchem Zeitraum. Ist es einer Gemeinde nicht möglich, die erforderlichen Gelder zum Erwerb der Grundstücke oder mindestens eines Teils der Grundstücke im Entwicklungsbereich aufzubringen, und sind Finanzhilfen weder vom Land noch vom Bund zu erwarten, so kann eine Entwicklungsmaßnahme nicht eingeleitet werden. Die Anforderungen dürfen jedoch nicht überspannt werden. Die Geldbeträge müssen nicht ihrer absoluten Höhe nach bekannt sein. Die Bereitstellung der öffentlichen Mittel muß zwar zu erwarten sein, eine letzte Sicherheit, daß die Gelder wirklich bewilligt werden, muß aber nicht bestehen. Nachdem § 54 Abs. 3 keine unbedingte Erwerbspflicht für die Gemeinden enthält — das war in früheren Entwürfen der Fall —, ist der Nachweis der Finanzierbarkeit erleichtert. **§ 54 Abs. 3**

2. Abgrenzung des Entwicklungsbereichs

2.1 Die Abgrenzung unbebauter Gebiete

Der Erklärung zum städtebaulichen Entwicklungsbereich muß die Abgrenzung der in die Maßnahme einzubeziehenden Flächen vorausgehen. Nach § 53 Abs. 2 ist der Entwicklungsbereich so zu begrenzen, daß sich die Entwicklung zweckmäßig durchführen läßt. Das Städtebauförderungsgesetz verwendet hier, wie schon bei der Abgrenzung des Sanierungsgebietes nach § 3 Abs. 1, eine Formulierung, die dem Umlegungsrecht des Bundesbaugesetzes (§ 52) entstammt. Maßgebend für die Abgrenzung des Entwicklungsbereichs sind ähnliche Überlegungen, wie sie bei der Abgrenzung eines Umlegungsgebiets angestellt werden müssen. **E 16**
§ 53 Abs. 2

Durch den Beschluß über die förmliche Festlegung des städtebaulichen Entwicklungsbereichs treten für die in das Verfahren einbezogenen Grundstücke die Rechtswirkungen des § 57 ein. Zum Schutz der Beteiligten muß deshalb ein Kriterium vorhanden sein, nach dem sich die Abgrenzung bestimmt. Dieses Kriterium ist wie bei der Umlegung und der Sanierung die zweckmäßige Durchführung der Maßnahme. Wie im einzelnen abgegrenzt wird, um die zweckmäßige Durchführung sicherzustellen, ist eine Entscheidung, die nach pflichtmäßigem Ermessen zu treffen ist. Dazu sowie zur eindeutigen Festlegung der Grenzen mit Hilfe von Katasterunterlagen, zur nur teilweisen Einbeziehung von Grundstücken und zur Möglichkeit, Grundstücke, die am Rande des Entwicklungsbereichs liegen, nicht mit einzubeziehen, siehe Seite 99 f. **Ermessensentscheidung**

Die Entscheidung über die Abgrenzung des Entwicklungsbereichs kann richtig nur getroffen werden, wenn vor der förmlichen Festlegung vorbereitende Untersuchungen stattgefunden haben. Das Ermessen kann nur dann pflichtgemäß ausgeübt werden, wenn bestimmte Vorstellungen darüber vorhanden sind, was im Entwicklungsbereich geschehen soll, wozu die Grundstücke gebraucht werden.

2.2 Förmliche Festlegung von im Zusammenhang bebauten Gebieten

§ 62 enthält Sonderregelungen für im Zusammenhang bebaute Gebiete, die in einen städtebaulichen Entwicklungsbereich einbezogen sind. Solche Gebiete sind ganz oder teilweise von der Gemeinde durch Beschluß (Satzung) förmlich festzulegen — eine Festlegung, die zusätzlich zur Festlegung des Entwicklungsbereichs erfolgt. Der Beschluß darf erst ergehen, wenn entsprechend § 4 vorbereitende Untersuchungen durchgeführt und Stellungnahmen eingeholt worden sind. Hier sind also vorbereitende Untersuchungen in weiterem Umfang notwendig, als bei der förmlichen Festlegung des Entwicklungsbereichs selbst. Da in dem im Zusammenhang bebauten Gebiet weitgehend das Sanierungsrecht anzuwenden ist, gelten auch für dessen Abgrenzung ähnliche Überlegungen, wie für die Abgrenzung eines Sanierungsgebietes — obwohl die Geltung von § 3 Abs. 1 ausdrücklich ausgeschlossen ist. Der entscheidende Gesichtspunkt ist hier auch nicht die zweckmäßige Durchführung, sondern nach § 62 Satz 1 die Anpassung des im Zusammenhang bebauten Gebiets an die vorgesehene Entwicklung. Es ist z. B. denkbar, daß in einem schon im Zusammenhang bebauten Gebiet für den neu entstehenden Ortsteil im Entwicklungsbereich gewisse Infrastruktureinrichtungen, die schon vorhanden sind, erweitert werden sollen (Schulanbau, neues Postamt, neues Rathaus, Anpassung der Straßen an den zu erwartenden neuen Verkehr). Entscheidend sind also Wechselbeziehungen zwischen dem bebauten Gebiet und dem übrigen Entwicklungsbereich. **E 18**
Anpassungsgebiet
§ 62

3. Verfahren

E 17
§ 53

Die Erklärung zum städtebaulichen Entwicklungsbereich erfolgt durch Rechtsverordnung der Landesregierung (§ 53 Abs. 1). Zweckmäßigerweise werden sich Land und Gemeinden schon frühzeitig aufeinander abstimmen. Der Entwicklungsbereich ist nach § 53 Abs. 3 in der Rechtsverordnung genau zu bezeichnen. Mit dem Erfordernis der genauen Bezeichnung des Entwicklungsbereichs schließt das Städtebauförderungsgesetz auch hier an das Umlegungsrecht des Bundesbaugesetzes an (§ 47 BBauG). Der Entwicklungsbereich muß in der Verordnung mit Worten so genau wie möglich umschrieben werden, wobei in der Öffentlichkeit allgemein bekannte Punkte und Linien verwendet werden sollten, damit sich jedermann die Grenzen vorstellen kann. Durch eine solche Beschreibung wird allerdings die genaue katastertechnische Bezeichnung nicht ersetzt. Zweckmäßigerweise werden die in den Bereich einbezogenen Flurstücke einzeln aufgeführt.

Beschreibung des Gebietes

E 17.2
Rechtsverordnung

Der Bedeutung wegen, die die Erklärung zum städtebaulichen Entwicklungsbereich hat, hat der Gesetzgeber diesen Akt als Rechtsverordnung der Landesregierung ausgestaltet. Die Erklärung ist also eine Rechtsnorm, nicht etwa ein Verwaltungsakt. Eine Anfechtungsmöglichkeit besteht, wie bei der Sanierung, nur in den Ländern, wo Normenkontrollklagen (§ 47 VwGO) möglich sind.

E 17.3
Bekanntmachung

Nach § 53 Abs. 4 ist in den Gemeinden, auf deren Gebiet die Entwicklungsmaßnahme durchgeführt werden soll, auf die Rechtsverordnung und auf die Genehmigungspflicht nach § 57 Abs. 1 Nr. 3 in Verbindung mit § 15 durch ortsübliche Bekanntmachung hinzuweisen. Dieser Hinweis ist schon von den Gemeinden zu veranlassen, nicht mehr von der Landesregierung. Außerdem hat die Gemeinde das Grundbuchamt zu ersuchen, im Grundbuch bei den betroffenen Grundstücken einen Entwicklungsvermerk einzutragen. Bekanntmachung und Ersuchen an das Grundbuchamt sind schon Durchführungsmaßnahmen, für die die Gemeinde zuständig ist. Die förmliche Festlegung eines Anpassungsgebiets im von der Landesregierung festgelegten Entwicklungsbereich erfolgt durch einen Beschluß der Gemeinde.

4. Zuständigkeit zur Durchführung einer Entwicklungsmaßnahme

E 26
Durchführung durch die Gemeinde

E 27
Entwicklungsträger

E 28
andere Körperschaft

Die Zuständigkeit zur Durchführung der Entwicklungsmaßnahme liegt nach § 54 Abs. 1 in der Regel bei der Gemeinde. Die oberste Landesbehörde kann verlangen, daß die Gemeinde einen Entwicklungsträger beauftragt. An der Zuständigkeit der Gemeinde ändert sich dadurch nichts, weil der Entwicklungsträger für die Gemeinde tätig wird. Durch eine Rechtsverordnung der Landesregierung — sei es eine weitere Rechtsverordnung oder die, mit der die Erklärung zum städtebaulichen Entwicklungsbereich erfolgt — kann die Landesregierung bestimmen, daß die Gemeinde die Entwicklungsmaßnahme nicht selbst durchführt, sondern ein Gemeindeverband oder ein Verband, an dessen Willensbildung die Gemeinde beteiligt ist. Bei Zustimmung der Gemeinde kann in der Rechtsverordnung auch eine andere Gemeinde oder ein Landkreis damit beauftragt werden, die Entwicklungsmaßnahmen durchzuführen (§ 54 Abs. 4). Die Art und Weise der Durchführung wird dadurch aber nicht berührt. Es gibt nur einen vorgezeichneten Weg, nämlich den — zwischenzeitlichen — Erwerb der Grundstücke durch die Körperschaft, die die Entwicklungsmaßnahme durchführt. Wer diese Körperschaft ist, ist kaum von Bedeutung.

5. Rechtswirkungen der förmlichen Festlegung

Flächennutzungsplan

Nach § 57 sind die Rechtswirkungen der förmlichen Festlegung des Entwicklungsbereiches grundsätzlich dieselben wie im Sanierungsgebiet. An Abweichungen ist hervorzuheben, daß durch die förmliche Festlegung eines Entwicklungsbereichs ein vorhandener Flächennutzungsplan nicht geändert wird. Da häufig die in einem Entwicklungsbereich liegenden Flächen nicht schon baulich genutzt waren und daher häufig im Flächennutzungsplan als Grünflächen oder als Flächen für Land- und Forstwirtschaft dargestellt waren, muß der Flächennutzungsplan geändert werden, bevor ein Bebauungsplan als Grundlage der Entwicklungsmaßnahme beschlossen werden kann (vgl. Beschluß des Hessischen VGH vom 12. 7. 1968 — IV N 10/67 — in BRS 20 Nr. 15). Während die Kennzeichnung des Sanierungsgebietes im wesentlichen nur deklaratorische Bedeutung besitzt, ist das Fehlen einer Darstellung als Baufläche im Entwicklungsbereich wesentlich. Der Flächennutzungsplan muß daher geändert werden.

Die Stellung des Entwicklungsträgers ist nach § 57 Abs. 1 Nr. 4 stärker als die des Sanierungsträgers nach §§ 17 Abs. 2, 18 Abs. 10: Die Gemeinde ist zur Ausübung des Vorkaufs- oder Grunderwerbsrechts zugunsten des Trägers verpflichtet. Auch die Vorschriften über die Enteignung sind zugunsten von Träger und Gemeinde gegenüber dem Sanierungsgebiet ausgeweitet. Die Enteignung ist auch ohne Bebauungsplan, das heißt gegebenenfalls auch ohne Flächennutzungsplan, zulässig. Während im Sanierungsgebiet zwar nach § 22 Abs. 1 das Vorliegen zwingender städtebaulicher Gründe i. S. des § 88 BBauG gesetzlich vermutet wird, im übrigen aber die Enteignung nach der anzuwendenden Bestimmung des § 87 Abs. 1 BBauG im Einzelfalle nur zulässig ist, wenn das Wohl der Allgemeinheit sie erfordert und der Enteignungszweck auf andere zumutbare Weise nicht erreicht werden kann, ist nach § 57 Abs. 3 im Entwicklungsbereich die Enteignung schon dann zulässig, wenn sie der Erfüllung der Aufgaben der Gemeinde oder des Entwicklungsträgers dient, etwa als Voraussetzung einer Bebauung. Folgerichtig schließt daher § 57 Abs. 2 eine Umlegung und Grenzregelung aus.

Entwicklungsträger

6. Sozialplan

Der Sozialplan (§ 57) ist aus den im Rahmen der vorbereitenden Untersuchungen gesammelten Daten und der allgemeinen Zielkonzeption für die Gebiete zu entwickeln.
Er umfaßt:
▶ Aussagen über Ersatzlösungen und Härteregelungen;
▶ Aussagen zur künftigen Sozialstruktur und zum allgemeinen Entwicklungsziel der Gebiete. Ein entsprechendes Wohnungsbauprogramm ist insbesondere im Hinblick auf den notwendigen öffentlich geförderten Wohnungsbau zu formulieren; ebenso ein Programm für die vorgesehene gewerbliche Nutzung.
▶ Programme für die Belegung der Wohnungen;
▶ Aussagen über Sozialbetreuung und Gemeinwesenarbeit, auch nach Bezug der Wohnungen.

Der Sozialplan ist fortzuschreiben. Seine Angaben sind bei der Privatisierung zu berücksichtigen.

E 19
§§ 57, 4, 8

V. Grunderwerb

E 32–34
Grunderwerb vor der Planung

1. Vorbemerkungen

Anders als bei der Sanierungsmaßnahme erfolgt bei der Entwicklungsmaßnahme der Grunderwerb zweckmäßigerweise vor der Planung. Die Planung und das Bebauungsplanverfahren werden dadurch erleichtert und verbessert, daß die Grundstücke für die Gemeinde bereits verfügbar sind und damit Einflüsse zufälliger Eigentümerinteressen ausgeschaltet werden. Grunderwerb und Planung können auch ineinander übergehen.

2. Grunderwerb durch die Gemeinde

Soll-Vorschrift

Die Gemeinde soll die Grundstücke im städtebaulichen Entwicklungsbereich erwerben (§ 54 Abs. 3 Satz 1). Diese Regelung war bis in die letzte Phase des Gesetzgebungsverfahrens stark umkämpft und beruht auf einem im Vermittlungsausschuß zustande gekommenen Kompromiß. Nach der ursprünglich vom Bundestag beschlossenen, vom Bundesrat jedoch abgelehnten Fassung des Gesetzes hätte die Gemeinde die Grundstücke im Entwicklungsbereich erwerben müssen.

Gemeinde erwirbt nicht

Die Gemeinde wird im allgemeinen vom Grundstückserwerb absehen, wenn

▶ bei einem bebauten Grundstück Art und Maß der baulichen Nutzung nicht geändert werden sollen (§ 54 Abs. 3 Satz 3 Nr. 1);

▶ auf einem unbebauten Grundstück ein Eigenheim oder eine Kleinsiedlung errichtet werden soll und der Entwicklungszweck dadurch nicht beeinträchtigt wird (§ 54 Abs. 3 Satz 3 Nr. 2);

▶ die Entwicklungsbeteiligten sich zu einer Entwicklungsgemeinschaft zusammenschließen, die die Entwicklungsmaßnahme selbst durchführt (§ 60). Das dürfte allerdings an den vielfältig unterschiedlichen und gegensätzlichen Interessen von Eigentümern, Mietern, Pächtern und sonstigen Dritten scheitern.

Bedeutung der Soll-Vorschrift für die Praxis

Die Fälle, in denen die Gemeinde die Grundstücke nicht erwirbt, stellen jedoch die Ausnahme dar. Die Soll-Vorschrift des § 54 Abs. 3 Satz 1 bedeutet also, wenn auch mit Einschränkungen, eine Grunderwerbspflicht der Gemeinde.

Der Ankauf der Grundstücke kann in räumlichen und zeitlichen Abschnitten vorgenommen werden. Die Grunderwerbsaufgaben können auch von anderen Stellen wahrgenommen werden, und zwar

▶ von einem Gemeindeverband oder einer anderen Stelle, wenn die Landesregierung dies durch Rechtsverordnung bestimmt (§ 54 Abs. 4)

▶ von einem Entwicklungsträger, wenn dieser von der Gemeinde beauftragt wird (§ 55).

Die Stellen, denen die Grunderwerbsaufgaben übertragen werden, nehmen diese Aufgaben wie die Gemeinde mit allen Rechten und Pflichten wahr.

3. Möglichkeiten des Grunderwerbs

Die Gemeinde kann auf folgende Art und Weise in das Eigentum der Entwicklungsgrundstücke gelangen:

▶ als Folge des Übernahmeverlangens eines Grundstückseigentümers (§ 56);
▶ durch Ausübung des Vorkaufsrechts (§ 57 Abs. 1 Nr. 4 in Verbindung mit § 17);
▶ durch Ausübung des gemeindlichen Grunderwerbsrechts im Verkaufsfall zu überhöhtem Preis (§ 57 Abs. 1 Nr. 4 in Verbindung mit § 18);
▶ durch freihändigen Ankauf als Folge der Grunderwerbspflicht (§ 54 Abs. 3);
▶ durch Enteignung (§ 57 Abs. 3 und § 57 Abs. 1 Nr. 8 in Verbindung mit § 22 Abs. 3 bis 6 und 8).

4. Verhandlungen mit den Grundeigentümern

E 31

Der Grunderwerb, gleich in welcher Form er durchgeführt wird, macht Verhandlungen mit dem Grundstückseigentümer erforderlich. Die Verhandlungen sind teilweise als Grunderwerbsvoraussetzungen durch das Gesetz ausdrücklich bestimmt: Einigungsverhandlung beim Übernahmeverlangen nach § 56 Abs. 1; Erörterungstermin bei der Ausübung des Grunderwerbsrechts nach § 18 Abs. 2; Einigungsverhandlung zur Abwendung der Enteignung nach § 57 Abs. 3.

Die Verhandlungen dienen neben der Durchführung des Grunderwerbs der Feststellung, ob und in welcher Rechtsform die bisherigen Eigentümer einen späteren Erwerb von Grundstücken oder Grundstücksrechten nach Durchführung der Entwicklungsmaßnahme anstreben. Es handelt sich um die Gelegenheit, die Vorstellungen und Wünsche der Eigentümer, und zwar bereits vor der Planungsphase, kennenzulernen.

Absichten der Eigentümer

5. Grunderwerb im einzelnen

5.1 Übernahmeverlangen

E 24

Beim Übernahmeverlangen nach § 56 geht die Initiative vom Grundstückseigentümer aus. Dieser kann unter den im Gesetz bestimmten Voraussetzungen die Gemeinde zwingen, ihm sein Grundstück abzukaufen. Dieses Recht des von der Entwicklungsmaßnahme betroffenen Eigentümers ist das Äquivalent für den mit der Erklärung zum Entwicklungsbereich verbundenen Eingriff, der sich insbesondere wegen der Grunderwerbspflicht der Gemeinde und der Einschränkung der Marktfähigkeit als Vorwirkung einer Enteignung darstellen kann.

Voraussetzungen sowie Verfahren im Einigungs- und Nichteinigungsfall entsprechen der Regelung des Übernahmeverlangens bei Versagung der Genehmigung nach § 15, die auch für Entwicklungsmaßnahmen gilt (§ 57 Abs. 1 Nr. 3 in Verbindung mit § 15 Abs. 7). Für die Entschädigung gelten die Grundsätze der Altwertermittlung in Entwicklungsbereichen.

5.2 Vorkaufsrecht

Für das Vorkaufsrecht gelten die Vorschriften für die Sanierungsmaßnahme entsprechend (§ 57 Abs. 1 Nr. 4 in Verbindung mit § 17). Die Möglichkeit der Ausübung des Vorkaufsrechts durch die Gemeinde ist eine Rechtsfolge der Erklärung zum städtebaulichen Entwicklungsbereich nach § 53.

E 25

5.3 Grunderwerbsrecht

Das entsprechend den Vorschriften für die Sanierungsmaßnahme auch im Entwicklungsbereich anwendbare gemeindliche Grunderwerbsrecht (§ 57 Abs. 1 Nr. 4 in Verbindung mit § 18) ist weitgehend überlagert durch die Grunderwerbspflicht nach § 54 Abs. 3.

E 33

5.4 Freihändiger Ankauf

E 32

Der freihändige Ankauf folgt aus der Grunderwerbspflicht des § 54 Abs. 3 und hat wohl die größte Bedeutung unter den verschiedenen Erwerbsmöglichkeiten. Die Gemeinde muß versuchen, soweit sie nicht über das Übernahmeverlangen, das Vorkaufsrecht oder das Grunderwerbsrecht in das Eigentum einzelner Grundstücke gelangen kann, möglichst viele Grundstücke auf dem Verhandlungswege zu erwerben.

Maßgebend für die Kaufpreisbemessung ist der Entschädigungswert des Grundstücks, wie er sich nach den Grundsätzen der Altwertermittlung im Entwicklungsbereich ergibt. Dies ergibt sich aus § 57 Abs. 1 Nr. 9 in Verbindung mit § 23 für den Entschädigungswert im Nichteinigungsfall. Für den Fall einer Einigung ergibt sich das aus § 58 in Verbindung mit § 49 Abs. 1.

Entschädigungswert

5.5 Enteignung

E 34
§§ 57 Abs. 3, 22

Der Grundstückserwerb im Wege der Enteignung bleibt zwar auch im Entwicklungsbereich das letzte Mittel, um in das Eigentum der benötigten Grundstücke zu gelangen. Die Enteignung ist allerdings unter erleichterten Voraussetzungen zulässig. So ist die Enteignung zur Erfüllung der Aufgaben der Gemeinde oder des Entwicklungsträgers zu deren Gunsten generell zulässig; das Wohl der Allgemeinheit gilt nach § 1 Abs. 4 als gegeben. Außerdem ist die Enteignung ohne Bebauungsplan zulässig. Andererseits setzt die Enteignung wie sonst voraus, daß der Antragsteller sich ernsthaft um den freihändigen Erwerb des Grundstücks zu angemessenen Bedingungen bemüht hat. Während sonst die Enteignungsvorschriften des Bundesbaugesetzes entsprechend gelten, sind hier die §§ 85, 87 bis 89 BBauG nicht anzuwenden (§ 57 Abs. 3 Satz 3).

Enteignungsvoraussetzungen

Für das Verfahren gelten nach § 57 Abs. 1 Nr. 8 die Vorschriften des Bundesbaugesetzes mit den besonderen Vorschriften des § 22 Abs. 3 bis 6 und 8. Da auf § 22 Abs. 7 nicht verwiesen wird, könnte man annehmen, daß eine Enteignung zugunsten

Verfahren

eines Entwicklungsträgers nicht zulässig sei. In § 57 Abs. 3 ist jedoch ausdrücklich bestimmt, daß ohne Bebauungsplan zugunsten des Entwicklungsträgers enteignet werden kann. Man wird davon ausgehen können, daß es sich um ein Redaktionsversehen handelt: der Gesetzgeber wollte sicher die Enteignung zugunsten des Entwicklungsträgers allgemein für zulässig erklären, nicht nur dann, wenn kein Bebauungsplan vorhanden ist.

VI. Planung und Bebauungsplanverfahren

1. Städtebauliche Planung

1.1 Vorbemerkungen
Während bei einer Sanierungsmaßnahme zum Zeitpunkt der förmlichen Festlegung vor allem in innerstädtischen Bereichen schon detailliertere Planungsvorstellungen vorliegen, ist das Entwicklungskonzept — ein Konzept oder mehrere alternative Konzepte für denselben Bereich — in der Regel noch nicht so konkretisiert. *Entwicklungskonzept*

Dieses Konzept ist weder mit einem Flächennutzungsplan noch mit einem Bebauungsplan, sondern am ehesten mit einem Struktur- oder Rahmenplan zu vergleichen, der dort verbindliche Festlegungen trifft wo die Ergebnisse der vorbereitenden Untersuchungen dieses erfordern, sich sonst aber auf die nötigsten Planungsanweisungen beschränkt und soviel aussagt, daß die Realisierung möglich ist.

Das oder die Entwicklungskonzepte sind Grundlage für den Bebauungsplanentwurf.

1.2 Vorbereitende Planung
Aus dem oder den Entwicklungskonzepten werden unter Fortführung der Diskussionen in der Öffentlichkeit die Grundlagen für den Bebauungsplan erarbeitet. Diese können Programm eines städtebaulichen Wettbewerbs oder Gutachterwettbewerbs sein, der die beste Möglichkeit bietet, für den Bebauungsplan aus vielen Lösungsvorschlägen den am besten geeigneten Entwurf auswählen zu können. Vorbedingung dafür, daß ein Wettbewerb brauchbare Ergebnisse bringt, sind einwandfreies Planmaterial, ein sorgfältig zusammengestelltes Programm, vor der Ausschreibung erarbeitete Beurteilungskriterien — auch für die Realisierbarkeit der Lösungsvorschläge — und die Sicherstellung, daß bei der Beurteilung der Wettbewerbsarbeiten die Interessen der Öffentlichkeit vertreten werden. *E 36* *E 37*

Es kann der Gemeinde empfohlen werden, schon die Ausschreibung und Betreuung eines städtebaulichen Wettbewerbes geeigneten Fachleuten zu übertragen.

Aus dem von der Jury zur Ausführung empfohlenen Wettbewerbsentwurf, oder, falls kein Wettbewerb durchgeführt wurde, aus ersten Vorentwürfen, wird der Bebauungsplan erarbeitet. *E 38*

2. Bebauungsplanverfahren
Die Planung findet im Bebauungsplan ihren rechtlichen Niederschlag. Hinsichtlich des Inhalts des Bebauungsplans bei Entwicklungsmaßnahmen hat das Gesetz nichts Neues gebracht. Es gelten hier also § 9 BBauG und die BauNVO. Allerdings gilt nach § 62 eine Sonderregelung für im Zusammenhang bebaute Gebiete im Rahmen eines städtebaulichen Entwicklungsbereichs. Danach gilt für solche Gebiete auch § 10, — § 11 dagegen nicht —, so daß hier eine Kenntlichmachung entsprechend § 10 Abs. 1 in Frage kommen kann. *E 39*

Wie bei der Sanierung ist auch bei Entwicklungsmaßnahmen die rechtliche Qualifikation unverändert: der Bebauungsplan wird als Satzung beschlossen. Ebenso hat das Gesetz zur formellen Abwicklung des Bebauungsplanverfahrens nichts Neues gebracht; es ist deshalb das BBauG anzuwenden. Das Bebauungsplanverfahren ist Aufgabe der Gemeinde (§ 54 Abs. 1). Es kann aber auch von der Landesregierung einem Gemeindeverband usw. anstelle der Gemeinde übertragen werden (§ 54 Abs. 4 und 5).

Für die Bebauungsplanung ergeben sich prinzipiell zwei unterschiedliche Plangestaltungen:
▶ mit den in Aussicht genommenen Trägern der Baumaßnahmen wird die Bauplanung im einzelnen soweit vorgetrieben, daß der Bebauungsplan bis in alle Einzelheiten alle für die Baugenehmigung erforderlichen Festsetzungen enthält;
▶ der Bebauungsplan wird gleichsam in mehreren Schichten aufgebaut. In einer ersten Phase wird die Haupterschließung und möglicherweise für das Bauland, ohne weitere Bauplanung, die Art und das Maß der baulichen Nutzung festgesetzt. Im Zuge der Verhandlungen über weitere Privatisierung und im Zuge der Bauplanung in den einzelnen Abschnitten, erfolgt die weiter verfeinerte Festsetzung für Teilbereiche im Rahmen weiterer Bebauungsplanverfahren.

Gerade bei Entwicklungsmaßnahmen wird der Bebauungsplan — etwa hinsichtlich der Baugrenzen — in der Regel großzügig gefaßt werden können. Jedenfalls wird das in dem Bereich möglich sein, wo die Gemeinde die Grundstücke erworben hat. Hier kann sie sich bei der Privatisierung in den Kaufverträgen ein Mitspracherecht im notwendigen Umfang sichern. Dadurch wird die großzügige Ausgestaltung des Bebauungsplans um so eher möglich, was die Notwendigkeit von Bebauungsplanänderungen vermindern wird.

Ebenso wie bei der Sanierung kann es auch hier zweckmäßig sein, den Bebauungsplan erst später rechtskräftig werden zu lassen. Er kann dadurch gegebenenfalls notwendig werdenden Änderungen leichter angepaßt werden. Auch ist es denkbar, stufenweise vorzugehen: zunächst nur das Straßennetz bebauungsplanmäßig festzusetzen, später dann in weiteren Bebauungsplanverfahren die Einzelheiten in den Baublöcken festzusetzen. Vor allem kann bei Entwicklungsmaßnahmen abschnittsweises Vorgehen zweckmäßig sein: beispielsweise wird zunächst der Bereich für Eigenheime oder eine Kleinsiedlung, § 54 Abs. 3 Nr. 2, in einem Bebauungsplan festgesetzt und die betreffenden Eigentümer werden in diesem Gebiet abgefunden. In einem zweiten Schritt wird danach der übrige Teil des Entwicklungsbereichs bebauungsplanmäßig bearbeitet, wo die Gemeinde dann Alleineigentümerin ist.

3. Sozialplanung

Mitwirkung bei der Planung

Nachdem die grundsätzlichen Fragen im Rahmen der Erarbeitung eines Entwicklungskonzepts beantwortet wurden, geht es in der eigentlichen Planungsphase um die Mitwirkung der Sozialplanung an der konkreten Ausgestaltung des Gebietes. Dieser Beitrag muß sich neben der Planung von Wohnungen, Freizeiteinrichtungen, öffentlichen und privaten Versorgungs- und Dienstleistungseinrichtungen auch auf die Förderung integrativer Funktionen und Leistungen richten. Es muß ein Angebot geschaffen werden, das die Integration und die Beziehungen aller von der Entwicklungsmaßnahme Betroffenen zueinander fördert. Dieses Angebot ist so zu gestalten, daß es den sich wandelnden Bedürfnissen der Menschen in diesem Gebiet entspricht. Sozialmedizinische, psychologische, sozialpsychologische und soziologische Erkenntnisse können hier in die Planung — das heißt konkret in den Bebauungsplan — eingehen. In diesem Stadium ist es wichtig, daß Erfahrungen, Daten und Richtwerte aus vergleichbaren Projekten hinzugezogen werden. Eine Arbeitsgruppe sollte deshalb beauftragt werden, entsprechende Kontakte herzustellen, Daten zu sammeln und auszuwerten.

Für die geplanten Wohngebiete gibt die Sozialplanung Richtlinien für die Größe und Zusammensetzung der Wohnungen, für das Wohnungsgemenge, sowie für den Anteil an öffentlich gefördertem sozialem Wohnungsbau. Nachdem insoweit detaillierte Wohnungsbauprogramme aufgestellt sind, können auch Programme für die Belegung der einzelnen Wohnungen ausgearbeitet werden. Derartige Programme sind ein weiterer Bestandteil des Sozialplanes. Um bei der Belegung der einzelnen Wohnungen die angestrebten Zielvorstellungen hinsichtlich der zukünftigen Sozialstruktur auch verwirklichen zu können, wird zu diesem Zeitpunkt eng mit den einzelnen Bauträgern zusammengearbeitet werden müssen. Diese müssen vor der Vergabe der Wohnungen über die Zielrichtungen der Sozialplanung informiert sein.

Der Sozialplan gibt auch an, in welcher Form die Betreuung bzw. die Gemeinwesenarbeit im Entwicklungsbereich erfolgen soll, wann die Wohnungen bezogen bzw. wann die baulichen Maßnahmen abgeschlossen sein sollen.

Für die von der Gemeinde förmlich festgesetzten Anpassungsgebiete nach § 62 ist die Sozialplanung wie für ein Sanierungsgebiet durchzuführen.

VII. Erschließung

Es wird in der Regel ratsam sein, nach dem Bebauungsplanverfahren zunächst die Erschließung durchzuführen und dabei auch die Versorgungs- und Entsorgungsleitungen zu verlegen. Für diesen Fall kann es zweckmäßig sein, das Bebauungsplanverfahren im Sinne eines stufenweisen Vorgehens zunächst nur für die Straßenflächen durchzuführen.

Zunächst müssen die Straßen- und Baublöcke abgesteckt werden. Dabei ist es notwendig, die abgesteckten Straßen- und Baublockgrenzen zu sichern. Es muß damit gerechnet werden — vor allem in hängigem Gelände und bei notwendigen Geländeeinschnitten —, daß beim Straßenbau viele Grenzmarken verloren gehen. Der dann folgende Ausbau der Erschließungsstraßen ist wichtig, um die Grundstücke für die Bebauung erreichen zu können. Es kann sich dabei empfehlen, die Straßen zunächst nur bis zur Straßentragschicht auszubauen; der Fahrbahnbelag sollte erst nach Abschluß der Bauarbeiten aufgebracht werden.

E 40

E 41

Die Erschließung ist Aufgabe der Gemeinde, § 54, § 123 BBauG. Sie kann aber auch von der Landesregierung einem Gemeindeverband oder einem Verband, an dem die Gemeinde direkt oder indirekt beteiligt ist, übertragen werden, § 54 Abs. 4 und 5. Weiter kann dafür ein Entwicklungsträger in Frage kommen, den die Gemeinde von sich aus oder auf Verlangen der zuständigen obersten Landesbehörde beauftragt § 55. Erwähnt sei noch § 123 Abs. 3 BBauG, nach dem die Gemeinde die Erschließung durch Vertrag auf einen Dritten übertragen kann.

Auch bei Entwicklungsmaßnahmen erhebt die Gemeinde einen Erschließungsbeitrag entsprechend §§ 123 ff. BBauG. Das gilt natürlich nur für Erschließungsanlagen im Rahmen des § 127 BBauG, also beispielsweise nicht für Hauptverkehrsstraßen. Beitragspflichtig sind die Eigentümer der Grundstücke, §§ 133, 134 BBauG, soweit Grundstücke in privater Hand bleiben, § 54 Abs. 3. Diesen kann der Erschließungsbeitrag unmittelbar auferlegt werden. Bei den anderen Grundstücken kann die Gemeinde den Erschließungsbeitrag im Rahmen der Privatisierung mit den Erwerbern verrechnen. Die Verkaufspreise werden dann so bemessen werden, daß sie den Erschließungsbeitrag einschließen. Werden die Grundstücke ohne Berücksichtigung der Erschließungskosten, also „erschließungsbeitragspflichtig", veräußert, so wird der Erschließungsbeitrag von den neuen Eigentümern erhoben; das wird sich nur empfehlen, wenn eine erhebliche Zahl privater Eigentümer ihre Grundstücke während der Entwicklungsmaßnahme behalten, § 54 Abs. 3 Nr. 1 und 2, § 62.

VIII. Privatisierung

E 45 Die Veräußerungspflicht bei Entwicklungsmaßnahmen ist weiter gefaßt als die bei Sanierungsmaßnahmen. Eine Pflicht zur Veräußerung besteht nicht nur wie bei der Sanierungsmaßnahme gegenüber denjenigen, die Grundeigentum verloren haben, sondern nach § 59 Abs. 2 gegenüber „weiten Kreisen der Bevölkerung". Das „Sollen" nach § 25 Abs. 2 Satz 5 bei der Sanierungsmaßnahme ist hier ein „Müssen". Hinsichtlich der Einklagbarkeit dieses Anspruches kann auf die Ausführungen im Zweiten Teil verwiesen werden.

Der Umfang der Privatisierungspflicht ist ebenfalls weiter als bei der Sanierungsmaßnahme: die Gemeinde ist nämlich nicht nur verpflichtet, diejenigen Grundstücke zu privatisieren, die sie nach der Festlegung des Entwicklungsbereiches freihändig oder nach den Vorschriften des Gesetzes erworben hat, sondern auch die Grundstücke, die sie z. B. im Zuge der vorbereitenden Untersuchungen oder in einem noch früheren Stadium freihändig erworben hat. Diese Veräußerungspflicht der Gemeinde geht sehr weit und läßt sich nur als „Ausgleich" für die sehr weitgehenden Eingriffsmöglichkeiten in das Grundeigentum im Entwicklungsbereich verstehen.

Die früheren Eigentümer sind im Entwicklungsbereich bei der Privatisierung nicht besser gestellt als sonstige Dritte, sie sind hier lediglich vorrangig zu berücksichtigen; eine Veräußerungspflicht besteht allgemein. Folgerichtig nimmt § 59 Abs. 2 Satz 3 auch nicht auf § 25 Abs. 4 Bezug, wonach sich die Veräußerungspflicht nur auf den Wert des hergegebenen Grundstückes beschränkt.

Sicherung des Entwicklungsziels

§ 59 Abs. 3 verpflichtet die Gemeinde, dafür zu sorgen, daß die Bauwilligen die Bebauung in wirtschaftlich sinnvoller Aufeinanderfolge durchführen und sicherzustellen, daß die neugeschaffenen Gebäude und Einrichtungen den Zielen der Entwicklungsmaßnahme entsprechend verwendet werden. Das Gesetz regelt aber nicht die Mittel, mit denen die Gemeinde dies durchsetzen kann. Es muß deshalb auf die zivilrechtliche Sicherung bei der Veräußerung im Kaufvertrag zurückgegriffen werden (siehe Seite 146). Im Entwicklungsbereich ist die Gemeinde daher verpflichtet, entsprechende Vertragsklauseln aufzunehmen. In Betracht kommt hier insbesondere die Sicherstellung der zeitlichen Reihenfolge der Bebauung. Sie muß also zivilrechtlich den Erwerber verpflichten, die Bebauung seines Grundstücks zu einem bestimmten Zeitpunkt fertigzustellen, wenn die Bebauung dieses Grundstücks Voraussetzung für die Bebauung anderer Grundstücke und ein zweckentsprechendes Ineinandergreifen der Gesamtbebauung ist. Sie muß auch die Art der baulichen Nutzung der neugeschaffenen Gebäude und Einrichtungen in dem Vertrag sicherstellen, wobei sie weitergehende Regelungen treffen kann, als es die Baunutzungsverordnung erlauben würde. Es ist ausdrücklich festgesetzt (§ 59 Abs. 2), daß über den Bebauungsplan hinaus auch den Erfordernissen der Entwicklungsmaßnahme zu entsprechen ist. Die Erfordernisse der Entwicklungsmaßnahme sind daher auch auf die Veräußerungspflicht hin genau zu durchdenken; sie sollen möglichst präzise formuliert sein. Es kann z. B. Ziel der Entwicklungsmaßnahme sein, in einem Teil des Entwicklungsbereichs vorrangig oder überhaupt ein bestimmtes Wohnungsgemenge oder öffentlich geförderten sozialen Wohnungsbau durchzuführen.

Im Hinblick auf die formulierten Entwicklungsziele und die Erfordernisse der Entwicklungsmaßnahme ist der Begriff der Flächen „für sonstige öffentliche Zwecke" (§ 59 Abs. 1) weit auszulegen; es handelt sich hier um öffentliche Zwecke, die über die Festsetzungsmöglichkeit des § 9 BBauG hinausgehen können. Die Veräußerungspflicht der Gemeinde im Entwicklungsbereich nach § 59 Abs. 1 ist insoweit einerseits enger als die Veräußerungspflicht im Sanierungsgebiet (§ 25 Abs. 1), andererseits ist sie — wie eingangs ausgeführt — weiter.

IX. Baumaßnahmen

Die Zeitfolge der Baumaßnahmen ist im Hinblick auf die beabsichtigte Wirkung der Entwicklungsmaßnahmen und im Hinblick auf die Bewohner des Gebietes von großer Wichtigkeit.

E 50

Um Planungs- und Baumaßnahmen zweckmäßig aufeinander abstimmen zu können, sollte für den gesamten Planungsbereich ein Zeitplan aufgestellt werden.

Es muß darauf geachtet werden, daß zu dem Zeitpunkt, wenn die ersten Bewohner in die im Entwicklungsgebiet neu entstandenen Wohngebiete einziehen, die Einrichtungen zur Versorgung mit Gütern und Dienstleistungen sowie mit sozialkulturellen und sonstigen öffentlichen Leistungen fertiggestellt und in Betrieb sind, auch wenn sie durch die zunächst geringe Einwohnerzahl noch nicht ausgelastet sind.

Dieses ist eine der entscheidendsten Hilfen bei der Beseitigung der heute nur zu bekannten Anfangsschwierigkeiten in neuen Wohngebieten.

(Beispielhaft lassen sich diese Möglichkeiten in Stockholm studieren, wo bei neuen Wohngebieten als erstes grundsätzlich das Zentrum mit der zugehörigen U-Bahn- bzw. Busstation fertiggestellt wird.)

X. Abwicklung

1. Aufhebung der Erklärung zum städtebaulichen Entwicklungsbereich

E 51
§ 63

Ist die Entwicklungsmaßnahme durchgeführt, sind ihre Ziele erreicht, ist gesichert, daß ein lebensfähiges örtliches Gemeinwesen entsteht, oder ist es gar schon entstanden, dann ist die Erklärung zum städtebaulichen Entwicklungsbereich aufzuheben. In der Regel ist die Entwicklungsmaßnahme erst dann durchgeführt, wenn auch gebaut ist. Der Bauvorgang muß jedoch noch nicht abgeschlossen sein, wenn die Erklärung zum städtebaulichen Entwicklungsbereich nach § 63 Abs. 1 aufgehoben wird. Das geht daraus hervor, daß in § 51 der Regierungsvorlage, der dem jetzigen § 63 entsprach, vorgesehen war, daß ein Baugebot auch noch nach der Aufhebung der Erklärung zum städtebaulichen Entwicklungsbereich Geltung behalten sollte. Bei den Ausschußberatungen hielt man diese Vorschrift für überflüssig (vgl. den Ausschußbericht zu BT-Drucksache VI/2204 — zu § 63, Seite 24). Schon aus allgemeinen Regeln folgt, daß erlassene Verwaltungsakte bei der Aufhebung des Entwicklungsbereichs nicht wirkungslos werden. Da es denkbar ist, daß die Entwicklungsmaßnahme nur in einem Teil des städtebaulichen Entwicklungsbereichs durchgeführt ist, kann die Erklärung zum Entwicklungsbereich auch teilweise aufgehoben werden.

1.1 Verfahren

E 52

Die Aufhebung der Erklärung zum städtebaulichen Entwicklungsbereich erfolgt durch Rechtsverordnung der Landesregierung, also in derselben Rechtsform wie die förmliche Festlegung des Entwicklungsbereichs. § 63 bestimmt zwar nicht ausdrücklich, daß die Rechtsverordnung der Landesregierung öffentlich bekanntzumachen ist. Das ist aber eine Selbstverständlichkeit: eine nicht bekannt gemachte Rechtsverordnung hat keine Bedeutung. Für eine öffentliche Bekanntmachung ist vor allem in den Gemeinden zu sorgen, die von der Entwicklungsmaßnahme berührt werden. Nach Erlaß der Rechtsverordnung ersuchen die Gemeinden das Grundbuchamt um Löschung der Entwicklungsvermerke.

Bekanntmachung

E 55, 56

1.2 Rechtswirkungen

Mit der Verordnung der Landesregierung werden die besonderen Bestimmungen des Städtebauförderungsgesetzes (§ 57), soweit sie sich nicht auf die Abwicklung des Verfahrens beziehen oder die Grundlage von noch nicht abgewickelten Verwaltungsakten bilden, unanwendbar.

Anpassungsgebiet

Lag im Entwicklungsbereich auch ein im Zusammenhang bebautes Gebiet, das nach § 62 besonders förmlich festgelegt wurde, so tritt mit der Verordnung der Landesregierung auch die gemeindliche Satzung außer Kraft, die nach § 62 erlassen worden war. In dem Gebiet werden damit die Bestimmungen des Sanierungsrechts unanwendbar.

2. Erhebung von Ausgleichsbeträgen und Gesamtabrechnung

Hat die Gemeinde nicht nach § 54 Abs. 3 Satz 1 alle Grundstücke im Entwicklungsbereich erworben, so ist zu prüfen, ob Ausgleichsbeträge zu erheben sind. Nach § 54 Abs. 3 Nr. 1 und 2 soll die Gemeinde vom Erwerb von Grundstücken absehen, wenn Art und Maß der baulichen Nutzung bei der Durchführung der Entwicklungsmaßnahme nicht geändert werden sollen oder auf einem unbebauten Grundstück ein Eigenheim oder eine Kleinsiedlung in Einklang mit den Entwicklungszielen gebaut werden soll. Insbesondere im zweiten Fall dürfte das in Frage kommende Grundstück eine Wertsteigerung durchgemacht haben, die zur Erhebung eines Ausgleichsbetrags nach § 54 Abs. 3 Satz 4 in Verbindung mit § 41 führt. Ausgleichsbeträge kommen auch in Betracht, wenn ein bebautes Gebiet innerhalb des Entwicklungsbereichs nach § 62 förmlich festgelegt worden war. In diesem Bereich mußte die Gemeinde die Grundstücke nicht alle erwerben. Sind die Grundstücke wertvoller geworden, so sind jedoch Ausgleichsbeträge zu entrichten.

E 53
Ausgleichsbeträge

§§ 54 Abs. 3, 62

Wegen der Erhebung der Ausgleichsbeträge und wegen der Gesamtabrechnung wird auf die Ausführungen im Ersten Teil verwiesen.

3. Fortführung des Sozialplans

Sozialplanung muß auch im Entwicklungsbereich noch über den Abschluß des Verfahrens hinaus weitergeführt werden, da sich für die Bevölkerung viele Probleme erst mit und nach dem Bezug der neuen Wohnungen ergeben.

E 19
§§ 57, 4, 8

Diese Probleme hängen einerseits mit dem oft langsamen technischen Ausbau und der vielfach zumindest auf Zeit unzureichenden Versorgung mit öffentlichen und privaten Dienstleistungen zusammen. Die zu Anfang oft noch schlechte Verkehrserschließung zwingt die Bewohner darüber hinaus vielleicht in ungewollte Isolation. Andererseits sind ganz allgemein Integrations- und Anpassungsprobleme zu erwarten.

Jeder Umzug stellt einen einschneidenden Eingriff in die gewohnte persönliche und soziale Sphäre dar. Die Erfahrung des Herausgerissenseins wird im Entwicklungsgebiet noch dadurch verstärkt, daß der Zuziehende sich nicht an bestehenden Interaktions- und Kommunikationsmustern orientieren und sich nicht in ein vorstrukturiertes Feld integrieren kann. Selbst wenn in dieser Situation Unbehagen und Konflikte entstehen, sind sie nicht nur negativ zu bewerten. Ein unstrukturierter und in seinen Sozialbeziehungen noch nicht vorgeformter und erhärteter Raum bietet für persönliche und Gruppeninitiative sehr viel mehr Möglichkeiten. Unzufriedenheit und Konflikte können artikuliert werden, und es besteht gleichzeitig die Chance, die Situation durch Eigeninitiative tatsächlich zu verbessern. Die Erfahrung der echten Mitverantwortlichkeit kann in diesem Zusammenhang für die weitere Entwicklung des Gebietes wesentlich sein.

Gemeinwesenarbeit hat auf diesem „Feld" eine bedeutende Funktion zu erfüllen. Sie muß zur Aktivierung der Bürger beitragen und Eigeninitiative wecken und unterstützen. Gemeindliche Initiativen (Bürgerforen, Fragebogenaktionen, Organisation von Mietervertretungen usw.) dürfen jedoch nicht dazu führen, daß sich die Bewohner unkritisch auf weitere Aktivitäten verlassen. Gemeinwesenarbeit muß vielmehr kritisches Bewußtwerden und Initiativen der Bevölkerung unterstützen. Indem Möglichkeiten für Kommunikation, Interessenartikulation und gegenseitiges Kennenlernen angeboten werden, schafft Gemeinwesenarbeit wesentliche Voraussetzungen für die erforderliche Integration der Bewohner der Neubaugebiete.

Entwicklungsmaßnahmen können auch dazu führen, daß sich alteingesessene Bewohner der umliegenden Gebiete gegenüber den neuen Bewohnern abkapseln und sich gegen ein Aufbrechen ihrer Sozialbeziehungen wehren. Gemeinwesenarbeit sollte daher auch versuchen, derartige Entwicklungen zu verhindern. So können z. B. Kontakte zu ortsansässigen Vereinen vermittelt werden, um eine für die Bewohner gemeinsame Kommunikations- und Interessenbasis zu finden und gemeinsame Initiativen anzuregen.

XI. Rechtsschutz

Die Rechtsschutzmöglichkeiten des Grundstückseigentümers, eines sonstigen Berechtigten, der Gemeinde, des Bedarfsträgers und des Sanierungsträgers gegen Maßnahmen in einem Sanierungsverfahren sind im Ersten Teil Seite 156 ff. dargestellt. Nach § 57 Abs. 1 gelten im Entwicklungsbereich die meisten Vorschriften für die Durchführung von Ordnungsmaßnahmen, insbesondere die über die Wirkung der förmlichen Festlegung, über die Genehmigungspflicht von Vorhaben und Rechtsvorgängen und dergleichen entsprechend; soweit es sich um die hierbei gegebenen Rechtsmittelmöglichkeiten handelt, wird auf die Ausführungen im Ersten Teil Bezug genommen. Im folgenden sollen nur Besonderheiten oder Abweichungen dargestellt werden:

1. Rechtsschutz bei der förmlichen Festlegung des Entwicklungsbereichs

E 17.2
§ 53 Abs. 1

Normenkontrollantrag

Der Entwicklungsbereich wird nicht etwa wie das Sanierungsgebiet durch Satzungsbeschluß der Gemeinde förmlich festgelegt, sondern durch Verordnung der Landesregierung. Soweit die Länder (bisher lediglich Baden-Württemberg, Bayern, Bremen, Hessen und Schleswig-Holstein) von der Möglichkeit des § 47 VwGO Gebrauch gemacht haben, ein Normenkontrollverfahren einzuführen, unterliegt eine Verordnung der Landesregierung über die förmliche Festlegung eines Entwicklungsbereiches in gleicher Weise wie ein gemeindlicher Satzungsbeschluß über die förmliche Festlegung eines Sanierungsgebietes der gerichtlichen Überprüfung im Normenkontrollverfahren. Daher kann der Eigentümer eines Grundstücks, ein sonstiger Berechtigter oder jeder Dritte, sowie die Gemeinde, wenn sie durch die förmliche Festlegung des Entwicklungsbereiches einen Nachteil zu erleiden oder in absehbarer Zeit zu erwarten haben, beim Verwaltungsgerichtshof (oder dem Oberverwaltungsgericht) beantragen, die Rechtsverordnung für ungültig zu erklären.

Dagegen liegt die Festlegung des Entwicklungsbereiches selbst im gesetzgeberischen Ermessen der Landesregierung als Verordnungsgeber. Die Gemeinde kann Rechtsmittel gegen eine Weigerung der Landesregierung, einen Entwicklungsbereich förmlich festzulegen, nicht ergreifen.

2. Rechtsmittel gegen die Übertragung der Durchführung der Entwicklungsmaßnahme

E 28

Normenkontrollantrag

Unter den Voraussetzungen des § 54 Abs. 4 Satz 1 kann die Landesregierung durch Rechtsverordnung bestimmen, daß ein Gemeindeverband oder ein Verband, an dessen Willensbildung die Gemeinde oder der zuständige Gemeindeverband beteiligt ist, die Entwicklungsmaßnahme durchführt. Die betroffene Gemeinde oder der betroffene Gemeindeverband kann gegen diese Verordnung — soweit landesrechtlich vorgesehen — einen Normenkontrollantrag stellen. Sie können geltend machen, daß die Voraussetzungen zum Erlaß der Verordnung nicht gegeben sind, weil die Übertragung zur Vorbereitung und Durchführung der Entwicklungsmaßnahme nicht geboten sei oder — bei Vorliegen der Voraussetzungen —, daß die Landesregierung ihr Ermessen falsch gebraucht und bei Erlaß der Verordnung rechtsfehlerhaft oder rechtsmißbräuchlich gehandelt habe.

Dasselbe ist der Fall, wenn die Landesregierung nach § 54 Abs. 4 Satz 2 mit der Durchführung der Entwicklungsmaßnahme eine andere Gemeinde oder einen Landkreis beauftragt, weil das Gebiet der betroffenen Gemeinde nur in geringem Umfang berührt wird. Auch hier kann die betroffene Gemeinde das Fehlen der Voraussetzungen oder die unrichtige Anwendung des gesetzgeberischen Ermessens rügen.

In beiden Fällen (§ 54 Abs. 4 Satz 1 und § 54 Abs. 4 Satz 2) sind auch die mit der Durchführung der Entwicklungsmaßnahme beauftragten Verbände, Gemeinden oder Landkreise zur Stellung eines Normenkontrollantrags befugt, weil sie durch die Übertragung der Aufgabe auch beschwert sein können.

3. Rechtsmittel gegen die Aufhebung der Erklärung zum städtebaulichen Entwicklungsbereich

E 21, 51

Normenkontrollantrag

Die Rechtsverordnung über die Aufhebung der Erklärung zum städtebaulichen Entwicklungsbereich insgesamt (§ 63 Abs. 1 Satz 1) oder teilweise (§ 63 Abs. 1 Satz 2), kann in gleicher Weise wie die förmliche Festlegung durch Normenkontrollantrag in den Ländern, die ein solches Verfahren eingeführt haben, angegriffen werden.

4. Rechtsmittel gegen die förmliche Festlegung von im Zusammenhang bebauten Gebieten

Soweit es erforderlich ist, ein vom städtebaulichen Entwicklungsbereich umfaßtes, im Zusammenhang bebautes Gebiet an die vorgesehene Entwicklung anzupassen, soll die Gemeinde gleichzeitig dieses Gebiet durch Beschluß förmlich festlegen. In diesen Fällen würde es nicht genügen, die Rechtsverordnung der Landesregierung über die förmliche Festlegung des Entwicklungsbereichs insgesamt im Normenkontrollverfahren anzugreifen, gleichzeitig müßte ein Normenkontrollantrag gegen die zusätzliche förmliche Festlegung des im Zusammenhang bebauten Gebietes durch die Gemeinde gestellt werden. Beteiligt wären dann nicht nur das Land, sondern auch die Gemeinde, die nach § 62 Satz 3 in Verbindung mit § 5 den Bereich durch Satzung förmlich festgelegt hat.

E 18

Normenkontrollantrag

§ 62

5. Rechtsmittel gegen die Verpflichtung zur Beauftragung eines Entwicklungsträgers

Die Verpflichtung der Gemeinde durch die oberste Landesbehörde, einen Entwicklungsträger zu beauftragen (§ 55 Abs. 1 Satz 2), ist ein Verwaltungsakt. Er kann von der Gemeinde durch Anfechtungsklage vor den Verwaltungsgerichten angegriffen werden. Die Durchführung eines Widerspruchsverfahrens entfällt nach § 68 Abs. 1 Satz 2 Nr. 1 VwGO.

E 27
Anfechtungsklage

6. Rechtsschutz bei Ausübung des Vorkaufs- und Grunderwerbsrechts zugunsten des Entwicklungsträgers

Nach § 57 Abs. 1 Nr. 4 zweiter Halbsatz hat die Gemeinde das Vorkaufs- und Grunderwerbsrecht auf Verlangen zugunsten des Entwicklungsträgers auszuüben. Die Ausübung des Vorkaufsrechts ist ein privatrechtsgestaltender Verwaltungsakt. Soweit also eine Gemeinde dem Verlangen eines Entwicklungsträgers nicht nachkommt, das Vorkaufs- oder Grunderwerbsrecht zugunsten von ihm auszuüben, kann der Entwicklungsträger im Falle einer förmlichen Ablehnung durch die Gemeinde nach Widerspruch Anfechtungsklage, verbunden mit einer Verpflichtungsklage, erheben oder Untätigkeitsklage, wenn die Gemeinde das Vorkaufs- oder Grunderwerbsrecht nicht ausübt. Da die Ausübung beider Rechte durch die Gemeinde an sehr kurze Fristen gebunden ist, muß in diesen Fällen eine Untätigkeitsklage schon vor Ablauf der Dreimonatsfrist des § 45 VwGO zulässig sein.

E 25, 33

Anfechtungsklage

7. Rechtsschutz bei Auseinandersetzung des Treuhandvermögens

Wie bereits im Ersten Teil ausgeführt, dürfte das Verhältnis zwischen Gemeinde und Sanierungsträger als ein öffentlich-rechtliches zu qualifizieren sein. Dies wird durch § 55 Abs. 4 unterstrichen. Die Verpflichtung des Entwicklungsträgers durch die Gemeinde zur Veräußerung und die Berechtigung der Gemeinde zur Erteilung von Weisungen wird sonach in den vor den Verwaltungsgerichten durchzuführenden Verfahren überprüft. In erster Linie dürfte die öffentlich-rechtliche Leistungsklage in Frage kommen.

§ 55 Abs. 4
öffentl.-rechtl. Leistungsklage

8. Rechtsschutz bei Verleihung der Rechtsfähigkeit an eine Entwicklungsgemeinschaft

Das nach § 60 Abs. 2 vorgesehene besondere Gesetz wird auch Rechtsschutzmöglichkeiten zu regeln haben.

E 47

Musterverträge zwischen Gemeinde und Sanierungsträger,
ausgearbeitet von der Bundesvereinigung der Kommunalen Spitzenverbände
in Zusammenarbeit mit dem Innenministerium
des Landes Nordrhein-Westfalen Ende Juli 1971

Vertrag
über die Vorbereitung städtebaulicher Sanierungsmaßnahmen
(Vorbereitungsvertrag)

Zwischen

der Stadt/ Gemeinde ....

vertreten durch ....

– im folgenden Stadt/Gemeinde genannt –

und

....

– im folgenden Sanierungsträger/Beauftragter[1] genannt –

wird folgender Vertrag geschlossen:

Präambel

Das im beigefügten Lageplan dargestellte Gebiet in ...., das begrenzt wird durch .... (Untersuchungsbereich), soll darauf untersucht werden, ob und wie es durch Sanierungsmaßnahmen neu geordnet werden kann. Der Lageplan ist Bestandteil dieses Vertrages.

Für das Gebiet liegen folgende Pläne[2] und Beschlüsse[3] vor:

....

....

Die Vertragschließenden sind sich darüber einig, daß die vorbereitenden Untersuchungen nur bei vertrauensvoller Zusammenarbeit zügig erarbeitet werden können. Die Stadt/Gemeinde wird ihr Weisungsrecht in diesem Rahmen ausüben. Der Sanierungsträger/Beauftragte wird von sich aus alle Angelegenheiten von wesentlicher Bedeutung rechtzeitig an die Stadt/Gemeinde herantragen, ihr jede gewünschte Auskunft erteilen und ihr Einsicht in seine Untersuchungsunterlagen gewähren. Der Sanierungsträger/Beauftragte wird die nicht für die Öffentlichkeit bestimmten Unterlagen und Daten, die er von der Stadt/Gemeinde erhält und die er bei den Untersuchungen erlangt, mit der gebotenen Vertraulichkeit behandeln und nur im Einvernehmen mit der Stadt/Gemeinde an Dritte weitergeben.

§ 1 Vertragsgegenstand

(1) Der Sanierungsträger/Beauftragte übernimmt im Rahmen dieses Vertrages Maßnahmen zur Vorbereitung der Erneuerung im Untersuchungsbereich. Nach Abschluß der vorbereitenden Maßnahmen entscheidet die Stadt/Gemeinde, ob, wann, in welchem Umfang und von wem Sanierungsmaßnahmen durchgeführt werden sollen.

---

1 Die Bezeichnung „Sanierungsträger" ist in diesem Vertrag nur zu verwenden, wenn es sich um einen nach § 34 StBauFG bestätigten Sanierungsträger handelt; einer Bestätigung bedarf es für die Übernahme der in diesem Vertrag geregelten Aufgaben jedoch nicht.

2 In Frage kommen: Flächennutzungsplan, Bebauungsplan, Bebauungsplanentwürfe und sonstige Pläne.

3 In Frage kommen insbesondere: Beschluß zur Aufstellung eines Bebauungsplanes, Veränderungssperre (§ 16 BBauG), Vorkaufsrecht (§§ 25, 26 BBauG), Umlegungsanordnung (§ 46 BBauG), Umlegungsbeschluß (§ 47 BBauG), Planfeststellungsbeschluß (z. B. § 17 BFStrG).

Vorbereitungsvertrag

(2) Grundlage der vorbereitenden Maßnahmen ist/sind der .... Plan .... [4].
Die Stadt/Gemeinde behält sich vor, diese(n) Plan/Pläne zu ändern oder zu ergänzen.

(3) Hoheitliche Befugnisse der Stadt/Gemeinde werden durch diesen Vertrag nicht berührt.

§ 2 Vorbereitende Maßnahmen

Zur Vorbereitung der Sanierung sind folgende Maßnahmen erforderlich [5]:

1 Darstellung der für den Untersuchungsbereich maßgebenden Strukturdaten
1.1 Bevölkerungsentwicklung
1.2 Wohnen, Arbeiten, Einkommen
1.3 Wirtschaft

2 Darstellung städtebaulicher Ziele aus der
2.1 Landesplanung (Landes- und Gebietsentwicklungspläne)
2.2 Fachplanung (z. B. Verkehr)
2.3 gemeindlichen Planung

3 Bestandsaufnahme einschließlich Bewertung [6]
3.1 Bestand
3.1.1 Grundstücksangaben
(Lage, Flurstückbezeichnung, Größe, Eigentümer, Nutzungsberechtigte z. B. Mieter, Pächter)
3.1.2 Gebäudebestand
(Baujahr, bebaute Fläche, nicht überbaute Fläche, Anzahl der Geschosse, überwiegende Nutzung der Gebäude, überwiegende Nutzung der nicht überbauten Fläche, Belegung der Wohnungen, Geschoßfläche, aufgegliedert nach Wohnungen, Betrieben und sonstigen Nutzungen, überwiegende Grundflächen- und Geschoßflächenzahl)
3.1.3 Qualität der Gebäude
(Fundamente, Trennwände, Decken, Dachkonstruktion, Dachdeckung, Außenverkleidung, **Treppenkonstruktion**, Brandschutz)
3.1.4 Qualität der Wohnungen nach
Lage
(Abgeschlossene und nichtabgeschlossene Wohnungen, Wohnungsgröße, Besonnung, Belüftung, Raumgröße, Raumhöhe, Fenstergröße, Freiflächen vor notwendigen Fenstern)
Ver- und Entsorgung
(Wasser, Gas, Elektrizität, Kanalanschluß)
Ausstattung
(Küche, Bad, Dusche, Abort, Heizung)
Einwirkungen
(Temperatureinflüsse, Geräusche, Gerüche)
3.2 Befragung der Betroffenen (abhängig vom Einzelfall)
3.2.1 Haushaltsbefragung
(Total- und Repräsentativerhebung, Haushaltsgröße, Alter der Haushaltsmitglieder, Be-

---

4 Vgl. Erläuterung 2.
5 § 2 zählt alle Maßnahmen auf, die in der Regel bei der Vorbereitung von Sanierungsmaßnahmen anfallen. Nicht alle diese Maßnahmen werden dem Sanierungsträger/Beauftragten übertragen (vgl. § 4). Einzelne Punkte aus dem Katalog des § 2, die sich im konkreten Fall erübrigen, sind zu streichen.
6 Hier ist der Versuch gemacht, alle denkbaren Positionen der Bestandsaufnahme zu erfassen. Sie werden im einzelnen Fall nicht immer sämtlich notwendig sein; von einzelnen Positionen werden häufig schon Unterlagen bei der Stadt/Gemeinde vorhanden sein.

Vorbereitungsvertrag

schäftigung, Einkommen, Belegungsdichte, Entfernung zum Arbeitsplatz, Laufdauer des Mietvertrages, Beurteilung der Wohnung, Wünsche bei einer Umquartierung)

3.2.2 Betriebsbefragung
(Gewerbezweig, Nutzfläche, Zahl der Beschäftigten; für den Fall der Verlagerung: Zeitraum der Betriebsunterbrechung, Kundenverlust, Kostenschätzung, besondere Wünsche)

3.3 Bewertung

3.3.1 Bodenpreise (DM/qm)

3.3.2 Bewertung der Grundstücke einschließlich Gebäudesubstanz

3.3.3 Schätzung der Kosten für die Verlagerung bzw. Stillegung der Betriebe

4 Auswertung der Bestandsaufnahme

4.1 Darstellung in Übersichten und Plänen [7]

4.1.1 Verzeichnis der Eigentümer und Nutzer

4.1.2 Art und Maß der baulichen und sonstigen Nutzung

4.1.3 Alter und Erhaltungszustand der Gebäude

4.1.4 Qualität der Wohnungen

4.1.5 Dichte der Bebauung
(Grund- und Geschoßflächenzahl)

4.1.6 Wohn- und Belegungsdichte

4.1.7 Lage der störenden Betriebe

4.1.8 Öffentliche und private Verkehrsflächen

4.1.9 Öffentliche Versorgungseinrichtungen

4.1.10 Grün- und Freiflächen

4.1.11 Öffentliche Gebäude

4.2 Strukturanalyse

4.2.1 Beurteilung der baulichen Struktur

4.2.2 Beurteilung der wirtschaftlichen Struktur

4.2.3 Beurteilung der soziologischen Struktur

5 Sondergutachten

5.1 Verkehr

5.2 Gewerbebedarf (Marktanalyse)

5.3 Ver- und Entsorgung

5.4 Grün- und Freiflächenplanung

5.5 Sonstiges

6 Vorschläge für städtebauliche Neuordnungskonzepte

6.1 Vorstellungen zum Bebauungsplan und zur Bauplanung [8]

6.2 Darstellung der Auswirkungen im sozialen Bereich; Planung der sozialen Anforderungen im Sanierungsgebiet und evtl. im Ersatzgebiet

---

[7] Beispielsweise Gebäude- und Fotokartei über den im Plangebiet vorhandenen Baubestand mit Blockeinteilung, Standort, Blickrichtung der Aufnahmen, Übersichtskarte; Darstellung der für das Ortsbild bedeutsamen Baulichkeiten, farbige Übersichtskarte des derzeitigen Grundeigentums mit Eintragung der Eigentümer.

[8] Hierbei handelt es sich noch nicht um Entwürfe oder Vorentwürfe im Sinne der GOA für bauliche Anlagen. Die Leistungen nach Nr. 6.1 sind mit der Pauschalvergütung nach § 8 Abs. 1 abgegolten (vgl. auch Erl. 12), nicht dagegen Architekten- und ähnliche Leistungen, die der Sanierungsträger/Beauftragte im Einzelfall auf besonderen Auftrag erbringt. Solche Leistungen sind gesondert zu vergüten, wobei die geltenden Gebührenregelungen zu beachten sind.

Vorbereitungsvertrag

6.3	Planung der künftigen Eigentumsstruktur
6.4	Überlegungen zur Wirtschaftlichkeit (Überschlägige Kosten- und Ertragsschätzung, Finanzierungsüberlegung, steuerliche Auswirkungen)
7	Einholen von Stellungnahmen der Träger öffentlicher Belange [9]
8	Öffentlichkeitsarbeit
9	Erforschung der Einstellung der Eigentümer, Mieter, Pächter und sonstigen Nutzungsberechtigten im Untersuchungsbereich zur baulichen, verkehrlichen und gewerblichen Neuordnung und zum Wohn- und Gewerbeflächenbedarf sowie Erarbeitung der Grundsätze für den Sozialplan (§ 4 Abs. 2 StBauFG)
10	Aufstellung des städtebaulichen Neuordnungsprogramms (nach Erörterung der Neuordnungskonzepte mit den Betroffenen)
11	Städtebauliche Planung
11.1	Ausarbeitung eines Verkehrsplanes für das Neuordnungsgebiet als Grundlage für den verbindlichen Bauleitplan
11.2	Ausarbeitung eines Bebauungsplanentwurfs (gegebenenfalls mit Alternativen)
11.3	Herstellung eines städtebaulichen Modells der Neuplanung
12	Ermittlung der voraussichtlichen Kosten unter Berücksichtigung folgender Faktoren:
12.1	Vorbereitende Maßnahmen
12.2	Ordnungsmaßnahmen
12.2.1	Grunderwerb
12.2.2	Umsetzung
12.2.3	Freilegung
12.2.4	Entschädigungen, Härteausgleich, Sozialplan
12.2.5	geschätzte Kostenerstattungen nach § 24 StBauFG
12.2.6	Vermessung
12.2.7	Erschließung
12.2.8	Vergütungen an Sanierungsträger und andere Beauftragte
12.2.9	Geldbeschaffungskosten
12.2.10	Bewirtschaftung und Verwaltung
12.2.11	Sonstige Kosten
12.2.12	Grundstücksverkaufserlöse einschließlich Mehrwert
12.2.13	Ausgleichsbeträge
12.2.14	Sonstige Erträge
12.3	Baumaßnahmen
12.3.1	Neubau einschließlich Ersatzbau im Rahmen der Nr. 12.2.2
12.3.2	Modernisierung
12.3.3	Geldbeschaffungskosten

---

[9] Vgl. § 4 Abs. 4 StBauFG.

Vorbereitungsvertrag

13 Vorschläge zur Art der Durchführung
(Zeit- und Maßnahmeplan, Abschnittsbildung, Verfahrensplanung)

14 Darstellungen zur Wirtschaftlichkeit und zur Finanzierung der Maßnahmen

15 Bericht über das Ergebnis der vorbereitenden Untersuchungen

§ 3 Allgemeine Vertragspflichten des Sanierungsträgers/Beauftragten

(1) Aufgabe des Sanierungsträgers/Beauftragten ist es, die Stadt/Gemeinde bei der Vorbereitung der Sanierung zu unterstützen und die ihm nach § 4 übertragenen Maßnahmen zu treffen.

(2) Der Sanierungsträger/Beauftragte verpflichtet sich, die ihm übertragenen Aufgaben in enger Fühlungnahme mit der Stadt/Gemeinde abzuwickeln [10].

(3) Der Sanierungsträger/Beauftragte darf ihm übertragene Aufgaben nur mit Zustimmung der Stadt/Gemeinde auf Dritte übertragen.

§ 4 Übertragene Maßnahmen

(1) Dem Sanierungsträger/Beauftragten werden folgende der in § 2 genannten vorbereitenden Maßnahmen übertragen [11]:

§ 2 Nr. ....
§ 2 Nr. ....
§ 2 Nr. ....
§ 2 Nr. ....
§ 2 Nr. ....
§ 2 Nr. ....
§ 2 Nr. ....
§ 2 Nr. ....
§ 2 Nr. ....
§ 2 Nr. ....
§ 2 Nr. ....
§ 2 Nr. ....

(2) Bei der Öffentlichkeitsarbeit (§ 2 Nr. 8) wirken Stadt/Gemeinde und Sanierungsträger/Beauftragter zusammen.

(3) Die übrigen vorbereitenden Maßnahmen trifft die Stadt/Gemeinde selbst. Sie behält sich vor, einzelne Maßnahmen auf Dritte zu übertragen. Maßnahmen, die mit der Erfüllung von Aufgaben des Sanierungsträgers/Beauftragten in Zusammenhang stehen, wird die Stadt/Gemeinde so treffen, daß der Sanierungsträger/Beauftragte die ihm obliegenden Aufgaben zügig abwickeln kann; dies gilt entsprechend für den Sanierungsträger/Beauftragten.

§ 5 Verfahrensgrundsätze

(1) Der Sanierungsträger/Beauftragte hat das geltende Recht, die mit der Bewilligung öffentlicher Mittel verbundenen Bedingungen und Auflagen, die Beschlüsse und Weisungen der Stadt/Gemeinde sowie alle in bezug auf die Sanierung bestehenden Vorschriften zu beachten.

---

10 Abs. 2 soll es der Stadt/Gemeinde ermöglichen, ständig einen Überblick über den Stand der Untersuchungen und darüber zu haben, inwieweit die Untersuchungsergebnisse noch im Rahmen der ursprünglichen Überlegungen, die zu dem Untersuchungsauftrag und der Sanierungsabsicht geführt haben, liegen (vgl. auch § 10 Satz 2). Abs. 2 kann aus diesem Grunde auch noch dahin ergänzt werden, daß der Sanierungsträger/Beauftragte nach Erfüllung einzelner bestimmter Leistungen die Zustimmung der Stadt/Gemeinde zur Inangriffnahme bestimmter weiterer Maßnahmen einzuholen hat. Falls der Sanierungsträger/Beauftragte seinen Sitz nicht am Orte hat, kann es sich empfehlen, die Frage einer örtlichen Vertretung im Vertrag zu regeln.

11 Es empfiehlt sich, dem Sanierungsträger/Beauftragten die in § 2 Nrn. 1—4, 6—10, 12—15 genannten Aufgaben zu übertragen (vgl. auch § 8 Abs. 1 mit Erl. 12).

Vorbereitungsvertrag

(2) Der Sanierungsträger/Beauftragte darf während der Dauer dieses Vertrages und, falls er mit der Durchführung der Sanierung nicht beauftragt wird, noch bis zu zwei Jahren danach im Sanierungsgebiet auf eigene Rechnung keine Grundstücke oder grundstücksgleichen Rechte erwerben.

(3) Der Sanierungsträger/Beauftragte hat die Stadt/Gemeinde auf sich bietende Möglichkeiten des Grunderwerbs in dem Untersuchungsbereich hinzuweisen.

(4) Der Sanierungsträger/Beauftragte und die Stadt/Gemeinde werden Aufträge miteinander abstimmen, die im Zusammenhang mit der Vorbereitung der Sanierung vergeben werden sollen.

§ 6 Auskunfts- und Unterrichtungspflicht

(1) Der Sanierungsträger/Beauftragte hat die Stadt/Gemeinde über den jeweiligen Stand der vorbereitenden Maßnahmen zu unterrichten, der Stadt/Gemeinde auch sonst jede erbetene Auskunft zu erteilen und jederzeit Einsicht in die Unterlagen und Akten zu gewähren, die mit der Maßnahme im Zusammenhang stehen.

(2) Sofern Zuschüsse gewährt werden, hat der Sanierungsträger/Beauftragte auch den zuschußbewilligenden Stellen oder den von diesen benannten Stellen Auskunft über seine Tätigkeit zu erteilen.

§ 7 Aufgaben und Pflichten der Stadt/Gemeinde

(1) Die Stadt/Gemeinde wird den Sanierungsträger/Beauftragten bei den vorbereitenden Untersuchungen unterstützen und dafür die nach geltendem Recht notwendigen rechtlichen und tatsächlichen Voraussetzungen schaffen. Die Stadt/Gemeinde wird den Sanierungsträger/Beauftragten von allen zur Vorbereitung der Sanierung eingeleiteten und einzuleitenden Maßnahmen unterrichten.

(2) Zu den Aufgaben der Stadt/Gemeinde gehören insbesondere:

1. die Überlassung der für die Vorbereitung erforderlichen, bei ihr vorhandenen Unterlagen (Pläne, Bestandskarten, Katasterunterlagen, Daten über Einwohner und Gewerbebetriebe, Daten der amtlichen Statistik, Richtwertauskünfte und dergleichen), soweit das rechtlich zulässig und tatsächlich möglich ist;
2. die Überlassung vorhandener Untersuchungen und Gutachten, die für die Vorbereitung der Sanierung von Bedeutung sind;
3. die Unterrichtung über die im Untersuchungsbereich vorkommenden Bodenverkehrsvorgänge, soweit das rechtlich und tatsächlich möglich ist;
4. die Unterrichtung über die mit der Sanierung zusammenhängenden amtlichen Veröffentlichungen und sonstigen Verlautbarungen;
5. die Anhörung des Sanierungsträgers/Beauftragten zu Bauvoranfragen und Bauanträgen vor Erteilung der Baugenehmigung;
6. die Durchführung der nach § 4 Abs. 3 von ihr selbst zu treffenden Maßnahmen.

(3) Die Stadt/Gemeinde benennt eine zuständige Dienststelle als ständige Kontaktstelle, die die Tätigkeit aller beteiligten Stadt-/Gemeindeämter in bezug auf die Vorbereitung der Sanierung koordiniert.

§ 8 Vergütung und Aufwendungsersatz

(1) Der Sanierungsträger erhält für seine gemäß § 4 Abs. 1 und 2 erbrachten Leistungen eine Vergütung von .... DM[12], in Worten: ....

---

12 Es ist zweckmäßig, eine Pauschalvergütung zu vereinbaren. Für die Höhe der Pauschalvergütung wird in der als Anhang abgedruckten Tabelle Seite 215 eine Berechnungsgrundlage gegeben, die den Versuch darstellt, zu einer an objektiven Merkmalen des Untersuchungsbereiches orientierten Vergütungshöhe zu gelangen. Sollten die Erfahrungen im Lauf der Zeit ergeben, daß Berechnungsgrundlagen gefunden werden können, die in höherem Maße als die Bezugsgrößen oder Werte der Tabelle dem durchschnittlichen Unternehmensaufwand entsprechen, so wird die Tabelle zu gegebener Zeit zu berichtigen sein.

Vorbereitungsvertrag

(2) Aufwendungen für Sonderfachleute, Reisekosten und sonstige Nebenkosten sind durch die Vergütung gemäß Abs. 1 abgegolten.

(3) Die Vergütung schließt die Umsatzsteuer ein.

(4) Die Vergütung nach Abs. 1 wird fällig
zu 10 v. H. bei Abschluß des Vertrages,
zu 50 v. H. nach Fertigstellung und Auswertung der Bestandsaufnahme (§ 2 Nr. 3 und 4),
zu 20 v. H. nach Vorlage der Vorschläge zur Neustrukturierung (§ 2 Nr. 6, 7, 9 und 10),
zu 20 v. H. nach Erfüllung des Vertrages.

(5) Übernimmt der Sanierungsträger/Beauftragte nach Abschluß des Vertrages auf Verlangen der Stadt/Gemeinde weitere Leistungen oder beauftragt er auf Verlangen oder mit Zustimmung der Stadt/Gemeinde für solche Leistungen Sonderfachleute, so ist hierfür eine besondere Vergütung zu vereinbaren [13].

(6) Sollte sich aufgrund der vom Sanierungsträger/Beauftragten geführten Aufzeichnungen und Unterlagen ergeben, daß die nach Abs. 1 gezahlte Gesamtvergütung in erkennbarem Mißverhältnis zu dem notwendigen Unternehmensaufwand steht, so sollen die Vertragspartner die Vergütungsregelung nochmals überprüfen und einen billigen Ausgleich herbeiführen.

§ 9 Erfüllung des Vertrages

Die Vertragspartner gehen davon aus, daß die Ausführung des Vertrages am _____ beginnen soll und in _____ Monaten/Jahren beendet sein wird.

§ 10 Kündigung

Der Vertrag kann nur aus wichtigem Grunde gekündigt werden, und zwar mit sofortiger Wirkung. Als wichtiger Grund gilt es insbesondere, wenn die Stadt/Gemeinde die Sanierungsabsicht aufgibt.

§ 11 Pflichten bei Beendigung des Vertrages

(1) Der Sanierungsträger/Beauftragte hat bei Beendigung des Vertrages alle Unterlagen und Ergebnisse der von ihm erbrachten Leistungen an die Stadt/Gemeinde herauszugeben.

Die Tabelle geht davon aus, daß die in § 2 Nr. 1—4, 6—10, 12—15 genannten Leistungen vom Sanierungsträger/Beauftragten erbracht werden. Werden einzelne dieser Leistungen nicht dem Sanierungsträger/Beauftragten übertragen oder werden ihm zusätzliche Aufgaben übertragen, ist die sich aus der nachfolgenden Tabelle ergebende Vergütung durch Abschläge oder Zuschläge zu korrigieren. Handelt es sich um Leistungen für die Gebührenregelungen gelten, sind diese Regelungen bei der Bemessung der Zuschläge zu berücksichtigen (vgl. auch Erl. 8 zu § 2 Nr. 6.1). Bei anderen Leistungen, auch bei solchen, für die Sonderfachleute beauftragt werden, sind die Zuschläge nach Angeboten oder dem voraussichtlichen Unternehmensaufwand zu bemessen.

Die sich aus der Tabelle ergebende Pauschalvergütung besteht aus einer Grundvergütung, die sich nach der Bruttogröße des Untersuchungsbereichs errechnet. Die Grundvergütung wird modifiziert durch Vergütungszu- und -abschläge für besondere, den Arbeitsaufwand des Sanierungsträgers/Beauftragten beeinflussende Merkmale des Untersuchungsbereiches.

Die nach § 8 Abs. 1 auf der Grundlage der Tabelle zum Zeitpunkt des Vertragsabschlusses berechnete und vereinbarte Festvergütung gilt auch dann, wenn im Laufe der Untersuchungen der Untersuchungsbereich — ohne daß der Vertrag geändert wird — geringfügig eingeengt oder ausgeweitet wird oder wenn die Untersuchungen eine andere Zahl von Eigentümern, Gebäuden usw. als ursprünglich angenommen, ergeben (vgl. aber § 8 Abs. 6).

13 Bei § 8 Abs. 5 handelt es sich nur um Leistungen, die der Sanierungsträger/Beauftragte außerhalb dieses Vertrages noch nach Vertragsabschluß übernimmt. Alle Leistungen, die er in diesem Vertrag übernimmt (§ 4 Abs. 1 und 2), sind bereits durch die Pauschalvergütung nach § 8 Abs. 1 abgegolten; das gilt auch für Leistungen, die der Sanierungsträger/Beauftragte nach diesem Vertrag über die Regelleistungen, die in der Vergütungstabelle zugrunde gelegt sind (vgl. Erl. 12), hinaus zu erbringen hat, da solche Mehrleistungen durch Zuschläge auf die sich aus der Tabelle ergebende Regelvergütung berücksichtigt werden.
Auch bei der in § 8 Abs. 5 angesprochenen Beauftragung von Sonderfachleuten handelt es sich nur um Leistungen, die dem Sanierungsträger/Beauftragten außerhalb dieses Vertrages noch übertragen werden. Soweit er für die bereits in § 4 Abs. 1 dieses Vertrages übernommenen Aufgaben Sonderfachleute einschaltet, hat er keinen Anspruch auf zusätzliche Vergütung oder Aufwendungsersatz.

Vorbereitungsvertrag

(2) Wird der Vertrag aus von der Stadt/Gemeinde zu vertretenden Gründen gekündigt, so erhält der Sanierungsträger/Beauftragte volle Vergütung für die bisher erbrachten Leistungen und 20 v. H. der Vergütung für die noch nicht erbrachten Leistungen.

(3) Wird der Vertrag aus von dem Sanierungsträger/Beauftragten zu vertretenden Gründen gekündigt, so erhält dieser eine Vergütung nur, wenn und soweit die erbrachten Leistungen von der Stadt/Gemeinde verwertet werden können.

(4) Wird der Vertrag aus von keiner Vertragspartei zu vertretenden Gründen gekündigt, so erhält der Sanierungsträger/Beauftragte volle Vergütung für die bisher erbrachten Leistungen. Dies gilt insbesondere für den Fall, daß die Sanierungsabsicht aufgegeben wird, weil die bisherigen Untersuchungen die Undurchführbarkeit der Sanierung ergeben.

§ 12 Unwirksamkeit von Vertragsbestimmungen, Ergänzungen

(1) Die Unwirksamkeit einzelner Vertragsbestimmungen berührt nicht die Gültigkeit des übrigen Vertragsinhaltes. Die Parteien verpflichten sich, im Zuge einer Vereinbarung solche Bestimmungen durch gleichwertige gültige Vorschriften zu ersetzen.

(2) Sollten bei der Durchführung des Vertrages ergänzende Bestimmungen notwendig werden, so verpflichten sich die Vertragspartner, die erforderlichen Vereinbarungen zu treffen.

(3) Das gleiche gilt, wenn einzelne Bestimmungen dieses Vertrages späteren gesetzlichen Regelungen widersprechen.

(4) Änderungen und Ergänzungen dieses Vertrages sowie andere Vereinbarungen, die den Inhalt dieses Vertrages berühren, bedürfen der Schriftform.

§ 13 Erfüllungsort [14]

Erfüllungsort ist ....

..................., den ...., den .... [15]

....

(Unterschriften)   (Unterschriften)

---

[14] Im Anschluß an diese Bestimmung kann ein zusätzlicher Paragraph „Schiedsklausel" eingefügt werden, falls die Vertragsparteien Meinungsverschiedenheiten aus diesem Vertrag durch ein Schiedsgericht entscheiden lassen wollen. Dabei kann es zweckmäßig sein, die Schiedsklausel auf die Beilegung bestimmter Einzelfragen — z. B. Streitfragen über die Vergütung und über Änderungen oder Ergänzungen des Vertrages im Rahmen des § 12 — zu beschränken, um für den übrigen Vertragsinhalt den Gerichtsweg uneingeschränkt offen zu halten.

[15] Für einen rechtswirksamen Abschluß des Vertrages ist das jeweils geltende Gemeindeverfassungsrecht zu beachten.

Vorbereitungsvertrag

ANHANG

Berechnungsgrundlage für die Höhe der Pauschalvergütung

a) Grundvergütung

Die Grundvergütung beträgt hinsichtlich der im Untersuchungsbereich gelegenen Grundstücksflächen

Fläche in ha	Grundvergütung DM/qm	mindestens DM	höchstens DM
bei bis zu 6	—,30	9 000	18 000
bei 6,01 bis 9	—,28	18 000	25 200
bei 9,01 bis 12	—,26	25 200	31 200
bei 12,01 bis 15	—,24	31 200	36 000
bei 15,01 bis 18	—,22	36 000	39 600
bei 18,01 bis 21	—,20	39 600	42 000
bei 21,01 bis 24	—,19	42 000	45 600
bei 24,01 bis 27	—,18	45 600	48 600
bei 27,01 bis 30	—,17	48 600	51 000
bei 30,01 bis 33	—,16	51 000	52 800
bei über 33	—,15	52 800	

b) Vergütungszu- und -abschläge

% Zuschlag bei einer Größe des Untersuchungsbereichs von

	bis 6 ha %	12 ha %	18 ha %	24 ha %	30 ha %	36 ha %	über 36 ha %
ba) gemäß Anzahl der Eigentümer							
bei bis zu 50 Eigentümern	+ 10	—	— 5	—10	—15	—20	—25
bei 51 bis 100 Eigentümern	+ 15	+ 10	—	— 5	—10	—15	—20
bei 101 bis 150 Eigentümern	+ 20	+ 15	+ 10	—	— 5	—10	—15
bei 151 bis 200 Eigentümern	+ 25	+ 20	+ 15	+ 10	—	— 5	—10
bei 201 bis 300 Eigentümern	—	+ 40	+ 30	+ 20	+ 10	—	— 5
bei 301 bis 400 Eigentümern	—	—	+ 40	+ 30	+ 20	+ 10	—
bei über 400 Eigentümern	—	—	—	+ 40	+ 30	+ 20	+ 10
bb) gemäß Anzahl der Gebäude							
bei bis zu 50 Gebäuden	50	25	—	— 5	—10	—15	—20
bei 51 bis 100 Gebäuden	75	50	25	—	— 5	—10	—15
bei 101 bis 150 Gebäuden	100	75	50	25	—	— 5	—10
bei 151 bis 200 Gebäuden	125	100	75	50	25	—	— 5
bei 201 bis 250 Gebäuden	150	125	100	75	50	25	—
bei 251 bis 300 Gebäuden	175	150	125	75	50	25	—
bei 301 bis 350 Gebäuden	—	175	150	100	75	50	25
bei 351 bis 400 Gebäuden	—	—	175	125	100	75	50
bei über 400 Gebäuden	—	—	—	150	125	100	75

Vorbereitungsvertrag

	% Zuschlag bei einer Größe des Untersuchungsbereichs von						
	bis						über
	6 ha	12 ha	18 ha	24 ha	30 ha	36 ha	36 ha
	%	%	%	%	%	%	%

bc)
gemäß Anzahl der Einwohner

	6 ha	12 ha	18 ha	24 ha	30 ha	36 ha	über 36 ha
bei bis zu 500 Einwohner	5	—	— 5	—10	—15	—20	—25
bei 501 bis 2 000 Einwohner	15	5	—	— 5	—10	—15	—20
bei 2 001 bis 3 000 Einwohner	25	10	5	—	— 5	—10	—15
bei 3 001 bis 4 000 Einwohner	50	15	10	5	—	— 5	—10
bei 4 001 bis 5 000 Einwohner	—	20	15	10	5	—	— 5
bei 5 001 bis 6 000 Einwohner	—	25	20	15	10	5	—
bei 6 001 bis 7 000 Einwohner	—	30	25	20	15	10	5
bei 7 001 bis 8 000 Einwohner	—	35	30	25	20	15	10
bei 8 001 bis 9 000 Einwohner	—	—	35	30	25	20	15
bei 9 001 bis 10 000 Einwohner	—	—	—	35	30	25	20
bei über 10 000 Einwohner	—	—	—	—	35	30	25

bd)
gemäß Anzahl der Gewerbebetriebe

	6 ha	12 ha	18 ha	24 ha	30 ha	36 ha	über 36 ha
bei bis zu 5 Betrieben	+10	+ 5	—	—	—	—	—
bei 6 bis 10 Betrieben	+20	+10	+ 5	—	—	—	—
bei 11 bis 15 Betrieben	+30	+20	+10	+ 5	—	—	—
bei 16 bis 20 Betrieben	—	+30	+20	+10	+ 5	—	—
bei 21 bis 25 Betrieben	—	—	+30	+20	+10	+ 5	—
bei 26 bis 30 Betrieben	—	—	—	+30	+20	+10	+ 5
bei über 30 Betrieben	—	—	—	—	+30	+20	+10

Ausrechnung:

a) **Grundvergütung**

.... ha à DM/qm .... = DM ....

b) Vergütungszu- bzw. -Abschlag

    ba) gemäß Anzahl der Eigentümer

        .... Zahl

        .... % der Grundvergütung als Zuschlag = + DM ....

        .... % der Grundvergütung als Abschlag = ./. DM ....

    bb) gemäß Anzahl der Gebäude

        .... Zahl

        .... % der Grundvergütung als Zuschlag = + DM ....

        .... % der Grundvergütung als Abschlag = ./. DM ....

    bc) gemäß Anzahl der Einwohner

        .... Zahl

        .... % der Grundvergütung als Zuschlag = + DM ....

        .... % der Grundvergütung als Abschlag = ./. DM ....

    bd) gemäß Anzahl der Gewerbebetriebe

        .... Zahl

        .... % der Grundvergütung als Zuschlag = + DM ....

        Gesamtvergütung gemäß § 8 Absatz 1   DM ....

Treuhändervertrag
über die Durchführung städtebaulicher Sanierungsmaßnahmen
(Durchführungsvertrag A)

Zwischen

der Stadt/Gemeinde ....

vertreten durch ....

– im folgenden Stadt/Gemeinde genannt –

und

....

– im folgenden Sanierungsträger genannt –

wird folgender Vertrag geschlossen:

Präambel

Das im beigefügten Lageplan dargestellte Gebiet in ...., das begrenzt wird durch .... (Sanierungsgebiet), soll wegen seiner unzureichenden Wohn- und Wirtschaftsstruktur durch Sanierungsmaßnahmen neu geordnet werden. Der Lageplan ist Bestandteil dieses Vertrages.

Für das Gebiet liegen folgende Pläne[1] und Beschlüsse[2] vor:

....

....

Die Vertragschließenden sind sich darüber einig, daß die Sanierungsmaßnahmen nur bei vertrauensvoller Zusammenarbeit zügig durchgeführt werden können. Die Stadt/Gemeinde wird ihr Weisungsrecht in diesem Rahmen ausüben. Der Sanierungsträger wird von sich aus alle Angelegenheiten von wesentlicher Bedeutung rechtzeitig an die Stadt/Gemeinde herantragen, ihr jede gewünschte Auskunft erteilen und ihr Einsicht in seine Unterlagen gewähren. Der Sanierungsträger wird die nicht für die Öffentlichkeit bestimmten Unterlagen und Daten, die er von der Stadt/Gemeinde erhält und die er bei der Durchführung der Maßnahmen erlangt, mit der gebotenen Vertraulichkeit behandeln und nur im Einvernehmen mit der Stadt/Gemeinde an Dritte weitergeben.

§ 1 Auftrag an den Sanierungsträger

(1) Die Stadt/Gemeinde beauftragt den Sanierungsträger mit der Durchführung von Maßnahmen, die zur Erneuerung des Sanierungsgebietes erforderlich und in § 3 dieses Vertrages aufgeführt sind.

(2) Grundlage dieser städtebaulichen Maßnahmen ist/sind der .... Plan ....[3]. Die Stadt/Gemeinde behält sich vor, diese(n) Plan/Pläne zu ändern oder zu ergänzen.

(3) Hoheitliche Befugnisse der Stadt/Gemeinde werden durch diesen Vertrag nicht berührt.

---

[1] In Frage kommen: Flächennutzungsplan, Bebauungsplan, Bebauungsplanentwürfe und sonstige Pläne.

[2] In Frage kommen insbesondere: Beschluß zur Aufstellung eines Bebauungsplanes, Veränderungssperre (§ 16 BBauG), Vorkaufsrecht (§§ 25, 26 BBauG), Umlegungsanordnung (§ 46 BBauG), Umlegungsbeschluß (§ 47 BBauG), Planfeststellungsbeschluß (z. B. § 17 BFStrG), Beschluß über den Beginn vorbereitender Untersuchungen (§ 4 Abs. 3 StBauFG), Beschluß über die förmliche Festlegung des Sanierungsgebietes (§ 5 StBauFG).

[3] Die Durchführung von Sanierungsmaßnahmen setzt einen Bebauungsplan voraus (vgl. § 10 StBauFG). Er wird in der Regel nach Festlegung des Sanierungsgebietes aufgestellt werden, braucht also bei Vertragsabschluß noch nicht vorhanden zu sein. In diesem Fall wird zweckmäßigerweise auf den Flächennutzungsplan und gegebenenfalls auf einen Planentwurf Bezug zu nehmen sein. Satz 2 von § 1 Abs. 2 könnte dann lauten: „Die Stadt/Gemeinde wird einen Bebauungsplan/Bebauungspläne für das Sanierungsgebiet aufstellen".

Durchführungsvertrag

§ 2 Allgemeine Vertragspflichten des Sanierungsträgers

(1) Aufgabe des Sanierungsträgers ist es, die Stadt/Gemeinde bei den dieser im Rahmen der Sanierung obliegenden Aufgaben zu unterstützen sowie Maßnahmen der Sanierung durchzuführen.

(2) Der Sanierungsträger verpflichtet sich, die ihm übertragenen Aufgaben in enger Fühlungnahme mit der Stadt/Gemeinde abzuwickeln [4].

(3) Der Sanierungsträger darf ihm übertragene Aufgaben nur mit Zustimmung der Stadt/Gemeinde auf Dritte übertragen.

§ 3 Übertragene Maßnahmen

(1) In Durchführung der Sanierung obliegen dem Sanierungsträger folgende Aufgaben [5]:

1   bei den Ordnungsmaßnahmen [6]

1.1   Auswertung der vorliegenden Bestandsaufnahmen und Strukturuntersuchungen, gegebenenfalls deren Ergänzung;

1.2   Aufstellung eines Zeit- und Maßnahmeprogramms für die Neuordnung;

1.3   Mitarbeit bei allen das Sanierungsgebiet betreffenden städtebaulichen Planungen und bei der Festlegung von Sanierungsabschnitten;

1.4   Ermittlung der Kosten und Erstellung von Finanzierungsübersichten entsprechend den Rechts- und Verwaltungsvorschriften. Beratung und Unterstützung der Stadt/Gemeinde in allen die Sanierung betreffenden Finanzierungsangelegenheiten;

1.5   Ausarbeitung eines Plans für die Neuordnung des Sanierungsgebietes (Grundstücks- und Eigentumsplan) [7];

1.6   Öffentlichkeitsarbeit in Zusammenarbeit mit der Stadt/Gemeinde;

1.7   Erwerb der im Sanierungsgebiet liegenden bebauten und unbebauten Grundstücke, soweit sie aufgrund des von der Stadt/Gemeinde genehmigten Plans zu 1.5 für die Durchführung benötigt werden oder soweit die Stadt/Gemeinde den Sanierungsträger besonders zum Erwerb beauftragt und deren Bewirtschaftung und Verwaltung [8];

1.8   Beschaffung der Unterlagen, die die Stadt/Gemeinde für die von ihr durchzuführenden Maßnahmen benötigt, insbesondere für eine Umlegung (§ 16 StBauFG in Verb. mit §§ 45 ff. BBauG), für Enteignungsanträge (§ 22 StBauFG in Verb. mit §§ 85 ff. BBauG) und zur Erhebung von Ausgleichsbeträgen (§§ 41, 42 StBauFG);

1.9   Umsetzung von Bewohnern und Betrieben;

1.10 Beschaffung von Ersatzflächen und Ersatzräumen;

1.11 Rechtliche und tatsächliche Freimachung der im Sanierungsgebiet gelegenen Grundstücke für die Neuordnung einschließlich des notwendigen Abbruchs von Gebäuden;

1.12 (Mitwirkung bei der) Neuerschließung des Sanierungsgebietes;

1.13 Vermessung des Sanierungsgebietes [9];

1.14 Ausarbeitung der rechtlichen und wirtschaftlichen Bedingungen, zu denen die Grundstücke oder die an die Stelle des Grundstückseigentums tretenden Rechte an die neuen Eigentü-

---

[4] Abs. 2 soll es der Stadt/Gemeinde ermöglichen, ständig einen Überblick über den Stand der Sanierung zu haben. Falls der Sanierungsträger seinen Sitz nicht am Orte hat, kann es sich empfehlen, die Frage einer örtlichen Vertretung im Vertrag zu regeln.

[5] Die Reihenfolge der hier aufgezeigten Aufgaben stellt keine zeitliche Folge dar.

[6] Begriff der Ordnungsmaßnahmen: vgl. § 12 Abs. 1 Nr. 1 StBauFG.

[7] Vgl. auch § 3 Abs. 1 Nr. 1.14 dieses Vertrages.

[8] Die Grundstücke sind für das Treuhandvermögen zu erwerben (§ 5 Abs. 1; vgl. auch § 6).

[9] Bei Städten mit eigenen Vermessungsdienststellen empfiehlt es sich, die Vermessung selbst vorzunehmen. Die Vermessung kann auch öffentlich bestellten Vermessungsingenieuren übertragen werden.

Durchführungsvertrag

mer zu veräußern sind nach Erörterung mit den Eigentümern, Mietern, Pächtern und anderen Nutzungsberechtigten [10];

1.15 Veräußerung der neugeordneten und erschlossenen Grundstücke und Rechte entsprechend den von der Stadt/Gemeinde genehmigten Bedingungen;

1.16 fortlaufende Beratung der Eigentümer, Mieter, Pächter und sonstigen Nutzungsberechtigten der von der Sanierung betroffenen Grundstücke mit dem Ziel, ihre Bereitschaft und Mitarbeit zu wecken und zu fördern, sowie Feststellung der nachteiligen Auswirkungen für die von der Sanierung unmittelbar Betroffenen und Entwicklung von Vorstellungen, solche nachteiligen Auswirkungen zu vermeiden und zu mildern [11];

1.17 Überwachung der Bauvorhaben im Sanierungsgebiet auf Übereinstimmung mit den Planungsgrundsätzen;

2 bei den Baumaßnahmen [12]

2.1 auf Antrag Betreuung Bauwilliger bei der Wiederbebauung des Sanierungsgebietes;

2.2 auf Antrag Betreuung der Eigentümer bei der Modernisierung zu erhaltender baulicher Anlagen im Sanierungsgebiet;

2.3 auf Antrag Betreuung von Sanierungsbetroffenen bei der Errichtung von Ersatzbauten und Ersatzanlagen;

2.4 Bauherrentätigkeit, soweit die Stadt/Gemeinde ihn durch besonderen Vertrag dazu beauftragt oder es ihm gestattet.

Inhalt, Art und Umfang der Betreuung sowie die Vergütung werden durch Vertrag zwischen dem Sanierungsträger und den Bauwilligen geregelt.

(2) Zur Tätigkeit des Sanierungsträgers gehört auch eine planerische Untersuchung und Anpassung der einzelnen Bauvorhaben. Der Sanierungsträger hat zu prüfen, ob die bei der Grundstücksübertragung den Bewerbern aufgegebenen Bedingungen und Auflagen eingehalten werden.

(3) Dem Sanierungsträger obliegt im Interesse einer einheitlichen städtebaulichen Neuordnung und Neubebauung die Koordinierung aller im Sanierungsgebiet anstehenden Planungs- und Bauaufgaben in Abstimmung mit der Stadt/Gemeinde.

(4) Der Sanierungsträger hat im Rahmen seiner Aufgaben (Absätze 1–3) in Abstimmung mit der Stadt/Gemeinde die notwendigen Verhandlungen mit den beteiligten Behörden und sonstigen Trägern öffentlicher Belange zu führen.

(5) Der Sanierungsträger kann nur mit Zustimmung der Stadt/Gemeinde Sonderfachleute beauftragen.

§ 4 Verfahrensgrundsätze

(1) Der Sanierungsträger hat die ihm nach § 3 Abs. 1 Nr. 1 übertragenen Aufgaben (Ordnungsmaßnahmen) als Treuhänder der Stadt/Gemeinde zu erfüllen. Er handelt hierbei im eigenen Namen für Rechnung der Stadt/Gemeinde. Er führt folgenden das Treuhandverhältnis kennzeichnenden Zusatz: ....

(2) Der Sanierungsträger hat die ihm übertragenen Aufgaben mit der Sorgfalt eines ordentlichen Kaufmanns durchzuführen. Er hat das geltende Recht, die mit der Bewilligung öffentlicher Mittel verbundenen Bedingungen und Auflagen, die Beschlüsse und Weisungen der Stadt/Gemeinde sowie alle in bezug auf die Sanierung bestehenden Vorschriften zu beachten.

---

10 Bei der Ausarbeitung der Bedingungen ist auch darauf zu achten, daß die auf den Grundstücken zu errichtenden Bauwerke planerisch und gestalterisch aufeinander abgestimmt werden (vgl. auch § 3 Abs. 2 und 3). Zur Erörterung mit den Betroffenen vgl. § 9 StBauFG.

11 Vgl. §§ 8 Abs. 2, 9 StBauFG.

12 Begriff der Baumaßnahmen: vgl. § 12 Abs. 1 Nr. 2 StBauFG. Baumaßnahmen sind, soweit Vermögensdispositionen damit verbunden sind, außerhalb des für die Durchführung der Ordnungsmaßnahmen gebildeten Treuhandvermögens durchzuführen. Es kann zur Vermeidung von Interessenkollisionen zweckmäßig sein, die Betreuung an die Zustimmung der Stadt/Gemeinde zu binden.

Durchführungsvertrag

(3) Der Sanierungsträger darf während der Dauer dieses Vertrages und bis zu zwei Jahren danach im Sanierungsgebiet auf eigene Rechnung keine Grundstücke oder grundstücksgleichen Rechte erwerben, es sei denn, daß die Stadt/Gemeinde es ihm ausnahmsweise besonders gestattet.

§ 5 Treuhandvermögen

(1) Der Sanierungsträger hat alle Gegenstände, die er von der Stadt/Gemeinde zur Durchführung der Sanierung erhält, gesondert von seinem eigenen Vermögen auszuweisen und zu verwalten (Treuhandvermögen)[13]. Er hat Gegenstände, die er mit Mitteln des Treuhandvermögens oder als Ersatz für Gegenstände des Treuhandvermögens oder durch ein Rechtsgeschäft, das sich auf das Treuhandvermögen bezieht, erwirbt, in das Treuhandvermögen zu überführen[14].

(2) Der Sanierungsträger hat eigene Grundstücke und grundstücksgleiche Rechte im Sanierungsgebiet in das Treuhandvermögen zu überführen[15].

(3) Aus dem Treuhandvermögen sind alle Aufwendungen zu leisten und Verpflichtungen zu erfüllen, die bei der Durchführung der Ordnungsmaßnahmen (§ 3 Abs. 1 Nr. 1) entstehen. Hierzu gehören nicht die Kosten der Ersatzbauten nach § 45 StBauFG. Verpflichtungen dürfen nur im Rahmen der zur Verfügung stehenden Mittel eingegangen werden.

(4) Sollte bei der Durchführung der Neuordnung eine Zwischenfinanzierung notwendig werden, so darf der Sanierungsträger die erforderlichen Kredite zu Lasten des Treuhandvermögens nur mit Zustimmung der Stadt/Gemeinde aufnehmen oder gewähren.

(5) Sämtliche für die Neuordnung bestimmten Finanzierungsmittel sowie alle Erträge, die dem Sanierungsträger aus der Durchführung der Sanierung zufließen, sind auf das Treuhandkonto des Sanierungsträgers, Konto-Nr. .... bei der .... einzuzahlen.

(6) Der Sanierungsträger verwaltet das Treuhandvermögen nach wirtschaftlichen Gesichtspunkten. Die Ausgaben für die Unterhaltung der im Rahmen der Sanierung zu beseitigenden Gebäude sind auf das notwendige Maß zu beschränken.

(7) Die Änderung und Neubegründung von Miet-, Pacht- und sonstigen Nutzungsverhältnissen bedarf der Einwilligung der Stadt/Gemeinde.

§ 6 Grunderwerb

(1) Der Sanierungsträger bedarf zu allen Grundstückserwerbsgeschäften im Sanierungsgebiet der Einwilligung der Stadt/Gemeinde. Die Einwilligung zum Erwerb der in der Anlage 1 dieses Vertrages bezeichneten Grundstücke zum Treuhandvermögen gilt mit Abschluß dieses Vertrages als erteilt[16].

---

13 Damit sind auch Vermögensverschiebungen zwischen dem Treuhandvermögen und dem eigenen Vermögen des Sanierungsträgers bzw. sonstigen vom Sanierungsträger verwalteten Treuhandvermögen ausgeschlossen.

14 In den nach § 5 StBauFG förmlich festgelegten Sanierungsgebieten gehen diese Gegenstände kraft Gesetzes bereits mit dem Erwerb unmittelbar in das Treuhandvermögen über (§ 36 Abs. 3 StBauFG).

15 Für das dem Sanierungsträger zu gewährende Entgelt gilt in den nach § 5 StBauFG förmlich festgelegten Sanierungsgebieten § 36 Abs. 5 StBauFG. Hat der Sanierungsträger Grundstücke vor der förmlichen Festlegung zu einem Preis erworben, der den nach § 23 StBauFG maßgebenden Wert übersteigt, so ist ihm dennoch als „Aufwendung" für den Grundstückserwerb nur ein Preis zu ersetzen, der dem nach § 23 StBauFG bemessenen Grundstückswert entspricht, nicht der tatsächlich gezahlte höhere Kaufpreis. Für nach der förmlichen Festlegung ausnahmsweise (vgl. § 4 Abs. 3 des Vertrages) auf eigene Rechnung vom Sanierungsträger erworbene Grundstücke ist, wenn sie ins Treuhandvermögen überführt werden, ebenfalls der nach § 23 bemessene Preis zu ersetzen. Handelt es sich nicht um ein nach dem StBauFG förmlich festgelegtes Sanierungsgebiet, empfiehlt es sich, für das dem Sanierungsträger zu gewährende Entgelt in § 5 Abs. 2 des Vertrages eine dem § 36 Abs. 5 StBauFG entsprechende Regelung zu treffen.

16 Die in § 6 Abs. 1 vorgesehene Einwilligung der Stadt/Gemeinde zu Grundstückserwerbsgeschäften ist nicht identisch mit der Genehmigung nach § 15 StBauFG, der der Sanierungsträger nur bedarf, wenn er Grundstücke auf eigene Rechnung erwerben will (§ 15 Abs. 9 StBauFG). Die hier vorgesehene Einwilligung soll die Stadt/Gemeinde, die für Verbindlichkeiten des Treuhandvermögens haftet, davor schützen, daß der Sanierungsträger Grundstücke erwirbt, die für die Durchführung der Sanierungsmaßnahmen nicht benötigt werden. Es empfiehlt sich, bereits mit diesem Vertrag die Einwilligung zum treuhänderischen Erwerb für bestimmte zu bezeichnende Grundstücke zu erteilen, von denen feststeht, daß sie für die Durchführung der Maßnahme benötigt werden.

Durchführungsvertrag

(2) Die Stadt/Gemeinde kann verlangen, daß der Sanierungsträger im Rahmen der von ihr zur Verfügung gestellten Mittel bestimmte Grundstücke zum Zwecke der Durchführung der Sanierung erwirbt oder Grundstücke aus seinem eigenen Vermögen zur Befriedigung von Ersatzlandansprüchen Sanierungsbetroffener in das Treuhandvermögen überführt.

(3) Der Sanierungsträger darf beim Erwerb eines Grundstücks keinen höheren Kaufpreis vereinbaren als den, der ohne die Aussicht auf die Sanierung oder die Durchführung der Sanierung bestehen würde [17].

§ 7 Veräußerungspflicht

(1) Grundstücke des Treuhandvermögens, die die Stadt/Gemeinde zur Erfüllung der ihr obliegenden Aufgaben benötigt, hat der Sanierungsträger der Stadt/Gemeinde auf Anforderung zu übertragen. Unentgeltlich werden folgende Grundstücke übertragen [18]:

....

....

....

(2) Der Sanierungsträger ist verpflichtet, die Grundstücke des Treuhandvermögens, soweit sie nach den Festsetzungen des Bebauungsplans dazu geeignet sind, nach Maßgabe des § 25 StBauFG und unter Beachtung der Weisungen der Stadt/Gemeinde zu veräußern [19].

§ 8 Baumaßnahmen

(1) Soweit der Sanierungsträger mit Einwilligung oder im Auftrag der Stadt/Gemeinde Baumaßnahmen durchführt (§ 3 Abs. 1 Nr. 2.4), hat er diese außerhalb des für die Durchführung der Ordnungsmaßnahmen gebildeten Treuhandvermögens durchzuführen.

(2) Beauftragt die Stadt/Gemeinde den Sanierungsträger, ausnahmsweise, auf Grundstücken des Treuhandvermögens oder auf Grundstücken, die zur Durchführung von Baumaßnahmen aus dem Treuhandvermögen ausgesondert worden sind, Baumaßnahmen für Rechnung der Stadt/Gemeinde auszuführen, so ist § 7 Abs. 2 entsprechend anzuwenden.

---

17 In nach dem StBauFG förmlich festgelegten Sanierungsgebieten ergibt sich die Preisbindung des Sanierungsträgers in bezug auf den Grundstückspreis aus § 15 Abs. 9 Satz 2 StBauFG für den treuhänderischen Erwerb, aus § 15 Abs. 3 Satz 2 StBauFG für den Erwerb auf eigene Rechnung.

18 Das Treuhandvermögen wird zur Deckung der in Durchführung der Ordnungsmaßnahmen entstehenden Kosten gebildet. Deshalb sind Grundstücke des Treuhandvermögens, die von der Gemeinde im Rahmen von Ordnungsmaßnahmen benötigt werden, vom Sanierungsträger unentgeltlich an sie zu übertragen. Zu den Ordnungsmaßnahmen gehört u. a. die Erschließung. Die im Bebauungsplan für Erschließungsanlagen festgesetzten Flächen hat der Sanierungsträger demnach unentgeltlich auf die Gemeinde zu übertragen.
Die Frage, ob Grundstücke, die die Gemeinde für sonstige öffentliche Zwecke benötigt, etwa Gemeinbedarfsflächen nach § 5 Abs. 2 Nr. 2 BBauG, unentgeltlich aus dem Treuhandvermögen an die Gemeinde übertragen werden sollen, kann nicht allgemein und einheitlich beantwortet werden. Zwar ist die Gemeinde wirtschaftlich Inhaber des Treuhandvermögens, sie hat Verluste auszugleichen und erhält etwaige Überschüsse, so daß es so gesehen im Ergebnis gleich ist, ob sie für die Grundstücke ein Entgelt an das Treuhandvermögen abführt oder nicht. Aber in das Treuhandvermögen fließen auch Förderungsmittel anderer öffentlicher Haushalte, insbesondere von Bund und Land.
Würde die Gemeinde etwa ein Schulgrundstück zum Bau einer neuen Schule unentgeltlich aus dem Treuhandvermögen erhalten, so würde dies eine Förderung des Schulbaues, also einer Baumaßnahme nach § 12 Abs. 1 Nr. 2 StBauFG, aus dem für die Durchführung der Ordnungsmaßnahmen gebildeten Treuhandvermögen bedeuten und eine Entlastung anderer Förderungsprogramme zur Folge haben. Das sollte jedoch — auch aus Gründen der Haushaltsklarheit — vermieden werden und wird auch vom StBauFG grundsätzlich abgelehnt (vgl. §§ 39 Abs. 1, 47 StBauFG), allenfalls zur Vor- oder Zwischenfinanzierung zugelassen (§ 39 Abs. 4 StBauFG). Ähnliches gilt für Grundstücke z. B. für Krankenhäuser, Kindergärten und überörtliche Straßen.
Es kann aber zweckmäßig sein, der Gemeinde auch andere als für Ordnungsmaßnahmen benötigte Grundstücke unentgeltlich zu übertragen, und zwar insoweit, als die Gemeinde selbst unentgeltlich Grundstücke in das Treuhandvermögen eingebracht hat und diese Grundstücke nicht für die Erschließung benötigt worden sind. Voraussetzung ist aber ferner, daß das Land bei der Bewilligung von Sanierungsförderungsmitteln nicht die unentgeltliche Bereitstellung der im Eigentum der Gemeinde stehenden Grundstücke oder eines Teils davon für die Durchführung der Ordnungsmaßnahmen zur Auflage gemacht hat.

19 In nach dem StBauFG förmlich festgelegten Sanierungsgebieten ist insbesondere § 25 Abs. 6 StBauFG über den Veräußerungspreis zu beachten. Bei außerhalb des StBauFG durchgeführten städtebaulichen Maßnahmen empfiehlt es sich, eine dem § 25 Abs. 6 StBauFG entsprechende Regelung im Vertrag zu treffen.

Durchführungsvertrag

§ 9 Auskunft und Rechnungslegung

(1) Der Sanierungsträger hat die Stadt/Gemeinde über den jeweiligen Stand der Neuordnungsmaßnahmen zu unterrichten, der Stadt/Gemeinde auch sonst jede erbetene Auskunft zu erteilen und jederzeit Einsicht in die Unterlagen und Akten zu gewähren, die mit der Maßnahme im Zusammenhang stehen.

(2) Sofern Zuschüsse gewährt werden, hat der Sanierungsträger auch den zuschußbewilligenden Stellen oder den von diesen benannten Stellen, u. a. auch zum Zwecke der Rechnungsprüfung, Auskunft über seine Tätigkeit zu erteilen und Einsicht in die Unterlagen zu gewähren. währen.

(3) Der Sanierungsträger hat das Treuhandvermögen nach den Grundsätzen einer ordnungsgemäßen Buchführung gesondert zu erfassen und in seiner Jahresbilanz als Treuhandvermögen auszuweisen.

(4) Um der Stadt/Gemeinde nach Ablauf eines jeden Jahres eine Zwischenübersicht über Einnahmen und Ausgaben im Treuhandvermögen zu ermöglichen, sind ihr bis zum .... des jeweils darauffolgenden Jahres bestätigte Kopien der geführten Treuhandkonten zu übergeben und Rechnung zu legen über

a) den Bestand des Treuhandvermögens unter kartenmäßigem Nachweis der erworbenen Grundstücke,

b) das bereitgestellte Ersatzgelände,

c) die Aufwendungen und Erträge in Zusammenhang mit der Verwaltung der Grundstücke,

d) die Summe der Entschädigungen und Abfindungen,

e) die Summe der Abbruchkosten und der damit in Zusammenhang stehenden Nebenkosten,

f) die Erlöse aus der Veräußerung von Grundstücken,

g) die Aufwendungen für die Erschließung,

h) die für Baumaßnahmen nach § 8 Abs. 2 aufgewandten Kosten.

§ 10 Aufgaben und Pflichten der Stadt/Gemeinde

(1) Die Stadt/Gemeinde wird den Sanierungsträger bei der Durchführung der Sanierung unterstützen und dafür die nach geltendem Recht notwendigen rechtlichen und tatsächlichen Voraussetzungen schaffen und insbesondere das Bauleitplanverfahren entsprechend dem Fortgang der Sanierung betreiben. Die Stadt/Gemeinde wird den Sanierungsträger von allen zur Durchführung der Sanierung eingeleiteten oder einzuleitenden Maßnahmen unterrichten.

(2) Zu den Aufgaben der Stadt/Gemeinde gehören insbesondere:

1. die Überlassung der für die Durchführung erforderlichen Unterlagen (u. a. Pläne, Bestandskarten und dergl.);

2. die Überlassung der Untersuchungen und Gutachten, die für die Sanierung von Bedeutung sind;

3. die Unterrichtung über alle im Sanierungsgebiet vorkommenden Bodenverkehrsvorgänge, soweit das rechtlich und tatsächlich möglich ist;

4. der Ausbau der Erschließungsanlagen, je nach Erfordernis und Abstimmung mit dem Sanierungsträger gemäß § 3 Abs. 1 Nr. 1.12;

5. die Unterrichtung über alle mit der städtebaulichen Neuordnung zusammenhängenden amtlichen Veröffentlichungen und sonstigen Verlautbarungen;

6. die Anhörung des Sanierungsträgers zu allen Bauvoranfragen und Bauanträgen vor Erteilung der Baugenehmigung.

(3) Die Stadt/Gemeinde benennt eine zuständige Dienststelle als ständige Kontaktstelle, die die Tätigkeit aller beteiligten Stadt-/Gemeindeämter in bezug auf die Sanierung koordiniert.

Durchführungsvertrag

§ 11 Grundstücke der Stadt/Gemeinde

Die Stadt/Gemeinde wird ihre im Sanierungsgebiet gelegenen Grundstücke, soweit sie für die Sanierung benötigt werden, dem Treuhandvermögen zur Verfügung stellen. Sie wird diese Grundstücke hierzu an den Sanierungsträger übertragen [20].

§ 12 Förderungsmittel

Die Stadt/Gemeinde überweist die Finanzierungsmittel, die für die Durchführung der Neuordnung zur Verfügung gestellt werden bzw. die die Stadt/Gemeinde zu diesem Zweck bereitstellt oder aufnimmt, auf das Treuhandkonto des Sanierungsträgers (§ 5 Abs. 5).

§ 13 Bodenordnung

Hält die Stadt/Gemeinde es für den Fortgang der Sanierung für erforderlich, so führt sie nach Anhörung des Sanierungsträgers die Maßnahmen nach den Teilen IV und V des BBauG durch.

§ 14 Vergütung und Aufwendungsersatz

(1) Der Sanierungsträger erhält für seine Leistungen gemäß § 3 eine Vergütung von ....DM, in Worten: ....
Die Berechnung der Vergütung ist als Anlage 2 Bestandteil dieses Vertrages [21].

(2) Führt der Sanierungsträger die Bodenordnung (§ 3 Abs. 1 Nr. 1.7, 1.10, 1.11) nicht durch, so wird die nach der Anlage 2 Buchst. a) ermittelte Grundvergütung um 80 v. H. gekürzt. Dagegen werden die noch in Betracht kommenden Zuschläge gem. Anlage 2 Buchst. b) von der vollen Grundvergütung berechnet und der gekürzten Grundvergütung aufgeschlagen [22].

(3) Reisekosten und sonstige Nebenkosten sind durch die Vergütung gem. Abs. 1 oder gem. Abs. 2 abgegolten.

(4) Die Vergütung gem. Abs. 1 oder gem. Abs. 2 schließt die Umsatzsteuer ein.

(5) Die Vergütung ist in jährlichen Teilbeträgen nach dem Stand der erbrachten Leistungen [23] jeweils einen Monat nach der jährlichen Rechnungslegung (§ 9 Abs. 4), erstmals zu dem dem Vertragsbeginn folgenden 30. Juni, fällig.

(6) Nach Einwilligung der Stadt/Gemeinde entnimmt der Sanierungsträger den ihm zustehenden jährlichen Teilbetrag der Vergütung dem Treuhandkonto.

(7) Für die Leistungen nach § 3 Abs. 1 Nr. 1.12, 1.13, 2.1, 2.2, 2.3 und 2.4 erhält der Sanierungsträger eine gesonderte Vergütung von dem in Betracht kommenden Gebührenpflichtigen und nach Maßgabe der jeweiligen Gebührenbestimmungen.

(8) Beauftragt der Sanierungsträger auf Verlangen der Stadt/Gemeinde Sonderfachleute für Leistungen, die nicht bereits in der Vergütung nach Abs. 1 oder Abs. 2 und Abs. 7 berücksichtigt sind, so ist dafür mit dem Sanierungsträger eine besondere Vergütung zu vereinbaren.

---

20 In der Regel wird die Gemeinde die Grundstücke unentgeltlich in das Treuhandvermögen überführen. Würde sie ein Entgelt verlangen, wäre sie gezwungen, in gleicher Höhe den Verfügungsfonds des Treuhandvermögens durch Sanierungsförderungsmittel zu erhöhen (vgl. auch Erl. 18).

21 Die Berechnung der Vergütung gem. Anlage 2 dieses Vertrages stellt den Versuch dar, zu einer an objektiven Merkmalen des Sanierungsgebietes und der Neuordnungsaufgabe orientierten Vergütungshöhe zu gelangen.

22 Steht von vornherein fest, daß der Sanierungsträger nicht die Bodenordnung durchführt, so ist diese Kürzung des Aufgabenkatalogs bereits bei Berechnung der Vergütung nach Abs. 1 zu berücksichtigen. Eine nachträgliche Kürzung nach Abs. 2 kommt dagegen in Betracht, wenn sich erst nach Vertragsabschluß ergibt, daß der Sanierungsträger die Bodenordnung nicht durchführt.

23 Bei der Aufteilung der Gesamtvergütung gemäß § 14 Abs. 5 ist die voraussichtliche Vertragsdauer (§ 15) zu berücksichtigen. Ergibt sich bei Durchführung der Maßnahmen, daß der Vertrag voraussichtlich in kürzerer oder längerer Zeit erfüllt wird, so ist das auch bei der weiteren Aufteilung der Vergütung in jährliche Teilbeträge in der Weise zu berücksichtigen, daß die Zahlung der Gesamtvergütung auf den neuen Zeitraum aufgeteilt wird.

Durchführungsvertrag

(9) Sollte sich aufgrund der vom Sanierungsträger geführten Aufzeichnungen und Unterlagen ergeben, daß die nach Abs. 1 oder Abs. 2 gezahlte Gesamtvergütung in erkennbarem Mißverhältnis zu dem notwendigen Unternehmensaufwand steht, so sollen die Vertragspartner die Vergütungsregelung nochmals überprüfen und einen billigen Ausgleich herbeiführen.

§ 15 Erfüllung des Vertrages

Die Vertragspartner gehen davon aus, daß die Durchführung des Vertrages am .... beginnen soll und in .... Monaten/Jahren beendet sein wird.

§ 16 Kündigung

Der Vertrag kann nur aus wichtigem Grunde gekündigt werden, und zwar mit sofortiger Wirkung. Als wichtiger Grund gilt es insbesondere, wenn die Stadt/Gemeinde die Absicht aufgibt, die Sanierung des Gebietes durchzuführen.

§ 17 Pflichten bei Beendigung des Vertrages

(1) Innerhalb von 6 Monaten nach Beendigung der ihm übertragenen Aufgaben nach § 3 Abs. 1 Nr. 1 hat der Sanierungsträger über das Treuhandvermögen Rechnung zu legen. Der Sanierungsträger hat das Erlangte an die Stadt/Gemeinde herauszugeben und ihr insbesondere nicht verbrauchte Finanzierungsmittel auszuzahlen. Unveräußert gebliebene Grundstücke hat der Sanierungsträger entweder an die Stadt/Gemeinde oder an von dieser zu benennende Dritte zu übertragen.

(2) Die Stadt/Gemeinde hat den Sanierungsträger von allen Verpflichtungen freizustellen, die dieser zur Erfüllung dieses Vertrages eingegangen ist[24]. Die Stadt/Gemeinde ist verpflichtet, die in Abs. 1 genannten Grundstücke zu übernehmen.

(3) Wird der Vertrag aus von der Stadt/Gemeinde zu vertretenden Gründen gekündigt, so erhält der Sanierungsträger volle Vergütung für die bisher erbrachten Leistungen und 20 v. H. der Vergütung für die noch nicht erbrachten Leistungen.

(4) Wird der Vertrag aus von dem Sanierungsträger zu vertretenden Gründen gekündigt, so erhält dieser eine Vergütung nur, wenn und soweit die erbrachten Leistungen von der Stadt/Gemeinde verwertet werden können.

(5) Wird der Vertrag aus von keiner Vertragspartei zu vertretenden Gründen gekündigt, so erhält der Sanierungsträger volle Vergütung für die bisher erbrachten Leistungen einschließlich des Abwicklungsjahres (Abs. 1). Dies gilt insbesondere für den Fall, daß die Stadt/Gemeinde die Absicht aufgibt, die Sanierung durchzuführen.

§ 18 Unwirksamkeit von Vertragsbestimmungen, Ergänzungen

(1) Die Unwirksamkeit einzelner Vertragsbestimmungen berührt nicht die Gültigkeit des übrigen Vertragsinhaltes. Die Parteien verpflichten sich, im Zuge einer Vereinbarung solche Bestimmungen durch gleichwertige gültige Vorschriften zu ersetzen.

(2) Sollten bei der Durchführung des Vertrages ergänzende Bestimmungen notwendig werden, so verpflichten sich die Vertragspartner, die erforderlichen Vereinbarungen zu treffen.

(3) Das gleiche gilt, wenn einzelne Bestimmungen dieses Vertrages späteren gesetzlichen Regelungen widersprechen.

(4) Änderungen und Ergänzungen dieses Vertrages sowie andere Vereinbarungen, die den Inhalt dieses Vertrages berühren, bedürfen der Schriftform.

---

24 In förmlich festgelegten Sanierungsgebieten nach dem StBauFG tritt die Schuldübernahme bereits kraft Gesetzes ein (§ 36 Abs. 6 Satz 3 StBauFG).

Durchführungsvertrag

§ 19 Erfüllungsort[25]

Erfüllungsort ist ....

..................................., den ...., den ....[26]

....

(Unterschriften)   (Unterschriften)

Anlage 1 zu § 6 Abs. 1 Satz 2 des Vertrages

vom .... zwischen der Stadt/Gemeinde .... und dem Sanierungsträger .... über die Durchführung von Sanierungsmaßnahmen.

Die Stadt/Gemeinde erteilt ihre Einwilligung zum Erwerb folgender Grundstücke durch den Sanierungsträger zum Treuhandvermögen:

....

....

....

Die Grundstücke sind im beiliegenden Plan durch .... kenntlich gemacht.

Anlage 2 zu § 14 des Vertrages

vom .... zwischen der Stadt/Gemeinde .... und dem Sanierungsträger .... über die Durchführung von Sanierungsmaßnahmen.

Berechnung der Vergütung des Sanierungsträgers

Vorbemerkung: Bei dem nachfolgenden Vergütungsschlüssel wird von folgenden Grundsätzen ausgegangen:

1. Die Vergütung eines Sanierungsträgers muß vom Sanierungsumsatz, insbesondere vom Wert der für die Neuordnungsaufgabe benötigten Grundstücke, unabhängig sein.
2. Die Vergütung eines Sanierungsträgers muß dem besonderen Charakter des Auftrages entsprechen, das heißt, sie darf nicht als Erfolgshonorar gewertet werden, sondern soll den dem Sanierungsträger durch die Aufgabe entstehenden Unternehmensaufwand decken.
3. Der Arbeitsaufwand eines Sanierungsträgers ist je nach Größe, Struktur und Dichte des jeweiligen Sanierungsgebietes unterschiedlich.
4. Der Aufgabenkatalog gemäß § 3 Abs. 1 Nr. 1 umfaßt die Leistungen, die einem Sanierungsträger bei den Ordnungsmaßnahmen in der Regel zu übertragen sind.
5. Der Vertrag geht davon aus, daß es bei Abschluß möglich ist, auf der Grundlage der vorhandenen Unterlagen eine Pauschalvergütung nach folgendem Berechnungsschlüssel zu ermitteln, der auf die Übertragung der in § 3 Abs. 1 Nr. 1 mit Ausnahme von Nrn. 1.12 und 1.13 genannten Aufgaben auf den Sanierungsträger abstellt. Die unter Buchst. b) aufgeführten Zuschläge kommen nur in Betracht, wenn die Leistungen, auf die die Zuschläge abgestellt sind, vom Sanierungsträger erbracht werden.

Die Vergütung des Sanierungsträgers besteht aus einer Grundvergütung, die sich nach der Bruttogröße (Gesamtfläche) des Sanierungsgebietes, dem Anteil der überbauten Fläche an der Gesamtfläche und der Anzahl der Grundstückseigentümer im Sanierungsgebiet errechnet, und verschie-

---

25 Im Anschluß an diese Bestimmung kann ein zusätzlicher Paragraph „Schiedsklausel" eingefügt werden, falls die Vertragsparteien Meinungsverschiedenheiten aus diesem Vertrag durch ein Schiedsgericht entscheiden lassen wollen. Dabei kann es zweckmäßig sein, die Schiedsklausel auf die Beilegung bestimmter Einzelfragen — z. B. Streitfragen über die Vergütung und über Änderungen oder Ergänzungen des Vertrages im Rahmen des § 18 — zu beschränken, um für den übrigen Vertragsinhalt den Gerichtsweg uneingeschränkt offen zu halten.

26 Für einen rechtswirksamen Abschluß des Vertrages ist das jeweils geltende Gemeindeverfassungsrecht zu beachten.

Durchführungsvertrag

nen, den besonderen Merkmalen des Sanierungsgebietes und der Neuordnungsaufgabe entsprechenden Zuschlägen gemäß nachfolgenden Festlegungen:

a) Grundvergütung

Die Grundvergütung beträgt:

1. hinsichtlich der Größe des Sanierungsgebietes

Fläche in ha	Grundgebühr DM/qm	mindestens DM	höchstens DM
bei bis zu 3	1,50	35 000	45 000
bei 3,01 bis 5	1,30	45 000	65 000
bei 5,01 bis 7	1,10	65 000	77 000
bei 7,01 bis 9	1,—	77 000	90 000
bei 9,01 bis 11	—,90	90 000	100 000
bei über 11	—,80	100 000	

2. hinsichtlich der überbauten Fläche (bezogen auf Nr. 1)

bei bis zu   10 % überbauter Fläche = 10 % des gemäß 1 ermittelten Betrages
bei 10,01 bis 20 % überbauter Fläche = 20 % des gemäß 1 ermittelten Betrages
bei 20,01 bis 30 % überbauter Fläche = 30 % des gemäß 1 ermittelten Betrages
bei 30,01 bis 40 % überbauter Fläche = 40 % des gemäß 1 ermittelten Betrages
bei 40,01 bis 50 % überbauter Fläche = 50 % des gemäß 1 ermittelten Betrages
bei über   50 % überbauter Fläche = 75 % des gemäß 1 ermittelten Betrages

3. hinsichtlich der Anzahl der Grundstückseigentümer

bei bis zu   10 Eigentümern =   5 % des gemäß 1 ermittelten Betrages
bei   11 bis 20 Eigentümern = 10 % des gemäß 1 ermittelten Betrages
bei   21 bis 50 Eigentümern = 25 % des gemäß 1 ermittelten Betrages
bei   51 bis 100 Eigentümern = 50 % des gemäß 1 ermittelten Betrages
bei 101 bis 200 Eigentümern = 75 % des gemäß 1 ermittelten Betrages
bei über   200 Eigentümern = 100 % des gemäß 1 ermittelten Betrages

b) Vergütungszuschläge

	% Zuschlag bei einer Größe des Sanierungs-Gebietes von					
	bis					über
	3 ha %	5 ha %	7 ha %	9 ha %	11 ha %	11 ha %
1. gemäß Anzahl der zu erwerbenden bzw. zu ordnenden Grundstücke						
bei bis zu 5 Grundstücken =	20	15	10	5	—	—
bei 6 bis 10 Grundstücken =	30	20	15	10	5	—
bei 11 bis 15 Grundstücken =	40	25	20	15	10	5
bei 16 bis 20 Grundstücken =	50	30	25	20	15	10
bei 21 bis 25 Grundstücken =	60	35	30	25	20	15
bei 26 bis 30 Grundstücken =	70	40	35	30	25	20
bei 31 bis 35 Grundstücken =	80	50	40	35	30	25
bei 36 bis 40 Grundstücken =	90	60	45	40	35	30
bei 41 bis 45 Grundstücken =	100	70	50	45	40	35
bei über 45 Grundstücken =	110	80	60	50	45	40

Durchführungsvertrag

	% Zuschlag bei einer Größe des Sanierungs-Gebietes von					
	bis					über
	3 ha	5 ha	7 ha	9 ha	11 ha	11 ha
	%	%	%	%	%	%

2. gemäß Anzahl der umzusetzenden Gewerbebetriebe

	3 ha	5 ha	7 ha	9 ha	11 ha	über 11 ha
bei bis zu 5 Betrieben =	20	15	10	5	—	—
bei 6 bis 10 Betrieben =	30	20	15	10	5	—
bei 11 bis 15 Betrieben =	40	25	20	15	10	5
bei 16 bis 20 Betrieben =	50	30	25	20	15	10
bei 21 bis 25 Betrieben =	60	35	30	25	20	15
bei 26 bis 30 Betrieben =	70	40	35	30	25	20
bei 31 bis 35 Betrieben =	80	50	40	35	30	25
bei 36 bis 40 Betrieben =	90	60	45	40	35	30
bei 41 bis 45 Betrieben =	100	70	50	45	40	35
bei über 45 Betrieben =	110	80	60	50	45	40

3. gemäß Anzahl der umzusetzenden Mietparteien

	3 ha	5 ha	7 ha	9 ha	11 ha	über 11 ha
bei bis zu 25 Mietparteien =	10	5	—	—	—	—
bei 26 bis 50 Mietparteien =	20	10	5	—	—	—
bei 51 bis 75 Mietparteien =	30	15	10	5	—	—
bei 76 bis 100 Mietparteien =	40	20	15	10	5	—
bei 101 bis 150 Mietparteien =	50	25	20	15	10	5
bei 151 bis 200 Mietparteien =	60	30	25	20	15	10
bei 201 bis 250 Mietparteien =	70	40	30	25	20	15
bei 251 bis 300 Mietparteien =	80	50	35	30	25	20
bei 301 bis 400 Mietparteien =	90	60	45	40	35	30
bei über 400 Mietparteien =	100	70	50	45	40	35

4. gemäß Anzahl der in Einzeleigentum zu privatisierenden Grundstücke

	3 ha	5 ha	7 ha	9 ha	11 ha	über 11 ha
bei bis zu 10 Grundstücken =	20	15	10	10	5	5
bei 11 bis 20 Grundstücken =	40	30	25	20	15	10
bei 21 bis 30 Grundstücken =	60	45	30	25	20	15
bei 31 bis 40 Grundstücken =	80	60	35	30	25	20
bei 41 bis 50 Grundstücken =	100	75	40	35	30	25
bei 51 bis 60 Grundstücken =	—	100	50	40	35	30
bei 61 bis 70 Grundstücken =	—	—	65	50	40	35
bei 71 bis 80 Grundstücken =	—	—	—	60	50	40
bei 81 bis 90 Grundstücken =	—	—	—	—	55	50
bei über 90 Grundstücken =	—	—	—	—	—	55

5. gemäß Anzahl der planungsmäßig vorzuuntersuchenden Einzelobjekte (z. B. in der Rechtsform von Einzeleigentum, Miteigentum, grundstücksgleichen Rechten, Rechten nach dem Wohnungseigentumsgesetz usw.)

Durchführungsvertrag

	% Zuschlag bei einer Größe des Sanierungs-Gebietes von					
	bis					über
	3 ha	5 ha	7 ha	9 ha	11 ha	11 ha
	%	%	%	%	%	%
bei 15 bis zu 30 Objekten =	150	100	75	60	30	25
bei 31 bis 45 Objekten =	200	150	100	90	60	50
bei 46 bis 60 Objekten =	250	200	150	110	90	75
bei 61 bis 75 Objekten =	—	250	175	150	110	100
bei 76 bis 90 Objekten =	—	—	200	175	150	125
bei 91 bis 105 Objekten =	—	—	—	200	175	150
bei 106 bis 120 Objekten =	—	—	—	—	200	175
bei über 120 Objekten =	—	—	—	—	—	200

Berechnung der Vergütung

a) Grundvergütung

a1) nach der Größe des Sanierungsgebietes
.... ha à DM/qm ....   DM ....

a2) Zuschlag nach der überbauten Fläche
.... % Anteil
.... % der Vergütung gemäß a1)   DM ....

a3) Zuschlag nach der Zahl der Eigentümer
.... Zahl
.... % der Vergütung gemäß a1)   DM ....

Grundvergütung insgesamt   DM ....

b) Vergütungszuschläge

b1) gemäß Anzahl der zu erwerbenden bzw. zu ordnenden Grundstücke
.... Zahl
.... % der Vergütung a)   DM ....

b2) gemäß Anzahl der umzusetzenden Gewerbebetriebe
.... Zahl
.... % der Vergütung a)   DM ....

b3) gemäß Anzahl der umzusetzenden Mietparteien
.... Zahl
.... % der Vergütung a)   DM ....

b4) gemäß Anzahl der zu privatisierenden Grundstücke
.... Zahl
.... % der Vergütung a)   DM ....

b5) gemäß Anzahl der vorzuuntersuchenden Einzelobjekte
.... Zahl
.... % der Vergütung a)   DM ....

Gesamtvergütung   DM ....

ABKÜRZUNGEN

AVN	=	Allgemeine Vermessungs-Nachrichten
Bad. Württ.	=	Baden-Württemberg
BauNVO	=	Baunutzungsverordnung in der Neufassung vom 26. 11. 1968 (BGBl. I S. 1237, ber. BGBl. I 1969, S. 11)
BauR	=	„Baurecht", Zeitschrift für das gesamte öffentliche und zivile Baurecht
BaWüVBl.	=	Baden-Württembergisches Verwaltungsblatt, Landesbeilage der DÖV
Bay. Bgm.	=	Bayerischer Bürgermeister (Zeitschrift)
Bay. BO	=	Bayerische Bauordnung in der Fassung der Bekanntmachung vom 21. 8. 1969 (GVBl. S. 263)
BBauBl.	=	Bundesbaublatt
BBauG	=	Bundesbaugesetz vom 23. 6. 1960 (BGBl. I S. 341)
BFStrG	=	Bundesfernstraßengesetz (FStrG) in der Fassung vom 6. 8. 1961 (BGBl. I S. 1742, zul. geändert durch § 36 Gaststättengesetz vom 5. 5. 1970 [BGBl. I S. 465])
BGB	=	Bürgerliches Gesetzbuch
BGBl. I	=	Bundesgesetzblatt Teil I
BGH	=	Bundesgerichtshof
BGHZ	=	Entscheidungen des Bundesgerichtshofes in Zivilsachen
BlGBW	=	Blätter für Grundstücks-, Bau- und Wohnungsrecht
BLK	=	Baulandkammer
BR-Drucksache 1/70	=	Beschluß der Bundesregierung über den Entwurf eines Gesetzes über städtebauliche Sanierungs- und Entwicklungsmaßnahmen in den Gemeinden (Städtebauförderungsgesetz) vom 22. 12. 1969
BRS	=	Thiel/Gelzer, Baurechtssammlung, Rechtsprechung des BVerwG, der OVG der Länder und anderer Gerichte zum Bau- und Bodenrecht
BT-Drucksache VI/434	=	Entwurf eines Gesetzes zur Förderung von städtebaulichen Erneuerungs- und Entwicklungsmaßnahmen in Stadt und Land (Städtebauförderungsgesetz) (Antrag der Fraktion der CDU/CSU)
BT-Drucksache VI/510	=	Beschluß der Bundesregierung über den Entwurf eines Gesetzes über städtebauliche Sanierungs- und Entwicklungsmaßnahmen in den Gemeinden (Städtebauförderungsgesetz) vom 12. 3. 1970
zu BT-Drucksache VI/2204	=	Schriftlicher Bericht des Ausschusses für Städtebau und Wohnungswesen (14. Ausschuß), A. Bericht der Abgeordneten Dr. Ahrens und Erpenbeck.
II. BV	=	Zweite Berechnungsverordnung in der Fassung vom 14. 12. 1970 (BGBl. I S. 1682)
BVerfG	=	Bundesverfassungsgericht
BVerwG	=	Bundesverwaltungsgericht
BVerwGE	=	Entscheidungen des Bundesverwaltungsgerichts
DÖV	=	Die Öffentliche Verwaltung
DVBl.	=	Deutsches Verwaltungsblatt
DWW	=	Deutsche Wohnungswirtschaft
EGBGB	=	Einführungsgesetz zum Bürgerlichen Gesetzbuch vom 18. 8. 1896 (RGBl. S. 604, BGBl. III 400—1)
ErbbauVO	=	Verordnung über das Erbbaurecht vom 15. 1. 1919 (RGBl. S. 72, ber. S. 122)
ERP	=	European Recovery Program (Europ. Wiederaufbau-Programm)
EStG	=	Einkommensteuergesetz in der Fassung der Bekanntmachung vom 12. 12. 1969 (BGBl. I S. 2265)
GBO	=	Grundbuchordnung
GE	=	Gewerbegebiet nach § 8 BauNVO
Ges.Bl.	=	Gesetzblatt
GewO	=	Gewerbeordnung
GFZ	=	Geschoßflächenzahl nach § 20 BauNVO
GG	=	Grundgesetz
GmbH	=	Gesellschaft mit beschränkter Haftung
GOA	=	Verordnung über die Gebühren für Architekten vom 13. 10. 1950, geändert durch VO PR Nr. 13/58 vom 11. 11. 1958
GrdstVG	=	Gesetz über Maßnahmen zur Verbesserung der Agrarstruktur und zur Sicherung land- und forstwirtschaftlicher Betriebe (Grundstücksverkehrsgesetz) vom 28. 7. 1961 (BGBl. I S. 1091 mit Berichtigungen S. 1652, 2000)
GRZ	=	Grundflächenzahl nach § 19 BauNVO
GVBl.	=	Gesetz- und Verordnungsblatt
GVG	=	Gerichtsverfassungsgesetz in der Fassung vom 12. 9. 1950 (BGBl. S. 513, BGBl. III 300—2)

K	=	Kaufpreis
Kap.	=	Kapitel
KG	=	Kommanditgesellschaft
KostO	=	Gesetz über die Kosten in Angelegenheiten der freiwilligen Gerichtsbarkeit (Kostenordnung) i. d. F. vom 26. 7. 1957 (BGBl. I S. 960) zul. geändert durch Ges. vom 27. 6. 1970 (BGBl. I S. 911)
LBO BW	=	Landesbauordnung für Baden-Württemberg vom 6. 4. 1964 (Ges.Bl. S. 151) zul. geändert durch Ges. vom 21. 7. 1970 (Ges.Bl. S. 406)
l. Sp.	=	linke Spalte
MI	=	Mischgebiet nach § 6 BauNVO
Mitt.BDVI	=	Mitteilungsblatt des Bundes der Öffentlich bestellten Vermessungsingenieure e. V.
NFl	=	Nutzfläche
NJW	=	Neue Juristische Wochenschrift
OLG	=	Oberlandesgericht
OVG	=	Oberverwaltungsgericht
PlanZVO	=	Verordnung über die Ausarbeitung der Bauleitpläne sowie über die Darstellung des Planinhalts (Planzeichenverordnung) vom 19. 1. 1965 (BGBl. I S. 21)
RGBl.	=	Reichsgesetzblatt
SO	=	Sondergebiet nach § 11 BauNVO
St	=	Stellplatz
2. StÄndG 1971	=	Gesetz zur Änderung des Einkommensteuergesetzes und anderer steuerrechtlicher Vorschriften (Zweites Steueränderungsgesetz 1971) vom 10. 8. 1971 (BGBl. I S. 1266)
StBauFG	=	Gesetz über städtebauliche Sanierungs- und Entwicklungsmaßnahmen in den Gemeinden (Städtebauförderungsgesetz) vom 27. 7. 1971 (BGBl. I S. 1125)
UG	=	Untergeschoß
Urt.	=	Urteil
VG	=	Verwaltungsgericht
VGH	=	Verwaltungsgerichtshof
VwGO	=	Verwaltungsgerichtsordnung vom 21. 1. 1960 (BGBl. I S. 17) zul. geändert durch Ges. vom 25. 6. 1969 (BGBl. I S. 645)
WA	=	Allgemeines Wohngebiet nach § 4 BauNVO
WEG	=	Gesetz über das Wohnungseigentum und das Dauerwohnrecht (Wohnungseigentumsgesetz) vom 15. 3. 1951 (BGBl. I S. 175, ber. S. 209)
WertermittlVO	=	Verordnung über Grundsätze für die Ermittlung des Verkehrswerts von Grundstücken vom 7. 8. 1961 (BGBl. I S. 1183)
WFl	=	Wohnfläche
WGGDV	=	Verordnung zur Durchführung des Wohnungsgemeinnützigkeitsgesetzes in der Fassung vom 24. 11. 1969 (BGBl. I S. 2141)
WM	=	Wertpapier-Mitteilungen
II. WoBauG	=	Zweites Wohnungsbaugesetz (Wohnungsbau- und Familienheimgesetz) vom 27. 6. 1956, Neufassung vom 1. 9. 1965 (BGBl. I S. 1617)
WoBindG 1965	=	Gesetz zur Sicherung der Zweckbestimmung von Sozialwohnungen (Wohnungsbindungsgesetz 1965 — WoBindG 1965) vom 24. 8. 1965 (BGBl. I S. 945, 954) mit den Änderungen vom 17. 7. 1968 (BGBl. I S. 821), vom 24. 5. 1968 (BGBl. I S. 503, 542) und vom 19. 7. 1968 (BGBl. I S. 833, 836)
ZfV	=	Zeitschrift für Vermessungswesen, herausgegeben vom Deutschen Verein für Vermessungswesen (DVW) e. V.
ZG	=	Zivilgericht (ordentliche Gerichtsbarkeit)
ZPO	=	Zivilprozeßordnung

LITERATUR

Arbeitsgruppe „Bodenrecht", Stellungnahme zu dem Entwurf eines Städtebauförderungsgesetzes, Schriftenreihe des Bundesministers für Wohnungswesen und Städtebau, Bd. 23, Coburg 1968

Bahrdt, Die moderne Großstadt, Soziologische Überlegungen zum Städtebau, Hamburg 1969

Bauernfeind, Das Städtebauförderungsgesetz, Der Städtebund 1971, 190

Bayerischer Städteverband, Stadterneuerung — Aufgaben, Methoden und Verfahren; München 1969

Becker/Paul, Stadtkernerneuerung, Planung—Satzung—Bodenordnung, Berlin 1970

Beckmann, Die Grenzen der Kreditaufnahme durch Immobilienfonds; Zeitschrift für das gesamte Kreditwesen 1971, 258 u. 305

Bielenberg, Zu einigen Hauptproblemen des Städtebauförderungsgesetzes; Innere Kolonisation 1970, 32;
Reform des Städtebaurechts und der Bodenordnung in Stufen. Zu den Aufgaben des VI. Deutschen Bundestages, Schriftenreihe der Gesellschaft für Wohnungs- und Siedlungswesen e. V. (GEWOS), Hamburg 1969;
Verfassungsrechtliche Eigentumsgarantie und Sozialbindung im Städtebau, dargestellt an der Sanierung, (Stadt- und Dorferneuerung nach dem Städtebauförderungsgesetz; Deutsches Verwaltungsblatt 1971, 441)

Bonczek, Zur Bodenreform im Städtebau; Zeitschrift für Vermessungswesen 1970, 204;
Städtebauförderungsgesetz im Entstehen; Mitteilungsblatt des Bundes der öffentlich bestellten Vermessungs-Ingenieure 1970, 253

Breidenstein, Altstadtsanierung — eine komplexe Gegenwartsaufgabe, dargestellt am Modell Kempten (Allgäu); Zeitschrift für das gemeinnützige Wohnungswesen in Bayern, 1970, 383

Brügelmann u. a., Bundesbaugesetz (Kommentar) Loseblattausgabe, Stuttgart—Berlin—Köln—Mainz, 1971

Bundesminister für Wohnungswesen und Städtebau, Schriftenreihe Band 24; Diagnosen—Prognosen—Vorschläge, Stellungnahmen zu einem Gesetz über städtebauliche Entwicklungsmaßnahmen in Stadt und Land (Städtebauförderungsgesetz)

Bundesregierung, Städtebaubericht 1970, Deutscher Bundestag, 6. Wahlperiode, Drucksache VI/1497

Bundesvereinigung der kommunalen Spitzenverbände, Vorläufige Stellungnahme zum Entwurf eines Gesetzes über städtebauliche Sanierungs- und Entwicklungsmaßnahmen; Köln Januar 1970;
Erste Stellungnahme zum Entwurf eines Gesetzes über städtebauliche Sanierungs- und Entwicklungsmaßnahmen, Köln März 1970;
Zweite Stellungnahme zum Entwurf eines Städtebauförderungsgesetzes, Entwurf der Fraktion der CDU/CSU, Juli 1970

Stellungnahme zu den steuerlichen Vorschriften des Entwurfs eines Städtebauförderungsgesetzes, Köln, März 1971

Bundt, Probleme der Sanierungsvorbereitung, GEWOS-Schriftenreihe, Neue Folge 2, Hamburg 1970

Burckhard, Artikulation heißt Partizipation; Stadtbauwelt 1969, 18

Dähn/Pohlandt, Ein neues Städtebauförderungsgesetz; Gemeinnütziges Wohnungswesen 1970, 103

Deutscher Bundestag, 6. Wahlperiode, Ausschuß für Städtebau und Wohnungswesen, Stellungnahmen der vom Bundestagsausschuß für Städtebau und Wohnungswesen angehörten Sachverständigen und Verbände, Stand Juli 1970;
Stenographische Protokolle Nr. 10, 11 und 28 der öffentlichen Sitzungen (Anhörung von Sachverständigen) vom 16. 4. 1970, 23. 4. 1970 und 10. 12. 1970

Deutscher Städtetag, Neue Schriften Heft 6; Erneuerung unserer Städte, Referate, Aussprachen und Ergebnisse der Augsburger Hauptversammlung des Deutschen Städtetages 1960; Köln 1960;
Neue Schriften Heft 28; Rettet unsere Städte jetzt, Vorträge, Aussprachen und Ergebnisse der 16. Hauptversammlung des Deutschen Städtetages 1971 in München; Köln 1971

Deutsches Volksheimstättenwerk, Informationsdienst, 1971, S. 145: Das Städtebauförderungsgesetz als Schritt zum neuen Bodenrecht

Dieterich, Private Bodenordnung mit besonderer Berücksichtigung des Stuttgarter Modells; Städtebauliche Beiträge 1/1969, 92, Deutsche Akademie für Städtebau und Landesplanung München

Dittus/Pohl, Die Sanierungsvorschriften des Bundesbaugesetzes; — Wissenschaftliche Untersuchungen und Vorträge — Folge 15; Deutsches Volksheimstättenwerk, Köln 1961

Einsele, Stadterneuerung. — Dargestellt am Beispiel Hattingen —, Stuttgart 1971

Ernst, Rechtsfragen des Städtebauförderungsgesetzes — Gutachten; Schriften des Zentralverbandes der Deutschen Haus- und Grundeigentümer e. V., Heft 30, Düsseldorf 1970

Ernst/Zinkahn/Bielenberg, Bundesbaugesetz, Kommentar, Loseblattausgabe, München 1971

Eyermann/Fröhler, Verwaltungsgerichtsordnung, Kommentar, 5. Auflage, München 1971

Fischer, Mehr Engagement im gewerblichen Bereich, — Immobilienfonds vor einem immer größer werdenden Betätigungsfeld —, Handelsblatt 230 vom 1. 12. 1970

Förster, Das Städtebauförderungsgesetz und die Eigentumsfrage, Allgem. Vermessungs-Nachrichten 1970, 348

Foerster-Baldenius, Rund um die Bergkirche soll in Wiesbaden saniert werden, Gutachten zur Vorbereitung der Sanierung; neue heimat 1970, Heft 12, 1

Foeth/Lindemann, Planung des Stadtteils St. Georg in Hamburg; Stadtbauwelt 1971, 139

Forsthoff, Verfassungsrechtliche Prüfung der in § 12 des Entwurfs des Städtebauförderungsgesetzes vorgesehenen Eigentumsbeschränkungen; Deutsche Wohnungswirtschaft 1971, 76

Gaentzsch, Grundlagen einer kommunalen Gebietsreform in städtischen Räumen; Der Städtetag 1971, 314

Gassner, Ein Städtebauförderungsgesetz als Instrument zur Entwicklung ländlicher Räume; Innere Kolonisation 1970, 38

Geissler, Städtebauförderungsgesetz und Novellierung des Bundesbaugesetzes; Allgemeine Vermessungs-Nachrichten 1971, 134

Gelzer, Der Umfang des Entschädigungsanspruchs aus Enteignung und enteignungspflichtigem Eingriff; Schriftenreihe der Neuen Juristischen Wochenschrift, Heft 2, München 1969

Gerardy, Form und Inhalt von Gutachten über Grundstückswerte; Allgemeine Vermessungs-Nachrichten 1966, 238

Gerardy/Schlegtendal/Tiemann, Zur Ermittlung von Grundstückswerten, Fortlaufende Übersicht über Bewertungsgrundlagen, Rechtsprechung, Schrifttum, amtliche Verlautbarungen in den Allgemeinen Vermessungs-Nachrichten; außerdem jährliche Zusammenstellung in der Schriftenreihe der Sammlung Wichmann, Neue Folge, Karlsruhe

Gesamtverband Gemeinnütziger Wohnungsunternehmen e. V., Stadtsanierung; Vorträge und Diskussionen anläßlich der DEUBAU 66 in Essen; Hamburg 1966;
Immobilienfonds, Möglichkeiten und Probleme aus der Sicht der gemeinnützigen Wohnungswirtschaft, Hamburg 1968

GEWOS, Allgemeine Anforderungen an gesunde Wohnverhältnisse — Ein rechtswissenschaftliches Gutachten, insbesondere im Hinblick auf die Voraussetzungen für die städtebauliche Sanierung; Hamburg 1968
Verfassung, Städtebau, Recht — Rechtswissenschaftliches Gutachten über die Enteignungsentschädigung im Städtebau; Hamburg 1969;
Osnabrück — Die Sanierung kann beginnen, Situation, Zielsetzung, Maßnahmen;
Osnabrück — Die Erneuerung des Stadtkerns wird vorbereitet;
Osnabrück — Stadtsanierung und privates Grundeigentum;
Schriftenreihe zur Altstadtsanierung Osnabrück, Osnabrück, Hamburg 1969/1970

Gierth, Der Anspruch auf die baurechtliche Befreiung; Baden-Württembergisches Verwaltungsblatt 1965, 129 ff.

Göderitz, Stadterneuerung, Organisatorische, wirtschaftliche und rechtliche Voraussetzungen für die Sanierung ungesunder Wohngebiete, Wiesbaden—Berlin 1962

Haegele, Grundbuchrecht, 3. Auflage; München und Berlin 1966

Hein, Die Enteignung im Entwurf des Städtebauförderungsgesetzes; Der Städtebund 1970, 73

Hils, Wettlauf mit dem Städtebauförderungsgesetz; Mitteilungsblatt des Bundes Deutscher Vermessungsingenieure, 1970, 208

Jürgensen/Vogt, Zur Rentabilität von Maßnahmen der Stadt- und Dorferneuerung; Weltwirtschaftliche Studien, Heft 12, Göttingen 1969

Kiehlmann, Bewertung von Gemeinbedarfs-, Verkehrs-, Versorgungs- und Grünflächen; Städtebauliche Beiträge 1/1969, 21, Deutsche Akademie für Städtebau und Landesplanung München

Kommunale Spitzenverbände, Appell an den VI. Deutschen Bundestag, Städte und Gemeinden zum Städtebauförderungsgesetz, Köln 1969

Kreidner, Wohnungsbaufinanzierung durch Immobilienfonds; Zeitschrift für das gemeinnützige Wohnungswesen in Bayern 1968, 784

Kröner, Die Eigentumsgarantie in der Rechtsprechung des Bundesgerichtshofes, Köln 1961

Kruhme, Die rechtliche Einordnung der Immobilienfondsgesellschaften und das Erfordernis einer gesetzlichen Sonderregelung; Berlin 1968

Lammers, Stadtsanierung; Seminarberichte 1969, Karlsruhe 1969

Lange, Grundstückverkehrsgesetz, Kommentar, München und Berlin 1964

Lauritzen, Städtebau und privates Eigentum; Bundesbaublatt 1971, 162

Lenz, Kostenermittlung und Finanzierung von Sanierungsmaßnahmen; Der langfristige Kredit 1967, 287

Ley/Rothenberg/Smits, Das Herner Modell — Stadterneuerung als Maßnahme zur Strukturverbesserung einer Gemeinde, Dortmund 1970

Limpens, Das Städtebauförderungsgesetz; Bauamt und Gemeindebau 1971, 371

Mang/Simon, Bayerische Bauordnung, Kommentar, München 1971

Martini, Rechtliche Probleme eines Immobilienzertifikates, Stuttgart 1967

Mayer, Kein ausreichender Rechtsschutz im Städtebauförderungsgesetz; Der Haus- und Grundbesitzer, 1971, 8/9

Meermann, Die Rechte der Mieter im Städtebauförderungsgesetz; Gut Wohnen, Heft 4/1971, 4

Mitscherlich, Vom möglichen Nutzen der Sozialpsychologie für die Stadtplanung; Stadtbauwelt, 1966, 868

Möckel, Grundstückswerte in innerstädtischen Sanierungsgebieten; Das Grundeigentum 1968, 207

Müthling, Grundstücksgeschäfte in der Landwirtschaftszone des Stadt-Umlandes; Blätter für Grundstücks-, Bau- und Wohnungsrecht 1971, 148

Nawroth, Jahrhundertgesetz oder Torso; Bauwelt 1970, 1673

Neue Heimat Baden-Württemberg, Schwäbisch Hall — Ansätze zur Stadterneuerung; Stuttgart 1971

Pagendarm, Bemessung der Enteignungsentschädigung nach der Rechtsprechung des BGH; Wertpapier-Mitteilungen 1958, 1350

Paul, Mitwirkung der Bürger am Planungsprozeß; Deutsche Wohnungswirtschaft 1971, 6

Peters, Eigengeldersatz durch Immobilienfonds? (Methoden und Möglichkeiten); Zeitschrift für das gemeinnützige Wohnungswesen in Bayern, 1968, 336

Pfeil, Soziologische Aspekte der Stadterneuerung und Stadtentwicklung; Städtebau und Bodenrecht, Evangelische Akademie, Bad Boll 1970, 9

Pflaumer, Öffentlichkeit und Verwaltung in einem demokratisierten Planungsprozeß; Beiträge zur Stadtforschung und Stadtentwicklung. Landeshauptstadt München, Nr. 4, München 1970

Ravens, Politische Aspekte des Städtebauförderungsgesetzes; Innere Kolonisation 1970, 30

Riegels, Wiederbebauung in Sanierungsgebieten; Mitteilungen Nordrhein-Westfälischer Städtebund 1970, 382

Ross-Brachmann, Leitfaden für die Ermittlung des Bauwertes von Gebäuden und des Verkehrswertes von Grundstücken, 18. Auflage, Hannover 1963

Sauter/Holch/Rentschler, Landesbauordnung für Baden-Württemberg, Kommentar, Stuttgart 1969

Seele, Kriterien der Bodenordnung und Grundstücksbewertung für die Stadterneuerung; Städtebauliche Beiträge 1/1969; Deutsche Akademie für Städtebau und Landesplanung München;
Stadterneuerung und Vermessungswesen; Zeitschrift für Vermessungswesen 1970, 533

Sellmann, Neue bodenrechtliche Vorschriften für die städtebauliche Sanierung — Allgemeine Bemerkungen und besondere Erläuterungen zu den §§ 19 bis 23 des Entwurfs für ein Städtebauförderungsgesetz; Schriften des Zentralverbandes der Deutschen Haus- und Grundeigentümer e. V., Heft 25, Düsseldorf 1969

Semmer, Sanierung von Mietskasernen. Form und wirtschaftliche Entwicklung Berliner Miethäuser — Möglichkeiten zur Modernisierung, Berlin 1970

Schäfer, Das Städtebauförderungsgesetz — ein Planungsinstrument?; Innere Kolonisation 1970, 44

Schiebel, Immobilien-Investment-Zertifikate — Instrument der Kapitalanlage und Vermögensbildung; Der langfristige Kredit 1969, 379

Schlegtendal, Neue Richtlinien für die Ermittlung des Verkehrswertes von Grundstücken; Allgemeine Vermessungs-Nachrichten 1967, 203

Schlez, Landesbauordnung für Baden-Württemberg, Kommentar, München 1967

Schnapp, Zum Funktionswandel der Staatsaufsicht; Deutsches Verwaltungsblatt 1971, 480

Schmidt, Steuerliche Probleme bei der Umlegung; Der Städtetag 1967, 241

Schmidt-Aßmann, Die kommunale Selbstverwaltung im Regierungsentwurf zu einem Städtebauförderungsgesetz (1970); Die Verwaltung 1970, 421

Schmidt-Jortzig, Der Zwangsmitteleinsatz nach § 72 Abs. 2 BBauG; Deutsches Verwaltungsblatt 1971, 297

Schneider, Itzehoe — Sanierung der Neustadt; neue heimat 6/1970, 1

Schornstein, Warum brauchen wir ein Städtebauförderungsgesetz?; Kleine Schriften des Deutschen Verbandes für Wohnungswesen, Städtebau und Raumplanung, Köln 1968

Schrödter, Bundesbaugesetz, Kommentar, 2. Auflage, Berlin und Frankfurt a. M. 1969

Schwender, Aufgaben der Träger bei der Stadt- und Dorferneuerung; Bundesbaublatt 1966, 540

Schwonke, Soziologische Überlegungen zur Stadterneuerung; Schriften des Deutschen Verbandes für Wohnungswesen, Städtebau und Raumplanung e. V., Heft 73, Köln-Mülheim 1967, 69

Stadt Stuttgart — Arbeitsgruppe Städtebauförderungsgesetz, Darstellung von Sanierungs- und Entwicklungsmaßnahmen nach dem Entwurf zum Städtebauförderungsgesetz; Stuttgart, Februar 1971

Stahl/Curdes, Umweltplanung in der Industriegesellschaft; Lösungen und ihre Probleme; Reinbeck bei Hamburg 1970

Stahnke, Städtebauförderungsgesetz aus der Sicht der Gemeinden; Zeitschrift für Vermessungswesen 1970, 243

Staudinger, Sachenrecht, 11. Auflage, Berlin 1956

Stemmler, Wege zur Wirtschaftlichkeit einer städtebaulichen Sanierung; Der Städtetag 1967, 235

Stöber, Umweltplanung als Sozialplanung — Zur methodischen Neuorientierung von Architektur und Städtebau; Bauen und Wohnen 1970, Heft 7, 1

Stoltenberg, Stadterneuerung, Raumordnung und Eigentumspolitik; Deutsche Wohnungswirtschaft 1970, 258

Streit, Stellungnahme zum Entwurf eines Städtebauförderungsgesetzes aus der Sicht der Grundeigentümer; Zeitschrift für Vermessungswesen 1970, 230

Strickrodt, Stiftungsrechtliche Modelle für städtebauliche Sanierungsinstitutionen; Neue Juristische Wochenzeitung 1971, 920

Tesmer, Das „Stuttgarter Modell" zur Durchführung freiwilliger Bodenordnungen; Zeitschrift für Vermessungswesen 1971, 161

Tiemann, Statistik und Grundstücksbewertung — Möglichkeiten und Grenzen; Allgemeine Vermessungs-Nachrichten 1970, 387;
Reformvorschläge zum Ertrags- und Sachwertverfahren; Allgemeine Vermessungs-Nachrichten 1970, 523

Troidl, Gedanken zur Problematik der Entscheidungsfindung zwischen Verwaltung, Stadtrat und Öffentlichkeit bei einer Sanierung; Der Bayerische Bürgermeister 1970, 169

Urban, Stellungnahme zum Entwurf eines Städtebauförderungsgesetzes aus der Sicht des Sanierungsträgers; Zeitschrift für Vermessungswesen 1970, 238

Vieregge, Sozialökonomische Grundlagen der Stadtsanierung, dargestellt am Beispiel eines Problemgebiets in Münster/Westf.; Münster 1969

Vietor, Besserer Städtebau durch bessere Eigentumsformen; Zeitschrift für Vermessungswesen 1970, 539

Vollmar, Bewertungsfragen bei der Umsetzung von gewerblich genutzten Grundstücken; Städtebauliche Beiträge 1/1969, 136, Deutsche Akademie für Städtebau und Landesplanung München; Zeitschrift für Vermessungswesen 1970, 91

Weber, Advocacy Planning; Bauwelt 1970, 575

Weiß, Wohnungsbaufinanzierung über Immobilienfonds; Württembergische Gemeindezeitung 1968, 123

Winter/Mainczyk, BODEN — Materialien zum Städtebauförderungsgesetz, Bd. 1—4; Bonn 1968

Wolff, Verwaltungsrecht I, 7. Auflage, München 1968

Zapf, Rückständige Viertel, eine soziologische Analyse der städtebaulichen Sanierung in der Bundesrepublik, Frankfurt/M. 1969

Zapf/Heil/Rudolph, Stadt am Stadtrand, eine vergleichende Untersuchung in vier Münchner Neubausiedlungen; Frankfurt/M. 1969

Zentralverband der Deutschen Haus- und Grundbesitzer e. V., Stadterneuerung und der private Haus- und Grundbesitz, Heft 6, Düsseldorf 1962

Zinkahn, Der Entwurf des Städtebauförderungsgesetzes — seine bodenrechtliche Konzeption; Städtebau und Bodenrecht, Evangelische Akademie Bad Boll 1970, 55;
Entwurf eines Städtebauförderungsgesetzes; Zeitschrift für Vermessungswesen 1970, 220

Zinn, Mehr Öffentlichkeit in der Stadtplanung?; Bauen und Wohnen 1970, 349

SACHREGISTER

Die **fettgedruckten** Zahlen verweisen auf die §§ des Städtebauförderungsgesetzes, die mageren auf die Seiten des Textteils.

Abbruch 140
— von Gebäuden 120, 160
Abbruchgebot 19; 27; 57 Abs. 1; 130, 160
— Anwendungsbereich 131
— Benachrichtigung Betroffener 131
— Entschädigung 131
— Rechtsschutz 161
Abgabenfreiheit 76; 78 f., 187
Abgrenzung des Sanierungsgebietes
— Ausnahme einzelner Grundstücke 99
— Einbeziehung von Grundstücksteilen 99
— Ermessensentscheidung 99
Abschluß der Sanierung 51; 162, 165
— für einzelne Grundstücke **50;** 150
— Rechtsanspruch **50 Abs. 2;** 150
— Rechtsschutz 162, 165
— Rechtswirkungen **50 Abs. 3**
Abwicklung
— der Entwicklungsmaßnahmen 202 f.
— der Sanierung 150 ff.
— Rechtsschutz 165
Änderung von Versorgungseinrichtungen 128
— Kostenerstattung 128 f.
Agrarstruktur 1 Abs. 4; 64
— Verbesserung **64; 65 Abs. 1, 3**
Agrarstrukturplanung 66, 67, 184
Anforderungen
— an gesunde Lebens- und Arbeitsbedingungen **1 Abs. 4**
— an gesunde Wohn- und Arbeitsverhältnisse **3; 21 Abs. 2;** 35, 54, 133
Anpassung 20 Abs. 1; 132
Anpassungsgebiet 188, 192, 198
Antrag auf gerichtliche Entscheidung 18 Abs. 5; 24 Abs. 2; 86 Abs. 2; 156 ff.
Arbeitnehmer 9 Abs. 1; 37
Aufhebung
— der Erklärung zum Entwicklungsbereich **63;** 202
— der förmlichen Festlegung **51;** 151, 152
— Rechtswirkungen **51 Abs. 4**
Auflagen, Genehmigung unter 15 Abs. 5; 108
Ausgleichsbeträge 35 Abs. 7; 41; 54 Abs. 3; 86 Abs. ff., 90, 153 f., 202
— Anrechnung auf den Ausgleichsbetrag **41 Abs. 6;** 87
— des Veranlassers **42;** 87 f., 154
— Entfallen **41 Abs. 7**
— Entrichtung **41 Abs. 6;** 88
— Fälligkeit **41 Abs. 8;** 88, 153
— Rechtsschutz 162
— Rechtsverordnung **91**
— Überleitungsvorschriften für die Erhebung **94;** 40, 88
— Umwandlung in Tilgungsdarlehen **41 Abs. 8;** 88, 153
— Vereinbarung über Ausgleichsbetrag **41 Abs. 4**
— Verzicht 88
— Vorauszahlungen **41 Abs. 9;** 88, 153
Ausgleichs- und Entschädigungsleistungen, Bemessung der
s. Entschädigung

Auskunftspflicht 3 Abs. 4; 4 Abs. 3; 39, 46, 156, 176
— der Träger öffentlicher Belange **38 Abs. 2;** 116
— des Sanierungsträgers **35 Abs. 3**
— Verletzung **87;** 40
— Zwangsgeld **87;** 39
Austauschland 143 f.
Auswahl des Entwurfs 97

Baugebot 20; 57 Abs. 1; 132, 148
— Enteignung bei Nichterfüllung 133
— Frist 132
— gemeinsames **20 Abs. 2;** 132
— im Umlegungsverfahren 137
— Rechtsschutz 161
Baugenehmigung 6 Abs. 3; 104, 149
Baugesuch
— Zurückstellung 103
Baulandgericht 156
Bauleitplanung
— und Flurbereinigung 66
— Verbesserung der Agrarstruktur **65**
Baumaßnahmen 12 Abs. 1; 13; 121, 148 f., 159, 197, 201
— Durchführung durch Eigentümer **13;** 121
— Durchführung durch Gemeinde **13;** 121
Bebauung 148
s. Baumaßnahmen
Bebauungsplan
— Berichtigung 115 f., 152
— für das Ersatz- und Ergänzungsgebiet **11 Abs. 2;** 118
— für das Sanierungsgebiet **10;** 114 ff.
— für den Entwicklungsbereich **54 Abs. 1;** 197 f.
— Inkrafttreten 114
Bebauungsplanverfahren 114 ff.
Bedarfsträger
— Zustimmung 164, 165
Befreiungen
— baurechtliche 149
Bekanntmachung
— der Aufhebung der förmlichen Festlegung **51 Abs. 3;** 151
— der Aufhebung der Rechtsverordnung über die Erklärung zum Entwicklungsbereich 202
— der förmlichen Festlegung des Entwicklungsbereichs **53 Abs. 4;** 192
— der förmlichen Festlegung des Sanierungsgebietes **5 Abs. 3;** 102
— der Rechtsverordnung zur förmlichen Festlegung des Entwicklungsbereichs 192
— des Beschlusses über vorbereitende Untersuchungen **4 Abs. 3;** 47
Benachrichtigung
— über abzubrechende Gebäude **10 Abs. 3, 4;** 116, 120
— vom Abbruchgebot **19 Abs. 1;** 131
Bericht über vorbereitende Untersuchungen 4 Abs. 2; 5 Abs. 2; 101
Bescheinigungsverfahren 83; 79

Beschluß über vorbereitende Untersuchungen 156
Beseitigung baulicher Anlagen 10; 12 Abs. 1; 115, 121
Besitzeinweisung, vorzeitige 22 Abs. 2; 137
Bestätigung des Entwicklungsträgers 55 Abs. 2
Bestandsaufnahme 47
— Daten zur Sozial- und Wirtschaftsstruktur 61 f.
— rechtliche Untersuchungen 57
— technische Untersuchungen 58
— Wirtschaftsstruktur 60
Beteiligte 93
Beteiligung
— der Eigentümer 129
— des Entwicklungsträgers **61**
s. auch Mitwirkung
Bewertung
s. Wertermittlung
Bewirtschaftungskosten 88
Billigkeitsentschädigung 57
Blockentkernung 34
Bodenordnung 12 Abs. 1; 71 f., 121
— freiwillige 171 f.
— Stuttgarter Modell 172, 179
Bodenrecht, besonderes 38
Bodenverkehr 103
s. Grundstücksverkehr
Bürgschaften des Bundes 75
Bundesbaugesetz
— Anwendung des **86;** 39
Bundeshaushaltsplan 71 Abs. 2
Bundesmittel, besondere 73; 84

Denkmalschutz 10 Abs. 1; 66
Deutscher Rat für Stadtentwicklung 89
— Aufgaben **89 Abs. 2**
— Mitglieder **89 Abs. 1**
Dorfsanierung 36

Eigentumserhaltung 1 Abs. 5; 38, 170
Eigentumsformen 1 Abs. 5; 9 Abs. 2; 16 Abs. 3; 22 Abs. 3; 25 Abs. 3; 71 ff., 186 f.
— Eigentum über juristische Person 74, 186
— grundstücksgleiche Rechte 72
— Immobilienfonds 74, 186
— Miteigentum 72, 186
— Wohnungs- und Teileigentum 73 f., 186
Einkommensteuer 81
Enteignung 6 Abs. 6; 22; 27 Abs. 6; 57 Abs. 1; 70 Abs. 3; 123 ff., 127, 157, 193
— Ausführungsanordnung **22 Abs. 6**
— bei Nichterfüllung des Baugebots **20 Abs. 3;** 133
— Beschluß **22 Abs. 2;** 124
— Beschluß vor der förmlichen Festlegung **6 Abs. 6;** 104
— Einleitung **22 Abs. 2;** 124
— Entschädigung 123

235

Enteignung (Forts.)
— im Entwicklungsbereich 195 f.
— Rechtsschutz 161, 164
— Teileinigung **22 Abs. 6**
— Verbindung von Verfahren **22 Abs. 4;** 124
— Vorabentscheidung über Eigentumsübergang **22 Abs. 5;** 125
— zugunsten des Entwicklungsträgers **57 Abs. 3;** 196
— zugunsten eines Sanierungsträgers **22 Abs. 7;** 123, 165
— Zulässigkeit **22 Abs. 8;** 123
— zwingende städtebauliche Gründe 123
Entgelt beim Grunderwerbsrecht 18 Abs. 2; 110 f.
Entschädigung 41 Abs. 2; 52 Abs. 6; 57 Abs. 1, 4
— bei Aufhebung von Miet- oder Pachtverhältnissen **30;** 128, 164
— bei Entwicklungsmaßnahmen 179
— beim Abbruchgebot **19 Abs. 3, 4, 5;** 131
— beim Grunderwerbsrecht **18 Abs. 4;** 110
— bei Undurchführbarkeit der Sanierung 152
— Bemessung 23
— Bindung 136
— im Einigungsfall **49 Abs. 1**
— in Rechten **22 Abs. 3;** 123
— Vorauszahlung **22 Abs. 5;** 125
Entschädigungsausschluß
— Sanierung auslösende Bausubstanz 54
— widerrufliche Baugenehmigung 54
— vorweggenommene Sanierungsgewinne 54
Entwicklungsbereich
— Abgrenzung **53 Abs. 2;** 191
— Begrenzung 183
— förmliche Festlegung durch Landesregierung **53 Abs. 1**
— Größe 168
— im Zusammenhang bebaute Gebiete **62;** 191
Entwicklungsförderungsmittel 58; 187, 205
Entwicklungsgemeinschaft 60; 205
Entwicklungsgewinn 178
Entwicklungsgrundsätze 188
Entwicklungskonzepte 182 ff., 197
Entwicklungsmaßnahme 1; 168-200
— Abwicklung 202
— Begriff **1 Abs. 3;** 168
— besondere Voraussetzungen **53 Abs. 1;** 190
— Durchführung durch andere Körperschaft 192
— Durchführung durch Gemeinde 170, 192
— Initiative 171
— Stellung der Gemeinde 170
Entwicklungsträger 55; 174, 192-194, 205
— als Treuhänder **55 Abs. 3**
Enwicklungsvermerk 53 Abs. 5; 192, 202
Entwicklungsziel 190, 200
Entwicklungszweck 54 Abs. 2; 59 Abs. 3
Erbbaurecht 15 Abs. 1; 72 f.
Erörterung
— der Neugestaltung des Sanierungsgebietes **9 Abs. 1;** 93, 114

— mit den Betroffenen **4 Abs. 2; 8 Abs. 2; 18 Abs. 2; 27 Abs. 3;** 93, 114
— mit Eigentümern **9 Abs. 2; 21 Abs. 1;** 122, 194
— über Eigentumsformen 71
Erörterungsniederschrift
— Einsichtnahme 157 f.
Ersatzbauten 1 Abs. 2; 12 Abs. 1; 36, 70, 121, 148
Ersatzgrundstück 146
Ersatzland 22 Abs. 3; 185
Ersatzlandbeschaffung 68
— durch gemeinnütziges Siedlungsunternehmen 69
Ersatzraum 112, 130, 136
Ersatz- und Ergänzungsgebiete 11; 52 Abs. 5; 69, 112, 117 ff., 121, 144, 152
— Bestimmung der Nutzung 118
— erweiterte Festsetzungsmöglichkeiten im Bebauungsplan 118
— förmliche Festlegung 117
— für Gemeindebedarfs- und Folgeeinrichtungen 118
Ersatzwohnraum 27 Abs. 2; 126
Ersatzwohn- und -geschäftsraum 27 Abs. 3; 113, 130 f.
Ersatzwohnungen 45 Abs. 3; 86
Erschließung 6 Abs. 7; 12 Abs. 1; 121, 129, 140, 142, 199
— Aufgabe der Gemeinde 199
Erschließungsbeiträge 6 Abs. 7; 105, 199
Erschwerung der Sanierung 15 Abs. 3, 4; 104

Finanzhilfen des Bundes 71; 191
— Bewilligung **72 Abs. 4;** 85
— Einsatz 72
— Gewährung **39; 71 Abs. 3;** 85
Finanzierung 84 ff., 121, 138, 187, 190
— der Entwicklungsmaßnahmen 58
— der Neubauten 85 f.
— der Vorbereitung von Ordnungsmaßnahmen 85
— sonstiger Kosten 85
Finanzierungsmöglichkeit, fehlende 100
Finanzierungsquellen 84 f.
Flächennutzungsplan 6 Abs. 8; 105, 152, 178, 192
Flächensanierung 34, 35
Flurbereinigung 66
— aus Anlaß einer Sanierungs- oder Entwicklungsmaßnahme 70
Flurbereinigungsbehörde 64 Abs. 2; 65 Abs. 3; 66 Abs. 3; 184, 189
Förderung 1 Abs. 1
— Überleitungsvorschriften 95
Förmliche Festlegung 98 ff.
— Aufhebung **51;** 151, 152
— des Entwicklungsbereichs 190 ff., 202
— des Ersatz- und Ergänzungsgebiets **11 Abs. 1;** 117, 157
— des Sanierungsgebietes **3 Abs. 1; 5 Abs. 1, 5; 6 Abs. 3;** 157, 164
— Rechtswirkungen 103 ff., 192
— Überleitungsvorschriften **93;** 98
— Verfahren 100 ff.
— von im Zusammenhang bebauten Gebieten **62;** 191
— Voraussetzungen 98
Fortführung einer Nutzung 15 Abs. 12

Gebäude, zu beseitigende 10; 19 Abs. 1; 115, 120, 130, 160
Gebührenbefreiung 76; 79
Gebührenfreiheit
— Bescheinigungsverfahren **83;** 79
Geheimhaltungspflicht 39, 46
— Verletzung **88;** 40
Gemeinbedarfsgrundstücke 59 Abs. 1
Gemeinbedarfs- und Folgeeinrichtungen 12 Abs. 1; 121, 148, 181
— Förderung 187
Gemeindliches Grunderwerbsrecht 18; 57 Abs. 1; 109, 122, 165, 195
— Abwendung **18 Abs. 3;** 111
— Ausübung zugunsten des Entwicklungsträgers **57 Abs. 1;** 205
— Ausübung zugunsten eines Sanierungsträgers **18 Abs. 10;** 110
— Eigentumsübergang **18 Abs. 6;** 111
— Entschädigung 111, 160
— Erörterung mit Eigentümer 110
— Gutachterausschuß 110
— Rechtsschutz 160
— Teileinigung **18 Abs. 7**
— Vorbescheid 110
— Wirkung des Eigentumsübergangs **18 Abs. 9;** 111
Gemeinnützige Wohnungs- und Siedlungsunternehmen
— als Sanierungs- oder Entwicklungsbeauftragte bzw. -träger 90
Gemeinwesen
— lebensfähiges örtliches **54 Abs. 2**
Gemeinwesenarbeit 155, 193, 203
Genehmigung
— der Aufhebung der förmlichen Festlegung **51 Abs. 3;** 151
— der förmlichen Festlegung **5 Abs. 2;** 100, 101
— sfreiheit von Vorhaben und Rechtsvorgängen **15 Abs. 9;** 109
— Rechtsanspruch 108
— unter Auflagen 108
— unter Bedingungen 108
— unter Befristungen 108
— Versagung 101, 107
— Versagung für Vorhaben und Rechtsvorgänge **15 Abs. 3;** 107
— von Rechtsvorgängen 106
— von Vorhaben 106 f.
— von Vorhaben und Rechtsvorgängen **15;** 105 ff.
Genehmigungsfiktion 108
Genehmigungspflicht
— für Vorhaben und Rechtsvorgänge **15; 57 Abs. 1;** 38, 158
— Wegfall 109
Gesamtabrechnung 154, 202
Gesellschaftsteuer 80
Gewerbesteuer 80
Grenzregelung 57 Abs. 2
Grobanalyse 42, 172
— Auftrag 173
— Beurteilung 42, 173
— Durchführung 173
— Informationsquellen 173
Grundbuchamt 5 Abs. 4; 50 Abs. 3; 51 Abs. 5; 53 Abs. 5; 63 Abs. 3; 102, 151, 152, 192, 202
Grunderwerb
— durch die Gemeinde 122, 194
Grunderwerbspflicht der Gemeinde 54 Abs. 3; 194
— Ausnahmen **54 Abs. 3;** 194

236

Grunderwerbsteuer 77; 79 f., 140
Grundsteuer 80
Grundsteuervergünstigungen
— Gewerbesteuer 80
Grundstücksteilung 15 Abs. 1; 106
Grundstücksverkehr 6 Abs. 1, 2; 103, 179
s. auch Genehmigungspflicht
Gutachterausschuß 15 Abs. 3; 18 Abs. 1, 2; 23 Abs. 3; 25 Abs. 6; 36 Abs. 8; 41 Abs. 5; 59 Abs. 5; 107, 146
s. auch Wertermittlung

Härteausgleich 41 Abs. 2; 49 Abs. 1; 85; 57, 83, 142
— Rechtsschutz 162
Hinterlegung des Entgelts 18 Abs. 8
Höhere Verwaltungsbehörde 5 Abs. 2; 18 Abs. 4; 19 Abs. 3; 24 Abs. 2; 30 Abs. 2, 3; 38 Abs. 1, 2; 51 Abs. 3; 70 Abs. 1; 100, 101, 102, 116, 160, 164
Hygienische Sanierungskriterien 34

Immobilienfonds 22 Abs. 3; 25 Abs. 3, 5; 71, 74 ff., 186
— BGB-Gesellschafts-Fonds 77
— Bruchteilseigentumsfonds 76
— Eignungserklärung **25 Abs. 5**
— geschlossene 75 ff.
— KG-Fonds 76
— Möglichkeiten 77
— offene 74 f.
Immobilienfondsfinanzierung 86
Interessenabwägung 1 Abs. 4
Interessenausgleich 1 Abs. 7; 12 Abs. 2; 37
Inzidenter Überprüfung 101

Kapitalkosten 88
Kauf 122
Kaufpreis 25 Abs. 7; 35 Abs. 6; 122, 152, 195
— Umwandlung in ein Tilgungsdarlehen **25 Abs. 7;** 147
Kenntlichmachung im Bebauungsplan
— des Sanierungsgebietes **10 Abs. 1;** 115, 152
— Gegenstandsloswerden 152
— zu beseitigender Gebäude **10 Abs. 1, 2;** 115, 152
— zu erhaltender Gebäude **10 Abs. 1;** 115
Kleingarten 30 Abs. 3
Kleingrundstück 142
Körperschaftsteuer 80
Kommunalaufsicht 145, 157
Konkurs
— des Sanierungsträgers **35 Abs. 8; 37 Abs. 3**
Kosten
— bei Entwicklungsmaßnahmen 178, 187
— der Änderung baulicher Anlagen 83
— der anderweitigen Unterbringung eines Betriebes 83
— der Beteiligung der Öffentlichkeit 95
— der Ersatzbauten **45;** 85 f.
— der Grobanalyse 42

— der Modernisierungsmaßnahmen 43
— der Neubebauung **45;** 83
— der Ordnungsmaßnahmen **41;** 83, 86 f.
— der Sanierung 83 ff.
— der Vorbereitung 83
— der Vorbereitung der Entwicklungsmaßnahme 177
— der Vorbereitung der Sanierung 40; 85
— des Sozialplans 83, 113, 178
— unrentierliche 48
— von Gemeinbedarfs- und Folgeeinrichtungen 83
Kostenerstattung 41 Abs. 10; 43 Abs. 1
— Rechtsschutz 162
Kostenfaktoren 187
Kostenmiete 45 Abs. 5
Kostentragung 41 Abs. 1; 43 Abs. 1, 2; 45 Abs. 1; 84
Kosten- und Finanzierungsübersicht 38; 116, 154

Ländersonderregelungen
— Berlin **92 Abs. 1, 2, 4;** 96
— Bremen **92 Abs. 1, 2, 4**
— Hamburg **92 Abs. 1, 2, 3, 4, 6**
— Nordrhein-Westfalen **92 Abs. 5**
Landesplanung 1 Abs. 3; 92 Abs. 7; 68
Landesregierung 170, 192

Mängel
— der Gebäude 133
Mehrwertabschöpfung 153
Mieterhöhung 164
— bei Modernisierungsmaßnahmen **32; 43 Abs. 2**
Miet- und Pachtverhältnisse
— Aufhebung **27; 28; 29;** 126, 130, 140
— Beendigung **26; 28;** 125, 130, 140
— Entschädigung **30;** 128
— Rechtsschutz bei der Aufhebung 161, 163
— Rechtsschutz bei Beendigung 163
— Verlängerung **31;** 128, 164
— Verwaltungszwang 127
Mietverträge 106
Mißstände, städtebauliche 1 Abs. 2; 3; 42 Abs. 1; 45 Abs. 3; 34, 35, 41, 99
Mittel
— des sozialen Wohnungsbaus **45 Abs. 2;** 86
Mittelbar Betroffene 94
Mitwirkung
— bei der Planung im Entwicklungsbereich 198
— der Beteiligten 93, 100, 169, 184
— der Betroffenen **1 Abs. 4;** 36
— der Eigentümer 36
— der Öffentlichkeit 93, 94 f., 169 f., 186, 188
— der Träger öffentlicher Belange **4 Abs. 4;** 92
— öffentlicher Aufgabenträger **2;** 38
— sonstiger Betroffener 37
Modernisierung 1 Abs. 2; 12 Abs. 1; 34, 36, 121, 148
Modernisierungsgebot 21; 43 Abs. 1; 57 Abs. 1; 133, 148
— Ersatzvornahme **21 Abs. 4;** 134
— Rechtsschutz 161

— Umfang 133
— Zwangsgeld 134
Modernisierungsmaßnahmen
— Kosten **43;** 83
— Mieterhöhung **32; 43 Abs. 2**

Nachbarschutz 149
Nebenentschädigungen 56
Negativattest 158
Neubebauung 12 Abs. 1; 121
Neuordnungskonzepte 64 ff.
— Inhalt 65 ff.
Normenkontrollantrag 101, 204, 205
Normenkontrollverfahren 157, 162

Objektsanierung 34
Ordnungsmaßnahmen 12 Abs. 1; 13; 121 ff., 159
— Durchführung durch Eigentümer **13;** 141 f.
— Durchführung durch Gemeinden **13;** 122 ff.
— Durchführung durch Gemeinden mit Privateigentümern 129 ff.
— Durchführung durch Träger 137 ff.
— Kostenermittlung, Rechtsverordnung **91**
— verschiedene Durchführungsmöglichkeiten 122
— Vertrag mit Eigentümern 141, 142
— Vertrag über die Ordnungsmaßnahmen 159
— Vertrag über die Durchführung 129
Organ der staatlichen Wohnungspolitik 90
Ort 1 Abs. 3; 168, 188

Partizipation
s. Mitwirkung
Planalternativen 78, 96
Planungsverband 7; 54 Abs. 5; 175
Planvorstellungen, städtebauliche 66, 184
Preisvergleich 180
Privatisierung 141, 143 ff., 148, 193, 197-200
— Ausgleichsfunktion 142
— Rechtsanspruch 145
s. auch Veräußerungspflicht
Problemfindung 41
Programmalternativen 96
Programmauswahl 96
Programme
— für Sanierungs- und Entwicklungsmaßnahmen **72 Abs. 2, 3**

Raumordnung 1 Abs. 3; 92 Abs. 7; 168
Realisierungsmodelle 96, 175
Rechtsmodelle 66, 71, 186
Rechtsschutz 156 ff., 204 f.
— Aufhebung der Erklärung zum Entwicklungsbereich 204
— Auseinandersetzung des Treuhandvermögens 205
— bei Entwicklungsmaßnahmen 204 f.
— der Mieter, Pächter und sonstigen Mitberechtigten 163 f.

Rechtsschutz (Forts.)
— förmliche Festlegung des Entwicklungsbereichs 204
— förmliche Festlegung von im Zusammenhang bebauten Gebieten 205
— im Umlegungsverfahren 159 f.
— Übertragung der Durchführung der Entwicklungsmaßnahme 204
— Verpflichtung zur Beauftragung eines Entwicklungsträgers 205

Rechtsverordnung
— über die Vorbereitung und Durchführung einer Entwicklungsmaßnahme **54 Abs. 4;** 170, 174, 194
— zur förmlichen Festlegung des Entwicklungsbereichs **53 Abs. 1, 3, 4;** 170, 171, 174, 192

Rechtsverordnungen 91; 40, 170
Region 53 Abs. 1; 177, 181-184, 186, 190
Reprivatisierung 141, 143, 145
 s. auch Veräußerungspflicht
Rückenteignung 52 Abs. 6; 125, 152
Rückflüsse an den Bund 77
Rücktrittsrecht 15 Abs. 5
Rückübertragung 52
— Ausschluß des Anspruchs **52 Abs. 2;** 152
— Kaufpreis **52 Abs. 4;** 152
— Rechtsschutz 163
Rückübertragungsanspruch 152

Sanierung
— Abschluß für einzelne Grundstücke 150
— Abwicklung 150 ff.
— als Selbstverwaltungsaufgabe 38
— Anstoß 41
— Beauftragter 141, 142
— Begriff **1 Abs. 2;** 34
— Betreuer 141, 142
— Durchführung durch Eigentümerzusammenschluß **13 Abs. 4;** 142
— Durchführung durch Träger 140
— einheitliche Vorbereitung 35
— Einrichtung einer Sanierungsstelle 40
— Förderung durch die öffentliche Hand 38
— Grundsätze 36
— im Bundesbaugesetz 35
— kein Rechtsanspruch auf Durchführung 39
— Maßnahme **1;** 35
— nur nach StBauFG 36
— öffentliches Interesse 42
— Realisierbarkeit 100
— Rechtsanspruch auf Abschluß 150
— Rechtsschutz bei Abschluß 165
— Stellung der Gemeinden 38
— Übertragung von Aufgaben 33
— Undurchführbarkeit **51 Abs. 2;** 151, 152
— vorzeitiger Abschluß 150 f.
— zügige Durchführung 35

Sanierungsbeauftragter 33; 114
Sanierungsbedürftigkeit 41, 42, 63
Sanierungsförderungsmittel 38 Abs. 2; 39; 43 Abs. 4; 45 Abs. 1, 2, 4; 85, 86, 187
— als Darlehen **39 Abs. 3, 5;** 85
— als Vorauszahlung **39 Abs. 5;** 85
— als Zuschüsse **39 Abs. 3, 5;** 85
— Förderungsverfahren, Rechtsverordnung **91;** 40
— für Baumaßnahmen **39 Abs. 1;** 85 f.
— für Kosten der Modernisierungsmaßnahmen **39 Abs. 1; 3**
— für Kosten der Ordnungsmaßnahmen **39 Abs. 1;** 85
— für Kosten der Vorbereitung der Sanierung **39 Abs. 1;** 85
— für Wohnungsbau **45 Abs. 4, 5; 46 Abs. 1;** 86
— im Grunderwerb **39 Abs. 1**
— Weiterbewilligung durch Gemeinde **39 Abs. 2**
— zur Vor- oder Zwischenfinanzierung **39 Abs. 3, 4;** 85
— Zuweisung an Gemeinde **39 Abs. 2**

Sanierungsgebiet 5 Abs. 1; 46
— Abgrenzung **3 Abs. 1;** 46, 99
— Beschreibung 100 f.
— förmliche Festlegung 150
— förmliche Festlegung durch Gemeinde **5 Abs. 1;** 100
— förmliche Festlegung durch Planungsverband 7

Sanierungsgemeinschaft 14; 142
Sanierungsgewinne 37, 53, 54, 86, 87
 s. auch Werterhöhungen, sanierungsbedingte
Sanierungskriterien 3; 34, 41, 42, 58 ff.
— Bewertung 47
Sanierungsmaßnahmen 34-165
Sanierungsmethoden 34
Sanierungsträger 33 ff.; 114, 137 ff., 165
— als Treuhänder **35, 36;** 139
— als Treuhänder, Rechenschaftspflicht **36 Abs. 6**
— Auswahl 138 f.
— Bestätigung **33 Abs. 1; 34;** 165
— Bestätigung, begrenzte oder befristete **34 Abs. 4**
— für eigene Rechnung **35;** 139
— gemeinnützige Wohnungs- und Siedlungsunternehmen **90**
— Konkurs **35 Abs. 8; 37 Abs. 3**
— Veräußerungspflicht **35 Abs. 5**
— Vergleichsverfahren über dessen Vermögen **35 Abs. 9**
— Vertrag 139
Sanierungsvermerk 5 Abs. 4; 50 Abs. 3; 51 Abs. 5; 102, 151, 152
Sanierungsvertrag 35 Abs. 2; 35 Abs. 8; 139
— Muster 207 ff.
— Treuhändervertrag (Durchführungsvertrag A) 217 ff.
— Vorbereitungsvertrag 207 ff.
Sanierungsvorteil 42 Abs. 1; 87
Sanierungszweck 8 Abs. 1; 11; 15 Abs. 3; 16 Abs. 4; 21 Abs. 1, 3; 25 Abs. 2, 3, 8; 39 Abs. 1; 101, 141, 143, 144, 146, 148
Siedlungsbehörde 68 Abs. 1
Sozialbindung 37, 170
Soziale Sanierungskriterien 34
Sozialer Wohnungsbau 112, 119, 143, 146, 171, 200
Sozialplan 4 Abs. 2; 8 Abs. 2; 11 Abs. 2; 31; 40 Abs. 2; 41 Abs. 2; 46 Abs. 1; 57 Abs. 1; 61, 66, 67 ff., 111, 117, 127, 128, 140, 142, 148, 155, 182, 193, 198, 203
— andere gesetzliche Grundlagen 69
— Aufgaben 67
— Bestandsaufnahme 111, 112
— Einzelfälle 68
— Ergänzung **8 Abs. 2**
— Ersatz- und Ergänzungsgebiete 69
— Fortschreibung 111, 113
— Grundsätze 61, 68
— Härtefälle 112
— Instrumentarien des StBauFG 69
— Kosten **40 Abs. 2; 41 Abs. 2;** 113
— Maßnahmekatalog 112 f.
— Mindestinhalt 111 ff.
— Problemgruppen 112
— Sozialbetreuung 70
— Sozialbetreuungsstelle 70
— Zusammenfassung von Problemgruppen 68

Sozialplanung 111, 141, 154, 185, 186, 198, 203
— Abschluß 154 f.
Sozialsanierung 34, 36
Spekulation 175
Städtebauliche Mißstände
 s. Mißstände, städtebauliche
Steuerfreiheit
— für bestimmte Aufgabenträger **81**
Steuervergünstigungen 78 ff., 187
— bei Aufgabenträgern 80 f.
— bei Modernisierungsmaßnahmen 81
— Bescheinigungsverfahren **83;** 79
— Betriebsaufgabe 81
— Einkommensteuer **82; 84;** 81
— Gesellschaftsteuer 80
— Gewerbesteuer **79;** 81
— Grunderwerbsteuer **77;** 79
— Grundsteuer **78;** 80
— Körperschaftsteuer **81;** 80
— Übertragung stiller Reserven 81
— Vermögensteuer **81;** 80 f.
Strukturverbesserung 1 Abs. 3; 85, 168, 169
Strukturelle Sanierungskriterien 34

Tilgungsdarlehen 35 Abs. 6; 147, 153
— Rechtsverordnung **91**
Träger öffentlicher Belange 4 Abs. 4; 86, 92, 116, 172, 188 f.
— Abstimmung über Kosten **38 Abs. 1;** 116
Treuhandvermögen 36; 48; 141, 205
— beim Entwicklungsträger **55 Abs. 4;** 205
— Bestandteile **36 Abs. 3**
— Sicherung 37
— Überführung von Grundstücken **36 Abs. 5**
— Übertragung auf Gemeinden **36 Abs. 6;** 141
— Zwangsvollstreckung in das Treuhandvermögen **37 Abs. 2**

Überhöhter Kaufpreis
— als Erschwerung der Sanierung **15 Abs. 3;** 107
Überleitungsvorschriften 40
— förmliche Festlegung **93;** 98
— für die Förderung **95**
— für Erhebung des Ausgleichsbetrags **94**
Übernahmeverlangen
— beim Abbruchgebot **19 Abs. 4;** 131
— beim Baugebot **20 Abs. 1;** 132
— bei Ersatz- und Ergänzungsgebiet **11 Abs. 3;** 120, 144, 157

— bei Versagung der Genehmigung für
   Vorhaben und Rechtsvorgänge
   15 Abs. 7; 108
— im Entwicklungsbereich 56, 195
Überschußverteilung 48; 154
**Umlegung 6 Abs. 5; 16; 27 Abs. 6;
41 Abs. 5; 49 Abs. 2; 57 Abs. 2;
66 Abs. 4;** 72, 127, 134 ff.
— Abfindung mit Rechten **16 Abs. 4;** 135
— Aufhebung von Miet- und Pachtrechten 135
— Baugebot 137
— Beschlüsse vor der förmlichen Festlegung **6 Abs. 5;** 104
— Flächenumlegung **16 Abs. 2;** 135
— Gebäude, zu beseitigende **16 Abs. 5;** 137
— Umlegungsvorteil und Sanierungsvorteil 136
— und Bebauungsplan 134
— Vermerk **16 Abs. 1;** 135
— Vorwegregelung 137
— vorzeitige Besitzeinweisung 137
— Wertumlegung **16 Abs. 2;** 135
Umlegungsplan
— Vollzug 137
**Umzug von Bewohnern und Betrieben
12 Abs. 1;** 121
Undurchführbarkeit
— der Sanierung 151
**Unterbringung, anderweitige 19 Abs. 2;
27 Abs. 3; 44;** 131
Unterhaltungsarbeiten 15 Abs. 12; 109

Veränderungen, wertsteigernde
— bauliche Anlagen **15 Abs. 2**
Veränderungssperre 6 Abs. 4; 103
Veräußerungsgewinne
— Frist für Reinvestition **82;** 81
Veräußerungspflicht 25; 59; 143
— begünstigter Personenkreis
   25 Abs. 2, 8; 59 Abs. 2, 4; 144, 145, 200
— davon ausgenommene Flächen
   25 Abs. 1; 143, 200
— der Gemeinde **59;** 200
— des Entwicklungsträgers **55 Abs. 4**
— des Sanierungsträgers **35 Abs. 5**
— Erfüllung **25 Abs. 3;** 145
— Ersatzgrundstück 146
— Kaufpreis 146
— Land- und Forstwirte 144
— Tilgungsdarlehen 147
— Umfang **25 Abs. 4;** 143
— Veräußerungsvertrag 146
— vorrangig zu berücksichtigender Personenkreis **25 Abs. 2;** 144, 200

— Wiederkaufsrecht 146
— s. auch Privatisierung, Reprivatisierung
Veräußerungspflicht der Gemeinde 125
Verdichtungsräume 168 f., 179
Vereinbarung
— über Nutzung eines Grundstücks
   15 Abs. 1; 106
— vom üblichen abweichende
   23 Abs. 4; 57
Vergleichsverfahren
— über Vermögen des Sanierungsträgers **35 Abs. 9**
**Verkehrswert 25 Abs. 6; 36 Abs. 7;
57 Abs. 4; 59 Abs. 5;** 143, 146, 152, 179-181
— innerlandwirtschaftlicher **57 Abs. 4;** 179, 180
— s. Wertermittlung
Vermögensteuer 80 f.
Versorgungseinrichtungen 143, 165
— Ersatz für Änderungen **24;** 128, 142
Versorgungsleitungen 142
Verstöße
— baurechtliche 148 f.
Verwaltungseinteilung 188
Verwaltungsgericht 156 ff.
Verwaltungszwang 27 Abs. 5; 137
Verzicht auf Entschädigung 108
Vollstreckung 157
Vorbereitende Planung 95 f.
**Vorbereitende Untersuchungen 4;
5 Abs. 2; 62; 93; 95 Abs. 2;** 45 ff., 98, 174 ff. 191, 197
— Auftrag **4 Abs. 3; 5 Abs. 2;** 101
— Bericht **4 Abs. 3; 5 Abs. 2;** 101
— Beschluß **4 Abs. 3;** 47, 156
— Durchführung 45
— Entscheidung über Notwendigkeit 44
— Gliederung 48
— Grundstückswerte s. Wertermittlung
— Kosten 47
— Notwendigkeit bei Entwicklungsmaßnahme 175
— ortsübliche Bekanntmachung 47
— Sozialplanung 61
— Umfang 45
— wirtschaftliche 48
— Zuständigkeit bei Entwicklungsmaßnahme 174
— Zweck 45
Vorkaufsrecht 17; 57 Abs. 1; 109, 122, 160, 165, 195
— Ausübung zugunsten eines Sanierungsträger **17 Abs. 2;** 109
— Ausübung zugunsten eines Entwicklungsträgers 205
Voruntersuchungen 172, 175

— Auftrag 176
— Kosten 177
— rechtliche 177 ff.
— soziologische 182
— technische 181 ff.
— Umfang 176
— wirtschaftliche 177 ff.
Vorverfahren 156
Vorwegnahme der Erbfolge 15 Abs. 11; 109
Vorzeitige Besitzeinweisung 124

**Werterhöhung 25 Abs. 7; 41 Abs. 4;
54 Abs. 3;** 87, 136, 178
— sanierungsbedingte **23 Abs. 2;
41 Abs. 5;** 87
Wertermittlung 178 ff.
— Altwerte 48 ff., 178
— Grundstücksqualität 82
— Gutachterausschuß 49, 55
— Kaufpreissammlung 51
— Kurzbewertung 50
— Miet- und Pachtrechte 56
— Miet- und Pachtverträge 57
— Neuwerte 81 ff., 147, 181
— Qualitätsmerkmale 55
— Rechts- und Verwaltungsvorschriften 50, 82
— Verkehrswert 49, 82
— Wertermittlungsstellen 49, 82
Wertermittlung Altwerte 48 ff., 178
Wertermittlung Neuwerte 81 ff., 181
Wettbewerb 97, 197
Widerspruch 156
Wirkung
— der förmlichen Festlegung **57 Abs. 1;** 192 f.
Wirtschaftlichkeit 89, 187
— Erträge 89
— laufende Aufwendungen 88 f.
**Wirtschaftlichkeitsberechnung
(Beispiel)** 89 ff.
Wirtschaftlichkeitsüberlegungen 66, 78 ff.
**Wohl der Allgemeinheit 1 Abs. 4;
53 Abs. 1;** 190
Wohnungen
— geförderte 46

**Ziele der Entwicklungsmaßnahme
59 Abs. 2;** 200
Zurückstellung
— eines Baugesuchs **6 Abs. 4;** 103, 104
Zwangsgeld 157
Zweckmäßigkeitskontrolle 101 f.
**Zwingende städtebauliche Gründe
22 Abs. 1;** 123

Die großen Baurechtskommentare:

NEUFFER

Das Neue Baurecht

Eine Loseblatt-Sammlung der in Baden-Württemberg geltenden bundesrechtlichen und landesrechtlichen Bestimmungen mit Kommentaren zu den wichtigsten Gesetzen wie BUNDESBAUGESETZ – LANDESBAUORDNUNG – BAUNUTZUNGSVERORDNUNG

Stammwerk mit eingearbeiteten Ergänzungslieferungen, etwa 2800 Seiten, Preis einschließlich drei Plastikordnern DM 96,–

STADLER/WIEBEL/BAUMGARTNER

Das Bau- und Wohnungsrecht in Bayern

Eine Loseblatt-Sammlung des gesamten in Bayern geltenden Planungs-, Bau-, Boden-, Wohnungs- und Siedlungsrechts mit Kommentaren zu den wichtigsten Gesetzen wie BUNDESBAUGESETZ – BAYERISCHE BAUORDNUNG – BAUNUTZUNGSVERORDNUNG

Stammwerk mit eingearbeiteten Ergänzungslieferungen, etwa 5300 Seiten, Preis einschließlich fünf Plastikordnern DM 110,–

WEINISCH/WIEBEL/BAUMGARTNER

Das Baurecht in Bayern

Eine Loseblatt-Sammlung bundesrechtlicher und landesrechtlicher Bestimmungen mit Kommentaren zum BUNDESBAUGESETZ, zur BAUNUTZUNGSVERORDNUNG und zur BAYERISCHEN BAUORDNUNG

Stammwerk mit eingearbeiteten Ergänzungslieferungen, etwa 2500 Seiten, Preis einschließlich drei Plastikordnern DM 68,–

MÜLLER

Das Baurecht in Hessen

Eine Loseblatt-Sammlung bundesrechtlicher und landesrechtlicher Bestimmungen mit Kommentaren zu den wichtigsten Gesetzen wie BUNDESBAUGESETZ – HESSISCHE BAUORDNUNG – BAUNUTZUNGSVERORDNUNG

Stammwerk mit eingearbeiteten Ergänzungslieferungen, etwa 2900 Seiten, Preis einschließlich drei Plastikordnern DM 108,60

KÜBLER/SPEIDEL

Handbuch des Baunachbarrechts

Eine systematische Erläuterung des Bundes- und Landesbaurechts, des Verwaltungsverfahrens und des Verwaltungsprozeßrechts an Hand der Rechtsprechung des Schrifttums

452 Seiten, Leinenband DM 56,–

RICHARD BOORBERG VERLAG
STUTTGART MÜNCHEN HANNOVER

BIHR/VEIL/MARZAHN

Die Bauleitpläne

Eine Anleitung zur Aufstellung und Bearbeitung von Flächennutzungs- und Bebauungsplänen

244 Seiten, 180 Abbildungen in bis zu 16 Farben (Planzeichen, Planbeispiele, Bebauungs- und Lageplanentwürfe), 4 mehrfarbige Musterpläne als Falttafeln, 21,5 x 29,7 cm, Plastikringordner DM 135,–

SCHÖNING/WOLFF

Kommentar zur Baunutzungsverordnung und zur Planzeichenverordnung

Verordnung über die bauliche Nutzung der Grundstücke – Baunutzungsverordnung und Verordnung über die Ausarbeitung der Bauleitpläne sowie über die Darstellung des Planinhalts – Planzeichenverordnung

2. neubearbeitete und ergänzte Auflage. 290 Seiten, 36 Abbildungen (Fotos und Lagepläne), 2 Falttafeln, 14,5 x 21 cm, Plastikeinband DM 42,–

MAUSBACH

Die Planung der Stadtkernerneuerung

Ein Erfahrungsbericht mit sechs Beispielen aus Mittel- und Kleinstädten

88 Seiten, 125 Zeichnungen, 35 Fotos, 5 Tabellen, 21 x 30 cm, Kivarbroschur DM 38,–

Stadtentwicklungsplanung – Methode und Verfahren

DARGESTELLT AM BEISPIEL ESSLINGEN

Heft 8 der „Schriftenreihe der Institute für Städtebau der Technischen Hochschulen und Universitäten"

56 Seiten, zahlreiche Abbildungen, 1 mehrfarbige Klapptafel, 22,5 x 29,7 cm, Kivarbroschur DM 20,–

SCHOOF

Die Altstadt als Sanierungsgebiet

DAS BEISPIEL DER STADT ETTLINGEN

Heft 4 der „Schriftenreihe der Institute für Städtebau der Technischen Hochschulen und Universitäten"

104 Seiten, 10 Abbildungen, 12 Falttafeln mit 24 Plänen, Beilage: 12farbiger Bebauungsplan im Format 41,5 x 55,5 cm, 22,5 x 29,7 cm, Kivarbroschur DM 32,–

KARL KRÄMER VERLAG
STUTTGART